Hans-Josef Irmen

Mozart
Mitglied
geheimer
Gesellschaften

HANS-JOSEF IRMEN

Mozart

Mitglied geheimer Gesellschaften

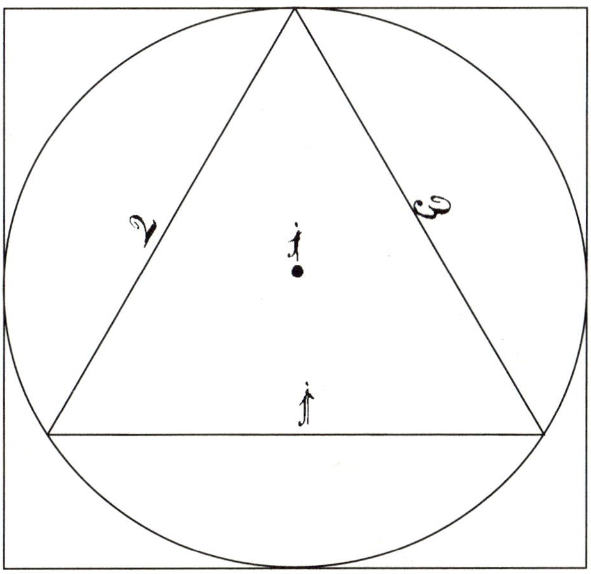

PRISCA

CIP-Titelaufnahme der Deutschen Bibliothek

Irmen, Hans-Josef:
Mozart: Mitglied geheimer Gesellschaften /
Hans-Josef Irmen.
- 2., erw. Aufl. - Zülpich: Prisca, 1991
ISBN 3-927675-11-3

Zweite, erweiterte Auflage

Umschlagentwurf: Michael Growe
Satz: Michael Irmen
Druck: HP Nacke KG

Sam:

Inhaltsverzeichnis

—

Prolog:
Was ist zu Mozarts Zeiten Freimaurerei?

Mozart war Maurer. Wer das behauptet, geht so wenig fehl wie derjenige, der sagt: Luther war Christ. Aber was ist mit allgemeinen Feststellungen dieser Art gewonnen?

Geheimnisvolle Unbestimmbarkeit gehört zum Freimaurertum. Vage begrenzbare weltanschauliche Strömungen, die unter dem Begriff der Freimaurerei in der zweiten Hälfte des 18. Jahrhunderts kursieren, lassen klare Positionen verschwimmen. Rückschlüsse auf Mozart werden unscharf.

Daher zunächst die Frage: Was ist zu Mozarts Zeiten Freimaurerei?

Freimaurerei ist ein System der Sittlichkeit, eingehüllt in Allegorien und erleuchtet durch Sinnbilder. Freimaurerei lehrt Wohltätigkeit und Wohlwollen üben, die Reinheit schützen, die Bande des Blutes und der Freundschaft achten, die Grundregeln der Religion annehmen, den Schwachen beistehen, die Blinden leiten, die Waisen beschützen, die Niedergetretenen erheben, die Regierung unterstützen, Sittlichkeit verbreiten und Wissen mehren, die Menschen lieben und Gott fürchten, seine Gebote ausführen und auf Glückseligkeit hoffen. So lautet das Programm der 1717 gegründeten Großloge von England, von der alle Logen auf dem Festland ausgingen. Es blieb in seiner Zielsetzung für das Zeitalter der Aufklärung gültig.

Die Freimaurer bildeten im 18. Jahrhundert die wichtigste Geheimgesellschaft in der österreichisch-ungarischen Monarchie und in ganz Europa, sie wirkten auf das politische, kulturelle und geistige Leben. Ihre Ideale von Humanität, Toleranz, Moral und tätiger Brüderlichkeit, die sie in den rituellen Arbeiten ihrer Logen verinnerlichten, dienten der freien Entfaltung der verantwortungsbewußten Persönlichkeit und dem konfliktlosen, von Vertrauen bestimmten Zusammenleben aller Menschen ohne Rassen-, Klassen- oder Religionsunterschiede. Ziel ihrer Bildungsaufgabe war der Mensch als Individuum, der in der Bruderschaft der Loge befähigt werden sollte, die Fesseln von Egoismus und Intoleranz zu sprengen und seine eigenen Fähigkeiten zu erkennen und auszubilden, um sie dem Wohle der Menschheit zu widmen. In diesem Sinne war die Freimaurerei symbolische Baukunst zur Erziehung des Menschen. Zu Mozarts Zeiten gipfelte dieses Ethos in der Devise von Freiheit, Gleichheit und Brüderlichkeit.

Dennoch bildeten die Freimaurer keine geistige oder organisatorische Einheit, wenngleich sie behaupteten, gemeinsam für die Beseitigung von Chauvinismus, Fanatismus und Kastengeist einzutreten. In Wahrheit zerfielen sie in zahlreiche

Gruppen, die sich vehement befehdeten. Ihr sichtbares Scheitern bewegte indessen die besten Köpfe.

Freimaurer arbeiteten in einer Vielfalt von Lehrsystemen. Eine Definition der Freimaurerei in dieser Zeit läßt sich daher nicht geben; sie würde sich in Statements prominenter Freimaurer erschöpfen oder Programme bedeutender Logen auflisten. Man muß die breite Entfaltung der Freimaurerei und der mit ihr verwandten Geheimgesellschaften in der theresianisch-josefinischen Ära verfolgen, um zu erkennen, wie weit Mozart in diesen geistigen Zusammenhang eingebunden ist. Brennpunkt der Entwicklung im Jahrzehnt zwischen 1781 und 1791 ist Wien.

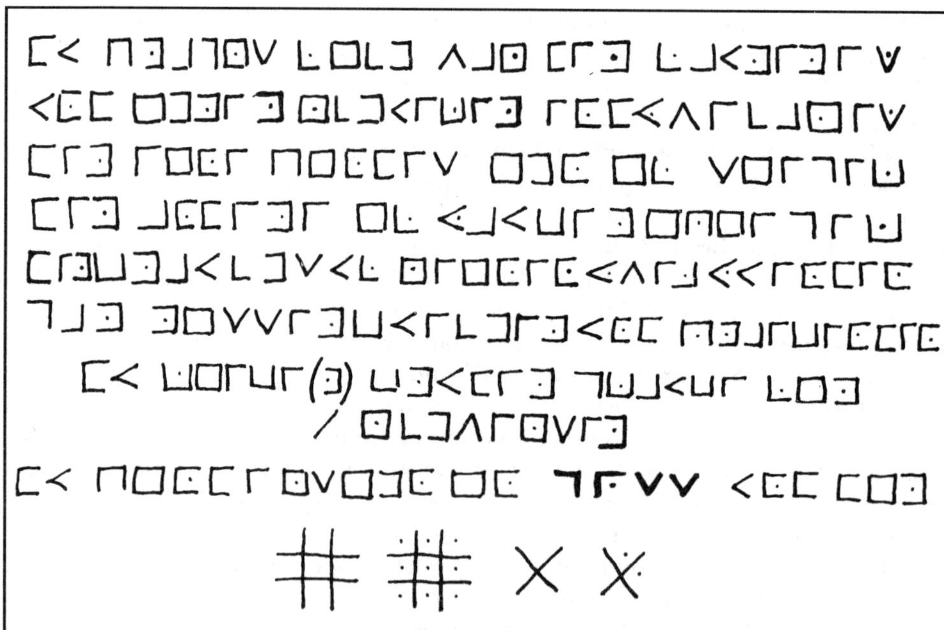

Als Musiker unter Maurern

oder

Wie ein fremder Ort einen Menschen gleich bilden kann.

1.1 Wiener Maurer-Noblesse

Unmittelbar von München kommend, trifft der 25jährige Wolfgang Amadè Mozart[1] am 16. März 1781 in der Kaiserstadt Wien ein. Er will für sein künstlerisches Schaffen eine neue Existenzgrundlage in der Gesellschaft erobern. Nach acht Tagen schreibt er an seinen Vater in Salzburg:

»- was sie mir vom lrzbfocusi schreiben, hat - was seinen lurglftz, meine Personn betreffend, kitzelt, in so weit seine Richtigkeit - allein was nützt mich alles dieß?- - von diesem lebt man nicht; - glauben sie nur sicher, daß er mir hier gleich einen lichtschirm ist - was giebt er mir denn für dfotfnctfsn. H:v: kleinmayer, Beneckè haben mit dem Erlauchten graf - Mrcs eine extra=tmile;- das wäre dfotfnctfsn wenn ich bej dieser tmile wäre - aber nicht bey den kmaalrdflnlrn, die ausser den Ersten Platz bejm tfoch die lüster anzünden, die thür aufmachen, und in vorzimmer bleiben müssen, wenn ich darinn bin und bej die herrn köche.«[2]

Ein rätselhaftes Dokument. Was ist mit diesen Chiffren gemeint? Es geht um die Sitzordnung am erzbischöflichen Gesindetisch im Wiener Deutschordenshaus in der Singerstraße. Mozart, zuvor in München bei der Aufführung seines *Idomeneo* gefeiert, rangiert in Wien zwischen den Kammerdienern und den Köchen. Unerträglich. Er meint, ihm gebühre ein Platz an der Extratafel beim Direktor des Hofrats,

1 Mozart schreibt seinen zweiten Vornamen Amadè stets mit Accent grave statt mit Accent aigu; es scheint, daß er dabei das italienische »Amadeo«, mit offener Aussprache des e, im Ohr hatte, wobei ihn die letzte Silbe aus rhythmischen Gründen störte; französisch korrekt wäre die Schreibweise »Amédée«. Die lateinische Namensform »Amadeus« benutzte er nur ausnahmsweise in scherzhafter Selbstironie. Wer auf die Idee kommt - und wer tut es nicht? - den Komponisten, der Eintragung im Taufregister entsprechend, »Wolfgang Amadeus Mozart« zu nennen, tut es in in der Tradition des 19. Jahrhunderts und beleidigt unreflektiert das für rhythmische Nuancen besonders feinsinnige Musikerohr.

2 Gesamtausgabe der Briefe und Aufzeichnungen der Familie Mozart. Hrg. von E. H. Müller von Asow, Berlin 1942 Bd. 3 S. 73. Die gewöhnlich zitierte Edition: Mozart. Briefe und Aufzeichnungen. Ges. u. erl. v. W. A. Bauer und O. E. Deutsch, Kassel 1963, gibt statt des Originaltextes der von Mozart steganographisch notierten Textpartien die von Nissen stammende Auflösung. Vgl. zit. Briefstelle ebda. Bd. 3 S. 97. Alle folgenden Zitate aus Mozarts Briefen wurden anhand der von Müller von Asow veröffentlichten Faksimile-Edition überprüft und mit den genannten Editionen verglichen, abweichende Lesarten sind einzeln angemerkt und begründet.

Kleinmayer, dem Konsistorialsekretär und -notar Dr. theol. Bönike und dem Oberstküchenmeister Graf Arco.

Der Brief benutzt eine Geheimschrift, mit der die Familie Mozart familiäre Interna vor fremder Neugier zu schützten versuchte. Der Kode beruht auf dem Austausch der Konsonanten: m l f s h
mit den Vokalen: a e i o u,
so daß: lrzbfocusi = erzbischof,
lurglftz = ehrgeitz,
dfotfnctfsn = distinction,
Mrcs = Arco,
tmile = tafel,
kmaalrdflnlrn = kammer-dienern,
und: tfoch = tisch
heißt.

Die Achtung, die Mozart einfordert, mißt er an seinem künstlerischen Rang. In den Kreisen des musikliebenden Adels und des gehobenen Bürgertums, die sein Können bereits als Wunderkind schätzten und honorierten, wird er mit offenen Armen aufgenommen.

»- bey der gräfin Thun habe schon 2 mal gespeist, und komme fast alle tage hin - das ist die charmanteste, liebste Damme die ich in meinem leben gesehen; und ich gelte auch sehr viel bey ihr - ihr herr ist noch der nemliche sonderbare aber gutdenkende, rechtschafene Cavalier. - beym grafen Cobenzl habe auch gespeist...«[3] Dies berichtet er im gleichen Brief vom 24. März 1781. Mit diesen Kontakten gerät er in eine soziale Sphäre, die sein Denken zunehmend beeinflußt.

Welche Ideen und Weltanschauungen findet er als reifer Künstler in dieser Schicht jetzt vor: zum Beispiel bei der Gräfin Wilhelmine Thun, geb. Komtesse Uhlfeld (1747 - 1800), und ihrem Gatten, Graf Franz Joseph von Thun-Hohenstein (1734 - 1801)[4], oder - auf der anderen Seite - beim Hof- und Vicekanzler Johann Philipp Graf Cobenzl (1741 - 1810), einem vermögenden Junggesellen und einem der Mächtigen im Habsburger Reich? Die schöne, geistvolle, vom Kaiser protegierte, verständige Musikmäzenatin mit ihrem unermüdlich nach höheren Erkenntnissen strebenden Gatten und der erfolgreiche Diplomat und einflußreiche Realpolitiker, der im Frieden von Teschen den Bayerischen Erbfolgekrieg Österreichs mit Preußen beendete und sich einen ehemaligen Jesuitenbesitz auf dem Reisenberg bei Wien als reinen Naturgarten mit Landwirtschaft und Molkerei einrichten ließ, beide waren Mitglieder verschiedener geheimer Gesellschaften: Thun, bekannt als »Eques ab horologio« mit 33 Hochgraden der Maurerei dekoriert, stand als Mystagoge den

3 Ebda.

4 C. Preihs: Mozarts Beziehungen zu den Familien von Thun-Hohenstein. In: Neues Mozart-Jahrbuch. Hrg. v. E. Valentin. 3.Jg. Regensburg 1943 S. 63. A. Orel: Gräfin Wilhelmine Thun. MJb 1954, S. 89.

Asiatischen Brüdern nahe; Cobenzl als »Numa Pompilius Romanus« war Illuminat wie sein Bruder Ludwig, der Mitglied des Areopags dieses Ordens war.[5]

Sie repräsentieren die Pole der Auseinandersetzung zwischen irrationalem Mystizismus und pragmatischem Aufkläricht in der Regierungszeit Josephs II. und umgrenzen zugleich das Spielfeld der konkurrierenden freimaurerischen Ideen der Zeit. Hier mischen sich christliche, gnostische, kabbalistische, hermetische, alchimistische, rosenkreuzerische und pansophische Elemente.

In einer polemischen Streitschrift liest man 1782:

»Deutschland ist seit etwa vierzig Jahren mit Logen und Freimäurern dergestalt überschwemmet, daß schon ein ganzes Buch gedruckt worden ist, welches das Verzeichnis dieser Logen anfüllet. Es theilen sich solche bekanntermassen in zwo Haupt=Branchen, davon die eine sich bishero den Nahmen der stricten Observanz beigeleget und den würdigen Herrn Herzog Ferdinand von Braunschweig zu ihrem Oberhaupt erwählet hat. Die andere nennet sich nach ihrem Stifter, einen gewissen von Zinnendorff, der ein Arzt in Berlin und ein vor vielen Jahren in der dortigen Loge zu den drei Weltkugeln ausgeworfenes Mitglied ist. Noch eine dritte kleinere Branche rühret von der Loge Roiale York de l'Amitié zu Berlin her, welche ursprünglich ihr Dasein der vorgedachten Loge zu den drei Weltkugeln zu danken, sich aber von selbiger losgerissen hat, und von London aus hat patentisiren lassen.«[6]

Diese Berliner Logen, Ausgangsort vieler Freimaurerlogen in und außerhalb Deutschlands, hatten die drei Grade: Lehrling, Geselle und Meister miteinander gemeinsam, nur waren in jedem System einige Nebenumstände geändert. Die höheren Grade aber, in denen sie die »wahren Kenntnisse« und »ächten Geheimnisse« suchten, unterschieden sie wesentlich.

»Die Logen der Strikten Observanz glaubten die Geheimnisse in dem erloschenen Orden der Tempel-Herren zu finden. Die sogenannten Zinnendörfer wurden in ihren höhern Graden hingehalten und von einer Zeit zur andern vergeblich getröstet, daß sie zum wahren Lichte gelangen würden. Die kleinere Loge Roiale York arbeitete völlig nach dem in Frankreich erfundenen vielgradigen System, und verzierte ihre Brüder mit verschiedenen Dignitäten, Graden, Bändern und Bijoux. So buntscheckig siehet die Freimäurerei in Deutschland aus, sobald sie über die drei ersten Grade hinausschreitet.«[7]

Grundpfeiler des Lehrgebäudes aller bedeutenden freimaurerischen Systeme in Österreich waren die Johannisgrade mit der Dreizahl ihrer blauen oder symbolischen Lehrstufen, in denen fortschreitend vom Lehrling über den Gesellen zum Meister die esoterischen Lehren vermittelt wurden. Auf diesem gemeinsamen Fundament aller Maurer aber wuchsen wild wuchernd verschiedene Hochgradsysteme. Sie sind das eigentlich Interessante und Neue, sie spiegeln das aktuelle

5 Abafi Bd.4 S. 131. H. Schüttler: Die Mitglieder des Illuminatenordens 1776-1787/93. München 1991 S. 34.

6 Die Pflichten der Gold- und Rosencreutzer alten Sistems in Juniorats=Versammlungen abgehandelt von Chrysophiron. 1782 S. XXVI.

7 Ebda. S. XXVII.

Denken und transportieren die geheimen Sehnsüchte der Zeit.[8] Das war der Zündstoff, der Adel und aufstrebendes Bürgertum im josefinischen Wien in Bewegung brachte. Mit diesem Ideengut stand Mozart von Anfang an intensiv in Verbindung. Es hat ihn entscheidend geprägt.

Wien, Sommer 1781.

Graf Arco hatte Mozart mit einem Fußtritt vom erzbischöflichen Joch suspensiert. Der Komponist erholte sich nach dem aufregenden Bruch mit seinem Salzburger Dienstherrn als freier Künstler einige Tage auf dem Anwesen des Grafen Cobenzl unweit von Wien. Hierhin, zu den Hängen des Kahlenberges, pilgerten die Wiener Aufklärer, hier diskutierten Graf Zinzendorf und seine Freunde über Rousseau, Voltaire und d'Alembert, hier genoß Mozart das Panorama der Donaumetropole:

»- Das ist eine stunde weit von Wienn, wo ich schreibe«, erklärt er dem Vater am 13. Juli, »es heist Reisenberg,- ich war schon einmal über nacht hier; und izt bleib ich etwelche Täge.- Das häuschen ist nichts; aber die gegend! - der Wald - worinnen er eine Grotte gebauet, als wenn sie so von Natur wäre. das ist Prächtig und sehr angenehm.«

Ein wichtiger Beleg für eine Initialbegegnung! Der Komponist verkehrte mit einem Vertreter des Hochadels auf gleicher Ebene. Graf Cobenzl war von Rousseau geprägt, dies zeigte die Ausstattung seines Besitzes. Die Villa »einfach, aber hübsch eingerichtet«, kleine Cabinette mit Schreibtischen an den Wänden, im Gesellschaftszimmer Darstellungen naturnaher Idyllen von Gessner, im Park zahme Rehböcke, Gold- und Silberfasane, ein Teich mit Schwänen und Enten, ein Springbrunnen aus einem Felsen aufsteigend, die Staffagen des Gartens aus natürlich vergänglichem Material.[9] Das machte aufgeklärten Zeitgenossen Eindruck. Und Cobenzl spielte für Mozart nicht nur den Postillon, sein hilfreich-leutseliges Verhalten war greifbarer Beweis maurerischer Denkart. Zudem ist die zitierte Briefstelle das einzige Zeugnis für Mozarts Naturerleben.[10]

Auf Cobenzls Landsitz sind drei Jahre später Sternschnuppenritter Georg Forster und Mozarts Logenmeister, Otto von Gemmingen, zusammen mit Gräfin Wilhelmine Thun und ihren Töchtern zu Gast. Forster, der als Weltumsegler vieles gesehen

8 Die Auswüchse der Hochgradsysteme führten in der englischen Unionsakte von 1813 zu der feierlichen Festlegung, "daß die reine alte Maurerei aus drei und nicht mehr Graden bestehe." Vgl. Lennhoff-Posner: Intern. Freimaurer-Lexikon, Wien 1932, Sp. 629. Dieses Regulativ ist eine Reaktion auf die zu Mozarts Zeiten aufschießenden Hochgradsysteme. Es retrospektiv auf Mozart anzuwenden heißt, die Augen vor den tatsächlichen Verhältnissen seiner Zeit zu verschließen.

9 HHSTA, Zinzendorf-Tagebücher Bd 26., 2. Mai 1781

10 Aloys Blumauer schrieb 1784 seine *Empfindungen in dem neu angelegten Lustgarten Sr. Excellenz des Grafen von Cobenzl* auf:
»... der Ort, Erlauchter, den dein Ruf
zu einem zweyten Eden schuf.
Hier dient die Kunst gleich einem Knechte
Und lässet der Natur die Rechte;
Sie ließ ihr jeden Reitz, den ihr der Schöpfer gab,
und fegte nur, was sie entstaltet, ab.«

hat, hält am 29. August 1784 in seinem Tagebuch fest: »Ueberall neue, überall schöne, reizende, abwechselnde ...Aussichten, bald in das ferne Alpengebirg...bald über die unabsehbare Fläche..., worinn die Donau mehr einer Überschwemmung als einem Flusse ähnlich sich schlängelte, waldigte Inseln bildete, und an ihren Ufern mit der Kayserstadt prangte...Tiefe bewachsene Gründe thaten sich auf, deren unterste Kluft ein rieselndes Bächlein ausfüllte...Kleine einsame Plätzchen, dunkle Gänge, ganz der Betrachtung heilig, schmale Fußpfade für den unbegleiteten Wanderer, der sich den Ergießungen und Dichtungen seines Herzens überläßt...

Eine Grotte, bey deren Eintritt heilige Schauer uns ergreifen, ganze Adern aus Erz, von Edelstein und Kristallisationen in ihren Wänden, ein langsam hindurchziehendes Wasser, ein Felsensitz, und dunkle gemauerte Bogengänge.... Plötzlich am Ende des dunklen Gangs öfnet sich das Pförtlein und wieder zwischen schattigen Bäumen und Büschen, ein enger Pfad auf einer schmalen Wiese zum Wald hinein.«[11]

Diese frühromantischen Herzensergießungen eines naturliebenden Freimaurerbruders entsprechen gewiß nicht Mozarts eigenem Eindruck. Aber sie weisen die Richtung, die Mozarts Denken bestimmt.

Im Tusculum des Grafen entdeckte Mozart den rätselhaften Reiz einer Grotte, die im 18. Jahrhundert in der Landschaft der Englischen Gärten ihren Platz hatte und von der jedermann wußte, daß sie bei den Alten Sinnbild der Welt und des geheimnisvollen Schaffens der Natur war.

»Eine tiefe Stille umgibt dieses schauerliche Dunkel; man meint in Gesellschaft von Geistern zu leben...« berichtet ein Besucher der Grotte des Grafen Johann von Fries.[12] »Zu dem machen die hier aufgestellten Gottheiten Isis und Osiris, und die mit ihnen übereinstimmenden Hieroglyphen den ohnehin neuen Eindruck noch dadurch frappanter, daß man sich in die Gefilde des so merkwürdigen Aegyptens versetzt zu seyn wähnt.«[13]

Solche Bilder haften; sie umgaben Mozart bis in die Tage der Zauberflöte. Eine »Grotte« zu bauen fernab vom Getriebe des Alltags als geistigen Wohnort einer friedliebenden Gesellschaft von Frauen und Männern, die sich um die Verwirklichung höchster Ideale der Menschheit mühen, welch eine Vision! Gehörte sie zu den Gedanken, die Mozart bis zu seinem Lebensende bewegten?

Mozarts Witwe Constanze berichtete am 27.11.1799 an Breitkopf und Härtel:

»Daß Mozart Maurer war, wissen Sie /.../ Er hat auch eine Geselschaft unter dem Namen: die Grotte, stiften wollen. Ich habe nur ein bruchstük von seinem Aufsaz darüber gefunden und Jemanden, der es vielleicht im Stande ist, weil er Theil hatte, zu ergänzen gegeben.«[14]

11 Georg Forsters Werke. XII.Bd.,Tagebücher, bearb. v. B. Leuschner, Berlin 1973 S. 128.

12 "Le comte Fries" ist von Mozart in der bekannten Liste seiner Konzertsubskribenten vom 20. März 1784 eigenhändig aufgeführt.

13 F. Gaheis: Wanderungen und Spazierfahrten in die Gegenden Wiens. Wien 1801, Bd.V, S. 103.

14 Mozart Briefe Bd.4 S. 299 bzw. 300.

Ein halbes Jahr später sandte Constanze Material »zum Gebrauch für die biographie« nach Leipzig, darunter »einen Aufsaz, größtenteils in der handschrift meines Mannes, von einem Orden oder Geselschaft die er errichten wollte: Grotta genannt. Ich kann nicht mehr Erläuterung schaffen. der hiesige Hofclarinettist Stadler der ältere, der den Rest geschriben hat, könnte es, trägt aber Bedenken zu gestehen, daß er darum weiß, weil die Ordens oder geheime Geselschaften so sehr verhaßt sind.«[15]

Die Grotte mit Wasserfall im Park des Grafen Cobenzl am Reisenberg.
Radierung von Karl Schindelmayer, um 1810.
Historisches Museum, Wien.

15 Ebda. S. 360.

1.2 Illuminaten, Asiaten und Geistermacher

Schillernde Ideen tauchen Anfang der achtziger Jahre unter den Maurern der Donaumetropole auf. Ein Chronist berichtet:

»Hier in Wien findest Du Logen von der strikten, der laten und der berlinischen Observanz; praktische Logen, chemische, magische. Ich will nicht grade alles für Unsinn erklären, was in diesen vorgeht; aber in einer der letzteren, von welchen der Graf K. . . Meister vom Stuhle ist, wollen sie Geister in Gläser gebannt haben.«[1]

Genauere Auskunft liefert das »Verrechnungsbuch und Anmerkungen für meinen gnädigen Herrn, den Herrn Grafen J. F. v. Kueffstein, mit Gott angefangen A.D. 1775 und mit Gott geschlossen A.D.1781/82 von Josef Kammerer«. Davon blieben nur einige Bruchstücke erhalten.

Kammerer gilt als Augenzeuge und treuer Gewährsmann. Er hatte als Kammerknecht, Intendant, Koch und dienender Logenbruder viele Jahre Einblick in die Verhältnisse seines Herrn und katalogisierte, wie Leporello, dessen haarsträubende Reiseabenteuer mit Interesse und Akribie. Gustav Brabbée teilt, wie er sagt, unter »strenger Fernhaltung aller nicht factisch in dem betreffenden Manuscripte nachweisbarer Einzelheiten« folgendes mit:

Die in Gläser gebannten Geister, zehn an der Zahl, waren das Werk des Grafen Johann Ferdinand Kueffstein und eines italienischen Magus, Rosenkreuzers, Cabbalisten und Theurgen, des Abbé Geloni. Kammerer, der seiner Versicherung nach bei fast allen Experimenten gegenwärtig war, will hierbei Dinge erlebt haben, daß ihm manchmal »die Haare wie bei einem Igel die Stacheln in die Höhe standen«, die Angst ihn oft wie »kaltes Fieber beudelte« und er »in einer Dur beten mußte«: Denn er glaubte, »der Teufel müßte alle miteinander holen«. Auf weitere Details über diesen Punkt läßt er sich leider nicht ein, erwähnt nur, daß Geloni seinem gnädigen Herrn gleich anfangs »nebst vielen unbegreiflichen Sachen« auch die Kunst gelehrt habe, Geister zu »machen«, wie denn auch die beiden Herren Adepten innerhalb fünf Wochen im Kloster wirklich zehn Geister zu Stande gebracht hätten. Es waren: ein König, eine Königin, ein Ritter, ein »Münich«, ein Baumeister, ein Bergknapp, ein »Sehraff«, eine Nonne, endlich ein blauer und ein roter Geist, welch letztere aber für gewöhnlich nicht sichtbar waren. Die Geister wurden sofort in je etwa zwei Maß

1 G. Brabbée, Sub Rosa. Wien 1879 S.112. Die folgenden Zitate ebda. Vgl. auch Abafi I, 251.

haltige Gläser eingesperrt, die Gläser »geschwinde mit reinem Wasser angefüllt« (»Wird wohl, Gott verzeih mir's, Weihwasser gewesen sein« - meint Kammerer mit schlecht verhohlener, frommer Entrüstung.), sodann mit einer nassen Ochsenblase, welche der »wälische geistliche Herr zuvor segnete, nachgens aber auch weihte und anrührte« zugebunden und oben drauf ein großes »Sigill« gedruckt, damit die Geister »wann sie rappelköpfisch sein möchten, nicht eschappiren kunnten, denn da war ihnen schon ein Riegel vorgeschoben!«

So wurden die acht Gläser samt Inhalt in einer Hochsommernacht »fein fürsichtig, damit die anderen Müniche im Kloster ja nichts davon merken sollten«, in zwei Fuhren »Maulthierdung« vergraben, damit die Geister darin »wachsen und zeitigen mogten«. Täglich bespritzte auf Gelonis Geheiß der Frater Klostergärtner diesen Düngerhaufen mit einem gewissen Liquor. Sogleich begann der zu gähren und zu dampfen, wie von einem unterirdischen Feuer erhitzt. Mindestens alle drei Tage gingen die beiden Herren des Abends, »wenn alles im Kloster schon ruhig und stille war«, in den Garten hinab, um beim Düngerhaufen zu beten und zu räuchern; ein neuer Gegenstand des Kummers und des Abscheus für Kammerer, der darin eine »arge Profanation« sah, und sich, wie billig, nicht wenig entsetzte, »besonders aber ein- oder zweimal«, wo er, seiner Versicherung nach, die im Innern des Düngerhaufens vergrabenen Geister »wie hungrige Mäuse quitschen und pfeifen gehört«, worüber er »vor Angst bald die Fraiss bekommen.«

Ende der siebziger Jahre reiste Graf Kueffstein mit den Geistern, die ihm der Abbé vermachte und die inzwischen »zwei Spannen lang geworden«, nach Wien, wo er in der Vorstadt ein Laboratorium hatte. Fast wäre vergessen worden zu kolportieren, daß der »blaue Geist« niemals gespeist wurde, während der rote wöchentlich einmal »einen Fingerhut voll« von dem Blute eines frisch getöteten Tieres erhielt, das dann einem Dürftigen verabfolgt wurde, da Kammerer nichts davon geniessen mochte, »es grauste ihm dafür«.

In Wien gelangte Kueffstein in eine ordentlich arbeitende Loge. Die soll aus hochadeligen Brüdern bestanden haben, welche nach höherer Weisheit dürsteten und daher die erste Gelegenheit beim Schopf faßten, ihren mit geheimen Künsten so tief vertrauten Bruder und Standesgenossen zum Meister vom Stuhl zu erheben.

Die evokationsmagischen Sitzungen der Loge fanden in Wien im Fürstlich Auerspergischen Palais gleich neben dem Schwarzen Tor in der Vorderen Schenkenstraße statt. Nur Meister durften dabei anwesend sein, die sich durch einen »fürchterlichen Eid« verschwiegen erklärten. Von den Besuchern, den »hochen Herrn Brüdern« dieser Loge, nennt Kammerer zwei: Max Graf Lamberg, »als schottischen Meister und alten Freund seines gnädigen Herrn«, und den Grafen Franz Joseph von Thun. Letzteren schätzt er als »lieben, freundlichen und herablassenden Mann«. Einmal, als er an einem » hartnäckigen Kopfübel litt, habe Thun ihn binnen einer Viertelstunde radikal kuriert durch Applikation eines »großmächtigen« Hufeisens, indem er ihm damit über den leidenden Teil »hübsch langsam hin und her wischte, wofür er ihm nicht dankbar genug sein könne, denn er habe gelitten, wie ein Märtyrer, auch sechs geschlagene Nächte kein Auge zugemacht«.

Über die stupenden Leistungen der Geister verschweigt Kammerer »Enthüllungen der wunderbarsten Art« und Prophezeiungen, welche »fast immer« eintrafen und die Brüder samt ihrem Meister in Erstaunen versetzten. Glaubt man dem Chronisten, so wußten die skurrilen Wahrsager, die standesgemäß für spezielle Fragen zuständig waren, in allen irdischen Belangen bestens Bescheid. Der König und die Königin referierten Politisches, der Mönch und die Nonne Religiöses, die Baumeister - wie anders - Maurerisches. Für den blauen und den roten Geist sei »nichts zu hoch und nichts zu tief gewesen«: was »Gott im Himmel und Satan in der Hölle eben getan, sie hättens gewußt und oft auch gesagt«.

Eine Prophezeiung der Geister lautete, Baron Johann Fries[2] werde sich auf seinem Gut in der Vöslau »zu todte trinken«. Sie ging, anders als erwartet und tragisch genug, in Erfüllung: Bankier Fries verübte 1785, durch alchemistische Transmutationsexperimente finanziell ruiniert, Selbstmord im Teich seines Gutes. Auf eine nicht überlieferte Frage soll der König in Zahlen geantwortet haben: (17)89, (18)30, (18)48. Dazu fiel den hohen Herren - wen wundert's - nichts ein. Der clevere Kammerer setzte sie in der Lotterie - und gewann.

Bleibt das hoffmanneske Ende der Geister zu berichten: Der Mönch wurde samt seinem Gefäß vom Grafen Kueffstein selbst bei allzu inbrünstiger Zitation vom Tisch gestoßen und, obwohl »dick genug im Fleisch« und von Thun eifrig mit dem Magneten bearbeitet, blieb er, wie das vormals schützende Glas, in tausend Scherben zersplittert. Der König ward eines Morgens boshaft grinsend auf dem Behältnis der Königin hockend gefunden, eifrig damit beschäftigt, das Sperrsiegel abzukratzen und augenscheinlich von der Absicht beseelt, zu ihr ins Gefäß zu gelangen. Die folgende Jagd nach dem kleinen Deserteur, der wie ein wildes »Eichkatzerl« von »Möbel zu Möbel« sprang und dabei wie der Satan gekreischt haben soll, bis er, des flüssigen Elementes verlustig, endlich halb ohnmächtig zusammengesunken, blieb, die zerkratzte Nase des Grafen ausgenommen, ohne Folgen. Was weiter aus ihm samt Gemahlin und übrigen Geistergenossen geworden, stand wohl auf dem Teil des Manuskriptes, der leider verloren ging.

Vielleicht waren Graf Kueffstein und sein getreuer Kammerer darüber auch nur halb informiert, denn aus einer abschließenden Notiz, datiert 1781, geht hervor, er habe sich seiner Geister »entäußert« und wolle von diesen »Höllenbränden« gar nichts mehr wissen. Seine Frau und sein Beichtvater seien peinlich in ihn gedrungen, »sein Seelenheil durch solch gotteslästerlichen Unsinn länger nicht zu gefährden«.

Graf Thun wandte sich in der Folgezeit von Kueffsteins System ab und wurde »Asiatischer Bruder«. Hier konnte er seine Kenntnisse im Geisterbeschwören anwenden. Die Abschlußrechnung für seine Experimente wurde ihm dann ein paar Jahre später öffentlich präsentiert.

2 Fries hatte sich den Asiatischen Brüdern angeschlossen. Abafi I, 253.

Zu dieser Zeit kommt es zu tiefgreifenden Umbrüchen in der österreichischen Maurerei. Die Freimaurer in Wien denken daran, von der Berliner Landesloge unabhängig zu werden und eine eigene Landesloge zu gründen. Alle österreichischen Logen sollen unter einem Dach versammelt werden und »ein einstimmiges Ritual und Tapis«[3] benutzen. Der Emanzipationsprozeß dauert von 1781 bis 1784. Doch nur oberflächlich betrachtet führt er zu einer Vereinheitlichung. Denn in diesem Zeitraum beginnen neue Geheimgesellschaften, die bestehenden Logen zu unterwandern. Es sind in erster Linie die »Asiatischen Brüder« und die »Illuminaten«.

Gleichzeitig mit Mozarts Ankunft in Wien wurde nämlich in der österreichischen Metropole der Versuch unternommen, in Abgrenzung zu den Rosenkreuzern ein freimaurerisches Hochgradsystem zu gründen, dessen ausdrücklicher Zweck es war, sowohl Juden wie Christen aufzunehmen, und dessen Lehre eine eklektische Mischung aus jüdisch-kabalistischen und christlich-gnostizistischen Elementen bildete: die »Asiatischen Brüder«, »eine brüderliche Vereinigung edeldenkender, frommer, gelehrter, erfahrener und verschwiegener Männer ohne Rücksicht auf Religion, Geburt und Stand«.[4] Spiritus rector dieses Systems war Hans Heinrich von Ecker und Eckhoffen (1750-1790).

Ecker hatte bereits 1776 den Orden »Rotae et aureae crucis«, eine Abspaltung der Gold- und Rosenkreuzer, zu einem eigenen System der mystischen Maurerei mit dem Namen »Hochwürdigster, mächtiger und weiser Orden der Ritter und Brüder des Lichts« gegründet. 1779 warb er in München erfolgreich Proselyten und geriet in Konflikt mit den ihm nahestehenden Rosenkreuzern. Den Bruch mit ihnen besiegelt seine programmatische Verräterschrift mit dem Titel: »Der Rosenkreuzer in seiner Blösse. Zum Nutzen der Staaten hingestellt durch Zweifel wider die wahre Weisheit der so genannten ächten Freymäurer oder goldnen Rosenkreutzer des alten Systems von Magister Pianco, vieler Kreisen Bundsverwandten«.[5] Das Werk machte Aufsehen.

1780 war Ecker in Wien. Er wurde Mitglied der alchemistisch-rosenkreuzerischen Loge »Zu den sieben Himmeln« und bald ihr deputierter Meister vom Stuhl. Zusammen mit Thomas von Schönfeld entwickelte er das System der »Ritter und Brüder Sankt Johannis des Evangelisten aus Asien in Europa«, kurz »Asiatische Brüder« genannt. Er gewann nicht nur in Wien einflußreiche Mitglieder, Finanziers und Protektoren.

Die antiaufklärerischen Ideen der Asiatischen Brüder fanden weite Resonanz, so auch bei den Studenten in Ingolstadt. Das rief den dortigen Professor für Natur- und Kirchenrecht, Adam Weishaupt (1748-1830), auf den Plan. Eckers System wurde

3 VA 63 p. 129.
4 Lehnhoff-Posner: Internationales Freimaurer-Lexikon, Wien 1932, S. 95
5 Erschienen: Amsterdam [d. i. Nürnberg] 1782. Das Vorwort ist datiert 14. 9. 5780 [=1780].

zum auslösenden Faktor für die Gründung der radikal aufklärerischen Illuminaten und zugleich ihr ideologischer Kontrapunkt. Denn Weishaupt ging zum Gegenangriff über und protokollierte seine Motive:

»Vollends Ausschlag« für die Gründung des Illuminatenordens gab »ein Offizier, Namens Ecker«. Der hatte »in Burghausen eine Loge errichtet, welche auf Alchemie ging und sich gewaltig zu verbreiten anfing. Ein Mitglied dieser Loge kam nach Ingolstadt, um dort zu werben und die Fähigsten unter den Studierenden auszuheben. Seine Auswahl fiel zum Unglück gerade auf Diejenigen, auf welche auch ich mein Auge geworfen hatte. Der Gedanke, so hoffnungsvolle Jünglinge auf diese Art verloren zu haben, sie auch überdies mit der verderblichen Seuche, mit dem Hang zur Goldmacherei und ähnlichen Torheiten angesteckt zu sehen, war für mich quälend und unerträglich. Ich ging darüber mit einem jungen Mann, auf welchen ich das meiste Vertrauen gesetzt hatte, zu Rate. Dieser ermunterte mich, meinen Einfluß auf die Studierenden zu benutzen und diesem Unwesen durch ein wirksameres Gegenmittel, durch Errichtung einer eigenen Gesellschaft, soviel als möglich zu steuern«.[6]

Die Illuminaten bilden einen politischen Geheimbund, dem das Ideal eines humanistischen Weltbürgertums außerhalb der christlichen Tradition zugrundelag. Die Ordensmitglieder sollten durch einen langfristigen »Marsch durch die Institutionen« die wichtigsten Staats- und Kirchenämter erlangen, auf gewaltlose Reform des Staates hinwirken und den Einfluß der Jesuiten zurückdrängen.

In den Statuten der Illuminaten von 1778 konnte man lesen : Die »Absicht der Gesellschaft ist, dem Menschen die Bemühung um die Verbesserung und Vervollkommnung seines moralischen Charakters interessant zu machen, menschliche und gesellschaftliche Gesinnungen zu verbreiten, boshafte Absichten in der Welt zu hindern, der bedrängten Tugend gegen das Unrecht beizustehen, auf die Beförderung würdiger Personen zu gedenken, und endlich vorzüglich verdienstvolle Männer, die entweders durch ihre Talente oder durch ihren Reichtum oder durch ihr Ansehen dem Orden einigen Nutzen verschaffen, mit besonderer Achtung, Ruhm und Ehre sowohl in als außer der Gesellschaft zu belohnen«. Ordensgründer Adam Weishaupt (1748-1830) selbst proklamiert optimistisch: ». . .Fürsten und Nationen werden ohne Gewalttätigkeit von der Erde verschwinden, das Menschengeschlecht wird dereinst eine Familie und die Welt der Aufenthalt vernünftiger Menschen werden. Die Moral allein wird diese Veränderung unmerkbar herbeiführen«.[7]

Mit den Parolen der Aufklärung weltbürgerliche Gesinnung zu fördern und das monarchische Prinzip durch moralisches Ethos abzulösen, dieses Credo der Illuminaten aus Bayern fand in Wien bei führenden Aufklärern und leitenden Regierungsträgern Anklang. Der Geheimbund wollte auch in die große Politik eingreifen,

6 Adam Weishaupt: Pythagoras oder Betrachtungen über die geheime Welt- und Regierungskunst. Frankfurt und Leipzig [d.i. Nürnberg] 1790 S. 660.

7 Die Illuminaten. Quellen und Texte zur Aufklärungsideologie des Illuminatenordens (1776-1785). Hrg. von J. Rachold. Berlin 1984 S. 48 bzw. S. 255.

Bayern sollte für Österreich gewonnen und auf diplomatischem Wege gegen die Niederlande eingetauscht werden. Solche politische Ausrichtung lag präzis auf dem Kurs des Regenten. Der Führungskreis der Illuminaten verschlüsselte daher am 25.1.1782 diese Instruktion: »Nun ist es die größte Zeit, daß Arrian sich in Rom an die Sach mit Muth wagen kann und soll«. »Arrian« war niemand anders als Graf Ludwig Cobenzl und mit »Rom« war Wien gemeint. Von der »Sach« hatten die politischen Köpfe in Wien indessen andere Vorstellungen als »Spartacus«, wie Adam Weishaupt im Orden hieß.[8]

Als der Russische Großfürst bei seinem Besuch in Wien als Freimaurer eingeweiht wurde, lief das Gerücht um, Kaiser Joseph II. selbst ließe sich , wie sein Vater ein halbes Jahrhundert zuvor, in die Loge aufnehmen. Im Führungskreis der Illuminaten jubelte man: »Dieses wäre nun die herrlichste Zeit, daß der Bruder Arrian in Wien etwas sehr Großes, ja sozusagen, das Größte thun könnte, es sollen dort über 400 Maurer seyn; die erfahrnen Maurer taumeln nun in allerhand Systemen herum, und suchen Licht; giebt man den Würdigeren nur einen kleinen Fingerzeig, so laufen sie mit der brennendsten Begierde und glühendem Herzen einem nach.«[9]

Illuminaten wie Asiaten hatten also die traditionellen Wiener Freimaurer für ihre Dienste ins Auge gefaßt. Offen blieb, wer wen vor seinen Karren spannen würde. In diesem unklaren Qui pro quo ergaben sich interessante Profilierungsmöglichkeiten für vorausschauende Köpfe. Zugleich war es für den Neuankommenden schwierig, sich im verwirrenden Spiel konkurrierender Ideen zu orientieren. War dies der Grund, warum Mozart erst nach drei und dreiviertel Jahren um Aufnahme in die Freimaurerei ersuchte und somit ein Drittel seiner Wiener Jahre ohne verbrieften Kontakt zu den Logen war? Aufschluß über die spezielle Interessenlage geben, wie gesagt, die Persönlichkeiten, mit denen der Komponist zunächst und vorwiegend verkehrte. Betrachtet man diesen Kreis, so ergibt sich folgender Schluß: Mozart baute, neben seinen musikalischen Verbindungen zum Burgtheater, zuerst die Kontakte zu den führenden Aufklärern aus.

Am 6. Mai 1781 berichtet er dem Vater: »[Der oberste Hoftheaterdirektor] Graf Rosenberg hat mich, da ich ihm 2mal visite machte, auf die höflichste art empfangen, und hat bey der Gräfin Thun mit van suiten und H: v: Sonnenfels meine opera [Idomeneo] gehört.«[10]

Zum ersten Mal tauchen hier in Mozarts eigenen Briefen die Namen Gottfried van Swieten (1730-1803) und Joseph von Sonnenfels (1733-1817) auf. Beide gehören in den kommenden Jahren zu Mozarts Bekanntenkreis und den Besuchern seiner musikalischen Akademien.

8 R. van Dülmen: Der Geheimbund der Illuminaten. Stuttgart 1975. S. 80. Vgl. »Auflösung einiger Chiffren der Illuminaten« in: VA 41 p. 164.

9 van Dülmen a. a. O. S. 68.

10 Mozart- Briefe III, S. 120f.

Wesentlich hat auf Mozart vor allem der erstere gewirkt: Gottfried van Swieten, »uomo intimamente legato tanto in ingliterra come in francia con i moderni illuminati«[11], der schon als junger Mann so sehr mit aufklärerischen Gesinnungen sympathisierte, daß er als kaiserlicher Gesandter beim Vatikan nicht approbiert worden war[12]. Van Swietens Mitgliedschaft im Freimaurerbund war bisher nicht zu belegen. In einem Reisebericht[13], der 1782 publiziert wurde, ist er als »Baron von S..« mit großer Wahrscheinlichkeit als Logenmitglied benannt. Aus Wien schrieb damals ein Freimaurer [unter dem Pseudonym ?] Stralenberg: »Zwey Brüder, die nicht zur stricten Observanz gehören, sind meine Herzensfreunde geworden, der Graf L[eopold] St[ein oder Stain[14]] und der Baron von S[wieten].«[15] Stralenberg hält sogar in der Wiener Hofburg eine maurerische Aufnahmezeremonie ab »mit einem Degen des Erzherzogs Maximilian«.[16] Über weitere Aktivitäten notiert dieser maurerische Gewährsmann: »Der M[eister] v[om] St[uhl], der bey der Versammlung gleichfalls gegenwärtig war, ist in kaiserlichen Diensten, und wohnet auf der Burg. In seinen Zimmern werden Logen abgehalten.« Diese Attribute können auf van Swieten gemünzt werden; weiterhin paßt zu dessen Mentalität die überraschende Bemerkung, er sei Meister vom Stuhl »verschiedener Systeme, um die unselige Trennung der [Logen] zu überwinden.«[17] Van Swieten fungierte demnach als »graue Eminenz« der Wiener Freimaurerei, stand vermittelnd über den konkurrierenden Hochgradsystemen und war tief in den Emanzipationsprozeß der österreichischen Maurerei eingebunden.

»... Ich gehe alle Sonntage um 12 uhr zum Baron van Suiten«, schreibt Mozart am 10. April 1782, »und da wird nichts gespiellt als Händl und Bach«. Mit Gewißheit verdankt Mozart van Swieten die unschätzbar wichtige Verbindung zur Musik des Oratorienkomponisten Händel und zugleich zum Leipziger Thomaskantor und seinen bedeutenden Söhnen. Daneben ist sein Einfluß als Aufklärer zweifellos

11 Wörtlich übersetzt etwa = »einem Mann, der innig verbunden ist sowohl in Frankreich wie in England mit den modernen Aufklärern«. Brief von Jean Théodore Gontier an Graf Johann Carl Philipp Cobenzl, 30.12.1769, Archives génerales, Bruxelles. Secretairerie d'Etat et de Guerre. Correspondence Gontier - Comte Cobenzl No. 1133. Gottfried van Swieten stand schon aus familiären Gründen in aufklärerischen Bahnen; seinen Vater Gerhard van Swieten, den Leibarzt Maria Theresias, bezeichnete Ecker 1782 als »die Geisel aller Quacksalber, Alchemisten und Rosenkreutzer«. In: Der Rosenkreuzer in seiner Blösse. S. 188.

12 E.F. Schmid: Gottfried van Swieten als Komponist. In Moz. Jb. 1953, S.27. Den ital. Begriff »Illuminati« (= wörtlich »die Erleuchteten«) 1769 mit »Illuminaten« (Weißhauptscher Provenienz) zu übersetzen, ist ein Anachronismus. In einem nach 1791 zu datierenden »Verzeichniß einiger berühmter Illuminaten« wird Gottfried van Swieten, »vormahliger Studien President in Wien« als Nr. 14 aufgeführt. Vgl. VA 41, p. 272.

13 Ueber das Ganze der Maurerey. Leipzig 1782. S. 171 .

14 Karl Leopold Graf Stain, wirklicher Kämmerer, Feldmarschall-Lieutenant und Regimentsinhaber, war abwesender Meister der Loge »Zur gekrönten Hoffnung«. Abafi IV, 202.

15 Ebda. S. 173.

16 Diese Zeremonie ist aus dem weiteren Zusammenhang vor dem Tode Maria Theresias zu datieren.

17 Ebda. S. 174. Ein gerüttelt Maß Ungewißheit über van Swietens freimaurerische Aktivitäten bleibt dennoch.

vorhanden, wenn auch im einzelnen schwer nachweisbar. Nicht auszuschließen ist überdies, daß van Swieten Mozart maurerische Ideen vermittelte.

Mozart nennt in seinem Brief ebenfalls Joseph von Sonnenfels, dessen Name mit der Aufhebung der Folter (1776) und der Reform des (alten) Wiener Burgtheaters rühmend verbunden wird. Er gilt als Hauptvertreter der josephinischen Aufklärung und verarbeitete als Nationalökonom die aktuelle Gesellschaftstheorie mit dem Kameralismus zur Staatswirtschaftslehre und befürwortete den geordneten Wohlfahrtsstaat mit öffentlicher Arbeitsbeschaffung, staatlichen Manufakturen und Förderung des Bevölkerungswachstums.[18] Seine Ideen müssen Mozart fasziniert haben, denn der Komponist besaß die vier ersten Bände seiner »Gesammelten kleinen Schriften« [von 10 Bänden, die 1783-1786 erschienen].

Wien, 20. September 1781:

Kaiser Joseph II. erließ an diesem Tag ein Handbillet an Baron Gottfried van Swieten, der kurze Zeit später zum Vorsitzenden der Studienhofkommission[19] und damit zum österreichischen »Kultus- und Wissenschaftsminister«, das heißt zum Leiter des gesamten Schul- und Hochschulwesens in österreichischen Landen, ernannt wurde:

»Nachdem schon seit einigen Monaten Ihnen zur Überlegung die Verbesserung der Studien Einrichtung von mir aufgetragen worden, so wie die Errichtung einer gelehrten Gesellschaft in den unterschiedlichen Wißenschaften, so will ich Ihnen zur Erinnerung bringen, daß ich dero nähere Ausarbeitung, und zwar eine solche, welche mich in den Stand setzt, zum Werke zu schreiten, ehestens erwarte.«[20]

Die allerhöchste Anweisung, - durchaus typisch in ihrem ungeduldig-mahnenden Ton - zielt auf die Errichtung einer Akademie der Wissenschaften.[21] Dieser Gedanke war nicht neu, auch nicht in Wien, und hier zuletzt vom bigotten Hofastro-

18 Meyers Enzyklopädisches Lexikon Bd.22, Mannheim 1978, S. 66.

19 KAP 18 No. 713 p. 575: »Hofbibliothekär« van Swieten wurde am 29. 11. 1781 »per Decretum bedeutet, daß er den Vorsitz bey der Studien-HofComißion als Praeses zu nehmen habe.« Das falsche Datum 1782 in Moz. Briefe Bd. V, S. 201 wäre entsprechend zu korrigieren. An Mozarts Todestag wurde van Swieten durch Kaiser Leopold II. seines Amtes enthoben: »Billet an Baron van Swieten. Da Ich mit der obern Leitung des Studienwesens eine anderweite Einrichtung zu treffen, und selbe mit der Kanzlei unmittelbar zu vereinigen entschlossen bin, so hört die Beibehaltung einer eigenen Studien=Hofkommission von selbst auf, und will Ich aus dieser Rücksicht sie von dem bisher aufgehabten Praesidio in Gnaden entheben, wie Ich solches unter einem an die Kanzlei eröffne. Da Ich aber ihre auch in diesem Fache geleisteten Dienste nicht verkenne, so will Ich ihnen hiemit zum Merkmale meiner Zufriedenheit die wirkliche geheime Rathswürde unter Nachsicht der Taxen verleihen. Wo Ich übrigens wegen ihrer unentgeldlichen Erhebung zum wirklichen geheimen Rath das behörige unter einem an den Fürsten Kaunitz erlasse. [Folgt Billet an den Fürsten von Kaunitz] Wien, den 5ten Dezember 1791 Leopold.« Publiziert in: Wiener Zeitschrift, hrg. von Leopold Alois Hoffmann, 1792, 1. Jg. Heft 1 S.141f. Leopold II. war mit van Swietens Amtsführung unzufrieden, van Swietens Gegner Martini und Watteroth triumphierten, und Hoffmann publizierte die einschlägigen kaiserlichen Erlasse in vollem Wortlaut in seiner Zeitung.

20 KAP 18 No. 521 p. 420.

21 E. Rosenstrauch-Königsberg: Eine freimaurerische Akademie der Wissenschaften in Wien. In: Revolution und Demokratie in Geschichte und Literatur. Duisburg 1979 S.151.

nom Hell verfochten worden, scheiterte aber an der einseitig klerikalen Bindung dieses Exjesuiten, der die geplante Sozietät zur Verteidigung der unbefleckten Empfängnis Mariae errichten wollte.[22] Antiaufklärerische Elemente dieser Webart an der Wiener Universität entsprachen nicht van Swietens Intentionen. Der hatte indessen selbst »nicht die Activität und Hardiesse genug, um etwas durchzusetzen«.[23] Um den Auftrag des Kaisers mit den Vorstellungen der maßgebenden Aufklärer in Einklang zu bringen, mußte ein anderer Weg gefunden werden.

Gerade zu dieser Zeit erfaßte den Mineralogen und Hofrat im Münz- und Bergwesen, Ignaz von Born, von neuem seine alte Liebe zur Maurerei.

Ignaz von Born

22 Frederik Münter. Et Mindeskrift. Aus den Tagebüchern Friedrich Münters I. Hrg. von O. Andreasen. Kobenhavn og Leipzig 1937 S. 69. Im Folgenden zitiert als: Münter Tagebücher.

23 Forster am 1.9. 1784 brieflich an Heyme, a. a. O. S. 178. Forster schreibt weiter: »Der Kaiser wollte schon vor ein paar Jahren eine Akademie der Wissenschaften errichten, und hatte bereits wirklich einen Fonds von jährlichen 20.000 Gulden dazu bestimmt; allein van Swieten getraute sich nicht die Leute zu nennen, die berufen werden sollten, und sagte, es sey noch nicht Zeit an Akademien zu denken, wo man noch keine Schulen hätte.«

1.3 Reformer
Ignaz von Born

Ignaz von Born wurde zu Karlsbad in Siebenbürgen am 26. Dezember 1742 geboren, verlor früh seine Eltern und kam als Zögling ins Wiener Jesuiten-Gymnasium. Achtzehnjährig wurde er Novize des Ordens, er muß demnach ein ausgezeichneter Schüler gewesen sein. Allerdings hielt es ihn nur sechzehn Monate bei den Jesuiten; 1762/63 studierte er in Prag die Rechte, bevor er sich auf eine Europareise begab. Nach seiner Rückkehr trieb er in Prag Naturgeschichte, belegte den Kurs der Bergscholaren und studierte Mineralogie, Bergwerkskunde und Chemie.

Er heiratete 1765 die minderjährige Maria Magdalena von Montag, hatte mit ihr zwei Töchter, erwarb das Gut Alt-Zedlitsch »mit einem sehr niedlich gebauten Schlosse«, in dem er eine kostbare Münzsammlung, eine erlesene Bibliothek und ein Theater unterbrachte, und ließ sich einen botanischen Garten anlegen.[1] Seine Forschungen aber führten ihn immer wieder nach Prag.

1769 skizziert Sonnenfels seinen Freund Born so: »In einer großen Gesellschaft stumm, aber in einem kleinen Kreis seiner Freunde ganz unentbehrlich: Hat man sich einmal an seine äußerliche Art gewöhnt, so kann man sich von ihm gar nicht trennen, denn sein ganzes Herz steht seinen Freunden offen: aber ihre Zahl ist so klein, vielleicht sind es kaum drey Menschen, die er so nennet.«[2]

Eine Anstellung hatte Born bis dahin nicht, Gründe dafür nennt Sonnenfels: »Er hat einen ganz besondern Abscheu vor den Großen...Seine runde Denkungsart kann sich nicht nach den Krümmungen schmiegen, welche in die Vorzimmer der Großen und zu ihrer Gunst führen. Diese Entfernung ist schuld, daß er noch ohne Dienst ist, weil er Menschen, die er verabscheut, keine Aufwartung machen wollte. Endlich hat man ihn aufgesucht.«[3]

Born erhielt 1769 von Maria Theresia ein Dekret als »Beysitzer bei dem obersten Münz- und Bergmeisteramt in Prag«. Im folgenden Jahr reiste er studienhalber durch das Banat, Siebenbürgen und Ungarn. Auf dieser Reise traf ihn ein Schlag, der sein Leben veränderte. Er berichtete darüber an den Mineralogen Ferber:

1 J. Schaller: Topographie des Königreiches Böhmen, Prag und Wien 1788 S.155.
2 Ebda.
3 Ebda.

»Nagy-Banya, den 22.August 1770

»Mein langes Stillschweigen ist die Folge eines unglücklichen Zufalls, der mir bald das Leben gekostet hätte. Um das in Felsö=Banya gebräuchliche Feuersetzen, und die Würkung, welche durch einen so geringen Holzaufwand erfolgt, genau zu besehen, befuhr ich daselbst die große Grube, zu einer Zeit, als das Feuer kaum ausgebrannt, und die Grube noch voll Rauch war. Durch ein Ungefähr ward ich gezwungen in dem Schachte zu verweilen, durch welchen der Rauch zog. Kurz ich verlor meine Sinnen, und man brachte mich erst nach funfzehn Stunden durch Ziehpflaster und andere Mittel zu mir selbst. Mein Mund war sehr aufgeschwollen, die Augen mit Blut unterzogen und alle Glieder gelähmt. Ohne die Hülfe eines jungen geschickten Arztes in Nagy-Banya, und der Sorge des Herrn Wirthschafts =Inspector Gerham, in dessen Hause ich wohne, würden Sie Ihren Freund gewiß verlohren haben. Vielleicht verlieren Sie ihn aber noch; denn ein gewaltiger Husten und ein schmerzliches Hüftweh, die mich wechselweise martern, sind zureichend genug, meine ohne dies schwachgebaute Maschine zu zerstören. Geschieht dies, so verschaffen Sie mir die Ehre, mein bester Freund, daß man meinen Namen wenigstens in das Martyrologium der Naturforscher eintrage.«[4]

Ein lebenslanges Siechtum begann, Born war fortan ein gezeichneter Mann. Der Wiener Maulkorberlaß von 1772 - jenes gegen Wirtschaftsspionage gerichteten Publikationsverbot im Bergwesen - schränkte auch Borns Initiativen ein.[5] In diese Zeit fällt sein erster Kontakt mit den Freimaurern, Born wurde Mitglied der Prager Loge »Zu den drei gekrönten Säulen«, die der Strikten Observanz beitrat.[6]

Durch seinen Gesundheitszustand und mancherlei Querelen bewogen, zog sich Born für einige Jahre auf sein Landgut zurück. 1775 ging das Gerücht um, er sei verstorben.

»Aus Elysium, nach der Zeitrechnung der Oberwelt 29. Mai 1775«, richtete er ein Lebenszeichen an »einen sterblichen Freund«, und lieferte eine brillante Humana Comedia, in der er die Ahnenreihe der Fachgenossen aus Natur- und Geistesgeschichte aus der Versenkung heraufbeschwört und mit Lob und Tadel oder Hohn und Spott übergießt. Hochachtung für Wieland, den Dichter, hegt er. Einen über Gebühr gelobten Reimschmied läßt er im Hades eine Ewigkeit mit zentnerschwe-

4 Des Ignatz, Edl. von Born /...Briefe/ über Mineralogische Gegenstände / auf seiner Reise durch das Temeswarer Bannat, Siebenbürgen, Ober= und Nieder=Ungarn an den Herausgeber derselben Johann Jacob Ferber /.../ geschrieben. Frankfurt und Leipzig 1774. S. 155. Danach bei: Schlichtegroll S. 222 und Pezzl S. 223.

5 Mit Unterstützung der Grafen Waldstein und Kinski errichtete Born 1770 in Prag die »Böhmische gelehrte Privatgesellschaft«, die 1771 die erste wissenschaftliche Zeitschrift Böhmens, die »Prager gelehrten Nachrichten«, herausgab. Er ergänzte diese Publikation später durch die »Abhandlungen einer Privatgesellschaft in Böhmen zur Aufnahme der Mathematik, der vaterländischen Geschichte und der Naturgeschichte«, die gelehrte Traktate enthielten. Vgl. P. Hofer. Ignaz von Born. Phil. Diss. Wien 1955, S. 17ff.

6 Krivanec a. a. O. S. 186.

rem Maßstab Silben messen.[7] Der Brief ist ein typisches Zeugnis aus Borns Feder: Trotziger Selbstbehauptungswille und kritisches Engagement paaren sich mit bitterer Zynik.

In der Folgezeit untermauerten Fachbeiträge Borns Ruf als Mineraloge. Ungünstig entwickelten sich seine Finanzen. Maria Theresia rief ihn 1776 nach Wien zur Ordnung des Kaiserlichen Naturalienkabinetts, das war Auszeichnung und wirtschaftliche Hilfe zugleich: 2000 Gulden Gehalt warf die auf drei Jahre befristete Stelle ab, soviel erhielt auch der K. K. Hofcompositeur Christoph Willibald Ritter von Gluck als Ehrensold.

1779 wurde Born als K. K. Hofrat in Wien angestellt, erhielt 1000 Gulden mehr und stand auf dem Scheitelpunkt seiner Beamtenkarriere.[8] Sein chronisches Leiden machte ihm zunehmend zu Schaffen.

»Er bekam plötzlich eine Bleycholik, die ihn beynahe tödtete, und ihm die unleidlichsten Schmerzen verursachte. Um ihm diese einigermaßen empfindlich zu machen, gab man ihm auch Opium. Er hatte eine grosse Dosis vor sich, von welcher er von Stunde zu Stunde eine mäßige Portion nehmen sollte. Die Schmerzen wurden einst so unleidlich, daß er in einem Anfall von Verzweiflung die ganze Dosis Opium auf einmal zu sich nahm. Hierauf sank er in eine Betäubung, gleich einem Todesschlaf, und diese dauerte ganze vier und zwanzig Stunden lang. Als er endlich wieder erwachte, waren alle Schmerzen, alle Cholik aus dem Leibe verschwunden; dafür war sein rechtes Bein gelähmt, dorthin also hatte sich der Krankheitsstoff geworfen. Dieses lahme Bein erhielt er nun sein Lebelang; es verursachte ihm manchmal große, manchmal mindere, manchmal gar keine Schmerzen; aber immer blieb er lahm. Er saß, lehnte, oder lag den ganzen Tag auf einer Sofa, konnte in den besseren Tagen aber auch auf einem Stuhl sitzen; mit Hilfe eines Stocks, und mit beyden Armen sich stützend konnte er zur Noth wohl allein im Zimmer von einer Stelle zur anderen mühsam kommen; aber von einem Zimmer in das andere, oder über eine Treppe mußte er immer von einem starken Manne, oder von zweyen unterstützt, geführt werden.«[9]

So trug Born unfreiwillig das geheime Stigma derer, die - nach dem berühmten Zeugnis im 11. Buch der Metamorphosen des Apuleius, - in die Mysterien eingeweiht waren: er hinkte. Als Mystagoge solcher Art verfügte er in den Augen seiner arkankundigen Zeitgenossen über besondere Kräfte.

1783 schlug Born mit der satirischen Sichel unter dem Pseudonym »Pater Ignaz Lojola Kuttenpeitscher« zu und veröffentlichte die »Neueste Naturgeschichte des

7 VA 68 p. 55.

8 Hofer a. a. O. S. 22 .

9 Schlichtegroll, a. a. O. S. 231. Forster entwirft im August 1784 von Born folgende Skizze: »Er ist seit 26 Jahren elend am Körper,...so, daß er kaum kriechen, und sich am Stock und unterstützenden Arm seines Freundes oder Bedienten fortschleppen kann. Vom vielen Sitzen ist ihm das Os sacrum cariös geworden, doch hat es Hunczowsky und die Natur geheilt, indem sie den cariösen Theil von selbst abgelöset.« G.Forsters Werke 12.Bd. Berlin 1973 S. 159.

Mönchswesen«.[10] Dieses Pamphlet klassifiziert »im Geiste der Linnäischen Sammlungen« die bekannteren katholischen Orden mit Ausnahme der aufgehobenen Jesuiten, denen Born selbst angehört hatte. Es ist »allen Feinden des Mönchtums und aufrichtigen Freunden der Menschheit« gewidmet. In der Vorrede zieht Born eine makabre metaphorische Parallele:

»Was das Insekt in dem Geschlechte der unvernünftigen Thiere ist, das ist der Mönch in dem Geschlechte der vernünftigen Thierart. Er ist eben so häßlich, Grauen erweckend, einnistend, höckartig, im Finstern schleichend... als das eigentlich genannte Ungeziefer; nur mit dem einzigen Unterschiede, daß letzteres im Kleinen, und der Mönch im Ganzen schädlich ist: z.B. die Raupe frißt nur Laub, der Mönch ein Königreich. Die Wanze saugt ein klein Blutgefäß aus; der Mönch sauget ganze christliche Gemeinden bis auf den letzten Tropfen aus. Der Floh sticht nur einen kleinen Theil unsers Leibes,..allein der Mönch setzet den Dolch an des bessern Menschen Herz, und sein Stechen ist Inquisitonsmord.«

Europa sei überschwemmt mit Mönchen, das Licht der Vernunft von ihnen ausgelöscht und der freigeborene Mensch unterjocht von religiös verbrämtem Aberglauben und fanatischem Despotismus. Gebot der Stunde sei, die Delikte der Mönche anzuprangern. »Verbreitung des Mönchhasses muß die erste Grundlehre im Katechismus des Menschenfreundes sein.« Solch bitterböse Kritik gipfelt in den bestürzenden Aufruf an die weltlichen Mächte: »...rottet diese abscheulichste und verderblichste der Ungezieferarten, die Mönche, aus; und es wird Licht in euren Staaten werden.«[11]

Entstanden ist diese Schmähschrift vor dem Hintergrund des Wiener Kapuziner Skandals[12] und unter dem Eindruck des josephinischen Klostersturms. Sie lag präzis auf der Linie der kaiserlichen Reformpolitik und rannte mit ihrer antikirchlichen Speerspitze 1783 offene Türen ein. Als Meisterstück einer witzigen Satire werde sie noch im Jahre 2440 mit Vergnügen gelesen, heißt es auf dem Vorsatzblatt des Exemplars der Österreichischen Nationalbibliothek. Das darf man bezweifeln.

10 Vgl. Hofrath Born; die Monachologie; Cardinal Migazzi, und der Kaiser. In: Josephinische Curiosa Wien 1848 Bd. 3 S. 201.

11 Neueste/ Naturgeschichte/ des/ Mönchthums, /beschrieben /im Geiste der Linnäischen Sammlungen/ und mit drei Kupfertafeln erkläret von/ P. Ignaz Lojola Kuttenpeitscher, aus der ehemaligen Gesellschaft Jesu./ Nebst einigen erbaulichen Sätzen aus der Theologie/ und dem Rechte der Natur der verschollenen Zeloten/ Oberteutschlands/ Fast, Pochlin, Jost, Kreutner, Gruber, Weissenbach,/ Sambuga, und Konsorten. (Titelholzschnitt zeigt Wolf im Schafspelz als Hirten) //In Oesterreich /auf Kosten der Exmönche im Jahre des Lichts 1783. (= Lindauer in München. Vgl. Weller: Falsche Druckorte I, S. 122 zit. n. ÖNB 295.943-B Rara.) Latein. Edition: Specimen monachologiae. Wien 1783. Dazu: Joannis Physiophili Opuscula/ continent/ Monachologiam, Accusationem Physiophili;/ Defensionem Physiophili; Anatomiam/ Monachi./ collegit, edidit... / P. Aloysius Martius / Wien 1784.

12 Ignaz Feßler teilte Joseph II. unter dem 24. 2. 1782 mit, daß die Capuziner, zu denen er selbst gehörte, Gefangene hielten. Von einer kaiserlichen Untersuchungskommission wurden daraufhin im Wiener Kapuziner-Kloster am Neuen Markt zwei Priester und zwei Laienbrüder, die wegen geringer Verstöße gegen die Ordensregeln 50, 42, 15 bzw. 9 Jahre schwere Klosterkerkerhaft verbüßt hatten, befreit. Kaiserliche Kommissionen überprüften daraufhin alle Mönchs- und Nonnenklöster der ganzen Monarchie. Vgl. »Kaiser Joseph, Feßler und die Capuzinergräuel in Wien« in: Josephinische Curiosa. 1. Theil. Wien 1848 S. 87.

1.4 »Wahre Eintracht« im Wandel

Chirurg Ignaz Fischer versammelte am 12. März 1782 fünfzehn Mitglieder der Loge »Zur gekrönten Hoffnung« in seinem Hause. Eine Akzentverschiebung innerhalb der Wiener Logen stand auf der Tagesordnung, die freimaurerische »Linke« sollte gestärkt und zu diesem Zweck eine neue Loge unter dem Namen »Zur wahren Eintracht« gegründet werden.[1] Das Zinnendorfsche System, benannt nach dem Generalstabsmedicus Johann Wilhelm von Zinnendorf (1743-1815) und bereits 1776 in Wien durch den dänischen Rittmeister von Sudthausen (gest.1802) etabliert[2], sollte gegenüber der Strikten Observanz mehr Gewicht erhalten, indem man den Logen »Zur gekrönten Hoffnung« und »Zum hl. Joseph« eine weitere angliederte, die unmißverständlich die Aufklärung auf ihr Panier schreiben sollte.

Neuer Meister vom Stuhl wurde Fischer. Er war ungefähr zwanzig Jahre zuvor in der Loge »Zu den drei Zedern« in Erlangen in die Geheimnisse des Ordens eingeweiht und 1775 in die Wiener Loge »Zur gekrönten Hoffnung« inkorporiert worden. Als erfahrener Freimaurer sorgte er für die angemessene Ausstattung der neuen »Bauhütte«, die zunächst im Quartier der Loge »Zum hl. Joseph« im dritten Stock des »Schönthanischen Verlassenschafts Hauses beym Silbernen Hut« am Bauernmarkt tagte.[3]

Fischer kümmerte sich um jedes Detail. Eine »katholische Bübl« »zwei dreyeckigte und 2 kleine viereckigte Tischl« und »18 Stück rohe Rohr-Sesseln«, die später »gelb und blau« bezogen werden, weisen die Rechnungen aus. Bildhauer Stegner erhält »für die zwey Statuen« 100 Gulden. Tischlermeister Tucher fertigte drei Corinthische Säulen und drei Postamente an, »jedes mit 7 Stoffen, . . . zu jeder Saullen ein Cranl mit ein eingeschrauffter Steften«. Sie sollten drei große Leuchter tragen. Ein grüner Teppich, ein blauer und ein gelber »Fürteppich«(= Vorteppich) schmückten den Raum.[4]

Weiter ließ er von einem Tapezierer einen kompletten Baldachin aus blauem Atlas, mit einfacher goldener Borde besetzt, bestehend aus einem Himmel mit

1 Liste der Gründungsmitglieder in: VA 66 p. 390.

2 E. Krivanec: Die Anfänge der Freimaurerei in Oesterreich. In: Freimaurer und Geheimbünde im 18. Jh. in Mitteleuropa, Frankfurt 1983 S. 192.

3 VA 68 p. 66.

4 VA 68 p. 55 u. p. 45.

Rückwand, vier Kränzen, zwei Vorhängen und Schlingen herrichten und mit Teppichen auslegen.[5] Vier Kremser Dukaten stehen in Rechnung »für eine Feuer Maschine« und »für den flammenden Sternleuchter«.[6] Maler Germain quittiert drei Dukaten »für die 2. Bilder zur M[ei]st[e]r [Loge] mit Todtenköpfen und Gebeinen«.[7] Am 9. Februar 1782 hat Tischler Tucher »einen Sarg gemacht, zum zusamlegen«.[8] »Farbe zum bluth-Tuch« und »Colofoni zur Feuermaschine« wurden besorgt[9], ebenso dreißig »schwarze und weiße Kugeln zur Ballotta (d.h. Abstimmung)«, dazu ein großes Winkelmaß und ein Zirkel.[10]

Am 3. Mai 1781 verlangte die neue Bauhütte »Zur wahren Eintracht« von der Landesloge eine Konstitutionsurkunde. Zu diesem Zweck übersandte sie einen Entwurf ihres Siegels zur Begutachtung nach Berlin. Das Siegel zeigt im Zentrum zwei nackte Arme, welche sich die Hände reichen. Sie halten eine zur Rechten und Linken zur Erde fallende Schnur mit zwei Quasten. Dahinter erhebt sich ein Obelisk, der den flammenden Stern an der Spitze trägt; über ihm schwebt in einem leuchtenden Dreieck der Name Jehovas in hebräischen Lettern. Von ihm gehen Strahlen aus: rechts zur Sonne und links zum Mond, ebenso zum flammenden Stern in der Mitte und zum Totenkopf, der am Boden liegt. Halb verdeckt wird ein Globus sichtbar, dazu ein Buch mit Kelle, Hammer, Lotwaage und verschränkt Zirkel und Winkelmaß. Die Umschrift lautet: Concordia res parvae crescent. [= Durch Eintracht wachsen die kleinen Dinge.]

Siegel der Loge »Zur wahren Eintracht«

5 VA 68 p. 36.
6 VA 68 p. 21.
7 VA 68 p. 33.
8 VA 68 p. 89.
9 VA 68 p. 49.
10 VA 68 p. 126.

Die Berliner Ordensobern stimmten dem Ersuchen der Wiener freundlich zu, lediglich das Siegel müsse verändert werden, und zwar »wäre daraus der Mond, das Triangel mit dem Namen Jehova's, sowie der fünfeckige Stern und die übrigen Sterne ganz wegzulassen; der entblösste Arm aber, welcher einem Frauenarm ähnlich, in einen Männerarm zu verwandeln und unter dem Todtenkopf noch die ins Kreuz gelegten Todtengebeine anzubringen.«[11] Die Wiener änderten nichts.

Als sich im Herbst 1781 die Möglichkeit abzeichnete, in der Loge »Zur wahren Eintracht« eine für Wien ganz neue Richtung zu kultivieren, die den Illuminatismus repräsentierte, und dabei zugleich die alten Pläne zu einer Akademie der Wissenschaften mit Unterstützung des Kaisers realisierbar erschienen, sah Ignaz von Born (1742-1791), angeblich in Prag bereits als Lehrling rezipiert, in Wien aber bis dahin ohne nachweisbaren Kontakt zu den Logen, seine Zeit für gekommen.

Das »Urbild des Sarastro«[12] trat auf bemerkenswerte Weise ins maurerische Leben. In der XXXIII. Arbeit (d.h. Sitzung) der Loge schlug ihn der schwarze Afrikaner Angelo Soliman zur Aufnahme vor.[13] Am 14. November 1781 wurde Born darauf als Geselle der »Wahren Eintracht« inkorporiert und schon zwei Wochen später zum Meister erhoben.[14]

In das bis dahin dunkle Kapitel fällt nun mehr Licht. Zwei Pfund »ordin[äre] Tafelkerzen«, eine »vollkommene Meisterkleidung und Schmuk«, »1 Tablier« , »1 vergoldete Khelen«[=Kelle] »1 Elfenbeinerner Schlüssel« und »Bänder um Hals und Brust« wurden beschafft[15], und Born zahlte 15 Gulden Gesellen-, 30 Gulden Meistertaxe und 15 Gulden für seine Inkorporation.[16] Binnen kurzem wurde der biedere Hofchirurg Fischer als Vorsitzender ausgespielt.[17]

Tief gekränkt wollte Fischer die Loge am 9. März 1782 decken [d.h. verlassen]; Born versuchte vergeblich, ihn mit einer Laudatio zu besänftigen und erkor Fischer rasch zum Ehrenmitglied. Am gleichen Tag ließ sich Born mit 31 weißen gegen 3 schwarze Kugeln - »helleuchtend«, wie man eine solche Ballottage nannte - zum »Meister vom Stuhl« erheben.

Angelo Soliman (1726-1796), der Negerprinz, wie er in Wien hieß, wurde durch Akklamation zum »Fürchterlichen Bruder« bestimmt. Er spielte später eine zwielichtige Rolle in der Freimaurerei und lief zur Partei des Kardinal Migazzi über. Diesen Verrat haben ihm seine maurerischen Ordensbrüder nie verziehen. Auf Wunsch von Kaiser Franz II. wurde Soliman nach seinem Tod vom Bildhauer Franz

11 Schreiben der Großen Landesloge Berlin an die Provinzialloge in Wien vom 17. 7. 1781, zit. n. Abafi Bd. 4 280f.

12 Zellweker, E.: Das Urbild des Sarastro - Ignaz von Born. Wien 1953

13 Vgl. Josephs schwarzer Freund und Königssohn Angelo Soliman. In: Josephinische Curiosa 3. Bd. S. 225.

14 VA 79 p. 28 u.30.

15 VA 68 p. 53: »Nota über die Auslagen für die Loge Zur Wahren Eintracht. Bey Beförderung des Baron Born zum Meister-Grad.«

16 VA 68 p. 121. Die Lehrlingstaxe betrug 45 Gulden, p.113 lauten die Taxen: Lehrling 30 fl., Geselle 10 fl. Meister 20 fl.

17 Vgl. Borns Rede in VA 66 fol. 621.

Thaler abgehäutet, ausgestopft und der frivolen Schaulust der Wiener preisgegeben. Trotz des Einspruchs seiner Familie, den der Kardinal energisch unterstützte, mußte er mehr als fünfzig Jahre als Präparat in Gesellschaft eines Wasserschweines und mehrerer Sumpfvögel im Naturkundlichen Kabinett ein makabres Nachleben fristen, bis ein fehlgehender Kanonenschuß der Achtundvierziger Revolutionäre dem würdelosen Spuk auf dem Dachboden des Hauses am Josephsplatz unbeabsichtigt ein Ende setzte.[18]

Mozart hat den schwarzen Soliman, der den großen Ignaz von Born zur Aufnahme in die Loge »Zur wahren Eintracht« vorschlug, in der Zauberflöte sublimer verewigt.

In Borns Loge waren durch Wahlen alle Ämter neu besetzt. Am folgenden Tag lud der jüngst erkorene Großmeister zur Tafelloge ein. Der Plan war gelungen und die Loge zeigte auf ihrem ersten Konstitutionsfest 1782 ein völlig neues Gesicht.

Fischer aber sprach weiterhin von ihm »angethaner großer Unbild« und versicherte gekränkt, daß er seinen Austritt aus der Loge »auch vollkommen halten« wollte.[19] Er wurde nicht mehr gebraucht. Nur sein Kapital von vierhundert Gulden, das er als persönlichen Kredit fürs notwendige Inventar der Loge beließ, überlebte ihn und die »Wahre Eintracht«.[20]

Generalstabmäßig hatte der ehemalige Jesuit Born die Loge gestürmt, jetzt begann er sie für seine Zwecke vollständig umzugestalten.[21] Nicht nur, daß er den im maurerischen Zeremoniell erfahrenen Fischer zunächst die Einrichtung vornehmen und nach getaner Arbeit abtreten ließ, um seinen Parteigängern - am 6. Juli 1782 wurde Joseph von Sonnenfels der Loge inkorporiert - Platz zu machen; Borns Hammerführung gab der »Wahren Eintracht« Aufschwung. Ein Jahr später, 1783, hatte er die Mitgliederzahl seiner vor allem jungen Anhänger verdoppelt, drei Jahre darauf, 1785, vervierfacht.[22] Born wuchs zur bedeutendsten Gestalt unter den Wiener Maurern.

Festzuhalten ist: Born zählte, wie Sonnenfels, zu den Illuminaten, daran ist nach Münters Zeugnis nun nicht mehr zu zweifeln; mehr noch, er galt als ihr bester Kopf, ihr führender Stratege. Er war im Illuminatenorden Präfekt in Wien, »National-Consultor« von Österreich mit der Titulatur »Princeps« und trug den Geheimnamen »Furius Camillus«.[23] Sein Haus in der Wollzeile in Wien war der Treffpunkt in- und ausländischer Mitglieder des Ordens und zugleich spätere Heimstatt der Loge »Zur wahren Eintracht«. Dieser Maurertempel öffnete wenige Tage vor Mozarts Eintref-

18 Ein »schwarzes« Mitglied der Wiener Loge »Zur wahren Eintracht« in: G. Brabbée: Sub Rosa. Wien 1879, S. 130. »Ein schwarzer Prinz (Angelo Soliman).« In: F. Gräffer. Kleine Wiener Memoiren 1. Theil S. 146. Lennhoff/Posner: Internationales Freimaurer-Lexikon Wien 1932 S. 1475.

19 Fischer am 20. 6. 1783 an Pilgram, den Sekretär der Loge. VA 65 p. 187.

20 VA 78 p. 55.

21 VA 79 p. 1-85.

22 1782 zählt das Mitgliederverzeichnis der Wahren Eintracht 41 Ritter u. 5 dienende Brüder.(VA 73 p. 31); 1783 83 Ritter u. 7 dien. Brüder (VA 73 p. 35), 1785 176 Ritter u. 11 dien. Brüder (VA 66 p. 361). Die Verzeichnisse erschienen jährlich am 12. März zum Konstitutionsfest der Loge.

23 E. Rosenstrauch-Königsberg: Freimaurer, Illuminat, Weltbürger. Friedrich Münters Reisen und Briefe in ihren europäischen Bezügen. Berlin 1984 S. 73. H. Schüttler: a. a. O., S. 28

Maria (=Mimi) von Born
aus »Collectio Umbrarum Viennensis« /1784)
von Dr. C. F. Meischner

fen in Wien seine Pforten. Hier war der Komponist später zu Gast. Die Loge diente als Pflanzschule der Illuminaten. Ihre ideologische Ausrichtung hielt Born konsequent durch. So konnte er 1784, im Zenit seines Ruhms, schreiben: »Noch immer arbeiten wir nach unserem ersten Plane. Nach und nach schließt sich immer ein geschickter junger Mann nach dem anderen an unsern Kreis; Eintracht unter den helldenkenden Köpfen und guten Schriftstellern Wiens ist noch immer unser Streben, und die Verbreitung der Aufklärung unsere Arbeit.«[24]

Neben der inspirierenden Persönlichkeit des Hausherrn trug aber auch seine älteste Tochter Mimi zur Faszinationskraft des Bornschen Hauses bei: Sie war ein bezauberndes Geschöpf, nahm rege Anteil an allen Diskussionen und verdrehte den jungen Männern die Köpfe.[25]

24 Born an den Philosophen Karl Leonhard Reinhold am 9. Juni 1784, in: Wiener Freunde 1784-1808. Beiträge zur Jugendgeschichte der Deutsch-Österreichischen Literatur von R. Keil. Wien 1883 S. 34.

25 Z.B. Forster und Münter. Vgl. Forsters Werke Bd. XII S. 100ff. Münter-Tagebücher S. 57. Dazu: E. Rosenstrauch-Königsberg a. a. O. S. 67. Vgl. auch das Gedicht von Aloys Blumauer: An die Rosennähterinn, Schwester M[imi] v[on] B[orn] in: Gedichte und Lieder verfaßt von den Brüdern der Loge zur Wahren Eintracht im O[rient] v[on] W[ien] gedrukt bey Christ. Fried. Wappler 1783, S. 103 .

1.5 Altägyptische Zeremonien in der Wiener Maurerei

Am 29. Oktober 1782 schlug Born der »Wahren Eintracht« vor, statt der gewöhnlichen Instruktionslogen, in denen Gesetze, Gebräuche, Zeremonien und der Katechismus der Maurer erläutert wurden, jeden ersten Montag im Monat Übungslogen zu veranstalten.[1] Aus einer der freien Künste, aus der Moral, aus der Naturlehre im weitesten Sinne und aus der Mathematik sollte der Stoff entlehnt werden; theologische Streitigkeiten, Juristerei, und Themen, die die Staatsverfassung betrafen, blieben ausgeschlossen. Borns Idee war, diese Abhandlungen zum Druck zu befördern[2], und dies in zwei Reihen:

1. »Physikalische mathematische Abhandlungen und Nachrichten der einträchtigen Freunde in Wien«;[3]
2. »Unterhaltungen der einträchtigen Freunde in Wien«.[4]

Unschwer ist zu erkennen, Borns Lieblingsidee, eine Akademie der Wissenschaften zu konstituieren, gewinnt in den Übungslogen der »Wahren Eintracht« Gestalt.[5]

1 VA 69 p. 5 abgedruckt in: Die Übungslogen der gerechten und vollkommenen Loge Zur Wahren Eintracht im Orient zu Wien 1782-1785. Hrg. im Auftrage der Großloge von Österreich von Erich Lessing. Wien 1984 S. 23.

2 Ebda. S. 25.

3 Ebda.. Ankündigung dieser Publikation in: VA 66 p. 374. Die Reihe erschien unter dem Titel: Physikalische Arbeiten / der / einträchtigen Freunde zu Wien / Aufgesammelt von / Ignaz Edlen von Born / K.K. wirklicher Hofrath, der kaiserl. Akademie der Naturforscher; der Akademie der Wissenschaften zu St. Petersburg, London, Upsal, Stockholm, Göttingen, Toulouse und mehrerer gelehrten gesellschaften Mitglied./ Des ersten Jahrganges erstes Quartal. Wien / gedruckt und verlegt bey Christian Friedrich Wappler / 1783. Folgebände 1784, 1785, 1786 und 1787.

4 Nicht erschienen, statt dessen: »Journal/ für/ Freymaurer. // Als Manuskript gedruckt/ für / Brüder und Meister des Ordens. /Herausgegeben von den Brüdern der [Loge[zur wahren Eintracht im Orient von Wien. (Herausgeber Aloys Blumauer). Ersten Jahrgangs Erstes Vierteljahr Wien, / Gedruckt bey Christian Friedrich Wappler. 5784 (=1784) Es erschienen insgesamt drei Jahrgänge bis 1786 mit jährlichen Quartalbänden, der letzte Quartalband pro 1786 erst 1787. Auflage 1000 Exemplare. Subskriptionspreis sechs Gulden. Zensurfrei nur für Logenbrüder gedruckt.

5 Mikulas Teich: Ignaz von Born als Organisator wissenschaftlicher Bestrebungen in der Habsburger Monarchie. In: Wissenschaftspolitik in Mittel- und Osteuropa, hrg. von Erik Amberger (=Studien zur Geschichte der Kulturbeziehungen in Mittel- und Osteuropa Bd.3) Berlin 1976 S.195. Edith Rosenstrauch-Königsberg: Eine freimaurerische Akademie der Wissenschaften. In: Revolution und Demokratie in Geschichte und Literatur. Hrg. v. Julius H. Schoeps u. Immanuel Geiss. Duisburg 1979 S.151. Dies.: Freimaurerei im Josephinischen Wien. Aloys Blumauers Weg vom Jesuiten zum Jacobiner. Wien 1975.

Born ließ alle Logenbrüder schriftlich über seinen Vorschlag abstimmen und erhielt mehr oder weniger geschmackvolle Elogen auf sich und seinen vortrefflichen Plan, garniert mit französischen oder lateinischen Sprüchen und einem arabischen Ghasel.[6] Nur Adjunkt Jacobi und Philosoph Scharf befürchteten, daß »die Maurerey in eine Gelehrte Gesellschaft sich umwechseln dürfte«.[7] Ihre Kritik traf den Kern. Born erkannte, daß er zu weit gegangen war. Es wurde beschlossen, nur Meister zu den Übungslogen zuzulassen und darin nichts als maurerische Gegenstände abzuhandeln. Auf diese Weise blieben zwar die Thematik und der Kreis ihrer Adressaten beschränkt, die Idee einer gelehrten Gesellschaft in Wien aber wurde gerettet.

Zur ersten Übungssloge am 4. November 1782 erschienen 15 Meister der »Wahren Eintracht« und 28 besuchende Brüder anderer Logen. Born sprach über die Mysterien der Ägypter[8], Scharf über die Kabbala der Hebräer[9] und Sonnenfels über den Einfluß der Maurerei auf die bürgerliche Gesellschaft.[10] Die neue Veranstaltungsreihe der »Wahren Eintracht« war ein voller Erfolg. Am 2. Dezember 1782 mußte die Loge »Zum hl. Joseph« ihren Tempel im zweiten Stock des Baron Moserschen Hauses zur Verfügung stellen, weil der Raum in Borns Haus in der Wollzeile zu klein wurde.[11]

In der zweiten Übungsloge setzte Born seine Untersuchung der Ägyptischen Mysterien fort. Sein Aufsatz wird immer wieder zur Primärquelle für Mozarts »Zauberflöte« erklärt. Er verdient daher eine kritische Durchsicht.

In den altägyptischen Mysterien findet Born eindeutige Belege für einen Monotheismus, der die verschiedenen Eigenschaften Gottes personifizierte, im Laufe der Zeit zu einzelnen »Göttern« individualisierte und in unterschiedlichen Bilderschriften niederlegte. Während die Profanen den einen oder den andern göttlichen Aspekt gesondert verehrten, erkannten die Eingeweihten unter dem Osiris den einigen Gott als Urquelle des Guten und unter der Isis seine schöpferische Macht.[12] In diesem Sinne zitieren die Priester in Mozarts Zauberflöte die altägyptische Gottesidee.

Erkenntnisse dieser Art verdankt indessen weder Mozart noch das 18. Jahrhundert Borns Forschungsbemühungen. Bereits im Sethos-Roman des Abbé Jean

6 Die Anworten der Logenbrüder sind im Original wiedergegeben in: Die Übungslogen der ... Wahren Eintracht. Wien 1984 S. 27ff.

7 VA 69 p. 12.

8 Ms. der Rede Borns in VA 69 p. 53. Erstdruck: Über die Mysterien der Aegyptier von I. v. B[or]n. M. v. St.. In: Journal für Freymaurer. Wien 5784 (=1784), Jg.I,1 S. 17 . Neuerdings in: Die Übungslogen der ...Wahren Eintracht S. 54.

9 Vgl. Scharfs Manuskript in HHStA VA 69 p. 127, abgedruckt in: Die Übungslogen der...Wahren Eintracht S. 61.

10 Vgl. Sonnenfels' Manuskript in VA 79 p. 126-128, abgedruckt in: Die Übungslogen...der Wahren Eintracht S. 72.

11 VA 71 p. 13.

12 Journal für Freymaurer 1784, Jg. I,1 S. 59.

Terrasson[13] erklärt ein ägyptischer Priester die Grundsätze der ägyptischen Religion und setzt den monotheistischen Gottesbegriff fest.

»Aber um sich nach der Schwäche der Menschen zu bequemen,« sagt der Abbé, »erlaubte man ihnen, die verschiedenen Eigenschaften seines Wesens, und die verschiedenen Würkungen seiner Güte unter den Sinnbildern von Gestirnen anzubeten, als der Sonne und den Planeten; von großen Personen, als Osiris, Jupiter, Mercur, und so gar von irdischen Körpern, als der Thiere und Pflanzen ... Das Allererhabenste, was man in den philosophischen Meynungen findet, und das Allergröbste in dem Volksaberglauben, kommt ursprünglich von dieser verwirrten Idee der Einigkeit im göttlichen Wesen, und von der Vielfältigkeit seiner Sinnbilder her«.[14]

Born schließt sich an diese auf Diodor fußenden Anschauungen aus Abbé Terrassons Schlüsselroman an und führt aus:

»Der Profan sah z.B. in dem Bilde oder dem Zeichen der Sonne und des Mondes den Osiris oder die Isis. Im mystischen Verstande aber war die ... Sonne die oberste einzige Gottheit, die Urquelle alles Guten, und der Mond das Bild der Allmacht des Schöpfers, und öfters deutete das Zeichen der Sonne den Geist und die Feuertheile, das Zeichen des Mondes hingegen die Wasser und Erdtheilchen an, welchen, als den wirkenden Ursachen der ganzen Zeugung, nach ihrer Lehrart die Luft ihr Daseyn verdankte.«[15]

Am 6. Januar 1783 trug Born den dritten und letzten Teil seiner Abhandlung »Über die Mysterien der Aegyptier« vor, der den eigentlichen Zweck seiner Untersuchung enthält: den Vergleich der ägyptischen Zeremonien und Gebräuche mit denen der Maurerei seiner Tage. Alles, was in den Mysterien der Ägypter vorging, zitiert er, hatte einen dreifachen Sinn: einen moralischen, einen historischen und einen mystischen.[16]

An dieser zentralen Aussage, die für Mozarts maurerisches Denken und die Vorstellung seiner Zeitgenossen von ausschlaggebender Bedeutung ist, übt er vernichtende Kritik, indem er diese dreifache Sinngebung aufs objektiv Überprüfbare verkürzt. Die moralische Auslegung hält er für willkürlich, widersprüchlich und sehr unbestimmt; die mystische Seite indessen erscheint ihm mangels authentischer Aussagen der Eingeweihten unauflösbar. Generelle Skepsis gegen allegorisches Entsprechungsdenken kommt zum Ausdruck, wenn Born über den mystischen Sinn schreibt:

13 Sethos,/ Histoire Ou Vie/ Tirée/ Des Monuments Anecdotes / De / L'Ancienne Egypte./ Traduite d'un Manuscrit Grec./ Tome Premier./ A Amsterdam,/ Aux dépens de la Compagnie./ MDCCXXXII.

14 Zitiert nach: Geschichte des egyptischen Königs Sethos. Erster Theil. Aus dem Französischen übersetzt von Matthias Claudius. Breslau bey Gottlieb Löwe, 1777. S. 180f. Vgl. dazu P. Nettl: Mozart und die Königliche Kunst. Die freimaurerische Grundlage der »Zauberflöte«. Berlin 1932. P. Stefan: Die Zauberflöte. Herkunft, Bedeutung, Geheimnis. Wien u.a. 1937.

15 Journal für Freymaurer 1784, Jg. I,1 S. 63.

16 Ebda. S. 85.

»Schwerlich wird ihn je ein noch so tief und hell sehender Bruder unseres Bundes enträthseln; denn daß unsre sogenannten erleuchteten Brüder[17] uns hierinn nicht zu Hilfe kommen können, ist ausser allem Zweifel, wenn man nach den verschiedenen sich gerade entgegengesetzten Wegen hinsieht, welche sie einschlagen, um an das Heiligthum zu gelangen, in welchem sie den Schlüssel zur Aufschliessung der uns von Hand zu Hand aus dem ältesten Zeitalter überlieferten Hieroglyphen zu finden glauben. Bey ihrem ängstlichen Forschen weichen sie von dem gebahnten Pfade ab, auf den man sie bey dem Eintritt in den Orden führte, versenken sich in Labyrinthe, gerathen aus der Dämmerung in die Nacht, und ihr Geschrey, daß sie dort Licht sehen, wo die dickste Finsterniß herrscht, daß sie an der Quelle des Lebens ihren Durst nach Wahrheit stillen, leitet manchen guten Bruder von der geraden Bahn ab, führt ihn an die Pfütze des Unsinns, aus welcher jene Weisheit zu trinken glauben, und vermindert das Häuflein der Auserwählten, das unter dem Geleite der Vernunft, dieses besondern Lichts, welches der höchste Baumeister dem Menschen zum Führer aufgesteckt hat, langsam aber sicher sich dem gewünschten Ziele nähert. Es bleibt mir also nichts übrig, als mich an den historischen Sinn zu halten. Dieser ist es eigentlich, den ich, so viel es meine Kräfte erlauben, aus allem dem, was ich über die ägyptischen Mysterien durch mehrere Jahre aufgelesen habe, zusammentrage, und hier vorlege.«[18]

Borns Kritik als aufklärender Illuminat zielte auf die hermetische Maurerei allgemein, im besonderen traf sie die Vertreter des freimaurerischen Systems der »Strikten Observanz«. Hier wurde im Aufnahmeritual eines Alten Schottischen Meisters dem Kandidaten bei Betrachtung des Tableaus, des mit maurerischen Hieroglyphen bestickten Teppichs, als ein großes Geheimnis entdeckt, »daß unsere Bilder einen dreyfachen Verstand haben, einen Moralischen, einen Historischen, und einen Mystischen.«[19] Diese dreifache Sinngabe macht den gesamten katechetischen Teil dieses Aufnahmerituals aus.

Born bezieht Gegenposition. Ohne eine ursprünglich mystische Sinngebung der ägyptischen Zeugnisse zu leugnen, neigt er als Mineraloge einem kritischen naturwissenschaftlichen Standpunkt zu und wendet sich ab von vielschichtigen Erklärungsversuchen einer überlieferten Hermeneutik. Da eindeutige Quellen für Interpretationen nach moralischen und mystischen Gesichtspunkten fehlen, hält er Auslegungsversuche zeitgenössischer Freimaurerexegeten für reine Spekulation. Das trifft die Maurerei im Kern ihres Selbstverständnisses, ist doch ihr Herzstück die persönliche Erfahrung und Deutung der in Symbolen dargebotenen transzendenten Wirklichkeit.

So opfert der Naturwissenschaftler Ignaz von Born auf dem Altar der Aufklärung die geheimnisvolle Frucht mystischer Erfahrung, das schweigende Hinhorchen auf den Sinn der Welt im Ganzen. Bei Licht besehen ist Born, wenn er so spricht, nota

17 Born zielt hier u.a. auf die Asiatischen Brüder, die sich »Ritter des Lichts« nannten.
18 Ebda. S. 86f.
19 VA 43 p. 402 .

bene, kein Freimaurer mehr. Was ihm als Aufklärer bleibt, sind die Ergebnisse historischer Forschung, und die stehen bei ihm auf unsicherem Grund. Zwar möchte er nicht in einen Topf mit jenen geworfen werden, »die uns Träume statt historischer Wahrheiten auftischten«. Im Gegensatz zu seinen Vorläufern meint er, seine Abhandlung auf Fakten zu gründen. Aber er schöpft weder aus unbekannten Quellen, noch führt er neue Gewährsmänner vor. Der erste Teil seiner Abhandlungen stellt nichts anders dar als eine Kompilation aus den ersten fünf Büchern der »Biblioteca historica« des griechischen Geschichtsschreibers Diodorus Siculus (1.Jh. v.Chr.). Im weiteren zieht Born Herodot und Plutarch heran, antike Autoren, die, anders als heute, damals viel und nicht nur in Maurerkreisen gelesen wurden. Über die Mysterien der Ägypter konnte man sich zu Mozarts Zeiten vielfach informieren, ohne Borns einschlägige Abhandlung zu lesen.

Born gibt außerdem vor, zu den Quellen der abendländischen Kultur zurückzugehen.[20] Was dabei als weiter Rückgriff in die Geschichte der Antike erscheint, war in Wirklichkeit von höchst aktuellem Bezug. Dechiffriert man nämlich das Wort »Ägypten« im Sinne des Geheimkodes der Illuminaten, so bedeutet es nichts anderes als »Österreich«.[21] Jeder Eingeweihte konnte die Rede des Illuminaten Born also auf die herrschenden Zustände in der Donaumonarchie beziehen. Aufklärerische Absichten wurden unter dem Gewand des ägyptischen Mystagogen verborgen.

Mozart und seine Librettisten von Born abhängig zu sehen ist eine Fiktion, die aus Unkenntnis der Geistesgeschichte des 18. Jahrhunderts resultiert. Denn lediglich zur Karnevalsmaskerade schlüpft Mozart als persischer Prophet in Borns Mystagogenkostüm.[22]

Borns Vergleich altägyptischer Zeremonien mit denen der Freimaurerei seiner Zeit zielt indessen in eine andere Richtung, nämlich auf psychologische Motivation seiner Zuhörer. Wenn er von den drei Sinnebenen (moralisch, historisch und mystisch) nur eine, nämlich die historische, gelten läßt und ihrer Grundlegung seine ganze Arbeit widmet, dann erweckt er den Anschein, die gebräuchliche Liturgie der Freimaurerlogen sei in Einzelzügen mit den Anfängen der Religionsübung im alten Ägypten identisch. So versucht er einen Zeitraum von viertausend Jahren zu überbrücken mit der vor, von und nach ihm immer wieder zitierten, unbewiesenen

20 Vgl. dazu Siegfried Morenz: Die Zauberflöte. Eine Studie zum Lebenszusammenhang Ägypten - Antike - Abendland. Münster-Köln 1952. Passim. Morenz belegt, daß die Freimaurerei des 18. Jh.s den hellenistischen Mysterienreligionen verwandt ist. Born schreibt überdies in seiner Abhandlung »Ueber die Mysterien der Indier«, Journal für Freymaurer Jg.I,4, S.7.: »Der Zweck, den sich diese L[oge] z[ur] w[ahren] E[intracht] bey der Untersuchung der Mysterien älterer Völker vorgesteckt hat, ist, nicht die Verwandschaft und Wanderung der Religionsbegriffe, sondern die Aehnlichkeit der besonderen Mysterien mit jenen der Maurerey auszuspähen, um dann muthmassen zu können, woher die Zeremonien unseres Ordens entspringen, ob solche, und unsre Lehre mit jenen, die in den Mysterien andrer Völker beobachtet und vorgetragen werden, übereinstimmen; ob unser Zweck der seye, welche die ersten weisen Stifter der Mysterien bey Einführung derselben sich vorgesetzt hatten.«

21 Im Freimaurer-Ritual werden Nichteingeweihte »Profane« genannt. Wenn Ägypten = Österreich, dann sind ägyptische Priester = Freimaurer.

22 Vgl. Kap. 3.7 Auf Sarastros Spuren.

pauschalen Behauptung, die Wurzeln der Freimaurerei fielen mit denen der abendländischen Kultur im alten Ägypten zusammen. Und nicht einmal diese Aussage Borns ist originell, wie die einschlägige Freimaurerliteratur des letzten Drittels des 18. Jahrhunderts mehrfach belegt.[23] Mit einem gängigen historistischen Taschenspielertrick überspringt er die ganze Vielfalt der Entwicklung und die daraus resultierende Legitimationsproblematik der Freimaurerei.[24] Borns These, auf einen schlichten Nenner gebracht, lautet: Wir sind zwar im wahren Glauben, aber wir verstehen ihn nicht mehr. Eine derart dürftige Argumentation läßt statt überzeugender Stringenz eher distanzierende Ironie erkennen.

Bleibt die wahre Heimat der Idee von der dreifachen Bedeutung der Dinge zu zeigen. Sie liegt uns fast zweitausend Jahre näher. Denn die Geschichte der Hermeneutik zeigt, daß die interpretierende Allegorese, die über den evidenten Wortsinn hinausgreift, zwar schon in der antiken Stoa bekannt ist, erstmals aber in der alexandrinischen Schule durch den griechischen Kirchenschriftsteller Origines (185-254 n.Chr.) systematisiert wird. So wie der Mensch aus Körper (soma), Seele (psyche) und Geist (pneuma) besteht, so unterscheidet Origines einen buchstäblichen (somatischen), moralischen (psychischen) und mystisch-allegorischen (pneumatischen) Schriftsinn. Der ägyptologische Höhenflug des Freimaurerhistorikers Born endet demnach mit einer Bruchlandung in der christlichen Patristik.

Im weiteren Verlauf seiner Darstellung kommt Born auf die Teilnahme von Frauen am Tempelgeschehen zu sprechen.

»Das schöne Geschlecht«, sagt er, »war auf immer von den Mysterien ausgeschlossen, und aus dieser Ursache gelangte bis zur Dynastie der Griechen und der Ptolomäer nie eine Frau auf den Thron, weil ihr dieß das Recht gegeben haben würde, den Eintritt in das Heiligthum zu verlangen./.../ Sie glaubten, das Frauenzimmer sey der höhern Kenntnisse unfähig, welchen die Priester oblagen, und zweifelten an ihrer Verschwiegenheit, die immer den Profanen das Fußgestell, auf welchem der ungeheure Coloß des ägyptischen Priesterthums befestiget war, sorgfältig verbarg. In der Folge aber, als die persischen, griechischen, und römischen Zeremonien mit der ägyptischen Liturgie vermengt wurden, kann es geschehen seyn, daß hie und da ein andächtiges Weibchen im Auslande sich zur Priesterinn der Isis aufwarf, und zu den Abbildungen der ägyptischen Priesterinnen auf verschie-

23 Vgl. dazu S. Morenz a. a. O. pass.

24 Legitimationsbestrebungen von der Art, schon bei Heliodor Initiationsriten der Freimaurer auszumachen und die maurerische Ahnenreihe in die Antike zu erweitern, sind zu Mozarts Zeiten nicht neu; unnötig zu sagen, daß sie jeder Grundlage entbehren. Vgl. Lennhoff/Posner: Internationales Freimaurerlexikon. Wien 1932 S. 1080: »Historisch gesehen wissen wir soviel, daß eine ideelle, formale Linie der Geheimbünde von den Kultverbänden der Babylonier, Ägypter, Inder, Perser, Griechen, Römer zu den Gemeinden der hellenistischen und frühchristlichen Zeit geht, weiter zu den christlichen Bünden des Mittelalters (Ritter- und Mönchsorden, Werkbruderschaften) und endlich zu den Symbolgenossenschaften der neueren Zeit, zu den Rosenkreuzern und Freimaurern, daß aber von einer stammbaumartigen Verpflechtung der Freimaurerei mit den alten Kultverbänden keine Rede sein kann.«

denen späteren Kunstwerken Anlaß gab, aus welchen Martin, Caylus, Montfaucon und andere Alterthumsforscher folgern wollten, daß die Aegyptier wirklich das weibliche Geschlecht in ihre Geheimnisse innitieret hatten.«[25]

Damit nicht genug traktiert Born seine Hörer mit folgendem Passus:

». . um ihre Geduld nicht länger mit diesem Gegenstand zu ermüden, schränkte sich der ganze Dienst der Frauen bey den Mysterien auf die unbedeutende Beschäftigung ein, Käfer, Spitzmäuse und einige andere den Aegyptiern heilige Thiere zu füttern.«[26]

Vorurteile solcher Art kennzeichnen Borns eigenen Standpunkt eher als die Einschätzung der Frau bei den Ägyptern. Sie sind indessen zu Mozarts Zeiten typisch. Gegen sie erhebt der Komponist der Zauberflöte die leuchtende Lichtgestalt seiner Pamina, der ersten Frau, die auf der Opernbühne in den Prozeß der maurerischen Initiation gleichrangig und vollgültig integriert wird.

Zeittypische maurerische Vorbehalte versucht Born, gestützt auf Herodot, durch monogame ägyptische Postulate zu mildern:

»Demungeachtet hegten sie« so will er von den Ägyptern wissen, »die größte Verehrung für das schöne Geschlecht, welche sich auf die Ehrfurcht gründete, die sie für die Isis, die Gemahlinn des Osiris trugen, und die Priester selbst erlaubten sich nur Eine Frau, um nicht diejenige, welche sie sich zur Gattinn wählten, durch eine Nebenbuhlerinn zu beleidigen«.[27]

Zuletzt überspielt Born durchschimmernde Streiflichter auf die eigene Ehemisere mit hohler Galanterie, reduziert den weiblichen Beitrag zur Logenarbeit auf dekorative Broderie, übergeht die Existenz maurerischer Aufnahmerituale für Frauen und formuliert, vielfachen Vorbildern folgend, den vermeintlichen Fortschritt abschließend wie folgt:

»Unsre weisen Gesetzgeber entfernten ebenfalls das schöne Geschlecht von unsern Geheimnissen, aber unter einem für dasselbe schmeichelhafteren Vorwande; sie befürchteten, die Reize der Schwestern würden die Brüder in der Arbeit stören, und statt ihre Hände mit einer so eckelhaften Arbeit, als jene der andächtigen ägyptischen Frauen war, zu beschäftigen, tragen wir ihnen auf, die Schleifen an unserm Schmuck und Schürtzen zu knüpfen, lohnen sie dafür mit Handschuhen, und schwören ihnen bey jeder Stuffe, die wir ersteigen, wie es ächten Rittern ziemt, wiederholte Treue und Ergebenheit.«[28]

25 Journal für Freymaurer 1784 Jg. I,1 S. 91f.

26 Ebda. S. 92f.

27 Ebda. S. 93.

28 Ebda. S. 93f. Forster schreibt über Borns Frau: »Sein Weib, ein tolles zuweilen wahnwitziges, zuweilen ekelhaft andächtelndes Weib, verthut ihm auch viel Geld, und macht ihn unglücklich, hat Engagemens de coeur etc.« Forsters Werke. 12.Bd. S.159. Münter berichtet 1784: »Forster nannte die Bornen gewöhnlich die Königin Makbeth«. Unter dem 24. August notiert er: »Mimi (= Borns Tochter) erzälte mir vieles vom traurigen Gemütszustand ihrer Mutter und von denen Leiden die das dem guten Vater machte.« In: Münter Tagebücher S. 107 bzw. S. 75.

1.6 Numinose Mysterien von Osiris und Isis

Ein komischer Roman, die »Metamorphosen« des Apuleius (ca 125-180 n. Chr.), von Augustinus »Der goldene Esel« betitelt, gewinnt mehr als Borns Abhandlung für die Zauberflöte als historische Quelle besondere Bedeutung. Das Werk schildert die Irrfahrten des Lucius, der durch ein Mißgeschick in einen Esel verwandelt wurde, in elf Büchern. Zehn davon bringen in parodistischer Mischung Erotica und Curiosa einer niederen Profanwelt, die in Novellen und Märchen - darunter im Zentrum die Allegorie von Amor und Psyche - Untreue, Ehebruch, Mord und Zauberei abhandeln, während im elften Buch der Held in die hohe Arkanwelt der Mysterien von Isis und Osiris eingeweiht wird.

Der Name des Lucius, vom Lateinischen lucidus (= erleuchtet) ableitbar, deutet auf seine Erwählung zum »Erleuchteten« hin. Rosen sind der Schlüssel zu seiner Erlösung, ihr Genuß allein kann Lucius aus der Tiergestalt entbinden. Mehr als einmal aber wird der geschundene Esel um dies Rettungsmittel geprellt. Nach zahlreichen kuriosen Umgestaltungen erreicht das bedauernswerte Geschöpf die endgültige Metamorphose, die eigentliche Menschwerdung, die Rückkehr in einen harmonischen Ur- und Normalzustand. Diese Rehumanisation des goldenen Esels wird zum Sinnbild der geistigen Wiedergeburt des Menschen. Entscheidenden Anteil an dieser Wandlung nimmt die Gottheit selbst, die sich dem Menschen in verschiedener Gestalt offenbart. Ihr erstes Erscheinungsbild ist Isis. Aus der Aufschrift der Bildsäule des Tempels von Sais geht ihr unergründliches Wesen hervor: »Ich, die Natur bin alles, was war, ist und seyn wird; niemand hat mich noch ganz enthüllet.« Apuleius entschleiert das Bildnis der Göttin und malt, wenn sie Lucius erscheint, von ihr ein herrliches Bild:

»Üppig wallende Locken flossen in reichen Flechten lieblich über den göttlichen Nacken. Den hohen Scheitel schmückte ein Kranz von bunten Blumen; in der Mitte über der Stirn erglänzte mit mattem Schein eine runde Scheibe wie ein Spiegel, nein, ein Abbild des Mondes, um das sich auf beiden Seiten gewundene Schlangen ringelten, während sich von oben her Ähren der Ceres darüberneigten. Ihr aus feinem Leinen gewebtes Gewand schillerte in allen Farben, bald blendend weiß wie der Tag, bald goldgelb wie Krokusblüten und bald in flammendem Rosenrot; und was meinen Blick schon von weitem blendete, war ein nachtschwarzer Mantel von schimmerndem Glanz, der unter ihrem rechten Arm hindurchgezogen und über ihre linke Schulter geschlagen war, von wo aus die geraffte Fülle des Stoffes in zahlreichen Falten niederfiel, während den Saum zierlich geknotete Fransen schmückten. Über die angewebte Verbrämung und den Mantel selbst waren funkelnde Sterne ausgestreut, und in ihrer Mitte flammte der Vollmond in seiner ganzen Pracht. Rings um den ganzen Saum des herrlichen Mantels zog sich ein ununterbrochenes Rankenwerk aus Blumen und Früchten aller Art. Und welche Attribute führte die Göttin! In der Rechten hielt sie eine eherne Klapper, durch deren schmales, gurtartig gebogenes Blech in der Mitte einige Stäbe gesteckt waren, die beim Schütteln des Armes einen schwirrenden Dreiklang hören ließen. Von ihrer Linken aber hing ein goldenes Trinkgeschirr herab, über dessen Henkel, soweit er sichtbar war, sich mit erhobenem Kopf und geblähtem Hals eine Schlange aufrichtete. An den ambrosianischen Füßen trug sie aus den Fasern der Siegespalme geflochtene Sandalen. Also geschmückt und Arabiens selige Wohlgerüche ringsumher verbreitend, würdigte sie mich ihrer göttlichen Anrede:

'Siehe, dein Gebet ist zu mir gedrungen, Lucius, ich bin dir erschienen, ich, die Mutter der Schöpfung, die Herrin aller Elemente, Keimzelle der Geschlechterfolge, höchste Gottheit, Königin der Geister, Himmelsherrin und Inbegriff der Götter und Göttinnen, deren Wink des Himmels strahlende Höhen, des Meeres wohltätiges Walten und der Unterwelt vielbeweintes Schweigen gehorchen, ein Wesen in vielerlei Gestalt; in wechselnden Gebräuchen und unter mancherlei Namen vom ganzen Erdkreis verehrt. ...Die von den Strahlen der aufgehenden Sonne zuerst begrüßten Äthiopier beider Länder und die ob ihrer uralten Weisheit berühmten Ägypter, die mich durch besondere Bräuche ehren, heißen mich mit meinem wahren Namen: Isis.'«[1]

Die Göttin weist Lucius den Weg seiner Erlösung aus der Tiergestalt. Ein Priester im kultischen Festzug zu Isis Ehren wird an sein Sistrum [=eine altägyptische Tempelrassel aus einem Bügel, durch den horizontal drei oder vier Metallstäbe gezogen sind] einen Rosenkranz hängen; Lucius soll die Rosen abrupfen, um sich seiner Eselshaut zu entledigen und Mensch zu werden.

»Der Tag - so rief ihm [dem Lucius] der Oberpriester zu - der Tag, der deine frommen Wünsche krönen soll, ist nahe. Durch meine Hände sollst du in die ehrwürdigen Geheimnisse der Isis eingeführet werden. Mit diesen Worten reichte mir der liebenswürdige Greis seine Rechte, leitete mich an die Pforte des Tempels, öfnete sie mit dem gewöhnlichen Gepränge, opferte den Göttern, holte einige heilige Bücher aus dem unzugänglichen Heiligthume, und forderte die für die Einweihung bestimmten Kosten ab. Dann brachte er mich, von den Dienern des Tempels begleitet, nach dem Bade. Man wusch mich, söhnte mich mit den Göttern aus, besprengte mich unablässig mit Wasser und führte mich gegen Abend an den Tempel der Isis zurück, wo man den Umstehenden durch Zeichen verschiedenes gebot, mir aber befahl, mich durch 10 Tage alles Fleisches und des Weines zu enthalten. Mit heiliger Ehrfurcht befolgte ich dieß, und am 10ten Tage gegen Abend

1 Lucius Apuleius: Der goldene Esel. Übers. v. C. Fischer. München s.a. S. 230.

versammelte sich eine große Anzahl Priester. Man entfernte die Profanen, kleidete mich in Leinenzeug; der Oberpriester ergriff meine Rechte, und führte mich in das Innere des Tempels.«[2]

An dieser Stelle unterbricht Apuleius seinen Bericht mit dem Hinweis an den Leser, daß er den Schleier der Tempelgeheimnisse nicht lüften dürfe:

»Erwarte nicht - neugieriger Ungeweihter! - daß ich dir eröfne, was nachher gesagt worden, oder geschehen sey. Ich würde es sagen, wenn ich dürfte, du würdest es hören, wenn du dürftest. Aber gleich strafbar wären die Lippen, über die das Geheimniß herabglitschte, und die Ohren, welche sie hörten. Dennoch kann ich deine fromme Wißbegierde einigermassen befriedigen. Höre also; aber glaube auch, was wahr ist. Ich kam an die finstere Schwelle des Todes, betrat das Gebiet der Hölle, und ward durch alle Ellemente geführt, an meine vorige Stelle zurückgebracht. Ich sah um Mitternacht die Sonne in ihrem vollen Glanze, und betete die Götter in der Nähe an. Siehe! du horchtest auf meine Rede, und doch darfst du nichts wissen. Nun aber kann ich dir ohne Verletzung meiner Pflicht, was weiter vorgieng, sagen.«[3]

Über die inneren Geheimnisse der Mysterien bewahrt Apuleius, wie Diodor und Herodot, vollkommenes Schweigen. Er berichtet allein, wie der Neugeweihte am folgenden Tag dem Volke vorgestellt und seine Wiedergeburt mit einem dreitägigen Gastmal gefeiert wurde. Dann fährt er fort:

»Und siehe, als der mächtige Sonnengott den Tierkreis durchlaufen hatte und ein Jahr vollendet war, erschien mir in ihrer immerwachen Fürsorge meine wohltätige Gottheit im Traum und mahnte mich erneut zur Weihe, zum heiligen Dienst. Ich konnte Sinn und Ziel nicht begreifen, war ich doch der Meinung, schon längst am Mysterium teilzuhaben.«[4]

Lucius erkennt, daß er zwar in den Kultus der Isis eingeweiht, aber noch nicht von Osiris erleuchtet ist. Beide Gottheiten sind zwar eine Einheit, in den Heiligungsmitteln ihrer Mysterien aber besteht ein stufenweiser Unterschied.

Im Traum erscheint ihm einer der Geweihten, der als Erkennungszeichen den linken Fuß nach innen gebogen in merkwürdig »punktierten Rhythmus«[5] nachzieht. Der hinkende Mystagoge lädt ihn zu einem feierlichen Mahl ein. Am folgenden Tag entdeckt Lucius in einem der Pastophoren, der hinkt, die nächtliche Erscheinung wieder und erreicht mit dessen Hilfe die oberste Erkenntnisstufe: »der großen Götter Größter, der Größten Höchster, der Höchsten Mächtigster und der Mächtigsten König, Osiris.«[6]

Unschwer ist in Lucius, dem Erleuchteten, ein Vorbild für die Gestalt des Tamino zu erkennen.

2 Zitiert nach Borns Zitat in: Ueber die Mysterien der Ägyptier. Journal für Freymaurer 1. Jg. 1. Bd. S. 95f.
3 Ebda. S. 96f.
4 Apuleius: Der goldene Esel, a. a. O. S. 246.
5 Vgl. Zauberflöte, Finale I: »Zum Ziele führt dich diese Bahn.«
6 Ebda. S. 249.

Eine zweite historische Quelle für die Zauberflöte ist die »Aithiopika« des Heliodor (3. Jh. nach Chr.)[7], jener berühmte Roman von den äthiopischen Abenteuern des Theagenes und der Charikleia, der anderthalb Jahrtausende hindurch ein breites Leserpublikum entzückte. Mehr als die Popularität dieses Werkes, die bis zu Mozarts Zeiten anhält, interessiert die Tatsache, daß die Zauberflöte die einzige Dichtung aus neuerer Zeit ist, die als Analogie zu Heliodors Werk herangezogen werden kann.[8]

Zum Inhalt: Bei Sonnenaufgang liegt in der Mündung des Nils ein Schiff, dessen Besatzung von Räubern niedergemacht wurde. Nur ein junges Mädchen von wunderbarer Schönheit, Charikleia, hat überlebt. Sie bemüht sich um einen verletzten, ohnmächtigen Mann, Theagenes, und bringt ihn ins Leben zurück.

Mit diesem Bild beginnt Heliodor seinen Roman und spannt die Erwartung. Seine Erzählweise macht sein Werk zum Höhepunkt der Gattung.[9]

»Bunt und schaurig ist der Katalog der Motive: Bald wird der Held, bald wird die Heldin von Feinden zur See und zu Lande geraubt. Räuber bedrohen die Unschuld der Charikleia, listige Frauen die des Theagenes. Bald muß er sie, bald muß sie ihn für tot halten. Dann werden beide unschuldig verklagt, die Hinrichtung droht, doch wendet ein Gottesurteil alles zum Guten. Die Helden gehen durch eine Vielfalt gräßlicher Bedrohungen: Gift, Mord, Scheintod, Zweikampf, Keuschheitsprobe, Menschenopfer, alles nur Erdenkliche wird aufgeboten. Und nach derart theatralischen Gefahren erfolgt jedesmal die nicht minder theatralische Rettung.«[10] In überreicher »barocker« Stoffülle entwickelt Heliodor das Schema von den beiden Liebenden, die, voneinander getrennt, nach nie gekannten Leiden und Prüfungen wieder zusammenfinden. In diesem Widerspruch zur Realität haben die neueren Interpreten der Aithiopika eine Tiefenbedeutung erkannt, die unsystematisch gegeben wird und etwa so lautet:

»Die Sonne ist das Gute. Die Heimat des Guten muß das Land sein, auf das die Sonne am stärksten scheint: das Land im Süden. »Südpol« für antikes Bewußtsein ist Äthiopien. Ein Königskind, das diesem Sonnenlande entstammt, Charikleia, ist unter seltsamen Umständen in die Mitte der Welt, das heißt, mitten unter die Weltkinder, verschlagen worden. Als 'Symbol' für die Mitte der Welt steht Delphi, wo man den Omphalos, den Nabel der Welt, zeigte.«[11]

Der delphische Kult verehrte unter Apollons Gestalt den Sonnengott Helios. Von einem Priester des Apoll erhält Charikleia ihren Namen, und in Delphi verlebt sie ihre Kindheit. Kaum erwachsen wird sie zur Priesterin der Artemis geweiht, die als Schwester des Sonnengottes und Göttin der Keuscheit galt. Theagenes fällt unter

7 Born a. a. O. S. 121.

8 H. Dörrie im Nachwort zur Reclam-Edition des Textes, Stuttgart 1972 S.331.

9 H. Dörrie hat in seinem Nachwort zur deutschen Ausgabe der Äthiopischen Abenteuer, Stuttgart 1972, wesentliche Aspekte zur Interpretation des Werkes geliefert und auf eine offenbar von Heliodor gewollte Tiefenbedeutung hingewiesen.

10 Ebda. S. 329.

11 Ebda. S. 330.

den »Weltkindern« wegen seiner Reinheit ins Auge. Er allein ist würdig, Charikleia auf dem gefahrvollen Weg zurück ins Land der Sonne und des Guten zu begleiten.

Heliodor, dessen Name aus dem Griechischen übersetzt »Geschenk der Sonne« bedeutet, bringt in seinem Werk beinahe vollständig die Protagonisten aus Mozarts Zauberflöte. Allen voran das neue Paar, Pamina und Tamino, das in wesentlichen Momenten, nicht allein in der Unberührtheit seiner Beziehung, sondern auch in Einzelheiten - etwa der Idee der Ohnmacht des Helden zu Beginn oder der des Selbstmordversuches der Heldin - vorgebildet ist. Daneben erscheinen die Königin und der Mohr sowie die Damen. Aber auch einige charakteristische Situationen, etwa die Schicksalsstunde, der Marsch der Priester, ihre Wahlabstimmung und die verschiedenen Prüfungen sind unübersehbar vorhanden.

Wie aber ist Mozart mit der Aitiopika des Heliodor bekannt geworden?

Apuleius' und Heliodors Werke waren bereits durch den bekannten Literaturhistoriker Johann Christoph Gottsched (1700-1766) in dessen »Versuch einer Critischen Dichtkunst vor die Deutschen« (1730) empfohlen. Gottsched fordert von jedem Dichter, von einem moralischen Lehrsatz auszugehen und ihn dann regelrecht in eine epische oder dramatische Fabel einzukleiden. Dichtkunst hat nach Gottsched den Zweck, die Menschen zu bessern und zu belehren.[12] Heliodors Aitiopika preist er als Musterbeispiel eines Romans:

»Das vollkommenste Stück in dieser Art aber, hat uns Heliodor, in seiner äthiopischen Historie vom Theagenes und der Charikleia hinterlassen. Nichts ist züchtiger und tugendhafter, als die Liebe dieses Paares; und dieses sollte billig allen Romanschreibern zum Muster gedienet haben. ...Seine Fabel indessen zeiget eine reiche Erfindungskraft; alles darinn ist abwechselnd, neu, unvermuthet, wahrscheinlich, wohl eingefädelt, und glücklich aufgelöset. Die Auswickelung ist so schön, als natürlich, und beweglich; ja aus der Sache selbst hergeflossen. Man kann die neue Übersetzung davon lesen, die uns vor kurzem H. Agricola im Deutschen geliefert hat.«[13]

Wenn man bedenkt, daß Gottscheds Werk die Bibel der Poeten und Librettisten seiner Zeit war und noch Goethe die »Critische Dichtkunst« stets griffbereit auf seinem Schreibtisch hatte, so zieht dieses empfehlende Urteil Kreise. Mozart und seine Librettisten haben mit Sicherheit Gottscheds berühmtes Werk gekannt.

Ignaz Born weist in seinem Aufsatz »Ueber die Mysterien der Ägyptier« auf den »Goldenen Esel« des Apuleius und auf Heliodors »Äthiopische Abenteuer von Theagenes und Charikleia« hin. Dies ist keine literarische Wiederentdeckung, Prioritätsrechte liegen daher für Born nicht vor.

12 Johann Christoph Gottsched: Versuch/ einer/ Critischen Dichtkunst /durchgehends /mit den Exempeln unserer besten Dichter erläutert./... Leipzig 1751, 2. Auflage. Reprint Darmstadt 1982 S. 513.

13 Ebda. S. 509 f.

1.7 Der Sethos-Roman des Abbé Terrasson

Sethos ist der Name des Oberpriesters des Sonnentempels, der in Geblers Drama »Thamos, König von Ägypten« auftritt. Mozart hatte zu diesem Text 1773 zwei Chöre geschrieben, die im Kärntnertor-Theater in Wien aufgeführt wurden. 1779 arbeitete er seine Thamos-Musik so tiefgreifend um, daß man von einer Neuschöpfung, einer wahrlich großartig gelungenen, sprechen muß.

Komorzynski brachte den »Thamos« mit der Zauberflöte in Verbindung, ägyptisches Kolorit sei hier wie dort vorhanden. Solch gemeinsame Basis ist häufig in dieser Zeit. Außerdem behauptete er, Schikaneder habe auf Mozarts Wunsch den Thamos in Salzburg aufgeführt und beide hätten bei dieser Gelegenheit erste Zauberflöten-Pläne geschmiedet.[1] »Thamos« kommt aber in Schikaneders Salzburger Spielplan bekanntlich nicht vor.[2]

Mozart greift vielmehr für die Initiationsriten seiner Zauberflöte auf den 1732 in Paris erschienenen und 1777 von Matthias Claudius ins Deutsche übersetzten Sethos-Roman des Abbé Terrasson teilweise wörtlich zurück.[3] Die Kulissen des Romans wiederum liefern Apuleius und Heliodor. Dies zeigt die folgende Inhaltsangabe der entsprechenden Passagen aus Terrassons Werk:[4]

Der ägyptische Königssohn Sethos wurde nach dem Tode seiner Mutter von Amedes erzogen, der ihn körperlich und geistig ertüchtigte und ihn in alle Wissenschaften einführte, so daß der Prinz bald der tapferste und klügste Jüngling in Ägypten war. Nachdem er eine eindrucksvolle Mutprobe auf der großen Cheopspyramide abgelegt hatte, bat er seinen Lehrer Amedes inständig, ihn doch ins Innere des Bauwerkes zu führen. Amedes verwehrte ihm das einstweilen, schürte aber seine Neugierde:

»Der Eingang in die Pyramide ist jedermann offen; aber ich bedaure die Leute, die aus derselben Thür, wo sie hineingegangen sind, wieder herausgehen, und nur eine sehr kleine Neugierde befriedigt und nichts gesehen haben, als was sie überall erzählen können, wo sie wollen«.[S.123]

1 E. Komorzynski: Emanuel Schikaneder, Wien 1951 S. 179; ders., Mozart, Wien 1955 S.85ff.

2 Zitiert nach H. Heckmann im Vorwort zu NMA II,6,1 S. VII.

3 Diese These ist überzeugend von Paul Nettl vorgetragen worden und Siegfried Morenz hat diese Argumente untermauert. Vgl. a.a.O. passim.

4 Die folgenden Zitate nach: Geschichte des egyptischen Königs Sethos. Erster Theil. Aus dem Französischen übersetzt von Matthias Claudius. Breslau bey Gottlieb Löwe, 1777.

Mit sechzehn Jahren hatte Sethos Gelegenheit, seine Tüchtigkeit zu erweisen. Die Grenzstädte des Königreichs von Memphis plagte eine riesige Schlange, die in einer Höhle des Berges Aspis hauste und die fruchtbare Ebene verwüstete. Prinz Sethos, auf dessen Tugend das Königreich seine Hoffnung setzte, sollte zusammen mit acht seiner Gefährten das Land von dem Ungeheuer befreien. Der Hof aber durfte nichts von dem Unternehmen erfahren. Man begab sich zum Berg Aspis, erkundete die Gegend, beobachtete die Schlange, entdeckte die Höhle und ließ einen Käfig zimmern, der darin installiert wurde, als sich das Tier auf der Jagd befand. Dann wurde das Ungeheuer von hunderten Soldaten, die Sethos instruierte, aufgeschreckt und zur Höhle zurückgetrieben.

»Das Geräusch der kriegerischen Instrumente, das Geschrey der Leute und der Pfeilregen war immer lebhafter hinter ihm drein. Man bemerkte, daß es, als der Kopf eben herein war, Bewegung machte, zurückzufahren; da es aber ohne Zweifel durch die Widerhaken an den eisernen Stangen seines Kefichts aufgehalten ward, und seine Feinde dicht hinter sich merkte, entschloß es sich, in sein Gefängnis selbst sich hinein zu retten. Es machte sich auch würklich so geschwind hinein als es nur konnte, vielleicht in der vergeblichen Hofnung, zum andern Ende wieder heraus, und so weiter durch die ihm bekannten Ausgänge der Höhle davon zu gehen. Man war gleich hinter ihm in der Höhle, und that die Stangen in den Kefícht, die Thür zu verriegeln. Nun nahmen die Soldaten gleich Haken und andre Geräthe, die vorher hingebracht waren, zur Hand, machten damit den Eingang der Höhle weiter, und zogen mit einem langen Zug von Pferden den Kefícht heraus, und die Einwohner aus den Städten und Dörfern der ganzen Gegend, die sich haufenweise versammlet haten, um Augenzeugen dieser Unternehmung zu seyn, sahen das Thier vorbeyführen, so lang es war. Es gab gar kein Zeichen von Wuth mehr von sich, und drehte die Augen ruhig von einer Seite zur andern«.[S.140/141]

Diese gelungene Mutprobe war Anlaß genug, dem Prinzen den Weg in die große Pyramide zuzutrauen. Amedes erhielt von der Königin, Sethos böser Stiefmutter, den Auftrag, mit dem Prinzen eine Reise zu den vornehmsten Tempeln Aegyptens zu unternehmen. Sethos und Amedes machten sich auf den Weg. »Sie kamen, mit einer Lampe, und dem nöthigen Gerät versehen sie anzuzünden, bey der Pyramide an, als es schon Nacht war. Amedes hatte es mit Fleiß so abgepaßt, weil er allein mit Sethos in den dunkeln Aufenthalt hinabgehen wollte. Sie stiegen zusammen bis an die sechzehnte Lage an der nördlichen Seite, zu einem viereckigten Fenster, das immer offen war. Diese Oefnung, die nur etwa drey Fuß nach allen Seiten hielt, war der Anfang von einem Gange von eben der Größe, darin man also nicht anders als auf dem Bauch fortkriechen konnte. Sethos gieng zuerst hinein...«[S.146]

So gelangten sie an einen großen Brunnen, der mit schwarzem Pech überdeckt, glatt wie ein Spiegel und unabsehbar tief war. Amedes stieg auf in der Dunkelheit unsichtbaren Stufen hinein, und Sethos folgte ihm. Der Weg führte weiter an eine Gittertür mit Flügeln von Erz, die sich leicht und geräuschlos öffneten, die aber von selbst wieder zufielen und dabei einen sehr starken Schall verursachten, der sich weit weg in einem großen Gebäude zu verlieren schien. Man befand sich alsdann im

Grunde des Brunnens. Durch ein Türgitter sah Sethos einen weiten Gang mit Bögen, in den eine große Halle mit Lampen und Fackeln herausschien.

»Er hörte auch in der Tiefe dieser Schwibbögen Männer- und Frauenstimmen, die eine sehr schöne Musik machten. Amedes sagte dem Sethos, daß der Gang, den er durch das Gitter sehe, unter den anderen Pyramiden, die würckliche Begräbnisse waren, hingehe und sie unten vereinige, und daß die Schwibbögen in einen unterirdischen Tempel führten, wo die Priester und Priesterinnen, deren Stimme er höre, alle Nacht verschiedene Opfer und Ceremonien machten davon es nicht erlaubt sey ihm weiter etwas zu entdecken, weil er noch nicht eingeweiht sey.« [S.148]

Amedes gestand nun, daß jene Unternehmung, von der er Sethos »in dunklen Ausdrücken gesagt habe« [S.149], die Einweihung sei. Er schilderte ihre Gefahren, die Strenge der Priester und schloß mit den Worten: »Aber es ist Zeit, daß wir uns hersetzen und unsre Entschließung fassen, ob wir zurückkehren wollen, wo wir hergekommen sind, oder ob wir weitergehen wollen.« [S.150]

Beim Weitergehen fiel ihm eine Inschrift in die Augen, mit schwarzen Buchstaben auf einem weißen Marmorgiebel geschrieben:

»Wer diesen Weg allein geht, und ohne hinter sich zu sehen, der wird gereinigt werden durch das Feuer, durch das Wasser und durch die Luft; und wenn er den Schrecken des Todes überwinden kann, wird er aus dem Schooß der Erde wieder herausgehen, und das Licht wieder sehen, und er wird das Recht haben, seine Seele zu der Offenbarung der Geheimnisse der großen Göttin Isis gefaßt zu machen!« [S.155]

In der Zauberflöte (Finale II) tragen die beiden Geharnischten eben diesen Text, in Verse gesetzt, vor:

Der, welcher wandert diese Strasse voll Beschwerden,
Wird rein durch Feuer, Wasser, Luft und Erden;
Wenn er des Todes Schrecken überwinden kann,
Schwingt er sich aus der Erde Himmel an. -
Erleuchtet wird er dann im Stande seyn,
Sich den Mysterien der Isis ganz zu weih'n.[5]

Das bloße Lesen dieser Inschrift jagte fast alle zurück. Sethos aber nahm die Lampe aus Amedes Hand und sagte: »Weil denn andre wieder herausgekommen sind, so werde ich auch wieder herauskommen.«[S.157-158]

Amedes mahnte ihn ein letztes Mal, Mut und Klugheit nicht zu vergessen. Und Sethos begann seine Reise allein. Indessen folgte Amedes ihm von Ferne nach, ohne daß er's wußte. Das erste, was die Kandidaten, die in ihrem Vorsatz beharrten, in Erstaunen setzte, war die Länge ihres Weges, denn sie machten mehr als eine Meile in diesem Gewölbe, ohne etwas Neues zu sehen. Endlich trafen sie in der Mauer zur

5 Zitiert nach dem Originaltextbuch der Zauberflöte, Wien gedruckt bey Ignaz Albert, 1791.

Rechten eine eiserne Pforte, die geschlossen war, und zwei Schritte weiter drei Männer, die einen Helm anhatten, oben mit dem Kopf eines Anubis versehen. Einer von diesen Männern redete den Kandidaten an:

»Wir stehen nicht hier um euch auf eurem Wege aufzuhalten; setzt ihr ihn fort, wenn die Götter euch Muth dazu gegeben haben. Wenn ihr aber unglücklich genug seyd, denselben Weg zurückzukommen, so werden wir euch auf dem Rückwege anhalten. Noch könnt ihr umkehren; aber einen Augenblick weiter, so könnt ihr niemals aus diesen Oertern wieder herauskommen, wenn ihr nicht so fort durch den Weg herausgeht, den ihr euch vor euch machen werdet, ohne den Kopf zu wenden und zurückzuweichen.«[S.159]

Wurde der Kandidat durch diese letzte Erklärung nicht erschüttert, so ließen die drei Männer ihn passieren und folgten ihm von Ferne.

»Einen Augenblick hernach sahe der Candidat am Ende seines Weges einen Schein von einer sehr blassen und sehr lebhaften Flamme, die eben angegangen war. Sethos verdoppelte die Schritte, um näher heranzukommen. Hier nun endete sich der Weg, und stieß an eine gewölbte Kammer, die über hundert Fuß lang und breit war.« [S.159]

Wenn man hinein kam, waren zur Rechten und Linken zwei Scheiterhaufen kunstvoll aufgeschichtet und mit wohlriechenden, rebenartig gewundenen Zweigen drapiert. Die Flamme aber, die bis an das Gewölbe emporloderte und dann wieder in Wellen herunter schlug, gab dem ganzen Raum, den sie einnahm, das Ansehen eines glühenden Ofens. Weiter fand Sethos zwischen den beiden Scheiterhaufen auf der Erde einen Rost von rotglühendem Eisen, acht Fuß breit und dreißig Fuß lang, aus Rauten gemacht, in denen Platz gelassen war, um unbeschadet hineinzutreten. »Sethos sahe wohl ein, daß er über den Rost müsse, um weiter zu kommen, und er that es mit eben so viel Schnelligkeit als Aufmerksamkeit.«

Als Sethos die Feuerprobe bestanden hatte, fand er einige Schritte weiter einen Kanal mehr als fünfzig Fuß breit, der in der unterirdischen Kammer durch eiserne Gitterstangen lief und ein großes Geräusch wie ein Wasserfall machte. Jenseits sah er eine Halle, deren Stufen sich ins Dunkle verloren. Dies mußte der vorgezeichnete Weg sein. Sethos zog seine Kleider aus und legte sie auf den Kopf, band sie mit seinem Gürtel zusammen, stieg hinab in den Kanal und schwamm, in einer Hand die brennende Lampe, hinüber. Nach dieser Wasserprobe zog er seine Kleider geschwind wieder an und betrat die Stufen zur Halle.

Vor sich hatte er eine Tür, die mit Elfenbein belegt und in der Mitte mit zwei goldenen Leisten versehen war. Sie ließ sich nicht öffnen. An ihrer Oberschwelle waren zwei stählerne Ringe.

»Der Candidat fiel natürlich darauf, die Hände daran zu thun um zu versuchen, ob er durch dies Mittel die Thür öfnen könnte, und hier fieng nun seine letzte Probe an. Denn die kleinste Bewegung, die er an diesen Ringen machte, hob den Riegel, der die beiden Räder hielt, auf, und sie fiengen nun durch ein überaus großes Gewicht, das an ihren Ketten hieng, an herum zu laufen und brachten verschiedene sehr fürchterliche Würkungen hervor. Die Zugbrücke gieng an der Seite nach der

Thür hin in die Höhe, so daß dem Candidaten nur eins von beiden übrig blieb, entweder auf die Stufen zu springen und zurückzugehen, wider das vorgeschriebene Gesetz, oder sich an den Ringen festzuhalten. Die Oberschwelle der Thür gieng aber selbst mit dem hängenden Candidaten in die Höhe, die Lampe fieng auf der Zugbrücke, die sich bald umwendete, an umzukippen, und ließ ihn ohne Licht mitten in dem entsetzlichsten Geräusch, das die beiden Räder machten, und das von der Art war, daß der allerkühnste glauben mußte, es fielen hundert Maschinen von Eisen oder Erz über ihm zusammen. Diese Bewegung, die fast eine Minute währte, hob den Candidaten bis zur Höhe eines Viertheils vom Cirkel. Damit aber die Oberschwelle, welche die Räder in dieser Höhe fahren ließen, nicht durch seine eigne Schwere und durch die Schwere des Candidaten zu geschwind wieder niederfallen möchte, so war diese Schwelle durch Stricke, die über viele Rollen liefen, an ein drittes Rad mit Flügeln von Blech befestigt, das den Fall aufhielt und verhinderte, daß der Candidat keinen Schaden nehmen konnte. Zu gleicher Zeit aber trieb dieses Rad, das gerade gegen ihm über in einem großen leeren Raum über der elfenbeinernen Thür angebracht war, durch sein Umlaufen die Luft heftig gegen ihn an. Wenn der Candidat solchergestalt wieder herunter war, bis wo die Maschine ihn aufgenommen hatte, thaten die beiden Flügel der elfenbeinernen Thür mittelst dem Spiel noch eines Riegels sich auf, und zeigten einen Ort, der vom hellen Tageslicht, oder wenn es Nacht war, durch Lampen ebenso hell erleuchtet war.« [S.162-164]

Sethos kam hier beim Sonnenaufgang an und bemerkte nun zu seinem großen Erstaunen, daß er unter der Höhlung vom Piedestal der dreifachen Statue des Osiris, der Isis und des Horus, hervortrat, jener Statue, vor welcher man so viel um die Wiederherstellung seiner verstorbenen Mutter, der Königin, gebetet hatte.

»Er ward von den Priestern empfangen, die hinten im Heiligen in zwey Reihen standen. Der Oberpriester umarmte ihn gleich, lobte seinen Muth und wünschte ihm zu dem glücklichen Ausgang seiner Proben Glück. Er reichte ihm hernach eine Schaale voll Wasser aus dem Canal, über den er gekommen war. Als er trank, sagte ihm der Oberpriester, daß dies Wasser ein Getränk des Lethe oder der Vergessenheit aller der falschen Maximen sey, die er bisher aus dem Munde ungeweihter Menschen gehört habe.«[S.164-165]

Dann stellte er ihn gegen die dreifache Statue, ließ ihn sich niederwerfen und sprach: »O Isis, große Göttin der Egypter, gieb deinen Geist dem neuen Diener, der so viel Gefahren und Beschwerlichkeit überstanden hat, um vor dir zu erscheinen. Mache ihn auch sieghaft in den Proben seiner Seele, und lehre sein Herz deine Gesetze, damit er würdig werde, zu deinen Geheimnissen zugelassen zu werden.« [S.165] Als alle Priester die ersten Worte dieses Gebetes wiederholt hatten, ließ man Sethos wieder aufstehen, und der Oberpriester reichte ihm den Trank der Mnemosyne oder des Gedächtnisses für alle Lehren der Weisheit. Parallelen zur Zauberflöte liegen auf der Hand, und es wird deutlich, daß auch ohne Borns mäeutische Dienste Mozarts Werk entstehen konnte, da die wichtigsten Quellen, aus denen Born schöpfte, bekannt und zugänglich waren.

1.8 Ein Kreuzzug gegen Unsinn und Schwärmerei

Tagsüber waren sie brave Biedermänner, bei beginnender Dunkelheit war das märchenhafte Schauspiel dieser »hohen, weisen, edlen und fürtrefflichen Ritter vom Sternschnuppen« von den Hängen des Kahlenberges aus zu beobachten. »Einzelne gut berittene Brüder jagten oft ganze Nächte in weitem Umkreise den fallenden Sternschnuppen nach, und brachten die gewonnene Ausbeute sodann ihren ungeduldig harrenden Genossen heim, welche diese köstliche Masse so lange in ein Circulir-Gefäß gefangen hielten, bis sie sich aus Verzweiflung (sic) zu gediegenem Gold verwandelte.«[1]

Die gesammelte Sternschnuppensubstanz galt als »Prima Materia«, als einzigartiger Ausgangsstoff zur Bereitung des Steins der Weisen, jenem kostbaren alchemistischen Liquor, mit dem die Transmutation unedler Ausgangsstoffe in Edelmetalle bewerkstelligt werden sollte. Sie war nichts anderes als Tau, der als Ausdünstung der Sterne und Relikt vom Himmel gefallener Sternschnuppen galt.

Das Experiment, das im Park eines nahe bei Wien gelegenen, gräflichen Landsitzes stattfand, war von großem Geheimnis umhüllt und von bewaffneten Dienern geschützt. Denn ein bekannter, sehr tapferer General, wie es heißt, war Großmeister der Sternschnuppen-Ritter, er soll hoch in der Gunst des Kaisers gestanden haben. Deshalb verschweigt der Chronist seinen Namen in den Quellen auch schamhaft.

Die geheimnisumwitterte Sphäre solch schwärmerischer Mirakelsucher hatte ihr aktuelles klangliches Pendant. Ätherisches repräsentierte Esoterisches, musikalisch eingefangen durch ein Instrument, dessen Zauberklänge das Wiener Publikum erneut in Entzücken versetzte: die Glasharmonika. Sie realisierte »das höchste Ideal des Angenehmen und Schönen, worüber hinaus selbst die fruchtbarste Einbildungskraft sich nicht zu schwingen vermag. Die Wirkung dieses Instruments gränzt ans Fabelhafte, und es ist wahrscheinlich, daß, wenn es wieder verlohren gehen sollte, die Erzählung davon für die Zukunft das seyn würde, was die Geschichte der Leyer des Orpheus für uns ist.«[2]

Diese Harmonika bestand »aus einer Anzahl gläserner Schalen, wovon jede ihren bestimmten Ton hält, verhältnißmäßig kleiner wird, immer in die größere einpaßt,

1 G. Brabbée: Sub Rosa. Wien 1879 S.181.
2 Über die Harmonika. Ein Fragment von J.L. Röllig. Berlin 1787, S. 5.

von allen Seiten frey und mit ihrem Rande ohngefähr einen Finger breit hervorsteht, alle aber auf einer Spindel stecken, kegelförmig, horizontal in einem Kasten liegen, mit Wasser befeuchtet, beim Spiele vermöge eines Fußtritts in beständigem Umlaufen erhalten, mit bloßen Fingern berührt und dadurch tönend gemacht werden.«[3]

Mozart hatte die Glasharmonika schon 1773 beim Magnetiseur Messmer probiert und Vater Leopold war begeistert gewesen: »Weist du das der H: v Mesmer recht gut die Harmonica der Miß Devis spielt?« - schrieb er damals an seine Frau - »er ist der einzige der es in Wienn gelernt hat, und eine viel schönere Gläser Machine als die Miß Devis hatte. der Wolfg[ang] hat auch schon darauf gespielt, wenn wir nur eine hätten.«[4] Auch der Mesmer-Schüler Franz Joseph Graf Thun besaß ein solches Instrument und setzte die überirdisch anmutenden, seltsam anschwellenden und verkligenden Töne, denen wunderbare Wirkungen zugeschrieben wurden, bei seinen Kuren ein.[5] Mozart konnte es im Hause der Gräfin Thun erneut versuchen, und Gottfried van Swieten ersetzte die Orgel in den Mozartschen Bearbeitungen Händelscher Oratorien durch eine Glasharmonika, die der vorzügliche Karl Leopold Röllig (um 1754 - 1804)[6] »mit dem allgemeinen Beifall aller Kenner und Liebhaber« spielte.[7] Röllig bemühte sich um die spieltechnische Verbesserung dieser Glasharmonika, die er mit einer Tastatur ausstattete.[8] Er war Freimaurer, zu Mozarts Zeit umworbener Gast in Wiener Logen, und traktierte sein Instrument, das »stets den höchsten Grad rührender Leidenschaft auszudrücken sucht«[9], allenthalben bei maurerischen Anlässen, beim Johannisfest, bei Aufnahmen, bei Trauer- und Tafellogen.[10]

Von einem Einsatz berichtet Röllig[11]: »Gegen Abend fuhren wir nach seinem (= N[ef]z[ers) Landgute, dessen Einrichtung, besonders aber die des Gartens, ausserordentlich schön getroffen ist. Verschiedene Tempel, Grotten, Wasserfälle, labyrinthische Gänge und unterirdische Gewölbe usw. verschaffen dem Auge so viele Mannigfaltigkeit und Abwechslung, daß man davon bezaubert wird....

Ich hatte die Harmonika mit hinausnehmen und Herrn N[ef]z[er]- versprechen müssen, auf seinen Wink, an einem bestimmten Orte, nur wenige Augenblicke zu spielen.... Denken Sie sich aber mein Erstaunen, als ich über die Treppe des Kellers halb hinunter gestiegen war und eine Todtengruft erblickte, in der man unter Trauermusik einen Leichnam in den Sarg legte und zur Seite einen weißgekleideten,

3 Ebda. S. 3. Vgl. C. Sachs Reallexikon der Musikinstrumente, Berlin 1913, S. 159.

4 Leopold Mozart an seine Frau, Wien 12. 8. 1773: Mozart Briefe I 486.

5 Vgl. die Abbildung der Glasharmonika auf dem Titelblatt von »Lavaters Protokoll über den Spiritus familiaris Gablidone«, wo Graf Thun sitzend mit der Rechten einen Löwen kost.

6 Zu Röllig vgl. G. Brabbée: Der Harmonika Virtuose Röllig, in: Latomia XXVII S. 257-267. E. Hanslick: Geschichte des Concertwesens in Wien. Wien 1869 S.134. Abafi IV 276ff.

7 Journal des Luxus und der Moden. Weimar, 19. Bd., Jg. 1804, S. 604. Zitiert nach A. Holzschneiders Vorwort zu NMA X, 28, Bd.4 »Ode auf St. Cäcilia«, S. IX.

8 Röllígs oben zitierte Schrift zeigt im Titelblatt eine Harmonika mit Tastatur.

9 Röllig, a.a.O. S. 24.

10 Abafi IV, 276.

11 Röllig, a. a. O. S. 10 ff.

aber ganz mit Blut bespritzten Menschen die Ader am Arme verband. Außer den Hülfe leistenden Personen waren die übrigen in langen schwarzen Mänteln vermumt, und mit bloßem Degen. Am Eingange der Gruft lagen über einander geworfene Todtengerippe, und die Erleuchtung geschah durch Lichter, deren Flamme brennendem Weingeiste ähnlich kam, dadurch der Anblick desto schaudervoller und schrecklicher wurde. . . .

Sah ich je etwas Feenmährchen ähnliches, so wars im Augenblick des Eintritts im Garten. Alles in grünem Feuer - unzählige flammende Lampen - Gemurmle entfernter Wasserfälle - künstlicher Nachtigallengesang - Blüthenduft, usw. kurz, alles schien überirdisch und die Natur im Zauber aufgelöst zu seyn.

Man wieß wir meinen Platz hinter einer Laube, deren Inwendiges himlisch geschmückt war, wo hinein man kurz hierauf Jemand ohnmächtig brachte.[12] Sogleich erhielt ich das Zeichen zum Spiele. Kaum nach einer Minute erholte sich der Ohnmächtige und fragte verwundert: 'Wo bin ich? wesen Stimme hör ich?' Frohlockender Jubel mit Trompeten und Pauken - war die Antwort. Alles griff zugleich nach den Degen und eilte tiefer in den Garten, wo das Fernere für mich, wie verschwunden war.«

Wer damals vom Kahlenberg auf die Stadt heruntersah, konnte in den Vorstädten manchen Schlot rauchen sehen, der zu einem chemischen Laboratorium gehörte, aus dem wunderliche Schwaden entwichen, Restprodukte schier unglaublicher Experimente der Goldmacher, die den »Mercurium fixierten« und den »Lapis philosophorum« suchten, mit Gewißheit aber nur ein Ergebnis brachten, den sicheren finanziellen Ruin ihrer begüterten Betreiber.[13] Die überlieferte Zahl derartiger Brutstätten der Alchimie ist groß. Wollte man sie für wahr halten, müßte man jedem zweiten Edelmann ein solches Unternehmen andichten.[14]

Fest steht, Ignaz von Born unterhielt ein solches Laboratorium in der Alser Vorstadt. Was er darin genau trieb, wissen wir nicht. Belegt ist, daß er am Ende seines Lebens einen Schuldenberg von zweihundertfünfzigtausend Gulden hinterließ. Der soll auf die Kosten dieses Laboratoriums zurückgehen. Kann man Born, dem Mineralogen, vielleicht noch fundierte Forschungsprojekte zugute halten, - naheliegend sind Untersuchungen zur Klärung der chemischen Amalgamationsprozesse -, so scheidet dieses aller Ehren werte Motiv beim Großteil der Wiener Alchemisten aus. Krause Vorstellungen unerfahrener Laien mischen sich hier mit nacktem

12 Als Fußnote von Röllig: »Vermuthlich den, dem man in der Todtengruft die Ader geöffnet hatte.«

13 Van Swieten erzählte Münter »Geschichten von den hiesigen Cacomagis, eine eigne Secte, die den Leuten mit Punsch, betäubenden Dämpfen und darin vorkommenden Gespenstern beinahe den Kopf verrückt.« Münter Tagebücher S.158. Münter schreibt S.105 außerdem über den Dichter Johann Baptist Alxinger (1755-1797), Sohn reicher Eltern, der zusammen mit Joseph Haydn 1785 der Wahren Eintracht inkorporiert wurde: ...»seine Schwärmerey hatte ihn fast unglücklich gemacht. er hat 30 000 fl. schon mit Rosenkreuzerei durch den Ofen gejagt.« Vgl. Josef Richter: Briefe aus dem Himmel. Wien 1786.

14 Vgl.»Horus oder Astrognostisches Endurtheil über die Offenbarung Johannis und über die Weissagungen auf den Messias wie auch über Jesum und seine Jünger. Mit einem Anhange von Europens neuern Aufklärung und von der Bestimmung des Menschen durch Gott. Ein Lesebuch zur Erholung für die Gelehrten und ein Denkzeddel für Freimaurer. Ebenezer. Im Verlage des Vernunftshaußes 1783« S.XXII.

Gewinnstreben schamloser Glücksritter in krimineller Weise. Methoden und Praktiken längst vergessen geglaubter Schwarzkünstler leben in einer Gesellschaft fort, die sich an der Oberfläche aufgeklärt gab, am Grunde aber noch an unausgegorenen Vorstellungen vergangener Jahrhunderte laborierte. Ihnen fiel Born am Ende selbst zum Opfer.[15]

Am 7. Februar 1783 feierte die Loge »Zur wahren Eintracht« in der Wollzeile in Wien Tempelweihe. Born, der Meister vom Stuhl, hielt aus aktuellem Anlaß folgende Rede:

»Hoch und verehrungswürdige Brüder! Welch freudiges Gefühl muß nicht bey Eröffnung dieser Loge in dem Busen eines jeden unserer Brüder rege werden? Bey Eröffnung dieser Loge in einem neuen Tempel, den uns die täglich anwachsende Zahl einträchtig gewählter guter Brüder bauen hieß, den wir durch diese unsre heutige Arbeit, durch die feyerlichen Hammerstreiche, die in demselben zum erstenmal ertönen, nach Maurerart einweihen. Eintracht ist der Grund auf dem wir ihn bauten, Wahrheit die Eigenschaft Gottes, der er heilig seyn soll. . . . Nur im Vertrauen auf diesen unsern festgeschlossenen Bund dürfen wir es wagen, muthig die Wahrheit aufzusuchen und den Unsinn und die Schwärmerey, die sich der Auffindung derselben entgegenstellen, zu bekämpfen. Nur Eintracht, Einförmigkeit der Denkart, und eine gleiche Richtung unserer maurerischen Grundsätze kann uns sichern, hier den Irrwischen auszuweichen, die mit ihrem täuschenden Lichte uns die Pfützen des Unsinns, auf welchem sie herumflattern, ziehen wollen, dort am Sirenengesang der Schwärmerey standhaft vorüberzugehen, der durch die Lobpreisungen höchster Kenntnisse uns in den Abgrund, zu locken suchen. Nur wechselseitige brüderliche Warnung, Zurechtweisung und Aufmunterung kann uns auf der geraden Bahn der Maurerey, die nach unsern Begriffen ächte Wohlthätigkeit, erweiterte Aufklärung des Verstandes und Verbesserung des Herzens zum Endzwecke hat, erhalten. Nur durch sie können wir hoffen, sicher hinzugelangen zu der unerschöpflichen Quelle des Lichts, in das innere Heiligthum der Wahrheit, deren Ausforschung wir diesen unsern Tempel heute weihn.

Ich wage es nicht Unendlicher! gleich einem eifernden Schwärmer dein göttliches Feuer, den Ausfluß deiner selbst, einen Strahl deines Lichts auf diesen Altar als ein Kennzeichen, daß du das Streben der guten Brüder zur wahren Eintracht, nach der unerreichlichsten der erhabensten deiner göttlichen Eigenschaften, gefällig ansiehst, von Himmel herabzubitten. Aber anflehen darf ich dich, daß du die in dem Busen jedes unsrer Brüder hoch auflodernde reine Flamme der Wißbegierde auf diesen dir geweihten lebenden Altären immer mehr und mehr anfachest; daß du

15 Alxinger, ein Vertrauter Borns, schreibt in einem Brief an Wieland: »Seine (=Borns) Schulden wurden auf 460.000 fl. geschätzt und eher zu geringe als zu groß.« Fürst Dietrichstein übernahm 1788 zwei von Born ausgestellte Wechsel zu je 30.000 Gulden. Die Gläubigerforderungen betrugen nach Borns Tod insgesamt 213.263 Gulden. Zitiert nach P.Hofer, Ebda.S.28. Abafi, Bd.4 S.290, behauptet dagegen, Born sei »Alchemist aus Überzeugung« gewesen. Weiteres dazu in: Latomia. Freimaurerisches Jahrbuch für 1869. 27. Bd. S.269 und bei P. Hofer, der in seiner Dissertation zu dem Schluß kommt: »Nach dem vorliegenden Material kann man Born aber nicht als Alchemisten bezeichnen.« Ebd.. S.123.

unsern Durst nach ächter Weisheit, die wir Hand in Hand suchen, stillen wollest, daß du uns besiegen helfest die Irrthümer, die jedem, der den Weg der Wahrheit wandelt, auflauern. Auffordern will ich deinen gerechten Zorn über den Unwürdigen, der dem inneren Rufe seiner Überzeugung ungetreu, sich je dieses Hammers bemächtigen sollte, um diesen der Wahrheit geweihten Tempel durch Lehren zu entheiligen, die mit dem Mahlzeichen des mystischen Unsinns gebrandmarkt sind. Niemand soll mit geheimer, verborgener Weisheit und einer von dir selbst ihm, deinem vorgeblichen Lieblinge, eingetrichterten Wissenschaft prahlen, um verächtlich die nützlichsten und geprüftesten Kenntnisse herabzuwürdigen und sich das Ansehen eines hocherleuchteten Weisen und Maurers zu geben. Ihr zur unwandelbaren Freündschaft für jeden ihrer würdigen Brüder gleichgestimmtes Herz, meine Brüder, ist mir Bürge, daß das Band der Eintracht, das uns aneinanderknüpft, unauflöslich sey. Ihr aufgeklärter, durch so viele nützliche Wissenschaften zur volkommenen Erkenntniß der Wahrheit vorbereiteter und derselben gleichsam empfänglich gemachter Verstand aber versichert mich, daß Sie nie von dem Pfade der Wahrheit abweichen werden, daß Sie alle in meine Bitte an den Gott der Wahrheit um sein Licht und Beistand bey diesem unsern Streben, in meine Aufforderung seiner Rache über den Schwärmer, der nur einen von uns irreführen wollte, eingestimmt haben. Und nun freuen sie sich, meine Brüder! Wir haben unsern Entzweck bey dem Baue dieses unsers Tempels nicht verfehlt; die Wahrheit wird in diese auf Eintracht gegründete und ihr geweihte Stätte herabsteigen, wird so gewiß unter uns verweilen, als gewiß die Verheißung des ewigen Wortes ist, daß Er, die unversiegbare Quelle der Wahrheit, stets mitten unter denjenigen wohnen wird, die sich in seinem Nahmen und um seinetwillen versammeln.«[16]

Eine maurerische Rede geht zum Schluß in ein Gebet über, das war allgemeiner Brauch. Borns Gebet aber ist ungewöhnlich. Es ruft ausdrücklich Gottes Rache auf die »Schwärmer« herab - genaue Gegenposition zu Sarastros verzeihender Gesinnung. Nota bene: In seinen heiligen Hallen kennt Born die Rache schon.

Unter den Brüdern seiner Loge erntete Born mit dieser Rede nicht allein Zustimmung. Rückendeckung von Freundesseite war nötig. Drei Tage später, am 10. Februar 1783, trat daher als einziger Gastredner in der Geschichte der Übungslogen Otto von Gemmingen (1755-1836) für Born in den Ring. Er griff das Kernproblem wieder auf. Von seinem Vortrag ist nur ein Protokoll erhalten. Logensekretär Bianchi schreibt:

»1) Las Bruder Gemmingen eine Abhandlung über die Schwärmerey in der Freymaurerey. Er nahm die Gelegenheit dazu von der letzten Rede des Hochwürdigen Großmeisters. Er setzte die Begriffe von der Schwärmerey fest, schilderte den Zustand des mittlern Zeitalters und zeigte, wie Schwärmerey aus der Finsterniß jener Zeiten hervorstieg. Stolz und Trägheit gab er als Quellen derselben an, zeigte ihren Fortgang und den Schaden, der daraus sich auf die bürgerliche Gesellschaft verbreitete. Dann untersuchte er, ob dieses auch die Natur der maurerischen

16 VA 65 p. 166.

Schwärmerey sey. Er warf einen Blick auf verschiedene Systeme in der Maurerey und machte die Bemerkung, daß nur eine Wahrheit seyn könne. Mit den lebhaftesten Farben malte er die Folgen, die durch diese mystischen Irrthümer auf das Menschengeschlecht und auf die Maurerey fließen und schloß mit den Vorschlägen, dieser Schwärmerey Einhalt zu thun.«[17]

Gemmingen und Born verfolgten zunächst eine gemeinsame Linie im Kampf gegen eine Bewegung, die vor den Toren der eigenen Logen nicht haltmachte. Der Reinigungsprozeß, der in der »Wahren Eintracht« in Gang kam, sollte der Freimaurerei in den österreichischen Staaten tiefe Wunden schlagen.

Nach Gemmingens Vortrag wurde in der gleichen Sitzung einiges über die Fragen: »Ob irgend etwas Scientifisches oder Spekulatives in der Freymaurerey enthalten sey«, vorgetragen. Born bemerkte zu diesem Essay, daß er von einem »erleuchteten Bruder eingesandt und vom Bruder Hilchenbach in Ordnung gebracht worden«.[18]

Wichtig ist, daß hier erneut zur Debatte steht, was Born bereits in seinem eigenen Beitrag über die Mysterien der Ägypter als Kernproblem herausgeschält hatte: die Frage nämlich, ob die freimaurerischen Symbole und Riten einen über sich selbst hinausweisenden Sinn enthalten und ob dieser eindeutig interpretierbar sei.

»Viele unserer Brüder entschieden für diese Frage«, heißt es im Protokoll, »indem sie glauben, daß die Freymaurerischen Hieroglyphen und Allegorien auf gewiße höhere Kenntniße Bezug haben.« Der Redner selber aber meinte, daß »keine nothwendige Verbindung zwischen der Freimaurerey und irgend einer höhern geheimen Wissenschaft gefunden werde, sondern dieselben - vorausgesetzt, daß sie hinlänglich erwiesen wären - dem Endzweck unserer Verbindung coordinirt werden müßen und dieser keineswegs ihnen zu subordniren sey. - Aus welchem allen er dann folgerte, daß zuverläßlich nichts Scientifisches oder Spekulatives in der Freimaurerey selbst enthalten sey, deren Endzweck er dahin bestimmte, daß sie nichts anderes, als eine gesellschaftliche Verbindung sey, welche aus ihren Mitgliedern - ohne aller Salomonischen Weisheit - die tugendhaftesten Bürger, ungeheucheltesten Christen, besten Väter, redlichsten Freunde, tapfersten Soldaten, unbescholtesten Richter, gütigsten Herrn und treuesten Diener bilden wolle und könne, wenn in der Auswahl derselben die nöthige Vorsicht gebraucht werde«.[19]

Diese Worte klingen beinahe wie ein Manifest, das die ideologische Position der Wiener Illuminaten apostrophiert. Aber bald wurde klar, für diese Position gab es keine Mehrheit, weder in Borns »Wahrer Eintracht« noch in der Schwesternloge »Zur Wohlthätigkeit«, in der Gemmingen den Hammer führte und wo er Mozart bald darauf in die Geheimnisse des Ordens einweihte. Immer noch behielten mehr oder weniger verdeckt Sympathisanten der Rosenkreuzer, Asiaten oder der Strikten Observanz erheblichen Einfluß. Und mancher von Borns Freunden tanzte insgeheim auf zwei Hochzeiten.

17 VA 79 p. 171.
18 Ebda..
19 Ebda. p. 173.

1.9 Logenmusik und Patronen

Ein Lied zu Beginn und am Ende der Arbeit zu singen, war beliebter Brauch Wiener Logen zu Mozarts Zeiten.[1] Bereits am 7. Januar 1782 wurde in der »Wahren Eintracht« beschlossen, »bey der Gesellen Arbeit nebst der instrumental Musick auch vocal Music zu gebrauchen«.[2] Die Reisen eines Gesellen während seiner Erhebung zum Meister wurden durch besondere Kompositionen begleitet.[3] Dazu wurden unterschiedliche Instrumente eingesetzt. Borns Vorgänger Fischer nahm ein Klavichord für 10 Gulden in Gebrauch.[4] Der intime Klang dieses Instrumentes genügte nicht jedem. Joseph Holzmeister, seines Zeichens K. K. Hofkriegsrathskonzipist, unterbreitete der Loge, wahrscheinlich nach seiner Erhebung zum Meister im November 1782, einen Verbesserungsvorschlag:

»Unser würdiger Bruder Sekretär [Bianchi], welcher im Fache der Tonkunst schon so oft sein ausgezeichnetes Talent bewiesen hat, versieht unsere Loge zwar mit herrlichen Melodien, aber sie bleiben wirkungslos, wenn sie nicht mit dem Gefühle exekutiert werden, das ihn beseelte, als er sie niederschrieb. Welche Empfindungen müssen nicht zum Beispiel bei einer Beförderung zum Gesellen Grad die Herzen der zu befördernden sowohl, als der übrigen Brüder offen stehen; wenn eine Musik, wo Melodie und Harmonie zusammenfließt, klänge, wie ehrwürdig, wie seelerhebend würde die Maurerische Reise sein, zu welch erhabenen, andächtigen Ideen würde sie nicht gestimmt werden! Ich wage es einen Vorschlag zu tun, wodurch ich glaube, daß diese Absicht wenigstens großen Teils erfüllet

1 Protokolleintrag: »Nach geöfneter Lehrlings-Loge ward ein von dem Br. Blumauer verfertigtes Lied vor der Arbeit gesungen.« VA 89 p. 2. »Ward beschlossen die Loge, nach dem Beispiel anderer Logen mit einem Lied vor der Arbeit anzufangen, und nach der Arbeit mit einem Lied zu endigen.« VA 89 p. 3. »Wurde dem Br. Bianchi ...gedankt, daß er die bey der Tafel [des Johannes-Festes] gesungene Lieder ...so vortrefflich in Musick gesetzet hat.« VA 89 p. 33.

2 VA 79 p. 5.

3 Im »Ordens Rituel für den Zweiten, das ist, dem Gesellengrade« heißt es: »Der G:M: redet darauf den Suchenden mit folgenden Worten zu, welche zur Musick der Loge, im Geiste der Wahrheit abgefaßt sind.«(S. 213) Und weiter: »Hierauf verrichtet der Suchende unter Anführung der BBr Aufseher, die ihn die Degenspitzen gegen seine Brust halten, seine Reisen, während welcher die BBr eine Instrumentalmusick aufführen.«(S. 214) In: Eine Wiener Freimaurerhandschrift aus dem 18. Jahrhundert von Bruder (Joseph) Baurnjöpel. Bibliotheca Masonica. Dokumente und Texte zur Freimaurerei. Hrg. von F. Gottschalk. Band I/2.

4 VA 68 p. 123.

werden könnte. Es sollten sich nämlich außer den Lehrlingen alle Brüder, so musikalisch sind, oder denen die Natur Musik in die Kehle gelegt hat, erklären. Von diesen müßte man eine Auswahl machen, und jedem seinen Platz anweisen. Die Vocal=Musik ist die schönste, natürlichste und dringt am stärksten ans Herz. Unser Chor könnte aus einem Clavier, einem guten, mit Sordin besetzten Violin, einer Flöte, und 9 Sängern, nämlich 3 Tenor, 3 Alt und 3 Bässen bestehen, das aufzuführende Stück, oder Lied müßte vorher durch öftere freundschaftliche Proben in richtigen Gang, und in diejenige Geschmeidigkeit gebracht werden, in der der Ausdruck der Musik liegt. Die Liebe für die Loge, und das angenehme des Studiums selbst dürften diesen Proben den Brüdern unlästig machen. Auf diese Art, denke ich, würden unsere Gesänge das, was sie sein sollten, und wir vermieden die Unbequemlichkeit, immer Brüder anderer Logen zu unsern Musiken zu bitten, auf die wir uns oft fruchtlos verlassen, und eben in der Verlegenheit sind, mit Menschen, die nicht zusamgewohnt sind, mit fremden, übel conditionierten Instrumenten, und mit unvollkomener Besetzung ein Lied anzustimmen, das die Brüder statt zu erbauen in eine ganz entgegengesetzte Empfindung versetzt. Wenn meine wenigen Einsichten in diesem Fache dienlich sein können, so erbiete ich mich, nach ihren Kräften zur Absicht beizutragen, immer für Instrumente, Proben und Ausführung zu sorgen, und schmeichle mir durch meine Bemühungen in den Herzen meiner Brüder vielleicht einen neuen Zusatz von Liebe und Neigung zu erwerben.«[5]

Auf Holzmeisters Vorstellungen kaufte Born für die »Wahre Eintracht« um 40 Gulden eine Orgel und ließ das Geschäft am 25. November 1782 von den Brüdern der Loge absegnen.[6]

Im folgenden Jahr unternahm die Loge besondere musikalische Anstrengungen. Sie gab eine Liedersammlung heraus mit dem Titel:

Musicalische Unterhaltungen
der einträchtigen Freunde in Wien
Erstes Werk
enthaltend
Zwölf Lieder auf das Piano-Forte
nach Texten von Blumauer, Ratschky und Leon.[7]

Alle zwölf Lieder haben zur Freimaurerei unmittelbar allerdings keinen Bezug. Im selben Jahre brachte Christian Wappler in Wien, selbst Maurer, »Gedichte und Lieder verfaßt von den Brüdern der Loge zur Wahren Eintracht im Orient von Wien« heraus. Diese Textsammlung enthält dreißig Lieder; die Hälfte stammt von Blumauer, acht von Ratschky, vier von Leon, der Rest von Retzer, Schlosser und Schittlersberg. Die Vorrede beginnt mit dem Hinweis: »Schon der selige Lessing machte die

5 VA 66 p. 435.
6 VA 79 p. 134. Das Instrument wurde noch im April 1785 für 1 Gulden gestimmt, vgl. VA 73 f. 415r.
7 VA 66 p. 317.

Bemerkung, daß die Reden und Lieder der Freymaurer meistentheils schöner gedruckt, als gedacht und gesagt seyen.[8] Wir kennen itzt bereits an die 40 verschiedene Sammlungen von Freymaurerliedern, und noch scheint diese Beobachtung wenig oder nichts von ihrer Wahrheit verloren zu haben. Warum die Dichtkunst auf maurerischem Grund und Boden, dem es für sie gewiß weder an Urbarkeit noch Ergiebigkeit fehlt, so wenig gedeihen wollte, ist eben so schwer zu bestimmen, als warum unsere beste Dichter sich so wenig mit Erzeugung solcher Produkte abgeben, die doch für die ganze Maurergesellschaft zu einer Art von Hausbedürfniß geworden sind. Man kann sich dieses Phänomen nicht anders erklären, als wenn man annimmt, die maurerische Muse habe sich durch Gleichgültigkeit an einem Orden rächen wollen, der ihr Geschlecht von seinen Geheimnissen ausschließt.«

Ohne Jahreszahl erschienen »Lieder zum Gebrauche der Loge Zur wahren Eintracht im O/rient/ von W/ien/. In Musik gesetzt von Br. B/ianchi/«, nach Texten von Blumauer. Es sind, was die Musik betrifft, durchschnittliche Produkte. Von den Besuchern verlautet darüber nichts. Allein Heinrich Gottfried von Brettschneider erwähnt am 8. November 1783: »Ich war in der Bornischen Loge, wo zu Erweckung der Andacht Lieder mit einer Orgel begleitet werden.«[9]

Neben den rituellen Arbeiten feierten die Logen auch Feste, zu denen die Kavaliere ihre Damen einluden. Die »Wahre Eintracht« war in diesem Punkte sparsamer als andere Wiener Bauhütten, z.B. die »Gekrönte Hoffnung«. Tafellogen fanden hier wegen der hohen Kosten nicht wie gewöhnlich einmal im Monat statt, sondern nur bei besonderen Anlässen, z.B. zum Konstitutionsfest, zur Johannes-Feier, beim Namensfest des Kaisers und des Meisters vom Stuhl oder zu Fasching.

Dazu wurde eine Küche eingerichtet, Geräte zum Servieren, ein großes Eßservice, Warmhalteöfen etc., ein Tafeltisch, neun Leuchter und »54 Paar silberne Tafelmesser«.[10] Ein Pfund »Parmesankäs und Brod« je zwei Maß »Weissen und Rothen Wein«, »6 Dutzen Drinkgläser«, »Zwiback« »1/2 Pfund Piscoten« und »Krapfen« kaufte man ein.[11]

Man dinierte mit Maßen, zuweilen erfreute der Harmonika-Virtuose Röllig Brüder und Schwestern mit zauberhaftem Spiel, und artige Komplimente wurden ausgetauscht:

»Hochwürdiger, Dank Ihnen für diese Aufforderung«, so redete zum Beispiel Otto von Gemmingen bei seiner Schwesterngesundheit am 1. Dezember 1782 den Großmeister Born an, »die mich ebenso schmeichelhaft, als sie in einer Versammlung, wie diese, wo man so gute Sachen zu hören gehört ist, furchtsam machen sollte, wüßte man nicht, daß auf Brüdernachsicht man zählen darf: Und überhaupt ist's

8 Ernst und Falk. Gespräche für Freimaurer. Erstes Gespräch.

9 Aus dem Josephinischen Wien. Geblers und Nicolais Briefwechsel während der Jahre 1771-1786, hrg. von R. M. Werner, Berlin 1888 S. 157 Nr. 154.

10 VA 68 p. 126.

11 VA 68 p. 74.

Schwestern mit Worten so sehr auch nicht gedient. Darum, meine verehrungswürdigen Brüder, folge ich dem Rufe des Hochwürdigen ohne Scheu, und bringe Ihnen die Gesundheit unserer Schwestern zu, nur müßen Sie verzeyhen, daß sehr demütig es nur in Prosa geschieht.

Wohl weiß ich, daß seit Adam die erste Kanone auf Evas Gesundheit abfeuerte, bis auf Bruder Blumauer, fein zierlich in Reimen gesprochen wurde: aber wo ich mich hinwende, sehe ich des Handwerks mehrere, die trotz ihrer Bruderliebe nicht einen Mißklang auch keine kleinste Parnaß-Sünde unbemerkt vorüberließen.

Also lieber auf ebener Erde geblieben, und ein paar Worte über folgenden bekannten Spruch:

Wer nicht liebt Wein, Weib und Gesang
Der bleibt ein Narr sein Leben lang.

Wir singen im freudigen Chor, wir schätzen, wie's klar erhellt den edlen Saft der Reben; und Weiber - da mögen unsre Schwestern zeugen: wie inniger der Maurer liebt.

Mithin wär's deutlich, daß der Weißheit erste Stufe wir erlangten - nicht Narren mehr zu sein.

Zwar möchte mir wohl mancher sagen, daß Schwesterliebe der Narren nicht wenige zeugte: dem aber sey hierauf Bescheid gegeben, daß durch Weisheitsstreben auch mancher zum Narren geworden; und so beweist's nicht mehr und nicht minder, als daß, zum Narren einmal bestimmt; nichts daran hindern kann, selbst nicht einmal die königliche Kunst. Es bleibt dabey, es ist ein herrlich schönes Ding, um ächte Schwesternliebe, wer sie nicht kennt, der lebt nur halb: mühselig schleppt er sich durch seine Pilgerstraße und findet öd' und dürr was ihn umgibt. Wohl schleift auch ohne sie der Lehrling das Werkzeug; wohl arbeiten Gesellen nach Pflicht; auch zeichnen wir Meister ganz stattlich den Plan, allein, gestehn, Sie, Brüder geschwinder glänzt doch das Werkzeug, der Bau wächst schneller heran, und im Huy ist da ein Riß entworfen; wenn nach geendigter Arbeit der Maurer die Schwester erwartet, wenn er sich denkt das pochende Herz, die funkelnden Augen, die glühende Wange, den hebenden Busen - dann fördert die Arbeit.

Nun kriegt er den Lohn, und eilet zur Schwester
die seiner schon harret, da kost er
und tändelt die Stunden der Ruhe hinweg,
sein Innres durchströhmen der
Liebe süße Gefühle,
er schmeckt, geliebt zu werden, der Wonne All;
fühlt sich seelig, ein Mensch zu seyn.

Die Schwestern; gewiß sie machen zu bessre
Geschöpfe uns täglich:
sie mildern die Sitten des roher
gebildeten Mannes,
entfalten der Weisheit ernste Stirne,
machen fühlbar für jeden Reiz der
herrlichen Natur,
und pflanzen nebst Liebe auch den Keim zu jeder
guten Tugend.
Wer fühlt sich je besser, mitleidiger,
selbst auch andächtiger - als wenn er liebte:
gieng wohl da ein Dürftiger ungetröstet weg?
will man da nicht alles glücklich machen
was uns umgiebt.

O wehe euch Schwesterfeinden, die ihr nie
dieses Glück versuchet;
wehe dem der Schwesternumgang für
Weisheitsschändung hält -
er bleibt ein Narr sein leben lang.

Wir aber nicht allhier, wir lieben unsre
Schwester,
wir schäzen des Himmels schönste Gabe,
und wünschen mit Maurerredlichkeit daß alle
Schwestern leben, die's ehrlich mit uns meynen,
und unsre Rittertreu zu weihen wissen.

Sie sollen leben, und mit diesen Gefühlen,
meine Brüder
die Pistole ans Herz!
Zur Ruhe! Am Mund! Feuer!«

In den Logenakten finden sich folgende »Gesetze, die bey einer Freymaurer Tafelloge beobachtet werden müssen«:

»1. Wenn der Obermeister zweymal an die Glocke schlägt, und diese Schläge von den sehr verschwiegenen Brüder Vertrauten wiederholt werden, schweigen die Brüder und Schwestern und hören mit Aufmerksamkeit und Anstand auf dasjenige, so ihnen vorgetragen wird.
2. Während der Eröffnung und dem Schlusse der Loge oder wenn einer der Brüder öffentlich spricht, legen die Brüder und Schwestern nach Maurerweise die ausgestreckte Hand ans Herz.

3. Nur jener, welcher vorhinein den Auftrag hat öffentlich zu sprechen, darf, wenn die Reihe an ihn kömmt, sich an den zweiten verschwiegenen Bruder wenden, und von ihm die Erlaubniß zu sprechen begehren. Dieser meldet es durch die gewöhnlichen Schläge an die Glocke dem Obermeister, in dessen Macht und Willkühr es stehet, die Erlaubniß zu ertheilen.
4. Niemand darf, so lange die Tafel dauert, sich von seinem Platze entfernen, um mit einem Bruder oder einer Schwester zu sprechen. Wer dagegen sündiget, soll sogleich von dem Obermeister, Untermeister, oder den Brüder Vertrauten und derselben Gehilfen an das Gesetz erinnert werden.
5. Bey Ausbringung einer Gesundheit wird unter uns gewöhnliche Sprache beybehalten:

Trinken	heißt	feuern
Glas	=	Pistole
Flasche	=	Patrontasche
Wein	=	Patrone
Wasser	=	Werch (Werg)

   Wir feuern nach Maurersitte unter folgendem Commando:
   Die Pistole ans Herz! Zur Ruhe! Am Mund! Feuer! und dann: Abgesetzt ans Herz! Zur Ruhe!
   Worauf mit den Pistolen [=Gläsern], wie gewöhnlich, gewirbelt und mit den Händen geklatscht wird.
6. Am Ende der Tafel wird vor dem Schlusse derselben der Armen gedacht und die Kettengesundheit ausgebracht, das heißt, der Rundgesang gesungen.«[12]

Diese steifledernen Anweisungen wurden bis auf die Trinksitten, die sich in den studentischen Verbindungen erhalten haben, gewiß nicht allzu wörtlich genommen. Beim beliebten Gesellschaftsspiel der Tafellogen zu Karneval, beim Constitutionsfest oder dem Johannisfest des Großmeisters ging es heiter und keineswegs trocken zu, wie die Weinrechnungen zeigen.[13]

Bei solchen Gelegenheiten reimten die Brüder zu Ehren ihres Großmeisters Born manch kecken Vers.

Nachfolgend eine Kostprobe von Blumauer zu Borns Namenstag:

12 Am 13. April 1784 klagte eine Untersuchungskommission der Loge »Zur wahren Eintracht« unter Vorsitz des Grafen Thun den dienenden Bruder Anton Lebitsch an, »daß er 1tens sämtlich Br. Bianchische Lieder und auch die Br. Holzerische Cantate, so wie die Liste der BB. der [Loge] von dem Profanen Anton Franz gegen 7 x p. Bogen eigenmächtig habe abschreiben lassen. . .« VA 89 p. 112.
VA 91 nichtpaginierte Beilage. Bei Eröffnung der Tafelloge am 3. 4. 1785 wurde ein Lied von Blumauer in Musik gesetzt von Holzer vorgetragen, worauf neun Gesundheiten folgten und statt der Rede eine Kantate, von Br. Blumauer und in Musik gesetzt von Bruder Holzer, dann die Kettengesundheit und das Armenlied gesungen wurden. VA 70 p. 362.

13 VA 68 p. 74.

An unsere Schwestern

Wenn unser Meister Ignaz heißt,
Und unser Mund den Namen preist;
So müßt ihr drum nicht glauben,
Daß wir auch Jesuiten sind,
Und gerne jedem schönen Kind
Die jungen Männer rauben.

Nein, Schwestern, unser Ignaz hat
Noch keinen heiligen Ornat
Vom obern Kirchenhirten.
Doch schätzen wir den Edlen sehr
Und lieben ihn unendlich mehr
Als den kanonisirten.

Der Orden, dem wir zugethan,
Baut nicht am römschen Vatikan,
Baut Menschenwohl hienieden.
Und alle seine Satzungen
Sind von den Jesuitischen
Gar himmelweit verschieden.

Acht weitere Strophen in dieser Manier folgen.[14]

14 VA 70 p. 237.

1.10 Neue Töne vom Grafen Thun

Xenophob war Borns illustre Loge durchaus nicht, Brüder unterschiedlichster Couleur und Herkunft wurden aufgenommen.

Im Frühjar 1783 interessierte sich der ehemalige Geistermacher Franz Joseph Graf von Thun-Hohenstein für die Loge »Zur wahren Eintracht«. Am 17.März »fiel die Balotte über den um die Incorporation durch den Bruder Estner ansuchenden Bruder Thun , k.k.Geheimer Rath mit 42 Kugeln hellleuchtend aus«.[1]

Eine Woche später, am 24.3.1783, tags nach Mozarts großer Akademie im Burgtheater, bei der Joseph II. anwesend war, schreibt der Sekretär der »Wahren Eintracht« ins Protokollbuch:

»1. Nach geöffneter LehrlingsLoge wurde der Bruder Meister Joseph Franz Graf von Thun, Johannes Sohn, gebohren zu Tetschen an der Elbe in Böhmen, den 14. Oct. 5734, K. K. Kammerherr, Geheimer Rath und Ritter des militärischen Toskanischen St. Stephani-Ordens unserer Loge mit den gewöhnlichen Zeremonien einverleibt.«
2. Dankte der Bruder Thun in einem Gedicht der Loge für die Incorporation.
3. Wird beschlossen, »die Loge nach dem Beyspiel anderer Logen mit einem Lied vor der Arbeit anzufangen, und nach der Arbeit mit einem Lied zu endigen.«[2]

Mit Graf Thun, der von dem katholischen Weltpriester Franz Anton Estner zur Aufnahme vorgeschlagen wurde, erschien in der Loge »Zur wahren Eintracht« einer der interessantesten Freimaurer Wiens. Sein langer Weg durch die verschiedenen maurerischen Systeme ist beispielhaft für die Entwicklung, die ein um Fortschritt bemühter Zeitgenosse Mozarts durchlaufen konnte.

Thun ist eine Sturm und Drang-Gestalt eigener Prägung, ein Mann, der - um einen Ausdruck von Friedrich Müller (1778) zu gebrauchen - »absolut über sich selbst hinaus begehrt« und in seinem Ringen faustische Züge zeigt. Er durchforscht rastlos und ohne Unterschied alle Tiefen und Untiefen der Natur- und Geistesgeschichte seiner Zeit. Die Suche nach neuen Erkenntnissen führt ihn durch die kleine und die

1 VA 89 p.1.
2 VA 89 p.2.

große Welt. Einmal finden wir ihn in der Gesellschaft von kuriosen Scharlatanen, dann wieder bewegt er sich in Kreisen von fortschrittlichen Theologen oder Aposteln des Magnetismus. Lavater war sein Freund, Mesmer sein Lehrer. Er ist Mathematiker, tritt als Physiker mit Vorträgen öffentlich in Erscheinung und beteiligt sich an aeronautischen Experimenten. In den achtziger Jahren entdeckt er die Heilkraft seiner Hände, hilft vielen und wird als Wunder- und Wohltäter der Menschheit gepriesen, bis seine medialen Fähigkeiten 1794 in Leipzig vor einem Mediziner-Kongress versagen. Vor allem aber ist Thun »leidenschaftlicher Priester im Tempel der Musen.«[3] Er weiß den Wert einer musikalischen Leistung zu schätzen und als Mäzen zu fördern. Was er selbst, sein Vater und vor allem seine Frau für Mozart taten, wird bislang zu gering angesetzt. Ersterem ist die Linzer Sinfonie gewidmet, die Gräfin Thun bekam als erste die neuentstandene »Entführung aus dem Serail« am Klavier »vorgeritten«, und der Einfluß des Grafen Franz Joseph auf den Komponisten steht im Folgenden zur Debatte.

Vier Tage nach seiner Inkorporation in die »Wahre Eintracht« hielt Graf Thun eine programmatische Rede mit dem Titel. »Über den eigentlichen Zweck der Freymauerey im Orient hiesiger Staaten«.[4]

Ungeniert zitiert er vor Born und den Brüdern seiner Loge Matthias Claudius, und zwar dessen »Vorrede des Uebersetzers« zu »Irrthümer und Wahrheit, oder Rückweiß für die Menschen auf das allgemeine Principium aller Erkenntniß«[5], dem viel Aufsehen erregenden Werk des »unbekannten Philosophen« Louis Claude de Saint-Martin, das die Bibel der Asiatischen Brüder war:

»Wir Menschen haben einen Geist . . ., den diese Welt nicht befriediget - der hier kein Bleiben hat, weil er sich nach seiner Heimath sehnt. Dieser Geist ist der Hauch des Allmächtigen - ein göttlicher Funken des ewig alles belebenden Lichts - Gottes Ebenbild.-

Was kann ihm mit einer Weisheit geholfen seyn, die bloß in der sichtbaren und materiellen Welt zu Hause ist? Sie kann ihm auf diesem Erdballe freylich auf mancherlei Weise lieb und werth seyn, nachdem sie mehr oder weniger Stückwerk ist; aber sie kann ihm nicht gnügen. Was ihm gnügen soll, muß in ihm, seiner Natur, und unsterblich wie er seyn; muß ihn, weil er hienieden einhergeht, über das Wesen, und den Gang dieser körperlichen Natur und über ihre Gebrechen, und Striemen weisen, trösten, und ihn in dem Lande der Verlegenheit, und der Unterwerfung, in Wahrheit unverlegen, und herrlich machen, und wenn er von dannen zieht, mit ihm ziehen durch Tod, und Verwesung, und wie der beste Freund ihn zur Heimath begleiten.

3 Brabbée, Sub Rosa S.85. Vgl. auch C.Preihs: Mozarts Beziehungen zu den Familien von Thun-Hohenstein.

4 Vgl. VA 67 p.117. Thun widmete seine Arbeit »als eine Skizze seines Eifers und dankbaren Gefühls über die Ehre seiner Einverleibung in diese ehrwürdige Versammlung am 28. des 3. Monaths 5783« der Loge und ließ sie in ihrem Archiv niederlegen.

5 ». . . Von einem unbek[annten] Ph[ilosophen]. Aus dem Französischen übersetzt von Matthias Claudius. Verlegt bey Gottlieb Löwe in Breßlau, 1782.« Vgl. S.VII/VIII.

So eine Weisheit wird freylich in keinem Buche gefunden, wird nicht um Geld gekauft, und kann von der Welt auch nicht belohnet werden; denn sie ist nicht Menschenwerk [. . .]

Diese Weisheit, verehrungswürdige Brüder, ist der wahre Schlüssel der Geheimnisse, Allegorien und Fabeln unserer ältesten Urväter; diese Weisheit ist die Urquelle aller Arten von Einsetzungen, selbst das Modell von den Gesetzen, die alle Wesen gestalten und zum Grundstein dienen alle dem, was ist, und alle dem, was wirkt - es sey im Menschen, und durch des Menschen Hand, oder außer dem Menschen, und unabhängig von seinem Willen, so zwar, daß es außer diesen Prinzipien keine wahre Erkenntniß geben kann.«

Es sei leicht zu begreifen, erläutert Thun weiter, warum man eine solche Menge von philosophischen, politischen und religiösen Sekten antreffe, die mit sich selbst und anderen über den wahren Endzweck der Maurerei uneinig seien. Nachkömmlinge der Ordenstifter verlören den Grund aller Wahrheit aus den Augen, den ein jeder in seiner irdischen Hülle nur von Ferne her zu ahnen fähig sei. Daraus entstünden Irrlichter. Betrachtungen über den wahren Endzweck der maurerischen Arbeit müßten tief in das Unendliche dringen.

Viele Brüder hätten das nicht erkannt: Einige suchten den Stein der Weisen, andere Verbindung zur Geisterwelt, nicht um sich emporzuschwingen zu bessern Wesen, sondern um abzufallen zum eitlen Tand der Menschheit, zum Wahrsagen und Wunderwirken, zu Gaukelspiel und Aberglauben.

»Wieviel kann der Geist thun, wenn er das Reich der nützlichen Wissenschaften mit neuen Erfindungen bereichert.«

Thun fordert tätige Nächstenliebe.

»Wie viele Spitäler stehen da voll Kranken und Elenden, die ohne Pflege, ohne Wartung, ohne Vorsicht, ohne Trost, den Tod, die Abbrechung ihrer Hütte von dem großen Baumeister erflehen.« Das wäre wichtiger Stoff maurerischer Arbeit. Sie verscheuche den, der oft nur durch Protektion in den Orden eindrang, und locke den Weisen, »der uns itzt verachtet«. Diese Arbeiten wären wahre Prüfungen für Lehrlinge, wahre Arbeiten für fleißige Gesellen und geschickte Meister. »Durch sie würden wir den Stein der Weisen finden, der alles in und um uns zu unverbrennbarem, unauflösbarem, unzerstörbarem Golde macht.«[6]

Er schließt mit den Worten:

»Möchte indessen die allsegnende Hand des allerweisesten Baumeisters in Orient sich über uns in Westen - bei dem geheimnisreichen Feuer seines dermalig bestimmten Karakters nur in solang gnädigst ausbreiten, bis nach aller Cherubinen und Seraphinen Zeugniß, einst der Geist zweyfach das Dreyeck in das Viereck stellen wird.«[7]

Dies ist das Credo des Grafen Franz Joseph Thun als »Ritter und Bruder des Lichts«, zu dem sich der Fünfzigjährige nach mancher Irrfahrt durchgerungen hatte.

6 VA 67 p.124.
7 Ebda..

Mit diesem Zeugnis christlicher Denkart fand Thun in der »Wahren Eintracht« Freunde. Seine Rede kennzeichnet überdies die oppositionellen Kräfte, gegen die Born in seiner eigenen Loge zu kämpfen hatte. Der vormalige »Schwärmer« war zu einem achtbaren Diskussionsgegner erwachsen.

In der 6. Übungsloge, am 14. April 1783, meldet sich Born wieder zu Wort. Er hält eine Vorlesung zum Thema: »Über die Magie im uneigentlichen Verstande und über das Geisterbannen«. Das Protokoll vermerkt dazu:

»Er zeigte aus physischen und metaphysischen Gründen, daß Geister nicht auf unsere Empfindungen oder auf unsern Geist würken können: folglich, daß keine Wahrscheinlichkeit vorhanden, für die Existenz der Geisterbannery. Noch weniger werde diese Art der Magie durch die bekannten Erzählungen von Zauberey und Zauberkünsten bestätigt, in welcher Rücksicht er die sogenannten Magos von den ältesten bis auf die heutigen durchging. Er schloß endlich mit der Betrachtung wie unwürdig das Gespensterbannen eines Maurers sey.«[8]

Born zielte erneut auf die bekannten Mißstände in den Wiener Winkellogen, wo mancher Abenteurer - Casanova kam damals nach Wien, Cagliostro sollte ihm folgen - Unterschlupf fand. Ob es Borns Absicht war, zugleich Thuns Vergangenheit als Geistermacher zu beschwören, bleibe dahingestellt.[9]

Die Grundsatzdiskussion über die Formierung einer großen Landesloge, die, von der Berliner Mutterloge unabhängig, die gesamten Erblande umspannen sollte, blieb zunächst in der Schwebe. Die Auseinandersetzung ging aus von der Kernfrage, »ob zur Handhabung der Autonomie unserer hierländischen Maurerey eine große Landesloge zu errichten sei«.[10] Seit zwei Jahren bereits herrschte in österreichischen Landen Uneinigkeit über die konkrete Bestimmung dieser Dachorganisation, die in folgende Fragen gipfelte: »Was sind ihre Theile, die Glieder aus der sie zusammengesetzt ist? Was sollen ihre eigentlichen Geschäfte seyn? Auf welche Weise wird sie dieselben behandeln? Welche Verbindlichkeiten und wie große Rechte soll sie haben? In welchem Zusammenhange wird sie mit den Provinziallogen, mit den St. Johanneslogen stehen? Welche Rechte sind diesen vorbehalten? Welche Verbindlichkeiten gegen die große Loge sollen diesen aufgelegt werden?«[11] Ein Kompromiß erschien erst möglich, wenn über das Ritual, die Koordination und Subordination, die politischen und ökonomischen Aspekte Übereinkommen erzielt worden war. Zudem erschwerten Personalfragen diesen Prozess der Entscheidungsfindung, und unter der Oberfläche schwelende Rivalitäten verschiedener Parteien brachten die Maurerei in ungünstiges Licht. Gravierend war, daß im Streit um die Unabhängigkeit die Berliner Mutterloge ihre österreichische Tochterloge

8 VA 89 p.10.

9 Thuns Ansehen in der Loge »Zur wahren Eintracht« jedenfalls wuchs. Bereits in der 7. Übungsloge, am 12. Mai. 1783, stand der Graf wieder am Rednerpult und sprach »Über die Erwartung in der Maurerey«. VA 89 p.20. Das Manuskript dieser Rede ist nicht überliefert. Nach diesem Vortrag entstand eine Pause von einem halben Jahr, die 8. Übungsloge folgte am 3. November 1783.

10 VA 63 p.112.

11 Ebda..

zwischenzeitlich verstoßen und ihre Aufhebung verfügt hatte. Der Plan, eine rechtmäßige österreichische Nationalloge durch verbriefte, legale Sukzession zu konstituieren, wurde dadurch arg ramponiert. Insgesamt stand das Unternehmen der Reorganisation der Maurerei im Frühling 1783 in Wien also schlecht.

Fragt man, warum Mozart erst nach fast vierjährigem Aufenthalt in Wien, Ende 1784, Freimaurer wurde, müssen all diese Umstände berücksichtigt werden. Im Sommer 1783 fuhr Mozart nach Salzburg, wo er seine c-moll-Messe zur Aufführung brachte. Auf der Rückreise komponierte er seine Linzer Sinfonie, die er dem Vater des Grafen Thun widmete. Es müssen bewegte und bewegende Tage gewesen sein. Ende November war er wieder in Wien , und erfuhr, daß die im Frühjahr gegründete Loge »Zur Wohlthätigkeit« ihre Arbeiten wegen der ungünstigen Lage der Maurerei für mehrere Monate gänzlich eingestellt hatte.[12]

Zu Beginn des neuen Jahres 1784 kam das Für und Wider um die Nationalloge endlich zu einem Abschluß. Abgesehen von den offen diskutierten Fragen ging es bei dieser Reorganisation besonders um eine Reinigung der Johannis-Logen[13] von dem Unrat, den die Schwarmgeister aus den verschiedensten Winkeln in den altehrwürdigen Tempel gebracht hatten.[14]

Spreu sollte vom Weizen gesondert und vor allem Rosenkreuzer und Asiatische Brüder von den Logen ausgeschlossen werden.[15]

Born warf das ganze Gewicht seiner Persönlichkeit in die Waagschale. Immer noch wurde die Sache in seiner Loge kontrovers diskutiert, und die Brüder der »Wahren Eintracht« stimmten wenig einträchtig ab. Born drapierte seinen Standpunkt als den der Mehrheit der Loge. Graf Thun trat erneut auf den Plan. Er ging über Borns Vorschlag hinaus und definierte seine Position in einem Sondervotum.

In diesem aufschlußreichen Dokument spricht Thun den Gärungsprozess in der Wiener Freimaurerei an. Die ganze dortige Maurerwelt beschäftige sich jetzt mit Untersuchung, Verfassung und Zusammenschmiedung neuer umfangreicher Gesetze, aus weit hergeholten, politischen Absichten. Man höre nichts von einer Neuordnung der Grade, wohl aber seien Co- und Subordination und dem Königlichen Orden gerade entgegengesetzte Übel zu erwarten: Despotismus, Erpressungen und Verfolgungsgeist.

Dies sind massive Beschuldigungen. Thun zählt daher auf, wen er von seinen gravierenden Vorwürfen persönlich ausnimmt. Er nennt die Rosenkreuzer und Asiaten Dietrichstein, Palffy und Banffy. Die Illuminaten Born, Kolowrath und Sonnenfels nennt er nicht. Denn sie sind gemeint, wenn er vom politisch versteckten Egoismus redet, der hinter der Errichtung der neuen Landesloge stehe.

12 VA 70 p.42.

13 Mit »Johannis-Logen« bezeichnet man in der Freimaurerei die drei unteren Grade »Lehrling«, »Geselle« und »Meister«.

14 VA 89 p.66.

15 Bei der ablehnenden Beurteilung dieser Systeme werden bis heute unkritisch die alten Vorurteile der Gegenparteien wiederholt.

Nach seiner herben Kritik holt Thun zu einer grundsätzlichen Darlegung der Fundamente der Maurerei aus seiner Sicht aus. Er erinnert daran: »daß...

1. der Ursprung der Maurerei sich in das Dunkelste des Alterthums verliert.
2. ihr Endzweck die Untersuchung der Natur und der Wissenschaften im weitläufigsten Verstande ist, um die ursprüngliche Gleichheit, wenigstens unter dem besten Theil der Menschen, wieder herzustellen, und endlich laut 6. Artikels unserer ältesten Gesetze die Vereinigung aller Religionen zustande bringen soll.

Nun sind:

3. die Mittel zu diesem dreyfachen maurerischen Endzweck,
   - erstens: die *Chemie* oder *Alchemie*,
   - zweytens: die ununterbrochene *Vervollkommnung* unsrer durch das göttliche Licht von Orient auf mannigfaltige Arten erhaltenen, und von Ahnenstolz entfernten, nur durch Bruderliebe unterstützten *Talenten*,
   - drittens: die allergenaueste von allen menschelnden Nebenabsichten auf das schärfeste gereinigte Vereinfachung der begreiflichsten *Moral.* Solchem nach ist der Aufschluß dieses maurerischen hieroglyphischen Drey=Ecks
4. die wechselseitige und allgemeine *Wohlthätigkeit.*

Und damit ich als Maurer bei dieser Gelegenheit auch die hieroglyphische Sprache rede, so weiß man,

5. daß die alten Mysterien hauptsächlich von dreierlei Art waren. Man betete da entweder die Gestirne oder das Feuer oder den einigen wahren Gott an.«

Thun verweist auf die Mysterien der Ägypter und der Magier zu Babylon, auf die Mithras-Geheimnisse der Perser und auf die Eleusischen Mysterien:

»Pythagoras, der sich in alle diese Mysterien einweihen ließ, und wohl wußte, daß die Bilder, die er sah, nur Sinnbilder der Naturwirkungen waren, nahm aus allen das Beste, und schuf neue Mysterien daraus, worinnen er ebenfalls die Existenz eines einigen höchsten Wesens lehrte, welches er

- bald *Monas*, oder die allgemeine Lichtsphäre;
- bald *Trias*, worunter er den Geist, die Seele und den Leib verstund;
- bald *Tetras*, oder Feuer, Wasser, Luft und Erde nannte.

Denn er sah die allgemeine Naturkraft für das höchste Wesen an und schuf seine *Trias* aus Osiris, Isis und Horus, oder aus Sonne, dem Mond und der vegetirenden Natur; seine *Tetras* hingegen, wie gesagt, aus den 4 Elementen.

Und darum bezeichnen auch seine Schüler mit eben dem Sinnbild unseres geflammten Sterns die ganze Natur, durch diese vorbemerkte *Tetras*, *Trias* und *Monas*.

Denn die 2 ineinandergeschobenen Dreiecke: 

bedeuten die 4 Elemente

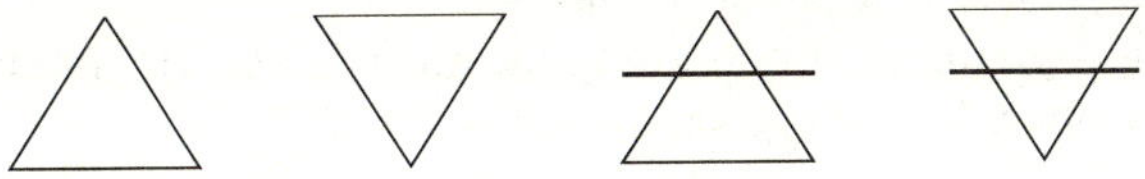

[Feuer] [Wasser] [Luft] [Erde]

welche noch heutigen Tages in Chymischen Schriften vorkommen, und darum auch vieler Geheimnissen voll zu seyn scheinen, weil die Adepten

das 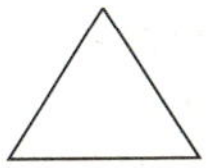 agens

das 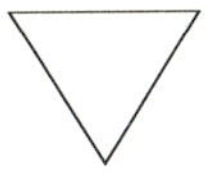 hingegen patiens hießen.

Und in Anbetracht dieser zusammengesetzten Hieroglyphe bestimmten schon die Pythagoreer hierzu die Zahlen 1.2.3., und nachderhand auch 1.2.3.4., welchen ebenfalls unsere maurerischen Urväter darin gefolget zu seyn scheinen, weil sie nach diesen Urkunden die ganze Maurerey . . . in 7 Hauptgrade getheilet hatten. Deren Quelle also (sind) unsere drey erste, unter dem Namen Maitre Bleu bekannte Stufen, (die wir) ebenso in der Pythagoreischen Trias, wie die höhern Maurergrade in seiner Tetras unter den Titeln: Schwarze Schotten, Tempelherrn, große schottische Meister und Auserwählte aufsuchen und finden können.

6. Pythagoras wählte, ebenso wie Salomon, die weitere Hieroglyphe seines regulairen Fünf=Ecks zu einer besonders heiligen Figur, da Salomon die Thüre zu dem Allerheiligsten regulär fünf=eckig machen ließ. Gleichwie Pythagoras auch diese Figur als eine heilige Hieroglyphe in seine Mysterien aufnahm, um hieraus die Wohnung des ewigen Lichts, oder die Gottheit durch ein Sinnbild vorzustellen, welches auch wir bei jeder Gesellen-Loge beleuchtend anwenden; so scheint in seiner MONAS, die auf den wahren Gottesdienst zielte, sein größtes Geheimnis verborgen gewesen zu seyn. Denn der Mensch als Geist betrachtet, ist

7. nach dieser Lehre offenbar der begreiflichste Ausfluß des ewigen unerschaffenen geistigen Lichts, oder der Gottheit, und muß mithin nicht nur ewig dauern, sondern auch zu höhern Vollkommenheiten gelangen, wenn er die Organe des Leibes, die ihm zur Erkenntniß der Körperwelt in diesem Leben gegeben sind, gehörig benüzt, reinen Herzens zu seyn sich bemühet, seinen Himmelsbürger, der in ihm thront, mit Wissenschaften, besonders mit Naturkenntnissen bereichert, und einen göttlichen Lebenswandel führt. So betrachtet Pythagoras den nemlichen dreyfachen Zweck, der hier und dort den Geist des Menschen zur

möglichen Verklärung bringen kann; und so vermuthlich folgten auch seinen Schülern unsere Urväter nach, ohne daß sie
8. in den alten Hieroglyphen Dinge suchten, die ich aus Hochachtung mancher heutiger Brüder eben hier nicht sagen will.«

Pythagoras wählte zu seinen Schülern nur die besten Menschen seines Zeitalters, meint Thun und fährt fort:

»Pythagoras, sagte ich oben, arbeitete mit seinen Schülern an eben dem dreyfachen Zweck, an welchem die Nachfolger seiner Lehre, unsre Urväter, von jeher gearbeitet haben, doch durften die Schüler des Pythagoras erst nach einer langen Zeit einen ordentlichen Einfluß in alle seine Mysterien haben, damit sie nicht von ihren übrigen Geschäften irre gemacht würden. Ebenso fanden unsere Maurerischen Meister vormals auch nicht rathsam, ihren jüngeren Brüdern zu entdecken, daß es in der Chemie arbeitende Logen gebe, um durch diese Entdeckung sie nicht dahin zu reizen, sich ihrer bürgerlichen Nahrung zu entziehen und dem Bettelstabe zu nähern. Daß aber von jeher
9. in der Chemie arbeitende Logen waren und noch sind, hat seine ausgemachte Richtigkeit, ohne daß wir doch eigens auch sagen können, ob einige davon würklich das besitzen, was sie unter dem Rauhen Stein zu finden glauben.«

Nun wendet sich Thun aktuellen Problemen zu:
»Daß aber höhere Schotten-Logen
10. über andere ältere, z.B. über die St. Johannis- Logen, (um) dem Egoismus einiger, bis zum Thränen vergießen sich zu verstellen wissender Brüder zu gefallen, eine despotische Oberhand haben müssen, dieses hat man wohl in keinem vernünftigen Freymaurer-Tagebuch jemals gelesen. Noch weniger
11. daß eine höhere Schotten-Loge mit den Einkünften einer eben so freyen Johannis-Loge willkürlich zu schalten, auch nur den mindesten Anschein hätte spüren lassen. Wohl aber und weislich wäre es gedacht, wenn
12. eine Provinzial- oder Landesloge sowohl über die schärfeste Wahl der Aufzunehmenden, als auf die gute Ordnung und Einigkeit aller Logen durch eine nicht gebieterisch, sondern nur brüderlich wahre Eintracht das genau erste Augenmerk tragen wollte. Aber nur Gesetze schmieden, die Brüder zu unterjochen suchen, einen andern Reunions=Punkt als in sich selbsten zu wünschen, und einem fremden Fürsten huldigen, das heißt, meine Brüder, ebensoviel wie aufhören ein Maurer zu seyn.«

Sein »aufrichtiges Votum separatum« schließt Thun mit folgender Parade:

»Unser weiser Monarch macht zur einzigen Beförderung der Aufklärung seine Staaten von der päpstlichen Subordination los, warum wollen denn sie, darf ich's sagen, sich und uns recht muthwillig in die Unterthänigkeit eines Maurerischen Papstes werfen?«

Unter dem Namen eines nur Gott und seinem rechtmäßigen Monarchen unterwürfigen »Frére Americain« schließt Thun mit dem innigen Maurergebet, »daß der allweiseste Baumeister, der Welten im Gleichgewicht hält, auch nur den kleinsten Funken seines allbelebenden Lichts herabsenden wolle, damit unsere echten Brüder, auf welchen Wegen sie immer ohne Nebenabsicht die Wahrheit suchen, wozu sie als Philosophen, Frey=Maurer und Menschen befugt sind, allemahl sich zu seinem allerheiligsten reinen Lob, zum Wohle ihrer Mitmenschen, zum Vergnügen unsres weisen Monarchen, und zur Aufnahme unserer uralten Bruderschaft vereinigen mögen.-

Für mich aber bleibe der von meinen Vätern ererbte Name THUN stets das Losungs=Wort, an diesem großen Endziel unabläßig mitzuwirken, um dadurch der Ehre mich würdig zu machen, bei der künftigen Maurerwelt als ihr thätiger Mitbruder und ein nicht unnützes Mitglied der Loge »Zur wahren Eintracht«, im Orient hiesiger Staaten, auch wenn ich nicht mehr seyn werde, mitten im Strome jeziger und künftiger maurerischer Revolutionen erkannt zu bleiben.«[16]

Die von Thun erläuterte, geheimnisvolle Hieroglyphe, die aus zwei ineinandergeschobenen Dreiecken gebildet wird, ist das Herzstück eines erst wenige Jahre in Wien etablierten Hochgradsystems: Es ist der »Signatstern«, das Erkennungszeichen der »Brüder St. Johannes des Evangelisten aus Asien in Europa«. Für diese sogenannten »Asiatischen Brüder« trat Thun also in den Ring. Er stellt sich damit zu Born in direkten Gegensatz.

Mozart kommt mit diesem neuen Gedankengut bald in Berührung. In einem Brief an seinen Vater vom 9. Juni 1784 schreibt er:

»Ich bin vorige Woche mit S: Excellz. grafen Thun nach Baaden, um seinen H[errn] vattern, welcher von Linz hierher gereiset um die Cur zu brauchen, zu besuchen; im rückwege sind wir über Laxenbourg und haben den Leeman, welcher nun alda schlosshauptmann ist, besuchet.«[17]

Dies ist der Beweis für einen mehrtägigen, intensiven und vertrauten Kontakt Mozarts mit dem Grafen Thun. Daß die beiden auf den stundenlangen Fahrten in ihrer Reisekutsche über die aktuelle Situation der Freimaurerei in Wien gesprochen haben, ist bei Thuns bekanntem Missionseifer nicht auszuschließen.

Zudem hatte sich Wichtiges ereignet. Am 12. März 1784 wurden in der »Wahren Eintracht« die Dignitäre neu gewählt. Born bot turnusgemäß sein Amt an. Das Protokoll vermerkt, daß er, der Meister vom Stuhl, gebeten wurde, »den Hammer zu behalten«.[18]

Dann »stellte der Bruder Thun der [Loge] vor: Er wisse, daß die meisten Brüder geneigt wären, ihn zum deputirten Meister zu wählen. Er wünschte aber, daß sie lieber ihre Stimmen dem H[och]w[ürdigen] Br[uder] Sonnenfels gäben, welcher in

16 Dieses maurerische Testament des Grafen Franz Joseph von Thun wurde der offiziellen Stellungsnahme der Loge, die Born seinen Vorstellungen entsprechend formuliert hatte, beizulegen gestattet. Vgl. VA 89 f. 95.

17 Mozart Briefe Bd. III S. 318.

18 VA 89 p.101.

allem Betracht mehrere Vorzüge und mehrere Verdienste um die Maurerey und besonders um die Loge hätte, als er, der Bruder Thun.«

Sonnenfels aber fiel Born in den Rücken und lehnte profaner Geschäfte halber ab.

»Zum Deputirten Meister [=Stellvertreter des Meisters vom Stuhl] wurde durch die Mehrheit von 55 Stimmen Br[uder] Thun erwählt. Br. Sonnenfels hatte 22, Br. Paar 1, Br. Mayer 1 und Anselm 2 Stimmen. Dem Br. Thun übergab der H[och]w[ürdige] M[eister] v[om] St[uhl] das dem übertragenen Amte zukommende Ehrenzeichen.«

Damit hatte Thun in der Loge »Zur wahren Eintracht« einen eindeutigen Sieg errungen. Die neuen Logenbeamten indessen boten ein ideologisch verwirrendes Bild. Born, der Meister vom Stuhl, war Illuminat, sein Stellvertreter, der deputierte Meister Graf Thun war Asiatischer Bruder. Beide verband zwar das Fundament der Johannisgrade, dennoch konnten die ideologischen Gegensätze der Hochgradsysteme, denen beide angehörten, nicht krasser aufeinanderprallen.

Mitten zwischen diesen Fronten stand Mozart.

Franz Joseph Graf Thun.
Stich von Quirin Mark, 1783. Museum der Stadt Prag.

Intermezzo I

Mozarts Wiedersehen mit Schikaneder

Ein aktenkundiges Ereignis, das häufig übersehen wird, war Schikaneders Auftreten in Wien 1784. Es hatte für Mozart nicht zu unterschätzende Bedeutung.

Joseph II. beantwortete am 27. Oktober, »die von dem Emanuel Schikaneder, von dem Angelo Lazzari und dem Joseph Noußeul ansuchende Erlaubniß im Kärntnerthor Theater abwechselnd mit dem Scherzer spielen zu dürfen« mit folgender Resolution:

»Da es auf die Unterhaltung des Publici ankömmt, so kann die Regierung diesen unterschiedlichen Partheyen die noch erübrigende 4 Täge in der Woche dergestalt eintheilen, daß Noußeul die 10 Repraesentationen, die er verlangt, [bekommt,] und der Wälsche [,] dann der Schikaneder die übrige Täge miteinander abwechseln.«[1]

Das Wienerblättchen vom 12.November 1784 brachte dann folgende Nachricht:

»Freytags den 5. öffneten die Herren Schikaneder und Kumpf mit ihrer Gesellschaft deutscher Schauspieler und Sänger ihre Schaubühne. Es wurde das beliebte Singspiel Die Entführung aus dem Serail aufgeführet und die Gesellschaft ärndete den verdienten allgemeinen Beyfall ein.

Samstags den 6. wurde von eben dieser Gesellschaft das Fischermädchen vorgestellt, ein Singspiel in zween Aufzügen aus dem Italienischen, wobey sie abermal Zuspruch und Beyfall erhielt. Uiberhaupt zeichnet sich die Gesellschaft sehr zu ihrem Vortheil aus, und läßt uns hoffen, neben den italienischen Opern auch deutsche Singspiele zu haben, und zwar nicht solche, wie man sie sonst auf den Nebentheatern sieht, sondern Singspiele, die mit der gehörigen Genauigkeit, und Uibereinstimmung des Gesangs mit der Musik aufgeführt, keine Erwartung des Zuschauers unerfüllt lassen. Auf heut den 13ten [sic] kündigte sie ein Trauerspiel in 5 Aufzügen an, genannt: Natur und Liebe im Streit, welchem ein Lustspiel in einem Aufzuge folgen soll, genannt Chargenverkauf. Herr Schikaneder wird in beyden Stücken auftreten, und man kann sich von ihm zum voraus viel gutes versprechen, da er schon vor zwey Jahren einen Beweis seiner Talente hier abgelegt hat, als er bey Herrn Gensike einige Gastrollen spielte.«

1 KAP 30, S. 746 No. 338.

Am gleichen Tag spielte Marinelli in seinem Theater in der Leopoldstadt die Uraufführung von »Kasperle der Müller Thomerl oder 6 Bergmandl«, ein Lustspiel in 3 Aufzügen von Herrn Schikaneder.[2]

Vierzehn Tage später, am 26. November, brachte das Wienerblättchen folgende Theaternachricht:

»Am letzten Sonnabend [20.11.] führte die deutsche Schauspieler-gesellschaft unter der Direktion der Herrn Schikaneder und Kumpf nächst dem Kärntnerthor eine neue Opera Seria auf, genannt Helena und Paris, in drey Aufzügen, nach dem Italienischen frey bearbeitet, und in Musik gesetzt, vom Herrn Kapellmeister Winter in München. Eine neue Art Schauspiels, die allgemeinen Beyfall erhielt, den sie vorzüglich der herrlichen Musik, und guten Vorstellung zu verdanken hatte. Was besonders auffiel, waren die Kämpfe bey den olympischen Spielen, und das Gefecht zwischen den Trojanern; und Spartanern - nicht als wenn der Geschmack an diesen Spielwerken zu billigen wäre, die, so natürlich sie auch immer vorgestellt werden, doch der theatralischen Wahrscheinlichkeit viel entziehen. - Aber die gute Aufführung gefiel ganz ungemein. Auf heut und morgen kündigte die Gesellschaft zwey Stücke an: auf heut [26.11] den Fremden, ein Lustspiel vom Hrn. Friedel, Mitglied dieser Gesellschaft, und auf morgen: Wenn zwey sich zanken, freut sich der dritte, ein Singspiel aus dem Italienischen.«

Die erste Vorstellung von Schikaneders Schauspielergesellschaft im Theater nächst dem Kärntnertor war also Mozarts »Entführung«, vom zahlreichen Publikum mit großem Beifall aufgenommen und vom Kaiser selbst besucht.[3]

Schikaneders auch finanzieller Erfolg regte Joseph II. zu Plänen an, in die eigene Tasche zu wirtschaften und eine Wiederbelebung des deutschen Singspiels zu versuchen, das im Vorjahr eingestellt worden war. Der Kaiser schrieb an Graf Rosenberg am 27.November 1784:

»Es entsteht die Frage, ob es nicht für das Nationaltheater und dessen Kasse vortheilhafter wäre, wenn im Kärntner Thor=Theater keiner fremden Truppe zu spielen mehr gestattet würde, sondern dafür dieses Theater mit einer Truppe besetzt würde, die in eigenem Sold der Hofdirekzion wäre, wenigstens in den Wintermonaten nämlich vom 1ten 8ber bis Ende Fasching. Dazu muß berechnet werden, was eine solche Truppe in allen ihren Bedürfnissen kostete und was man sich von der Einnahme versprechen könnte, ohne dem Nationaltheater Abbruch zu machen. Diese Truppe müßte in einer deutschen Opera comique, welche wohl die angenehmste für das Publikum zu sein scheint, bestehen; es könnte auch darinn

2 Das Wiener Blättchen vom 12. Nov. 1784 S. 107f. Den Sonnleithner-Regesten der Gesellschaft der Musikfreunde in Wien ist zu entnehmen, daß von Schikaneder weitere Novitäten in der Leopoldstadt zu sehen waren, und zwar am 13.5.1784 »Die Schneckenpost«, dann am 21.12.1784 »Die Bettlerhochzeit«, am 14.7.1785 »Das Scheibenschiessen«, und schließlich am 27.7.1786 »Die Philosophen beim Bierfaß«. Am 8.11.1787 trat Schikaneder dann als Librettist und Komponist zugleich mit seiner Oper »Das Urianische Schloß« auf Marinellis Theater in der Leopoldstadt in Erscheinung, allerdings mit vergleichsweise geringem Erfolg: dieses Stück wird nur viermal gespielt.

3 Deutsch Dokumente S.203, ohne Quellenangabe.

eine Wirthschaft gefunden werden, daß einige Subjekte beyderseits /d.h.in der italienischen wie in der deutschen Oper/ nach Umständen gebraucht werden könnten; als z.B. Adamberger, Ruprecht, Saal, Dauer, die Kavalieri, Täuber, Saal p. wenn man die Lange, den Fischer mit seiner Frau, die man wieder aufnähme, und vielleicht 2 oder 3 Subjecte, die beym Schikaneder jezt gefallen, dazu nähme, so wäre die Sache gerichtet; denn /Capellmeister/ Umlauf ist ohnedieß bezahlt.

Dieser nur rohe Gedanke muß wohl berechnet werden, um zu wissen, ob es a conto tournirte, dieses zu veranlassen, entweder für das ganze Jahr oder nur für die Wintermonate.«[4]

Der Plan wurde weiter verfolgt. Am 27. Januar 1785 erließ der Kaiser folgendes Billet an den Staatskanzler Graf Kaunitz:

»Da ich entschlossen bin, das Theater nechst dem Kärntner Thor diese Fastenzeit hindurch zu richten, neu malen und volkommen herstellen zu lassen, so werden Sie mit Zuziehung der Kunst Verständigen das dortige Gebäude untersuchen und hiernach Überschläge verfertigen lassen, was daran herzustellen erforderlich seyn dürfte, besonders ob nicht der bisherige üble Geruch darinn abgestelt und wie solcher vermieden werden könnte! Auch werden Sie von einem geschikten Maler den Entwurf abfordern, wie viel es kosten würde, dieses Theater ungefähr so wie das National-Theater ausmalen und verziren zu lassen. All dise Überschläge werden Sie mir nachher vorlegen, um Ihnen darüber meine Entschließung ertheilen und sonach gleich Hand anlegen lassen zu können.«[5]

Tatsächlich wurde eine »deutsche Singspielergesellschaft« zusammengestellt, die im Theaterjahr 1784/85 nicht weniger als 61 Vorstellungen im Kärntnertor-Theater gab. Schikaneder aber, der selbst zu diesem Plan die Veranlassung gab, wurde vom 1. März 1785 beginnend an das Hoftheater engagiert. Er spielte als einer der sechs bestbezahlten Schauspieler um die stattliche Gage von 1400 Gulden jährlich. Seine eigene Gesellschaft hatte er eingestellt. Der Grund war ein Dekret des Kaisers vom 31. Januar 1785 an Graf Pergen:

»Ich vernehme, daß die bekannte Komedie le Mariage de Figaro in einer deutschen Übersetzung für das Kärntnerthortheater angetragen seyn solle; da nun dieses Stück viel Anstößiges enthält; so versehe Ich mich, daß der Censor solches entweder ganz verwerfen, oder solche Veränderungen darinn veranlassen werde, daß er für die Vorstellung dieser Piece und den Eindruck, den sie machen dürfte, haften werde können.«[6]

Dies war das Todesurteil für Schikaneders Gesellschaft, die das Stück bereits einstudiert hat. Es wurde aber - als kleine zusätzliche Schikane der unteren Chargen - erst einige Tage später Schikaneder ausgehändigt. Noch am 2. Februar meldet das Wienerblättchen:

4 KAP 31 S.871 No.959. Abgedruckt in: R.Payer von Thurn Joseph II. als Theaterdirektor. Wien 1920 Nr.49. Vgl. dazu F. Dirnberger:»200 Jahre Burgtheather«. Auf der Suche nach einem Jubiläum. In: Mitt. d. Österr. Staatsarchivs 29, Wien 1976 S.194.

5 KAP 36 S.74 No.83.

6 Ebda.S.84 No.97.

»Herr Rautenstrauch hat das in Paris mit so ausserordentlichem Beyfall aufgenommene Lustspiel les Noces de Figaro kürzlich ins Deutsche übersetzt. Morgen wird selbiges von der Gesellschaft des Herrn Schikaneder und Kumpf zum erstenmal aufgeführt werden, wobey der von dem hiesigen Publico immer mit Vergnügen gesehene Schauspieler Herr Kronstein in der Rolle des Figaro erscheinen wird. Man erräth leicht, wie neugierig ein grosser Theil unserer Theaterfreunde seyn müsse, zu sehen, ob dieses Stück auch auf deutschem Grund und Boden ein so entschiedenes Glück, wie in Frankreich machen werde.«[7]

Erst am 3.Februar, dem Tag der geplanten Premiere, erfuhr Schikaneder die Entschließung des Kaisers. Dazu das Wienerblättchen vom 4. Februar 1785:

»Das von H. Schikaneder verheißene Lustspiel Die Hochzeit des Figaro, ist gestern nicht aufgeführt worden und hat selbiges, nach der dem Publiko in dem gestrigen Anschlagzettel mitgetheilten Nachricht, die Censur, zwar zum Drucke aber nicht zur Vorstellung erhalten.«

Beaumarchais Stück war also in letzter Minute abgesetzt, durfte aber gedruckt werden. Seitenlange Auszüge »Uiber Figaro. Nach der französischen Ausgabe der Hrn. Brüder Gay und der deutschen Uebersetzung des Hrn. Rautenstrauch« bringt das Wienerblättchen selbst am 28. Februar und 1. und 2. März 1785.

Joseph II. hatte in einer schwer nachvollziehbaren, spontan und egoistisch diktierten Inkonsequenz Schikaneder als Theaterprinzipal in Wien den Todesstoß versetzt.

Schikaneder nahm's mit Humor. Er setzte folgende Annonce in's Wienerblättchen vom 12. Februar:[8]

»Nachricht: Ein Qodlibet zum Abschiede von Friedel dem Gröbsten aus der groben Klasse meiner Konfratern dedicirt.

Inhalt:

1. Neujahrwunsch, welchen Mad. Schikaneder hätte halten sollen, wegen plötzlicher Unpäßlichkeit derselben aber unterblieben ist.

2. Fragment über Größe der Seele. Redende Personen sind Fiesko, sein Mohr, und Verina.

3. Rangstreit zwischen einem Schauspieler, Apotheker, Advokaten, Autor, Kutscher und einer Jungfer! Eine Kasperliade für den letzten Tag im Karnevall.

4. Verzeichnis der von der Schikaneder und Kumpfischen Gesellschaft aufgeführten Stücke nebst ihren täglichen Einnahmen und Ausgaben.

Ist zu haben bei dem Logenmeister Hrn. Distler, bei Hrn. Politzer und bey Herrn Hartl für 15 kr.«

Bleibt zu resumieren: Schikaneders »Staatsaffaire« führt Mozart mit Beaumarchais Stück zusammen. Im Herbst 1785 beginnt Mozart mit der Komposition des »Figaro«, zu der ihn Schikaneder anregte.

7 Vgl.Deutsch Dokumente S. 208, dort unvollständig.

8 Schikanders Frau war mit dem Schauspieler Friedel liiert und trennte sich damals von ihrem Mann.

Mozart als Maurer
oder
Der Schlüssel zur wahren Glückseligkeit

2.1. Die Gründung der Loge »Zur Wohlthätigkeit«

Rechtzeitig zu Beginn des Jahres 1783 planten acht Mitglieder der »Gekrönten Hoffung«[1] zusammen mit drei Brüdern von der Loge »Zum hl. Joseph«[2] die Gründung einer neuen Loge, die den im Wilhelmsbader Konvent festgestellten Zweck der Freimaurerei: »Bienfaisance-Wohltätigkeit im weitesten und tiefsten Verständnis« verwirklichen sollte. Die neue Wiener Bauhütte wurde »Loge zur Wohlthätigkeit« getauft.[3]

Die Wahl dieses Logennamens zu diesem Zeitpunkt war ein Programm. Wenige Monate nach Abschluß des internationalen Freimaurer-Konvents »Wohltätigkeit« auf eine Fahne zu schreiben, verstanden Eingeweihte nicht nur als Aufruf zu karitativen Aktivitäten. Es bedeutete vielmehr den erklärten Willen, die ein halbes Jahr zuvor auf Schloß Wilhelmsbad bei Hanau erarbeiteten, zukunftsweisenden Reformen der gesamten europäischen Maurerei zu verwirklichen. Dabei ging es nicht allein um eine Neufassung und Neudeutung der Rituale der drei symbolischen [=Johannis-] Grade: Lehrling, Geselle und Meister, sie galten mehr oder weniger unumstritten als selbstverständliche Grundlage, in der sich für viele sogar jedwede Maurerei vollständig erfüllte. Es ging vielmehr um die geistigen Ziele der Maurerei im allgemeinen und in den Hochgraden im besonderen.[4] Am Ende der Diskussionen zwischen den Vertretern der regulären und irregulären Hochgradsysteme, zwi-

1 Es waren die Brüder Gemmingen, Hille, Plowitz, Schloissnigg, Wallenfeld, Lang, Escherisch und Wappler.

2 Natorp, Prandstetter und Schmidt.

3 Die folgenden Ausführungen stützen sich auf Ludwig Hammermayer: Der Wilhelmsbader Freimaurer-Konvent von 1782. Ein Höhe- und Wendepunkt in der Geschichte der deutschen und europäischen Geheimgesellschaften. Heidelberg 1980, passim.

4 »Die Anhänger der Hochgrade erblickten dagegen in der symbolischen Maurerei eine unumgängliche Durchgangsstufe, auch eine Art Pflanzschule für den inneren Orden, der Auserwählten vorbehalten blieb.« Ebda S. 57.

schen »rechten« und »linken« Geheimgesellschaften, zwischen Rosenkreuzern, Asiatischen Brüdern und Illuminaten stand nämlich die Forderung nach Spiritualisierung und religiöser Vertiefung. Formuliert wurden die neuen Ziele des Ordens als »wahre Wohlthätigkeit« und »gereinigte christliche Sittenlehre«. Diese Neuorientierung kam in der Namensgebung zum Ausdruck. Alle Freimaurer sollten sich »Orden der Ritter der Wohltätigkeit und der rektifizierten Freimaurerei« nennen, die französischen Brüder wie bisher »Chevaliers Bienfaisants de la Cité Sainte«. Dieser allgemeine Konsens signalisiert: die rationalistisch-aufklärerische Ideologie der Illuminaten konnte sich nicht durchsetzen, schlußendlich triumphierte das spiritualistisch-martinistische Lyoner System.[5]

Das Siegel der Loge »Zur Wohlthätigkeit«

Das heißt, schlicht gesagt: die Geheimnisse der Freimaurerei, die der Lehrlingsgrad anspricht, wurden jetzt in einem bestimmten Sinne ausgelegt. Sie beziehen sich auf die dreifache Natur des Menschen, die sich aus Geist, Seele und Leib zusammensetzt. Diese Dreiteilung der Menschennatur ist nach martinistischer Lehre aber nicht Urzustand, »sondern Ergebnis schuldhaften Abfalls von der ursprünglichen Harmonie mit Gott und seiner Schöpfung und damit von einem Status, wo der Mensch noch Gabe und Gnade der clairvoyance, der Zentralschau, besaß und daher schon im irdischen Leben die Fähigkeit zu intensivem Kontakt mit Geistwesen. Dieser Urzustand kann, Saint Martin zufolge, jedoch wiedergewonnen werden, nicht durch Einsatz der Ratio, sondern durch inneres Schauen, mystische Versenkung, asketische Frömmigkeit, Nächstenliebe, somit durch Bienfaisance-Wohltätigkeit im weitesten und tiefsten Verständnis.«[6]

5 Dies bedeutet inhaltlich nichts anderes als das, was Graf Thun im Frühjahr 1783 in der »Wahren Eintracht« vortrug. Vgl. Kap. 1.10.

6 Hammermayer, a.a.O. S.58 .

Dieses eminent spirituelle Moment ist gemeint, wenn zu Beginn des Jahres 1783 von »Wohltätigkeit« die Rede ist.[7] Mozarts Eintritt in eine Loge diesen Namens unterstreicht seine Identifikation mit dieser geistigen Zielsetzung: der Komponist will den Weg der Selbstfindung des Menschen beschreiten, der zur eigenen Sensibilisierung und Spiritualisierung führt.[8]

Die Wiener Loge »Zur Wohlthätigkeit« wurde am 2. Februar 1783 konstituiert, der neue Meister vom Stuhl war Otto von Gemmingen. Das Logensiegel zeigt zur Rechten einen frisch gepflügten Acker, in den aus Wolken eine Hand Körner aussäht, während darüber zur Linken das Auge Gottes erstrahlt. Die Aufschrift lautet »Arvo susceptibili [= Dem aufnahmefähigen Saatfeld«], unten im Abschnitt steht das Gründungsdatum; darunter der Name der Loge in lateinischer Sprache.[9]

Am 14. Februar erhielt die »Wahre Eintracht« offiziell folgende Mitteilung:

»Hochwürdiger Meister! Hochwürdiger Deputirter Meister! Sehr ehrwürdige Brüder Aufseher und Beamte! Hoch und Verehrungswürdige Brüder!

In der Überzeugung, daß die Aufnahm, und Ausbreitung Unseres königlichen Ordens dem Gefühl jedes wahren Maurers nicht anderst, als angenehm seyn könne, machen wir Ihnen zu wissen, daß Wir unter dem Schutz des allmächtigen Bau=Meisters aller Welten, von der Sehr Ehrwürdigen - gesetzmäßig verbesserten - und vollkommenen St. Johannes [Loge] zur gekrönten Hofnung ausgehend, eine neue [Loge] unter dem Namen *Zur Wohlthätigkeit* errichtet haben, solche auch von der Hochwürdigen Provinzial Loge bereits anerkannt und gesetzmäßig constituirt worden sey; Die Umstände zwingen Uns, sogleich mit einer Bitte zu erscheinen, welche ist, Uns indeßen, und bis Wir zu Kräften kommen, in Ihrem Tempel aufzunehmen und gemeinschaftlich arbeiten zu lassen, auch von jenen Requisiten, die uns als einem aufkeimenden Sprößling noch abgehen, den Gebrauch zu erlauben, wofür Wir, soviel unsre schwachen Kräfte es zulassen, Sie schadlos zu halten, uns verpflichtet erkennen; Alles jedoch Ihrer brüderlichen Bestimmung überlassend, werfen Wir uns in Ihre Arme, und verharren durch die geheiligte Zahl Hoch und Verehrungswürdige Brüder der Treu verbundendste Brüder

14
57 X 83
2
Wien, im Orient

Gemmingen Mstr. v. St.
Mitis deputirter Mstr.
Escherich 1ter Aufseher
v. Lang 2ter Aufseher
Hille Secretaire«[10]

7 Vgl. [J.F.Ratschky:] Ueber die Wohlthätigkeit des Maurers. Journal für Freymaurer 1784 Jg.I,1 S. 170.

8 Eben dieses Ziel hat Tamino in der Zauberflöte im Sinn.

9 Abafis Deutung [A. a. O. Bd. 4 S. 206] des Logensiegels ist nach dem zwischenzeitlich erfolgten Reprint des Journal für Freimaurer 1784 I,3 nicht mehr zu halten.

10 VA 70 p.61. Nach Abafi, Bd.4 S.206, waren die Brüder Escherich, Gemmingen, Hille, J.B.Lang, Mitis, Schloissnigg und Plenciz aus der Loge »Zur gekrönten Hoffnung« ausgetreten, um die Loge »Zur Wohlthätigkeit« zu gründen.

Unter dem 17.Februar 1783 steht dazu folgende Eintragung im Protokollbuch der Loge »Zur wahren Eintracht«:

»Ward das Schreiben der Loge zur Wohlthätigkeit abgelesen, wodurch Sie uns Ihre Errichtung meldet, und uns um die Erlaubniß ersucht, in u[nserem] Quartier 1/2 Jahr arbeiten zu dürfen, welches bewilliget und beschloßen wurde, ihr diese Entschließung schriftlich bekannt zu machen.«[11]

Bei der babylonischen Tafelloge am 23. Februar 1783, bei der Trinksprüche in fünfzehn verschiedenen Zungen ausgebracht wurden, glänzt Born mit einer »Gesundheit auf die neu constituirte Loge Zur Wohlthätigkeit« in lateinischer Sprache:

»Ter felicem me! cui datum est: primum vos, Fratres carissimi, in coetum muratorium nuper legitime constituos, more nostrum salutare; animo vestro, beneficentiam quoquo modo propagandi, applaudere, vobisque propitium numen, bonaque omnia, quod in rem vestram faciunt, precari. . . Jam meum peractum est officium, nunc vestrum agitur fratres! Macte animis, dictis meis anuite, et me duce, manus armis movete; porrigite in altum, explodite fortiter, fortius, fortissime. Plaudite.«

[Übers.: Mir dreifach Beglückten ist es zugefallen, zuerst euch, teuerste Brüder, die ihr neulich im maurerischen Bunde rechtmäßig konstituiert wurdet, unserer Sitte gemäß zu begrüßen; eurem Entschluß, auf welche Weise auch immer, Wohltätigkeit zu üben, Beifall zu zollen und euch eine gnädige Gottheit und alles Gute für das, was ihr unternehmt, zu erflehen... Schon ist mein Auftrag beendet, nun Brüder tut ihr das Eure! Glückauf die Herzen, folgt meinen Befehlen und mir als Führer, greift mit der Hand die Pistolen (=Gläser), hebt sie in die Höhe, feuert stark, stärker, am stärksten. Klatscht in die Hände.[12]]

Otto von Gemmingen antwortet, seiner »teutschen« Gesinnung getreu, »teutsch«. Am 24. Februar 1783 heißt es dann an gleicher Stelle:

»Nach geöfneter Lehrl[ings-] Loge stellte der H[och]w[ürdige] G[roß]M[eister] vor, daß da die S[ehr] Ehrw[ürdige] Loge zur Wohlthätigkeit verlange mit uns in unserm Tempel zu arbeiten, wir allenfalls die übrigen an U[nser] Quartier stoßende Zimmer dazu nehmen könnten. Unsere Loge wurde darauf mit dem dazu eigends deputirten 2ten Aufseher der S. Ehrw. Loge zur Wohlthätigkeit Br[uder] Lang eins, daß die Loge zur Wohlthätigkeit vermöge zu errichtenden Contracts auf 2 Jahre unsrer Loge jährlich 250 fl entrichten solle, wogegen sie sich unsers Quartiers samt den Meublen / Schmuck und Wachs ausgenommen/ bedienen könne.«[13]

Eine Woche später, am 3. 3. 1783, fassen die Brüder der wahren Eintracht folgenden Beschluß:

»1) Nach geöfneter Lehrlings [Loge] wurde in Ansehung unsers Quartiers beschloßen, mit dem Haus Innhaber Weinbrenner einen Mieth Contract auf 6 Jahr für ihn, seine Erben oder nachfolgende Innhaber des Hauses gegen einen jährlichen

11 VA 79 p. 177.
12 VA 70 p. 266.
13 VA 79 p. 179.

Zinß von 900 fl zu schließen, welchen Contract die B[rüder] Born, M.v.St. Sonnenfels und Schwab zu unterschreiben haben, wogegen sich die [Loge] verbunden diese drey unterschreibende Brüder dieserhalben gänzlich schadlos zu halten.«[14]

»2) Soll gleichfalls auf 6 Jahr mit der [Loge] zur Wohlthätigkeit ein Contract dahin errichtet werden, daß sie für das ihr zu überlaßende Quartier die erste 2 Jahre nur 250 fl bezahlen dörfe, nach Ablauf dieser 2 Jahre hingegen die Miethe nach Umständen erhöht werden solle.«[15]

Die neu errichtete Loge »Zur Wohlthätigkeit« arbeitet mit ihrer Schwesternloge »Zur wahren Eintracht« im zweiten Stock des Hauses Nummer 464 »Zum rothen Krebsen« auf dem Wiener Kienmarkt eng zusammen. Beide Logen feiern gemeinsam das Johannis-Fest, das Hochfest aller Freimaurer im Liechtensteinischen Garten.[16]

Der Dichter Josef Franz Ratschky (1757-1810) verfaßte »Zum Wohl der wahren Eintracht und der Wohlthätigkeit, als diese beyden [Logen] das Johannesfest gemeinschaftlich feyerten«, folgende Zeilen:

»Zwo Töchter einer biedern Mutter, die
Mit Ehren grau geworden, Eintracht und
Ihr junges Schwesterchen, Wohlthätigkeit
Vereinten sich in einem festen Bund.
Ihr Wille, Herz und Sinn sind eins, und auch
Ein Obdach nur beherbergt sie. O Seht!
Sie wohnen beyde hier in traulicher
Gemeinde, wie es guten Schwestern ziemt.
Der scheugewordnen Menschenlieb' und dir
Geächtete Vernunft! ein einfach Haus...
Zu baun, ist beyder Schwestern Tagewerk.
Zwar reissen, was des Tags sie mühsam baun,
Nachts Bosheit oder Aberglaub' oft ein;
Doch, wackre Schwestern, laßt die Hoffnung, sie,
Aus deren Mutterschoos ihr beyde stammt,
Nie sinken! Muth! Der Grundstein haftet fest.
Ist's eure Schuld, wenn noch des Grossen Herz
Zum Kiesel sich petrifizirt, wenn noch
Der Priester auf dem Rumpfe, wo Natur
den Kopf hinpflanzte, einen Kürbis trägt?. . .
Nein, eure Schuld ist's nicht. Ihr thatet mit
Vereintem Muth, was Menschenkraft vermag. . .«[17]

14 VA 79 p. 181.
15 Ebda.
16 VA 89 p. 27.
17 Journal für Freymaurer 1784 Jg.I,4 S. 197.

Bereits zur Tafelloge am 4. Mai 1783 dürfen »keine fremden Brüder, die von der Wohlthätigkeit ausgenommen, eingeladen werden«, beschließt die »Wahre Eintracht«.[18] Beide Logen feierten aber nicht nur die Maurerfeste gemeinsam. Die enge Zusammenarbeit ging auch aus weiteren Initiativen, z. B. der Einrichtung eines gemeinsamen Lesekabinetts, hervor.[19] Sie unterstützen sich wechselweise vor allem bei Neuaufnahmen und Beförderungen in den drei Graden des Lehrlings, Gesellen und Meisters.[20] Diese regelmäßige Kooperation, bei der einzelne Rollen im Ceremoniell der Aufnahmeriten von Brüdern der Schwesternloge übernommen werden, lassen den sicheren Schluß zu, daß beide Logen für ihre Arbeiten nicht nur den gleichen Tempel, sondern auch das gleiche Ritual benutzten. Dies geschwisterliche Verhältnis und die gemeinsame Abstammung von der Mutterloge »Zur gekrönten Hoffnung« bieten wichtige Anhaltspunkte für die genaueren Umstände bei Mozarts Initiation und die dabei vollzogene Liturgie.

Dokumentiert ist diese Zusammenarbeit zum Beispiel in einem Schreiben vom 1. Oktober 1783, in dem die Loge »Zur Wohlthätigkeit« sich bereit erklärt, einen Gesellen der »Wahren Eintracht« bei ihrer »nächsten Meister Arbeit zugleich in den 3ten Grad mitzubefördern«. Sie bittet die Brüder der Loge »Zur wahren Eintracht«, ihr »bey dieser Arbeit um so mehr Ihren angenehmen Besuch gönnen zu wollen, als bekanntermaßen unser Kreis sehr klein und kaum zu Besetzung der nöthigen Beamten Stellen hinreichet«.[21]

Im Winter 1783/84 sind keine Arbeiten der »Wohlthätigkeit«, die damals etwa zwanzig Mitglieder hat, nachweisbar. Im Frühling 1784 erwacht die Loge »Zur Wohlthätigkeit« aus ihrem Winterschlaf und richtet folgendes Schreiben an ihre Schwesternloge »Zur wahren Eintracht«:

»Bey den günstigen Aussichten zu einer allgemeinen Vereinigung der Maurerey in den österreichischen Provinzen, haben die Gründe aufgehört, warum die Loge Zur Wohlthätigkeit ihre Arbeiten eingestellt hat.

Sie ist daher zur Wahl ihrer Beamten geschritten, und folgende Brüder sind in ihren Würden theils bestätigt, theils neugewählt worden: M[ei]st[e]r v[om] St[uhl] Hochw. Br. Gemmingen. Dep[utierter] M[ei]st[e]r Lang. Erster Aufseher [Graf Carl von] Lichnowsky. Zweyter Aufseher Schloißnigg. Sekretär [Leopold Alois] Hoffmann. Redner Matt. Schatzmeister Wappler. Ceremonienmeister Wirth.«[22]

Der führende Kopf der Loge »Zur Wohlthätigkeit« ist Gemmingen. Er verdient als Mozarts nachmaliger Meister vom Stuhl besonderes Interesse.

Freiherr Otto Heinrich von Gemmingen-Hornberg (1755-1836) hatte die Rechte studiert, war mit dem Maler Müller eng befreundet und in den Jahren 1777-80 in Mannheim eifriges Mitglied der kurpfälzischen deutschen Gesellschaft, wandte sich

18 VA 89 p. 13.
19 VA 70 p. 57.
20 VA 70 p. 46 u. p. 55.
21 VA 70 p. 44 u. VA 69 p. 67.
22 VA 70 p. 39.

an »teutsche Herzen«, redete von »teutscher« Ehrlichkeit, Treue und Pflichtbewußtsein und forderte ein politisch einmütig fühlendes Deutschland, das durch eine eigenständige Literatur repräsentiert werden sollte. Er übersetzte unter anderem Rousseaus Pygmalion und Shakespeares Richard III. ins Deutsche, und als Kurfürst Karl Theodor die Mannheimer Nationalbühne gründete, übernahm der theaterbegeisterte Gemmingen das Amt des Dramaturgen.[23]

Zu Beginn des Jahres 1779 sprach Gemmingen in der Deutschen Gesellschaft in Mannheim »von dem Einflusse, den eine Akademie auf den Geist der Nation haben sollte«. Seine Vorlesung gipfelt in sechs Postulaten, die der Nachahmungslehre von Charles Batteux verpflichtet sind:

»1. Was das delphische Orakel Cicero sagte: Erwähle dein eigenes Gefühl und nicht die Meinung des Volkes zur Führerin.
2. Stimme dein Gefühl nach dem Tone der Natur.
3. Laß dir nie den Wahn kommen, als könntest du etwas der Natur Ähnliches schaffen.
4. Wo du also kannst, bilde die Natur selbst nach, schöpfe selbst aus ihrer Quelle; wage es nie, selbst erfinden zu wollen, wo die Natur schon geschaffen hat.
5. Sei einfach, wie die Natur selbst; habe einen Zweck, dring auf den los und opfere alles andere auf; entsage dem Lob, das du vom geblendeten Haufen erhalten könntest, du schenkst einen kleinen Gewinn weg, um die Unsterblichkeit zu erkaufen.
6. Dünke dich bei jedem neuen Unternehmen, du seiest Gottes Prophet, Triebrad des Weltpols, seiest berufen, die Welt zu lehren, zu unterstützen die Natur in ihrem Vorhaben, mit ihr zu wirken auf die Menschheit.«

Am Schluß steht der Aufruf: »Weg mit den Worten!- gehandelt!«[24]

Lessings Vorbild folgend, brachte Gemmingen im gleichen Jahr seine Theaterbesprechungen zusammengestellt als »Mannheimer Dramaturgie« heraus. Über die »Ariadne von Naxos« mit der Musik von Georg Benda schreibt er: »Wo ist der Wirkungskreis des Tonkünstlers größer, als wenn der Dichter die Hände bietet...um einerlei Wirkungen hervorzubringen?- Die bisher gewöhnliche Oper that das nicht...man erdachte also diese neue Art, wo der Schauspieler mit seiner natürlichen Stimme redet und die Musik den nämlichen Sinn durch die Töne ausdrücken muß«, und gibt gegen das Melodram gerichtet zu Bedenken:

»Ohnerachtet der vortrefflichen Ausführung des Herrn Benda, glaube ich doch nicht, daß dies die wahre Art sey, wie man die Musik zur Deklamation anbringen müsse. Gäbe es eine Musik, wo man vergessen könnte, daß es Musik ist - gäbe es ein Gedicht, wo man nicht merkte, daß es aus Worten zusammengesetzt ist - glaubt mir, es wäre das größte Produkt der Menschheit.«[25]

23 Cäsar Flaischlen: Otto Heinrich von Gemmingen. Stuttgart 1890 S.55-56.
24 Rhein. Beiträge 1779 1.Heft S.12-25.
25 Die Mannheimer Dramaturgie für das Jahr 1779, Mannheim bei C.F.Schwan 1780 II. Stück.

Mozart lernte damals Gemmingen, der auch komponierte, in Mannheim kennen; ihn fesselte die neue Form des Melodram sehr, und er schrieb am 3. Dezember 1778 aus Mannheim an seinen Vater:

»- ich schreibe nun dem H: v: Gemmingen, und mir selbst zu liebe den Ersten Act der Deklamirten opera /: die ich hätte schreiben sollen./ umsonst; - neme es mit mir, und mache es denn zu hause aus; - sehen sie, so gros ist meine begierde zu dieser art Composition; - der H: v: Gemmingen ist der Poet, versteht sich,- und das Duodrama heist; Semiramis;-«[26] Das Projekt blieb aber unvollendet, und Mozarts Kompositionsentwürfe sind verschollen.

Nach der Ernennung zum Hofkammerrat durch den Kurfürsten Karl Theodor verheiratete sich Gemmingen 1779 mit Maria Karoline Charlotte von Sickingen und folgte dem Kurfürsten Karl Theodor nach München.

Gemmingens größter und zwei Jahrzehnte anhaltender Erfolg, der ihn zu seiner Zeit in die Reihe der ersten Autoren rückte, war das bürgerliche Trauerspiel »Der deutsche Hausvater«.[27] In dessen verschiedenen Fassungen konkretisierte er seine ästhetischen Prinzipien von Naturwahrheit und Natureinfachheit und setzte gegen die vermeintlich regellose Willkür der Stürmer und Dränger die ruhig-besonnenen Charaktere einer gutbürgerlichen Ordnung, in der die Rousseausche Schwärmerei für ein stilles Einsiedlerleben auf dem Lande am Ende des tatendurstigen Dranges nach Bewegung, Umtrieb und großem Schaffen stand.

Schiller, dessen »Kabale und Liebe« nach dem Urteil der Zeitgenossen »nur die ins Übertriebene und Schreckliche gemalten Personen des deutschen Hausvaters enthielt«, schrieb 1781 über Gemmingen, er habe »eben diesen Hausvater ungemein gut befunden und einen vortrefflichen Mann und sehr schönen Geist darin bewundert.« Sein Urteil gipfelt in heute merkwürdig lautender Resignation: »Doch was liegt dem Verfasser des deutschen Hausvaters an dem Geschwätz eines jungen Kandidaten?«[28]

1779 kam Gemmingen nach Wien und übernahm kurze Zeit den Hammer in der soeben von Maximilian Joseph von Linden gegründeten Loge »Zur Beständigkeit«, die, wie Abafi (IV, 318) mitteilt, rosenkreuzerischen Tendenzen huldigte. 1782 brachte Gemmingen am 1. Juni anonym, in der Folge dann pseudonym als »O.H. Edler von Hohenheim« die Wochenschrift »Der Weltmann« heraus, ein »Blatt über und für die höhern Klassen der Gesellschaft«. Er wollte darin »den Ständen den hellen Spiegel der Wahrheit vorhalten, aufmerksam machen auf jede ihre bürgerliche Pflichten; ihre Kenntnisse berichtigen, und zu erweitern suchen; durch

26 Mozart Briefe Bd.III S. 516.

27 Erstausgabe: »Der deutsche Hausvater oder die Familie. Ein Schauspiel in 5 Akten von Otto Freyherrn von Gemmingen. Mannheim, in der Schwanischen Buchhandlung 1780.« Die zweite Ausgabe in München als: »Der teutsche Hausvater. Für die teutsche Schaubühne zu München 1780. Bey Joh. Bapt. Strobl,« mit der Widmung: »Dem biedren teutschgesinnten Mann Theodor Graf Topor Morawitzky, Oberlandes-Regierungspräsident.«

28 J.W.Braun, Schiller und Goethe im Urtheile ihrer Zeitgenossen, Leipzig 1882, Bd.I S.130. Schiller an Dalberg vom 12. Dez. 1781, zit. n. Flaischlein S. 131.

Bekanntmachung mit klassischen, besonders alten Schriftstellern und mit den vorzüglichen Werken der Kunst ihren Geschmack zum Schönen und Guten bilden und Feuer in ihren erkalteten Seelen wieder entzünden«.[29]

Hochfliegende pädagogische Ziele solcher Art fanden bei den Wienern wenig Widerhall. Da half auch nicht, daß der Autor galant für den umstrittenen Ruf der Wienerinnen eintrat. »Ich kenne keine Stadt, wo das Betragen der Damen so anständig ist als hier«, schrieb er ahnungslos. Nachdem er einige »Versuche mit Quecksilber, Gold und Silber, welche im May 1782 in London angestellet«, kritisiert und vor der »Wirkung des Steins der Weisen« gewarnt hatte, mußte er nach acht Monaten das Erscheinen des Blattes einstellen. »Ich wünschte...,daß niemand die Alchemie wage, ehe er die gewöhnliche Chemie gut und sorgfältig lernte, wir würden weniger betrogene Betrüger; weniger unglückliche Familien und überhaupt der damit verbundenen Thorheiten weniger haben. Wann wird man doch lernen, daß Genügsamkeit der wahre Sinn des Weisen ist.«[30] Das waren die letzten Worte des »Weltmanns«.

Im folgenden Jahr ließ Gemmingen bei Christian Friedrich Wappler in Wien ein »Magazin für Wissenschaften und Litteratur« drucken, in dem er »die Wissenschaften in populären Aufsätzen der Gesellschaft brauchbarer und nützlicher zu machen« versprach; aber nach zwei Bändchen endete auch dieser Versuch.

Anfang September 1784 wurde der Illuminat Friedrich Münter aus Kopenhagen, Mitglied der Loge »Zum Rautenkranz« in Gotha, anläßlich seines Studienaufenthaltes in Wien mit Gemmingen bekannt. Er beschrieb ihn als einen »trefflichen jungen, schönen Mann, voll Geist und Feuer«, der »in der Stille seines Gartens« wohne und »meist seinen Freunden« lebe.[31]

Am 15. September schrieb Münter in sein Tagebuch: »Nachher gieng ich zu Gemmingen; wir redeten viel, als wir allein waren, über die Toleranz in der römischen Kirche, und Ihre Aufklärung, überhaupt über das wahre Christenthum.« (S.71)

Gemmingen als Konvertit hatte bereits im Gefolge des berühmten Besuches von Papst Pius VI. in Wien und aus Anlaß des aktuellen Ablaßstreites zwischen der kaiserlichen Zensur und dem Kardinal Migazzi 1783 eine Schrift »Bißthum und Bischoff« erscheinen lassen, in der er das Verhältnis von Kirche und Staat untersuchte und, wohl nicht ohne Nebenabsicht, für den Kaiser Partei ergriff.[32]

Kategorisch stellt er darin fest:

»Die geistliche Obrigkeit hat gar keine Macht. Nun aber muß die Kirche auf den Geist des Menschen wirken, das heißt auf seinen Willen: wer aber kann zwingen den Geist des Menschen? Wer kann gebieten seinem Willen? Und könnte es irgendeine

29 Aus der Vorrede des »Weltmann«, Wien im von Trattnerschen Lesekabinett, 1782, unpag.
30 Der Weltmann III.Bd. 1783 S.279.
31 Münter Tagebücher S. 59.
32 Bißthum/ und / Bischoff./ von / Otto von Gemmingen // Wien / Bey Sebastian Hartl, in der Singer/ strasse./ 1783.

Macht, wo bliebe Freyheit? Und ohne freyen Willen, was ist Religion? was Kirche?« (S.10)

Gemmingen sieht die Folgen, die entstünden, räume man der Kirche eine Macht auf den inneren Menschen ein. Christus habe gesagt: Mein Reich ist nicht von dieser Welt (Joh 16,36), »und wer von dessen Nachfolgern könnte sich eine Macht beymessen, die er nicht übte?« (Joh.16,36)

Grundsätzlich kommt Gemmingen dann zu folgendem Schluß:

»Wenn es also keine geistliche Macht giebt; wenn jeder äußere Mensch, mithin jedes Mitglied der Kirche dem Staate unterworfen seyn muß: so folgt daraus von selbst, daß sie ihrem Aeußerlichen nach der weltlichen Obrigkeit unterworfen, mithin die Kirche im Staate sey.«(S.13)

Aus dieser Bindung sei die Kirche zu keiner Zeit entlassen worden.

»Kein Gesetz, keine Verjährung entkräftet das ewigdauernde Gesetz der Natur, schwächt die Grundpfeiler der Gesellschaft; vernichtet die wesentlichen Urverträge der Menschen: die Kirche bleibt immer im Staate. Hieraus folgt, daß, indem sie einen Theil des Staates ausmacht, dieser für sie sorget, sie dem allgemeinen Besten gemäß ordnen müsse; und daß ihm zustehe, für dieselbe Gesetze zu geben, welche freylich gegen das Wesen der Religion nicht seyn dürfen.« (S.18/19)

Am Ende seines Aufenthaltes unter den Freimaurern in der Donaumetropole, dem wir wichtige authentische Darstellungen der zeitgenössischen Szene danken, skizziert Münter die Leute, die er während seines Aufenthaltes in Wien kennengelernt hat, und sagt über Otto von Gemmingen:

»Als Kopf betrachtet brauche ich nichts von ihm zu schreiben, denn seine Schauspiele etc. bewiesen das genug. Er ist ein gerader biederer Mann, der spricht wie er denkt, und sich gerne mittheilt. Feinde hat er hier, gewisse Sachen in seinem häuslichen Leben haben dazu Veranlassung gegeben. Er hat auch den faux pas gemacht, so zum Exemple dass er [als gebürtiger Protestant] katholisch geworden ist. Er hat im stillen vielen Einfluss durch seine Verbindungen mit dem Fürsten Kaunitz, mit Baron van Swieten, und der Gräfin Thun. Hoffentlich wird er einmal in die Studien Kommission kommen, u. nach van Swietens Abgang Bibliothekar werden. Ein schöner, langer, heiterer Mann, voll Geist u. Sanftmut im Blik.«[33]

Gemmingen ahnte damals wohl nicht, daß sein Einfluß begrenzt und seine Aussichten in Wien auf ein Amt bei Hofe gleich Null waren. Gemmingen wurde seit 1782 polizeilich beobachtet, und der Kaiser hatte van Swieten am 20. Juli 1784 folgendes mitgeteilt:

»Ich überschicke Ihnen hiermit einen Auszug von denjenigen Auskünften, welche ich in Ansehung des Baron Gemmingen aus dem Reiche erhalten, und aus den sichersten und unpartheyisten Quellen geschöpft habe: Da diese nun nicht so ausgefallen sind, wie es zu wünschen gewesen wäre, um ein billiges Zutrauen zu seinem moralischen Karakter setzen zu können, so will ich Ihnen obigen Auszug in

33 Münter Tagebücher S.111.

der Absicht mitgeteilt haben, daß Sie genannten Baron Gemmingen auf eine gute Art erkennen geben mögen, daß er in hiesigen Diensten nicht aufgenommen werden kann, damit er nicht durch die Hoffnung, eine Anstellung hier zu erhalten, getäuscht, seynen hiesigen Aufenthalt unnöthig verlängere und dadurch anderweite Aussichten verabsäume.»[34]

In die aktuelle politische Diskussion mischte sich Gemmingen mit einer Broschüre »Ueber die königl. Preußische Assoziazion zu Erhaltung des Reichssystem« ein, die er ohne Ortsangabe in »Deutschland 1785« erscheinen ließ. Diese Schrift, die die Position Kaiser Josephs II. gegen den von Friedrich II. ins Leben gerufenen Deutschen Fürstenbund zu stützen versucht, bringt sein politisches Credo zu Wort: »Wie lange wird es noch dauren« fragt Gemmingen emphatisch, »daß Deutschland seine eigene Größe, seinen wahren Vortheil verkennet...Wie lange wird Deutschland, durch eitle Schreckbilder verleitet, seiner Freyheit entsagen und Sclave Derjenigen seyn, bey denen es unnöthigen Schuz sucht.«[35]

Leopold Mozart erwartete Gemmingens Arbeit mit Ungeduld und schrieb am 18. November 1785 an seine Tochter:

»Nun wird bald die schöne Schrift, die mein besonders guter Freund H: Baron von Gemmingen in Wien, das Austauschgeschäft betreffend, herausgegeben in Salzb[urg] zu haben seyn«.[36]

Gemmingens Einfluß auf den Komponisten Mozart selbst und dessen politische Anschauungen, wenn auch im einzelnen schwer nachweisbar, sind nicht zu unterschätzen.

34 KAP 31 S. 485 Nr. 518. Vgl. auch KAP 21 S. 677 Nr. 427 Graf Pergen. Nota ddo. 22. August 1782 den zu beobachten anbefohlenen Baron Gemmingen betr.:

35 Ueber die königl. Preußische Assoziazion zu Erhaltung des Reichssystems von Otto von Gemmingen Reichfreyherrn / Deutschland 1785 S.18. In der WZ 1786 S.1023 kündigt der Buchdrucker G. Ph. Wucherer zwei anonyme Gegenschriften an: 1. »Beantwortung der zu Wien herausgekommen sogenannten Prüfung der Ursachen einer Association zu Erhaltung des deutschen Reichssystems 4. [1]786 20 kr.« 2.»Ueber deutsches Staatsinteresse, Ländertausch, und das Schutzbündnis deutscher Fürsten« zur Widerlegung der Schrift des Freyherrn von Gemmingen 8. Leipzig [1]786 20 kr.

36 Mozart Briefe Bd.III S. 451. Leopold Mozart hatte sich schon in seinen Briefen 1778 immer wieder mit dem »Länder-Vertauschungsplan« beschäftigt.

2.2. Umbau der Landesloge von Österreich

Carl Graf von Dietrichstein-Proskau (1728-1808), Intimus des Kaisers und K. K. Oberststallmeister, der 1780 in den geheimen Zirkel der Rosenkreuzer um den Wiener Reichshofrat Steeb eingetreten und seit 1783 Oberhauptdirektor der Rosenkreuzer in Wien war, wurde an die Spitze gestellt, als am 24. April 1784 die Große Landesloge von Österreich endlich errichtet und nach Erbländern in Provinzial-Logen von Österreich, Böhmen, Galizien, Siebenbürgen und Ungarn eingeteilt wurde. Zu Provinzial-Großmeistern machte man Dignitäre der Großen Landesloge. Ignaz von Born selbst übernahm das wichtige Amt des Großsekretärs und Ersten Großaufsehers der Provinzialloge von Österreich. Otto von Gemmingen wurde Provinzial-Großsekretär. Durch beider Hände ging der gesamte, von höchster Stelle geheim überwachte Schriftverkehr.[1]

Die Provinziallogen gliederten sich in Distriktlogen, in denen auch die acht bestehenden Wiener Logen zusammengefaßt wurden. Georg Forster, kurz zuvor noch selbst als Rosenkreuzer tätig, übermittelte am 14.August 1784 an S. Th. Sömmering folgenden Bericht (a.a.O. S.162) aus Wien:

»Die Maurerei geht in vollem Schwunge. Alles ist Macon. Alle kaiserliche Logen sind vereinigt unter einem gemeinschaftlichen Haupte, dem Grafen von Dietrichstein, als Nationalgroßmeister (das includirt österreichische, böhmische, ungarische und italienische). Der Graf Dietrichstein soll Rosen Creuzer sein, allein er hat weiter keinen Einfluß, um die Rosen Creuzer auszubreiten, oder das mindeste für die Rosen Creuzer vortheilhafte aus der Logen Vereinigung zu ziehen. Im Gegentheil, wirkt die gesammte Maurerei auf Aufklärung, und das so sehr, daß durch die Freimaurer die Aufhebung der Klöster und viele wichtige Reformen noch bei Lebzeiten der seligen Kaiserin wäre bewirkt worden, wäre sie nicht, da sie eben den besten Willen hatte, darüber gestorben. Die Loge zur wahren Eintracht ist diejenige,

1 Münter schreibt am 24.9.1784: »...der Kaiser hält überall im Lande Spions, die von jedem, besonders von Fremden, genau rapportiren müssen, so dass er alle auf ein Haar kennt. Auch sind manche Briefe gar nicht sicher. Zum Exempel Gemmingen und Borns.« Münter Tagebücher S.81. Vgl. auch Handbillet Joseph II. an Baron Puchler ddo 4ten Febr.[1785]: »Sie werden auf die in der Beylage bezeichnete Namen unter den Briefen bey der Post genaue Aufsicht tragen lassen, und wenn sich welche darunter befinden sollten, selbe eröffnen und Mir den Inhalt davon zur Einsicht vorlegen.« KAP 36 S.74 No.83. Vgl. dazu Harald Hubatschke: Die amtliche Organisation der geheimen Briefüberwachung und des diplomatischen Chiffrendienstes in Österreich. In: Mitt.d.Inst.f. Österr. Geschichtsforschung 83.Bd. 1975 S. 352.

welche am allermeisten zur Aufklärung wirkt. Sie giebt ein Journal für Frei Maurer heraus, worin über Glauben, über den Eid, über die Schwärmerei, über die Ceremonien, kurz über alles freier gesprochen wird, als man bei uns, d.h. in Niedersachsen herum, thun würde. Die besten Köpfe Wiens unter den Gelehrten, und die besten Dichter sind Mitglieder drinnen. Man spottet drin über alles was Heimlichkeit bei der Sache ist, und hat die ganze Sache zu einer Gesellschaft wissenschaftlicher, Aufklärung liebender, von allem Vorurtheil freier Männer, umgeschaffen. Born ist Meister vom Stuhl darin. Ihm zu Gefallen, weil, er es so sehr verlangte, bin ich beigetreten, und ein Mitglied geworden. Ich that es aus vielen Gründen.

1) Aus Achtung für Born.
2) Weil es ganz ohne Consequenz ist.
3) Aus Politik, weil ich dadurch mir einen Anhang zusichere. Alle Bundesbrüder haben mich lieb zum Fressen und thäten alles um mich einmal herzubringen.
4) Wenn mit der Sache je etwas Gutes gemacht werden kann, ist es auf dem Wege, den diese Loge einschlägt, der Vernunft ihr ganzes Recht wieder zu geben.

Von aller Schwärmerei sind die Bundesbrüder ganz frei.- Ich sagte ihm meine Objection gegen die ganze Maurerei, daß man sie nämlich so leicht mißbrauchen könne. Posito er stürbe, oder ginge ab, so könnte leicht alles zu Grunde gehen, weil es in böse Hände käme, in denen es Instrument zum Bösen würde. Er gab die Möglichkeit zu, und sagte, es schiene ihm nicht recht an das zu denken, was geschehen könne nach ihm, wenn er gewiß sei, daß er Zeit seines Lebens Gutes damit wirken könne, so müsse er es thun. Man könne für den Mißbrauch, der von jedem menschlichen Unternehmen, was es wolle, gemacht werden könne, gar nicht sicher einstehen; solle man es darum ganz unterlassen? Wir hätten Unrecht, so weit in die Ferne zu sehen, da wir heut arbeiten müßten. Gemmingen ist Meister vom Stuhl der Loge zur Wohlthätigkeit, die die nämlichen Grundsätze hat. Er erzählte mir, wer die Illuminaten so haarklein an die RosenCreuzer verrathen hat. Rathe einmal - es ist der Herr Baron von Knigge, der sich, seit sie so auf ihn geschimpft haben, ganz mit ihnen ausgesöhnt haben und ihnen alles von den Illuminaten gesagt haben soll. Ein schöner neuer Zug in seinem Charakter!«

Großmeister der ersten bzw. zweiten Distriktloge waren Joseph von Sonnenfels und Tobias Philipp Freiherr von Gebler. Von Ersterem fand man vier Bände der »Gesammelten kleinen Schriften« in Mozarts Nachlaß, letzterer war bereits als Textdichter des »Thamos« für Mozart tätig geworden.

Auskunft über die Absichten, die mit der Neuorganisation verfolgt wurden, sind einem Brief Geblers an Nicolai zu entnehmen:

»Die neue, mit Vorwissen unseres Monarchen, geschehene Verbindung sämtlicher Johannes-Logen der Österreichischen unter einer Obersten Landesloge zielet dahin ab, alle rosenkreuzerische und magische Schwärmerei auszuschließen, von welcher, und von der Influenz fremder, sogar, si Diis placet, unbekannter Obern, glatt heraus Betrüger, arglistiger Kabalenstifter, unser erleuchteter Regent nichts wissen will.«[2]

Münter wirft in seinem maurerischen Tagebuch 1784 aus der Sicht des Besuchers kritische Streiflichter auf die Freimaurerei in Wiener nennt die führenden Illuminaten beim Namen:

»... Furius Kamillus (d. i. Ignaz von Born), Numa (d. i. Joseph von Sonnenfels), Antonius (d. i. Gemmingen) und Manlius Kapitulinus (d. i. Trummer)«[3]

Schlüsselpositionen wurden bei dieser Konstituierung der großen Landesloge von Österreich Männern aus Borns Loge übertragen. Die Illuminaten, und zu diesen zählte damals offensichtlich auch Gemmingen, sicherten ihren Einfluß.

No.	Namen.	Bürgerliches Verhältniß.	Ordens-Verhältniß.
20	Mozart, Wolfgang.	Capellmeister.	Meister.
21	Pauer, Johann, Wolfgang.	Der Rechte Doktor	Meister.
22	Pedrossy, Michael.	Bey der k. k. Hofbibliothek angestellt.	Meister.
		Ehrenmitglieder.	
41	v. Ehrenberg, Johann, Adalbert.	Archivar bey der Statthalterey-Regierung zu Riga.	Geselle.
42	Moherenheim, Joseph.	Wund- und Augenarzt und Geburtshelfer in Diensten des russisch kais. Hofs.	Meister.
43	Mozart, Leopold.	Capellmeister in Diensten des fürstl. salzburgischen Hofs.	Meister. Meister-
44	Passy, Joseph.	Negociant.	Meister.

Ausriß aus dem »Verzeichnis der Brüder und Mitglieder der St. Johannes [Loge] zur Wohlthätigkeit im Orient zu Wien. Auf Johannis 5785.« VA 72f. 236.

2 Zitiert nach Zellweker S.79.

3 Zitiert nach Edith Rosenstrauch-Königsberg, Freimaurer, Illuminat Weltbürger. Friedrich Münters Reisen in ihren europäischen Bezügen. Berlin 1984 S.72. Münter bestätigt Forsters zitierte Aussagen, wenn er schreibt:»...der Kaiser verlangte, die Brüder sollten, wenn er fortfahren sollte, sie zu schäzen, sich einen innländischen G[roß] Meister wählen. Darauf kam das Schisma mit Berlin... Der L[andes] G[ross] M[eister] ist Graf Dietrichstein, ein Mann, den man hat nehmen müssen, seines Ansehens wegen, übrigens ein Rosenkreuzer. Der Meister vom Stuhl der Distriktloge ist Sonnenfels, und Gemmingen ist Provinzial Sekretär. Die Loge constituirt andre... Sie arbeitet aber nur in 3 Graden, u. will von höheren Arbeiten auch nichts wissen.« Ebd..

2.3 Rezeption Mozarts als Freimaurer

In Wien, am 10. Oktober 1784, kopiert Friedrich Münter das Freimaurer-Ritual des ersten Grades (Lehrlingsaufnahme), das Born ihm gegeben hatte. Den ganzen folgenden Tag ist er mit dieser Kopierarbeit des Wiener Rituals beschäftigt und setzt sie bis zur Hälfte des dritten Grades (d. h. der Aufnahme eines Freimaurermeisters) fort. Auch an den folgenden Tagen beschäftigt sich Münter mit den Wiener Logen. Er liest »in einem Rosenkreuzer Manuskript« und zeichnete »die Tapis der drei ersten Grade, die ich in Kronauers Stambuch, welches er mir geschickt hatte, fand.«[1] Münters Kopie des Bornschen Rituals, das die Aufnahme des Lehrlings in den Freimaurerorden beschreibt, hat sich in seinem Nachlaß in Kopenhagen erhalten. Sie stimmt, abgesehen von unwesentlichen Kürzungen, diplomatisch genau überein mit der Textfassung, die der Reichshofrat und Dänische Agent Samuel Matolay von der Wiener Loge »Zur gekrönten Hoffnung« geschrieben hat und die sich von seiner und anderer Hand heute in Wien befindet. Diese Textfassung ist außerdem in allen wesentlichen Teilen identisch mit der »Wiener Freimaurerhandschrift aus dem 18. Jahrhundert«, die Joseph Baurnjöpel 1793 anfertigte.[2] Dies sind wichtige Fakten. Münters Tagebuchnotiz erlaubt eine präzise Identifizierung und Datierung des Rituals, nach dem Mozart zwei Monate später als Freimaurer initiiert wurde, da Mozarts und Borns Loge identische Rituale benutzten.

Gleichzeitig mit Emanuel Schikaneders Eintreffen in Wien in der zweiten Hälfte des Oktober 1784 bewirbt sich Mozart um die Aufnahme in die Wiener Loge »Zur Wohlthätigkeit«. Am 5. Dezember sendet der neue Sekretär Schwanckhardt das Ausschreibungsformular an die »Wahre Eintracht«, um sie, wie üblich, über beabsichtigte Neuaufnahmen zu informieren.[3]

1 Münter Tagebücher S.103: 15.u.16.10.1785.

2 Bibliotheca Masonica. Hrg. von Friedrich Gottschalk, Graz 1986.

3 VA 69 p.20.

»W o h l t h ä t i g k e i t ps.7/12 84.

Um [...] Uhr, im [...] Gr.
Vorgeschlagen: Kapellmeister Mozart.-

Unser abgegangener Secr: Br. Hoffmann vergaß diesen vorgeschlagenen bey den sehr ehrw: Schwester/Logen/ auszuschreiben, er ist schon vor 4 Wochen bey der Hochw: Districts/Loge/ angesagt, und wir wollten daher kommende Woche zu seiner Aufnahme schreiten wenn die sehr ehrw. Schwester/Logen/ nichts gegen ihn einzuwenden hätten

W[ien] i[m] O[rient].

5
58 84
XII

Schwanckhardt: Secr:«

Einige Tage später versendet die Loge folgende Mitteilung auf dem gleichen Formular:[4]

14
57 84
XII

»W o h l t h ä t i g k e i t ps.13/12 84.

Um 1/2 7 Uhr, im 1. Gr.

Wenzel Summer, Kaplan zu Erdberg,und
Mozart Kapellmeister
Vorgeschlagen: Franz Wolf, Calculator bey
der städtischen Hofbuchhalterey.

W[ien] i[m] O[rient

11
57 84
XII

Schwanckhardt: Secr:«

Beide Mitteilungen sind im Protokoll der Ereignisse der Wiener Logen, das Neuaufnahmen und Beförderungen enthält, bestätigt.[5]

Außer diesen beiden Dokumenten aus den Akten der Loge »Zur wahren Eintracht« ist über Mozarts Aufnahme als Freimaurer kein direktes Zeugnis erhalten, da die Unterlagen der Loge »Zur Wohlthätigkeit« verloren gingen.

4 VA 69 p.21.
5 VA 95 p.97-98.

2.4 Chronik der Initiation

Tagungsort der Loge »Zur Wohlthätigkeit« war, wie gesagt, der Tempel der »Wahren Eintracht«, nur wenige Gassen von Mozarts Wohnung in der Schulerstraße entfernt. Die Aufnahmezeremonie begann am Dienstag den 14. Dezember 1784 um 19 Uhr.

Das »Wiener Ritual« der Freimaurer, das in der Loge »Zur Wohlthätigkeit« und in der »Wahren Eintracht« gleichermaßen benutzt wurde, gibt eine sehr genaue Vorstellung von der Aufnahmezeremonie, der sich Mozart unterzog. Es ist der folgenden Darstellung wörtlich zugrundegelegt.

Abgang in die finstere Kammer

Mozart wird von seinem Paten, der ihn zur Aufnahme vorgeschlagen hatte, in das Vorbereitungszimmer geführt. Es heißt »die finstere Kammer« und ist mit schwarzer Leinwand ausgeschlagen. Darin befinden sich ein Tisch und zwei Stühle, die mit schwarzem Tuch bezogen sind. Eine einzige »dunkle Lampe« beleuchtet den Raum »mit ihrem schwachen Schimmer«. Auf dem Tisch liegt eine aufgeschlagene Bibel, außerdem ein Totenkopf, ein Dolch, eine Schnur und ein Glas Wasser.

Hier bleibt Mozart eine halbe Stunde mit seinem Paten allein.

Regelrechte Eröffnung der Loge

Währenddessen öffnet Großmeister Otto von Gemmingen die Loge. Er klopft als Freimaurer ♪♪♩[1]. Die beiden Aufseher, Carl Graf von Lichnowsky und Johann Baptist von Schloißnigg, antworten in gleicher Weise: ♪♪♩

Gemmingen fragt: »Was ist die Glocke«

Es folgt die Antwort: »Es ist 12 Uhr, Hochwürdiger!«

Die Logenarbeit beginnt. Gemmingen fragt: »Was ist die Schuldigkeit eines jeden guten Bruder Freymaurers, besonders aber des Zweiten Aufsehers?« Der Aufseher antwortet: »Nachzusehen, ob die Loge recht und gehörig gedeckt sey.«

Der Großmeister befiehlt dem Ersten Aufseher, er möge den Zweiten Aufseher daran erinnern. Dieser übergibt seinen Hammer dem nächststehenden Meister und untersucht alle Zugänge des Logentempels. Hat er außen und innen alles in der Ordnung gefunden, klopft er als Maurer, wird von dem Wachhabenden Bruder gemeldet, tritt wieder ein, übernimmt seinen Hammer, stellt sich hinter seinen Stuhl und gibt folgenden Rapport:

1 Vgl. den Rhythmus des Vorspiels zur Introduction der Zauberflöte.

»Bruder Erster Aufseher! Ich habe mich auf Geheiß des Hochwürdigen aus dem Tempel begeben, die Loge sorgfältig untersucht, und sie so gut verwahrt gefunden, daß es nicht möglich ist, sich derselben zu nähern, viel weniger aber unsere Geheimnisse auszuspähen.«

Verordnungen für Freimaurer

Hierauf befiehlt der Großmeister dem Sekretär Johann Daniel Schwankhardt die Gesetze abzulesen, die bei der Loge beachtet werden müssen. Schwankhardt liest:

»Art. 1

Wer ein Mitglied dieses Ordens zu werden suchet, und die erforderlichen Jahre hat, kann ohne eine besondere Freysprechung und Erlaubniß des Großmeisters, in den Orden nicht aufgenommen werden, wenn er nicht ein Monath vorher ordentlich in der Loge ist angemeldet worden.

Art. 2

Kein Fremder, der nicht sein eigener Herr ist, kann für würdig gehalten werden, in den Orden aufgenommen zu werden, als nur zum dienenden Bruder.

Art. 3

Keiner kann in den Orden aufgenommen werden, wenn er nicht eine unverbrichliche Ergebenheit gegen seine Religion, Obrichkeit, Vaterland und gute Sitten hat.

Art. 4

Der Suchende soll öffentlich geloben, sich den Verordnungen, Verbindungen, Gesetzen, und allen guten Gewohnheiten und Gebräuchen zu unterwerfen, die ihm an gehörigem Ort und zu gehöriger Zeit werden offenbaret und erkläret werden.

Art. 5

Wer wider die heiligen Lehrsätze von dem allgemeinen Glauben der Kreuzbrüder geredet oder geschrieben hat, soll auf immer vom Orden ausgeschlossen seyn, wofern er nicht in voller Versammlung seine Schmäh=reden abgeschwöret und seine eigene unbedachtsame Arbeiten widerrufet und widerleget.

Art. 6

Einem wahren Freymaurer lieget ob, den größesten und heiligsten Baumeister der Welt mit reinem Eifer zu verehren und zu lieben; und die Ausübung seiner Schuldigkeiten gegen die Gottheit ist ein Trieb, bey dem ein nichtiger Gewinn eben so wenig die Ursach zur Aenderung in seinen Grundsätzen und Lehren werden kann, als ein allgemeiner Aberglaube, von Eigensinn unterstützet, eine Ursache zur Standhaftigkeit in dem Glaubensbekänntnisse, welches er von seiner frühesten Jugend an bekannt und ausgeübet hat, ist.

Art. 7

Die vornemsten Pflichten eines Freymaurer Ritters sind, ohne den bereits erwehnten,

1mo. Eine zärtliche Liebe gegen alle Menschen, besonders aber gegen einen Fremden Bruder.

2do. Ein so redliches Betragen, daß niemand tadlen kann.

3tio. Ein ewig erklärter Krieg gegen die Feinde der Tugend.

4to. Der gewisse Vorsatz einen geistlichen Salomonischen Tempel wieder aufzubauen durch dreymal drey, und

5to. Die unverrückte Beibehaltung ihrer allgemeinen Gesätze, Ceremonien und Gewohnheiten zu ewigen Zeiten, ohne die geringste Veränderung.

Art. 8

Einigkeit ist des Ordens vornehmste Richtschnur, und Aufrichtigkeit muß in demselben herrschen und ihren Thron befestigen. Eines Maurers Wort und Zusage wird mehr als heilig unter unß gehalten, und bißher sind sie nie gebrochen worden. Man schäzt desfalß eines Maurers Wort und Versprechen, wenn es möglich ist, höher als eines anderen ehrlichen Mannes seines, weil ein Maurer glauben muß, daß es ein mehreres sagen will und in sich faße.

Art. 9

Wenn ein Freymaurer merkt, daß böse Anlagen gegen die Obrichkeit und gegen die Regierung auf der Bahn sind, so muß er, wenn er vollkommene Gewißheit und sichere Beweise davon hat, solches dem Hochwürdigen sogleich zu erkennen geben, der es so dann dem Hochw. Landes Großmeister anzeiget; im Fall aber die Sache keinen Aufschub litte, so muß er, der Logenmeister, der Regierung sogleich von der Anlage Nachricht mitteilen.

Art. 10

Ein Bruder, welcher nicht Gelegenheit hat, solches weder seinem Hochw[ürdigen Großmeister] noch dem Landes-Großmeister zu erkennen zu geben, muß es unmittelbar der Obrigkeit od[er] der Regierung anzeigen, und nachher, sowohl seinem Hochwürdigen als dem Landesgroßmeister, wenn sie gegenwärtig, mündlich, wenn sie abwesend, schriftlich davon Bericht zu erteilen.

Art. 11

Freymaurer Brüder und Lehrlinge müßen, wenn sie Gelegenheit haben, mit ihrem Meister und Brüdern allein zu sein, sich allemal befleißigen, mit denen Stücken, die ihnen zukommen, bekannter zu werden, jedoch lieget ihnen dabey ob, vorsichtig zu seyn, damit sie nicht überraschet werden.

Art. 12

Ein Lehrling muß genau und vollkommen von seiner Arbeit, und von der Art, dieselbe zu erklären, unterrichtet seyn, bevor er sich unterziehet, einen fremden Suchenden anzumelden.«

Ordnungsgemäße Ermahnung Mozarts

Nach dem Vortrag des Sekretärs schickt der Großmeister den Fürchterlichen Bruder in die dunkle Kammer, wo sich Mozart noch immer mit dem Paten aufhält. Der Pate tritt ab. Der Fürchterliche Bruder kommt gleichzeitig in die Kammer und bittet Mozart um seinen Zunamen, Taufnamen, seines Vaters Namen, fragt nach seinem Alter, Geburtstag, Religion, Herkunft, Geburtsort, Amt, Orden und Würde. Dann prüft er weiter:

»Spüren sie einen aufrichtigen Trieb und Lust, in einen so ernsthaften Orden, wie es der Freymaurerorden ist, aufgenommen zu werden? Ist es nicht nichtige Neugierde, die Sie dazu verleitet, einen so gefährlichen Versuch zu wagen; oder sind sie von jemanden dazu gereizt oder verlocket worden?«

Hierbei gibt er sich alle erdenkliche Mühe, Mozart abzuschrecken, indem er ihm die grausamsten Hindernisse vorbildet, die er zu überwinden habe. Er rät ihm, seine Kräfte genau zu untersuchen, bevor er sich den Proben unterziehe, die ihm unvermeidlich bevorstünden und von welchen er nicht die geringste Kenntnis habe und die ihm vielleicht noch schwer würden.

Der Fürchterliche Bruder verläßt darauf die Kammer, läßt Mozart allein im Dunkeln und stattet von der Antwort in der Loge Bericht ab. Diese Ermahnungen werden nach fünfzehn Minuten zum zweitenmal mit härteren Anreden als beim ersten Mal wiederholt. Und der Fürchterliche Bruder geht wieder mit seinem Licht zurück in die Loge, um die Antwort zu überbringen, während Mozart abermals im Dunkeln gelassen wird. Nun kommt der Fürchterliche Bruder, diesmal in Begleitung des Paten, zum dritten Mal wieder und findet, daß der suchende Mozart der harten Vorstellungen ungeachtet in seinem Entschluß beharrt. Er läßt ihn von neuem in der dunklen Kammer allein, kommt aber zurück und fängt an, Mozart auf folgende Art auszukleiden:

Mozart wird alles Metall abgenommen, das er bei sich hat oder am Leibe trägt. Dann läßt er ihn den linken Schuh wie einen Pantoffel niedertreten, da die Loge keinen besonders verfertigten Pantoffel mit dreieckigem Absatz hat. Mozart entblößt das rechte Knie, die linke Schulter und Brust. Schließlich wird ihm eine Binde vor die Augen gebunden.

Ein dienender Bruder holt Mozarts Kleider und die übrigen Geräte aus der Dunklen Kammer und bringt sie in das Ankleidezimmer. Nun befiehlt der Fürchterliche Bruder dem Paten mit lauter Stimme, Mozart in der Dunklen Kammer zu verlassen. Er spricht:

»Mein Herr! Man läßet Ihnen Licht, und Sie bleiben allein. Haben Sie genau Acht auf die Binde, die Sie vor ihren Augen haben, und erwägen Sie die Sorgfalt, die Sie sich selbst schuldig sind, so werden Sie nicht neugierig oder vorwitzig seyn, wofern Sie sich nicht auf ihre ganze übrige Lebenszeit unglücklich machen wollen. Die

Freundschaft, die ich für Sie hege, verpflichtet mich, Ihnen diesen Rath zu geben: ich bitte und ermahne Sie, solchen genau zu befolgen und nachzuleben.«

Nach dieser Ermahnung soll Mozart glauben, der Pate sei weggegangen. Hierauf geht der Fürchterliche Bruder hinaus, schlägt die Türe der Dunklen Kammer geschwind zu und läßt Mozart in diesem Zustande ungefähr zwanzig Minuten allein.

Sorgfältige Prüfung seiner Neugier

Im Wiener Ritual ist der Fortgang der Zeremonie so festgelegt: »Sollte nun der Suchende neugierig werden, und die Binde aufheben wollen, so gibt der Pathe zu erkennen, daß er gegenwärtig sey, redet dem Suchenden bitter und ernsthaft zu, und sagt ihm, daß er es nicht mehr wage, für ihn Bürge zu seyn, da er die Unachtsamkeit so klar und deutlich sehen lassen, u.s.w. Endlich setzet er die Binde ordentlich wieder vor, geht geschwind und erzörnt weg, verschließt die Thür, und gibt ihm zu verstehen, daß er den übrigen Brüdern von der Loge Bericht abstatten wolle, damit seine Vermeßenheit gehörig bestraft werde. Das Licht, deßen Gebrauch er sich unwürdig und verlustig gemacht hat, nimmt er mit sich hinweg.«

Der erste Pate stattet wirklich davon der Loge Bericht ab und der Großmeister schickt den Ersten Paten mit dem Fürchterlichen Bruder wieder nach der Dunklen Kammer zurück. Wenn nun diese beiden Brüder mit dem Licht zum Suchenden gekommen sind, redet ihn der Fürchterliche Bruder folgendermaßen an:

»Es war Ihnen also unmöglich, ihre Neugierde und Vorwitz zu überwinden! Plötzlich ließen Sie sich davon überwältigen. Nie habe ich mir vorstellen können, daß Sie so schwach seyn würden, uns auf die Art aller Verbindung und Liebe gegen sie zu entlassen, und sich selbst des Vorteils unwürdig zu machen, den Sie vor kurzem mit dem größten Eifer zu erhalten gesucht haben.«

Darauf redet der Fürchterliche Bruder den Ersten Paten an:

»Hat er durch diese niedrige Handlung etwas von dem gemerkt, was wir haben vor ihm verbergen wollen.«

Der Pate antwortet:

»Nein, Fürchterlicher Bruder, ich war so vorsichtig, daß ich das Licht auslosch, da ich merckte, daß er dieser schädlichen Neugierde Raum geben würde, und bevor ich ausging, meinen Bericht abzustatten.«

Der Fürchterliche Bruder sagt dann:

»Ich will also zu dem Hochwürd[igen] Großmeister gehen, ihm alles das anzeigen und vernehmen, was er und die übrigen Brüder in diesem Fall beschließen werden.«

Er geht weg und tut, als wolle er in die Loge gehen, kommt aber nach einigen Minuten zurück und hält die Rede, die sogleich nach diesen Umständen folgt.

Wenn der Suchende keine Neugierde hat spüren lassen, so geht der Erste Pate nach Verlauf einer halben Stunde aus der Dunklen Kammer und nimmt seinen gewöhnlichen Platz in der Loge ein.

Nun befiehlt der Großmeister dem Fürchterlichen Bruder in die Dunkle Kammer zu gehen und Mozart zu holen.

Für den Fall, daß Mozart »Vorwitz zeigte«, redet er ihn folgendermaßen an:

»Mein Herr! Ungeachtet des Vorwitzes, und der Unbedachtsamkeit, die Sie vermercken lassen, da Sie die Bünde von ihren Augen gerückt, wodurch man Ihnen das Sehen verhinderte; so hat dennoch der Großmeister dieser ansehnlichen Loge, unter dem Vorbehalt, daß Sie ins künftige ihr Betragen ändern, zu ihrem Vortheil beschlossen, daß, wenn Sie in der Meinung beharren, als Bruder in diesem ehrwürdigen Orden eingeführet zu werden, und heilig versprechen, sich nach äußerstem Vermögen dahin zu bemühen, den Namen eines würdigen Ritters dieses Ordens und rechtschafenen Maurer Bruders zu verdienen, wodurch Sie auf die verbindlichste und unauflöslichste Art mit unsern Brüdern sollen vereiniget werden, welche Sie nachher mit aller Zuversicht ihre aufrichtigsten und sichersten Freunde nennen können, ich Sie sogleich unter diesen Bedingungen einführen soll. Ich erwarte desfalls, mein Herr! ihre wohlüberlegte und lezte Antwort, die ich als unumstößlich und zuverläßig ansehe. Nun ist für Sie also nichts weiter zu thun, als sich zuzubereiten, die Schwürigkeiten und Ceremonien zu untergehen, denen zu unterwerfen Sie sich selbst gefallen laßen.«

Hat der Suchende keinen Vorwitz geäußert, so läßt der Fürchterliche Bruder die ersten Worte dieser Rede aus, und sagt:

»Mein Herr! Unser Hochwürdiger Großmeister von dieser ansehenlichen Loge hat zu ihrem Vergnügen beschloßen, daß, wenn Sie in der Absicht beständig bleiben, als Bruder in diesen ehrwürdigen Orden eingeführt zu werden...(u.s.w., wie vorher.) Wir wollen also gehen, weil Sie es verlangen.«

Nach diesen Worten nimmt der Fürchterliche Bruder Mozart, der die Binde noch vor den Augen trägt, bei beiden Händen, und führt ihn durch Abwege, bald zur Rechten, bald zur Linken, eine Treppe auf, die andere nieder, so daß er mit verbundenen Augen nicht weiß, wo er ist, bis er sich endlich am Eingang befindet.

Umstände beim Eintritt Mozarts in die Loge

Der Fürchterliche Bruder gibt seine Ankunft durch Husten zu erkennen. Der Großmeister tut mit aller Kraft einen Hammerschlag auf den Altar. Der Wachhabende Bruder klopft ebenso laut an die Tür, und einer der jüngsten Lehrlinge oder der Pate, welcher mit dem Suchenden außen im Zimmer ist, tut auf der äußeren Seite der Tür einen harten Schlag. Nachdem die drei großen Schläge geschehen sind, klopft der Fürchterliche Bruder als Maurer. Der zweite Aufseher übernimmt das Zeichen, indem er auf das Blatt seines Degens schlägt, desgleichen der erste Aufseher und der Großmeister klopft als Maurer auf den Altar:

♪♪♩ [kurz-kurz-lang]

Der zweite Aufseher meldet:

»Man klopfet als Maurer und Lehrling!«

Der erste Aufseher wiederholt:

»Man klopfet als Maurer und Lehrling!«

Der Großmeister antwortet:

»Mein Bruder! Sehen Sie nach, wer da ist.«

Beide Brüder Aufseher sagen diese Worte ebenso zu den Wachhabenden.

Der Wachhabende klopft als Maurer, öffnet die Tür und fragt mit einer »grausenden« Stimme: »Wer ist da?«

Der Fürchterliche Bruder antwortet:

»Es ist ein Suchender, welcher zum Freymaurer begehret aufgenommen zu werden.«

Der Wachhabende schlägt die Türe zu und sagt zu dem Bruder Aufseher:

»Der Fürchterliche Bruder ist da, welcher einen Suchenden bey sich hat, der zum Maurer aufgenommen zu werden begehret.«

Der zweite und der erste Aufseher und der Meister vom Stuhl klopfen als Maurer. Der zweite Aufseher zeigt durch den ersten dem Großmeister an, daß der Fürchterliche Bruder mit dem Suchenden angekommen sei.

Der Großmeister antwortet:

»Ist er dazu würdig? Wer wird Bürge für ihn?«

Der erste Pate sagt sogleich:

»Ich und die Brüder N. N., welche sein zweyter und dritter Pathe sind, verbinden uns für ihn mit unsern Köpfen.«

Dies wird dreimal wiederholt und endlich beauftragt der Großmeister den Wachthabenden Bruder, Mozart nach Namen und Herkunft und seinem Interesse zu befragen. Der Wachthabende öffnet die Tür mit den gewöhnlichen Schlägen, der Fürchterliche Bruder antwortet ebenso, und wenn die Türe geöffnet ist, fragt er Mozart. Der antwortet, der Fürchterliche Bruder schließt die Türe und gibt dem Zweiten Aufseher Bescheid und sagt:

»Er versichert, daß ein aufrichtiger Eifer ihn hieher führe, daß weder Neugierde noch Vorwitz daran einigen Teil habe, und daß er dazu von niemand überredet oder angeleget worden sey.«

Nachdem der Zweite, dann der Erste Aufseher und darauf der Großmeister geklopft haben, wiederholt der Zweite Aufseher dem Ersten die angeführten Worte, und der Großmeister fragt die Brüder in der Loge:

»Meine Brüder, soll er eingelassen werden?«

Alle Brüder und der Großmeister geben ihre Einwilligung vermittels des Halszeichens und »rauschen« mit ihren Schürzen. Dies ist in den Receptions-Logen die wahre Art, als Maurer etwas festzusetzen oder zu einer Sache seine Einwilligung zu geben, und geschieht so: Die Brüder der Loge erheben zugleich mit dem Großmeister ihre Hände zum Logenzeichen, lassen dann beide Hände auf ihre Schürzen fallen und »rauschen« damit heftig.

Seine Bereitung zum Anhaltenden.

Nach dieser allgemeinen Einwilligung wird der Name des »Suchenden«, den Mozart bisher führte, in den eines »Anhaltenden« verändert, und der Hochwürdige Großmeister sagt:

»Bruder Wachthabender! Lassen Sie den Fürchterlichen Bruder mit dem neuen Anhaltenden eintreten.«

Der Wachthabende Bruder klopft, und der Fürchterliche Bruder antwortet, worauf der Wachthabende die Tür öffnet und höflich sagt:

»Fürchterlicher Bruder! Lassen Sie den Anhaltenden hervortreten und führen Sie ihn in die Loge ein.«

Mozart verbeugt sich beim Eintritt tief mit verbundenen Augen.

Der Fürchterliche Bruder führt ihn zwischen beide Aufseher und sagt:

»Gehen Sie, ich überlasse Sie dem unglücklichen Schicksal, welches Sie sooft verdient haben.«

Alle Brüder halten sich nun ganz still und der Fürchterliche Bruder hat etwas in Bereitschaft, womit er Mozart während seiner bevorstehenden Reisen erschrecken kann.

Wenn es ungefähr fünf Minuten in der Loge so still gewesen, als ob niemand da wäre, bricht der Großmeister die heilige Stille durch die gewöhnlichen Schläge auf den Altar, die beide Aufseher nacheinander beantworten.

Dann fragt der Großmeister Gemmingen Mozart mit schwacher Stimme:

»Mein Herr! Wie ist ihr Taufname?«

Mozart antwortet: »Wolfgang«

»Ihr Zuname?« »Mozart.«

»Ihres Vaters Name?« »Leopold.«

»Wie alt sind Sie?« »28 Jahre.«

»An welchem Tag sind Sie geboren?« »Den 27. Jenner.«

»Ihr Geburtsort?« »Salzburg«

»Was für eine Religion haben Sie?« »Die katholische.«

»Was haben Sie für Geschäfte?« Mozart nennt seine Profession. »Sind Sie bisher in einen bekannten oder unbekannten Orden aufgenommen worden?«

Da sich die Frage auf eine Zugehörigkeit zu einem Freimaurerorden bezieht, wird Mozart sie verneint haben.

Gemmingen: »Ist es ein reiner Eifer und Trieb zum Orden, der Sie hieher führt?«

Mozart:»Ja.«

Gemmingen: »Sollte nicht vielleicht nur nichtige Neugierde Sie verführet haben?«

Mozart:»Nein.«

Gemmingen:»Hat jemand sie gelocket und überredet?«

Mozart versichert, daß bloß der Trieb in einen so berühmten Orden zu kommen, ihn dazu gebracht habe. Der Großmeister befiehlt hierauf dem Sekretär, in das Jahrbuch des Ordens aufzuzeichnen, was geschehen ist. Nach dieser Ceremonie, welche geräuschlos abläuft, bleibt der Großmeister einige Zeit ganz still und redet Mozart folgendermaßen an:

»Mein Herr! Ihr ehrlicher Namen und gutes Gerüchte, Ihre bekannte Tugend und männliches Betragen, Ihre auf eine gute Meinung von uns und Vertrauen zu uns gegründete Folgsamkeit in demjenigen, was bereits geschehen, daß weder weibische Neugierde oder kindische Vorstellung von seltsamen Dingen, noch weniger jemandes Ueberredung, sondern vielmehr und allein ein rühmlicher Hang, mit einer durch Tugend, Treue, Freundschaft und Ehre bekannten Gesellschaft näher als gewöhnlich verbunden zu werden, hat Sie hieher gebracht und eine so nahe Gelegenheit gegeben, einen Platz unter uns zu gewinnen. Ich frage Sie diesfals, auf das Wort eines ehrlichen Mannes, ob Sie willig sind, sich uns gänzlich zu überlaßen und nach denen Gesätzen, welchen wir gehorchen, zum Freymaurer gemacht zu werden, oder ob Sie sich bedenken und zurückgehen wollen? Sie haben Freyheit zu tun, was Ihnen gefällt, antworten Sie mir mit einem überlegten Ja oder Nein!«

Mozart antwortet nach einiger Bedenkzeit: »Ja«.

Hierauf redet ihn der Großmeister zum zweiten Mal folgendermaßen an:

»Mein Herr! Wenn Sie als ein ehrlicher und gewissenhafter Mann sollten geglaubt haben oder noch befürchten, daß bey uns etwas vorfiele, welches gegen Gott und die Religion, gegen den Kaiser und die Regierungsform, gegen ehrliche und tugendhafte Menschen, gegen gute und anständige Sitten stritte, so versichere ich Sie hiemit auf mein und der ganzen Loge Ehrenwort, daß es nicht also ist. Antworten Sie mir derowegen nocheinmal und bekräftigen Sie Ihr voriges Ja mit einer gleichen Versicherung.«

Gemmingen läßt Mozart erneut Bedenkzeit und redet ihn zum dritten und letzten Male so an:

»Mein Herr! Gesetze und Amtspflicht verbinden mich, das dritte Einwilligungswort oder Ja von Ihnen zu fordern. Geben Sie es, so geben Sie es laut und fest!«

Mozart gibt zum dritten Mal sein Ja.

Der Großmeister fährt fort: »Mein Herr! Ihr Wille soll also geschehen; aber wissen Sie, daß Mut und Herzhaftigkeit, Vorsichtigkeit und kaltes Blut Gefahren abwenden; derjenige aber, welcher sich fürchtet und bey zerstreüten Gedanken und Sinnen wancket, ist zu beklagen und kann leicht ein Opfer werden.«

Der Anhaltende Mozart wird nun zum Leidenden.

Ceremonien bei der Aufnahme des Leidenden

Hierauf sagt der Großmeister zu allen Brüder in der Loge:

»Geben Sie, meine Brüder, Ihre Einwilligung zur Aufnahme dieses neuen Leidenden?«

Alle Brüder bejahen es, indem sie mit den Schürzen rauschen.

Gemmingen: »Da Sie es billig finden, so wollen wir ihn aufnehmen, um dadurch seinen Entschluß, die Proben der Standhaftigkeit und den großen Trieb, den unser Leidender bißher an den Tag geleget und bewiesen hat, zu belohnen.«

Der Großmeister klopft auf den Altar, der erste und zweite Aufseher auf die Stichblätter ihrer Degen.

Gemmingen: »Bruder anderer Aufseher! Laßen Sie diesen Leidenden als Maurer reisen!«

Der Erste Aufseher wiederholt:

»Bruder anderer Aufseher! Laßen Sie diesen Leidenden als Maurer reisen!«

Der Zweite Aufseher antwortet: »Ich werde dem Geheiße des Großmeisters Folge leisten.«

Hierauf gibt der Zweite Aufseher seinen Hammer an den Ceremonienmeister und geht zu Mozart und sagt zu ihm:

»Mein Herr! Laßen Sie uns gehen. Nun werden wir sehen, ob Sie in Ihrer Standhaftigkeit verharren werden. Nehmen Sie diese Spitze meines Degens und setzen solche auf Ihre linke Brust.«

Erste Reise und Wasserprobe

Mozart nimmt die Degenspitze, setzt sie auf seine Brust und gibt dem Zweiten Aufseher seine rechte Hand. Dieser bittet ihn zu gehen, und führt Mozart an der linken Seite der Loge in einem Kreis herum.

So fängt Mozart seine erste Reise an, indem er von Westen nach Osten geht und aus Süden nach Westen zurückkehrt. Diese Reise verläuft hinter dem Rücken aller Brüder, und der zweite Aufseher sucht Mozart dabei bange zu machen, indem er zu ihm sagt:

»Gehen Sie zur Rechten! Zur Linken! Langsam vorwärts! Nehmen Sie einen großen Schritt! Hüten Sie sich! Bücken Sie sich, tiefer, geschwinder, behutsam!«

An dieser Stelle steht ein Hinweis auf eine »Wasserprobe« am Rande des Manuskripts: »Man kann auch ein Glas Wasser zu Handen haben, um den Leidenden zu bespritzen.«

Wenn Mozart wieder zwischen den beiden Aufsehern angelangt ist, zieht der zweite Aufseher die Spitze seines Degens zurück, und Mozart verneigt sich vor dem Großmeister. Nachdem Mozart sich ein wenig ausgeruht hat, klopft der Zweite Aufseher ihm mit der flachen Hand »nach dem Tempo der Maurerschläge« auf die linke Achsel, der Erste Aufseher gibt die Streiche auf sein Stichblatt, der Großmeister auf den Altar und fragt zugleich durch den Ersten Aufseher: »Wer ist da?«

Der Zweite Aufseher antwortet: »Ein Suchender, der angefangen hat, den Weg der Tugend zu suchen.«

Der Erste Aufseher wiederholt diese Worte, und der Großmeister versetzt dagegen: »Er ist noch nicht auf dem guten Wege, vielmehr ist der Suchende weit davon, laßen Sie ihn wieder umkehren, so werden wir sehen, ob es ihm möglich seyn wird, darauf zu kommen.«

Der Erste Aufseher wiederholt dies und der Zweite antwortet:

»Hochwürdiger Großmeister! Er soll sogleich wieder umkehren!«

Probe im Feuer und zweite Reise

Darauf setzt der Erste Aufseher ihm den Degen wieder auf die Brust und läßt ihn seine zweite Reise als Maurer tun, von Süden nach Osten, von Osten nach Norden und nach Westen. Es beginnt die »Feuerprobe«:

Der Zweite Aufseher fragt den Fürchterlichen Bruder:

»Ist das Eisen heiß?«

Der Fürchterliche Bruder antwortet:

»Gleich!«, zuweilen: »Noch nicht!« oder »Den Augenblick, jezt komme ich, hier ist es!«

Im Ritual heißt es dazu als Anweisung: »Zuweilen wirft der Fürchterliche Bruder Pulver oder feuerfangende Materien, die starck flattern, ins Licht, um den Schrecken des Leidenden dadurch zu vermehren.«

Für diese Feuerprobe wurde in Mozarts Loge eine »blecherne Maschine« benutzt, bei der brennendes Kolophonium versprüht wurde.[2]

Mozart wird nun wieder zwischen die beiden Aufseher gestellt und verbeugt sich vor dem Hochwürdigen Großmeister. Der Zweite Aufseher klopft auf seine entblößte Achsel, der Erste auf seinen Degen, der Großmeister auf den Altar und fragt: »Wer ist da ?«

Der Zweite Aufseher antwortet: »Es ist ein Anhaltender, welcher fortfährt, den Weg der Tugend zu gewinnen«.

Der Erste Aufseher wiederholt dies und der Großmeister sagt:

»Er ist noch nicht auf dem rechten Wege, vielmehr ist der Anhaltende weit davon; doch ist Hoffnung, daß er darauf kommen kann; laßen Sie ihn nochmals umkehren, weil wir den besten Ausgang von dieser Reise erwarten.«

Auf diese Worte, die vom Ersten Aufseher wiederholt werden, antwortet der Zweite Aufseher:

»Ich hoffe es auch, Hochwürdiger Meister.«

Der Zweite Aufseher läßt den Leidenden mit eben den Ceremonien wie zuvor die dritte Reise tun, durch Norden nach Osten, und von da durch Süden nach Westen.

Mozart neigt sich zum dritten Mal vor dem Großmeister. Der Zweite Aufseher klopft ihm auf die bloße Schulter, der Erste auf das Stichblatt seines Degens, der Großmeister auf den Altar und fragt: »Wer ist da ?«

Der Zweite Aufseher antwortet durch den Ersten:

»Es ist ein würdiger Leidender, welcher den Weg der Tugend aufgesuchet hat und fortfährt auf demselben zu wandeln.«

Der Großmeister sagt:

»Nun ist endlich der Leidende auf dem guten Wege, ich wünsche, daß er seine ganze Leidenszeit fortfahren möge, auf demselben Steige zu wandlen, ohne ihn jemals zu verlaßen; denn wird es uns alle herzlich erfreuen und ihn vergnügen, den Vortheil erlangt zu haben, den seine Standhaftigkeit verdienet und gewonnen hat.«

Hierauf fährt Gemmingen an Mozart gewandt fort:

»Mein Herr! Sie sind dem Lichte nahe, seyen Sie sich jezt gleich; treten Sie hervor, um sich mit uns durch einen unverbrüchlichen Eyd in ein unauflösliches Freundschaftsband zu vereinigen; die Ehre leite allemahl ihre Zunge und ein gutes Gewißen glänze in ihrer Brust.«

Gemmingen darauf: »Meine Brüder, verlangen Sie, daß er sich dem Ordens Throne und Altare nähern möge?«

Alle Brüder geben durch Rauschen mit ihren Schürzen ihre Einwilligung.

Gemmingen: »Bruder Erster und Zweyter Aufseher! Führen Sie den Leidenden zum Altar.«

2 VA 71 p.130v.

Die beiden Aufseher bewerkstelligen dies ohne zu antworten folgendermaßen: Sie fassen Mozart jeder unter einem Arm und lassen ihn mit drei großen Schritten vortreten. Der Erste Aufseher läßt ihn die Füße an dem westlichen Ende in einen Winkel setzen und vermittelst eines Schrittes den rechten Fuß unterhalb Süden stellen. Der Zweite Aufseher läßt ihn den linken Fuß durch einen Schritt oberhalb Norden setzen. Der Erste Aufseher stellt den rechten Fuß durch einen Schritt von neuem so, daß er an den östlichen Rand vor dem Kissen, das am Fuße des Altars liegt, zu stehen kommt; der Zweite Aufseher führt mit seinem rechten Fuß den linken Fuß des Leidenden, daß beide Füße wiederum einen Winkel machen, die Fersen dicht aneinander schließen und die Spitzen auswärts sind. In dieser Stellung bleibt Mozart zwischen den beiden Aufsehern stehen, um die Rede anzuhören, welche der Redner Ignaz Matt an ihn hält:

Tugend- und Standhaftigkeitslehren

»Mein Herr! Die Standhaftigkeit, welche Sie bewiesen, die Hinderniße zu überwinden, welche Ihnen unter ihren beschwärlichen Reisen vorgekommen sind, und der Eifer, den sie bezeiget, endlich die Mittel zu finden, die Ihnen den Vortheil verschafen solten, in unserer Gesellschaft eingelaßen zu werden, überzeugen uns, daß Sie die ungerechten Urteile der Unwissenheit gänzlich verachtet haben. Zur Belohnung einer so edlen Standhaftigkeit sollen Sie nun mit uns solche Verbindungen eingehen, die der Tugendhafte nicht aufheben kann, die Sie durch unauflößliche Bande zur allerstärksten und aufrichtigsten Freundschaft mit uns verbindet, und ihnen das Glück erworben, in einen Orden aufgenommen zu werden, worinnen die größten Könige sich aufnehmen zu lassen keine Bedencken gefunden haben. Vor diesem Richter Stuhle der Verschwiegenheit, zu den Füßen der Gerechtigkeit und vor dem großen Baumeister der ganzen Welt ist es, wo Sie jezt geloben werden, die Geheimnisse der Freymaurerey in ihrem Herzen unverbrüchlich verschwiegen zu halten. Vollenden Sie ihre Arbeit mit Nachdencken und sagen Sie die Verbindungen und den Eyd nach, den unser Hochw[ürdiger] Großmeister Sie wird ablegen lassen, und den der Secretaire dieser Ehrwürdigen Versammlung Ihnen vorsagen wird. Erinnern Sie sich, daß der Baumeister der ganzen Welt der Zeuge und Zuhörer ihres Maurer Eydes ist.«

Initiationseid und Ritterschlag

Der Großmeister befiehlt nun den Aufsehern, dem Leidenden sein entblößtes rechtes Knie auf das Kissen zu setzen, welches vor dem Altar liegt und welches mit einem gestickten Winkelmaß bekleidet ist. Der Großmeister fordert sodann Mozarts rechte Hand und legt sie auf die Heilige Schrift, die beim St. Johannis-Evangelium aufgeschlagen liegt, und auf den Degen, der ebenfalls auf dem Buche liegt und dem Großmeister gehört. Gemmingen spricht zu Mozart:

»Mein Herr! Glauben Sie, daß dies Buch, worauf sie ihre Hand halten, die Heilige Schrift und das Evangelium St. Johanniß sey, auf welchen Sie den Eyd, den ich Ihnen sogleich werde vorsagen lassen, abzulegen haben?«

Darauf gibt der Großmeister Mozart den Zirkel in die linke Hand. Mozart setzt die eine Spitze auf seine entblößte linke Brust und legt den Eid ab. Der Sekretär Schwankhardt liest die Eidesformel vor:

»Ich, Wolfgang Mozart, gelobe und schwöre vor dem Allerhöchsten Gott, dem größten Baumeister dieser Welt, vor dem Ehrwürdigen Großmeister dieser Loge und vor allen Rittern des Freymaurer Ordens, die hier gegenwärtig sind, daß ich niemalen die Geheimniße der Freymaurer, oder was ihre Kunst betrifft, und mir heute oder ins künftige kann anvertraut werden, entdecken, auch so wenig selbst, als durch andere die Ursache zu deren Entdeckung abgeben will, weder durch Schreiben, graviren, drucken, oder reden, in welcher Sprache und mit was für Carakteren es auch seyn mag. Ich gelobe und versichere ebenfalls auf das Heilige Evangelium, niemals von der Freymaurerey zu reden oder mich auf Maurerweise zu erkennen zu geben, als den, welchen ich nach richtigen Proben und Zeichen, und einer genauer Untersuchung für einen richtigen Bruder von einer ächten und Gesetzmäßigen Loge erkannt und befunden habe. Im Fall ich aber dieses mein Versprechen im geringsten brechen sollte, so willige ich ein, daß mir mein Haubt abgeschlagen, mein Herz ausgerißen, meine Zunge und Eingeweide ausgewunden, und alles in den Abkrund (sic) des Meers geworfen, mein Körper verbrannt, und seine Asche in die Lüft verstreuet werden möge, damit kein Andenken von mir unter denen Menschen, und Freymaurer Rittern und Brüdern übrig bleiben möge. So wahr mir Gott helfen, und nach seiner Barmherzigkeit gnädig seyn wolle.«

Nachdem Mozart diesen Eid abgelegt hat, berührt Gemmingen Mozarts Haupt und spricht: »Der Herr sey Ihnen hiezu behilflich!«

Darauf läßt er Mozart die rechte Hand zurückziehen, welche er bisher auf der Heiligen Schrift und auf Gemmingens Degen gehalten hat. Sodann nimmt er den Zirkel zurück, welchen Mozart während der Eidesleistung auf seiner linken Brust gehalten hat. Und endlich befiehlt der Großmeister den beiden Aufsehern, Mozart, der bisher auf den Knien gelegen, aufzurichten.

Beide heben ihn auf und führen ihn rücklings vom Altar weg zu der gewöhnlichen Stelle unterhalb der Lehrlingstafel.

Großmeister: »Bruder Aufseher, drücken sie nun Salomons Siegel, das Siegel der Verschwiegenheit auf unsers Leidenden Zunge.«

Dies geschieht mit dem Knopf des Degens, worauf der Großmeister sagt: »Meine Brüder! Erlauben Sie, daß unser Leidender das Licht sehen möge, deßen Schein er, von seiner Geburtsstunde bis zu diesem glücklichen Augenblick zu nutzen gehindert worden ist?«

Alle Brüder ziehen sodann ihre Degen, und Gemmingen nimmt ebenfalls den seinen in die Hand, welcher bisher auf dem Altar gelegen. Sie richten die Spitzen ihrer Degen auf den Magen des Leidenden, welches ohne Geräusch geschieht, und der Erste Aufseher antwortet auf folgende Art:

»Hochwürdiger Großmeister! In Namen aller hier gegenwärtigen Brüder und im Namen aller auf den ganzen Erdboden zerstreuten Brüder wird er des Lichts würdig gefunden; er hat sich dasselbe mit Fleiß und Mühe zu erlangen bestrebet, darum kann ihn dieser Vorteil nicht länger vorenthalten werden.« Darauf befiehlt der Großmeister: »Bruder Aufseher, lassen Sie den Leidenden das Licht sehen!«

Beide Aufseher nehmen nun, ohne zu antworten, die Binde von Mozarts Augen, so daß er plötzlich und auf einmal das Licht sieht. Ein jeder Bruder hält ihm die Spitze des Degens entgegen, ausgenommen der zuletzt Aufgenommene, welcher, sich an einen seiner Paten lehnend, ganz oben im Zimmer zur rechten des Großmeisters steht und über seine linke Brust ein mit Blut beflecktes Tuch hält; sein Hemd und seine Kleidung müssen aufgemacht, und das Halstuch abgenommen sein. Wenn der Großmeister Mozart einige Zeit gegeben hat, nachzudenken und zu beobachten, was sich seinen Blicken darstellt, redet er ihn folgendermaßen an:

»Mein Herr! Alle diese Degen, deren Spitzen Sie besonders gegen sich gerichtet sehen, sind jetz bereitet, Sie in Zukunft, an welchem Ort der Welt Sie sich auch befinden mögen, zu vertheidigen und zu beschützen, so lange Sie sich bemühen werden, die Pflichten und Tugenden der Freymaurer Ritter auszuüben; aber wißen Sie zugleich, daß diese Degen von rächenden Händen gezogen werden, wofern Sie ihren Maurer Eyd und die Verschwiegenheit brechen. Wißen Sie, daß wir und unsere über der Erde zerstreute Brüder, welche jezt ihre aufrichtigste und zärtlichste Freunde sind, alsdenn ihre ärgsten Feinde, Verfolger und Vollstrecker der grausamen Rache seyn werden, welche Sie sich selbst vor dem Großen Baumeister der Welt, vor denen hier gegenwärtigen Brüdern, und vor mir, dem Großmeister dießer Ehrwürdigen Loge, zuerkannt haben. Wir hoffen, daß diese Degen, welche der Vertheidigung unserer Brüder gewidmet sind, niemalen mit dem verächtlichen Blute eines unwürdigen Maurers dürfen besudelt werden, und in dieser Hofnung senken wir sie zum Fußboden des Tempels nieder.«

Nach dieser Rede fällen die Brüder ihre Degenspitzen, und der Großmeister legt seinen Degen auf den Altar und die Heilige Schrift und redet Mozart so an:

»Mein Herr! Da Sie nun so weit gekommen sind, daß es nicht mehr in ihrer Freyheit stehet, uns mit Ehre und Sicherheit zu verlassen, so muß ich Ihnen sagen, daß noch eines übrig seye, welches nothwendig ihrem Herzen und ihrer Denkungs Art eine größere Hochachtung erwerben muß; Versiegeln Sie demnach ihren Eyd mit einem freyen und männlichen Entschluß, ihr Blut mit dem Blute der Brüder zu vermischen, so vollenden und schließen wir so gleich ihre Aufnahme zum Maurer und umarmen sie als Bruder.«

Gemmingen sieht darauf den jüngeren Bruder mit dem blutbefleckten Tuch an und fragt: »Wie ist es mit ihm?«

Er beobachtet Mozart, und falls dessen Augen auf den angeblich verletzten jüngeren Bruder gerichtet sind, muß er antworten:

»Keine Neübegierde und Vorwitz, mein Herr!«

Gleich darauf fragt der Großmeister die Brüder:

»Meine Brüder! Willigen Sie ein, daß der Leidende wieder zum Altar geführet werde?« Wenn dies auf gewöhnliche Maurerart durch Rauschen mit den Schürzen bejaht worden ist, sagt der Großmeister: »Brüder Aufseher! Führen Sie den Leidenden von neüem zum Altar!« Dies geschieht, und die Aufseher lassen Mozart aufs rechte Knie fallen, die rechte Hand auf die Bibel und den Degen des Großmeisters legen, und den Zirkel vom Großmeister annehmen, dessen Spitze so auf Mozarts linke Brust gesetzt wird, daß er in eben die Stellung kommt, wie er beim Eid war. Der Fürchterliche Bruder tritt mit einem Teller hervor, worauf eine »blutgleiche« Flüssigkeit ist, und hält ihn unter Mozarts Hand und den Zirkel.

Darauf befielt der Großmeister dem Paten, der Mozart unterstützt:

»Bruder Pate! Lassen Sie den Bruder Mozart sich niedersetzen, und warten Sie seiner wohl, vielleicht ist er übel verwundet.«

Gemmingen redet dem Leidenden Mozart auf folgende Art zu: »Kein Vorwitz, mein Herr, gleich in diesem Augenblick werden Sie in unseren ehrwürdigen, erlauchten und uralten Orden aufgenommen seyn, woferne die beschwerliche Überwindung der lezten Probe sie dieses Vortheils nicht beraubet.«

Zugleich nimmt Gemmingen in die Rechte den Hammer und unterstützt mit seiner Linken Mozarts Hand, womit er den Zirkel gegen Mozarts Brust hält; er drückt den Zirkel gegen die Brust, als wenn er ihn hineindrücken wollte, und macht sich fertig, auf den Zirkelkopf die gewöhnlichen drei Schläge zu tun, wobei er beim ersten Schlag sagt: »Kraft der Gewalt, die ich habe, und der Würde die ich bekleide!«

Beim zweiten Schlag: »Und vermög des Beyfalls und der Einwilligung der hier versammelten Brüder sowohl, als aller derer, die über den ganzen Erdboden zerstreuet sind!«

Beim dritten Schlag: »Nehme ich Sie auf zum Freymaurer Ritter und Lehrling und Mitglied dieses ehrwürdigen Ordens!«

Danach helfen beide Brüder Aufseher dem nun aufgenommenen Bruder Mozart auf, und Gemmingen sagt: »Brüder Aufseher! Werfen Sie den neuen Bruder vor die Pforten des Tempels!«

Die Aufseher führen Mozart an den Fuß der Lehrlingstafel und lassen ihn die Füße in der Stellung eines Winkels setzen, und alsdann klopft der Großmeister als Maurer, die Aufseher antworten, und Gemmingen befiehlt dem Sekretär: »Zeigen Sie uns aus dem Jahrbuch des Ordens an, was geschehen ist.«

Der Sekretär Schwankhardt liest: »Im Jahre 5784, 14. Dezember, wurde zur Aufnahme vorgeschlagen der Fremde Suchende Wolfgang Mozart, Leopolds Sohn, alt 28 Jahr, gebohren den 27. Jenner, seiner Religion katholisch, bürgerlicher Herkunft, jetzt Maurer, seines Amts Capellmeister, bißher in keinen bekannten Orden aufgenommen und aus aufrichtigem Trieb, in diesen von uralten Zeiten geehrten Freimaurer-Ritter-Orden aufgenommen zu werden, ohne daß er dazu von einer Neubegierde getrieben, viel weniger von jemanden dazu gelocket, gereizet oder veranlaßet worden, deßfalls er auch denen Statuten dieses ehrwürdigen Ordens gemäß, [zuvor] vermittelst Ballotirung gewählet, und in dieser Johannis Loge genannt *Zur Wohlthätigkeit* eingeführet und der Großmeister setzt hinzu: »...als Freymaurer Ritter Lehrling und Bruder aufgenommen worden ist.«

Darauf klopft der Großmeister als Maurer und sagt: »Meine Brüder! Stecken Sie ihre Degen ein.« Es geschieht. Darauf befiehlt der Großmeister, Mozart in das Ankleidezimmer zu führen und ihn sich ankleiden zu lassen, wo man ihm alles zurückgibt, was ihm in der Dunklen Kammer abgenommen worden ist: Hut, Degen und Gehänge usw..

Bekleidung Mozarts als Lehrling

Ist Mozart angekleidet, wird er von seinem Paten wieder ins Logenzimmer geführt und abermals zwischen die beiden Aufseher gestellt. Der zweite Aufseher klopft als Maurer, darauf der erste und alsdann der Großmeister auf den Altar. Der zweite Aufseher zeigt an, daß der Pate und der Vorstellende den neu Aufgenommenen zurückgebracht haben. Der erste Aufseher wiederholt dies und der Großmeister antwortet: »Bruder Zeremonienmeister, führen Sie den Angenommenen zum Altar, damit er die Tracht des Ordens und der Lehrlinge überkommen möge!«

Hierauf tritt der Zeremonienmeister mit dem neuen Bruder zum Altar, und Mozart empfängt vom Großmeister das Schurzfell, mit folgenden Worten: »Mein Bruder! Hier gebe ich Ihnen das Schurzfell des Ordens, welches sowohl in Ansehung seiner Weiße, als seiner Dauerhaftigkeit und Bestand, da es von Leder gemacht ist, Sie an die Aufrichtigkeit, an die Beständigkeit, und an das reine Herz ihrer ehrwürdigen Brüderschaft erinnern muß. Und um diese Eigenschaften werden auch sie sich dergestalt befleißigen, daß man allemal einen aufrichtigen Eifer und Standhaftigkeit, darinnen fortzufahren an Ihnen verspüren und bemerken kann! Ich wünsche, daß Sie diese Schürze als ein würdiger Bruder tragen, und nie mit eigener Untugend, Laster oder Schwachheit beflecken mögen.«

Darauf überreicht Gemmingen dem neu aufgenommenen Bruder Mozart Handschuhe und sagt: »Sehen Sie, mein Bruder, das erste Paar Mannshandschuhe, welches Sie beständig aufheben müßen. Diese Weißen Handschuhe sollen Ihnen zum Zeichen ihrer Aufnahme dienen, und wenn ihre Meister es einmal nöthig finden, ihre Bedeutung zu erklären, so werden Sie davon weiteren Unterricht erhalten.«

Beim zweiten Paar Handschuhe: »Mein Bruder! Hier ist das zweyte Paar, das Sie allezeit tragen müssen, wenn sie mit den Brüdern in der Loge sind.«

Wenn Gemmingen Mozart die weißen Frauenhandschuhe gibt, sagt er: »Diese weißen Frauenzimmer Handschuhe sind Ihnen bestimmt, um sie dem Frauenzimmer zu geben, für welche Sie die größte Achtung hegen. Durch dies Geschenk versichern Sie derjenigen ihres reinen Herzens, die sie zu ihrer gesetzmäßigen Maurerin erwählt haben. Allein lassen Sie solche nie von unreinen Händen tragen, oder Hurenarme bekleiden.«

Dann überreicht Gemmingen Mozart eine silberne Maurerkelle mit den Worten: »Endlich, mein Bruder, gebe ich Ihnen die Maurer Kelle, die wir nicht poliren lassen, um Sie zu erinnern, wie fleißig Sie dieselbe brauchen sollen. Diese Kelle hat wegen ihrer Nothwendigkeit und Unentbehrlichkeit ihren Werth, deshalb haben wir sie an diesen ledernen Riemen befestiget, damit sie zur Vollbringung der angelegenen und höchst nothwendigen Arbeiten, die man Ihnen hie auftragen könnte, desto beßer möge aufbewahret werden. Sie können gleichnißweise eine sehr nöthige und nüzliche Arbeit mit diesem Schatze vollenden, wenn Sie sich bemühen, das menschliche Herz gegen die Anfälle von Laster zu vermauern und zu verkitten, welche Arbeit vielleicht hinlänglich ist, einen rechtschaffenen Maurer täglich zu beschäftigen.«

Darauf fordert der Großmeister den Zeremonienmeister Wirth auf: »Bruder Zeremonienmeister! Kleiden Sie den neuen Bruder Mozart als Maurer und weisen ihm seine Stelle an.«

Mozart legt nun die Schürze an, sie ist von weißem Leder ohne Futter, Einfassung oder anderen Schmuck. Das Band, womit sie befestigt wird, ist ebenfalls aus weißem Leder und oben in der Spitze der Schürze ist ein dreieckiges Loch, um sie an einem Knopf der Weste zu befestigen. Ein Paar weiße Frauenhandschuhe hängen an der rechten Seite der Schürze, ein Paar weiße Männerhandschuhe hat Mozart an den Händen und trägt eine silberne Maurerkelle, die nicht poliert ist, an einem weißen Lederriemen, der im dritten Knopfloch seines Kleides hängt. Hierauf weist der Zeremonienmeister Mozart seinen Platz in der Loge an.

Introductionsrede des Sprechers

Der Großmeister: »Bruder Zeremonienmeister, bringen Sie den neu angenommenen Bruder Mozart an die Stelle, wo er den Unterricht von den Geheimnißen des Orden anhören soll.«

Der Großmeister wendet sich darauf an den Redner Ignaz Matt: »Bruder Redner, jezt ist es Ihre Pflicht, dem neuen Bruder die Geheimnisse zu entdecken, welche bei seiner Aufnahme vorgefallen sind, und die die auf der Tafel vorkommende Figuren andeuten.«

Alle Brüder schweigen und hören die Erklärung des Sprechers und seine Rede aufmerksam an.

»Mein Bruder! Sie sind nun in unsere ehrwürdige Freymaurer Gesellschaft aufgenommen, jetzt muß man Ihnen die Ursachen der dabey gebrauchten Ceremonien erklären, und warum man Sie auf so mancherley und besondere Art geführet und behandelt hat. Wir haben verschiedene Fragen an Sie gethan, um ihren Tauf-, väterlichen Namen und Zunamen; um ihre Geburt, Alter, Lehre, Religion und Herkunft; um ihren Geburtsort, Geschäfte und Amt und ob Sie mit einem öffentlichen oder geheimen Orden versehen wären. Alle diese Fragen sind bloß aus der Ursache geschehen, um zu zeigen, daß Herkunft und Vorzüge des Glücks nie Beweggründe sind, das Bürgerrecht bey uns zu gewinnen. Wir bauen nicht auf so schwache Säulen: ein aufrichtiger Trieb bey uns aufgenommen zu werden, und eine edle Seele sind die einzigen Vorzüge, die wir schätzen. Der Hirtenstab und Bauerkittel haben bey uns gleichen Wert mit dem königlichen Schmuck und Purpurmantel; wir setzen in unserer Loge alle Tittel, Würden und ererbte Namen zurück, an deren Stelle nehmen wir den reizenden Bruder Namen an, welchen unser weiser Baumeister allen Menschen beylegte, weil sie alle der gegenseitigen Hülfe, Stärcke, Liebe und Vertrauen bedürfen. Gleichheit schüzet unser starkes und unzertrennliches Freundschafts Band und hilft uns den Hochmuth entfliehen, der die Mauern niederreißet, welche eine zärtliche Liebe und Freundschaft erbauet haben. Das Abrathen, die vielen Gefahren, welche man ihnen vorstellte, die vielen Schwürigkeiten, welche man Sie zu überlegen gebeten, zeugen, daß kein Gewinnst uns verleitet, und daß wir unseren ehrwürdigen Orden nicht mit vielen, sondern vielmehr mit würdigen Mitgliedern zu vermehren suchen. Wir wollen niemand anlocken, reitzen, oder überreden, bey uns den Eintritt zu suchen, darum haben wir Ihnen sooft die Erlaubniß gegeben, ihren Vorsatz zu ändern und ihren Entschluß aufzuheben.

Mit der Ablegung und Zurücklaßung aller Metalle haben wir Sie an den Stand der Unschuld erinnern wollen, da man ihrer nicht bedurfte, zugleich haben wir Ihnen dadurch die Warnung geben wollen ihr Glück nicht auf einen vergänglichen und zerstörbaren Schatz zu bauen.

Die Abkleidung bezeichnet: daß wir eine leere Seele in einem geschmückten Körper und einen entehrten Körper mit einer stolzen Seele gleich gering achten; dabey haben wir anzeigen wollen, daß wir allemal, gekleidet oder ungekleidet, zum Dienst unserer Brüder bereit sind.

Gleichfalls zeiget der niedergedrückte Schuh an ihrem lincken Fuß, daß wir zum Dienst der Unglücklichen und besonders unserer Brüder gerne die Zeit aufopfern, die wir zu unserer nötigen Ruhe und den süßen Schlaf anwenden müßen.

Das entblößte rechte Knie erinnert uns unserer unverbrüchlichen Ehrfurcht gegen den Baumeister aller Welten.

Das Entblößen der lincken Schulter und Brust geschah, damit man von ihrem Geschlechte möchte versichert seyn; denn ob wir das schöne Geschlecht gleich hoch schätzen, so laßen wir es doch bey uns nicht zu, damit dessen Reitze unsere Brüder an der Arbeit und Beobachtung der Ordnung nicht verhindern mögen.

Das Wegtragen der Kleider erinnert Sie an den Zustand, in welchem Sie zur Welt gekommen sind, und daß Sie alle Schwachheiten ausziehen sollen.

Des Fürchterlichen Bruders Weggehen, die Warnung vor Vorwitz, des Pathen Zurückbleiben, und die Zurücklassung des Lichts sind Umstände, die bloß dienen sollen, zu prüfen, ob Sie die Standhaftigkeit haben, die von einem Freien Maurer gefordert wird.

Das Hin und Fortführen des Suchenden, bevor er in die Loge kommt, bildet die viele Hinderniße ab, welche die Vermeidung der Laster und die Ausübung der Tugend mit sich führet. Die drey harten Schläge bedeuten das eifrige Bemühen, daß Ihnen die Tür zu unserer Gesellschaft und zur Theilnehmung an unserer aufrichtigsten Freundschaft öffnet.

Das Rauschen mit unseren Schürzen zeiget, daß wir allezeit zur Ausübung unserer Pflichten bereit sind. Die Stille in unseren Logen beweiset, wie heilig wir unseren Gesätzen gehorchen.

Die dreymalige Warnung, welche der Großmeister von neuem an Sie ergehen ließ, macht es ungezweifelt, daß wir allen Suchenden einen freyen und ungezwungenen Willen lassen, zurückzugehen, und daß wir unsre Tugendregeln keinem

Unwürdigen aufdrängen wollen. Den Namen eines Suchenden gab man Ihnen in Ansehung ihres gefaßten Entschlußes, den Eintritt bey uns zu gewinnen; den Namen eines Anhaltenden erhielten Sie, weil ihre Beständigkeit unsre Aufmerksamkeit verdiente; den Namen eines Leidenden bekamen Sie in Ansehung der Beschwerlichkeiten, deren Überwindung Sie jetzt zu unserem Mitgliede gemacht hat. Die drei Reisen als Maurer, ihre Verschiedenheit und das Zurückgehen erinnern Sie, daß der Weg der Tugend schwer zu finden ist. Mein Bruder! eine nicht zu ermüdende Standhaftigkeit ist Ihnen nothwendig, weichen Sie nie von einem so ruhmvollen Wege ab.

Die Spitze des Degens wurde Ihnen auf die lincke Brust gesetzet. Erinnern Sie sich einen ehrlichen Tod höher zu schätzen als ein lasterhaftes Leben. Ihre Standhaftigkeit bey der Härte, womit man Sie geschrecket, hat uns überzeüget, daß weder Plagen noch Drohungen Sie zwingen sollen, die Geheimniße zu entdecken, welche ihre aufrichtigen Freunde und Freymaurer Brüder Ihnen anvertrauen.

Das Stellen der Füße im Winckel, welches Ihnen dreymal anbefohlen war, soll Sie erinnern, im höchsten Grade ihre Handlungen nach den Gesätzen des Höchsten Baumeisters, des Landes und der Freymaurer Brüder einzurichten, und sich der Ordnung, Billigkeit und Aufrichtigkeit zu befleißigen.

Dadurch, daß Sie auf das Knie fielen und die Hand auf die Bibel legten, bezeugten Sie ihre Ehrforcht gegen den Höchsten Baumeister, als den allgegenwärtigen Zeugen und Anhörer ihres Maurer Eydes.

Sie legten ihre Hand auf des Großmeisters Degen und bezeugten dadurch ihre Anerkennung dieses ehrwürdigen Richter Stuhls unseres ehrwürdigen Ordens, dessen Gesetzen Sie sich unterworfen haben.

Daß die Bibel beim Evangelio St. Joannis geöffnet lag, geschiehet zur Erinnerung der glücklichen Zeit, da wir uns vor mehr als sechshundert Jahren mit den Malteser-Rittern vereinigten und unsere Vorfahren Johannes den Täufer zum Beschützer dieser beiden Orden erwählten.

Das Setzen des Zirkels auf die Brust erinnert uns, daß nie eine falsche Brust die Verbindungen brechen soll, welche der Mund angelobet, und die wir unseren Brüdern schuldig sind.

Drey Schläge mit dem Hammer auf den Zirkel sind die gewöhnlichen Schläge, deren man sich bedienet, einen Freymaurer Ritter zu schlagen; sie bezeichnen, daß Stärke, Weisheit und Schönheit die drei Grundpfeiler des Freimaurer Ordens sind.[3]

Die blutige Leinwand, welche der zuletzt Angenommene über seine Brust hielt, zeiget, daß er bereitwillig ist, sich den größten Gefahren zum Besten des Ordens und der Brüder zu unterziehen.

Der mit Blut angefüllte Teller war die letzte Probe ihrer Standhaftigkeit: Seyn Sie bereit, ihr Blut und Leben zur Vertheidigung des Ordens, der Verschwiegenheit und

3 Vgl. dazu die Kongruenz der Schlußsentenz im II. Finale der Zauberflöte:
Es siegte die Stärke und krönte zum Lohn
die Schönheit und Weisheit mit ewiger Kron'.

der Sicherheit ihrer Brüder zu wagen. Des Großmeisters Befehl, für den Verwundeten Sorge zu tragen, versichert Sie von der Vorsorge, die wir und alle ächte Freymaurer Brüder für Sie hegen.

Sie sind in dem Jahrbuch des Ordens aufgezeichnet, damit weder wir, noch unsere nachkommenden Brüder die zärtliche Freundschaft vergessen mögen, die wir Ihnen schuldig sind.

Daß in unserer Loge alles durch drey verschiedene Malen wiederholet wird, geschieht Ihnen, unsers Hochwürdigen Großmeisters, seiner sechs Officianten und kurz aller Ritter, Brüder und Mitglieder dieser ehrwürdigen Loge uneingeschränktes Verlangen und Vergnügen zu bezeigen, Sie zu unterrichten und Ihnen zuhülfe zu kommen, wenn Sie es bedürfen, welches vornehmlich der erste vorstellende Pate als seine vornehmste Schuldigkeit und eigentliches Geschäfte ansiehet.«

Lehrlingstafel

Es folgt die Erklärung der auf dem Boden liegenden Lehrlingstafel, auf der die beiden Aufseher mit ihren Degen die angesprochenen Sinnbilder zeigen.

»Mein Bruder! Betrachten Sie nun auch diese Lehrlingstafel und bereiten Sie die Erklärung der allegorischen Figuren, die Sie darauf vorgestellet sehen.

Der Rahm[en], welcher alle diese geheimen Figuren einschließet, umschränckt unsere Geheimniße auf einer einzigen Stelle. Der große Baumeister der Welt bestimmte uns nicht zu einer eingeschloßenen und verstreuten Gesellschaft, nachdem aber Gewalt, Arglist und Boßheit überhand nahmen, ward Offenherzigkeit ein Fehler, Verschwiegenheit eine Tugend, und Vereinigung gegen die Übermacht eine Notwendigkeit, welches wir mit diesem geschloßenen Rahmen anzeigen wollen. Die vier auf der Tafel ausgesetzte Himmels Gegenden bedeuten unsre in allen vier Welttheilen zerstreuten Brüder.

Der Franßen und der mosaische Fußboden sind Bilder aus Salomons Tempel, in demselben war ein kostbarer Franßen, welcher dazu diente, den Vorhang vor das Allerheiligste zu ziehen. Auch war daselbst ein schöner mosaischer Fußboden. Ein wohlgeordneter Verstand und reine Grundsätze zieren ebenfalls den lebenden Tempel, den Menschen und die allerheiligste Stelle, die da ist, das menschliche Herz.

Der flammende Stern kann seine Beziehung auf das heilige Feuer haben, das beständig in Salomons Tempel brannte. Das Licht der Vernunft müße gleichfalls beständig alle ihre Handlungen erleuchten.

Die Sonne und der Mond müßen Sie erinnern, sowohl tags als nachts auf ihre Handlungen aufmerksam zu sein und sich die Hülfe desjenigen zu erbitten, der Sonn und Mond zu Gibeon stehen ließ, als Josua seine Feinde verfolgte.

Das Winkelmaaß, die Wasserwaage, das Senkblei und der Zirkel sind einem Baumeister unentbehrliche Werckzeuge. Erinnern Sie sich, daß ein vollkommener Oberbaumeister mit seinem weit ausgestreckten Zirckel ihre Arbeit untersuchet und abmißet. Messen Sie gleichfalls selbst ihre Handlungen mit dem Zirckel der Vernunft ab, richten Sie ihre Schritte nach dem Lineal und Winckel des Gewissens ein, legen Sie den Grund nach der Waßerwaage der Erfahrung und führen Sie ihr Gebäude nach dem Senkbley des Schönen auf. Darum dienen diese Werckzeuge zu Ehrenzeichen; das erste dem Großmeister, die folgenden den beiden Brüder Aufsehern, und der Zirckel allen Brüdern insgemein zu einem nachdenklichen Sinnbilde.

Der Hammer ist in den Händen des Großmeisters das Werckzeüg, welches mit ganz geringer Mühe die ganze Versammlung zur Stille und Aufmerksamkeit ermuntert.

Die Maurerkelle erinnert alle Maurer, die Risse und Öffnungen des Herzens mit aller Sorgfalt zu bewerfen und zu vermauern, welche Hochmut, Zorn, Verzweiflung, Schwachheit und Laster gemacht haben, des Nächsten und ihrer Brüder Fehler dergestalt zu vermauern, und das Herz so gut, so tugendhaft und so ausgeschmückt zu machen, daß ein Bruder nicht furchtsam sein darf, dem anderen sein Herz ganz sehen zu laßen.

Der Rauhe Stein kann gesäubert, behauen, zubereitet und geebnet werden. Tun Sie ein gleiches mit ihren Neigungen; und zur Erinnerung dieser Schuldigkeit bleibt dieser rauhe Stein ihr und aller Lehrlinge Augenmerck.

Der Kubische Stein ist nach dem Winckel formiret und geebnet. Er dienet unsern Gesellen, die ihr Werckzeüge darauf schleifen.

Das Reißbrett, das Sie hier sehen, gehört unsern Meistern, auf welchen sie ihre Entwürfe machen; denn kein geschickter Baumeister fänget seine Arbeit an, bevor er eine richtige Zeichnung gemacht und einen vernünfigen Plan entworfen hat.

Der Pfeiler, den Sie hier sehen, ist derjenige, bei dem die Lehrlinge ihren Lohn empfangen. Daß Wort Jakin, dessen erster Buchstabe /J/ auf demselben stehet, ist das Lehrlingswort, und der Pfeiler ist eine Abbildung des linken Pfeilers in Salomons Tempel.

Dies sind, mein Bruder, die Kenntnisse eines Freymaurer-Ritters und Lehrlings; befleißigen Sie sich nun auch der Eigenschaften eines Freymaurer-Ritters und Lehrlings; der Arbeitsamkeit, des Eifers, der Freymüthigkeit und einer unwandelbaren Ehrlichkeit, der Freundschaft gegen ihre Brüder und eines Verlangens nach größeren Kenntnissen.

Insonderheit aber und zu allererst sind die größte Verehrung und Liebe gegen den Urheber aller Gebäude, Treue gegen den Kaiser und Hochachtung für unsern uralten Orden, Verschwiegenheit und ungekränkte Beobachtung alles desjenigen, was Sie auf Maurer-Verpflichtung angelobet haben, die vornehmsten Obliegenheiten und diejenigen Eigenschaften, welche der Grund zu ihrer weiteren Beförderung werden sollen.

Dies ist es alles, was mir obgelegen hat, Ihnen vorzustellen und zu erklären. Mir ist nun übrig, Ihnen als der Gesellschaft Sprecher von ihretwegen Glück zu wünschen und mich mit ihr über Ihre Aufnahme in unsern Orden zu erfreuen.«

Nachdem der Redner Matt den neuaufgenommenen Mozart unterrichtet hat, verbeugt er sich vor dem Großmeister Otto von Gemmingen und vor den anwesenden Brüdern und nimmt seinen Platz wieder ein.

Instructionen

Darauf klopft Großmeister Gemmingen als Maurer auf den Altar und sagt zu Schwankhardt:

»Bruder Sekretär, lesen Sie den Unterricht ab, der unserm neuen Bruder noch nötig seyn möchte, bevor er von der unter den Freimaurern gewöhnlichen Erklärungs Art belehret wird.«

Schwankhardt liest:

»Die Freymaurer haben so viele allgemeine Erkennungsszeichen, daß sie fast unzählig sind. Es ist nicht schwer sie zu lernen, wenn man nur erst ein wenig dazu gewöhnt ist, weil sie ganz leicht sind und durch Winkel, waßergleiche und senckrechte Linien vorgestellet werden. Außer diesen Zeichen haben sie eine Art mit drey Schlägen zu klopfen angenommen, womit sie drey Grundursachen bezeichnen wollen, welche den Verstand erleuchten, einschränken und unterhalten, und ihm dazu verhelfen, die Einrichtung des Freimaurerordens zu ergründen, zu begreifen und zu vertheidigen. Diese Grundursachen sind Natur, Religion und Stärke, die ein Freymaurer tapfer und mit Kaltsinnigkeit anwenden muß, welches auch durch die beiden ersten geschwinden Schläge und des letzten nachdrücklichen Klopfen unter den Freymaurern überhaupt bezeichnet wird.

Die übrigen Geheimniße betreffen die Lehrlinge insonderheit und bestehen in der Art als Lehrling zu klopfen, welches auf eben die Art geschieht als bey den Maurern, nemlich die beiden ersten Schläge kurtz hintereinander und den letzten etwas langsamer, oder später und härter, zur Erinnerung der drey Strafen, welche Gott dem David vorschrieb, um seine Sünde zu büßen, da er sich vorsetzte, sein Volk zählen zu laßen. Diese Strafen waren entweder dreijährige Hungersnot, oder dreimonatige Flucht vor den Feinden oder dreitägiges Wüten der Pest (1.Chron. XXI,2.). Von welchen David die letztere, obgleich schwerste erwählte, weil er lieber in seines allweisen Baumeisters als in unbarmherziger Menschen Hände fallen wollte.

Außer diesen Zeichen haben die Lehrlinge das Halszeichen, welches gemacht wird, indem man die rechte Hand gegen den Hals setzet, den Daumen und Vorderfinger im Winkel gestellet, sie von da gegen die rechte Schulter ziehet und so dann an der rechten Seiten senkrecht niedersinken läßt. Dies Zeichen wird gemacht, um zu erkennen zu geben, daß man sich lieber den Kopf wolle abhauen lassen, als das geringste Geheimnis des Ordens zu offenbaren.

Die Berührung geschieht, wenn zwey Brüder einander die Hand geben und das oberste Glied des vordersten Fingerß an der rechten Hand mit dem Daumen drücken, zur Versicherung der gegenseitigen Freundschaft und des Vertrauens der Brüder und Ritter, welches ewig von Glied zu Glied dauern soll. Ihr Wort oder Loßung ist ┌ ┘·┘┌ ·┘ [= JAKIN], die Art es abzugeben wird Ihnen nachher beschrieben werden. Unser Grad hat es zur Erinnerung des lincken Pfeilers bekommen, welcher in dem Vorhause des Salomonischen Tempels stand und mit dem Buchstaben ┌ [=J] bezeichnet, weil er diesen Namen führte, und die Lehrlinge verpflichtet waren, sich alle Feiertage bei demselben zu versammeln, um ihren Tageslohn zu empfangen, nachdem sie ihre Arbeit geschloßen hatten.

Uiberdem haben die Lehrlinge ein Wort oder Losung, wodurch sie sich den Eingang in die Loge versichern und es jedesmal, wenn sie das Licht sehen, oder die Loge bedecken wollen, an den wachthabenden Bruder bei der inneren Türe abgeben. Diese Losung haben sie zur Erinnerung des  [= TUBALKAIN], der der erste Künstler in allen Eisenarbeiten war, und der erste, welcher die Werckzeüge zubereitete, die Steine damit zu behauen und sie zu Gebäuden schicklich zu machen. Außer dieser Losung ist es üblich, daß die Freimaurer-Logen sich eine besondere »Extra-Losung« wählen, wodurch sie wissen, ob einer Mitglied der Loge oder ein besuchender Bruder ist.«

Während der Sekretär dies abliest, machen die beiden Aufseher all diese Zeichen vor, und sobald das Ablesen beendet ist, nimmt der erste Aufseher Mozart, um ihn in all diesen Zeichen zu unterrichten. Darauf geht der Großmeister mit den beiden Aufsehern den »Catechismus« durch, indem die Lehren der mündlichen Unterweisung formelhaft in Frage und Antwort repetiert werden.[4]

Nun trägt der Großmeister dem Almosenier auf, von den Brüdern ein Almosen einzusammeln, und schließt die Aufnahmeloge. Alle gehen darauf zusammen mit Mozart in das »Mahlzeitzimmer«, um das Brudermahl einzunehmen.

Dies ist detailgenau der Vorgang der Aufnahme Mozarts in den Freimaurer-Orden. Sämtliche wörtliche Reden entsprechen buchstabengetreu dem Original.[5]

Nach seiner Aufnahme als Freimaurer am 14. Dezember 1784 ist Mozart zehn Tage später, am Heiligabend, wiederum Gast bei einer Lehrlingsaufnahme. An diesem 24. Dezember 1784 waren 22 Brüder und 21 Besucher in Borns Loge »Zur wahren Eintracht« versammelt. Als 13. Gast trug sich Mozart in die Anwesenheitsliste ein. Im Protokoll ist vermerkt: Anton Graf von Apponyi wurde in den Lehrlingsgrad aufgenommen. So erlebte Mozart zehn Tage nach seiner eigenen Aufnahme die gesamte Liturgie der Initiation ein zweites Mal.

4 VA 65 p.93.

5 Die in diesem Ritual verwandte Freimaurerische Geheimschrift hat folgenden Schlüssel:

ak·t:	bl·u:	cm·w:
dn·x:	eo·y:	fp·z:
g q·	h r·	i s·

Die einzelnen Buchstabenzeichen werden so dargestellt.

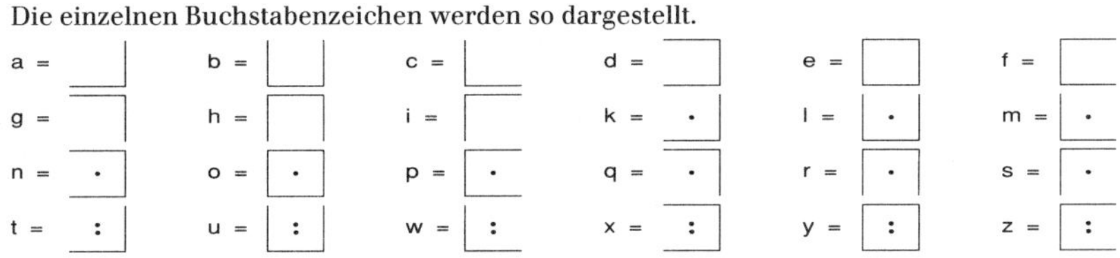

Diese regelmäßige Quadratschrift (engl. Pig-pen) wurde mit einigen Varianten allgemein in den Logen verwandt. Sie ist kryptographisch relativ wertlos und diente rituellen Zwecken, wie die Beispiele im Text zeigen. Analog liest sich der verschlüsselte Text auf Seite 12.

2.5 Haydn bleibt Lehrling

Unterstützung für sein Aufnahmegesuch erbittet Joseph Haydn vom K.K. Hofsekretär Franz von Weber, Ceremonienmeister der Loge »Zur wahren Eintracht«, mit folgenden Zeilen:

»Wohlgebohrner
HochzuverEhrender Herr Hoff Secretaire
Die vortheilhafte Begriffe, die ich von der Freymaurery habe, haben schon längst in mir den aufrichtigsten Wunsch erwecket, in dieser seiner menschenfreundlichen und weisen Grundsätze wegen beruffenen Orden aufgenommen zu werden. Ich wende mich mit diesem Verlangen an Sie mein Herr, mit dem angelegentlichsten Anersuchen, mir zur Gewährung meiner vorangedeuteten bitte, bey der Ordens Loge, dessen (sic) würdiges Mitglied Sie sind, durch Ihre gütige Verwendung verhülfflich seyn zu wollen. Ich habe die Ehre mit unausgesezter Hochachtung zu seyn
Wien den 29ten Christmonath /1784

Ihr ergebenster diener
Josephus Haydn
fürst: Esterhazischer
CapellMeister[1]

Wien, 10. Januar 1785
»Ist beschlossen worden, die Suchenden Joseph Haydn Fürstl. Esterhazischer Kapellmeister den /Logen/ nebst den Suchenden Baron Hallberg aus Brüssel anzumelden.«[2]

Wien, 14. Januar 1785
Mozart trägt die Vollendung des C-dur-Streichquartetts in sein Werk-Verzeichnis ein und ist abends unter den besuchenden Brüdern der Loge »Zur wahren Eintracht«. Am folgenden Tag ist Joseph Haydn bei ihm zu Gast. Mozart präsentiert ihm die sechs Quartette, die er ihm später widmet.

1 VA 68 f.196.
2 VA 89 f.187.

Wien, 24. Januar 1785

Das Protokoll der Loge »Zur wahren Eintracht« vermerkt u.a.:

»[Darauf] wurden die Suchenden B. Hallberg und Joseph Haydn helleuchtend ballotirt und nach gebührender Felicitation der 28.1. zu deren Aufnahme festgesetzt.«[3]

Damit war Haydns Aufnahme von der überwiegenden Mehrheit der Brüder befürwortet. Haydn sollte am 28. Januar 1785 in die Loge »Zur wahren Eintracht« aufgenommen werden. Mozart erschien zu dieser Logenarbeit, um den Duzfreund mit seiner Anwesenheit zu überraschen. Denn den Augenblick, in dem Haydn als Lehrling die Binde von den Augen genommen und er unter den gezogenen Klingen aller Brüder auch den Degen des Freundes Mozart auf sich gerichtet sehen würde, diesen lichtvollen Augenblick im liturgischen Spiel der Aufnahmezeremonie wollte Mozart gewiß nicht verpassen.[4]

Aber eine solche Freude wurde Mozart an diesem Abend nicht zuteil, »da der Profane Haydn zu kommen verhindert wurde«.[5] Gründe für die Panne nennt Haydn in einem Brief, den er am 2. Februar 1785 Anton Graf von Apponyi sandte:[6]

»Hoch, und Wohl gebohrner Herr Graf

Gnädigster Herr!

Eben gestern erhielte ich ein schreiben von meinem künftigen Pathen Herrn v. Webern, daß man mich verflossenen Freitag /=28. Jan./ mit sehnsucht erwartete, um meinen aufnahm, welchen ich mit schmerzen entgegen sehe, zu befördern, da ich aber durch nachlässigkeit unserer Husären das Einladungsschreiben nicht zu gehöriger zeit erhalten habe, so hat man diese unternehmung bis künftigen freytag verschoben. O wäre heute schon dieser freytag? um das unschäzbahre glück zu geniessen unter einen Zirckel so würdiger Männer zu seyn./.../

Gegen Euer Hochgräfl. Gnaden aber bin ich mit Vorzüglichster Hochachtung, und Submission nebst meinen unterthänigsten Handkuß an die So schöne, gnädigste Frau gräfin ein

unterthänigster Diener

Estoras,den 2tn Febr. 1785 Joseph Haydn mppria«[7]

Laut Protokoll der »Wahren Eintracht« vom 7. 2. 1785 »ist der Suchende Joseph Haydn von der Bezahlung der Taxen dispensirt worden, dessen Aufnahme auf den 11. 2. festgesezt wurde.«[8]

3 VA 89 f.195.

4 Vgl. Ph. A. Autexier: Mozart & Liszt sub Rosa. Poitiers 1984 S.13.

5 VA 89 f.196.

6 Joseph Haydn, Gesammelte Briefe und Aufzeichnungen. Hrg. v. D.Bartha, 1965 S.144.

7 Ebda..

8 VA 89 f.199.

Wien, 11. Februar 1785

Haydn erscheint in der Loge »Zur wahren Eintracht«. Er wird nach demselben Ritual wie Mozart aufgenommen. Als Fürchterlicher Bruder fungiert der schwarze Afrikaner Angelo Soliman. Der Meister vom Stuhl, Ignaz von Born, war an diesem Abend nicht zugegen, wie im Protokoll ausdrücklich vermerkt wird.[9] Mozart konnte ebenfalls nicht kommen. Bruder Holzmeister richtete bei dieser Gelegenheit folgende Worte an den neuaufgenommenen Lehrling Haydn:

»...Der schöne Zweck der Musik ist rühren und vergnügen. Man versammle alle herrlichen Instrumente der Tonkunst, man führe die angenehmste, die gesangvollste Melodie aus.- Wenn nicht jedes Instrument ausser den Pflichten, die ihm seine Eigenschaft auflegt, auch die Wirkung der Nebeninstrumente in Betrachtung zieht, sich nach diesen richtet, und manchmal von seiner eigenen Stärke geflissentlich nachläßt, um den Ausdruck seines Mitlauters nicht zu verdrängen, wird der schöne Zweck verfehlet seyn, und statt schmelzender, rührender Musik, ein unausstehliches Wirrwarr von regelmässigen, aber übel verbundenen Tönen entstehen.

...Und diese erhabene, wonnereiche Idee findet sich in der Freymaurerey realisiret; sie ist die Karakteristik dessen, was dieser ehrw. Orden, was jede [Loge] seyn kann, sobald ihr der allgemeine Punkt der Anziehung, sobald ihr die Kraft nicht fehlet, durch die das Schöne in der ganzen Natur seine Bestimmung erhält, ohne welche die Natur selbst nicht bestehen, und die prächtige Gestalt des Himmels, und der Erde ins Chaos zurücksinken würde - Harmonie.

Diese ist es, die uns die Duldung gegen schwächere, Nachsicht gegen irrende, ungeheuchelte, scheelsuchtsfreye Hochschäzung des Verdienstes an jedem unserer Brüder einflöst.

Ihnen, neuaufgenommener Bruder Lehrling! die Vorzüge des himmlischen Wesens, Harmonie, insbesondere anpreisen, Ihnen, der Sie seine Allgewalt in einem der schönsten Fächer des menschlichen Wissens so genau kennen, Ihnen, dem diese liebenswürdige Göttinn einen Theil der süssen Zauberkraft abgetretten hat, mit der sie manchen Sturm der Seele besänftigt, Schmerz und Wehmuth in stillen Schlummer wiegt, melancholische, trübe Stunden kürzt, das Herz des Menschen zur Freude stimmt und nicht selten seinen Geist zu den erhabensten Gefühlen emporführet, Ihnen mit Anzüglichkeit ihre Reize schildern, würde überflüssiges Bemühen seyn. Ich begnüge mich, wenn ich durch mein kleines, unvollkommenes Gemälde - Skizze möchte ich sagen - wenn ich durch diese brüderliche Unterredung bey Ihnen den Vorsatz erweckt habe, Ihrer trauten Freundinn auch hier in diesem - für Sie, mein Bruder! neuem Wirkungskreise unwandelbar treu zu bleiben.«[10]

Mozart faßt an diesem Tag sein Aufnahmegesuch in die Tonkünstler-Societät ab. Mittags um 1 Uhr trifft Vater Leopold Mozart, aus München kommend, in Wien ein und steigt bei seinem Sohn in der Schulergasse ab, abends spielt Mozart das neue

9 Ebda. f. 200 »Nach der in Abwesenheit des Hw.M.v.St/../«.

10 Journal für Freimaurer 1785, II. Quartalbd. S. 176-181.

Klavierkonzert in d-moll (KV 466) im ersten seiner sechs Freitag-Konzerte in der »Mehlgrube« am Neuen Markt. Von den Wiener Kapellmeisterkollegen, die zu den Freimaurern gehören, ist Paul Wranizky zu Haydns Aufnahme erschienen.

Das Protokoll der »Wahren Eintracht« berichtet über diese CCCLIV. Arbeit der Loge, in die Haydn, wie Mozart als zweiter Kandidat an diesem Abend aufgenommen wurde:

»Auf gleiche Art [d.i. mit den gewöhnlichen Ceremonien] wurde die Aufnahme des zweyten Suchenden vollzogen, wie folgt:

Im Jahre 5785 den 11/2 wurde zur Aufnahme vorgestellt der fremde Suchende Joseph Haydn, Matthias Sohn, alt 51 Jahr geb. 1. May, seiner Religion katholisch, bürgerl. Herkunft, gebürtig von Rohrau in Oesterreich, jetzt F[rey]m[aurer], seines Amts fürstl. Esterhazyscher Kapellmeister, bisher in keinen bekannten Orden aufgenommen und aus aufrichtigen Trieb und Eifer - ut supra ad finem /d.i.in diesen von uralte Zeiten geehrten Freymaurer Ritter Orden aufgenommen zu werden, desfalls er auf die Statuten dieses Ehrw. Ordens gemäß mittels ballotirung gewählt, in diese St. Joh. [Loge] genannt zur wahren Eintracht eingeführt und als Freymaurer Ritter Lehrling und Bruder aufgenommen worden ist.«[11]

Das ist das erste und letzte Mal, daß Haydns Name auf der Anwesenheitsliste der Loge erscheint. Er hat diesen Tempel nicht mehr betreten und keinen weiteren Grad der Freimaurer erworben. Haydn blieb Lehrling, und als solcher wurde er in den Listen der Loge fortan geführt.[12]

Für Mozart waren dies bewegte Tage. Eine Chronik der Ereignisse liefert Leopold Mozart in einem Brief vom 16. 2. 1785 an Nannerl, wenn er über seinen Sohn schreibt:

»Freytag abends [=11. 2. 1785] fuhren wir um 6 uhr in sein erstes subscriptions Concert, wo eine große versamlung von Menschen von Rang war. iede Person zahlt für die 6 Fastenconcert einen Souvrin d'or oder 3 Duggatten. Es ist auf der Mehlgrube, er zahlt für den Saal iedesmal nur einen halben Souvrin d'or. Das Concert war unvergleichlich, das Orchester vortrefflich, außer den Synfonien sang eine Sängerin vom welschen Theater 2 Arien, dan war ein neues vortreffliches Clavier Concert vom Wolfgang, wo der Copist, da wir ankamen noch daran abschrieb, und dein Bruder das Rondeau noch nicht einmahl durchzuspielen Zeit hatte, weil er die Copiatur übersehen mußte. /. . /«

Tags nach Haydns Aufnahme in die Loge »Zur wahren Eintracht« fand in Mozarts komfortabler Wiener Wohnung in der Schulerstraße ein denkwürdiges Konzert statt. Vier Freimaurer spielten zusammen Streichquartett: es waren Haydn und Mozart und die Freiherrn Anton und Bartholomäus Tinti, ebenfalls Mitglieder der Loge »Zur wahren Eintracht«. Aufgeführt wurden die beiden Quartette in B-dur (KV 458) und in A-dur (KV 464) und abschließend das »Dissonanzenquartett« in C-dur (KV 465), mit seiner Meditation des Todesgedankens im einleitenden Adagio und

11 VA 89 f. 200.
12 VA 72 f. 20 v.

seiner »glückseeligen« Stimmung im folgenden Allegro. Das Adagio, das nach Sartis bekanntem Urteil »mit Eisen gefütterte Ohren« voraussetzen soll, umfaßt 22 Takte, die in folgender Weise gegliedert sind und nach dem Zahlenalphabet eine kontextual sinnvolle Deutung im Blick auf das freimaurerische Meister-Ritual zulassen.

Viol.I	Takt 1		9.1	=	18	Töne	=	Acacia
Viol.I	Takt 1	-	16.1	=	40	"	=	Macbenac
Tutti	Takt 1	-	5.1	=	43	"	=	Sarg
Tutti	Takt 5.2.	-	9.1	=	37	"	=	Tod
Tutti	Takt 9.2	-	16.1	=	91	"	=	Ewige Nacht
Tutti	Takt 16.2	-	22	=	87(+4)	"	=	Mozart
Tutti	Takt 1	-	22	=	262~226		=	Zur Wohlthätigkeit

Die Anzahl der Takte [= 22] steht als Symbol eines Denkprozesses.[13] Das Adagio des »Dissonanzenquartetts« nimmt vermutlich auf Mozarts eigene Erhebung zum Meister autobiographisch Bezug.

Auch die Chronik der weiteren Ereignisse im Hause des Komponisten lieferte Leopold Mozart, der noch bei seinem Sohn zu Besuch weilte:

»Am Samstag [=12.2.1785] war abends H: Joseph Haydn und die 2 Baron Tindi bey uns, es wurden die neuen quartetten gemacht, aber nur die 3 neuen die er zu den andern 3, die wir haben, gemacht hat, sie sind zwar ein bißchen leichter, aber vortrefflich componirt: H. Haydn sagte mir: ich sage ihnen vor gott, als ein ehrlicher Mann, Ihr Sohn ist der größte Componist, den ich von Person und dem Nahmen nach kenne: er hat geschmack, und über das die größe Compositionswissenschaft.«[14]

Joseph Haydn muß tief von dieser Begegnung ergriffen gewesen sein, und sein Zeugnis für Mozarts Rang und Können ehrt diesen so sehr wie ihn. Aber Mozart zeigt sich Haydns menschlicher Größe ebenbürtig. Er widmet ihm den Druck der sechs Streichquartette mit einer italienischen Adresse, die in deutscher Übersetzung so lautet:

»Meinem geliebten Freunde Haydn!

Ein Vater, der sich entschlossen hat, seine Kinder in die große Welt zu schicken, will sie der Obhut und Führung eines sehr berühmten Mannes anvertrauen, noch dazu, wenn das Glück es fügt, daß dieser sein bester Freund ist. Hier also sind, berühmter Mann und teuerster Freund, meine sechs Kinder! Sie sind wahrhaft die Frucht langer und eifriger Anstrengungen, allein die Hoffnung, die mir einige Freunde machten, sie würden wenigstens zum Teil belohnt, ermutigten mich und schmeichelten mir, diese Stücke würden mir noch eines Tages Genugtuung bringen. Du selbst, teuerster Freund, hast mir bei Deinem letzten Aufenthalt in dieser

13 Vgl. dazu Kapitel 5.6.

14 Leopold Mozarts Brief vom 16. Febr. 1785 Moz. Bf. III, S. 373.

Hauptstadt, Deine Zufriedenheit mit ihnen bezeugt. Diese Deine Zustimmung beseelte mich über alles, weshalb ich sie Dir auch ans Herz lege, und läßt mich hoffen, daß sie Deiner Gunst nicht ganz unwürdig erscheinen werden. Nimm sie gnädig auf und sei ihnen Vater, Wegweiser und Freund! Von diesem Augenblick an will ich meine Rechte auf sie an Dich abtreten. Ich bitte Dich aber, mit Nachsicht ihre Fehler zu betrachten, die dem getrübten Auge des Urhebers verborgen blieben, und mir dessen ungeachtet Deine großzügige Freundschaft zu bewahren, die ich so sehr zu schätzen weiß, während ich von ganzem Herzen bin

Dein aufrichtigster Freund
W.A. Mozart

Dem teuersten Freunde
Wien, am 1. September 1785

Die Stimmen der Mozartschen Quartette mit vorstehender Widmung druckte der Freimaurer Artaria in Wien. Das Titelblatt dieser Erstausgabe ist mit zwei gleichmäßig verschlungenen, endlosen Bändern gerahmt, eine symbolische Kennzeichnung, die aus den Mysterien der Ägypter bekannt ist und in den Metamorphosen des Apuleius überliefert ist. Ihre Bedeutung ist klar: Die heiligen Bücher, »in unverständlichen Schriftzeichen« geschrieben, enthielten »durch miteinander verschränktes und radförmig gewundenes und verschlungenes Rankenwerk vor der Neugier Uneingeweihter gesicherte Formeln.«[15] Was diese Quartette enthalten, ist demnach nur für Eingeweihte bestimmt.

Beweis für diese Behauptung: Sämtliche Takte der sechs Haydn-Quartette, nach der Erstausgabe zusammengezählt, machen die Zahl 4280 aus. Und diese Zahl läßt sich nach dem Zahlenalphabet deuten[16]:

4280 = 2 x 3 x 3 x 233+86
233 = al Signor Giuseppe Haydn
86 = Maestro

4280 beinhaltet also die Sinnmitte der italienischen Widmung der Streichquartette an Haydn, so wie sie auf dem Titelblatt des Erstdrucks wörtlich gegeben ist.[17] Und diese wunderbar vertrackte Widmung des gesamten Corpus, ist sie nicht wahrhaft vor der Neugier Uneingeweihter gesichert?[18]

15 Nach: Apuleius, Der goldene Esel, in der Übersetzung von Carl Fischer, München s.a., S. 243.
16 Vgl. dazu Kapitel 5,1 .
17 Dr. Harald Kümmerling, Köln machte mich darauf aufmerksam, daß ähnliche Zahlenverhältnisse in den 6 Klaviersonaten Carl Philipp Emanuel Bachs, die er Gottfried van Swieten widmete, vorliegen. Damit sind die Gewährsmänner genannt, von denen Mozart solche Verfahren kennenlernte.
18 Oder ahnen Sie vielleicht, liebe Leserinnen und Leser, was die Zahl 4280 bedeutet? Vgl. Kapitel 5.

SEI
QUARTETTI
PER DUE VIOLINI, VIOLA, E VIOLONCELLO,
Composti e Dedicati
al Signor
GIUSEPPE HAYDN
Maestro di Cappella di S. A.
il Principe d'Esterhazy &c &c
Dal Suo Amico
W. A. MOZART
Opera X.
In Vienna presso Artaria Comp.
Mercanti ed Editori di Stampe Musica,
e Carte Geografiche.

Cum Priv. S. C. M.

Prezzo f. 6. 30

No. 59.

2.6 Die Gesellenprüfung Mozarts

Mozart macht als Freimaurer ungewöhnlich rasch Karriere. Schon nach einer Lehrlingszeit von drei Wochen wird er zusammen mit dem Marquis Canarisi am 7. Januar 1785 in den Gesellengrad befördert. Anstelle und im Auftrage der Loge »Zur Wohlthätigkeit« übernimmt die Loge »Zur wahren Eintracht« diese Einführung in den zweiten Grad. Eine solche Aufnahme im Delegationsweg war ein normaler Vorgang, der sich regelmäßig und wechselweise zwischen beiden Logen abspielte. Das Ereignis-Protokoll der »Wahren Eintracht« berichtet über die 343. Arbeit der Loge:

»Wien den 7/1 5785 wurde die [Loge] Zur wahren Eintracht geöfnet, wobey die im Protocollo Praesentium eigenhändig verzeichnete BB. gegenwärtig waren:

1) Nach geöfneter Lehrlings und Gesellen [Loge] wurden die Brüder Lehrlinge Vincenz Marquis Canarisi, Josephs Sohn, alt 34 jahr, geb. zu Como in der Oesterreichischen Lombardey, Hauptmann bey dem K. K. Regiment Belgioso, auf Ersuchen der S. Erw. [Loge] Zur aufgehenden Sonne in Brünn, sodann der Br. Wolfgang Mozard auf Ersuchen der S.Ehrw.[Loge] Zur Wohlthätigkeit in den 2.ten Grad mit den gewöhnlichen Ceremonien befördert,
2) wurde die [Loge] geschlossen, hierauf
3) die Lehrlings[Loge] geöfnet, und die letzhin festgesetzte Aufnahme [des Joseph Kieninger] vollzogen und [dieser] als Freymaurer Lehrling, dienender Bruder, und Mitglied dieser [Loge] aufgenommen.
4) Hielt Bruder Batthyany eine Rede über die Pflichten der d/ienenden/ Brüder.«

Bereitung der Loge

Die Beförderung eines Lehrlings zum Gesellen erforderte keine dunkle Kammer und kein Ankleidungszimmer.[1] Eine Gesellenloge war nach Art der Lehrlingsloge ausgeziert, allerdings mit folgenden Veränderungen:

Der Stuhl des Großmeisters, der Altar, die Stühle, worauf der Gesellenschmuck liegt, die Stühle für die aufzunehmenden Brüder, das Kissen vor dem Altar, die beweglichen Kleinodien der Loge, die drei Lichter auf dem Altar, und die andern drei Lichter um die Schautafel, werden in die gehörige Ordnung gestellt. Außerdem muß

1 Der folgenden Darstellung liegt wiederum das »Wiener Ritual« und zwar VA 65 p.111-119 zugrunde.

in einer Gesellenloge ein fünfeckiger und mit fünf Armen versehener Kronleuchter, worauf fünf Lichter brennen, von der Decke herunter mitten über dem Altar hängen, um damit die Gesellenloge zu beleuchten.

Die Schautafel der Gesellen unterscheidet sich vom Lehrlingstapis nur durch die rechte der beiden Säulen aus dem Salomonischen Tempel, die mit dem Anfangsbuchstaben ihres Namens Boaz gekennzeichnet ist. Boaz ist der Denkspruch der Gesellen, die bei dieser Säule im Tempel ihren Lohn empfingen. Dazu erscheinen auf der Schautafel sieben Stufen jener Treppe, die in die Eingangshalle des Tempels führt. Sie symbolisieren

1. die sieben Laster: Hochmuth, Geiz, Übermaß, böse Begierden, Habsucht, Müßiggang und Zorn, die ein Freimaurer meiden muß,
2. die sieben Gaben des heiligen Geistes: Weisheit, Klugheit, Rat, Kraft, Wissenschaft, Gottseligkeit und Gottesfurcht, welche sich ein Freimaurer von Gott erbitten muß, und
3. die sieben freien Künste: nämlich die Dichtkunst, die Musik, die Zeichenkunst, die Rechenkunst, die Geometrie, die Astronomie und die Baukunst, deren sich ein Maurer befleißigen muß.

Außerdem spricht der Ritus von der besonderen Bedeutung des flammenden Sterns, der in seinem Zentrum den Buchstaben G enthält und in der Mitte der Loge hängt und sie beleuchtet.

Integrierter Bestandteil der Beförderungszeremonie aber ist die Musik, die während der Gesellenreise erklang.

Die Schautafel wird von vier Gesellen unter Anleitung des Ceremonienmeisters auf eben die Art angebracht, wie es bei denen Lehrlingen geschieht. Die östliche Seite liegt am Altar und berührt das dort befindliche Kissen.

Eröffnung der Loge

Der Großmeister Ignaz von Born schickt den Einführenden Bruder zu Mozart und Canarisi in das Zimmer vor der Loge. Er soll ihre Kenntnisse erforschen, und sie, wo möglich, an ihrem Entschluß, Geselle zu werden, irre machen. Er kommt mit seinem Bericht zurück. Darauf erhält er von dem Großmeister Befehl, hinauszugehen und die beiden Suchenden vorzubereiten. Beide müssen die Kleidung aufknöpfen, die Brust und das rechte Knie entblößen, das Hemd am Halse aufmachen und es an beiden Armen bis zur Hälfte aufstreifen, so daß beide Arme halb bloß werden. Dann fassen sich Mozart und Canarisi kettenweise (=kreuzweise) an, und der Einführende Bruder nimmt den Vordersten bei der Hand. Sodann meldet er sich durch die gewöhnlichen drei Schläge vor dem Logengemach an.

Der Einführende Bruder führt sie herein und bringt sie durch eine Schwenkung zwischen beide Aufseher der Loge. Alle Brüder sitzen ganz nahe um die Schautafel herum. Nachdem Canarisi zum Gesellen befördert worden ist, kommt die Reihe an Mozart.

Großmeister Ignaz von Born blickt Mozart an: »Was ist das für ein Bruder, den Sie einführen?«

Nachdem die Frage überbracht ist, wird geantwortet: »Es ist ein Bruder Freymaurer Lehrling, welcher begehret zum Gesellen oder Mitbruder befördert zu werden.«

Born fragt weiter: »Hat er seine Zeit gedienet, sind seine Meister und Mitbrüder mit seiner Arbeit zufrieden?«

Antwort: »Ja, er hat seine Zeit gedienet, seine Meister und Gesellen sind mit seiner Arbeit zufrieden.«

Born: »Wer gehet und stehet für ihn in Bürgschaft?«

Antwort: »Ich und seine Paten stehen und gehen für ihn in Bürgschaft.« Nachdem diese Antworten dem Großmeister zugebracht worden sind, fragt Born die Brüder:

»Geben sie ihre Einwilligung dazu, meine Brüder, daß dieser Bruder mag zum Gesellen aufgenommen werden?«

Die Brüder bejahen dieses durch dreimalige Wiederholung des Beifallszeichens, dann spricht Born Mozart so an:

»Bruder Lehrling! Ihr geäüßertes gutes Betragen, der Eifer, den Sie verspühren laßen, immer mehr Erkentniße in den Geheimnißen unseres ehrwürdigen Ordens zu erlangen, sind die Gründe, die uns dazu gebracht haben, Mittel und Wege ausfindig zu machen, ihnen Licht darinnen zu verschaffen. Als eine Folge von der vortheilhaftesten Meinung, welche unßere gegenwärtigen Brüder für Sie hegen, haben sie einhellig beschloßen, Sie an den Geheimnißen Theil nehmen zu lassen, welche dem Gesellen Grad in der Freymaurerei zu gehören. Sie wünschen sich das Vergnügen zu sehen, daß Sie in einem so rühmlichen Betragen fortfahren mögen, als Sie angefangen haben, und dieses ist das einzige Zeichen der Erkänntlichkeit, daß sie für ihre Gewogenheit gegen Sie von Ihnen erwarten. Versichern Sie uns, dies alles unverbrüchlich zu halten, so wird es uns angenehm sein, Sie als ein würdiges und nützliches Mitglied unserer Versammlung zu sehen, und wir wollen Sie jetzt als Freymaurer Gesellen aufnehmen. Wir wollen alles dazu beitragen, daß Sie mit der Zeit die Kenntnisse der wichtigsten Gegenstände unseres Ordens erlangen mögen, wenn Sie sich durch Fleiß und Aufmerksamkeit werden verdient gemacht haben, diesen Vorzug zu gewinnen.«

Neue Reisen Mozarts als Geselle

Der Großmeister Born fragt die Brüder: »Willigen sie ein, meine Brüder, daß dieser Bruder Lehrling seine Reise als Freymaurer-Geselle antrette?«

Wenn die Brüder durch das gewöhnliche Zeichen ihre Einwilligung gegeben haben, sagt Born: »Brüder Aufseher! Lassen sie diesen Bruder Lehrling dreymal als Freimaurer Mitbruder wandern, von Westen durch Süden und Osten, und darauf durch Norden nach Westen zurück.«

Born redet darauf Mozart mit den Worten an, welche zur Musik der Loge abgefaßt sind: »Tretten Sie also, mein Bruder, Ihre Reisen mit Freuden und Zuversicht auf unsre Führung an; die Bahn, worauf wir Sie bringen, ist uns von dem höchsten Architekten vorgeschrieben, und, um ihren Lauf darauf sicher fortsezen und vollenden zu können, wollen wir Sie die abgemeßensten, Gesäze lehren, welche uns der weißeste Führer der Freimaurer selbst gegeben, und zu deutlicher Anzeige und

Erkänntniß derselben, uns anoch das Licht eines besonderen Sternes angezündet hat. Folgen Sie diesem Lichte, ermahne ich Sie brüderlich, ohne sich durch irgend eine Widerwärtigkeit dieses Lebens davon entfernen zu lassen, biß Sie das Gut, welches Sie auf dieser Laufbahn gesucht, nach verfloßenen Stunden beym Ziel ihrer Reisen werden gefunden haben, wo Sie alsdann die Wahrheit selbst belehren und dieses Licht durch Licht vermehren wird.«

Hierauf verrichtet Mozart unter Anführung der Brüder, die als Aufseher fungieren, seine Reisen, während der die Gesellen eine Musik aufführen.

Musikalisch eingeleitet wird die Gesellenreise in der Loge »Zur wahren Eintracht« mit einem Lied für zwei Singstimmen und Cembalo, das der Konzipist und Accessist Anton Johann Holzer komponiert hatte. Der Text stammt von Franz Joseph Ratschky (1757-1810), der, wie Holzer selbst, Mitglied der Loge »Zur wahren Eintracht« war.

Lied zur Gesellenreise
in Musik gesetzt von Br. H[olze]r

Die ihr einem neuen Grade
Der Erkenntnis nun euch naht,
Wandert fest auf eurem Pfade,
Wißt es ist der Weisheit Pfad!
Nur der unverdroßne Mann
Mag dem Quell des Lichts sich nahn.

Nehmt, o Pilger, zum Geleite
Eurer Brüder Segen mit!
Vorsicht sei euch stets zur Seite;
Wißgier leite euren Schritt!
Prüft und werdet nie dem Wahn
Träger Blindheit untertan!

Rauh ist zwar des Lebens Reise,
Aber süß ist auch der Preis,
Der des Wand'rers harrt, der weise
Seine Fahrt zu nützen weiß.
Glücklich, wer einst sagen kann,
Es ist Licht auf meiner Bahn!

Br. J.F.R[atschk]y[2]

2 Journal für Freymaurer 1785, Jg. II, 1 S.117.

Zur Gesellenreise.

von Br. K··r.

Journal für Freymaurer
2. Jg., I, 5785. S. 249

Nach jeder Reise wird ein wenig haltgemacht. Nachdem die Musik geschlossen, klopfen die Aufseher der Loge die gewöhnlichen drei Schläge und berichten, daß der Bruder Mozart seine drei Reisen als Freimaurergeselle und Mitbruder zurückgelegt habe; der Großmeister sagt: »Lassen Sie den Bruder Lehrling durch Aufsteigen der sieben Stufen, dem Lichte und Tempel sich nähern, und mit den gehörigen Schritten zum Thron und Altar des Ordens treten.«

Mozart fällt vor dem Altar auf das Knie, dann gibt ihm der Großmeister Born den Zirkel in die Hand und sagt: »Bruder Lehrling! Setzen Sie diesen Zirkel mit ihrer linken Hand ans Herz und erschrecken Sie nicht weiter. Legen Sie die rechte Hand auf die Heilige Schrift und dies Schwert.«

Erneuerung des Eides

Wenn dieses geschehen ist, redet ihn der Großmeister auf folgende Art an:

»Bruder Lehrling! Versprechen Sie vermittelst Erneuerung der eidlichen Verbindung, welche Sie als Lehrling geleistet, die Geheimniße, welche man Ihnen als Mitbruder anvertrauen wird, gegen die Brüder Lehrlinge und fremde Unwissende unverbrüchlich und mit eben der Sorgfalt geheim zuhalten, als Sie ihre Känntniße bißher vor allen, die nicht Freymaurer sind, verborgen haben, auch ins Künftige, wie seither allen ihren Fleiß und Unverdrossenheit zum Besten des Ordens anzuwenden?«

Mozart antwortet mit: »Ja«.

Born ergreift den Hammer, schlägt Mozart mit den drei gewöhnlichen Schlägen zum Mitbruder und sagt:

»Wenn dem so ist, mein Bruder! so nehme ich Sie Kraft der Würde und des Grades, den ich besitze - und zufolge des gegebenen Beifalls, sowohl aller unsrer Gesellen und Freimaurermeister - und in Ansehung ihres jetzt gegebenen Versprechens, zum Gesellen und in die Zahl derer auf, welche den zweiten Grad in unserm uralten ehrwürdigen Orden besitzen.«

Nun bringt der Ceremonienmeister Schittlersberg Mozart und Canarisi hinaus. Sie werden angekleidet und darauf ohne weitere Anmeldung wieder hinein an die südliche Seite des Altars geführt, wo der Schmuck liegt. Großmeister Born gibt ihnen darauf den Gesellenschmuck und sagt:

»Brüder Gesellen! Hier überreiche ich Ihnen ein Paar Manns- und ein Paar Frauenhandschuhe, ein Schurzfell, und die Kelle eines Gesellen. Sie müssen nun den Eifer und die Aufmerksamkeit, welche Sie in der Zeit gezeigt, da Sie den Lehrlingsschmuck trugen, als Geselle erneuern, damit ihre Brüder sich in den Stand gesetzt sehen, die Sorgfalt einmütig zu belohnen, welche Sie angewandt, das Beste des Ordens zu befördern. Sie müssen sich bemühen, immer mehr und mehr Anteil an den wichtigsten Arbeiten zu nehmen, die unser Orden zum Gegenstand hat. Daß diese Kelle poliert wurde, geschah Sie zu erinnern, daß ihre Art zu arbeiten edler sein muß, als die der Brüder Lehrlinge; und was die drei auf ihrem Schurzfelle befindliche weiße Bandrosen bedeuten, sollen Sie künftig erfahren, wenn Ihre Meister es gut finden werden, sie Ihnen zu erklären.«

Nachdem Mozart und Canarisi als neue Mitbrüder eingekleidet worden sind, werden sie von dem Ceremonienmeister zwischen beide Aufseher gestellt, und der Großmeister befiehlt dem Sekretär, die Verordnungen über die Art sich als Freimaurer-Gesellen zu erkennen zu geben, vorzulesen.

Freimaurergesellen-Verordnung

Art. 1.

»Die Freymaurer Mitbrüder oder Gesellen haben den zweyten Grad in der Freymaurerei, und ein fremder Suchender muß neun Monate als Lehrling dienen, bevor er ihn erhalten kann. Jedoch kommt auf des Großmeisters eigenes Gutdünken an, diese Dienstzeit zu verkürzen, und einen Lehrling zu befördern, wenn er gleich diese Zeit nicht zurückgeleget hat. In ältern Zeiten erhielt keiner diesen Grad, wenn er nicht fünf Jahr als Lehrling gearbeitet hat.

Art. 2.

Ein Gesell klopfet als Maurer mit drey Schlägen und auf eben die Art, wie ein Bruder Lehrling.

Art. 3.

Ein Gesell wird an seinen Zeichen und Handgriffen erkannt, das erste wird das Pectorale oder Brustzeichen, das letztere das Manuale oder Handzeichen genannt. Das Brustzeichen wird mit der rechten Hand gemacht, indem man den Daumen mit dem ersten Finger im Winckel gesetzet auf das Herz leget. Das Handzeichen geschiehet, wenn zwei Gesellen oder Mitbrüder sich einander die rechte Hand geben und mit dem Daumen auf den ersten Knochen oder Bein des Mittelfingers drücken.

Art. 4.

Das Logenzeichen der Mitbrüder ist das Pectorale oder Brustzeichen, welches den Gesellen Grad bezeichnet.

Art. 5.

Das Wort der Gesellen ist 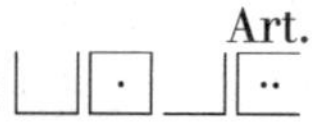 /=Boaz/, welches buchstabieret wird.

Art. 6.

Ein jeder, der in eine Gesellen Loge eingehen will, muß vorher an der Thüre das Losungswort abgeben, welches 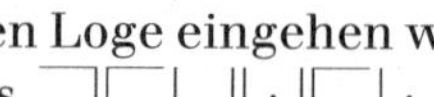 /=Giblim/ ist.«

Instruction über die Gesellentafel

Canarisi und Mozart werden nun von den beiden Aufsehern in Zeichen, Handgriff, Wort und Losung des Grades unterrichtet und hören darauf die Erklärung der Gesellentafel, die der Sprecher der Loge auf Befehl des Großmeisters erläutert.

Der beginnt mit dem Hinweis, zu Beginn der Ceremonie habe man keine finstere Kammer benötigt, weil die Lehrlinge bereits endgültig ins Licht geführt worden seien. Nun sei die Decke aus Betrug und Verderben geschwunden und die Gesellen träten mit offenen Augen und Ohren ihre angenehme Reise an, begleitet vom Klang einer himmlischen Musik, die an die Wiedererbauung des zweiten Tempels erinnere, dessen Grundsteine unter dem Schalle von Zimbeln und Trompeten gelegt wurden. Er weist auf die Symbolik des flammenden Sterns hin und entdeckt in seinem Zentrum den Buchstaben G als Anfangschiffre der fünften freien Kunst, der Geometrie, die für den Maurer von besonderem Gewicht sei. Schließlich spricht er von den symbolischen Ausmaßen der zweiten Säule, die den Namen Boaz trüge und erinnert die Gesellen daran, daß dieses Wort im Hebräischen »Meine Stärke in IHM«, nämlich in Gott, bedeute.

Nach Mozarts Erhebung in den Gesellengrad wird im darauf folgenden Teil der Logenarbeit ein dienender Bruder als Lehrling aufgenommen. Graf Batthyany bringt, wie andere Logenmitglieder auch, seinen eigenen Diener mit. Das hebt die Reputation. Bei der Beurkundung seiner Aufnahme als dienender Bruder der Loge wird im Protokollbuch der Titel eines Freimaurerritters weggelassen. Dienende Brüder bleiben nichts anderes, als ihr Name schon sagt, nämlich Lakaien. Trotz aller pathetischen Proklamationen (»Kein Witz, kein Grad, kein Ordensband, kein weltlich hoher Ehrenstand gilt hier!«) sind sie de facto Freimaurer zweiter Klasse. Bemerkenswert aber ist folgende Szene:

Der 31jährige Ludwig Graf von Batthyany, seines Amtes K. K. Kammerherr, damals nicht einmal ein Jahr Mitglied des Ordens, hält auf seinen eigenen 43jährigen Kammerdiener Joseph Kieninger eine Rede, die einiges über die Mentalität der adeligen Wiener Freimaurerritter aussagt. Nota bene, Mozart sitzt unter den Zuhörern:

Catalog der Pflichten dienender Brüder

». . . Erlauben Sie, H[ochverehrte] und S[ehr] E[hr]W[ürdige] BB: daß ich diesmal meine Betrachtung auf jene Anwendung unserer Vorschriften einschränke die insonderheit die Klasse unserer BB: betrift, welche durch die heutige Arbeit einen Zuwachs erhalten hat.

Unvermögend aus ihrem Eigenthum die Beyschaffung des Nothwendigen zu bestreiten, müssen sie beflissen seyn, die Mittel dazu von dem Überflusse ihrer Mitbürger zu erwerben. Die Bedingungen unter denen sie die Zusage hiezu erhalten, gehen entweder dahin, einerley Bemühung für mehrere zu unternehmen oder bey einem einzigen mehrere Gattung Dienste zu verrichten. Der leztere Fall, welcher derjenige ist, der die meisten betrift, versezt sie in eine Abhängigkeit die die Verwendung jeder Stunde, die Richtung aller ihrer Fähigkeiten fremder Willkühr unterwirft. Diese kann gröstentheils ihnen Erleichterung des gegenwärtigen Zustandes, oder Aussichten in eine günstigere Zukunft gewähren, aber auch oft ihre zuversichtlichen Hoffnungen vereiteln. Mit ihresgleichen, wenn es nicht Hausgenossen sind, sind ihre Verhältnisse von geringer Wichtigkeit, indem sich ihr Wirkungskreis kaum über die Grenzen der Familie, der sie angehören ausbreiten kann.In dem Kreise des königlichen Ordens endlich sind die Arbeiten, die ihnen zugetheilt werden, gemeiniglich von solcher Beschaffenheit, daß sie keine außerordentliche Fähigkeiten, und nur die Bereitwilligkeit sie zu verrichten, erheischen. Es scheint zwar beym ersten Anblicke, daß sich in einer solchen Lage kaum einige Aussichten, sich durch ein edles Betragen auszuzeichnen, darbieten, aber der Freymaurer, der Mann, der sich ganz der Vervollkommnung seiner selbst, der Beförderung des Wohls seiner Nebenmenschen gewidmet hat, wird, was auch immer die Beschaffenheit des Zustandes sey, den die Weisheit des höchsten Baumeisters für ihn erwählt hat, nie die Gelegenheit, vermissen Pflichten zu erfüllen, Tugenden auszuüben. Er wird die täglichen Verpflichtungen, wozu er sich anheischig gemacht hat, nicht auf der Seite der Bemühung, die sie erfordern, nicht auf jener der anmuthlosen Einförmigkeit, die ihre immerwährende Wiederholung auf seine Tage verbreitet, betrachten, er wird sie als eine billige Vergeltung der Fürsorge dessen erkennen, der ihm einen Unterhalt versichert, dessen unentgeltlichen Genuss ihm seine Bestimmung versagt hat. Unfähig, die Nachsicht seines Diensthalters zu mißbrauchen, oder eine stolze Zuversicht auf seine eigene Unentbehrlichkeit zum Beweggrunde anzunehmen, um seine Verbindlichkeiten von sich abzulehnen, wird er vielmehr einen auf Überzeugung gegründeten Eifer, als die Genauigkeit, und den Nachdruck der Anforderung für den ächten Maaßstab seiner Arbeiten halten. Er wird beflissen seyn, durch Aufmerksamkeit und Übung einen Grad der Fertigkeit zu erzielen, den ihm kein Gebot aufdringen kann, und sollte er Aufträge erhalten, die nicht nur Vertrauen auf seine Pünktlichkeit, sondern auch auf seine Klugheit voraussetzen, so wird er diese in sonderheit gleich einer ihn persönlich betreffenden Angelegenheit behandeln, und alle seine Fähigkeiten aufbiethen, um die von ihm gefaßte Hoffnung nicht zu täuschen. Dienstleistungen dieser Art können manchmal in Hinsicht auf die Wichtigkeit ihrer Folgen nicht uneigentlich Wohlthaten genannt werden. Wie edel ist es, sich für die Mißgunst des Glückes dadurch schadlos zu halten, daß man die Wohlfahrt derer befördere, die es über unsere Sphäre zu erheben schien, um ihnen unsere Bruderliebe entbehrlich zu machen. Ein dienender Bruder, dessen Betragen von solchen maurerischen Gesinnungen zeuget, beschämet das Vorurtheil derer, die den Werth der Menschen blos nach ihrem Stande oder nach ihrem Amte beurtheilen . . .

Unter den Eigenschaften, die man berechtigt ist, einem Freymaurer zuzumuthen, verdient die Verschwiegenheit eine besondere Erwänung. Bey einem dienenden Bruder schränkt sie sich nicht blos dahin ein, daß er das nicht offenbare, was ihm als ein Geheimniß anvertraut worden, jede Handlung seines Diensthalters, die ihn allein zum Zeugen hat, und deren Kundmachung jenem nachtheilig werden könnte, muß er als eine Folge des Vertrauens betrachten, welches die mit ihm bestehende Verbindung nothwendig macht.«[3]

3 Manuskript der Rede Batthyanys in: VA 73 p.52-53.

Diese Rede[4] des Grafen Batthyany mußte Mozart anhören. Batthyany hatte im Vorjahr nach vierzehntägiger Lehrlingsfrist in seinem sechswöchigen Gesellendasein seine Erkenntnisse »von der Bildung des Menschen durch die Maurerey« zum Besten der Brüder vorgetragen. Darauf war er zum Meister erhoben worden. Nun wurde er, nach fünf Vierteljahren maurerischer Arbeit, durch zwei Reden und gutes Einvernehmen mit Großmeister Born erwiesenermaßen qualifiziert, am 25. Mai 1785 zum Redner der Loge »Zur wahren Eintracht« gewählt.[5]

4 Die Rede ist hier um fünf Minuten gekürzt wiedergegeben.
5 VA 89 p.77, 87, 92, 97, 107 und p. 237.

2.7 Ehrenmitglied Leopold Mozart

»Am Sonntag abend /=13.Febr./ war im Theater die accademie der ital. Sängerin Laschi /. . . / und dein Bruder spielte ein herrliches Concert, das er für die Paradies nach Paris gemacht hatte. Ich war hinten... und hatte das vergnügen alle Abwechslungen der Instrumente so vortrefflich zu hören, daß mir vor Vergnügen die thränen in den augen standen. als dein Bruder weggieng, machte ihm der kayser mit dem Hut in der Hand ein Compl:/iment/ hinab und schrie bravo Mozart -/. . . / Gestern den 15ten war wieder ein Concert im theater für ein Mädl die charmant singt, dein Bruder spielte das große neue Concert ex D Magnifique etc: /. . . / Heute abends ist wieder Concert im Theater,- dein Bruder spielt abermahl ein Concert. /. . . / « So berichtet Leopold Mozart seiner Tochter Nannerl.[1]

Die Folgezeit bis Ostern (= 27. März) ist ausgebucht mit Konzerten, die Mozart entweder selbst veranstaltete oder in denen er als Pianist auftrat. Wichtig war in dieser staunenswerten Reihe die musikalische Akademie der Tonkünstler-Societät am 13. und 15. März 1785, in der »eine ganz neue, dieser Zeit angemessene Kantate von Hrn Amad. Mozart von drey Stimmen mit Chören«, betitelt »Davidde penitente«, erstmals erklang.

Diese beiden Konzerte wurden zu einem gewaltigen Mißerfolg, das Burgtheater war beim ersten knapp zur Hälfte gefüllt und blieb beim zweiten zu mehr als Dreivierteln leer. Der Kaiser spendete 50 Dukaten und die Tonkünstler-Societät registrierte das schlechteste Ergebnis seit ihrer Gründung.[2] Mozart hatte keinen Schaden und die Tonkünstler-Societät keinen Nutzen, denn der Erlös beider Aufführungen floß in die Pensionskasse des Instituts. Der Grund für dieses Fiasko lag im Überangebot an Konzerten; in der Fastenzeit 1785 fanden in Wien täglich musikalische Akademien statt, und Mozart wirkte bei ungefähr fünfzehn dieser Veranstaltungen mit.

Am Ostermontag holte die Loge »Zur Wohlthätigkeit« die Zustimmung der oberen Freimaurerbehörde ein, Leopold Mozart aufnehmen zu dürfen, und am 6. April abends um 6 1/2 Uhr wurde Leopold Mozart in den ersten Grad erhoben, und zwar

1 Mozart Briefe Bd. III S. 372.

2 Zu diesem Ergebnis kommt eine genaue Auswertung der Akten der Tonkünstler-Societät im Wiener Stadt- und Landesarchiv. Sign.: Haydn-Verein A 1/1-4.

genau nach dem Ritual und von denselben Dignitären wie sein Sohn Wolfgang.[3]

Zehn Tage später stehen Wolfgang und Leopold als besuchende Brüder »Von der Wohlthätigkeit« im Protokollbuch der Loge »Zur wahren Eintracht«. Leopold sollte an diesem Abend zusammen mit fünf weiteren Lehrlingen zum Gesellen erhoben werden. Über diese 374. Arbeit der Loge protokollierte der Logensekretär Pilgram:

»Wien den 16/4 5785 wurde die Loge zur wahren Eintracht geöffnet, wobey die im Protocollo Praesentium eigenhändig verzeichneten Brüder gegenwärtig waren:

1) Nach geöffneter Lehrlings- und Gesellen[Loge] wurden die BB.LL. Johann Maria Marchese Belmonte, Meigis Sohn, alt 34 Jahr, gebohren den [. . .] zu Rimini katholischer Religion, K. K. Kammerherr und Mi[. . .] sodann die BB. U[nserer] Loge Spangler, Jakob Adam, Forell, Castella und der Br. Lehrl. und Mitglied der S. Ehrw. [Loge] Zur Wohlthätigkeit Leopold Mozart auf sein Ersuchen seiner Loge (sic!) in den zweyten Grad U[nseres] K[öniglichen] O[rdens] mit den gewöhnlichen Ceremonien befördert.
2) Hielt Br. Kreil eine Rede über die Frage, ob es eine scientifische Maurerey gebe.
3) Wurde die Loge nach gesammelten Allmosen von 12 fl 18 1/2 xr geschlossen.«[4]

Siebenundzwanzig Mitglieder der »Wahren Eintracht« und siebzehn besuchende Brüder aus vier anderen Wiener und einer Prager Loge kamen zu diesem Abend. Ignaz von Born führte den Hammer, und am Ende der Besucherliste steht der bekannte Finanzier Michael Puchberg von der Loge »Zum Palmbaum«.[5]

Die musikalische Begleitung der Gesellenreise seines Vaters wird Mozart selbst übernommen haben. Dabei ist vielleicht auch das »Maurer Gesellenlied für Singstimme und Klavier« (KV 468) erklungen, das Mozart am 26. März 1785 vollendet hatte. Anton Johann Holzer hatte es schon vor Mozart komponiert.[6] Born publizierte das Stück von Holzer als Beilage zum Journal für Freimaurer, die Mozartsche Komposition publizierte er nicht.

Sechs Tage später schon, am 22. April 1785, wurde Leopold Mozart in der 376. Arbeit der Loge »Zur wahren Eintracht« zum Meister erhoben. Im Protokoll heißt es:

»1) Nach geöfneter Lehrlings- Gesellen und Meister [Loge] zeigte der H[och]-w[ürdige] M[eister] v[om] St[uhl] an, daß auf Ersuchen der S. Ehrw. [Loge] Zur Wohlthätigkeit allhier der Br. Geselle Leopold Mozard und auf Ersuchen der S. Ehrw. [Loge] Zum guten Weltbürger im Orient zu Philippen in der Bukowina der Br. G[eselle] Neumann und dann der Br. G[eselle] Koch U[nserer] [Loge] in den dritten Grad befördert werden.

3 VA 69 f.15 und f.16, abgedruckt in: Mozart: Die Dokumente seines Lebens. Ges. u. hrg. v. Otto Erich Deutsch. Kassel u.a. 1961 S. 213 u.214. Im folgenden als Deutsch Dokumente zitiert.

4 VA 89 f. 225.

5 VA 90 f. 90 v.

6 Siehe Kapitel 2.6.

2) Wurden die BB.GG. Leopold Mozard, Johann Georgs Sohn und Mitglied der S. Ehrw.[Loge] Zur Wohlthätigkeit allhier, sodann der Br. Matthias Neumann v. Buchhold, Samuels Sohn, alt 32 Jahr, gebohren den 24. April zu Lizpe im Bannat, katholischer Religion, Mitglied der S.Ehrw. [Loge] Zum guten Weltbürger, im Orient zu Philippen in der Bukowina, K.K.OberLieutenant von Barko Hußaren, endlich der Br. und Mitglied unserer [Loge] Joseph Koch in den dritten Grad U.K.O. mit den gewöhnlichen Ceremonien befördert.
3) Laß der Br. Kreil die Fortsetzung seiner Rede über die Frage, ob es eine scientifische Maurerey gebe.
4) Nach gesammelten Allmosen von 8 fl 10 x. ward die [Loge] geschlossen.«[7]

Leopold Mozart wird fortan im Mitgliederverzeichnis der Loge »Zur Wohlthätigkeit« als Ehrenmitglied geführt.[8]

Mozart hat an der Meistererhebung seines Vaters teilgenommen, dies geht aus der Anwesenheitsliste der Loge »Zur wahren Eintracht« hervor.[9] Bei einer Meisterloge aber durften ohne Ausnahme nur Meister anwesend sein. Daraus folgt: Der Sohn Wolfgang war schon vor seinem Vater Leopold, und zwar zwischen dem 7. Januar und 22. April 1785, als Meister aufgenommen worden. Da die Unterlagen der Loge »Zur wahren Eintracht« aus dieser Zeit vollständig erhalten sind und eine Eintragung über die Meistererhebung Mozarts darin nicht zu finden ist, könnte man davon ausgehen, daß Mozart in seiner eigenen Loge »Zur Wohlthätigkeit« zum Meister erhoben wurde. Denkbar wäre der 26. Februar 1785, an diesem Tag arbeitete die Loge »Zur Wohlthätigkeit« im dritten Grad. Genaue urkundliche Eintragungen über diesen Akt liegen indessen nicht vor.[10]

Der Termin der Meisteraufnahme Mozarts kann angesichts der damaligen Gepflogenheiten in den Wiener Logen auch schon in der ersten Hälfte des Januar 1785 liegen. Der Marquis Canarisi, der zusammen mit Mozart am Freitag, den 7. Januar 1785, zum Gesellen befördert worden war, wurde bereits am Donnerstag, den 13. Januar 1785, also nach sechs Tagen, von der Loge »Zur wahren Eintracht« zum Meister erhoben. Das Protokoll, außergewöhnlich knapp formuliert, verzeichnet nur diesen Meister-Kandidaten. Es ist aber zu berücksichtigen, daß Born an diesem Tag abwesend war. Thun, der Deputierte Meister, ließ sich seinerseits durch Stölzig vertreten. Die Anwesenheitsliste zählt nur zwölf Logenmitglieder und drei besuchende Brüder; Canarisi, um den es bei dieser Ceremonie ging, hat sich nicht eingetragen. Sein Name fehlt in der Anwesenheitsliste. Logensekretär Pilgramm war ebenfalls nicht anwesend und sein »Protokoll« ist vorweg oder im nachhinein

7 VA 89 f.226.
8 VA 72 f.235.
9 VA 90 f.91r.
10 VA 95 f.103. In diesem Verzeichnis der »Ereignisse in den Wiener Logen« ist vermerkt:»[Loge] Zur Wohlthätigkeit arbeitet den 26/2 im 3ten Grad. Vorgeschlagen Carl Stöckh, beyder Rechte Candidat.« Mozart ist nicht erwähnt. Separate Akten der Loge »Zur Wohlthätigkeit« liegen nicht vor.

fixiert worden. Der freigelassene Raum für das Einfüllen des eingesammelten Almosenbetrages blieb ebenfalls leer. Offensichtlich mußte man an diesem Tag in der Loge »Zur wahren Eintracht« ein wenig improvisieren. Mozarts Erhebung zum Meister ist daher trotz fehlender Belege an diesem 13. Januar 1785 denkbar. In der Regel wurde eine jeweils ungerade Anzahl Gesellen während einer Logenarbeit zum Meister erhoben[11], so daß möglicherweise in letzter Minute Mozart und ein weiterer Geselle zu dieser Arbeit eingeladen wurden. Am darauffolgenden Tag, dem 14. Januar, jedenfalls stehen Mozart und Canarisi gemeinsam auf der Anwesenheitsliste, die 52 Personen zählt.[12] Im Mitgliederverzeichnis der Loge »Zur Wohlthätigkeit«, das am Johannis-Tag (24. Juni) 1785 herauskam, ist »Capellmeister Wolfgang Mozart« unter der Nummer 20 mit dem Ordens-Verhältnis »Meister« aufgeführt.[13]

11 Diesen Hinweis verdanke ich Heinz Schuler, Essen.
12 Vgl. VA 89 f.189 und VA 90 f.79.
13 VA 72 f.234.

2.8 Schritte zur Meistererhebung

Ritualvorschriften für die Meistererhebung, nach denen Mozart Vater und Sohn befördert wurden, sind im »Wiener Ritual« zu finden.[1] Dort heißt es:

»Wenn ein Freimaurermeister aufgenommen wird, müssen folgende Umstände bei der Zubereitung der Loge beobachtet werden.

Einrichtung der Meisterloge

1. Das Zimmer muß schwarz ausgeschlagen und eine schwarze Decke über den Fußboden ausgebreitet sein.
2. Der Altar ist schwarz bekleidet. Oben auf dem Altar liegt ein gemalter Totenkopf; auf der Vorderseite der Decke ist ein Totenkopf gestickt, und über die ganze Decke sind Tränen von goldenem Zeuge genäht. Auf dem Altar stehen drei dreiarmige Leuchter in Gestalt eines Totenkopfs, auf jedem Leuchter sind drei Lichter.
3. Im Süden und Norden sind Tafeln, worauf Totenköpfe und Gebeine gezeichnet sind, mit der Überschrift: Gedenke an den Tod!
4. Auf dem Boden steht ein Sarg auf einer mit goldenen Tränen bestickten Decke; auf dem Sarg, der so gemacht sein muß, daß das Fußbrett niedergelassen werden kann, liegt eine dreieckige Platte, mit dem Meisterwort, ein versilberter Totenkopf, und ein grün gefärbter Akazienzweig; oberhalb liegt ein Zirkel, unterhalb des Sarges ein Winkelmaß. Drei große dreiarmige Leuchter in Gestalt eines Gerippes stehen um den Sarg, auf jedem sind drei Lichter.
5. Ehe die Loge geöffnet wird, ziehen die Meister, nachdem sie sich als Meister gekleidet haben, die zu dieser Ceremonie von der Loge angeschafften schwarzen Mäntel an; wenn aber die Loge nicht mit Trauermänteln versehen ist, um die farbigen Kleider zu bedecken, so finden sich die Meister in schwarzer Kleidung ein.

1 HHStA VA 65 p.122-139.

Neunmaliges Klopfen und Eröffnung der Loge

»Der Hochwürdige Großmeister klopft neunmal, welches mit eben so viel Schlägen von jedem Bruder Aufseher beantwortet wird. Der Großmeister öffnet darauf auf die gewöhnliche Art die Loge. Wenn das Lehrlingszeichen gemacht worden ist, fällt man in das Gesellenzeichen, u.s.w.. Hierauf befiehlt der Großmeister dem Einführenden Bruder, zu dem aufzunehmenden Gesellen Mozart hinauszugehen, ihm die Ursache seiner Beförderung anzuzeigen und durch eine dienliche Rede ihn zu weiterem Fortfahren in den Maurertugenden zu ermahnen. Der Einführende Bruder geht hinaus und erfüllt seinen Auftrag. Er nimmt Mozart den Degen und Hut ab und führt ihn im Gesellenschmuck rückwärts herein. Wenn er an die Türe kommt, klopft der Einführende Bruder als Meister, welches von dem Wachthabenden Bruder beantwortet wird, der an der Tür steht, und zwei Degen in der Hand hat.«

Der Großmeister fragt: »Wer ist da?«

Antwort: »Der würdige Einführende Bruder mit einem Gesellen, welcher anhält zum Meister aufgenommen zu werden.«

Der Großmeister fragt: »Hat er seine Zeit gedienet, sind seine Meister mit seiner Arbeit zufrieden, und wer leistet für ihn die Bürgschaft?«

Diese Fragen werden auf die gewöhnliche Art wiederholt, so wie die Antwort: »Er hat seine Zeit gedienet, seine Meister sind mit seiner Arbeit zufrieden, und der würdige Einführende Bruder, nebst denen würdigen Brüdern N.N. gehen für ihn in Bürgschaft.«

Der Großmeister fragt: »Sämmtliche würdige Brüder! Wollen sie zulaßen, daß dieser unser Mitbruder Mozart möge zum Meister angenommen werden?« Mit Ausstrecken der Hände unter dem Meisterzeichen erfolgt die Antwort.

Hierauf sagt der Großmeister: »Würdiger Bruder Aufseher! Lassen Sie unsern Mitbruder Mozart als Meister reisen«.

Der zweite Aufseher faßt Mozart an die rechte Hand und fängt die Reisen an. Wenn er zu der Tafel in Süden kommt, steht er still, und bittet ihn, den Tod zu bedenken; gleichfalls hält er in Norden und bittet ihn, in seinen Gedanken an den Tod fortzufahren, führt ihn darauf herunter zum ersten Bewachenden Bruder. Auf gleiche Weise wird er noch zweimal umhergeführt und der Großmeister sagt jedesmal, wenn er bei ihm vorbeigeht: 'Gedenke an den Tod!' und schlägt einmal mit dem Hammer stark auf den Tisch.

Wenn so drei Reisen vollendet sind, befreit der Großmeister mit einem starken Schlag auf den Altar Mozart von den sechs noch ausstehenden Reisen. Mozart verbeugt sich und macht das Gesellenzeichen, welches mit dem Meisterzeichen beantwortet wird.

Der Großmeister fragt: »Würdige Brüder! Willigen Sie ein, daß der Suchende Mitbruder Mozart zum Altar trete?«

Durch Ausstrecken der Hände bejahen dies alle.

Darauf wird Mozart so geführt, daß er drei Schritte über den Sarg tun muß. Bei jedem Schritt empfängt er von drei Brüdern einen Schlag mit einem zusammengerollten Papier. Wenn Mozart vor dem Altar steht, befiehlt der Großmeister, den Deckel von dem Sarg abzunehmen und das Fußbrett niederzulassen. Mozart wird in den Sarg geworfen.

Darauf sagt der Großmeister zu ihm:

»Mein Bruder! Ich will Sie nun in dem unterrichten, was Ihnen zu wissen nötig ist; jetzt werden Sie die Frucht eines guten Gewissens schmecken, wenn Sie es haben. Wir wollen Ihnen die Eigenschaften und Bedingungen dazu aufdecken, und ich wünsche sehr, daß Ihnen nichts an diesen Eigenschaften fehlen möge. Bereiten Sie sich, vieles zu leiden, denn die Gefahren, denen Sie noch begegnen müssen, sind so schwer, daß ich sehr zweifle, daß Sie dem Tode werden entgehen können. Halten Sie sich zu allem bereit, was Sie betreffen kann.«

Nach dieser Rede fällt Mozart im offenen Sarg auf die Knie und legt die rechte Hand auf die Bibel und den Degen des Großmeisters. Er erhält den Zirkel und setzt ihn auf die Brust. Der Großmeister redet ihn an:

»Geloben Sie, mein Bruder, unter eben der Strafe, und in Kraft der Erneuerung Ihres Eydes, den Sie als Lehrling abgeleget haben, dasjenige, was Sie bereits gesehen, und was man Ihnen noch weiter anvertrauen wird, vor den Gesellen unverbrüchlich geheim zuhalten, so wie Sie bißher die Geheimniße der Gesellen vor den Lehrlingen, und die der Lehrlinge vor den fremden Unkundigen verborgen haben. Sie müssen sich ferner verpflichten, nie den geringsten Umstand von der Freymaurerey zu entdecken, von welchem Grade es auch sei, und noch weiter müssen Sie in dieser würdigen MeisterLoge versprechen, den Meistern gegen aufrührerische Gesellen beyzuspringen.«

Nachdem Mozart dieses mit Ja beantwortet hat, hebt man ihn aus dem Sarg. Der Großmeister nimmt seinen Hammer, geht zu Mozart und schlägt ihn mit drei Schlägen vor die Stirne zum Freimaurer-Ritter und Meister, wobei er beim ersten Schlag sagt:

»Kraft der mir verliehenen Macht und Gewalt!«

Beim zweiten Schlag: »Und der Einwilligung aller hier gegenwärtigen Brüder Meister!«

Beim dritten Schlag: »Nehme ich Sie als Freymaurer-Meister in diese würdige Versammlung auf!«

Bei diesem letzten Schlage wird der im Sarg knieende Mozarts rückwärts niedergezogen, in den Sarg gelegt und ein blutiges Tuch über ihn geworfen. Hierauf ist es eine Weile völlig still[2], bis der Großmeister auf seinen Degen klopft, welches von beiden Aufsehern beantwortet wird. Dann laufen alle Brüder geschwind und mit ausgezogenem Degen zum Sarg und wenden die Spitzen gegen den neuen Meister

2 Baurnjöpel präzisiert diese Zeitdauer: »Nachdem eine Weile von 5 oder 10 minuten äusserste Stille herrscht . . .«
Heinz Schuler weist darauf hin, daß dieser nicht unbeträchtliche Zeitraum im praktischen Ritual durch passende Musikdarbietungen überbrückt wurde. Mozarts »Maurerische Trauermusik« fand hier später ihren Platz. Vgl. Baurnjöpel a.a.O. S. 260.

Mozart. Hier werden die Degenspitzen klirrend zusammengeschlagen. Es wird von neuem geklopft, die Brüder nehmen sich kreuzweise in die Arme und flüstern sich das Meisterwort zu, in jedes Ohr die Hälfte des Wortes, indem der Großmeister auf beiden Seiten anfängt, und die Brüder Aufseher den Beschluß machen. Die Aufseher geben sodann das Alte Meisterwort zurück. Id est Jehowah.

Der Großmeister klopft darauf mit den Brüdern neunmal in die Hand, und sagt: »Freuen sie sich, würdige Brüder, das Meisterwort ist wieder gefunden« Und der Großmeister, die Aufseher und alle Brüder gehen geschwind an ihre Plätze zurück.

Dann sagt der Großmeister:

»Nun will ich Ihnen den Lebenslauf unseres geliebten und würdigen Vaters Adoniram vorlesen lassen; hören Sie ihn mit Aufmerksamkeit an, so wie er uns vom Vater auf den Sohn seit uralten Zeiten überliefert worden ist, und wovon man den größten Theil im Talmud der Juden aufbewahrt findet.«

Hierauf fängt der Sekretär an, diese Nachricht abzulesen:

Tempelbaumeister Adonirams Lebenslauf

»Adoniram, oder Adoram, welchem Salomon den Bau des Tempels anvertraute, hatte eine so große Menge Arbeiter zu bezahlen, daß er sie unmöglich alle kennen konnte, und damit er nicht den Lehrlingen so viel bezahlen möchte, als den Gesellen, und den Gesellen so viel als den Meistern; so sahe er sich genöthiget, mit einem jeden von ihnen, insgeheim, um gewiße Worte, Zeichen und Handgriffe über einzukommen, um sie dadurch voneinander unterscheiden zu können.

Das Wort der Lehrlinge war I[akin] der Name der lincken Säule im Salomonischen Tempel, wenn man durch das westliche Thor einging. Bey dieser Säule versammleten sich die Lehrlinge, um ihren Lohn zu empfangen. Ihr Zeichen und Handgrif ist ihnen bereits in der Lehrlings Loge gegeben worden.

Das Wort der Gesellen war B[oaz] so nannte man die innerhalb eben desselben Thores zur rechten stehende ährene Säule, bey welcher die Gesellen gewohnt waren, ihre Bezahlung zuerhalten. In der Gesellen Loge haben Sie bereits gelernet, ihre Zeichen und Handgriffe zu erkennen.

Die Meister hatten damals nur ein einziges Wort I[ehova], womit sie sich von jenen unterschieden; welches aber nach Adonirams Tode verändert wurde, und diese Begebenheit werde ich ihnen jetz erzehlen.

Drey Gesellen, die den bösen Vorsatz gehabt hatten, sich den Meisterlohn anzumaßen, beschloßen, dem Adoniram das Meister Wort abzufordern, so bald sie ihn allein antreffen werden, oder ihn zu ermorden, wenn er es ihnen nicht geben wollte. Zu dem Ende verbargen sie sich im Tempel, weil sie wusten, daß Adoniram alle Abend dahin kam, die Arbeit zubesehen. Der eine stellte sich in Süden, der zweyte in Norden, und der dritte in Osten. Nachdem Adoniram, nach seiner Gewohnheit, durch das westliche Thor eingegangen war, sein Geschäfte vollbracht hatte, und nun durch das südliche Thor wieder heraus gehen wollte, so forderte, der daselbst stehende Geselle das Meister Wort, und drohete ihm zugleich mit seiner in den Händen habenden Keule. Adoniram wurde aber ein solches Anmuthen bestürzt, und suchte durch das Thor zuentkommen, allein der Gesell gab ihm sogleich mit der Keule einen Schlag vor den Kopf, weil aber der Schlag nicht starck genug war, ihn zu Boden zustürtzen, so suchte er seine Rettung durch die nördliche Thüre. Hier fand er den zweyten Gesellen, der eben diese Frage that.

Adoniram war zu gewißenhaft, seinem Verlangen zu willfahren; er unterwarf sich einer gleichen Begegnung, und konnte sich eben so wenig durch diese Thüre retten, als durch die vorige. Weil aber dieser zweyte Schlag ihn ebenfalls noch nicht zum Boden gestürtzet hatte, so entflohe er zu der östlichen Thüre, wo er den lezten dieser drey Gesellen fand, welchem er nicht ausweichen konnte; Nachdem dieser die gleiche Frage an ihn gethan, und Adoniram sich standhaft weigerte, das Meister Wort zu entdecken, so vollendete er den Mord durch einen sehr stärcken Schlag, welchen er ihm mit der Keule gab. Das war ein so entsezlicher Schlag, daß ich gänzlich zweifle, daß Sie ihn würden ausgestanden haben, wenn Sie in der Stelle dieses Opfers gewesen wären. Dieser tödliche Schlag hatte auf dem Vater Adoniram die Würckung, daß er ohne alle Empfindung todt zur Erde fiel. Nachdem diese drey unglückliche Gesellen, einen solchen bejammernswürdigen Mord, an unsern unglücklichen aber hochgeachten Meister begangen hatten, vereinigten sie sich alle drey ihn zubegraben. Weil es aber annoch Tag war, so getrauten sie sich nicht, ihn so gleich fort zubringen, sondern beschloßen, ihn unter einen Steinhaufen, der im Tempel lag, zu verbringen, und da es dunckel geworden war, trugen sie ihn auf einen Berg, wo sie ihn begruben.

Salomon, da er seinen Adoniram in sieben Tagen nicht sahe, befahl neun Meistern ihn zusuchen. Diese versammleten sich im Tempel, drey bey jeder Thüre, nemlich bey der östlichen, südlichen und nördlichen Thüre, um nachzusuchen, was er für einen Weg möchte genommen haben. Salomons Befehlen wurde treulich nach gelebet; denn da sie eine lange Zeit an den Thüren gewartet hatten, ohne dasjenige entdecken zukönnen, was sie wünschten, so fingen sie an, in den nächst herum liegenden Gegenden mit vieler Mühe und Eifer zusuchen. Eine besondere Ahndung führte sie bis zu der Stelle, wo er auf der Spitze eines Berges war eingegraben worden. Der Schein eines besonderen Lichtes bewog die drey Ersten, sich da hin zu begeben, und weil sie sehr müde geworden, so sezten sie sich gerade auf derselben Stelle zur Ruhe nieder, worunter er begraben lag. Sie sahen, daß die Erde nemlich aufgegraben worden, und fanden für nöthig, die Ursache davon zuuntersuchen. Als diese drey Meister zugraben anfingen, fanden sie Adonirams Körper, und gaben denen übrigen Meistern so gleich ein Zeichen zu ihnen zukommen, und da sie alle ihren vorigen Meister wieder erkannten, so warfen sie zur Stunde auf einige von denen Gesellen den Verdacht, daß sie durch diese That Adoniram zwingen wollten, das Meister Wort von sich zugeben. In der Besorgung, daß er es ihnen möchte mitgetheilet haben, beschloßen sie augenblicklich es zuverändern, und an deßen Stelle das erste Wort anzunehmen, welches einer untern ihnen bey Ausgrabung der Leiche sprechen würde.

Sie gingen so gleich zum König Salomo, um ihm Bericht von dieser unglücklichen Begebenheit abzustatten, worüber der König sehr betrübt ward, und zum Zeichen der Liebe, die er vor dem Adoniram geheget hatte, alsbald Befahl, daß alle Meister die Leiche aufnehmen, und in den Tempel tragen sollten. Die neun Meister, welche vorher beschäftiget geweßen, diesen würdigen Vater aufzusuchen, gingen voran, um den übrigen den Weg zuzeigen, und da sie die Vorsichtigkeit gebraucht hatten, einen Acacia Zweig auf das Grab zustecken, bevor sie da von weg, und zum Salomo gingen, so haten sie nun keine Schwürigkeit, das selbe wieder zufinden. Und da der König Salomo ebenfals ihren Entschluß, das Meister Wort zu verändern, gebilliget hatte, so wurden sie untereinander einig, das erste Wort anzunehmen, daß werend der Aufgrabung der Leiche würde gesprochen werden, wie wir vorhero gesagt haben. Da begab es sich, daß einer von denen neun Meistern - denn diese waren es, welche allein den Leichnam in aller der übrigen Meister Gegenwart ausgruben -...«

Der Sekretär unterbricht seine Rede. Der Zweite Aufseher geht hin, versucht Mozart aus dem Sarg zu heben, läßt aber den Finger ausrutschen, und spricht dabei: »Jakin«.

Dann tut der Erste Aufseher das nämliche und spricht:» Boaz«. Endlich hebt der Großmeister Mozart auf.

Der Sekretär liest weiter: »Da begab es sich, sage ich, daß einer ihm bey dem vordersten Finger ergrief! allein die Haut lößete sich von dem Knochen, und blieb in der Hand zurück. Ein ander Meister faßte ihn so gleich bey dem Mittelfinger, allein es hatte gleiche Würckung. Der dritte von diesen Meistern, welcher ihn durchaus aufheben wollte, ergrief ihn an der vollen Hand, so wie man Ihnen bey dieser Aufnahme thun wird, allein die Haut lößete sich ebenfalß von den Beinen, wie die vorige Malen, worauf der Meister rufte: M[ac] B[enac] welches im Hebräischen bedeutet: das Fleisch lößet sich von den Beinen, oder der Körper ist verweßen.

Endlich nach dem diese Meister unsern unglücklichen Vater ausgegraben hatten, trugen sie ihn mit großer Pracht nach dem Tempel. Alle Meister waren in ihren Meisterschmuck gekleidet, und mit weisen Handschuhen versehen, um damit zu bezeichnen, daß keiner von ihnen so unglücklich geweßen sey, seine Hände mit dem unschuldigen Blute ihres Meisters zubesudeln. Da alle Meister bey diesem Begräbnis zugegen waren, und es beschloßen war, das Meisterwort zuverändern, so stelleten sie sich in einen Kreiß, und der erste gab das Wort an den Nächstfolgenden, und fuhren da mit fort, biß es alle wußten. Um den ungeschminckten Eifer des Verstorbenen zubelohnen, ließ Salomon eine silberne Schaumünze in dreyeckiger Gestalt schlagen, worauf das uralte Meisterwort I [ehova] gepräget war, und sie oben auf dem Sarge befestigen.«

Nun führt der Ceremonienmeister den neuen Meister zum Altar, um den Meisterschmuck anzunehmen. Der Großmeister gibt Mozart das Schurzfell und sagt: »Mein Bruder! Kraft des Amts, das ich bekleide, habe ich Sie zum Freymaurer Meister angenommen, und zum Zeichen dieses Grades, werden Sie dies Meister Schurzfell, als eine Belohnung der Dienste, welche sie unserm ehrwürdigen Orden bereits geleistet haben, tragen. Ich wünsche, daß es sie aufmuntern möge, den würdigen Wandel fortzusezen, wodurch sie es sich erworben haben.«

Mozart erhält das Meisterband und den Schlüssel mit den Worten: »Hier ist der Schlüßel von Elfenbein, an einem blauen Bande gebunden, den ich Ihnen umhänge, damit Sie wüßen, wie Sie ihn künftig tragen sollen, wenn Sie bei uns in unserer Versammlung sind. Dieser Schlüßel verschafft Ihnen den freien Eintritt in alle Lehrlings, Gesellen, und Meister Logen. Sie haben die Freiheit hereinzugehen, wann Sie wollen. Tragen Sie also diesen Schlüssel mit dem angeknüpften Bande zum Zeichen des Grades, den Sie jetz zu besitzen das Glück haben.«

Bei Austeilung der Kelle sagt der Großmeister: »Mein Bruder! Diese goldene Kelle, deren Nutz Sie bereitz wißen, ist an diesem blauen Bande befestiget, dem würdigen Grade zur Zierde zu dienen, den Sie jetz unter uns und in unsern Logen besitzen.«

Darauf erhält Mozart ein paar weiße Mannshandschuhe mit den Worten: »Besudeln Sie nie diese Handschuhe mit dem Blute ihrer Vorgesetzten, und befleißigen Sie sich, daß ihr Gewissen ohne Fleck und so rein seyn möge, wie die weiße Farbe dieser Handschuhe.«

Bei Überreichung der Frauenhandschuhe sagt der Großmeister: »Diese Frauenshandschuhe können Sie dem Frauenzimmer geben, für welches Sie die größte Hochachtung tragen. Begehen Sie nie die Niederträchtigkeit, eine Persohn von diesem Geschlechte durch falsche Versprechungen zu betrügen, und am wenigsten diejenige, der Sie diese Handschuhe bestimmen. Tragen Sie jedesmal in der Loge ein Paar an ihrem Schurzfelle zur Erinnerung dieses ihres Gelübdes.«

Hierauf gibt der Großmeister dem neuaufgenommenen Meister Mozart Zeichen, Wort und Griff, wobei er ihm auch das Zeichen der Gefahr zeigt. Nach der Einkleidung hört Mozart die Erklärung der Meisteraufnahme an, welche der Sprecher Matt vorliest:

Instructionen für Meister

»Würdige Brüder! alles was Sie bey der Aufnahme zum Freymaurer Meister gesehen haben, hat vermuthlich ihre Gedancken bereits auf dasjenige geleitet, was Sie von dem Tode unsers hochgeachteten Vaters Adonirams gehört haben, denn diese traurige Begebenheit ist der Grund zu allen dem, was Sie bey dieser ihrer Aufnahme erfahren, und ausgestanden haben; und so bald sein Sarg den Mittelpunckt unserer Loge einnimmt, so wird sie in Trauer gekleidet.

In eben dieser Absicht, und um der Vorstellung von unsers geliebten Großmeisters Tode desto nachdrücklicher und lehrreicher zumachen, hat man Sie auf eine so besondere Art aufgenommen, als es jetz geschehen ist. Wenn Sie dahero inskünftige einen Gesellen rücklings, und mit gegen die Thüre gewanten Augen, in die Meister Loge einführen sehen, so erinnern Sie sich Adonirams, welcher bey seinem lezten Eingange in den Tempel, nicht vorher sehen konnte, was für Gefahr ihm dort bevorstand; Bedenken Sie, daß unser aller Eintritt und Fortgang in der Welt, auf eben solche Art geschiehet. Wir sehen das Vergangene voller Zeügniße der Vergänglichkeit. Wir machen uns daraus Gedancken und Ausrechnungen über das Bevorstehende, wir wißen aber nicht, was für unvermuthete Zufälle unsre Reise schlißen, und das Grab öfnen, welches sich vor uns verborgen hat.

Drey merckwürdige Schritte that Adoniram zu eben so viel Thüren des Tempels: und drey harte Schläge muste er dabey erdulden, ehe er seinen Mord fand, und in das Reich der Toden eingeführet ward. Durch drey schwäre, und mit Gewaltsamkeiten verknüpften Schritte, haben Sie sich unserem, mit dem Zeichen des Todes geschmückten Altare genähert, und durch drey Schläge, sind Sie der Vollendung ihrer Aufnahme unter gangen. Gebohren werden, Sterben, und wieder Auferstehen, sind drey Schritte zu der in Osten aufgehenden Ewigkeit, und mit dem dritten Schritte wird es alsdenn abgemacht, ob wir zum Leben, oder zum Tode gereiset haben. Sie lagen an Adonirams Stelle, um seine Persohn im Grabhügel vorzustellen; allein es geschahe auch, um anzuzeigen, daß man einmal für seine eigene Persohn, dies harte Bett versuchen werde, denn in dem wir Adoniram im Schoße der Erden vorstellen, machen wir auf unserm Reißbred einen Entwurf zu unserer eigenen Ruhe, und erinnern uns, was für eine Herberge wir uns bereiten, wenn wir nach geschloßener Arbeit unsern rückständigen Lohn empfangen.

Man stellte ihre Füße in einen rechten Winckel; zum Beweise, daß diese Figur, welche einen winckelrechten Wandel abbildet, mit unsern Meister, selbst im Tode eine besondere Verbindung gehabt hatte; des gleichen zu einem Zeichen, daß die Richtigkeit in ihrem eigenen Wandel, ihnen auch in Grabe nachfolgen müße.

Das Getöse unsrer eilenden Füße, und das Geklirre unserer zusammen geschloßenen Degenklingen, sey Ihnen eine kräftige Erinnerung, von der Gefahr bey der beherzten Unternehmung unserer Vorfahren, als sie Adoniram aufsuchten; Es sage ihnen, daß sie sich eben bey dieser Begebenheit als unerschrockene Streiter bezeiget haben, welche sich vereiniget hatten, das Blut ihres Anführers zurächen. Wißen Sie gleich nicht, in wie weit sie Gelegenheit gefunden haben, ihren Heldenmuth würcklich an Tage zulegen, ehe Adoniram endlich begraben worden; so können Sie doch hieraus abnehmen, daß keine Saumseligkeit je einen eifrigen Maurer hindern wird, an einem gegen den Orden aufrührischen Meyneydigen, die Strafe auszuüben, wo zu er selbst einmal seine Einwilligung gegeben hat.

Sie können ebenfals finden, daß Einigkeit und Gerechtigkeit unter unserer geschloßenen Kette, auch jetz nicht verachte zu den Waffen zugreifen. Und wenn Sie künftig in einer solchen Stellung, die beyden Meister Worte flistern werden, so wohl das Neue, welches seinen Grund in der Zerstöhrung des Körpers hat, als das Alte, welches unsers Höchsten Baumeisters Name ist, welcher keinen Anfang der Tagen, noch Ende des Lebens hat; so erinnern Sie sich, daß während deßen, daß der Tod, Fleisch und Bein im Grabe voneinander trennet, wenn die Vergänglichkeit mit allen Waffen der Zerstöhrung über sie herauschet, so bereitet sich ihr unsterblicher Theil zu dem Augenblicke, da die ganze Macht des Todes mit eben so schnellen und brausenden Schritten, als er kann, zurücke weichen, und Ihnen zu ihrer Aufrichtung Raum laßen muß.

Daß eine solche Aufrichtung, so wohl mit Adoniram unter dem Ackazienzweig, als mit Ihnen unter ihrer Aufnahme durch drey Rückungen vorgegangen, erinnert Sie an ihren eigenen verderbten Zustand, aus welchem Sie aufstehen mußen. Ihr wiederstreben machet, daß des Höchsten Meisters /:Hülfreiche:/ Hand, Sie oft vergeblich an der Hand nimmt, und Sie aus ihrem Blute aufzuheben suchet; wiedersezen Sie sich ihrer Aufhebung nicht zulange.

Vermißen Sie diesen höchsten Baumeister aller ihrer Glückseeligkeit, so folgen Sie den Befehlen ihres himmlischen Salomons, ihren verlohrnen Meister aufzusuchen, der für Sie gestorben ist, und in dem Schein seines besondern Lichtes, der Offenbarung, wieder gefunden wird, wenn derselbe einmal gefunden worden, so ist ein Dorn und Distelzweig geschickter als eine Lilie, die Umstände zubezeichnen, die seiner Theilhaftigkeit folgen.

Werden Sie inzwischen nicht müde, sich hier noch weiter unsers würdigen Adonirams zuerinnern, und laßen Sie sich die vor ihren Augen liegende Tafel, darinn behülflich sein. Diese Tafel ist überall mit Thränen besäet, Thränen die unser geliebtes Opfer so würdig verdienet hat, sie wurden von den Meistern, welche der König Salomon zu seiner Aufsuchung aussande, häufig vergoßen, und von denen, welche seinem Begräbniße beywohnten.

Der König ließ daßelbe auf das kostbahreste und würdigste veranstalten, um den Eifer und die Treue zubelohnen, die dieser rechtschaffene Vater aller Freymaurer biß zum äußersten bewiesen hat.

Sein Sarg ist hier ebenfals vorgestellet, bey Erbliegung [=Erblickung] deßelben muß man nie vergeßen, sich der Unschuld dieses unsers verehrungswürdigen Vaters zuerinnern, und sich allezeit suchen zubemühen, den so würdigen Adoniram zum wenigsten darinn zugleichen, daß wir ein unbeflecktes, und von aller Anstekkung reines Gewißen biß zur lezten Stunde des Lebens erhalten mögen.

Das alte Meister Wort, finden Sie eingegraben auf seinem Sarge. Er hat es sich nicht abzwingen laßen, sondern hat es mit ins Grab genommen, ungeacht man große Gewalthätigkeiten an ihm ausgeübet. Er wollte lieber ein Opfer werden, als das entdecken, was geheim seyn muste. Wir finden darinn ein Beyspiel, daß uns zu einer tugendhaften Verschwiegenheit, und zu einem unveränderlichen Eifer für unsern Edlen und ruhmwürdigen Orden, aufmundern muß, welches unser liebenswürdiger Vater, mit der grösten Genauigkeit, so gut und so bewundernswürdig, biß an das Ende seiner Tage beybehalten hat.

Der Todenkopf, und die ins Kreütz gelegten Gebeine: sind traurige Erinnerungs Zeichen, welche uns vorgeleget werden, damit solche Bilder des Todes uns nicht erschröcken, sondern daß wir unsere Pflicht gegen den Orden, höher halten mögen, als unser Leben, welches wir schuldig sind für den Orden, und zum Wohl und Sicherheit unserer Brüder aufzuopfern; denn uns lieget haubtsächlich ob, niemals die Gelegenheit aus der Acht zulaßen, da wir in diesen beyden Stücken nutzen schaffen können.

Der Acacia Zweig, der auf dem Sarge lieget, ist ein Bild von dem Acacia, oder Distelzweige, welchen unsere Brüder auf der Spitze des Berges, beym Haubte unsers würdigen Vaters einsteckten, als sie seinen Körper zu erst wiederfanden. Dies sind die Lorbeer und Palmzweige, welche er erhalten, aber nicht diejenigen, welche dieser unser würdige Ritter des Freymaurer Ordens, so rühmlich verdienet hat.

Der Zirckel und Winckelmaaß, zwischen welchen Sie den Sarg eingeschloßen finden, und zwischen welchen man Sie als Meister vortreten laßen, erinnern Sie, daß diese Zierathen, von denen das leztere dem Orden die Gestalt gegeben, das Erstere aber Ihnen gelehret hat, alle ihre Verrichtungen nach dem Zirckel der Tugend abzumeßen, Ihnen auf allen Freymaurer Tritten als Densksprüche und Sinnbilder folgen müßen, damit Sie in ihrem Wandel, die Pflichten des Ordens genau in acht nehmen, und alle ihre Schritte so einrichten, und so behutsam abmeßen mögen, daß Sie durch keine Fehltritte die Verbindungen kräncken, welche Sie als ein rechtschaffener und würdiger Freymaurer Ritter und Meister mit uns eingegangen sind.«

Darauf wird der Ordens-Secretaire aufgefordert, die Gesetze vorzulesen, die der Meisterloge vorgeschrieben sind.

Allgemeine Verordnungen

»Was besonders unter den Freymaurer Meistern in ihren Logen beobachtet werden muß, bestehet: In der Art in eine Meisterloge einzugehen, das Wort zu begehren, vorzutragen was zum besten des Grades dienen kann; die Besuchende einzuführen, und die Loge zubedecken oder abzutreten.

Die Meister gehen auf eben die Art in die Loge ein, als die von denen niedern Graden, jedoch mit dem Unterschiede: daß sie als Meister klopfen, unter den Meisterzeichen eintreten, und verbunden sind, an den Wachthabenden Bruder, das Mot de paße, oder die Loßung als Meister, und nicht als Gesellen oder Lehrlinge abzugeben.

Was man in einer Meister Loge, zum besten des Grades kann anzubringen haben, geschiehet mit eben den Umständen, als in der Lehrlings Loge, und die Meister haben keine andere Art, das Wort zubegehren, als die, welche in den niedern Graden gebräuchlich ist, ausgenommen den Meisterschlag.

Gleichfals richten auch die Meister ihre Rede an den Großmeister, wofern sie nicht einen von den übrigen Brüdern anreden wollen, in welchem Fall man, nach dem man das Wort begehret, und Erlaubniß erhält, sich mit seiner Rede an den Brüdern N.N. zu wenden hat, auf eben dieselbe Art, wie in den niedern Graden geschiehet, nur daß man das Word, würdiger, da zu sezet.

Der Zeremonienmeister verführet mit den Besuchenden auf einerley Art, wie in den niedern Graden, es mögen Ausgesande, oder Gewöhnliche seyn. Wenn sie die Känntniße besitzen, so unterrichtet er sie in den Sitten und Gebrauchen der Loge, und nimmt sie mit den Fragen an, welche in den niedern Graden an besuchende Brüder gewöhnlich geschehen, weil sie allgemein sind.

Die Meister bedecken die Loge auf ebendie Art, als es die Lehrlinge und Gesellen thun müßen, und leben in allen übrigen Stücken denne nach, was die Gesäze der

Gesellen und Lehrlinge vorschreiben.«

Nun unterrichtet man Mozart in der Erkennungsart der Freimaurer-Meister, das sind Zeichen, Handgriff, Wort, Losungswort und Entsetzungszeichen. Zuletzt wird der Katechismus der Meister durchgegangen, und der Großmeister schließt die Loge, nachdem er vorher gefragt hat, ob etwas zum Besten des Grades vorzutragen sei.

Mit diesen Worten endet die Aufnahmezeremonie.

Meisterteppich aus den Akten der Asiatischen Brüder

—

Arbeiten Wiener Maurer

oder

Ein Heuchler, der die Tugend nachahmen will, kann sie nur mit Wasserfarben nachahmen.

3.1 Trivialisierende Tendenzen

Intensives Streben nach Selbstvervollkommnung und die Verbreitung von Bildung und Aufklärung in Borns und Gemmingens Loge konnten das adelig-militärische Element in benachbarten Bauhütten nicht überdecken, vor allem, wenn die Mitglieder aus aristokratischen Kreisen stammten. So ließen die Kavaliere der Loge »Zur gekrönten Hoffnung« keine passende Gelegenheit verstreichen, ihren ritterlichen Neigungen zu frönen. Obrist-Hofstallmeister Dietrichstein, Chef der kaiserlichen Reitställe und seit 1783 Oberhauptdirektor der Rosenkreuzer in Wien, ließ seinen cheveralesken Passionen dabei gerne die Zügel schießen.[1]

Eine solche Gelegenheit bot im April 1784 der aus London mit einer Kunstreiter-Gesellschaft angereiste Bruder Hyam. Sein »Royal Circuit« fand bei den ungarischen und gallizischen Leibgardisten großen Anklang, besonders die Damen der Truppe. Unter ihnen hatte die jugendliche zweite Frau des alternden Direktors, Missis Hyam, das Interesse des obersten Freimaurers in kaiserlichen Landen, Dietrichstein, erregt. Die kunstsinnigen Wienerinnen der ersten Kreise dagegen delektierte der Anblick des 22jährigen Charles Hyam, Sohn des Direktors aus erster Ehe. Dieser, ein Adonis an Schönheit und Herkules an Kraft, machte nicht nur im Sattel eine blendende Figur.

Damals wurde Fürst Dietrichstein definitiv zum Landes-Großmeister aller erbländischen Maurer erkoren, und der Verkauf seiner Herrschaft Proskau an Friedrich II. war beschlossene Sache. Diesen doppelten Anlaß galt es zu feiern. Anfang Mai gab der Fürst in seinem Palais in der Währingergasse ein Fest, zu dem auch Direktor Hyam senior und seine schöne Gattin geladen waren.

»Leider wurde letztere, die wie ein Dragoner trank, unwohl und wollte nach Hause, wozu sich ihr Gemahl aber nicht verstand. Der Fürst war galant genug, die Unpäßliche in seiner Equipage heimzuführen. Nach Verlauf von zwei Stunden erschien er wieder im Kreise seiner Gäste. Director Hyam hatte unterdessen beim

1 Nach Abafi Bd. 4 S. 223.

freimaurerischen Theil derselben [Feier] die Idee angeregt, man müsse dem Fürsten, aus Dankbarkeit für das heutige Fest, zu seinem Namenstage eine recht sinnige Überraschung bereiten.«[2]

Der Vorschlag fand allgemeinen Beifall, und Hyam übernahm die Aufgabe, eine Circusveranstaltung als maurerische Pantomime zu choreographieren. Alle berittenen Brüder, Lehrlinge, Gesellen wie Meister der Loge »Zur gekrönten Hoffnung« sollten zu Pferde mitwirken. Der Plan wurde entworfen, die Rollen verteilt und fleißig geprobt. Beim Johannis-Fest des Jahres 1784 wurde das masonische Roßballett exekutiert.

Die Personen der Pantomime und ihre Darsteller waren: König Salomo: Mr. Hyam himself; Adoniram, Baumeister des Tempels: Johann Graf Esterhazy; ein Leutnant stellte die Königin Saba dar, und drei ungarische Leibgardisten spielten die drei mörderischen Gesellen im Tempel. Mitwirkende und Zuschauer waren ausnahmslos Freimaurer, und um masonische Exclusivität zu sichern, mußte jedermann beim Eintritt das Paßwort geben.

Alle Wiener Logen waren vertreten, und auf einer eigenen Bühne war versammelt, was Rang und Namen hatte in der Nationalloge von Österreich: angefangen von den Landes-, Provinzial- und Distriktgroßmeistern über hohe Staatsbeamte und Offiziere bis zum Kammermeister des Erzbischofs sowie Vertretern der Wiener Künstler und Gelehrtenwelt, darunter Hofsänger Valentin Adamberger. Auch Joseph von Sonnenfels in eigener Person war zugegen.

Die »Roß-Komödie«, wie man in Wien sagte, dauerte von 7 bis 1/2 9 am Abend, ihr Titel lautete: »Adonirams Tod« - - -.

Aber der Höhepunkt der Veranstaltung stand noch aus. Fürst Dietrichstein, vom chevaleresken Gepränge überwältigt, ließ Direktor Hyam zum Dank für das gelungene »Roß-Ballett« einen Wunsch frei. Da fielen der alte Kunstreiter und seine junge Frau über den Fürsten her und bestürmten ihn mit der Bitte, hier und jetzt, vor den versammelten Wiener Freimaurer-Nobilitäten, Charles Hyam junior zum Freimaurer zu machen, und zwar zu Pferd. Der Fürst selbst aber möge die Rolle des einführenden Paten übernehmen. Das wurde dem Landesgroßmeister schwer. Aber all sein Bedenken und Sträuben halfen ihm nichts, er hatte sein Wort gegeben und mußte den Bitten der kessen Kunstreiterin und ihres biederen Gatten nachgeben. Unverzüglich ließ er Anstalten zur Aufnahme treffen. Graf Paar fuhr ins Logenlokal, um die nötigen Requisiten zu holen, während der Circus in Eile notdürftig zur maurerischen Aufnahmeloge umdekoriert wurde.

»Hierauf wurde zur Arbeit geschritten und die ganze Aufnahme zu Pferd bewerkstelligt. Die berittenen Brüder hatten einen Kreis gebildet, in welchem der junge Hyam zu Pferd mit verbundenen Augen eingeführt und so aufgenommen wurde; blos beim Schrittmachen mußte er absteigen. Als Frere terrible fungirte der schweizer Riese Hans Klaus, gegen dessen Mitwirkung die Brüder anfangs prote-

2 Ebda..

stiert hatten, sich aber beruhigten, als Hyam durch ein Certifikat nachwies, dass derselbe in seiner Heimath bei einer [Loge] als frere servant bedienstet gewesen sei.«[3]

Bruder Klaus saß auf Hyams stärkstem Hengst und erreichte mit den Fußspitzen den Boden. Bei der Wasserprobe mußte er »mit einem großen Blech donnern« und bei der Feuerprobe »mit Geigenpech blitzen«. Da scheute der Hengst und Bruder Klaus fiel fast vom Pferd. Als jedoch der Ceremonienmeister mit einer Lanze vom Sattel herab dem neuen Lehrling den Tapis erklärte, weil sein Degen zu kurz war, machte er eine so komische Figur, daß »alle heimlich gelacht haben und auch der neue Bruder das Lachen kaum verbeißen konnte.«[4]

Es heißt, Fürst Dietrichstein habe mit dieser maurerischen Roßkomödie dem Orden weniger Ansehen als Popularität verschafft.

3 Ebda. S. 225.
4 Ebda. S. 226.

3.2 Ordnung des Ordens durch Joseph II.

Treffend skizzierte Friedrich Münter im Herbst 1784 Josephs Verhältnis zu den Logen: »Der Kaiser ist nicht selbst Maurer, er kennt die sache aber, soviel er davon zu wissen nöthig hat, und kennt alle Mitglieder der Logen, da ihm die Listen jährlich gegeben werden«.[1]

Der steil aufsteigende Stern der Freimaurerei stellte in den kommenden Monaten die ganze Organisation und ihre führenden Vertreter ins Licht. Die Logen und ihre wachsende Mitgliederzahl wurden in der Öffentlichkeit registriert, und der einzelne Maurer mit Maßstäben gemessen, die die Gemeinschaft selbst wortgewandt und wirkungsvoll aufgerichtet hatte.[2]

Angesichts dieser Entwicklung erhoben sich für den nüchtern denkenden Kaiser ordnungspolitische Probleme, die er, ohne auf die Betroffenen Rücksichten zu nehmen, in bekannt rigoroser Manier anging und mit einsamen Entschlüssen beendete.

Als Modell für die Reorganisation der Freimaurerei schien Joseph II. eine Maßnahme geeignet, die zwei Jahre zuvor bei der Ordnung des gesamten religiösen Lebens durchgeführt worden war.

Im Frühjahr 1783 hatte der Kaiser dekretiert, »sämtliche Gattungen der dermalen bestehenden Bruderschaften aufzuheben und dafür nur eine künftige unter dem Namen der Nächstenliebe, so zugleich die Suffragia für die sterbenden Brüder verrichtet, einzuführen.«[3] Als Begründung dieser Umgestaltung der seit dem Mittelalter bestehenden, auf freiwillige Frömmigkeitsübungen, Buße und Nächstenliebe, auf Krankenpflege und Totenbestattung ausgerichteten katholischen Vereinigungen gab der Kaiser eine für das Publikum unverständliche Erklärung ab: »Da aus vielen sehr nützlichen Handlungen theils durch Nebenabsichten, theils durch übertriebenen Eifer öfters dem Staate und der Religion schädliche Mißbräuche und Unordnungen erwachsen, so hat sich ein Gleiches auch durch die übermässig vermehrte Zahl der Bruderschaften ergeben.«[4]

1 Rosenstrauch-Königsberg, a.a.O. S.74.

2 Vgl. »Freymaurerregeln /nach dem / Französischen / des Conventschlusses / zu / Wilhelmsbad. // Den Brüdern gewidmet / von B**. Im Jahre 5785.« S.7ff. Vgl. ebenso: »Allgemeine / Grundregeln/ der / Freymaurer// Nebst einer / Rede / über den Zweck / der Maurerey // Preßburg 1784 passim.«

3 KAP 28 Nr. 36.

4 Abafi Bd. IV S. 327.

Die von oben verordnete Einheitsbruderschaft stieß, wie die kirchenpolitischen Reformen Josephs II. insgesamt, auf wenig Gegenliebe beim Publikum. Dies hinderte den Kaiser nicht, 1785 die Freimaurerei über den gleichen Kamm zu scheren.

Unmittelbarer Anlaß für die neuen Maßnahmen war ein Vorfall, der sich aus folgendem Handbillet des Kaisers an seinen »Polizeiminister« entnehmen läßt. Am 8. Februar 1785 schrieb Joseph II. - offensichtlich reichlich verärgert - an Graf Pergen:

»Sie werden von Seite der Polizey alle mögliche Sorgfalt dahin verwenden lassen, daß die Urheber desjenigen sich gestern verbreitenden falschen Rufes, als ob bey dem Burg-Theater geschossen worden, und dieser Schuß auf mich gerichtet gewesen wäre, entdeket und mir zur ernstlichen Bestrafung eines so höchst vermessenen Vorgebens angezeigt werden. Zugleich ist sich auch angelegen zu halten, die Quelle einer anderweiten sich in der Stadt durch ausgestreute Abschriften eines von mir ergangen seyn sollenden Handbillets, worinn die Polizey zu Aufhebung der gesamten hiesigen Freimaurerey ihr Amt zu handeln angewiesen würde, verbreiteten falschen Nachricht ausfindig zu machen.«[5]

Es ist widersprechend gemutmaßt worden, wer hinter der letztgenannten Aktion stand. Einerseits hieß es, dieses ominöse Falsificat stamme aus kirchlichen Kreisen und habe die verbotenen Jesuiten zum Urheber, andererseits meinte man, eine gezielte Indiskretion aus führenden Freimaurerkreisen zu erkennen. Aber die wahren Urheber des falschen kaiserlichen Handbillets blieben im Dunkeln.

Bei der Untersuchung von Verdächtigen stieß die Polizei auf einen gewissen Doktor Rebsamen, einen jüdischen Arzt von bedeutendem Ruf, der ein kaustischer Witzbold und namentlich in maurerischen Kreisen bekannt und gefürchtet war und der angeblich schon sein loses Maul in verschiedenen Schmähschriften gewetzt hatte. Ein Denunziant gab belastend zu Protokoll:

»Als einmal der D[oktor] Rebsamen in der schon angezeigten Gesellschaft (ich war auch zugegen) so sehr über die Freymaurer schimpfte, fragte ihn Kronauer, was er sich denn für einen Begriff von einem Freymaurer mache? 'Ich (war Doktors Antwort) glaube gar nicht, daß es einen wahren Freymaurer gibt; denn ein wahrer Freymaurer ist derjenige, welcher in die Luft scheißen, (es sind seine eigenen Worte) und machen kann, daß es frey hangen bleibt.' Kronauer erinnert sich dessen gewiß noch.«[6]

Dies ist das einzige, was in den Polizei-Akten zu dieser Angelegenheit sicher zu lesen ist; der Rest ist verbrannt. Weitere Fakten ergeben sich aus den Kabinettsarchiv-Protokollen:

5 KAP 36 Nr. 123.

6 AVA Wien POD Pergen-Akten XB-1, H4. Vgl. dazu G.Brabbée in: Die Sphinx. Wien 1873 S.52. Rebsamen kolportiert auch die Aussage Kaiser Joseph II., »die Freimaurerlogen seien nichts weiter als männliche Kaffeeschwestergesellschaften.« Ebda..

Am 12. Februar 1785, also vier Tage nachdem das Gerücht über die angeblich beabsichtigte Aufhebung der gesamten Freimaurerei ans Tageslicht und an den stets besser als die Polizei informierten Kaiser gelangte, lag eine »Vorstellung des Fürst Dietrichstein zu Hintanhaltung der unächten Maurerey und ihrer Winkel Logen« vor.[7]

Der oberste Freimaurer in österreichischen Landen machte selbst Vorschläge, um Echtes von Unechtem, was immer das für ihn war, zu trennen. Der Kaiser bat darauf seinen Oberst-Kanzler Graf Kollowrat, den führenden Freimaurer, um ein Gutachten mit folgendem Handbillet:

»Über Nebengehende Vorstellung, welche mir der Fürst Dietrichstein nebst einem Verzeichniße der in den Erblanden bestehenden Freymaurer Logen übergeben hat, werden Sie Mir ihr Gutachten eröffnen, ob und was diesfalls veranlaßt werden könnte.«[8]

Graf Kollowrat reichte die verlangte Antwort am 21. Februar 1785 ein. In den Kabinettsarchiv-Protokollen ist dazu vermerkt:

»21. Febr. Von Graf Kollowrat. Nota sine dato mit seinem Gutachten über die Vorstellung des F/ürsten/ Dietrichstein zu Hindanhaltung alles Unfugs und der Winkel Logen in der erbländ/ischen/ Maurerey.«[9]

Der Kaiser ließ seinem Oberst-Kanzler Graf Kollowrat daraufhin folgende Resolution zukommen:

»Ich begnehmige Ihren Antrag, und werden Sie darnach das Nöthige mit der gehörigen Vorsicht veranlassen; ganz beruhigt, daß dieses geheime Verbindungsgeschäft, so durch Ausbauung des Tempels Salomonis und durch hieroglyphische Züge Auslegung die Menschen zu guten Bürgern bilden und Rechtschaffenheit in ihnen aufkeimen machen soll, unter der Leitung des F[ürsten] Dietrichstein und ihrer Oberaufsicht als so bekannten Biedermännern zum erwünschten Zweck gelangen wird, da mir ganz gleichgültig ist, wenn nur das Gute geschicht, ob es wissentlich oder unwissentlich der Mittel dazu geschehe.«[10]

Damit schien die Sache der Maurer in besten Händen. Der Kaiser war mit Kollowrats Vorschlägen zufrieden gestellt. Kollowrat informierte seine Logenbrüder: »S[eine] M[ajestät] geruhten über die von dem Fürsten von Dietrichstein als Landes Grosmeister der Freymaurerey sehr gründlich verfaßte Anmerkungen Sich mit mir zu besprechen. Allerhöchst Selbte sind allerdings geneigt, diesen dem Staate nüzlichen und die Menschen bildenden O[rden] zu geduIten, weil bey selben eine solche Ordnung eingeführet ist, daß die politische Aufsicht gesichert seyn kann; daß alle geschehene Zusammenkünfte nur wahre und ächte Freymaurer [Logen] seyen, welche nur von rechtschaffen denkenden Staatsbürgern besucht werden, und daß endlich auch deren Zahl nicht allzusehr vermehret werde. Um nun dies zu

7 KAP 35 Nr.190.
8 KAP 36 Nr.138.
9 KAP 35 Nr.359.
10 Ebda..

erreichen, ist allerdings nothwendig 10 nach den eigenen Antrag des Nazional Großmeisters die Häuser der existirenden rechtmäßigen [Logen] der Policey zu wissen zu machen, auch jede Veränderung der Wohnung allemahl wiederum anzuzeigen.« Solchergestalten werden die Maurerlogen »gleichsam unter dem Schutz der Policey stehen« und daher »derley ächte [Logen] blos allein in die Haupt und größere Städte beschränkt seyn, allwo die Policey OberAufsicht würklich bestehet.«[11]

Wann Kolowrat diesen Bericht den Logenbrüdern vorgetragen hat, ist fraglich. Wahrscheinlich wurden zunächst nur wenige eingeweiht. Kundige mußte dies stutzig machen. Die Vorschläge des Nationalgroßmeisters Dietrichstein lagen präzis auf der offiziellen Linie des Kaisers. Diese zielte im aktuellen Fall der Freimaurerei wie im erledigten der Bruderschaften aber auf absolute Unterordnung unter die staatliche Oberhoheit. Sie bewirkte strikte polizeiliche Kontrolle und ermöglichte Übergriffe staatlicher Organe in die Logen. Für Eingeweihte zeichnete sich bereits das Fiasko ab, dem die Entwicklung zusteuerte.

Franz Joseph Graf Thun durchschaute das Spiel bald. Durch die gesellschaftlichen Kontakte seiner Frau zum engsten Kreis um den Kaiser stets bestens informiert, zog er als erster Konsequenzen. Am 29.3.1785 wurde in der »Wahren Eintracht« sein Schreiben abgelesen, aus dem hervorging, daß er »die Repraesentanten Stelle bey der Bezirks[Loge] und den Hammer als deputirter Meister niederleget, allen Repraesentations Aufträgen auf beständig entsaget und unsere [Loge] auf unbestimmte Zeit decket.«[12]

Sonnenfels erhielt die Nachricht, Thun beabsichtige, »nur in den ebenen Reihen seiner verehrungs=würdigen Brüder unbemerkt zu bleiben, und die gläntzenden Lichter in Osten still zu bewundern.«[13]

Eine klare Absage an die Ordensleitung.

Es hieß damals in Wien, Born vermöge bei Dietrichstein alles, und letzterer habe das Ohr des Kaisers. Man spielte hoch und verlor den Boden unter den Füßen.

Fürst Dietrichstein hatte obendrein private Sorgen. Zwei Jahre zuvor hatten die Dietrichsteinschen Untertanen beim Kaiser »eine Bittschrift um Nachlaß der unmäßigen Herrschaftsgiebigkeiten« eingereicht, jetzt kam der Name des Obrist-Hofstallmeisters erneut ins Gerede. Sein minderjähriger Neffe verspielte in einer Karnevalsnacht an zwei skrupellose Kavalliere ein rundes Vermögen von achtzehntausend Gulden. Gräfin Dietrichstein, geborene Salzburg, bat in einer ehrenhaften Eingabe, »für ihren Sohn auf das Fidei Commiß Geld aufnehmen zu dürfen zu Tilgung der Spielschuld«.[14]

Der Kaiser aber hatte inzwischen anders entschieden. Die drei Spieler sollten die patentmäßige Strafe von je 300 Dukaten wegen verbotener Spiele zahlen; die

11 VA 63 f. 13-15. Vgl. dazu Anm. 55.
12 VA 89 f. 217.
13 VA 66 f. 594.
14 KAP 35 Nr. 380.

Wechsel des jungen Grafen Dietrichstein wurden vernichtet und dem Aussteller ein scharfer Verweis »wegen Übertretung der öffentlichen Befehlen« gegeben.[15]

Fürst Dietrichstein erhielt von höchster Stelle die Vormundschaft über diesen mißratenen Neffen, - wohl ein Halbbruder von Mozarts Cherubino. Er bat indessen um Enthebung von diesem ungeliebten Amt und der Kaiser stimmte verärgert zu.[16]

Aber nicht nur Dietrichstein selbst, sondern auch seine Freunde kamen in Schwierigkeiten, die das Bild der Wiener Maurer öffentlich in Mitleidenschaft zogen. Selbst der »Dietrichsteinsche Rath« Joseph von Sonnenfels, dem Hause des Fürsten in alter Solidarität dankbar verbunden, Distriktgroßmeister und ehemaliger Redner der »Wahren Eintracht«, einer der prominentesten Maurer in Wien, geriet in diesen Jahren persönlich arg unter Beschuß. Zunächst beschuldigte ihn der Verleger Trattner. Van Swieten mußte darüber an höchster Stelle berichten.[17] Noch schlimmer war, daß der Jude Isaak Lazarus Sonnenfels wegen Wuchers denunzierte.[18] Dies Delikt war dem Kaiser ein Dorn im Auge, doppelt anrüchig bei einem Mann, der für seine ehemaligen Glaubensgenossen die Grundrechte erfochten hatte.

In den Grabenkämpfen, die nun ausbrachen, sollte die Freundschaft zwischen Born und Sonnenfels zerbrechen. Born konstatierte später verbittert, Sonnenfels habe ihre gemeinsamen Ideale verraten.

Dies ist nur die halbe Wahrheit. Anciennitätsrangeleien ehrgeiziger Rivalen spielten wohl die entscheidende Rolle. Denn skrupelloses Machtstreben erstickte den Ruf nach Brüderlichkeit, und maurerisches Ethos verblaßte zu leerer Hülse. Friedrich Münter urteilte über die Wiener Maurer im Herbst 1784 in seinem maurerischen Tagebuch:

»Der Genius der Brüder in Wien ist im allgemeinen nicht gut, eine Folge von vorigem Katholizismus, mit dem haben die meisten das ganze Christenthum verworfen und halten die Loge für den Ort, an dem sie geradezu über diese Sache predigen können. Ich hörte so einige Reden an, die zwar nicht unmittelbar davon handelten, die aber jeder so auffassen konnte, und mußte, sobald er nur im geringsten drauf acht gab. Alle praktische Religion soll Priesterwerk seyn.«[19]

Trotz der Lippenbekenntnisse der Maurer läßt sich nicht leugnen, daß Münter die Dinge richtig sah. Das Verhältnis vieler Maurer, vor allem der Illuminaten, zur katholischen Kirche war gestört. Die kirchliche Rechtsposition zu den Maurern generell war in zwei Enzykliken bereits 1738 und 1751 formuliert; Franz von Lothringen, der Vater des regierenden Monarchen, hatte schon Vorsorge getroffen, daß diese Bannbullen in den österreichischen Landen nicht approbiert wurden, ein Balanceakt, der dauernde Spannungen nach sich zog. So kam es, daß in Mozarts

15 KAP 35 Nr. 313.
16 KAP 35 Nr. 557.
17 KAP 35 Nr. 388.
18 KAP 38 Nr. 404.
19 Zitiert nach Rosenstrauch-Königsberg a.a.O. S. 73.

Wiener Jahren die Kirche Spitzel in den Logen unterhielt. Kardinal Migazzi verstand es, den einen oder anderen treuen Maurer zum Kirchenagenten umzupolen, so daß er über alle Arbeiten der Brüder stets auf dem Laufenden blieb. Diese Praxis führte zu fortwährenden Scharmützeln zwischen den Parteien. Wie die Maurer konzertierten, um Migazzi auszuspielen, mag folgende Episode erhellen:

Im Frühjahr 1785 erschien in Wien eine Broschüre mit dem Titel »Die Vertreibung der Jesuiten aus China«. Die Zensur verbot das Elaborat. Daß indessen Bücher, die auf dem Index stehen, besonders gefragt sind, war auch in Wien keine Neuigkeit. Um dem Kaiser zu demonstrieren, wie wirkungslos die Zensur blieb, ließ Kardinal Migazzi dem Hofrat Puchberg ein angeblich frisch erstandenes Exemplar des verbotenen Titels überreichen. Puchberg sandte das Corpus delicti an Baron van Swieten, den Chef der Zensurbehörde, mit der Bemerkung, die Broschüre habe der Kardinal überreicht, um zu beweisen, »daß solche zwar verboten, aber gegen Erlaubnißzettel ausgefolgt wird.«[20]

Allmählich sickerte in Freimaurerkreisen durch, woher der Kardinal sein Exemplar bezogen hatte. Denn Graf Kollowrat informierte Joseph II. durch die »Nota vom 16ten April mit der Auskunft, daß der Kardinal Migazzi die bewußte Brochure bey ihm auf dem Tische angetroffen und mit sich genommen habe.«[21]

Migazzi war entlarvt, er hatte ausgerechnet das Zensurexemplar selbst entwendet. Aber er gab nicht auf. Am 7. Mai sandte er an die höchste Stelle eine »Vorstellung ohne Datum und Unterschrift gegen das sich verbreitende Gerücht, daß er dem Graf Kollowrat die Brochure von der Verjagung der Jesuiten aus China mit List vom Tisch genommen habe solle.«[22]

Profane und Maurer machten sich auf diese Episode ihren eigenen Reim. Der Kaiser fand seine alten Vorbehalte gegen den Kardinal[23] bestätigt und besiegelte die Angelegenheit mit dem salomonischen Urteil: »Si fecisti nega de reliquo olet fama.«[24] Wenn du Unrecht getan, besorgt den Rest das Gerücht.

Er gedachte, den Kirchenmann empfindlicher zu treffen, nahm zwei Monate später dessen »geistliche Bigamie« aufs Korn und schrieb am 19. Juli 1785 an Fürst Kaunitz, daß »dem Kardinal Migazzi, der itzt 2 Bistümer, nämlich das Wiener

20 KAP 36 Nr. 371. Münter erläutert: »Gestern (= 23.Sept.1784) wollte ich Petzels Marokkanische Briefe haben, die verboten sind; ich musste im Buchladen schreiben: 'Ich erbitte mir von der Kaiserlichen Censur zu meinem Gebrauche die Marokkanischen Briefe. Münter.' diess ist an die Censoren, u. von ihnen an Baron Swieten gegangen, der es nun ausfertigen muss durch Unterschrift. Er schlägt selbst höflich ab. Einer hübschen jungen Frau, die den Horus lesen wollte, schrieb er, er könne es nicht übers Herz bringen, so eine hübsche Dame sich bey einem so garstigen Buch ennuyiren zu lassen.« Münter Tagebücher S. 81f.

21 KAP 35 Nr. 314.

22 KAP 35 No. 131.

23 Münter, selbst protestantischer Theologe und später Bischof von Seeland, beschreibt ihn so: »Migazzi, ein kleiner freundlicher Pfaff, prächtig als Cardinal angezogen, mit dem Stephansorden behängt...« Münter Tagebücher S. 98

24 KAP 35 S. 135. Nr. 131.

Erzbistum und das Bistum Waitzen in Hungarn besitzet, freygestellt wurde, eines von beiden zu wählen.«[25]

Die Wahl fiel dem siebzigjährigen Kardinal schwer. Er entschied sich für Wien und segnete fünf Jahre später den spartanischen Sarkophag, in dem sein kaiserlicher Widersacher in der Kapuziner-Gruft zur letzten Ruhe gebettet wurde.

Franz Anton Zauner: Genio Bornii
Gips-Skulptur, bronziert, 1785

25 KAP 36 Nr. 607.

3.3. Nimbus des Großmeisters Born

Harte Kritik der Fachgenossen und Neid unter Kollegen gehörten, wen wunderts, zum Alltag im K. K. Münzamt in Wien. Born blieb davon nicht verschont. Er unternahm in seinem Laboratorium in der Alser Vorstadt beim Apotheker Boisnang kostspielige chemische Versuche, um Edelmetalle besser und billiger aus Erzen zu lösen. Hatte er vielleicht zuvor den Sethos-Roman von Abbé Terrasson studiert und dort den Stein des Weisen für seine Amalgamationsmethode gefunden?

In Ägypten, so steht im Sethos zu lesen, war das wahre Geheimnis, das Gold aus den Erzen zu scheiden, bekannt. Vorher brachte man es nur durch sehr mühsames Klopfen und wiederholtes Schmelzen heraus. »Die Egyptischen Priester lehrten aber, daß das Quecksilber, wenn es auf das einigermaßen klein gestoßene Gestein gegoßen wird, das kostbare Metall in sich aufnimmt; daß es sehr leicht sey, dies Amalgama, oder dies Gemisch von Sand oder kleinen Steinen, die noch dabeywären, zu säubern; und daß man alsdann das Quecksilber nur dürfe wegdünsten lassen, um das reine Gold auf dem Boden des Gefäßes zu finden. Sie sagten weiter, daß diese Eigenschaft des Quecksilbers sich auch auf das Silber erstrecke, weiter aber nicht, denn mit unedlen Metallen vereinige es sich nicht.«[1]

Born übernahm diese Methode und versuchte sie zu verbessern. Am 12. November 1784 legte er das Ergebnis seiner Experimente mit folgender Erklärung dem Hofkammerpräsidium vor:

»Allerunterthänigster Vorschlag und Bitte
An seiner Majestät
von mir
Ignaz von Born, k. k. Hofrath

über eine vortheilhaftere Art das Silber und Gold aus den Erzten zu bringen, und um Erlaubniß darüber eine Probe abführen zu dürfen.

1 Sethos, übersetzt v. Matthias Claudius, 1777/78 S. 461. Borns Verdienst ist die Einführung der sog. »amerikanischen Methode« in Europa. Vgl. Gmelins Handbuch der Anorganischen Chemie, 8. Auflage, Bd. »Gold«, Weinheim / Bergstraße 1950, S. 55f bzw. S. 289 f.

Euer Majestät!

Unterzeichneter hat längere Zeit nachgedacht und unzählige Versuche auf eigene Kösten angestellt, um statt des kostbaren Gold und Silberschmelzen eine andere Manipulazion einzuführen, wo durch aus den schmelzwürdigen Erzten das Gold und Silber auf eine einfachere und mindere kostbare Art gebracht werden könnte. Er hält sich überzeugt: diese Methode nun ganz ausgefunden zu haben,« die

1. die Verfahrenskosten halbiert,
2. die Verwendung von Blei erübrigt,
3. einen sehr großen Teil des erforderlichen Holzes und alle Kohlen erspart,
4. Transportkosten der Erze zu den Schmelzhütten überflüssig macht,
5. den Läuterungsprozess beschleunigt,
6. die Verluste an Edelmetallen beseitigt,
7. die österreichischen Quecksilbervorkommen nutzbringend einsetzt und
8. auswärtige Staaten bei Übernahme der Methode zwingt, Quecksilber von den kaiserlichen Gewerken zu kaufen.

Born bot an, in Wien vor Sachverständigen eine Probe auf seine Kosten abzuhalten. Auch verlangte er für sich und seine Erben ein Viertel der Kostenersparniß als Honorar.[2] Auf diesen Vorschlag antwortete der Kaiser am 20. November 1784:

»Da ein jeder Rath, in jenem Fache, wo er dem Landesfürsten dient, all möglichen Nutzen zu verschaffen verpflichtet ist, so folgert sich von selbsten, daß Born die von ihm gemachte Entdeckung auch ohne einer zu behandlenden Belohnung zum Besten des Dienstes zu eröffnen schuldig sey: Es hat daher die auf den 4ts Theil des Gewinns angetragene, ihm und seinen Erben zu verheissende Belohnung nicht statt, wohl aber bin Ich geneigt, demselben nach Maaß der aus seinem Vorschlag entstehenden Nutzens eine angemessene Belohnung zuzuwenden.

Dieses ist ihm zu bedeuten, im übrigen aber kann die Probe auf die von ihm eingerathene Art vorgenommen werden, und muß nur hiebey auch noch vorzüglich gesehen werden, auf daß eines theils nicht allein ausgewiesen werde, wienach die Absönderungs Kösten auf diese neue Art geringer seyen, sondern daß auch hiedurch ebensoviell Gold und Silber aus den Erzten herausgebracht werde, als es dermal durch die angenommene Schmelzung geschicht, und anderen Theils muß noch die Fürkehrung getroffen werden, womit der hier vorzunehmenden Probe auch einer der verständigsten und geschiktesten Schmelzer von Schemnitz beygezogen werden. Wo schlüßlichen Mir seiner Zeit über den Ausschlag dieser Probe der umständliche Erfolg zur Einsicht vorzulegen ist.«[3]

2 Zitiert nach Paul Hofer: Ignaz von Born. S. 92.
3 KAP 33 S. 1610 No. 316.

Dreißig Zentner Silberschliche, nach altägyptischer Anweisung fein gepocht, gemahlen, geröstet und gesiebt, wurden im Münzgraben angefahren und das Wiener Hauptmünzamt arrangierte alles den Bornschen Anordnungen gemäß. Eine Kommission aus Experten wurde gebildet. Am 3. Januar 1785 fand die erste Probe statt. Sie mißlang.

Born gab an, Ursache des Fehlschlags, der etwa Mozarts späteres Jahreseinkommen als K. K. Kammermusicus verschlang, sei die schlechte Röstung gewesen. Er verlangte einen weiteren Versuch und erhielt eine neue Chance. Logenbruder Haidinger ließ dazu tauglicheres Ausgangsmaterial richten.

Das zweite Experiment startete am 4. Februar, dauerte bis zum Monatsende und kostete mehr als die Hälfte des ersten, ohne eindeutige Ergebnisse zu bringen. Die Experten votierten geteilt. Hofrat Peithner reichte gegen seinen ehemaligen Schüler Born die »Erinnerung« ein, es sei nur die Hälfte des Silbers aus den Erzen gebracht worden. Andere mutmaßten, das Ergebnis sei durch Beigabe reinen Silbers verfälscht.

Born erhob Einspruch. Er war von der Richtigkeit seiner Annahmen überzeugt und erbot sich, die komplette Produktionsanlage selbst zu finanzieren. Gebäude wollte er errichten, für Erze eine Kaution hinterlegen und die Fabriken dem Staat nach zehn Jahren zum Selbstkostenpreis überlassen. Das machte Eindruck.

Der Präsident der Hofkammer im Münz- und Bergwesen, Graf Stampfer, Borns Vorgesetzter im Münzamt, und Hofrat Mitis, Borns Kollege und Mozarts Logenbruder von der »Wohlthätigkeit«, erklärten dazu am 24. März 1785 an höchster Stelle, die Brauchbarkeit und der Nutzen der Amalgamation seien erwiesen; eine Behauptung, die sich auch später nie belegen ließ. Aber der Kaiser war überzeugt. Er erließ eine positive Resolution, nach der Born das neue Verfahren einleiten und beschreiben und allgemein bekannt machen sollte. Born erhielt ein Drittel des Reingewinns auf zehn Jahre. Außerdem kam der Staat für Proben und Einleitung des Verfahrens auf. Born wurde verpflichtet, bei Zuteilung des Gewinnes ein Drittel der Entwicklungskosten zu erstatten.[4] Ein großer Tag für Born, so schien es; in Wahrheit »der Anfang des Leidensweges der Amalgamation in Österreich.«[5]

Am 18. April 1785 wurde Born das kaiserliche Dekret zugestellt. Nun galt es, den mühevoll errungenen Sieg gebührend zu feiern. Franz Petran, Hauskaplan des Grafen Thun und verseschmiedendes Mitglied der Loge »Zur gekrönten Hoffnung«, brachte in aller Eile ein Loblied auf Born zu Papier. Mozart mußte es umgehend in Musik setzen.

4 Ein verhängnisvoller Zusatz, der meist vergessen wird, wenn man Borns Geschichte erzählt.

5 Hofer a.a.O. S. 96. Zinzendorf spricht am 30. Juni 1790 mit dem Kaiser (?): »Il me parla de la querelle qu'on fait a Born sur l'amalgamation.« (Tb 1790 fol. 148)
Im Juli 1790 fordert Hofrat Born eine Akontozahlung wegen Amalgamation. Kaiser Leopold II. dekretiert: »In diesem Geschäft kömmt es darauf an, ob die Amalgamation einen wirklichen Nutzen hervorbringen wird oder nicht, bis jetzt hat es keinen noch hervorgebracht ... Dieserwegen ist auch bis jetzt dem Hofrath Born keine a conto Zahlung zu gewähren, da nur dann, wenn sich ein wahrer Nutzen äußern wird, ihm das versprochene Quantum ausgezahlt werden soll.« KAP 53 Circulanden-Protocoll 1790 Nr. 2077 vom 19. Juli.

So entstand »Die Maurerfreude«, eine Kantate für Tenor, dreistimmigen Männerchor und Orchester, KV 471, die der Komponist binnen zwei Tagen vollendete, ein musikalisches Meisterstück auf eine hölzerne Textvorlage:

Sehen, wie dem starren Forscherauge die Natur
ihr Antlitz nach und nach enthüllet,
wie sie ihn mit hoher Weisheit
voll den Sinn und
voll das Herz mit Tugend füllet:
Das ist Maureraugenweide,
wahre, heiße Maurerfreude.

Sehen, wie die Weisheit und die Tugend
an den Maurer,
ihren Jünger, hold sich wenden,
sprechen: Nimm Geliebter diese Kron'
aus unsrers Ält'sten Sohn,[6]
aus Josephs Händen.
Das ist das Jubelfest der Maurer,
das der Triumph der Maurer.

Drum singet und jauchzet ihr Brüder.
Laßt bis in die innersten Hallen
des Tempels den Jubel der Lieder,
laßt bis an die Wolken ihn schallen.
Singt: Lorbeer hat Joseph,
der Weise, zusammengebunden,
mit Lorbeer die Schläfe dem Weisen
der Maurer umwunden.

Diese Lobeshymne wurde am 24. April 1786 in Gegenwart von Leopold Mozart zu Borns Ehren in der Loge »Zur gekrönten Hoffnung« angestimmt. Das Tenorsolo übernahm Logenbruder Valentin Adamberger, Lieblingssänger Josephs II.. Mozart hat die Aufführung wohl selbst geleitet.

Einige Wochen später erschien das Werk im Druck, angekündigt mit einer »Nachricht« an weitere Käufer unter den Freimaurerbrüdern:

»Als vor kurzen unser huldreicher Monarch die von dem hochw. Br. Born, Meister vom Stuhl der sehr ehrw. Schwester [Loge] zur wahren Eintracht gemachte Erfindung einer neuen Amalgamationsmethode zur Scheidung der Metalle, auf eine

6 Die Wiener Freimaurer hielten Kaiser Franz I., den Gatten Maria Theresias und Vater Josephs II., als ihren hohen Protektor und Ordensbruder in Erinnerung.

bekanntermassen sehr großzügige Art belohnet hat, wurde von der s[ehr] ehrw. [Loge] zur gekrönten Hoffnung beschlossen, um sowohl den freudigen Antheil zubezeigen, den sie an dem Glücke des h. w. Br. Born nimmt, als auch um ihre besondere Liebe und mit so vielem Rechte verdiente Hochachtung für seine Person insonderheit, als überhaupt für seine aus dem Schooße der s. ehrw. [Loge] zur gekrönten Hoffnung ausgegangene s. ehrw. [Loge], an Tag zu legen, demselben bei diesem Anlasse ein besonderes Freudenfest zugeben. Es sind dabei verschiedene von Brüdern unserer s. ehrw. [Loge] verfaßte und in Musik gesezte Lieder, und zugleich eine Kantate vorgekommen, die uns. Br. Petran verfaßt, der berühmte Br. Mozart, von der s. ehrw. [Loge] zur Wohlthätigkeit, in Musik gesezt, unser Br. Adamberger gesungen, und nunmehr uns. Br. Artaria, mit dem Titelkupfer nach der Zeichnung unseres Br. Unterberger und mit einer Vorrede uns[erem] Br. Epstein, in Druck gegeben hat. Da der Ertrag von dem Verkaufe durch den würd. Br. Artaria für das Beste der Armen gewidmet ist, so geben wir Ihnen davon Nachricht, damit auch Sie in Ihren Gegenden, wenn es thunlich ist, dieser Kantate einen Absaz verschaffen mögen.

Aus der s. ehrw. [Loge] zur
gekrönten Hoffnung
im O[rient] v. Wien« (31.7.1785)[7]

Bartsch
Sekretär

Die Brüder aus Borns eigener Loge waren überrascht, ihren Großmeister durch diesen Coup d'eclat von anderer Seite ausgezeichnet zu sehen. Was war dem noch hinzuzufügen? Borns Journal für Freimaurer verströmte schon seitenlang panegyrischen Weihrauch. Mitten im Naturalienkabinett, das in einem besonderen Gemach des Logenlokales der »Wahren Eintracht« in zierlichen Schränken aufgestellt war, prangte auf einem Marmorsockel die von Cerachi kunstvoll aus carrarischem Marmor gemeißelte Büste des Meisters. Vorschnell, aber einträchtig hatte man bereits am 21. Februar den Beschluß gefaßt, »das von Bruder Cerachi verfertigte Brustbild« in Metall gießen zu lassen.[8] Nun war man entschlossen, dem Bornschen Genius leibhaft Gestalt zu verleihen. Franz Anton Zauner, seit kurzem Mitglied der »Wahren Eintracht«, entwarf eine dreiviertel Meter hohe bronzierte Gipsbüste, auf deren Sockel die Inschrift prangte: »Genio Bornii«. Ein geflügelter Knabe trägt die nackte Wahrheit in der Rechten. Mit der Linken führt er vor einem Säulentorso mit maurerischen Insignien und einem Buch die Eule der Minerva, das Sinnbild der Weisheit, nota bene - an einer Kette. Hier ist Borns Rang unter den Illuminaten präzis angegeben. Er hatte durch rituelle Einweihung nach dem Noviziat die zweite Stufe in diesem Geheimorden erreicht, er war »Minerval«, das heißt »Schüler der Minerva«. In dieser Klasse pflegte man an einem grünen Band eine Eule zu tragen, die ein

7 VA 43 f. 15.
8 VA 66 f. 34.

Buch mit den Buchstaben P. M. C. V. (Per me caeci vident = Durch mich sehen die Blinden.) in den Fängen hielt.

Die Arbeiten der Minervalen in ihren »Kirchen« sollten den Charakter gelehrter Akademien haben. Gefordert wurden Berichte über Bücher, interessante Entdekkungen und wissenschaftliche Vorträge, die mit der höheren Entwicklung der Menschheit in Zusammenhang standen. »Minerval illuminatus«, d. h. erleuchteter Minerval, wurde man ohne große Zeremonien. Aus dieser nächsthöheren Klasse wurden die Leiter der Minerval-Versammlungen gewählt.[9]

Am 17. Mai 1785 beschied Joseph II. Borns Gesuch, »sich auf etwa 7 Wochen lang außer Landes in das Salzburg. Baad zu Gastein begeben zu dürfen«, mit einem Placet.[10] Born war erholungsbedürftig - und benötigte neue Informationen über die Situation der Illuminaten in Bayern aus erster Hand.

9 Der ächte / Illuminat / oder / die wahren, unverbesserten / Rituale der Illuminaten. / Enthaltend 1) die Vorbereitung. 2) das Noviziat,/ 3) den Minervalgrad), 4) den kleinen und / 5) großen Illuminatengrad. // Edessa, 1788.

10 KAP 35 No. 326.

3.4 Eine maurerische Trauermusik

Mozart hat die schöne blaue Donau wohl kaum lieben gelernt. Der Strom brachte Wien immer wieder Überschwemmungskatastrophen. Regelmäßig wurde die Bevölkerung der Vorstädte vom Hochwasser heimgesucht, und Dammbauten an der Donau waren ein unzureichend gelöstes Problem, das heftig diskutiert wurde. Folgenreich war ein Wassereinbruch am 23. Juni 1785, der mehrere Tage anhielt und obendrein beim kaiserlichen Lustschloß in Laxenburg die Brücken zerbrach. Noch waren die Schäden, auch an der Donau, nur halb repariert, da gelangte am 30. Juli die Hiobsbotschaft zum kranken Monarchen in die Burg, »daß der Wienfluß jählings und stark ausgetreten und die herumliegenden Gässen und Häuser überschwemmet habe«. Drei Tage darauf kam die Nota, »daß ein 14jähriges Mädchen in der Donau ertrunken und daß bey dermaliger Ausschöpfung der Keller sich noch mehrere Beschädigungen an den Häusern durch die Überschwemmung veroffenbaren.«[1]

Kaum vier Wochen später trug der oberste Baudirektor Ernst Graf Kaunitz vor, daß durch »die Austrettung des Wien Flusses in dem Lust Schloß Schönbrunn verursachte Beschädigungen« beträchtliche Instandsetzungskosten in Höhe von 11.100 Gulden nach sich zögen.[2]

Aus amtlichen Verlautbarungen ist zu entnehmen, daß in diesem Jahr Brotmangel herrschte. Diese Meldung im Sommer aus der ungarischen Kornkammer erschien dem Kaiser unglaublich. In Wien stiegen die Preise, notorischer Holzmangel kennzeichnete die Lage. Der soziale Standard der unteren Schichten sank; Bettler wurden zur Plage, Kriminalität und Prostitution nahmen zu, zugleich wuchs die Seuchengefahr. Die Mortalität im Findelhaus zwang zu schnellem Eingreifen, und die Suicidrate erreichte einen Stand, der grotesk-ohnmächtige Verordnungen des Kaisers gegen den Selbstmord nach sich zog.[3]

Mozarts Loge »Zur Wohlthätigkeit« machte in dieser Zeit durch großzügige Spendenaktionen ihrem Namen Ehre. Besonders der später wegen seiner Kritik am Orden vielgeschmähte Leopold Alois Hoffmann zeichnete sich dabei aus. Das Journal für Freimaurer berichtete über ihn:

1 KAP 35 p. 603f et 710f.
2 Ebda., Vortrag vom 23. August 1785.
3 KAP 36 Nr.773.

»Ein Bruder der sehr ehrw. [Loge] zur Wohlthätigkeit in Wien, der sich schon vorher um die Aufklärung der Einwohner Wiens durch das nützliche Institut der Predigerkritiker verdient gemacht hatte, ward auch von einer anderen Seite an dem ärmeren Theile derselben zum Wohlthäter. Er hatte den menschenfreundlichen, und wie der Erfolg zeigte, glücklichen Gedanken, ein kleines Gedicht unter dem Titel: »Der Bettler für die durch die Wassergefahr verunglückten Armen an die Herzen aller Menschenfreunde« auf einem halben Bogen drucken zu lassen. Er kündigte dasselbe für 20 Kr[eutzer] in einem öffentlichen, mit Nachdruck und Empfindung geschriebenen Blatte an, und bestimmte die ganze Einnahme zu einem Allmosen für die Verunglückten, das er dem neuen, unter der Direktion des Hrn. Grafen von Buquoi stehenden Armeninstitute zur Vertheilung überließ. Der Erfolg dieses menschenfreundlichen Unternehmens war eine Summe von 4184 Gulden und 24 kr[eutzer], die in kurzer Zeit als Allmosen eingieng, und theils unter die Nothleidenden in Wien, theils unter die Armen auf dem Lande, die durch die Ueberschwemmung ihres Eigenthums beraubt, oder in ihren Gewerbschaften gehemmt waren, vertheilt wurde.«[4]

Eine andere Wiener Loge ließ »gekochtes Fleisch, Zugemüß, Milch und Brod« unter die Hochwassergeschädigten verteilen.[5]

Auch die »Wahre Eintracht« sammelte in den Jahren 1782 bis 1785 beträchtliche Summen für wohltätige Zwecke.[6] Andere Logen taten ebensoviel. Wollte man den »Ertrag« der Freimaurerei an ihrer Wohltätigkeit messen, so stellt diese humanitäre Hilfe den Wiener Maurern das beste Zeugnis aus. Allerdings versäumte man nicht, alle Aktionen an die große Glocke zu hängen.[7]

Bedürftige Brüder aus den eigenen Reihen wurden besonders bevorzugt, dies beweisen die Akten. Demonstrative Unterstützung aber erhielten politische Flüchtlinge, die man geschickt vor den eigenen Karren spannte. Wer wegen seiner Zugehörigkeit zum Orden denunziert und verfolgt worden war, dem verliehen die Wiener Illuminaten die Märtyrerkrone zu Lebzeiten. Dazu ein Beispiel.

Am 12. August 1785 war Born von seiner Gasteiner Badekur mit neuen Informationen über den Stand der Verfolgung der Illuminaten in Bayern wieder nach Wien zurückgekehrt und führte in seiner Loge den Hammer des Meisters vom Stuhl. An diesem Tag arbeitete die »Wahre Eintracht« im dritten Grad und drei Brüder sollten zum Meister erhoben werden. Eine stattliche Schar von 22 Mitgliedern und 31 Besuchern verschiedener Wiener und auswärtiger Logen verzeichnet die Anwesenheitsliste; darunter sind Mozart, der Tenorist Valentin Adamberger, der Bassethornvirtuose Anton David und der Landesgroßmeister Fürst Dietrichstein. Eine illustre Gesellschaft erwartete ein besonderes Ereignis.

4 Journal für Freymaurer 1784 II, 246.

5 Ebda. S 245.

6 Die eingesammelten Almosenbeträge sind am Protokollende angegeben, Vgl. VA 79 und VA 89 passsim.

7 Züge maurerischer Wohlthätigkeit. In: Journal für Freymaurer 1784 Jg. I, 2 S. 243; 1784 Jg. I,3 S. 248; 1785 Jg. II, 1 S. 220. Vgl. auch »Lied / im Namen der Armen. / Mit Musik.« Von Holzer, Text von Leon. In: Journal für Freymaurer 1784 Jg. I, 2 S.227.

Die Loge wurde mutmaßlich mit Gesängen eröffnet und geschlossen, die Mozart selbst für diese Gelegenheit komponiert hatte. Ihr Text stammt vom Logenmitglied Gottlieb Leon (1757-1832), Mozarts Musik ist bislang verschollen:

Zur Eröffnung der Meisterloge

Des Todes Werk, der Fäulniß Grauen,
Kann nur ein Maurer ruhig schauen
Ihn schröcket die Verwesung nicht;
Er siehet mitten in dem Modern
Des bessern Lebens Flamme lodern
Und hoffet auf der Wahrheit Licht.

*

In dunkle Schatten eingehüllet
Von Schmerz und reinem Sinn erfüllet
Umringen wir dein heilig Grab
O A[donira]m! Grosser Meister
Send' einen deiner weisen Geister
In dieses Brüderchor herab.

*

Damit sie dein Werk ganz erkennen,
Nicht deine Schüler nur sich nennen,
Und Gabaons durch Thaten sind.
O seelig! wer an Geist und Stärke
Dir gleicht, und deiner grossen Werke
Unendlich reichen Lohn gewinnt.

*

Mit dieser Hoffnung gehn wir wieder
An unsre Arbeit, treue Brüder!
Die Arbeit, die den Meister freut;
Und heben so mit frohen Muthe
Aus des Verderbens trüben Bluthe
Den Bruder, zum Lichte eingeweiht.

* * *

Von einem Br[ude]r der [Loge]
In Musik gesetzt von Br[uder] M[ozar]t[8]

8 NMA III, 8 S. 78.

Der genaue Ablauf der Logenarbeit an diesem Tage geht aus dem Protokoll hervor:

»Wien den 12/8 5785 wurde die [Loge] Zur wahren Eintracht geöfnet wobey die im Protocollo Praesentium eigenhändig verzeichnete B[rüder] gegenwärtig waren:

1) Nach geöfneter Lehrlings= Gesellen und Meister [Loge] wurde der Br[uder] [. . .] Marchese in die [Loge] eingeführt. Obgleich derselbe von der s[ehr] Ehrw[ürdigen] Loge [...] nur als Geselle ein Certificat aufzuweisen hatte: so wurde er dennoch von dem Hw. Landes Grosmeister Br. Dietrichstein und dem Repraesentanten der [Loge] zu Mayland Br. Rayna für einen zu Turin zum Meister beförderten Bruder erkannt und auf deren Wort in unsere Meister [Loge] eingelaßen.
2) Wurden mit den gewöhnlichen Ceremonien folgende 3 B[rüder] G[esellen].
   a) Carl von König, Johann Friedrichs Sohn, alt 33 Jahr, gebohren den 18. Apr. zu Venedig; Evangelischer Religion, und ehemaliges Mitglied der aufgehobenen [Loge] della fedelta zu Venedig
   b) Thomas Graf v. Bashegli, Mitglied der [Loge] zu Basel genannt zur Freundschaft . . . und
   c) der Br[uder] und Mitglied unserer [Loge] Czepelack in den dritten Grad unseres K[öniglichen] O[rdens] befördert.«[9]

Diese Meisterarbeit wurde mit einem weiteren Mozartschen Lied, von Adamberger vorgetragen, abgeschlossen:

Zum Schluß der Meisterarbeit

Vollbracht ist die Arbeit der Meister,
Der Todte ist wieder erwacht;
Wir haben dem Vater der Geister
Ein würdiges Opfer gebracht.

*

In Bildern, doch nur noch verborgen,
In Zeichen und Worte versteckt;
Noch röthete sich nicht der Morgen,
Der uns in das Leben erweckt.

*

Erst wenn die Posaune zum Sehen
Des Lichtes im Osten uns ruft,
Wann Körper aus Stäubchen entstehen
Und Menschen aus Gräbern und Kruft:

*

9 VA 89 p. 261.

Dann fällt von dem Auge die Binde,
Dann ist die Versicherung wahr:
»Den Ich in dem Meisterschmuck finde«
»Dem wird auch das Meisterwort klar.«

*

Bis hin zu der seeligen Stunde,
Laßt Brüder! uns täglich erneun
Die Zeugen vom ewigen Bunde,
Dem wir uns durch dreimal drei weihn.

*

Und Wohlthun und Liebe verbreiten
Und Seegen erflehen herab.
Nur wen solche Zeugen begleiten,
Der gehet als Meister ins Grab.

* * *

Von einem Br[uder] der [Loge]
In Musik gesetzt von Br. M[ozar]t[10]

Ergänzend berichtet das Logenprotokoll von dieser Arbeit:

»3) Hielt Br[uder] Este eine Rede in Italienischer Sprache, worinnen er dem Br[uder] König unser Mitleiden zu erkennen gab, daß er des Ordens halber aus Venedig, seinem Vaterlande verwießen worden, und ihn für seine bewiesene Standhaftigkeit der Achtung sämtl: BB. versicherte. Standhaftigkeit mache den Charakter des Maurers aus.

4) Wurde nach gesammelten Allmosen von 32 fl 46 x die [Loge] geschlossen.«[11]

Die zentrale Figur der Logenarbeit dieses Tages war also Carl von König. Seine Venezianer Loge »La Fedelta«, 1780 gegründet und am Rio Marin gelegen, wurde am 3. Mai 1785 durch den Pfarrer des Kirchspiels und einen dienenden Bruder denunziert. Das Gericht der Inquisitoren des Staates ließ daraufhin das gesamte Inventar der Loge konfiszieren und die Verantwortlichen verhaften. Das Journal für Freimaurer berichtete darüber:

»Dienstag den 10ten dieses [= Mai 1785] um acht Uhr fruh wurden alle der [Loge] abgenommenen Geräthschaften in dem Hofe des Gerichtshauses auf die verächtlichste Weise dem Volk, das haufenweis herbeylief, zur Schau ausgesetzt. Nach zwey Stunden wurde alles zu Staub und Asche verbrannt, und gleich darauf erhielt der

10 NMA III,8 S. 78.
11 VA 89 p. 261.

Bruder K[öni]g den Befehl, binnen 24 Stunden Venedig und in drey Tagen das ganze Gebiet der Republik zu verlassen.«[12]

König wandte sich nach Wien, wo er Freunde hatte und kein Unbekannter war. Friedrich Münter kannte ihn seit dem Vorjahr:

»Ein gut Männchen, ohne Kopf und Kenntnisse. Er dient einem gerne wo er kann, das heist wo es ihn nicht sehr inkommodirt. Er liebt sehr Gesellschaften, und lebt sehr in der großen Welt. Sein Vater war ein Kaufmann; dazu taugte er nicht und ließ sich deshalb vom König von Sardinien den Grafentitel geben. Seine Frau brachte ihm so viel Geld mit, daß er independent leben kann, und seitdem lebt er in Venedig im train der Nobili.«[13]

Der Weltpriester Vittorio d'Este hielt nun in der »Eintracht« auf Carl von König eine Laudatio in italienischer Sprache.

Er begann mit moralischen Postulaten, sprach über die Standhaftigkeit, die die Seele des Maurers über die Schreckbilder des Profanen erhebe, und fuhr wörtlich fort[14]:

»Heutigen Tages führen nicht allein Ignoranz und Bigotterie zum Krieg, sondern auch Politik und Macht. Dank dem Höchsten Baumeister leben unsere Familien unter diesem Himmel, wo der Beste der Fürsten regiert, sicher vor offener Beleidigung, aber am Busen der Adria schmäht man unsere Tempel und beraubt sie, die heiligen Erbzeichen werden zum schändlichen Scheiterhaufen verdammt und den Brüdern verkündet man unbedachtes Exil.« Zum Schluß verstieg sich d'Este dann zu einer Apotheose: »Die Seelenstärke, mit der unsere Brüder eine so harte Strafe ertragen, ist für uns alle, verehrungswürdige Brüder, ein großes Beispiel, nicht minder ein Gegenstand von Ergriffenheit und Staunen. Aber das edelste Beispiel der Standhaftigkeit für uns bist Du, o teurer Bruder König, den es traf, die ganze Ungerechtigkeit und Strenge einer wahrhaft unerhörten Katastrophe zu erdulden. Du mußtest Dich vom Vaterland trennen, von den teuren Freunden, von der alten, betrübten Mutter; oh könnte unsere Liebe und Bewunderung wenigstens einen Teil des großen Verlustes ersetzen: Ja dein Name sei in unsern Annalen verewigt, auf daß spätere Brüder mit teilnehmendem Auge deine Leidensgeschichte lesen, und du geliebt und nicht weniger bewundert in unsern Herzen fortlebest.

Aber vielleicht kann jene edle Dame (=Königin Karoline von Neapel, Tochter Maria Theresias], die ganz Italien verehrt und anbetet, jene große Frau, die die Spur der Ahnen neu belebt, unsern königlichen Orden aus der Schmach führen, vielleicht kann sie in kürze ihren wohlwollenden Einfluß fühlbar werden lassen und die geschändete Ehre unserer Kunst rächen; dann wirst du, nachdem du zurückgekehrt

12 Journal für Freymaurer 1785 Jg. II, 2 S. 253. Vgl. ebenso »Auszug eines Briefes, geschrieben von einem Br[uder] der aufgehobenen [Loge] im O[rient] von Venedig den 18. Junius 5785[=1785].« Ebda Jg. II,3 S. 236.

13 Münter Tagebücher S. 157. Im Mitgliederverzeichnis seiner Loge wird König als Freimaurer-Geselle geführt. Vgl. VA 76 f. 517.

14 Aus dem Italienischen übersetzt nach VA 73 f. 38.

bist in das Vaterland und in die Familie, deinen versprengten Freunden erzählen, wie sehr dein Unglück uns naheging und welche Gefühle von Liebe, Zärtlichkeit und Enthusiasmus deine Standhaftigkeit in uns erregt hat, und daß uns, die wir sie heute bewundern, auch nicht der Mut fehlt, ihr nachzueifern.«[15]

Nach dieser Rede habe Mozart seine Maurerische Trauermusik, und zwar in einer Vokalfassung, uraufgeführt, wird behauptet.[16] Diese These erscheint einerseits akzeptabel, andererseits ist sie es nicht. Als Uraufführungstermin ist der vorliegende Anlaß denkbar, denn in Borns Loge wurde Instrumentalmusik aufgeführt. Die Behauptung, bei diesem Ereignis sei eine bislang unbekannte, vokale Erstfassung der Maurerischen Trauermusik für zweistimmigen (!) Männerchor und Orchester erklungen, ist dagegen völlig unhaltbar.

Bleibt für den 12. August 1785 die Möglichkeit der Uraufführung der instrumentalen Erstfassung des Werkes für »2 violini, 2 viole, 1 Clarinett, 1 Baßethorn, 2 oboe, /2 Corni e Baßo«, wie die vollständige Besetzung im eigenhändigen Verzeichnis des Komponisten angegeben ist.

Wer indessen darüber spekuliert, daß die Instrumentalfassung der Maurerischen Trauermusik, deren Entstehung Mozart nachträglich »im Jully« datiert, im August in Borns Loge erklungen sei, muß sich nach dem Motiv für solch ungewöhnlichen musikalischen Aufwand fragen lassen. Ist es in der Tat nicht Lobes zu viel für Carl von König, wollte man ihm neben den beiden Logenliedern Mozarts auch noch die Schöpfung der Maurerischen Trauermusik verdanken?

15 Vgl. Journal für Freymaurer 1785 II,2 S. 85. Vgl. Ebenso ein undatiertes Schreiben der Loge »Zur wahren Eintracht« an die Königin Karoline von Neapel mit der Bitte um Schutz für die Freimaurer in VA 70 f.1.

16 Ph. A. Autexier: Wann wurde die Maurerische Trauermusik aufgeführt. Mozart-Jahrbuch 1984/85. Kassel 1986, S. 6. Neuausgabe Edition Breitkopf & Härtel. Hrg. von Ph. A. Autexier. Part.-Bibl. Nr. 5148.

17 Sie wird allein mit der Anwesenheit des Bassetthornisten Anton David begründet, der an diesem Tag an erster Stelle in der Liste der besuchenden Brüder auftauchen soll. Dagegen muß eingewendet werden:
1. War der Musiker Anton David (ca. 1730 - 1795) an diesem Tage sicher nicht anwesend. Ph. A. Autexier verwechselt ihn mit Anton Freiherr von David (ca. 1757 - 1789), der seit 1782 Mitglied der Loge »Zu den drei Adlern« war. Freundl. Mitteilung von Heinz Schuler, Essen.
2. Liegt bisher keine authentische Partitur einer Vokalfassung der Maurerischen Trauermusik von Mozart vor. Das bekannte Autograph enthält zwei instrumentale Fassungen, die sich in der Bläserbesetzung unterscheiden, und dokumentiert offensichtlich, ablesbar an der separaten Notation des verwendeten Cantus firmus, den Beginn der Arbeit und nicht eine spätere Version. Von einer Vokalfassung findet sich keine Spur.
3. Ist die rekonstruierte Fassung des zweistimmigen Männerchors, der lediglich zwei Bläserstimmen dupliziert, völlig indiskutabel. Wenn überhaupt eine vokale, wäre eine dreistimmige Lösung näherliegend und musikalisch eher denkbar. Außerdem nennt der Autor für seine Hypothese keine einzige Quelle. Was hier für eine wiedergefundene Mozartsche Vokalversion der Maurerischen Trauermusik gehalten wird, ist günstigen Falles eine satztechnisch dilettantisch behandelte und schlecht textierte Bearbeitung von späterer Hand. Sie scheidet in der vorgelegten Form für jeden, der mit Mozarts Vokalsatz vertraut ist, als Originalwerk aus.

Ein Blick auf den zeitgeschichtlichen Kontext hilft hier weiter. Im Frühjahr 1785 beginnend hatte der Oberste Hofkanzler Leopold Graf Kolowrat-Krakowsky alle Logen über seine Unterredung mit Kaiser Joseph II. unterrichtet. Tatsächlich wies Kolowrats Information, die nach und nach die Runde machte, auf den Ernst der Lage hin: Eine tiefgreifende Umgestaltung der Freimaurerei stand bevor.[18] Sie würde Illuminaten wie Asiaten und Rosenkreuzer gleichermaßen treffen.

Bei rechtem Zusehen geht es Born also nicht um König und dessen persönliche Unbill. Der offizielle Logen-Akt am 12. August war ein Fanal gegen eine Entwicklung, die sich auch in Wien fortsetzen konnte, ein Protest gegen die Verfolgung und Unterdrückung der Freimaurerei in Österreich. Schon aus dem Schluß von d'Estes Rede blickt eine trotzige Drohgebärde heraus. Es fehle in Wien nicht an Mut, sagt er, standhaft etwaigen Angriffen gegen die Maurer zu trotzen, von welcher Seite auch immer sie kämen. In der Tat, es galt weniger, Carl von König zu ehren, eher ein politisches Signal zu setzen gegen die Verfolgung des Ordens. Denn die Übergriffe der Serenissima in Venedig waren nicht die ersten Angriffe. Born sah Zusammenhänge. Im Journal für Freimaurer erschien eine Serie von Beiträgen über die Verfolgung der Maurer in verschiedenen Ländern.[19]

Die Katastrophe war bereits Ende April eingetreten. Der Nationalobere des Illuminatenordens mußte den Geheimbund aufheben und erklären, »daß es übel gesinnten Menschen gelungen ist, selbst Regenten gegen unsere Verbindung aufzubringen und den Arm der Gerechtigkeit gegen Männer zu bewaffnen, die von keinem anderen Verbrechen wissen, als daß sie zu einer Gesellschaft gehören, deren ganzes Gesetzbuch Menschenliebe, allgemeines herzliches Wohlwollen, gottgefälliger Gehorsam gegen die Obrigkeit, Treue im Amte, kurz alle Pflichten des Christen und Bürgers in den deutlichsten und bündigsten Ausdrücken lehrt.«[20]

Leopold Mozart in Salzburg glaubte dagegen zu wissen, »daß nicht der hundertste theil, was man von der Illumminaten geschichte von München hier alles sagte, wahr ist. Die vorgenommene Untersuchung ist richtig, einige eigensünnige sind

18 Vgl. Kapitel 3.2.

19 »Geschichte einiger merkwürdiger Verfolgungen der Maurerey in den neueren Zeiten. von Br. B[or]n Mstr. v. St.« Journal für Freymaurer 1785, Jg. II, 2. S. 52. »Verfolgung der Maurerey zu Aachen im Jahre 1779«. Ebda. S. 94. »Beyträge zur Geschichte der Verfolgung der Maurerey und der Aufklärung in Bayern.« Ebda. S. 239. »Noch ein Beytrag zur Geschichte der Philosophie und der Verfolgung der Maurerey in Bayern.« Ebda. Jg. II, 3 S. 243 »Fortgesetzte Nachrichten von der Freymaurer=Verfolgung in Bayern.« Ebda. Jg .II, 4 S .83. Vgl. außerdem dazu: »Merkwürdiges /Schreiben/ eines / Römisch-Catholischen Geistlichen/ in Bayern,/an seinen Freund und Amtsbruder /in Schwaben;// die Verfolgung der Freymaurer und Illuminaten in Bayern, und den uralten vortreflichen orden der obscurorum virorum oder Obscuranten betreffend. Gedruckt zu Philanthropolis, im Jahre 1786.« »Freymaurerische / Reise /durch die /bayerische Lande /worin die /Aufhebung des Illuminaten- und /Freymaurer-Ordens erzählt, /und deren System /geprüft wird.// Hamburg 1786.« »Anzeige /eines aus dem Orden /der / Frey=Maurer /oder /der sogenannten Illuminaten /getrettenen Mitglieds /in Bayern /über /die Einrichtung und den Zweck dieser /Gesellschaft / mit Anmerkungen. Sparta 1786.« »Warum soll ich ein / Frey[mäurer] werden? /Von /Erich Servati /an /seinen Freund in W.// Basel bey Johann Jacob Flick, 1786«. »Etwas /für/ meine Vaterstadt.«/ Wien 1786.

20 Zitiert nach van Dülmen, S. 89.

weg geschickt, oder selbst gegangen; die übrigen die sich vor dem Churfürsten darüber aufrichtig erkleret haben, sind geblieben, - so gar ein Haupt davon H: Dr: Bader.- das lustigste ist, daß hier ein Verzeichniss der Baderischen Loge herumgehet von etlich und 70 Personen, darunter meistens geistliche von Range sind, unter andern H: Gr: v Spauer Canonicus von Salzb. So viel mir H. Rahm erzehlt, so sind die ächten Freymaurer /:davon der Churf. selbst ein Mitglied ist:/ sehr über diese sonderlinge aufgebracht, deswegen auch wieder diese Schwermerey stark nachgeforscht wurde.«[21]

So harmlos, wie Mozart senior berichtet, war indessen die Sache nicht verlaufen. Born hatte während seines Sommerurlaubs außerhalb der Reichweite der Wiener Polizeispitzel im Salzburgischen Informationen gesammelt. Am 16. September 1785 schrieb der führende Illuminat Zwack an Born:

»Die gewaltige Verfolgungen der Freymaurer in Bayern besonders aber der Badischen Loge wird Euer Wohlgebohren ohnehin bekannt seyn, man dichtet uns die größte Verbrechen zu, lärmt am Hofe und in der Kirche auf allen Kanzeln, nihmt den ausgestreuten allgemeinen Ruf als einen beweiß an, hört niemand dagegen und straft die rechtschafensten Männer ohne alle gehörige Untersuchung, so gar alle Briefe werden erbrochen, damit man ja nirgendst einige Hilfe vor [=für] die unterdrückte Unschuld suchen kann.«[22]

Zwack bat Born, das Freimaurerjournal statt nach München künftig nach Salzburg zu senden, und legte Kopien der neuesten bayerischen Illuminaten-Erlasse bei mit Reversformularen einer normierten polizeilichen Vernehmung. Diese sogenannten »Inquisitions-Interrogativa« demonstrieren die Methoden der bayerischen Polizei im Kampf gegen die Illuminaten[23], ein bitterer Vorgeschmack dessen, was in Wien zu erwarten war. Born muß das offizielle Todesurteil über die Illuminaten tief erschüttert haben. Ihn traf das Schicksal seiner Gesinnungsfreunde in Bayern mehr als das Mißgeschick einiger Brüder aus Venedig. Kolowrats Informationen hingen wie ein Damoklesschwert über seinem Haupt. Verunsicherung und Ratlosigkeit griffen um sich.

In dieser Situation komponierte Mozart »im Monath Jully« eine »Maurerische TrauerMusick«, zu der ihn Born vielleicht beauftragt hatte.[24] Er gab einer tiefen Resignation angesichts des restlosen Scheiterns aller Hoffnungen wortlos, aber allen Eingeweihten verständlich Ausdruck.

Mozarts zwiespältige, ja widersprüchliche Datierung: »im Monath Jully. / Maurerische TrauerMusick bey dem Todfalle der Brbr: Meklenburg / und Esterhazy«, - beide Maurerbrüder verstarben aber erst am 6. bzw. 7. November des Jahres - deutet auf diesen ursprünglich atmosphärischen Impuls. Ernsthafter Anlaß genug für ein Werk dieser erschütternden Größe wäre die drohende Gefahr gewiß

21 Leopold Mozart am 14. Okt. 1785 an seine Tochter. Mozart Briefe Bd.III S.425.
22 VA 67 f.33.
23 VA 67 f.33 Lit.A,B,C.
24 Ein Nachweis darüber liegt nicht vor.

gewesen. Die schlichte Sphäre einer Auftragskomposition ist hier geweitet, ins allgemein Gültige gewandelt: Mit der Maurerischen Trauermusik setzte Mozart dem Scheitern einer großen, aus freimaurerischem Denken erwachsenen Utopie ein musikalisches Denkmal.

Im Oktober 1785 versandten die Wiener Logen »Zu den drei Adlern« und »Zum Palmbaum« eine Einladung zu einem Konzert:

»Zur Unterstützung zweier fremder Brüder,- beyde Virtuosen auf dem Bahset Horn -, welche vor einiger Zeit in der Absicht, hier ihr Unterkommen zu finden, nacher Wien kammen, durch ihr verdienstloses Zuwarten aber mittlerweil in mißliche Umstände verfielen, und gegenwärtig dadurch auch außer Stand gesezt sind, ihre beschlossene Zurückreise in ihr Vaterland unternehmen zu können; haben die beyden Sehr ehrwürdigen Logen zu den 3. Adlern und zum Palmbaum veranlasset, künftigen Donnerstag als den 20/X Abends um halb 7 Uhr ein Concert, wobey sich auch die würdigen BBr Mozart und Stadler werden hören lassen, in dem [Loge] Quartier zu geben.

Die Sehr ehrwürdigen Schwester Logen werden demnach brüderlich gebetten, solches bey Ihren Hoch- und verehrungswürdigen Mitgliedern circuliren - und dieselben ersuchen lassen zu wollen, daß Sie dabey so zahlreich als möglich erscheinen, und bey ihrem Eintritt zum Besten dieser fremden Brüder etwas nach ihrer eigenen Willkühr abgeben möchten.

Von den beyden S[ehr] e[hr]w[ürdigen]
[Logen] zu d[en] 3 Adlern und Palmbaum
I[m] O[rient] z[u] W[ien]
57 15 / X 85.[= 15. 10. 1785]

Puthon
Mstr. v. Stuhl der
[Loge] z[u den] 3. A[dlern].
Loibel
Mstr v St: zum Palmb[aum]

PS: Br Mozard wird durch sein so sehr Beliebtes Phantasiren die Bbr unterhalten.

Kette Secr[etär] der
[Loge] z[u den] 3.A[dlern].«[25]

Mozart hörte hier die Bassetthorn-Duettisten David und Springer und tauschte für sie einige Wochen später in seiner Partitur die beiden Corni da caccia gegen zwei Corni di bassetto aus.

Zunächst führte er aber die Erstfassung der »TrauerMusik«[26] am 17. November 1785 noch einmal auf, denn er trug sie in dieser ersten Besetzung in sein eigenhändiges Verzeichnis samt Epitheton ornans als »Maurerische TrauerMusick« ein. Die Einladung zu dieser zweiten Aufführung, die in der »Gekrönten Hoffnung« nach einer Meisteraufnahme in einer Trauerloge stattfand, lautete:

25 VA 70 f.175 ; Deutsch Dokumente S. 223.
26 So lautet ihr Titel im Westberliner Autograph.

»G[ekrönte] H[offnung]
den 17 / XI um 1/2 7 Uhr, im 3 Gr[ad]
Zugleich die Todtenfeyer der Hochseel. B. B. Meklenburg u. Esterhazy...
I. O. z. W. 57 11/XI 8 C. D. Bartsch
Secretaire der [Loge]«[27]

Wenzel Epstein hielt zu diesem Anlaß »mit vieler Wirkung« eine Rede, die gedruckt wurde.[28] Eine weitere Einladung der Loge »Zur gekrönten Hoffnung« bringt weitere Fakten:

»Hochwürdiger Meister vom Stuhl!
Hochwürdiger deputirter Meister!
Sehr ehrwürdige BBr Aufseher und Beamte!
Sammtlich hoch und verehrungswürdige Brüder!

Auf Ersuchen der beiden ww. BBr. David, und Sprenger (sic) hat die s[ehr] e[hrwürdige] [Loge] zur gekrönten Hoffnung beschlossen am 15. des XII eine Versammlung zu halten, in welcher sie mit mehrern andern h[och] und verehrungswürdigen BBrn.(=Brüdern) nach folgender Ordnung sich bemühen werden, die Gesellschaft durch Harmonie, und Tonkunst zu ergözen.
1tens Wird eine Symphonie ausgeführt die der w: Br: Wranizky für die s: e:[Loge] verfertiget hat.
2tens Ein Konzert so die beiden w: w: BBr (=würdigen Brüder) David, und Sprenger (sic) auf dem Bassethorn blasen.
3tens Die auf den hochw: Br: Born verfaßte Kantate mit der Musik des w: Br: Mozard, gesungen von dem w: Br: Adamberger.
4tens Ein Konzert auf dem Piano forte gespielet von dem w: Br: Mozard.
5tens Die Parthien vom Br: Stadler für 6. blasende Instrumente entworfen, wobey auch der w: Br: Locz den großen 8tav Fagott spielen wird.
6tens Eine zweite Symphonie des w: Br: Wranizky ebenfalls für die s:e:[Loge] komponirt.
7tens Phantasien von dem w. Br. Mozard

Versichert daß Ihre s[ehr) e[hrwürdige] [Loge] einer Unterhaltung gerne theilnehmen werde, welche mit dem Vergnügen ausgewählter Stücke von Künstlern, und BBrn zu hören auch das - der Unterstützung der beiden fremden Brüder

27 VA 69 f. 38 Deutsch Dokumente deest, S. 224 erwähnt.
28 Ankündigung im Journal für Freymaurer 1785 II, 4. S. 246 Trauerrede auf den würdigen Br. Franz Eszterhazy von Galantha, Ungarisch Siebenbürgischen Hofkanzler etc.. Gehalten am 17. November in der sehr [ehrwürdigen] Loge z[ur] g[ekrönten] H[offnung] in O[rient] v[on] W[ien] von dem s[ehr] e[hrwürdigen] Br[uder] W[enzel] T[obias] E[pstein]. Zum Besten der Armen herausgegeben 1785. Wien bey Ignatz Rudolf Edlen von Gehlen. 24 S. in 8. Angekündigt in Wiener Realzeitung vom 20. Dez. 1785, S. 882 f.

verbindet, soll Unterzeichneter die Ehre haben Sie zu dieser Versamlung hiemit einzuladen, und dabei anzuzeigen, daß der s: e: Br: Schatzmeister an der Thüre der [Loge] dasjenige empfangen, und sammeln werde, was die Wohlthätigkeit der h:h:(=hoch-) und v: v: w: w: BBr (verehrungswürdigen Brüder) den reisenden möchte angedeyhen lassen.

Im Orient von Wien
den 9. des XII 5785

Im Namen und auf Geheiß
der s: e: [Loge] zur gekrönten Hoffnung
C. D. Bartsch Sekretär«[29]

Dieses Dokument nennt die Namen der drei Instrumentalisten, die in der zweiten Fassung der »TrauerMusik« (zwei Bassethörner statt der beiden Corni da caccia und ein zusätzliches Gran Fagotto) beschäftigt wurden. Die beiden Bassetthörner, die auf einem gesonderten Blatt notiert sind, sollten von Anton David und Vincent Springer gespielt werden. Zusätzlich hatte Mozart den Baß verstärkt und ein »Gran Fagotto« auf der untersten Zeile des Autographs hinzugefügt, das vom Holzblasinstrumentenbauer Theodor Locz aus der Preßburger Loge »Zur Sicherheit«[30] auf dem Oktav-Fagott ausgeführt werden konnte. Diese Fassung wurde am 7. Dezember 1785 in einer zweiten Trauerloge zum Gedenken an Georg August zu Mecklenburg-Strelitz in der Loge »Zu den drey Adlern« gespielt.[31]

So markieren Entstehung und Aufführung der Maurerischen Trauermusik tatsächlich den Abgesang der Freimaurerei in Wien. Denn wenige Tage nach der letzten Aufführung des Werkes erließ Joseph II. das Patent, das die österreichische Freimaurerei im 18. Jahrhundert zugrunde richtete.

29 VA 70 f.97.

30 Theodor Locz (auch Lotz, ca. 1728 - 1792) war Bratschist und Klarinettist, später Hofinstrumentenmacher in Wien. Freundl. Auskunft von Heinz Schuler, Essen. Erste Verbesserungen des Bassetthorns zu Beginn der 1780er Jahr stammen von ihm. Vgl. C. Sachs, Reallexikon der Musikinstrumente, Berlin 1913 S. 36.

31 O. E. Deutsch Ausführungen in »Mozart und die Wiener Logen« Wien 1932, die W. Plath teilweise im Vorwort zur Ausgabe seiner »Mauerischen (sic) Trauermusik« NMA IV,11 Bd.10 S.11 bzw. S. IX übernahm, sind hier und an zahlreichen anderen Stellen ebenso zu ergänzen und zu korrigieren wie Ph.A. Autexiers unbelegte Mutmaßungen »Wann wurde die Maurerische Trauermusik uraufgeführt« in: Mozart-Jahrbuch 1984/85 S.7. Daß die in der NMA vorgelegte additive Fassung (2 Corni da caccia plus 2 Corni di bassetto) wohl nicht von Mozart gemeint sein kann, muß an anderer Stelle diskutiert werden.

3.5 Staatliches Logenreglement

Es kam, wie vorauszusehen. Die kaiserliche Verordnung »über dasjenige was künftig in Ansehung der Freymaurery beobachtet werden soll«[1] veränderte schlagartig die maurerische Szene in Wien und in ganz Österreich. Dieses Patent vom 11. Dezember 1785 trägt deutlich erkennbar die persönliche Handschrift des Monarchen. Der zweite Teil mit den konkreten Ausführungsbestimmungen ist dagegen von anderer Hand beeinflußt. Das vollständige Handbillet hat folgenden Wortlaut:

»Da nichts ohne einer gewissen Ordnung und Leitung in einem wohl geordneten Staate bestehen soll, so finde Ich nöthig Ihnen folgende Meine Willensmeinung zur Hinausgebung an die Ihnen untergeordnete Länderstellen (GeneralComandi) zur genauen Befolgung mitzugeben.

Die sogenannte Freymäurer Geselschaften deren Geheimniße mir eben so unbewußt sind als Ich deren Gaukeleyen zu erfahren wenig vorwitzig jemals war, vermehren und erstrecken sich itzo auch schon auf alle kleinste Städte (Regimenter und Corps). Diese Versammlungen, wenn sie sich selbst überlassen und unter keiner Leitung sind, können in Ausschweifungen, die für Religion, Ordnung und Sitten allerdings verderblich seyn können, besonders aber durch eine Fanatische engere Verknüpfung bey Oberen in nicht ganz vollkommene Billigkeit gegen ihre Untergebenen, die nicht in der nemlichen Geselschaftlichen Verbindung mit ihnen stehen, ganz wohl ausarten, oder doch wenigstens zu einer Geldschneiderey dienen. Vormals und in anderen Ländern verbot und bestrafte man die Freymäurer und zerstörte ihre in den Logen abgehaltenen Versamlungen, blos weil man von ihrem Geheimniß nicht unterrichtet war; mir, obschon es mir eben so unbekannnt ist, ist genug zu wissen, daß von diesen Freymaurer Versamlungen dennoch einiges Gutes wirklich für den nächsten und für die Armuth und Erziehung schon ist geleistet worden, um mehr für sie, als je in einem Lande geschehen ist hiemit zu verordnen, nemlich: daß selbe, auch unwißend ihrer Gesetzen und Verhandlungen, dennoch, so lange sie guts wirken unter dem Schutz und der Obhut des Staats zu nehmen, und also ihre Versamlungen förmlich zu gestatten sind, jedoch ist folgende Meine Vorschrift von denselben genau zu beobachten, und zwar:

1 KAP 35 No. 198.

1mo kann hinführo in einem jeden Lande in der Hauptstadt wo die Regierung (das Generalcommando) ist, nur eine Loge bestehen und abgehalten werden, diese aber so oft als sie es für gut finden; diese Loge hat die Täge an welchen sie ihre Versamlungen abhält dem Magistrat, oder jenem, dem die Polizey in der Stadt obliegt, allemal mit Bemerkung der Stunde zu melden; sollte in einer Großen Hauptstadt eine Loge nicht alle Verbrüderte in sich fassen können, so wäre höchstens noch eine zwote oder dritte zu gestatten, welche aber von den Chefs der Haupt Loge ganz abzuhangen und ihre Versamlungs Täge und Stunden ebenfalls auch anzuzeigen hätten.

2do In keiner Kreis oder Komitats Stadt oder bey keinem Reg[imen]t oder Garnison, wo nicht eine Landes Stelle oder General Comando ist, und noch weniger auf dem Lande oder bey einem particulier auf seinem Schloße, sollen dergleichen Freymaürer Gesellschaften abzuhalten hinführo gestattet seyn, und wird auf die Abhaltung derselben der nemliche Preis zu deren Entdekung und Bestrafung gesetzt, der auf die Hazard-Spiele Patentmäßig bestehet, weil jede Versamlung von unterschiedlichen Ständen der Menschen sich selbst nicht kann überlassen bleiben, sondern unter bekannte Leitung und Aufsicht geprüfter Männer stehen muß, und die darwider Handlende würden auch des Ungehorsams wegen persöhnlich bestrafet werden.

3tio Die Vorsteher, oder wie sie nun immer dem Namen unter sich haben, da in einer jeden in der Provinz Stadt (bey dem GeneralComando) hinführo bestehenden Loge haben dem LandesChef auf Ehr und Reputation in einer Liste die Namen aller was immer für eines Standes und Karakters sie sind, verbrüderten Männer ihrer Loge einzureichen welcher selber hieher einzuschicken haben wird, und solle alle ViertelJahr der Abgang und der Zuwachs an neu Aufgenommenen von den Loge Vorstehern nachgetragen werden, jedoch ohne ihre Vorrückung oder Karakter und Titeln in der Geselschaft selbst anzumerken. Wenn der Loge Meister abgeändert wird, so muß der neüernannte es ebenfalls der LandesStelle (GeneralCommando) melden.

4to dahingegen, wenn diese Logen so eingeleitet seyn werden, so sollen sie von aller weitern Untersuchung, Ausfragung oder was immer für vorwitzigen AuskunftsBegehrung auf beständig befreyt seyn, und sollen sie frey und ungezwungen ihre Versamlungen abhalten können. Auf solche Art kann diese Verbrüderung, welche aus so vielen Mir bekannten rechtschafenen Männern bestehet, sich vielleicht wahrhaft nutzbar für den Nächsten und für die Gelehrsamkeit auszeichnen; zugleich aber werden auch alle Neben und Winkel Logen und Versamlungen, welche zu mehrere Mir bewußten Unanständigkeiten schon anlaß gegeben haben, gänzlich und auf das strengste beseitiget.

Ich zweifle nicht, daß diese Meine Entschließung, welche sie aller Orten per Circulare kund zu machen haben werden, allen rechtschafen und ehrlich denkenden Männern zum Vergnügen und Sicherheit, allen übrigen aber zur billigen Enthaltung von weiteren dergleichen strafbaren Neben Versammlungen oder Ausschweifungen dienen wird, und muß dieses an alle Behörden ergehen, damit es zu jedermanns Kenntniß gelange, und ein jeder nach Pflicht über dessen genaue Beobachtung wache, um sich auch vor weiterm Schaden zu hüten wisse.

N.S. Diese Anordnung hat ihren Anfang a 1ma Januarij (1)786 zu nehmen, und ist zugleich in dem zuerlassenden Circulari dasjenige zu wiederholen, was bereits in dem Patent wider die verbotenen Spiele sowohl wegen der Denuntianten, als in Ansehung jener die sich dabey betretten lassen, anbefohlen worden ist.«[2]

Diese allerhöchste Verordnung sorgte für nicht geringe Aufregung und stiftete unter führenden Freimaurern lähmendes Entsetzen. Graf Kollowrat scheint es gänzlich die Sprache verschlagen zu haben, er mußte vom Kaiser persönlich durch ein eigenes Handbillet zur weiteren Behandlung der Angelegenheit ermuntert werden. Dabei verriet der ironische Unterton, daß der Monarch den gelungenen Überraschungseffekt sichtlich genoß:

»Da Ich zu meiner Verwunderung vernommen, daß die in Ansehung der Freymaurerey ergangene, bey Ihnen, so zu sagen, noch nicht warm gewordenen Anordnung, schon fast allgemein bekannt worden ist: so wird es um so nothwendiger, daß Sie mir unverweilt den Entwurf der diesfälligen von gesamten Länderstellen auch mittels Patents zu machende Publikation, worin die Kreyßämter, Magistrate, und sämtliche Obrigkeiten zur genauesten Befolgung desjenigen was Ich hierin vorgeschrieben habe, aufgefordert werden, vorlegen, und wird sich in diesem hinaus zugebenden Patents Aufsatze genauest an den Inhalt und die eigentlichen Worte meines Handbillets zu halten seyn.«[3]

Weitreichende Folgen für die Entwicklung der Freimaurerei jeglicher Couleur würde dieses kaiserliche Dekret nach sich ziehen, dies war allen Wiener Ordensobern klar. Der Illuminat Kollowrat und der Asiate Palffy versuchten daher durch vorsichtigere Interpretation und mildernde Formulierung der allerhöchsten Anordnung zu retten, was in letzter Stunde zu retten war. Aber der Kaiser bestand darauf, seine Verordnung buchstabengetreu zu veröffentlichen, und legte, offensichtlich mißtrauisch geworden, bis ins Detail die erforderlichen Durchführungsbestimmungen verbindlich fest:

»Nachdem ich Ihren mir vorgelegten Entwurf zu der in Ansehung der Freymaurery an die Länderstellen (:an die beyden Landesstellen:) hinauszugebende Anordnung genau erwogen habe: so finde Ich daß alle aufgeführte Punkte am klarsten und verläßlichsten erschöpfet werden, wenn das Publikum in die Kenntniß des wörtlichen Innhalts meines dießfalls an Sie erlassenen Handbillets, welches Ich Ihnen hiemit zurückanschließe, gesetzet wird, und zu diesem Ende erhalten Sie hier in dem weiteren Anschluße ein Muster der dießfäligen Expedition.

2 KAP 36 p. 916 No.1043 An Graf Kollowrat ddo. 11 xber [1785] in Simili an Graf Palffy, F[eld]m[arschall] Hadik und Fürst Kaunitz.

3 KAP 36 S.922 No.1048: An Graf Kollowrat 13.12.1785.

An sämtliche Länderstellen
Der königl. Hungar. Statthalterey
und
Dem k. Gubernium in Siebenbürgen
Beylage

Seine Kais. Königl. Mayt. haben in Ansehung der sogenannten Freymaurer Gesellschaften mittelst allerhöchsten Handbillets vom 11. dieses der Vereinigten B.O. Hofkanzley (:Hungar-Siebenb. Hofkanzley:) des wörtlichen Innhalts allergnädigst zu erkennen zu geben geruhet.

Da nicht ohne eine gewisse Ordnung und Leitung in einem wohl geordneten Staate . . .

Nota: Hier werden die formalia des allerh. Handbillets wörtlich ganz eingewirket, mit alleiniger Ausnahme des Postscripti.

Diese allerh. Anordnung welche a 1ma Januar. 1786
(:a 1ma Febr: 1786:) ihren Anfang zu nehmen hat, wird demnach die Landesregierung (die k. Hungar. Statthalterey:) Gubernium nicht nur ihres Orts in genauen Vollzug zu bringen, sondern auch den Kreisämtern, Magistraten, Obrigkeiten und sonstigen Behörden (:gesammten Landesbehörden:) zur pünktlichen Darobhaltung sogleich zukommen zu machen, und damit solche zu jedermanns Kenntniß gelange, ohne Vorschub öffentlich in Druck kund zu machen, darinn aber zugleich die gegen die Übertretter nach Innhalt des wegen der verbotenen Hazard Spiele bestehenden Patents angeordneten Strafe wörtlich dahin abzudrücken haben: daß jeder Fall der Übertrettung mit 300 # [=Dukaten] bestraft werden, der Anzeiger derley abhaltender verbotnen Versammlungen und Logen aber 100 # als den 3.ten Theil zur Belohnung sogleich empfangen, selbst dann, wenn er von derley verbotner Versammlung mit gewesen, auch noch der Strafe enthoben, und sein Name jedesmal genauest verschwiegen bleiben solle.«[4]

Das kaiserliche Patent mit all seinen Widersprüchen und Inkonsequenzen erschien in der vom Monarchen vorgeschriebenen Form am 17. Dezember 1785 in der Wiener Zeitung. Es sollte insbesondere die Asiatischen Brüder treffen, wurde aber zum allgemeinen Skandalon, das Kreise zog. Das Pro und Contra der Meinungen wechselte im Gezeitenrhythmus und der Kaiser mußte von vielen Seiten herbe Kritik hinnehmen.

Eine Flugschrift mit dem Titel: »Joseph der Zweite und die Freimaurer; was der erstere gethan hat, und die Letzteren hätten thun sollen« spottete:

»'Ich kenne den Orden nicht, will ihn nicht kennen' - - aber schützen (als ob ein Monarch etwas schützen dürfe, was er nicht kennt.) 'Es sind die rechtschaffensten

4 KAP 36 No.1058 S.929: An Graf Kollowrat [und] an Graf Palffy den 14. Decemb [1785].

Männer dabei' - - aber Gaukeleien gehen wirklich vor, und Geldschneiderei ist zu besorgen. 'Es ist keine Neugierde, sie zu beunruhigen' - - aber die Listen müssen durch die Landesstellen gehen, wo jeder Kanzlist den Namen seines vielleicht mitgaukelnden Präsidenten finden kann. 'Ich thue mehr für die Freimaurer als andere Fürsten und bin gar nicht neugierig zu wissen, was bei ihnen vorgeht' - - aber ich mische mich sogar in ihre innere Verfassung und regulire sie. Das ist beiläufig die Quintessenz der k. k. Verordnung. Der Kaiser hätte vielleicht wohlgethan, den ganzen Freimaurer-Orden aufzuheben, aber nie hätte er ihn mit Schimpfworten belegen sollen, da sein höchstseliger Vater sich laut dazu bekannt hat.«[5]

Das Reizwort, das die meisten Maurer verletzte, war »Gaukelei«, gemeint im Blick auf die Maurerei. Eine der zahlreichen Gelegenheitsschriften griff es in ihrem Titel auf: »Was ist Gaukeley? oder vielmehr: Was ist nicht Gaukeley?« Aufs Grundsätzliche zielend provozierte sie die Gegenfrage; »Was sind die goldenen Vliesse, was die Kreuze, was die Ordensbänder, was Kronen, was Scepter, was alles das äußere Flitterwerk der Weltgroßen?« und antwortete: »Religion und Staat haben, in diesem Verstande genommen, ihre tausend Gaukeleien, Gaukeleien, die der ächte Weise mit beredtem Schweigen verlachet, obschon sie dem Pöbel Ehrfurcht und Unterthänigkeit abnöthigen!«[6]

Rücksichtslos legt folgende Publikation die Reaktionen der Gegner des Patents offen: »Drey Briefe über die neueste Maurer=Revolution in Wien. An einen Freymaurer zur anerkannten Unschuld in P.. 1785.« Sie stammt von dem Schriftsteller Franz Kratter, der am 12. 8. 1785 ordentliches Mitglied der Loge »Zum hl. Joseph« geworden war.[7] Kratter erkennt richtig, daß das Patent »eine sehr schmeichelhafte Aussenseite für die Maurerei hatte, aber im Grunde den unausbleiblichen Sturz derselben nach sich ziehen wird.«[8] Erstmals kennzeichnet Kratter die führenden Freimaurer als geistige Urheber des Patents.

Es wäre verfehlt, politische und maurerische Interessen zu mischen und einflußreiche Leute in die Spitze des Ordens zu wählen, sagt er und fährt bitter fort: »Der Große ist nie wahrer Bruder des Kleinen. Sein Herablächeln, seine Verneigungen, seine süß klingenden Worte sind weiter nichts als eine täuschende Maske, in die er zur beliebigen Abwechslung seinen Stolz auf einige Augenblicke einzukleiden pflegt.«[9] Aus solchen Leuten bestehe die neue Landesloge, und diese »haben sich nun

5 [Anonym]: »Joseph der Zweyte / und die Freymaurer / was der Erstere gethan hat, und die /letzteren hätten thun sollen.//« Wien 1786. S.6. Den gleichen Tenor vertreten die »Gespräche / über / die Grundsätze, Gaukeleyen, alte Pflichten der Freimaurer und ihre Schädlichkeit.// Jerusalem 1786«. Vgl. auch »Gedanken eines Profanen / über / die jetzige Revolution / des / Freymaurer-Ordens.// [Wien] 1786.«

6 Vgl. Joseph II und die Freimaurerei im Lichte zeitgenössischer Broschüren. Hrg. v. H. Reinalter Wien 1987.

7 VA 95 f. 115.

8 [Franz Kratter:] Drey Briefe über die neueste Maurer=Revolution in Wien. An einen Freymaurer zur anerkannten Unschuld in S. . 1785 S. 3.

9 Ebda. S. 7.

vereint, den vatikanischen Bannstrahl über das Schicksal der Maurerei mit inquisitorischer Entscheidung zu sprechen.«[10]

Kratter traf Personen und Fakten im Kern. Aber er erhielt Widerspruch. Leopold Alois Hoffmann, ehemaliger Sekretär von Mozarts Loge, schwört ostentativ, servil und pragmatisch auf die Fahne des Monarchen.[11] Die Stellungnahme der klerikalen Partei ergoß sich in »Vier Briefe, abgefasset von dreien hellstrahlenden Kirchenlichtern über den guten Einfall des Kaisers, den Freymaurern ein Gebiss anzulegen; zum Trost der Gerechten und Beschämung deren Ungläubigen, mit Gottes Beistand dieser heutigen Tages ganz verkehrten Welt vor Augen geleget durch Frommianum Freimundum, mit des Himmels Schutz und Gnade keinem Freimaurer. Wien 1786«. Es scheint, daß diese Kirchenlichter ihr Öl aus trüber Quelle bezogen und das Elaborat unterschoben ist. Echt dagegen sind mit Sicherheit die Lobeshymnen auf das kaiserliche Patent, die im »Journal für Freymaurer« (1786, I) erscheinen und von bekannten Poeten der Bornschen Loge stammen.[12]

Offiziell informiert wird Borns Loge durch Dietrichstein in einer Mitteilung der Landesloge vom 16. Dezember 1785. Da heißt es, der Kaiser geruhte, »der Freymaurerey in seinen Staaten zwar öffentlichen Schutz und Duldung zu gestatten, zugleich aber auch zur Sicherheit des Staats verschiedene Maaßregelungen zunehmen, welche wesentliche Veränderungen in der dermaligen Verfassung der [Logen] nach sich ziehen müssen.«[13] Born gibt am gleichen Tag bekannt, »daß S[eine] M[a]j[estät] der Kaiser die Zahl der hiesigen [Logen] auf drey eingeschränkt habe, daß dahero alle öffentliche Arbeiten der [Logen] bis dem 20/12 aufhören, und Acta samt der Constitution der Hochw. Nat[ional] [Loge] eingeliefert werden sollen.«[14]

Dietrichstein verschärfte die Anordnungen des Kaisers und interpretierte sie willkürlich. Die Maßnahme, alle Akten mit der Logenkonstitution an die Nationalloge auszuliefern, zeigt vollends die wahren Absichten des Landesgroßmeisters. Er wollte nach eigenem Gutdünken die Struktur und die offiziellen Vertreter der neuen Logen bestimmen. Dies war ein tiefer Eingriff in die demokratischen Grundrechte der Maurer und depravierte den kaiserlichen Ordnungsgedanken vollends zum despotischen Akt.

Mozart konnte der nun aufflammenden Diskussion nicht aus dem Wege gehen. Das schwierige Problem, wie die Qualifikation eines Kandidaten für die Freimaurerei feststellbar sei, erhielt plötzlich aktuelle Brisanz. Je 180 Mitglieder sollten

10 Ebda. S. 7.

11 L. A. Hoffmann: »Kaiser Joseph's Reform der Freimaurerei; eine Denkschrift fürs achtzehnte Jahrhundert, von E*** [= L. A. Hoffmann] 2 Stücke. Deutschland 1786 (Wien Wucherer)«

12 Es sind drei Beiträge: »Empfindungen über den der Freymaurerey in den k.k.Staaten öffentlich ertheilten Schutz« von Gottlieb Leon, »Auf die dem Freymaurer-Orden vom Kaiser Joseph II. öffentlich bewilligte Duldung« von J. F. Ratschky und »Joseph II. Beschützer des Freymaurer-Ordens«. Gedicht von Alois Blumauer. Diese dreistimmige Kontrapunktik gibt klare Hinweise, auf wessen Seite Born und sein Anhang standen.

13 Va 63 f. 195.

14 VA 89 p. 289.

die neuen Logen haben, nicht mehr. Wer zählte nun? Oder anders: Wer zählte dazu und wer sollte gehen? Und nach welchen Kriterien war die Auswahl zu treffen? Vor allem, wie konnte man aus einer Kette prinzipiell gleicher Glieder einzelne herausnehmen, ohne das Ganze zu zerbrechen und unglaubwürdig zu werden? Bei näherem Zusehen entpuppte sich das allerhöchste Patent als ein gordischer Knoten.

Mozarts Parteinahme ist nicht überliefert. Aber eines ist sicher, seine Loge befand sich in einer prekären Situation. Am 19.Dezember 1785 hält die »Wahre Eintracht« zwei verschiedene Versammlungen ab. Die erste ist allein Mitgliedern dieser Loge vorbehalten. Der Protokollant berichtet: »Wien den 19/12 5785 wurde die [Loge] Zur wahren Eintracht geöfnet, wobey die im Protocollo Praesentium bemerkte BB. gegenwärtig waren:

1) Nach geöfneter Lehrlings [Loge] wurde das Handbillet S. Mj. des Kaisers in Betreff der Freymaurerey abgelesen und sodann das Schreiben des Hochw. LGM.[=Landesgroßmeisters] über diesen Gegenstand nochmahls gelesen und darauf
2) beschlossen, heute Acta, Protocolla und Constitution zu versiegeln, die [Loge] nach der Aufnahme des Suchenden Hornstein zu schließen, und 2 BB. zu bevollmächtigen, welche bey der Hw. Landes [Loge] das Beste des Ordens zu besorgen hätten, nachdem der Hw. M.v.Stuhl den BB. vorhero erklärt, daß da S.Mj. der Kaiser bis 1ten Jenner 1786 alles in Ordnung haben wollte, die Zeit es nicht mehr erlaube, nach der Vorschrift die Prov[inzial] u. Districts [Logen] zu vernehmen, und die Sache sodann von den Joh[annes-] [Logen] hinauf an die Landes [Loge] zu bringen.
3) Wurde zu den Deputirten unserer [Loge] bey der Hochw. Landes [Loge] der Hochw. M.v.Stuhl Br. Born und der Hochw. D[eputierte] M[eister] Br. Krauß ernannt und Ihnen überlassen, nach besten Wissen und Vermögen mehr das Beste des ganzen Ordens, als das scheinbare Interesse unserer [Loge] daselbst zu besorgen.
4) Zeigte der Hw. M.v. Stuhl an, daß da die S.Ehrw. [Loge] Zur Wohlthätigkeit heute bey einer Gesellen Arbeit ihre [Loge] gänzlich schließen wolle, sie für unsere [Loge] den Fr[ei]h[er]rn von Hornstein und den dienenden Bruder Joseph Kieninger in den zweiten Grad mitbefördern werde, . . .«[15]

Es folgt die zweite Sitzung an diesem Tage. Sie dient der Aufnahme des Freiherrn von Hornstein in den Orden und ist für Besucher offen. Mozart erscheint und trägt sich als letzter in die Anwesenheitsliste der »Wahren Eintracht« ein. Er ist damals vielbeschäftigt und hat sich vielleicht verspätet. Anschließend wird er pünktlich an der letzten Arbeit der »Wohlthätigkeit« mitgewirkt haben, die im gleichen Hause stattfand. Der Kammerdiener des Grafen Batthyany, Joseph Kieninger, jener Mann, der unmittelbar nach Mozarts eigener Gesellenerhebung am 7.Januar 1785 in den

15 VA 89 p. 289 - 290.

Orden aufgenommen worden war, wird nach langer, fast einjähriger Lehrlingszeit zum Gesellen proponiert. Dies ist die letzte maurerische Arbeit des Komponisten in der Loge »Zur Wohlthätigkeit«. Nach knapp eineinhalb Jahren beendet Mozarts Loge an diesem 19. Dezember 1785 ihre Tätigkeit für immer.

Tags darauf treten die Vertreter aller Wiener Logen zusammen. Landesgroßmeister Dietrichstein führte den Vorsitz. Kratter berichtet darüber in seinem »Dritten Brief«:

den 20ten des 12ten [1785] Abends

»Mein Bruder!

Die gute Sache siegte, und wenn zugleich die Feinde der guten Sache demüthigen auch siegen heißt, so siegte sie doppelt. Einer von ihnen, [Dietrichstein], der vielleicht hier eine besonders grosse und glänzende Rolle zu spielen hoffte, mußte wieder seine Erwartung die erbärmlichste von der Welt spielen, denn er wurde gleich von Anfang durch Exzeptionen, auf die er nicht vorbereitet war, in eine Lage versetzt, daß er, der alles allein sagen, anordnen, bestimmen, entscheiden wollte, durchaus nichts zu sagen, anzuordnen, zu bestimmen, zu entscheiden hatte.«[16]

Zunächst wurde das Weisungsrecht der Nationalloge bestritten, da mit der Liquidation der Logen auch ihre Dachorganisation aufgehoben sei, so daß Dietrichstein nichts mehr zu bestimmen habe. Dann kam die Zusammenschmelzung der acht Logen in drei zur Sprache. Man diskutierte die Frage, wie die Mitgliederzahl zu begrenzen sei und ob die künftige Mitgliedschaft der Logen durch Reballotierung (d.h. Neuwahl zur Bestimmung der Aufnahmewürdigkeit) von Grund auf neu geregelt werden solle. Die Intention des Kaisers sei, Unkraut vom Weizen zu trennen, meinten die einen. Aber die Mehrheit blieb dem Grundatz treu: Gleiche Glieder bilden die maurerische Bruderkette, und niemand könne aus dieser Gemeinschaft entfernt werden. Man »stellte der unbilligen Gegenparthei vor, daß es ungerecht, grausam, gesetzwidrig sey, daß Brüder von Brüdern so sollten behandelt werden.«[17]

Ein Konsens war nicht in Sicht. Born griff zu schärferen Mitteln. Er und die Vertreter der Logen »Zur Eintracht«, »Zum Palmbaum« und »Zu den drei Adlern«, machten den Vorschlag, Dietrichstein solle dem Kaiser eröffnen, sie beabsichtigten, die Logen samt und sonders zu decken, »weil sie durch die Majorität verhindert worden seien, die Absichten des Kaisers zu erfüllen und sich die allerhöchste Ungnade nicht aufladen wollten.«[18]

Die Auseinandersetzung spitzte sich zu. Ein Kompromißvorschlag, die Mitglieder listenmäßig in wirkliche und bloß besuchende Brüder zu trennen, wurde verworfen; eine einzige Liste für alle sei allein akzeptabel. Dietrichstein entgegnete, »er könne sich nicht entschließen, seinen Namen auf einer so zweideutigen Liste eingeben zu lassen«. Nun war der Eklat perfekt. Le Noble, der Asiat, forderte ihn auf, »die

16 [Franz Kratter:] Drey Briefe über die neueste Maurer= Revolution in Wien. 1785 S.18.
17 Ebda. S. 22.
18 Abafi Bd. 4 S. 158.

unwürdigen Brüder zu nennen und versprach ihm Genugthuung«. Aber Dietrichstein mußte passen und Kratter triumphiert: »Da stand er nun, in der erbärmlichen Naktheit eines überraschten Verläumders, und konnte keine nennen.«[19] Die Entscheidung blieb offen, und der vermeintliche Sieg der guten Sache rückte in weite Ferne.

Auf der nächsten Zusammenkunft der »Eintracht«, vier Tage später, war Mozart nicht mehr dabei. Er spielte am selben Abend im zweiten Konzert der Tonkünstlersocietät, »im Zwischenact« des Oratoriums »Esther« von Karl Ditters von Dittersdorf, sein neues Klavierkonzert in Es, KV 483. Es war ein großer Erfolg, und Mozart mußte, - eine Seltenheit im damaligen Wiener Konzertleben - das Andante daraus wiederholen.[20]

Das Protokoll der »Wahren Eintracht« vom 23. 12. 1785 bringt zum ersten Mal etwas Licht in die Sache:

»1) Nach geöfneter Lehrlings [Loge] erstattete der Hochw. M[eister] v[om] Stuhl Bericht von dem, was in der National [Loge] vorgefallen, daß nemlich sich die Vereinigung der [Logen] nur daran sich gestoßen, weil die [Logen] Zu den drey Adlern, Zum Palmbaum und Zur wahren Eintracht darauf bestanden, daß über die Mitglieder der neuen [Logen] ordentlich vor der Aufnahme ballotirt werden solle, die übrige 5 aber sich die Ballotirung nicht gefallen lassen wollten. Nachdem aber auf morgen eine neue Zusammenkunft angesaget worden, so wäre

2) auszumachen, ob die [Loge] von der Ballotierung abstehen oder nicht abgehen wolle, worauf mit 60 gegen 5 Stimmen beschlossen wurde, daß unsere [Loge] als [Loge] auseinander gehen werde, wenn nicht über die anzunehmende Mitglieder der neuen [Loge] ballotirt werden würde.«[21]

Am folgenden Tag, dem 24. Dezember 1785, wurde auf der Versammlung der Landesloge bestimmt, »die 8 hiesigen [Logen] in zwey dergestalt zu vereinigen, daß die gekrönte Hoffnung, St. Joseph, Beständigkeit und Wohlthätigkeit in eine; die 3 Adler, Palmbaum, wahre Eintracht und drey Feuer wieder in eine zusammen kommen. Keine dieser künftigen zwey St. Joh.[Logen] kann in mehr als 180 ordentlichen anwesenden, hier in Wien domicilirenden Mitgliedern bestehen.«[22]

Dieser verschärfte Entschluß stammte von Dietrichstein, der angeblich ohne Wissen und Zustimmung der Logenvertreter dem Kaiser berichtet und mit seinem Rücktritt gedroht hatte, »wenn ihn der Kaiser nicht bevollmächtige, nach Gutdünken schalten und walten zu können, und der Kaiser - vielleicht nur um Ruhe zu haben - willfahrte ihm.«[23]

19 Kratter a. a. O. S. 23f.
20 Vgl. Leopold Mozarts Brief vom 13.1.1786. Mozart Briefe Bd. III S. 484.
21 VA 89 p. 291.
22 VA 63 f. 3r.
23 Nach Abafi Bd. 4 S. 161.

Mit dieser Vollmacht in der Hand besetzte Dietrichstein nun »durchaus willkührlich, despotisch und eben so sehr gegen alle socialrechtlichen Principien als gegen die maurerische Freiheit streitend« alle offenstehenden Ämter der beiden neuen Sammellogen. Gemmingen und Sonnenfels wurden dabei übergangen und »notorische Asiaten und Magier wie Graf Paar, Fürst Liechtenstein, Ost und Le Noble« ausgeschlossen.[24]

Darauf deckten alle Mitglieder der Loge »Zur Beständigkeit« endgültig, denn sie zählten ausnahmslos zu den Asiaten. Über Mozarts Loge schreibt Kratter in diesem Zusammenhang:

»(In der Loge) Zur Wohlthätigkeit war der durch eine gleiche unbillige Hintansetzung beleidigte Großmeister [Gemmingen] so weise, nicht mehr bei der letzten Berathschlagung seiner Loge zu erscheinen. Der Anhang [von Asiaten auf Gemmingens Seite] war im übrigen mächtig, und zugleich die Ursache, daß diese Loge nicht gedeckt werden konnte.«[25]

Dies aber ist nur ein symbolischer Akt. Die Loge »Zur Wohlthätigkeit« war in ihrer Meinung gespalten. Gemmingen hatte nur eine knappe Mehrheit seiner Asiatischen Brüder hinter sich. Er weigerte sich, einem faulen Kompromiß in grundlegenden Fragen des maurerischen Selbstverständnisses zuzustimmen. Es galt, Gesicht und Gesinnung zu wahren. Vierzig ordentliche Mitglieder hatte die Loge »Zur Wohlthätigkeit«; vierundzwanzig - darunter sechs von acht Logenbeamten hielten zu Gemmingen und votierten gegen Born. Sie trennten sich von der »Wahren Eintracht«. Unter ihnen war Mozart.

Damit war das Geschwisterpaar der beiden Logen »Zur wahren Eintracht« und »Zur Wohlthätigkeit« völlig entzweit. Nach einer kurzen Weihnachtspause trat am 27.Dezember 1785 die »Wahre Eintracht« erneut zusammen. Nun wurden neue Motive für das kaiserliche Patent erkennbar, und hinter dem Monarchen rückten Ratgeber ins Licht. Im Protokoll steht unmißverständlich: »Nach geöfneter Lehrlings [Loge] zeigte der Hw. M.v Stuhl an, daß sich die Mitglieder der Landes[Loge] vor einigen Jahren bey des Kaisers M[ajestät] für die Dultung des O[rdens] bedanket und zugleich verbürgt hätten, daß nichts widriges gegen den Staat in den [Logen] vorgehe. Da nun die Mitglieder der L[andes][Loge] dermahlen K. M[ajestät] gebeten, sie von der Bürgschaft zu entlassen; so hätten S. M[ajestät] geantwortet, daß Sie solches nicht thun könnten, sondern sich an die vormahls unterschriebene Mitglieder lediglich halten würden. Es sey dahero in der L[andes][Loge] ausgemacht worden, daß die hier bestehende 8 [Logen] in zwey [Logen] sich vereinigen sollten. Dem Hochw. Prov[inzial] G[roß]M[eister] Bruder Kresel sey auch aufgetragen worden, aus jeder [Loge] 6 BB. zu wählen und je 24 BB in eine [Loge] zusammen zu setzen, aus welchen die Dignitaires und Beamte gewählt werden würden und welche für die Stifter der neuen [Loge] anzusehen wären, auch über die anzuneh-

24 Fessler, Schriften Bd. I. S. 331 zit. nach Abafi Bd. 4 S. 163.

25 Fortsetzung der Briefe /über die neueste Maurer=Revolution / in Wien. // An einen Freymaurer zur anerkannten Unschuld / in P. . . Zwölfter Brief. Den 28. 12. 1785. S. 86.

mende mehrere Mitglieder zu ballottiren und zu berathschlagen hätten. Dahero möchten sich die B[rüder], so der neuen [Loge] beytreten wollten, beym Br[uder] Secretaire aufschreiben.«[26]

Wer eigentlich das Freimaurer-Patent provoziert hatte, läßt sich demnach nicht leugnen: Dietrichstein und sein Vordenker Ignaz von Born waren die Drahtzieher. Aber sie hatten sich verrechnet. Statt eine Freimaurerorganisation nach Wunsch und Willen erwachsen zu sehen, standen sie vor Trümmern.

Born dankte an diesem letzten Tag den Brüdern »für das gegen ihn bisher gehabte Vertrauen«. Zwei Brüder traten sofort aus dem Orden aus, worauf »sämmtliche B[rüder] ohne die [Loge] zu decken, auseinandergingen.« Mit diesen Worten schließt der Sekretär Pilgramm das Protokollbuch. Die Loge »Zur wahren Eintracht« bestand nicht mehr.[27]

26 VA 89 p. 291 f.
27 Ebda. .

3.6 Maßarbeit der »Neugekrönten Hoffnung«

Tatsächlich existierten also seit Beginn des Jahres 1786 zwei Sammellogen in Wien, sie hießen »Zur neugekrönten Hoffnung« und »Zur Wahrheit« und hatten ihr Logenquartier »beym rothen Krebsen«. Mozart gehörte zu den Brüdern, die in der ersten handschriftlichen Mitgliederliste der »Neugekrönten Hoffnung« zusammen mit dreiundzwanzig Brüdern der ehemaligen Loge »Zur Wohlthätigkeit« auftauchen, sein Name ist hier unter der Nummer 67 genannt. Die Liste enthält 167 ordentliche Mitglieder und wurde am 15. Januar 1786 unterzeichnet von Tobias Philipp Freiherr von Gebler, der damals als »Kommandeur des h[eiligen] Stephansordens, k. k. wirklicher geheimer Rath und Hofvicekanzler der vereinigt böhmisch oesterreichischen Hofkanzley« firmierte. Er war als Mozarts neuer Meister vom Stuhl und Vorsteher dieser Loge von der Landesloge benannt worden.[1]

Am 14. Januar 1786 fand die Eröffnung »Der neugekrönten Hoffnung« statt. Mozart schrieb zu diesem Anlaß zwei Lieder für eine Singstimme, dreistimmigen Männerchor und Orgel (KV 483 u. 484). Vielleicht waren sie dem Tenor Valentin Adamberger, der nun zusammen mit Mozart in einer Loge war, zugedacht, ein stattlicher »Männerchor« von mehr als 100 Maurerstimmen stand für den Refrain zur Verfügung. Schwer nachvollziehbar ist der von Schittlersberg stammende Text, eine Akklamation des erzwungenen Status quo.

Zur Eröffnung der Freimaurer [Loge]

Solostimme:

Zerfließet heut' geliebte Brüder,
in Wonn' und Jubellieder,
Josephs Wohltätigkeit
hat uns, in deren Brust
ein dreifach Feuer brennt,
hat unsre Hoffnung neu gekrönt.

1 Mitgliederverzeichnis der Loge »Zur neugekrönten Hoffnung« vom 15. 1. 1786 in: VA 63 f. 7-11.

Dreistimmiger Männerchor:

Vereineter Herzen und Zungen
sei Joseph dies Loblied gesungen,
dem Vater, der enger uns band.
Wohltun ist die schönste der Pflichten;
er sah sie uns feurig verrichten
und krönt uns mit liebvoller Hand.

*

Solostimme:

Dank auch der Schar, die eh uns wachte,
der Tugend Flamm' anfachte
und uns zum Beispiel war,
aus deren jedem Tritt
auf ihrem Maurergang
ein Quell des Bruderwohls entsprang.

Dreistimmiger Männerchor:

Das innigste thätigste Streben,
zu ihnen empor sich zu heben,
ist allen der herrlichste Dank.
Drum laßt uns, verdreifacht die Kräfte,
beginnen die hohen Geschäfte
und schweigen den frohen Gesang.

*

Dieser Text, der die drei alten, nun vereinigten Logen beim Namen nennt, macht deutlich, wie angepaßt man offiziell auf die Verordnung des Kaisers reagierte. Alle Beteiligten, vor allem die Staatsbeamten in hohen und höchsten Ämtern, beugten sich nolens volens dem allerhöchsten Willen. Das trüb-pragmatische Muß wirkte auf Text und Musik dieser Kompositionen. Es sind Auftrags- bzw. Gefälligkeitsarbeiten, handwerklich sauber, mehr nicht. Sie respektieren die Fassade der offiziellen Meinung; Mozarts eigener Standpunkt wird durch sie kaum artikuliert. Das Ergebnis seines Figaro-Nebenstundenfleißes fehlt folgerichtig im eigenhändigen »Verzeichnüß« seiner Werke.

Zum Schluß der feierlichen Eröffnung der Loge »Zur neugekrönten Hoffnung« sollte eine weitere Komposition Mozarts für Singstimme, dreistimmigen Männerchor und Orgel (=KV 484) erklingen. Der Text stammte ebenfalls von Veit von Schittlersberg, Mitglied der Loge »Zur Wahrheit«. Offensichtlich war der bestellte musikalische Jubel zentral gesteuert.

Zum Beschluß der Loge

Solostimme:

Ihr unsre neuen Leiter,
nun danken wir auch eurer Treue;
führt stets am Tugendpfad uns weiter,
daß jeder sich der Kette freue,
die ihn an bessre Menschen schließt
und ihm des Lebens Kelch versüßt.

Dreistimmiger Männerchor:

Beim heiligen Eide
geloben auch wir,
am großen Gebäude
zu bauen wie ihr.

Solostimme:

Hebt auf der Wahrheit Schwingen
uns höher auf der Weisheit Throne,
daß wir ihr Heiligtum erringen
und würdig werden ihrer Krone,
wenn ihr wohltätig für den Neid
Profaner selbst durch uns verscheut.

Dreistimmiger Männerchor:

Beim heiligen Eide
geloben auch wir
am großen Gebäude
zu bauen wie ihr.

*

Mozart vor den kaiserlichen Karren gespannt zu sehen und ihn mit scheinheiliger Miene zu den taktischen Schachzügen der Helfershelfer des Monarchen die Orgel schlagen zu hören, mag manchen verdrießlich stimmen. Aber allen Mutmaßungen zum Trotz sprechen die Fakten am Ende ein tröstliches Wort. Der Komponist war nämlich bei der feierlichen Eröffnung der »Neugekrönten Hoffnung« gar nicht zugegen. Er kam wieder einmal später und entschuldigte sich bei Gebler, dem neuen Meister vom Stuhl, mit folgenden doppeldeutigen Zeilen[2]:

2 Die Transkription dieses Mozartschen Schreibens bei Bauer-Deutsch Mozart-Briefe Bd. III S. 490 Nr. 921 enthält nicht weniger als 10 Transkriptionsfehler und unterschlägt außerdem den allerdings nicht sicher lesbaren und Mozarts Hand nicht mit Gewißheit zuzuordnenden zweiten Teil des Postscritums (»um 8 Uhr werd ich kommen«) ohne Kommentar vollständig.

»Lieber Br.·.
Nun ist es eine Stunde daß ich nach haus kam - und zwar mit starken kopfschmerzen und Magenkrampf behaftet;- ich hofte immer auf besserung - da ich aber leider das gegentheil empfinde, so sehe ich wohl daß ich nicht dazu bestimmt bin unserer heutigen ersten feyerlichkeit beyzuwohnen, und ich bitte sie also, lieber br:., mich deswegen an ort und stelle bestens zu entschuldigen.- Niemand verliert mehr dabey als ich; ich bin Ewig ihr

aufrichtigster br.·. Mozart

Euer Hochgräfl!! - -
O Ja gewis-- um 8 Uhr werd ich kommen«[3]

Nach diesem Ereignis ist eine Teilnahme Mozarts an Arbeiten seiner Loge nicht mehr belegt. Denn bis zur Uraufführung der kleinen Freimaurerkantate »Laut verkünde unsre Freude« am 18. November 1791 schweigen die Akten. Und dies war Mozarts letztes öffentliches Auftreten drei Wochen vor seinem Tod. Er erscheint lediglich Jahr für Jahr, wie Haydn in der Liste der »Wahrheit«[4], in den Mitgliederverzeichnissen der »Neugekrönten Hoffnung«.[5]

Gebler und Born, den neuen Logenleitern, blies im Winter 1785/86 der Wind scharf ins Gesicht. Viele Brüder verließen den Orden. Auch Gebler selbst blieb den Freimaurern nur noch ein halbes Jahr als Meister vom Stuhl erhalten. Schon im Juli wurde sein Amt in der Loge »Zur neu gekrönten Hoffnung« neu besetzt[6], er starb am 9. Oktober im gleichen Jahr.[7] Die Logen standen fortan unter polizeilicher Aufsicht. Vierteljährlich erfaßte man Zuwachs und Abgang in Listen. Neugewählte Logenbeamte wurden offiziell registriert. Das geheime Geschäft gewann Transparenz.[8]

3 Vgl. Briefe und Aufzeichnungen W. A. Mozarts 2. Teil hrg. von Erich H. Müller von Asow, Berlin 1942, S. 409. Die dort geäußerte Vermutung, der Brief sei an Franz Graf Esterhazy gerichtet, trifft nicht zu. Esterhazy ist erst ab 1790 Meister vom Stuhl der (neu) gekrönten Hoffnung. Die weitere Vermutung, Wenzel Graf Paar sei der Adressat, die Bauer-Deutsch in Mozart-Briefe Bd. III S. 490 Nr. 921 und Bd.VI S. 269 zu Nr. 921 aussprechen, ist ebenfalls unrichtig. V. Braunbehrens. Mozart Lebensbilder, Bergisch Gladbach 1990 Abb. Nr. 116 übernimmt in der Legende zum Faksimile dieses Briefes diese inkorrekte Zuweisung von Bauer-Deutsch ungeprüft. Heinz Schuler vertritt die These, nicht Gebler, sondern Graf Stockhammer, der erst zu Beginn der 1780er Jahre gegraft wurde und 1786 Schatzmeister der »Neugekrönten Hoffnung« war, sei der Adressat des Briefes. Dem steht aber entgegen, daß man sich korrekt beim Zeremonienmeister der Loge für ein Fernbleiben zu entschuldigen hatte.

4 Haydn wird im Mitgliederverzeichnis der Loge »Zur Wahrheit« unter der Nr. 98 geführt: »Haydn, Joseph. I.[Grad] Fürstl. Esterhazischer Kapellmeister zu Esterhaz in Hungarn.« VA 72 f. 20 v.

5 Mozart erscheint als Nr. 66 im handschriftlichen Mitgliederverzeichnis der »Neugekrönten Hoffnung« vom März 1786, vgl. VA 72 f. 117v; als Nr. 70 im gedr. Mitgliederverzeichnis »auf Johannes 5788« [=1788]; als Nr. 51 in dto. ex 1789; als Nr. 56 in dto.hs. ex 1790, vgl. VA 72 f. 3.; ebenfalls als Nr. 56 im gedr. Verzeichnis aus 1790.

6 KAP 39 Nr. 106: »Nota vom 12 July über den sich bey den hiesigen zweyen Freymaurer-Logen vom 1ten April bis lezten Juny ergebenden Zuwachs und Abgang - dann daß der Auditor Bourgeios anstatt des Gebler Vorsteher geworden. Res.: Dient zur Nachricht und ist diese Liste einstweilen bey der Policey aufzubewahren.«

7 Laut Anzeige in der Wiener Zeitung vom 10. 10. 1786. Zinzendorf hält in seinem Tagebuch (Bd. 31 fol. 195) am 9. Oktober 1786 fest: »Gebler avoit ete touche d'apoplexie, en sortant du Conseil.«

8 Diese Tendenz setzt sich zunehmend bis zu Mozarts Tod fort.

3.7 Auf Sarastros Spuren

In Wien wurde zu Mozarts Zeiten alles gern und laut an die Öffentlichkeit gezerrt. Polizeispitzel und Denunzianten machten in der Donaumetropole gute Geschäfte. Jedermann sah sich vor. Geheimschriften für die private Korrespondenz sind kein Luxus.[1]

Die Post wurde geöffnet, gelesen und die Dechiffreure hoch bezahlt.[2] Meinungen offen kundzutun, war wenig ratsam. Wer als Schriftsteller der Zensur zu entgehen suchte, wanderte schon für geringe Vergehen in Arrest. Der alles bevormundende Polizeistaat Josephs II. war weit davon entfernt, dem Kampf der Ideen freien Spielraum zu gewähren.[3] Wirklich Wichtiges geschah daher verdeckt, verkleidet, verhüllt vor den Augen des Gesetzes, um in dieser Verfremdung den Kern zu bewahren. Wer auffiel, verlor seine Reputation und damit als Musiker die nötige Existenzgrundlage.

Auch der Karneval wurde in diesen Zeiten genau observiert. Bälle wurden allerhöchst genehmigt und die Kostümierung geriet uniform. Wer mit Originalität aus der endlosen Reihe der Dominos tanzte, war schnell in aller Munde.

1 Friedrich Münter z. B. schreibt in seinen Tagebüchern alle Namen, die er geheim halten will, in Ziffern nach dem Zahlenalphabet a=1, b=2 etc.. Vgl. Münter Tagebücher S. 58, 67, 70, 75 81, 83ff, 99, 100, 103, 105, 107, 111, 112. Gottfried van Swietens diplomatische Korrespondenz enthält Briefe, die vollständig in Zahlencodes notiert sind.

2 Der Kaiser befiehlt z. B. am 9. Juni 1784, daß alle an den Prince de Ligne aus- und eingehende Post » allemal eröffnet und mir vorgeleget« wird. HHStA KAP 31 Nr. 411. Am 4. Februar 1785 ergeht folgendes Dekret an Baron Puchler: »Sie werden auf die in der Beylage bezeichnete Namen unter den Briefen bey der Post genaue Aufsicht tragen lassen, und wenn sich welche darunter befinden sollten, selbe eröffnen und Mir den Inhalt davon zur Einsicht vorlegen.« KAP 36 No. 109. Im Jahre 1787, drei Monate vor Mozart offizieller Anstellung wird ein junger Mann bei der Cabinetskanzley als Dechiffreur mit sechshundert Gulden Anfangsgehalt eingestellt. KAP 44 No. 4324. Zweitausend Spezies-Dukaten »für eine geheime Auslage« in Chiffreangelegenheiten werden der Kabinettskanzlei gleichzeitig überwiesen. Ebda. No. 4375. Vgl. dazu auch H. Hubatschke: Die amtliche Organisation der geheimen Briefüberwachung und des diplomatischen Chiffredienstes in Österreich. In: Mitteilungen des Inst. f. Österr. Geschichtsforschung Bd. 83 1975 S. 352.

3 Vgl. Das kaiserliche Handbillet »an Graf Kollowrat mit einer Nota des Baron van Swieten die Bestrafung jener Verfasser betreffend, die Bücher ohne vorher erlangte Bewilligung der Censur auflegen lassen.« KAP 44 Nr. 2004. Dazu H.Gnau: Die Zensur unter Jospeh II. Straßburg 1911 S. 53: »Für den durch das Gesetz vom 11. Juni 1781 geschaffenen Zustand, das Wort »Preßfreiheit« anzuwenden, hieße die Verhältnisse völlig verkennen. Immer noch behielt sich der Staat vor, auf alles, was auf dem Büchermarkte erschienen, auf alles, was im Druck erscheinen sollte, sein wachsames Auge zu haben.«

Am Sonntag, dem 19. Februar 1786, kleidet sich Mozart als persischer Prophet. So kostümiert, erscheint er in den Redoutensälen der Hofburg zum Karnevalsball. Hier verteilt er ein Blatt mit acht Rätseln und vierzehn »Bruchstücken aus Zoroastens Fragmenten«, die er selbst verfaßt hat und »zur Beherzigung in der Redoute« extra drucken ließ.[4] Der extravagante Spaß hat ein doppeltes Echo: Mozart sendet das Blatt seinem Vater in Salzburg. Der ist begeistert und übergibt es der Oberdeutschen Staatszeitung, die es gekürzt in folgender Version bringt:

»Anekdote: Im lezten Carneval zu Wien (am 19ten Febr.) theilte eine Maske 'Bruchstücke aus Zoroastens Fragmenten' gedruckt 'zur Beherzigung in der Redoute' aus, vorann waren 8 sehr gute Räthseln zu lesen, worunter die versetzten Buchstaben der Auflösung standen:

> Z[um] B[eispiel] N[ummer] V.
> »Man kann mich haben, ohne mich zu sehen.
> Man kann mich tragen, ohne mich zu fühlen.
> Man kann mich geben, ohne mich zu haben.«

Des Rätsels Lösung stand »in versetzten Buchstaben« darunter:

> D.e.e.h.i.n.ö.r.r. (Die Hörner)

Das beste aber waren unstreitig die 'Fragmente', wovon wir, da es uns eben an wichtigerem Stoffe gebricht, Einige ausheben:

1) Rede viel - und rede schlecht; doch das letzte giebt sich selbst; es werden alle Augen und Ohren auf dich gerichtet seyn.
4) Ein offenbares Laster ist mir lieber, als eine zweydeutige Tugend; ich weiß wenigstens, woran ich mich halten soll.
5) Ein Heuchler, der die Tugend nachahmen will, kann sie nur mit Wasserfarben nachahmen.
10) Es schickt sich nicht für jedermann, bescheiden zu seyn: nur großen Männern kömmt es zu, es zu seyn.
11) Bist du arm, aber geschickt, so bewaffne dich mit Geduld; arbeite. Wirst du nicht reich, so bleibst du wenigstens ein geschickter Mann.- Bist du ein Esel, aber reich, so benütze deine Vorzüge, faulenze; wirst du nicht arm, so bleibst du wenigstens ein Esel.
12) Man lobt ein Frauenzimmer auf die gewisseste und zärtlichste Art, wenn man ihr Böses von ihren Nebenbuhlerinnen sagt. Wie viele Männer sind nicht in diesem Stücke Weiber?
13) Bist du ein armer Dummkopf - so werde K[lerike]r.
    Bist du ein reicher Dummkopf, so werde ein [Ver]Pächter.
    Bist du ein adelicher, aber armer Dummkopf - so werde, was du kannst, für Brod.
    Bist du aber ein reicher, adelicher Dummkopf, so werde, was du willst; nur kein Mann vom Verstande - das bitte ich mir aus.«[5]

4 Mozart Briefe Bd. III S. 506. Mozart Dokumente S. 234.
5 Ebda. S. 234 f.

Dieses Flugblatt wird allem Anschein nach von der Polizei aufgegriffen und durch Graf Pergen dem Kaiser vorgelegt in der »Nota ddo 20ten Februarij über die Anzeige der OberPolizey Direktion in betreff der auf der Redoute in der verflossenen Nacht gemachten Beobachtungen«.[6]

Der Kaiser läßt die Sache auf sich beruhen, denn Pergen hat offensichtlich Mozarts Spaß verstanden.

Trotzdem eine merkwürdige Begebenheit: der Komponist im Kostüm des persischen Zoroaster. Mozart, hinter der Maske des Weisen verborgen, verteilt »Bruchstücke aus Zoroastens Fragmenten«! Ein origineller Karnevalsscherz mit tieferer Bedeutung?[7]

Des Rätsels Lösung zeigt nämlich den musikalischen Kabbalisten. Mozart hat die Buchstaben alphabetisch geordnet, damit sind sie - scheinbar zufällig - so aufgereiht, daß die Klangbuchstaben am Anfang stehen: d e e h . Sie sind bei genauem Zusehen nichts anderes als die verifizierte Devise: Prima la musica e poi le parole (= Zuerst die Musik und dann die Worte). Dabei liegt der aktuelle Bezug auf der Hand. Die Premiere von Salieris gleichnamiger Oper zusammen mit der zweiten Aufführung von Mozarts »Schauspieldirektor« im Kärtnertor-Theater in Wien war tags zuvor, am 18.Februar 1786, über die Bühne gegangen.[8] Im Burgtheater spielte man an diesem Abend zum letzten Mal Schröders Lustspiel »Die Freymaurer«.

Auch die weiteren »Weisheitslehren« sind keine harmlosen Wortwitze. »Die Bruchstücke aus Zoroastens Fragmenten« - nota bene die potenzierte Minimierung! - sind geistreiche, prägnant formulierte Apercus, die aufklären, indem sie die Adressaten demaskieren und ihnen ihr wahres Gesicht im Spiegel vorhalten, und dies in mozartscher Manier, verbal grob, schonungslos direkt.[9]

Mozart nutzt Narrenfreiheit und nennt die Falschspieler des Alltags beim Namen. Beifall - nicht nur in der Wiener Redoute - ist ihm gewiß.

»Die Fragmente sind gar gut und wahr; sie sind wirklich wohl zu beherzigen; vom ersten bis zum letzten«, betonte Vater Leopold Mozart als er das Flugblatt, das er zuvor in die Zeitung gegeben hat, an seine Tochter sendet. Er will »das Blätl« nach

6 KAP 39 No. 348.

7 Vgl. dazu »Zoroasters lebendiges Wort; worin die Lehren und Meinungen dieses Gesetzgebers von Gott, Welt, Natur und Menschen, ingleichen die Ceremonien des heiligen Dienstes der Parsen enthalten sind. Nebst einem Anhange a.d. Franz von Kleuker Riga Hartknoch 1777-1786 4. Thl.« Weitere einschlägige Literatur bei Georg Kloß: Bibliographie der Freimaurerei und der mit ihr in Verbindung gesetzten geheimen Gesellschaften. Frankfurt a. M. 1844 Nr. 3741 ff.

8 Mozarts »Schauspieldirektor« und Salieris komisches Singspiel »Prima la musica e poi le parole« waren zuvor am 7. 2. 1786 beim großen Hoffest in der Orangerie zu Schönbrunn uraufgeführt worden. Der Kaiser hatte Mozart mit 50 und Salieri für sein umfangreicheres Stück mit 100 Dukaten fürstlich belohnt. Die erste Aufführung des Schauspieldirektors im Kärntnertor-Theater war am 11. Februar 1786, am gleichen Abend gab man zuvor Umlaufs Singspiel »Das Irrlicht, oder: Endlich fand er sie«.

9 Dies ist ein Positivbild, das später im entwaffnenden Postscriptum des Briefes an Anton Stoll auf den Kopf gestellt wurde: »Das ist der dumste Brief den ich je in meinem leben geschrieben habe,« schreibt er an ihn, »aber für Sie ist er Just recht.« Mozart Briefe Bd. IV S. 133.

der Lektüre durch Nannerl zurückhaben, so wichtig ist ihm die Sache.[10]

Mozarts Karnevalsscherz zeitigte Folgen. Denn in der Redoute erprobt er eine Figur, die maurerisches Gedankengut aus den Logen verkörpern sollte. Mozart spielt selbst den Sarastro, jene zentrale Figur, deren Namen er in der Zauberflöte vom persischen Zoroaster entlehnt. Der Komponist schlüpft in Sarastros Kostüm, spricht aus seiner Maske und verkündet seine »Lehren« und »Wahrheiten«, was immer darunter zu verstehen war. Produktiv und ironisch setzt er die Erfahrungen seiner maurerischen Arbeit um. Nicht als neues Evangelium posaunt er sie aus und bringt sie auf die Bretter,- sie werden atmosphärisch gebrochen, herausgerückt aus der Realität und gewinnen dabei neues und gültiges Profil. Das ist die Perspektive des großen Künstlers. Hier führt er den Hammer des Meisters. So verwirklicht er seine maurerische Mission.

10 Vgl. den Brief Leopold Mozarts an seine Tochter Nannerl 24. März 1786: »Gegenwärtigen gedruckten Einschluß schickte mir dein Bruder. Die ersten 7 Räthsel habe gleich beim Lesen aufgelöset, das 8te ist schwerer. Die 'Fragmenten' sind gar 'gut' und 'wahr'; sie sind wirklich wohl zu Beherzigen; vom 'ersten' bis zum Letzten. das 6te ist auch zu beherzigen. NB. 'die Seufzer Allee im 7ten ein Ort im Reduthaus zu Wien das man so nennt.- Heute kamms ins Zeitungsblat; aber für Salzburg haben wir die No 14 durch eine Abänderung vergoldet.- ich bitte mir das Blätl wieder zurück zu schicken.« Mozart Briefe Bd. III S. 521.

3.8 Chaos bei den Illuminaten

Chronique scandaleuse vom 10. März 1786: An diesem Tage wurde zum letzten Mal in Wien ein Mörder gerädert und - welch absurde Parallelität der Ereignisse !- abends fand im Freimaurer-Casino in der Leopoldstadt das makabre Maurer-Autodafé statt.

Zum ersten.[1]

Franz de Paula Zaglauer von Zahlheim, 33 Jahre alt, Beamter des Wiener Magistrats, war leichtsinnig in finanzielle Schwierigkeiten geraten und hatte die 50jährige begüterte Ambrosia Ambrok, der er die Ehe versprochen hatte, um 2000 Gulden bestohlen. Um den Diebstahl zu vertuschen, schnitt er seiner Geliebten auf dem Dachboden die Kehle durch. Er wurde zum Tode verurteilt. Der Kaiser bestätigte am 2. März das revidierte Gerichtsurteil: »Bey diesem ganz außerordentlichen und mit keinem einzigen lindernden Umstand verfangen[en] hinterlistigen Meuchelmord und Diebstahl begnehmige ich das einhellige Dafürhalten der Appellazion, nämlich das nach Vorschrift der Nemesis Theresiana die hier ausgedruckte verschärfte Todesstrafe /:gerädert und gezwickt:/ an dem Delinquenten auf der gewöhnlichen Gerichtstadt ohne Gnaden vollzogen werde.«[2]

Ein Flugblatt machte das Urteil publik: »...wider den Franz Zahlheim [ist] wegen dieses noch vorher unternommenen beträchtlichen Diebstahl, höchst ärgerlich, abscheulich, und vorsetzlich ausgeübten Meuchelmords, wodurch er den Abscheu aller Menschen sich zugezogen hat, folgendes Urtheil nach Vorschrift der peinlichen Gesetze verhänget worden: Daß dieser Delinquent des Adels für seine Person entsetzet, sohin auf den hohen Markt, und die sogenannte Schranne geführet, nach ihm allda öffentlich verlesenem Urtheile auf den hohen Wagen gesetzet, und ihm in die rechte Brust ein Zwick mit glühenden Zangen, sodann auf der Freyung eben ein gleicher Zwick in die linke Brust gegeben, sofort auf die gewöhnliche Richtstätte geführet, und dort von unten hinauf mit dem Rade vom Leben zum Tode hingerichtet, dessen Körper auf das Rad geflochten, und darüber ein Galgen mit herabhängendem Strange aufgerichtet werden sollte.«[3]

1 Vgl. Das gedruckte Zahlheimische Todesurteil. In: Josephinische Curiosa. Bd. 3 S. 319.
2 KAP 40 v. 2. März 1786.
3 Nach dem Exemplar im Historischen Museum der Stadt Wien.

Ein Gnadengesuch der »sämtlichen Zahlheimschen Blutsverwandten, dem Franz Zahlheim das Zwicken mit den glühenden Zangen nachzusehen« wurde vom Kaiser verworfen mit der Resolution: »Da nicht die mindesten mildernden Umstände in dieser abscheulichen That vorgekommen sind, so habe ich auch selbe nach dem einstimmigen Einrathen der Appellazion zufolge der Nemesis Theresiana auf die in selber vorgeschriebene verschärfte Art zu bestrafen anbefohlen; wovon also nicht abgegangen werden kann.«[4]

Zwar milderte der Scharfrichter die Strafe auf der Richtstätte am Rabenstein; der Delinquent wurde »von oben nach unten« gerädert, so daß der Tod sofort eintrat.[5] Die grausame Hinrichtung lockte Tausende an und erregte in der Öffentlichkeit Widerspruch, war doch die Todesstrafe bis auf wenige außerordentliche Fälle seit 1781 aufgehoben.[6] Die Bevölkerung teilte durchaus nicht die Intention des Kaisers, durch scharfen Strafvollzug an einem Adeligen abschreckende Wirkungen zu erzielen. Der Verkauf des Flugblattes mit dem Schattenbild der Mordszene führte sogar zu einem Zwist zwischen der Zensur und der Hofkanzley.[7] Das sensibilisierte Rechtsempfinden der Zeitgenossen hatte einen empfindlichen Schlag erlitten, und das Bild Josephs II. als aufgeklärter Menschenfreund wurde beschädigt.

Unwillkürliche Assoziationen an den grauenerregenden Sühneakt, der vor den Toren der Bornschen Loge in Wien seinen Anfang nahm, erweckt ein Operntext, dessen Komposition Mozart am gleichen Tage fertigstellte:

»Stelle barbare, stelle spietate, perchè mai tanto rigor?«

(Grausame Sterne, mitleidlose Sterne, warum solche Härte?)

heißt es da, unmißverständlich deklamiert zwischen erregten Orchestereinwürfen auf dem Höhepunkt der Entwicklung. Es handelte sich um eine Stelle aus der Neukomposition der Einlagen (Scena con Rondo mit Violin-Solo für Baron Pulini und Graf Hatzfeld »Non temer, amato bene« KV 490, Rondo,Takt 57-66.) für die konzertante Wiederaufführung des »Idomeneo«, die drei Tage später im Palais des Fürsten Karl Auersperg in Wien stattfinden sollte.

Aber diese Worte erscheinen ebenso als dunkles Omen für das zweite deprimierende Ereignis dieses Tages in der Bornschen Loge, das alle Freimaurer aufschreckte. Franz Kratter publizierte darüber einen Augenzeugenbericht unter dem Titel »Freymaurer Auto da Fe in Wien.«[8]

4 KAP 39 S. 271 No. 170 v. 9. Merz /1786/.

5 200 Jahre Rechtsleben in Wien. Katalog Historisches Museum Wien 1986 S. 26.

6 KAP 25 S. 39 No. 59 13. März 1781.

7 KAP 42 No. 368 24. April 1786. Der Verleger erhielt auf allerhöchsten Befehl den durch Beschlagnahme des Flugblattes entstandenen Schaden ersetzt. Vgl. H. Gnau: Die Zensur unter Jospeh II. Straßburg 1911 S. 206ff. Zinzendorf liest am 26. Juni 1786 eine Broschüre: »Beweiß, daß Zahlheim als ein Opfer der Unwissenheit seiner Richter und durch Gewalt des Stärkeren hingerichtet worden.« (Tb 1786, fol. 115)

8 Freymaurer Auto da Fé in Wien. 1786. Wien im Verlage G. Ph. Wucherers. Der Autor Franz Kratter unterzeichnet im Vorwort mit seinem vollen Namen und datiert »den 16ten März 1786«. Kratter, »ohne Bedienstung«, wurde am 12. 7. 1785 zur Aufnahme in die Wiener Loge »Zum hl. Joseph« vorgeschlagen und deckte im Herbst 1785 mit den übrigen Brüdern seiner Loge. VA 95 f. 115.

»Die lustige Geschichte, welche sich mit mir den zehnten März [1786] im Freymaurerkasino ereignete, ist ein mit besonderer Förmlichkeit über mich gehaltenes Autodafe, so ziemlich nach dem Geschmack der spanischen Inquisitiongerichte. Sie wurde bereits durch die dabey anwesenden Freymaurer, welche mit viel brüderlicher Dienstfertigkeit Nachbarn und Nachbarinnen, Damen= und Männergesellschaften, volle Bier= und Weinschenken damit zu amüsiren suchten, unter der zweydeutigsten Ruchbarkeit eines tausendfach verunstalteten Märchens, zum Gespräch der ganzen Stadt. Ich bin als Mensch, als Bürger, als Verehrer, und Anhänger der ächten Freymaurerey schuldig, dem Publikum den ganzen Hergang der Sache mit gehöriger Umständlichkeit vorzulegen, weil ich keinen andern, und gewissen Weg kenne, meine angegriffene Ehre zu retten, als diesen!«[9]

»Der Hochwürdige Bruder B[or]n, Meister vom Stuhl der s[ehr] e[hrwürdigen] Loge zur Wahrheit, schrieb den 2ten September 1785 an den Präsidenten der churfürstlichen Akademie der Wissenschaften in München, und begehrte von ihm, seinen Namen aus dem Verzeichnisse der Mitglieder dieser Akademie wegzustreichen.«[10]

Born habe »durch die traurigen Maurerangelegenheiten in Bayern veranlaßt« sich als Ehrenmitglied dieser Akademie gegenüber unhöflich, unbescheiden und in beleidigender Weise geäußert. Kratter, »als erzogener Bayer«, zeigte sich über die im Journal für Freimaurer[11] und in mehreren Zeitungen veröffentlichten Briefe betroffen und griff Born in einer Schrift an, die er dem Buchdrucker Hartl im Manuskript zur Drucklegung gegen Honorar übersandte. Hartl lief geraden Wegs damit zu Born. Der hielt das Manuskript zurück, schickte das verlangte Honorar durch Hartl auf die kleine Post, und ließ zugleich durch seinen Lakei ausspionieren, wer das Geld abholen werde? - Es war Kratter, und der weiß weiter zu berichten:[12]

»Noch den nämlichen Tag schickte Br. B[or]n um mich. Er muß mich für furchtsam gehalten haben, denn er bediente sich eines lügenhaften Vorwandes, um mich so sicher ins Haus zu locken. Ich erschien. Ein Freund und Knappe des Br. B[or]n, [der Ceremonienmeister der Loge »Zur Wahrheit«, Franz von Weber, Hofsecretair bei der Geheimen Hof- und Staatskanzlei] kam, als man mich gemeldet, aus dessen Studierzimmer mit freundlichem Lächeln auf mich zu, drückte mir mit heftiger Empfindsamkeit die Hand, entschuldigte den Br. B[or]n, daß er mich heute nicht sprechen könne, und bat mich in seinem Namen, nächsten Freytag im Freymaurerkasino sein Gast zu seyn. Ich ließ dem Br. B[or]n mein Kompliment sagen, und nahm die höfliche Einladung mit gleicher Höflichkeit an. [...] Der Freytag erschien. Die Hälfte der geladenen Gäste war schon versammelt, als ich kam. Eine Tafel für etlich dreißig Personen stand in Bereitschaft. Einige, die sonst sehr freundlich mit mir sprachen, begegneten mir itzt mit Zurückhaltung, mit Gleichgül-

9 Freymaurer Auto da Fé in Wien. S. 7f.
10 Ebda. S. 8.
11 Journal für Freymaurer 1785 Jg. II, 4 S. 123.
12 Freymaurer Auto da Fé in Wien. S. 10ff.

tigkeit, mit Kälte. Endlich kam auch Br. B[or]n, und mit ihm andre Männer von grossem, sowohl maurerischem, als politischem Charakter. Ich machte dem Br. B[or]n meine Verneigung, Es kostete ihn Zwang, mir zu danken. [...]

Der Landesgroßmeister sah mich während der Tafel oft zu langen Minuten mit einem ununterbrochenen, wilden, Vorwürfe, Wuth, und Rache sprühenden Blicke an. [...] Nach geendigter Tafel machte Br. B[or]n, als Meister vom Stuhl, einen Schlag. Sch! Sch! zischte es von allen Seiten. Eine Stille von der furchtbarsten Feyerlichkeit war in einem Augenblicke hergestellt. [...] 'Meine Brüder', fieng Br. B[or]n an, 'wir sind von jeher gewöhnt, unsere Maurermale mit philosophischen Berathschlagungen zu schliessen.' Das wenigste, was ich hier erwartete, war eine Rede philosophischen Inhalts. Aber Br. B[or]n machte sogleich eine ziemlich unrednerische Transgreßion auf seine zween Briefe, die er nach München geschrieben, um aus der Liste der Akademiker ausgestrichen zu werden, zog mein aufgefangenes Manuskript aus der Tasche, und las mit besonderer Auswahl einige Bruchstücke aus meinen zur Erläuterung seiner Briefe hinzugefügten Noten. [...]

Der Landesgroßmeister [Dietrichstein] brach während der Vorlesung etlichemal in eine Art von Wuth, und von dieser in die niedrigsten, ihn in dieser Lage tief zur Klasse gemeiner Leute herabwürdigenden Beschimpfungen aus, drohte mit Prügeln, und warf mit, Gott weiß! was für Gewalthätigkeiten um sich.« [...][13]

Br. B[or]n versicherte nun, daß ihm kein Zweifel übrig bleibe, im Verfasser des aufgefangenen Manuskriptes auch den Verfasser der Briefe über die neueste Maurerrevolution zu entdecken, und legte der Gesellschaft zween Punkte zur philosophischen Berathschlagung vor, nämlich: Den Verfasser ausfindig zu machen, und dann zu beschliessen, was man mit dem ausfindig gemachten Verfasser anfangen wolle. Er sammelte die Stimmen für die Entscheidung des ersten Punktes. Da und dort war man so witzig, sehr saubere Sächelchen in Vorschlag zu bringen. Es kam sogar die Polizey mit aufs Tapet. Endlich traf auch mich die Reihe.

»Man hoffte wenigst, mich dadurch in einen besonders kritischen Augenblick zu versetzen. Meine Antwort war: 'Hochwürdiger Großmeister! ich dank' Ihnen für Ihre Einladung. Da ich aber von Ihrer Verbindung nicht bin, so kann ich hier keine Stimme haben.'«[...][14]

»'Meine Brüder', fuhr Br. B[or]n mit einer Miene der ersten Staatswichtigkeit fort, 'wir haben auch den Verfasser schon entdeckt.'

Pause! -

'Er ist sogar unter uns.'

Pause! -

'Er hat mit dem Meister in die Schüssel getaucht.'

Pause! -

'Und dieser ist (mit dem Finger auf mich deutend) Bruder Kratter!'

13 Ebda.S. 25.
14 Ebda.S. 25f.

Wer um die Komödie wußte, stellte sich in diesem Augenblick betroffen, und wer nichts wußte, war es wirklich.«[15]

Kratter leugnete aus purer Angst und erinnert sich, »daß kurz zuvor sehr ernsthaft von fünfzig Prügeln gesprochen wurde.« Sechs handfeste dienende Brüder standen bereit.

»Der Landesgroßmeister drohte mir nun sogar, mich um meine Bedienstung zu bringen. Freylich nur eine eitle, aber immer eines Maurers höchst unwürdige Drohung! Am Ende wurde er im Eifer so vertraut, daß er mich mit Er betitelte. Um der Sache ein Ende zu machen, sagte ich mit Bedeutung: Ich bin keines *** Er! nahm Hut und Mantel, und empfahl mich der brüderlichen Gesellschaft. Ein lautes, für die Herren in der That sehr rühmliches Händeklatschen folgte mir nach.«[16]

»Ich frage hier jeden Mann von Ehre, Gefühl, und Menschlichkeit, ob dieses ein Betragen ist, das man Freymaurern, Männern von Ansehen und Charakter, zu den Zeiten der [...] Aufklärung [...] zutrauen sollte.«[17]

Die Angelegenheit hatte ein Nachspiel auf höchster Ebene. Born nutzte seine Verbindungen, schaltete zu seinen Gunsten seine Freunde an den entsprechenden Regierungsstellen ein und ließ Kratters Manuskript, das inzwischen der Voimanschen Buchhandlung zum Druck vorlag, offiziell konfiszieren.

Der doppelt geprellte Kratter wandte sich an den Kaiser. Joseph II. erließ darauf folgendes Handbillet an Baron Weber, datiert den 9ten April (1786): »Es ist mir von einem gewissen Kratter die Klage beygebracht worden, daß man auf Befehl der Regierung eine von ihm verfaßte Schrift durch die Polizey beym Buchdrucker in Beschlag genommen habe. Nachdem aber die Censurhofkommission, welche ich darum gefragt habe, von diesem Werke nichts gesehen, viel weniger dasselbe verbothen hat, und er nichts anders wünscht, als daß es der bestehenden Vorschrift nach censurirt werde: so wird mir die Rekriegung (sic) anzuzeigen haben, warum und auf was für eine Veranlassung dieses Verboth ergangen ist.«[18]

Van Swietens Zensurstelle erstattete Bericht. Die Antwort des Kaisers geht aus dem Kabinettsarchivprotokoll hervor: »Vortrag ddo 13 April [1]786 Über einen Vortrag der Stud[ien] Co[mmissi]on ddo 11. April a:c. in Betrf. der von dem Kratter gebettenen Rückstellung seines in der Voimanischen Buchhandlung in Beschlag genommenen Manuscripts.«

Der Kaiser entschied: »Diese Piece ist so, wie sie im Manuscript verfasset ist, zum Druk zuzulassen, und ist dem Br. Weber, der auf einseitiges Verlangen des Hofrathes Born diesen Schritt veranlasset hat, solcher zu verweisen. (datum 19. April 1786).«[19]

Mit juristischen Spitzfindigkeiten wurde das illegitime Vorgehen des maurerischen Regierungsklans nun zu legitimieren versucht. Die Sache kam am 21. April

15 Ebda.S. 28. J. Pezzl, a.a.O. S. 254, sagt von den Bornschen Sarkasmen: »Er skalpirte seine Opfer.«
16 Ebda.S. 30f.
17 Ebda.S. 31.
18 KAP 40 S. 204.
19 KAP 42 S. 541.

noch einmal zur Verhandlung. Der Kaiser erließ ein weiteres Handbillet: »Für die Wirkung der Censur ist es gleichgültig, ob man ihr ein schriftlichen Aufsatz oder schon den ersten Abdruck davon zur Censurirung vorlegt, ja sie gewinnt noch dabey, weil der Druck besser, als oft schlechte Schriften zu lesen ist. Der Author und der Buchdrucker wovon der letztere die Mühe seines Satzes allein aufs Spiel setzt, können doch dabey ihre Rechnung finden, weil mit einem Werke, daß sie sicher nicht zu einem Verbot geeignet seyn erachten, bey dem erhaltenen admittitur, oder imprimatur gleich in das Publikum erscheinen, und mit der Geschwindigkeit und von der Zeit vieles gewinnen können; Soll es aber nicht gestattet werden, so hat die Censur auch darauf zu sehen, daß der bestehende Satz durch die Polizey wieder zerrißen werde.(datum 26.[April 1786])«[20]

Baron von Weber sah sich genötigt, seine Rolle im Spiel gegen Kratter zu erläutern.[21]

Mit dem Motto: »Wer die Wahrheit geigt, dem schlägt man den Bogen um's Maul« erschien am 2. Mai 1786 eine weitere Schrift.[22] Er ergreift für Kratter Partei und beschwört emphatisch die Folgen für die Wiener Maurer, die nicht zu Borns Fahne schwuren:

»Brüder! (womit ich alle Menschen meine) Brüder! weint mit mir über die entheiligten Rechte der Menschheit. Brüder! im engsten Verstande, weint mit mir über die entheiligten Rechte des Ordens. In Wien, wo er einst so sehr blühte, wo er gewiß ächte, nachahmungswürdige Glieder besaß, ist er zur dichterschen Fechtbahn, zum Schauplatz elend flimmernden Witzes, zum Mittelpunkt von Verfolgungsgeschichten geworden, die selbst verbrennende Inquisitoren nicht schröcklicher ersinnen können. Armer Kratter! mußtest Du das erste Opfer seyn! [...] Sagt, liebste Brüder Inquisitores! was habt ihr durch diese Beschämung Gutes hervorgebracht? Sezt euch dieser Streich nicht unter jeden andern Grad [...] unendlich herab, habt ihr von hiesigen Sch[ott]en, R[osenkreuze]rn, und den so unschuldig verfolgten A[siat]en so was gehört? Ich rathe euch, liebe Brüder, geht hin, geht da zur Schule, und lernet, was Duldung, was Bruderliebe ist.«[23]

Die Schotten, die vielgeschmähten und verkannten Rosenkreuzer und die Asiatischen Brüder, alle jene »Schwärmer« die Born bekämpft hatte, stehen hier unvermittelt als Gegenpartei der Illuminaten auf. Den Anstiftern des »Attentates«, pikanterweise alle namentlich genannt, wird nun ihr unmaurerisches, tadelnswertes Verhalten öffentlich vor Augen gestellt.

Der erste Angeklagte ist der gewissenlose Buchdrucker Hartl, der Born das Krattersche Manuskript hinterrücks zuleitete. Dann wird Ceremonienmeister Franz von Weber als »Lockmeise ins brüderliche Garn« vorgenommen, weil er »mit

20 KAP 42 Nr. 346.

21 KAP 42 Nr. 32. Nota ddo 2t May 1786 wegen des auf einseitigen Verlangen des Hofrathes Born in Beschlag genommenen Kratterischen Manuscripts. Res.: Ihre Rechtfertigung dienet zu meiner Nachricht (datum 4. [Mai 1786]).

22 Kratter, B[or]n & Socii. Leider anno 1786.

23 Ebda. S. 5ff.

iscariotischem Bruderkuß« Kratter verriet.[24] Fürst Dietrichstein, der über die Johannismaurerei hinaus in die Hochgrade der Rosenkreuzer emporzusteigen versuchte, um nach höheren Erkenntnissen zu suchen, erhält eine deutliche Lektion.[25]

Zuletzt wird Ignaz Born mit einem lapidaren Memento mori konfrontiert, das den gesundheitlich stark Angeschlagenen ins Mark treffen sollte. »Endlich komme ich zu Dir, grosser, gelehrter B[or]n, und werde , und kann Dir, gewiß wider Dein Vermuthen, sehr wenig sagen. O wie schwach, wie hinfällig sind des grösten Menschen Sinne, so hinfällig, wie morsche, wie modernde Gebeine! Satis est.«[26]

Nach diesem Plädoyer fragt der anonyme Ankläger den Kaiser: »...kannst Du zusehen, daß man in Deinen Staaten, in Deiner Hauptstadt, unter Deinen Augen die verabscheute Inquisition einführt, und deren erste Session am zehnten März mit einem Auto da fe auf das feyerlichste eröfnet? Doch Gedult, ihr Herren Inquisitores, triumphiert nicht zu früh; noch eine Session, und Er sagt vielleicht: Meine Staaten können auch ohne Freymaurer glücklich seyn. Dann habt ihr eurer Thaten Lohn; dann werden vielleicht die von euch gedrückten Sch[otte]n, R[osenkreuze]r, A[siate]n aus ihren einsamen Winkeln, wo sie indeß ihres Monarchen Wink willigst befolgen, hervorkriechen, diesem Menschen=Wohlthäter [Joseph II.] beweisen, daß sie anders gearbeitet, daß Einigkeit sie beseelet, daß sie sich wechselweise geliebt und gelehrt, und daß ihre Maximen dem Staate nicht so schädlich sind, als ihr sie vielleicht abgemahlet. Und nach reifer Ueberlegung wird der Grosse zu ihnen sagen: Stehet zu meiner Rechten, und zu euch: Meidet das Licht.«[27]

»Ein Abdruck einer Beilage zur Kratterschen Geschichte« wurde dem Monarchen am 4. Mai 1786 von der Polizei vorgelegt.[28] Das Echo des Skandals von »Kratter, Born & Socii« war offiziell zur höchsten Stelle gelangt. Mit Kratter triumphierten die Gegner der Illuminaten, die Anhänger der Hochgradsysteme, jene Vertreter einer hermetischen Maurerei, die Born im Visier hatte. Die alten »Schwärmer« trauten sich wieder ans Licht. Denn das kaiserliche Patent verfehlte seine Zielgruppe gänzlich, mehr noch, es traf wie eine Kanone, die nach hinten losgeht, diejenigen, die es schützen sollte. Asiaten und Rosenkreutzer kamen ungeschoren davon.

24 Ebda. S. 10.

25 Kratter, B..n & Socii. S.11f: »Und nun Du, der Du hier der erste wie jeder Mensch, nicht frei von Fehlern bist, der Du die Israeliten in der Wüste verlassen, und auf der Philister Seite übergetretten, bedenke, daß Du der Erste bist, der gutes Beyspiel geben muß; lehre Deine Brüder Duldung, lehre sie Sanftmuth, lehre sie Bruderliebe, und lasse es Dir ja nicht mehr einfallen, einem Bruder Prügel anzubiethen! Wisse, wenn Du es noch nicht weißt, daß ein freyer Maurer keineswegs Dein Sklave ist! daß ein gewaltiger Unterschied zwischen ihm, und deinen Untergebenen ist; und daß eine gutgeordnete Polizey hier wachet, die Niemanden ohngeahndet prügeln läßt. Bedenke auch, daß vielleicht mehrere so denken, wie ich: denn ich ließe mich gewiß von Niemanden prügeln, dem ich nicht reciproce das Fell weidlich zergärbe. Lasse den obgleich ohnmächtigen, den sehr niedrigen Gedanken nie in Deiner Seele Platz greifen, einen Menschen, einen Bruder um sein Brod zu bringen.[...] Der Allerhöchste B[aumeiste]r gebe Dir seinen Seegen, damit Dir jene Wissenschaften, Vortheile, und Arkana zu Theil werden, nach denen Du durch Deine Uebersiedlung [zu den Rosenkreuzern] so gierig gedurstet.«

26 Ebda. S. 13.

27 Ebda. S. 13f.

28 KAP 39 No. 97.

3.9 Hoffnungen für Hermeten

Aktuelle Bücherlisten, die in der Wiener Zeitung abgedruckt sind, spiegeln den Wandel der Szene. Da erscheinen in der Jakob Anton Edlen von Ghelenschen Buchhandlung im Deutschen Hause in der Singerstraße neben Dokumentationen und Kommentaren zur aktuellen Geschichte der Verfolgung der Illuminaten in Bayern etliche Handbücher für Asiatische Brüder:

»Magia divina, oder Grund und deutlicher Unterricht von den fürnehmsten kaballistischen Kunststücken der alten Israeliten, Weltweisen und ersten Christen. Frankfurt 1745«.

»Abraham Eleazaris uraltes chymisches Werk, mit Kupfern , Figuren, Gefäßen, Oefen, wie auch beygefügte Schlüssel von dem Stein der Weisen, in 2 Theilen, Leipzig 1760.«

»Geheimniß der hermetischen Philosphie, in welchem die Verborgenheit der Natur und der Kunst, die Materie und Weise zu wirken betreffend, vom Steine der Weisen durch gewisse Regeln ordentlich geoffenbaret wird, Frankfurt 1770.«

»Gloria Mundi. Kleine Paradeistafel, das ist Beschreibung der uralten Wissenschaft des Lapis philosphorum. Hof 1774.«

Mozart besaß ein Buch, daß nahtlos in diese Reihe paßt[1]: »Die Metaphysic in der Connexion mit der Chemie, worinnen sowohl die wichtigste übersinnliche Betrachtungen der Philosophie und theologiae naturalis & revelatae, als auch ein clavis...aus Zimmermanns und Neumanns allgemeinen Grundsätzen der Chemie... abgehandelt werden, samt einer Dissertation De Digestione (Commentatio de digestione pro conciliatione eorum quae desiderantur in systema Stahlii et Boehavii per Hippocratem) ans Licht gegeben von Halophilo Irenäo Oetinger« Schwäbisch-Hall 1770. Das Werk des bedeutenden Vertreters des schwäbischen Pietismus Friedrich Christoph Oetinger (1702-1782), des »Magus aus dem Süden«, der mit Swedenborg korrespondierte und sich der deutschen Mystik Jakob Böhmes und dem schwäbischen Vorpietismus von Johann Valentin Andreae verbunden fühlte, steht in der Tradition der spekulativen Theologie und Philosophie, die in den Systemen Schellings und Hegels gipfelten.[2] Es wurde binnen zwei Jahren dreimal neu aufgelegt.[3]

1 Vgl. Deutsch-Dokumente S. 510 Nr. 31.

2 Oetingers Hauptwerk »Theologia ex idea vitae deducta« sah Mörike noch in den schwäbischen Pfarrbibliotheken: »Da stehn in Pergament und Leder voran die frommen Schwabenväter Andreä, Bengel, Rieger zween samt Oetinger sind da zu sehn.«

3 Schwäbisch Hall 1770, Messer; Mannheim 1770, Löffler; Ansbach 1771, Haueisen. Auch bei Steinkopf in Stuttgart.

Auch die klassischen Rosenkreuzer-Schriften werden wieder vorgelegt, z.B. Schleiß von Löwenfelds Erwiderung gegen Ecker und Eckhoffen »Der im Lichte der Wahrheit strahlende Rosenkreutzer allen lieben Mitmenschen, auch dem Meister Pianko zum Nutzen hingestellet von Phoebron, Leipzig 1782« oder Fictulds »Des längst gewünschten chymisch-philosophischen Probiersteins erste Klasse, in welcher der wahren und ächten Adeptorum, und anderer würdig erfundener Schriften nach ihrem innerlichen Gehalt und Werth vorgestellt und erörtert werden. Dresden 1784« sind neben zahlreichen weiteren Werken dieser Provenienz zu finden. Auch ein »Goldmacherkatechismus in Frage und Antwort. Berlin 1786« ist zu haben.[4]

J. Chr. Adelungs »Versuch eines vollständigen grammatisch-kritischen Wörterbuchs der hochdeutschen Mundart«[5] ist nun fünfbändig vollständig zu haben, daneben steht im Großoktavformat: »Dschinnistan, oder auserlesene Feen- und Geistermärchen, Winterthur (1)786« zum Preise von zwei Gulden und 25 Kreuzern.[6]

Ein letztes Mal versuchte Born im Kampf für Aufklärung und Wissenschaft im Sinne der Illuminaten die alten Pläne einer Akademie der Wissenschaften zu retten. Er richtete ein Museum »zum Gebrauch der Brüder Freymaurer «[7] ein, das physikalische Instrumente, Sammlungen aus der Naturgeschichte und der Technologie zur Kenntnis des Manufaktur- und Fabrikwesens mit dem vorhandenen Lesekabinett vereinigen sollte. Gleichzeitig mußte er aber ankündigen, das Journal für Freimaurer werde sein Erscheinen mit dem Jahrgang 1786 einstellen. Die Zeit der »Wahren Eintracht« war vorbei, die Zwietracht der führenden Köpfe zeitigte ihre Früchte. Die meisten Mitglieder traten in den folgenden Wochen und Monaten aus. In den Reihen des Ordens zeigten sich Auflösungserscheinungen. Alte Freunde gingen auseinander, die Eintracht zwischen Gemmingen und Born zerbrach.[8] Gemmingen vertrat die Ideen der Asiatischen Brüder. Und diese ideologische Kluft blieb unüberbrückbar. Zudem hatte Gemmingen private Probleme. In der Wiener Zeitung vom 1. Juli 1786 (S. 1567) steht zu lesen: »Der Freyherr Otto von Gemmingen ersucht jedermann, der etwas an ihn oder seine Leute zu fodern hat, sich binnen 6 Wochen durch Uibergebung einer ordentlich specificirten Berechnung in seinem Haus auf der Landstraße Nr. 140 um so gewisser zu melden; als er nach dieser Zeit keine Forderung mehr für gültig erkennen wird. So wie zugleich jeder gewarnt wird, niemanden weder Geld noch Waaren auf seinem Namen zu borgen, weil er alles baar bezahlen, und für keine Rückstände haften wird.« Im folgenden Jahr ist Gemmingen in Wien nicht mehr nachweisbar.[9]

4 Wiener Zeitung 1786 S.2375ff.,2650, 2682, 2717, 2747.

5 Wiener Zeitung 1786 vom 6. 12. ,S. 2986.

6 Ebda. .

7 Journal für Freymaurer 1786 Jg. III,1 S.205.

8 Vgl. dazu auch die Kritik an Born in einem französischen Schreiben, das Gemmingen unter der Überschrift: »Ueber das Anquicken« in der ersten Nummer der »Wiener Ephemeriden« vom 1. Juli 1786 S. 257, abdruckte.

9 Vgl. Reichshofräthl. Protokoll-Auszüge der Wiener Zeitung vom 26.8., 11.9. und 30.10.1786, S. 2046, 2218 und 2710 über weitere Prozesse, in die Gemmingen verwickelt war.

In Borns Loge »Zur Wahrheit« kam es zum Eklat. Joseph von Sonnenfels, Borns langjähriger Freund, Mitstreiter und führender Illuminat weigerte sich, fortan seinen Logenbeitrag zu zahlen. Er sandte das Journal für Freimaurer an den Vorstand der Loge zurück. Born wird am 31. Mai 1786 zum letzten Mal »per eminentia maiora, da ihm nur 10 Stimmen fehlten«[10] als Meister vom Stuhl der Loge »Zur Wahrheit« im Amt bestätigt. Aber tags nach dem Johannisfest deckt Sonnenfels die Loge.[11] Damit wurde der Bruch zwischen den maßgebenden Persönlichkeiten der Wiener Szene öffentlich besiegelt.[12]

Der ganze Prozeß der mühsamen Entwicklung der Freimaurerei aus den Verflechtungen und Verkrustungen von »Jesuitismus, Fanatismus, Intoleranz, Aberglauben und Unwissenheit« - so Born selbst in seinem Rücktrittsgesuch an den Präsidenten der Kurfürstlichen Akademie der Wissenschaften in München vom 2. September 1785 -, den er in der Loge »Zur wahren Eintracht« begonnen und zu beachtenswerten Ergebnissen geführt hatte, wurde in dem Augenblick unterbrochen, in dem auf neuer Plattform in der Loge »Zur Wahrheit« eine staatlich sanktionierte und offiziell protegierte Fortführung der maurerischen Arbeiten möglich gewesen wäre. Die Chance eines Neubeginns wurde vertan. Der Plan war endgültig gescheitert. Der Illuminatismus in Wien war an der menschlichen Unzulänglichkeit seiner führenden Vertreter zugrunde gegangen.

10 VA 91 f. 33.

11 VA 91 f. 41.

12 Forster, a.a.O. S.564, schrieb an Chr. G. Heyne am 12. Okt. 1786: »Uebrigens hat diese Geschichte [gemeint ist das kaiserliche Freimaurerpatent] zu großen Zerrüttungen unter den Freimaurern Anlaß gegeben. Born und Sonnenfels haben sich darüber ganz entzweit. Born hat unendlichen Verdruß und Aerger von der Sache gehabt, und das Ansehen der Maurerei ist gänzlich gefallen.« Abafi, Bd. 4 S. 308, zitiert aus einem Brief von Bödeker an Aigner: »Die Born'sche Loge - sagt ein glaubwürdiger Mann - hat in Österreich die ganze Sache auf lange Zeit verdorben und dem grossen Joseph das fatale Handbillet abgezwungen, welches das Kind mit dem Bade ausgoss und den glorienartigen Nimbus Born's mit einem zu nichte machte.«

3.10 Tragisches Ende des Ignaz von Born

Eine Sitzung seiner Loge leitete Born als Meister vom Stuhl am 21. Juli 1786 zum letzten Mal. Am 12. September 1786 zeigt Born der Loge »Zur Wahrheit« an, daß er »den Hammer zurückgebe und die [Loge] sowohl als die Maurerey für beständig decke.«[1] Die Loge führte bald ein bloßes Dasein auf dem Papier. Ein Jahr später, auf der letzten Sitzung der »Wahrheit«, wird dem Schatzmeister Michael Puchberg der Auftrag ertheilt, »das Vermögen der Loge gehörig zu vertheilen.« Am 8. Juli 1787 wurde die Loge »Zur Wahrheit« offiziell aufgelöst.[2]

Bleibt Borns tragisches Ende zu berichten. Sein Gesundheitszustand verschlechterte sich in den folgenden Jahren.

»Da alle methodische Kurarten nichts fruchten wollten, so ließ er sich oft von guten aber in der Sache unkundigen Leuten bereden, mancherley von Empirikern angepriesene Medikamente zu nehmen; der Erfolg davon war aber immer der

1 VA 91 f.38. Born akzentuiert seinen Rücktritt aus der aktiven Maurerarbeit mit einem publizistischen Paukenschlag. In der Wiener Zeitung vom 9. September 1786 wird annonciert: »Vollständige und unparhteiische Geschichte der Illuminaten in Bayern. Aus den nächsten Quellen und aus theils bekannten, theils noch geheimen Urkunden verfaßt.« Hierauf folgt eine in bezug auf Inhalt und Umfang ganz ungewöhnliche Ankündigung, die zweifellos aus Borns Freundeskreis stammt: »Einem jeden Leser von Sinne und Urtheilskraft wird beym ersten Anblick dieser Ankündigung die Ursache auffallen, welche zur Herausgabe dieser Geschichte den Weg der Pränumeration unvermeidlich macht. Eben so zuversichtlich setzen wir voraus, daß dieses Werk von sich selbst, und als ein Beitrag zur Geschichte der Philosophie und Moralität unsrer Zeit, als ein Aufschluß des so räthselhaften und verwickelten und mit Recht berüchtigten Illuminatenprozesses einem jeden Leser dieser Ankündigung willkommen und wichtig seyn wird.[...[Frei ohne knechtische Furcht vor Macht und Verfolgung wollen wir der Wahrheit folgen, vom frechen Weg der Warner und vom Schlangengange der Ohrenbläser gleich weit entfernt. Eine Geschichte dieser Art, die ihre Erzählungen nicht aus den Fabelzeiten spinnt, keine alten Völker und Länder, sondern neue Dinge, Handlungen, Begebenheiten beschreibt, den verwickelten Gang der so mannichfaltigen Intrigue aufspüren, und die fast unsichtbaren Fäden, an welchem ihr Hauptgegenstand mit anderen zusammenhängt, entwickeln muß, eine solche Geschichte verdienet, wie uns däucht, sowohl in Rücksicht der Mühe, als in Rücksicht ihres Werthes und des sehr interessanten Inhaltes die Unterstützung des Publikums. Noch müssen wir bemerken, daß über die Mysterien der Alten manche Betrachtung vorkommen wird, die dem minder unterrichteten, so wie auch manchem eingeweihten Leser neues Licht und tiefere Kenntniß gewähren kann.« Das Werk erscheint im Oktober dieses Jahres und kann in 26 Städten pränumeriert werden. Die Wiederholung dieser Annonce bringt die Wiener Zeitung S. 2189 vom 13. 9. 1786, also tags nach Borns Rücktritt. Eine weitere Wiederholung Ebda. S. 2343. Hier zeigt sich noch einmal deutlich, daß Borns Rücktritt mit dem Scheitern der Illuminaten korrespondiert und seine Reden von den Mysterien der Alten einen aktuellen Bezug hatten. Am 21. Juli 1786 leitete Born zum letzten Mal als Meister vom Stuhl eine Sitzung seiner Loge.

2 VA 78 f. 55.

nämliche, wie bey den vorigen. Endlich nahm er ein Dekokt, welches die Schmerzen sogleich stillen, und ihn binnen einen Zeitraum von sechs Wochen vollkommen herstellen sollte. Allerdings mußte man sich über die Wirkung wundern, die er schon bey dem Gebrauch der ersten Flasche wahrzunehmen vorgab, daß er nämlich beynahe keine Schmerzen empfinde. Von diesem Dekokt, dessen Ingredienzen unbekannt blieben, weil ihm der Empiriker die Flaschen allzeit selbst überbrachte, trank er fleißig.«[3]

Besucher sehen ihn im Frühjahr 1791: »ein trockener, finsterer Mann, der entweder gar nicht, oder (was noch schlimmer ist) ungemein leise spricht«.[4]

Born war in die Abhängigkeit jener Obskuranten geraten, die er sein Lebtag bekämpft hatte. »In den letzten fünf Monaten, während welchen er, unter den beständigen Versicherungen des Empirikers, daß es auf Einmal gut werden würde, das Dekokt immer trank, sagte er oft, er habe wirklich keine Schmerzen. Allein einige von seinen Freunden, die mehr um ihn waren, als andere, bemerkten, daß er von seiner ehemaligen Munterkeit vieles verloren habe, und daß er an den obern Gliedmassen manchmal Zuckungen bekam.«[5] Er wurde sukzessive von seinem »Arzt« vergiftet und starb am 24. Juli 1791.[6]

In Mozarts Stammbuch hinterließ Born folgende Eintragung[7]:

»Dulcis Apollo! qui tuas artes, tua munera Mozarto nostro dedisti, ut poscenti chorda sonos reddat, quos vult manus et mens, acutos, graves, citos, tardos, canoros, querulos, magnos, parvos, sine ulla offensione concinentes; fac ut cum grata lyrae suae musica faustorum quoque dierum numeri consonent, et gratae sortis harmonia. Ignatius a Born. 27.April.[1]787 «

[Übers.: Süßer Apoll! der du deine Künste, deine Gaben unserm Mozart schenktest, daß die Saite von ihm bewegt jene Töne hergibt, die Herz und Hand wünschen, hohe und tiefe, schnelle und langsame, heitere und ernste, lange und kurze, die alle ohne Widerspruch zusammenklingen, mache daß mit der anmutigen Musik seiner Leier auch die Zahl seiner glücklichen Tage und die Harmonie eines freundlichen Geschicks übereinstimmen. Ignaz von Born. 27. April 1787.]

Auch dieser schöne Wunsch des Ignaz von Born blieb unerfüllt.

3 Johann Pezzl. Lebensbeschreibung ...des Hofrathes Ignatz von Born. Wien 1792 S. 246. Ebenso in: Schlichtegrolls Nekrolog auf das Jahr 1791 S.237.

4 Der junge Philosoph Forberg in einem Brief vom 14. Mai 1791. In: Beiträge zur Geschichte der Mozarten Literatur und des geistigen Lebens in Österreich II. Wiener Freunde 1784-1808. Wien 1883 S.26.

5 J. Pezzl a. a. O. S. 247f. Am 16. August 1791 moniert Kaiser Leopold II. in bezug auf die Berechnung des Nutzens der Bornschen Amalgamationsmethode, daß »dieses schon so lange in Streit und Widersprüchen verwickelte« Geschäft endlich abgeschlossen werde. Vgl. KAP »Protokoll der uiber die durch den Staatsrath erledigten Exhibita vom 1.August bis lezten Dezember 1791« No.171. Am 10. Sept. 1791 wird der »Wittwe Hofräthin Born« einstweilen bis zur Regelung der Pension eine Betrag von »150 f für sie u. 50 f für ihre Tochter vierteljährl. ad interim« gewährt. Ebda. No. 592.

6 Zinzendorf schreibt in sein Tagebuch am 24. Juli 1791: (Bd. 36 fol 159v): »Le pauvre Hofrath Born est mort cette après-midi entre 5. et 6. heures, l'Etat perd en lui un citoyen utile, que bien du monde regrette d'avantage que ne le regrettent ceux qu'il a servi. Inutilement je demandoit a voir l'Emp[ereur] a 5^h on me fit attendre pour rien une heure.

7 Faksimile in: R. Haas, W. A. Mozart. Potsdam 1933 S. 152.

—

Deistische Esoterik in harter Zeit

oder

Geduld genug, auf einige Reden
aufmerksam zu machen

4.1 Führungswechsel und Trendwende

Ohne Zweifel hinterließen die Illuminaten auf der Bühne der Freimaurerei Ungewißheit und Unsicherheit. Die führenden Köpfe waren untergetaucht, Kritik von mancherlei Seite machte sich breit und reaktionäre Tendenzen regten sich. Das aktuelle Schlagwort war Eklektizismus, es bedeutete Reform und Reinigung. Frucht der reformatorischen Bestrebungen des Eklektischen Bundes, dem 1786 zahlreiche Logen außerhalb Österreichs angehörten, war eine Rückbesinnung auf die Einfachheit der ursprünglichen Rituale und die Bearbeitung der drei Johannisgrade. Ritterspielerei, Aberglauben, Astrologie und Obskurantismus sollte der Kampf angesagt werden.[1] Anschluß an diese Bewegung aber war den autarken österreichischen Logen nach der Konstituierung der Großen Landesloge offiziell verwehrt. Zudem hatten die Illuminaten um Born jegliche eklektische Bestrebung in Wien depraviert. Und das war im Grunde der größte Verlust, denn einer Regeneration der Maurerei im Sinne des Eklektischen Bundes war damit in Österreich der Boden entzogen.[2]

Nach den Erschütterungen der voraufgegangenen Monate wurde nun in Wien eine neue Richtung spürbar. Abseits von euphorischer Neugier nach Enthüllung von obskuren Geheimnissen bahnte sich vielerseits Streben nach Klarheit in der Frage der Hochgradmaurerei an. Hatten die drei Johannes-Grade den einzelnen Adepten zunächst in der Interpretation maurerischer Symbole geschult und sein Blickfeld für mögliche innovative Impulse geöffnet, so war inzwischen klar geworden, daß in den Hochgraden die entscheidenden Fragen offenblieben. Spätere Kritik machte sich darauf ihren eigenen Reim: »Ein höherer Grad ist ein aus verschiedenen Ceremonien, symbolischen Formeln und hieroglyphischen Bildern in neuern Zeiten zusam-

1 Lennhoff/Posner: Intern. Freimaurer-Lexikon S. 413.

2 Die Loge »Zur Wohlthätigkeit« hatte bereits am 24. Mai 1784 unter Otto von Gemmingens Federführung in einem Schreiben an die Eklektische Große Landesloge in Frankfurt am Main die angebotene Verbindung mit dem Eklektischen Bund wegen der Konstituierung der eigenen österreichischen Großen Landesloge abgelehnt. Vgl. Abafi Bd. IV S. 328.

mengesetzte Mysterie, in welcher Ceremonien, Formeln und Hieroglyphen moralisch gedeutet, die Enthüllung ihres eigentlichen Sinnes aber, und die völligen Aufschlüsse erst in einem noch höhern Grade verheißen werden.«[3]

Auch Joseph II. erkannte verärgert das erneute Aufblühen des esoterischen Moments in der »Neugekrönten Hoffnung« als eine Konsequenz seiner Konzentrationsmaßnahmen. Dies geht aus einer Resolution hervor, die der Kaiser am 30. November 1786 auf ein an »den Ettlinger für die Loge zur neugekrönten Hoffnung eingelangten Schreiben« erließ. Da heißt es aus allerhöchstem Munde: »Dieses dumme Zeug kann der gekrönten Hoffnung zum brüderlichen Trost ohnbedenklich anhero überreicht werden.«[4] Leider ist der genaue Inhalt des Schreibens nicht bekannt. Eines ist aber gewiß, dem Kaiser war jedwede hermetische Spekulation suspekt.

Ignaz Ettlinger, damals Sekretär der »Neugekrönten Hoffnung« und engagierter Logenbruder Mozarts seit den Tagen der »Wohlthätigkeit«, stand im folgenden Jahr als »ausgestellter Delinquent am Hohen Markt« in Wien auf dem Pranger. Diese öffentliche Schmach haben ihm seine Maurerbrüder nicht verziehen. Er verschwand endgültig aus den Mitgliederlisten der »Neugekrönten Hoffnung«.

Gesucht wurde in dieser Zeit ein neuer Grundkonsens, der die ideologische Summe der gewonnenen Erfahrungen darstellen und die zusammengewürfelten Mitglieder der Loge »Zur neugekrönten Hoffnung« einen sollte. Einfluß gewannen nun Mozarts Parteigänger, denn nach den Vorstandswahlen im März 1786 stammten von den acht neuen Dignitären der »Neugekrönten Hoffnung« nicht weniger als fünf aus der ehemaligen Loge »Zur Wohlthätigkeit«.[5]

Otto von Gemmingen, sensibler Seismograph jeder Trendwende, brachte im August 1786 in seinen »Wiener Ephemeriden« ein Resümee der internen Diskussionen:

»Wir fangen damit an,« schrieb er, »den Lesern die gemeinschaftlichen Grundsäze, in welchen alle Theosophen, Alchymisten und Mystiker zusammentreffen, mitzutheilen. Wir denken es wird ihnen nicht unangenehm seyn die Gründe zu sehn, aus welchen, Schwedenborg, Schröpfer, St. Germain, Cagliostro, Gaßner, der Verfasser vom Buche des Erreurs et de la Verité, die Martinisten in Frankreich und überhaupt die bekannt gewordenen sogenannten höhere Grade der Freymaurerey gemeinschaftlich ausgehn. Ein Gegenstand über den izt ganz Europa in Gärung ist. Hier sind die Grundsäze. Es versteht sich, daß jede Sekte ihre eignen Zusäze mache und andre Folgen daraus ziehe.

3 Eleusinien des 19. Jahrhunderts. Oder Resultate vereinigter Denker über Philosophie und Geschichte der Freimaurerei. 1. Bd. Berlin 1802 S. 173.

4 KAP 39 p. 1050 No. 336.

5 Der Deputierte Meister Johann Baptist von Lang, der Erste Aufseher Ferdinand Georg von Mitis, der Zweite Aufseher Johann Baptist von Schloißnigg, der Sekretär Iganz von Ettlinger und der Ceremonienmeister Leopold von Sonnfeld. Vgl. Mitgliederliste der »Neugekrönten Hoffnung« vom März 1786 in: HHSTA VA 72 f. 114. bzw. Mitgliederliste der »Wohlthätigkeit... Auf Johannis 5785«, ebd. f. 232.

I. Alle Dinge kommen aus dem Unsichtbaren in das Sichtbare; aus dem Geistigen in das Leibliche: alles, folglich auch die menschliche Seele, ist ein Ausfluß der Gottheit: die ganze Natur eine ausgedehnte Gottheit: die materielle Welt ist Abdruck, Typus, Signatur der intellectuellen Welt, der Gottheit.

II. Der Geist, dieser Ausfluß der Gottheit, wird durch die Materie gehindert, gefesselt: der Körper ist ein Gefängniß der Seele.

III. In dieser Vereinigung mit der Materie, in den Einschränkungen, die er dadurch erhalten, liegt also der Grund vom sittlichen Verderben des Menschen.

IV. Der Mensch müsse daher suchen sich von der Materie loszumachen, um sich wieder mit Gott zu vereinigen.

V. Eben darum weil die Seele durch den Körper und die Materie in der Entwicklung ihrer Kräfte so sehr gehindert werde, so sey die menschliche Vernunft eine unsichere Führerinn zur Weisheit, daher die Nuzlosigkeit der gewöhnlichen Wissenschaften.

VI. Um die höhere eigenthümliche Wahrheit zu erkennen, dazu bedürfe der Mensch eines eignen Grades von Erleuchtung und Einwirkung der Gottheit. Diese Erleuchtung erhalte man durch inniges Gebet des Geists, Casteyung und Abtödtung des Fleisches; dadurch daß die Seele sich sammelt, alles was sie zerstreuen könnte ausschlägt, sich in eine stille Ruhe oder sogenannten Sabbatismus versezet und in dieser Stimmung Gott erwartet.

VII. Diese Erleuchtung seze die Seele im Stande, in Gott, in dessen Anschauung, die Wesen und Kräfte aller Dinge zu erkennen: denn da alle Dinge, Signaturen, Abdrücke der Gottheit wären, so müßte, wer diese kennt, auch jene kennen, mithin im Stande seyn mit diesen Naturkräften zu wirken; daher die Kunst Gold zu machen, das Vermögen Geister zu bannen, die Geschicklichkeit Krankheiten zu heilen, den Tod zu entfernen u.s.w.«[6]

Gemmingens Resümee bietet wichtige Anhaltspunkte für die neue Ausrichtung des maurerischen Denkens. Bislang erkennbar waren nur Umrisse einer undogmatischen Exegese ohne näher bestimmbaren Inhalt. Gemmingen kommt erstmals auf gemeinsame Inhalte zu sprechen. Indem er aber den Stand der Diskussion referiert, offenbart er seine eigene Position. Er spricht als Asiatischer Bruder und verkündet die Auffassungen der Ritter und Brüder des Lichts. Ihre Organisation war verboten. Gemmingen aber bekannte sich in abgeklärter Form zu ihren Grundsätzen.[7] Mehr noch, er arbeitete nun den konsensfähigen Kern des hermetischen Denkens heraus und baute so eine Brücke zwischen Positionen, die sich bis dahin fremd geblieben waren. So trug er zur inneren Konsolidierung der einzig verbliebenen Wiener Loge bei, in der er zusammen mit Mozart vereint war.

6 Wiener Ephemeriden. Hrg. v. Otto von Gemmingen. Wien mit Gayischen Schriften. III. Stück v. 15. August 1786 S. 232.

7 Dies war seine öffentlich dokumentierte Abkehr vom Illuminatismus, den er während seiner Freundschaft mit Born aus pragmatischen Rücksichten unterstützt hatte.

Mozart muß diese geistige Auseinandersetzung fasziniert haben. Spuren seiner Beschäftigung mit dem Ideengut, für das Gemmingen eintrat, scheinen in seinem kompositorischen Werk Niederschlag gefunden zu haben. Der langsame Satz »Andante cantabile« des C-dur- Quartetts (KV 465 = »Dissonanzenquartett«), dessen Kopfsatz das freimaurerische Meisterritual evoziert[8], bietet dazu ein Beispiel im umstrittenen »unvollständigen« Imitationseinsatz der ersten Violine (Takt 26/27 bzw. 75/76).[9]

Ist das Heraustreten aus dem Unhörbaren ins Hörbare, das hier in nachvollziehbarer Weise symbolisiert ist, vielleicht die musikalische Verifizierung der grundlegenden These: »Alle Dinge kommen aus dem Unsichtbaren in das Sichtbare; aus dem Geistigen in das Leibliche«? Die Beantwortung dieser Frage darf jedem Liebhaber der Streichquartette anheimgestellt werden.

8 Vgl. Kap. 2.5.

9 Ludwig Finscher hat aus philologischer Sicht entschieden und überzeugend gegen den leider üblichen, vollständigen Vortrag des Imitationsmotivs an den betreffenden beiden Stellen votiert und auf die eindeutige Quellenlage des Autographs und des Erstdrucks hingewiesen. NMA VIII, 20 Abt. 1 Streichquartette Bd. 2 S. XII.

4.2 Rosenkreuzer und Asiaten im Streit

Christlich war die Johannesmaurerei ausgerichtet, Juden war der Zugang zum Orden versagt. Hans Heinrich von Ecker und Eckhoffen, der führende Kopf und Begründer der Asiatischen Brüder, änderte dies.

Ecker hatte schon 1781 an die Rosenkreuzer die Frage gerichtet: »Warum schliesset ihr die Juden aus? Ein Volk, das 4000 Jahre das Volk Gottes war. Wisset ihr nicht, daß die Freymäurer in England und in Holland die Juden zu Freymäurern nehmen, und sie ihren Eid auf ihre Gesetzbücher schwören lassen. Ist es dem natürlichen Gesetze erlaubt, ein ganzes Volk, das nothwendig unendlich viele ehrliche und gelehrte große Männer unter sich zeigen kann, und es täglich thut, von einer Gesellschaft auszuschließen, mit der die Gesetze der Religion gar keine Verbindung haben, ein Volk, an dessen Vorzüge des alten Bunds ihr euch vollkommen haltet, von dem ihr saget, daß Gott ihre Führer und Vorsteher geleitet, geführet und unterrichtet habe. Ihr, die ihr euch zum Hauptendzweck die Untersuchung der Religionen der alten Weisen und der Hebräer macht, und die christliche nur zum Deckmantel eurer Geheimnissen, und eures Betruges nehmet? Fürchtet ihr vielleicht, daß euch die vernünftigen Hebräer sagen würden, daß ihr ihre Gesetzbücher nicht versteht, und elende Taschenspieler und weiter nichts seyd...«[1]

Mit solchen Vorhaltungen hatte sich Ecker die Rosenkreuzer zu erbitterten Feinden gemacht. Nun brach er das alte Tabu und unternahm den frühesten Versuch im deutschsprachigen Mitteleuropa, einen freimauerischen Orden zu gründen, dessen ausdrücklicher Zweck es war, sowohl Juden wie Christen aufzunehmen.[2] Und tatsächlich wurden begüterte Wiener Juden, wie Nathan Adam Arnstein, in dessen Haus am Graben Mozart wohnte, Bernhard Eskeles und Wolf Hönig von Ecker als Asiatische Brüder initiiert. Dies ist ein wichtiges Faktum.[3]

Schleiß von Löwenfeld, ein führender Rosenkreuzer, hatte auf Eckers brillante Anklageschrift »Der Rosenkreuzer in seiner Blöße« 1782 wenig überzeugende Gegenargumente zusammengetragen. Sein Werkchen »Der /im Lichte der Wahr-

1 [Hans Heinrich Ecker von Eckhoffen]: Der Rosenkreuzer in seiner Blösse. Amsterdam [d.i.Nürnberg:Bauer] 1782, S. 102.

2 Vgl. Jacob Katz: Der Orden der Asiatischen Brüder. In: Freimaurer und Geheimbünde im 18. Jahrhundert in Mitteleuropa. Hrg. von H. Reinalter. Frankfurt 1983, S. 240.

3 Vgl. Hilde Spiel: Fanny von Arnstein oder Die Emanzipation. Frankfurt a. M. 1962.

heit/ strahlende/ Rosenkreuzer/ allen lieben Mitmenschen /auch/ dem Magister Pianco [=Ecker von Eckhoffen] /zum Nutzen hingestellt/ von/Phoebron« gipfelte in Verbalinjurien von der Art, »daß der Herr Magister Pianco, sich dem ganzen Publico als ein Verräther, Lügner, Verläumder, Gelübdbrüchiger, und Religionsspötter darstellet.«[4] Die altschottische Mutterloge »Friedrich zum goldenen Löwen«, eine Pflanzstätte der Rosenkreuzer, beschwor den Herzog Ferdinand von Braunschweig, auf dem Konvent von Wilhelmsbad 1782 gegen Eckers »After-Orden« vorzugehen:

»Euer Hochfürstliche Durchlauchten ...würden dem schwarzen Höllengeist sein Handwerk legen, wenn er nur nicht die Kunst verstünde, sich in einen Engel des Lichts zu verstellen... Wenn aber unsere mit göttlicher Salbung versehenen Oberen uns sagen, daß zwischen der heiligen göttlichen Magie und zwischen der gotteslästerlichen Kako-Magie nur ein halber Schritt sei, ganz unkennbar einem jeden, der nicht durch den hohen Orden unterrichtet ist; daß der Satan durch solch heiligen Gebräuche sich göttliche Ehre antun lasse; daß der elende Kako-Magus das Zeichen des geheimnisvollen Heil=Kreuzes, und den gebenedeiten Namen Jehova! nöthig habe, um den verdammungswürdigen Naturzwang zu bewirken;...Wen überfällt nicht Grausen und Entsetzen bei der Abscheulichkeit einer solchen Handlung.«[5]

Merkwürdig genug brandmarken hier Rosenkreuzer Asiaten als Kakomagen, als Adepten der schwarzen Magie. Offensichtlich wollten sie von der Tatsache ablenken, daß alchimistisch-magische Phantastik hüben wie drüben praktiziert wurde. Das Verwirrspiel war schwer durchschaubar, und der Herzog von Braunschweig mußte zuerst Rosenkreuzer, dann Asiat werden, um selber urteilen zu können.

Ecker taktierte unterdessen geschickt und entkräftete alle Anschuldigungen. Der Herzog gab eine Ehrenerklärung für ihn ab und Prinz Karl von Hessen bot Protektion, Graf Sinzendorf wurde österreichischer Großmeister und Fürst Carl von Liechtenstein Ordensprotektor der Asiatischen Brüder. Man befand sich in bester Gesellschaft. Ecker ging an die ideologische und organisatorische Reorganisiation seines Systems.

In seiner Schrift »Der Rosenkreuzer in seiner Blösse« hatte er 1781 auseinandergelegt, daß die alten Weltweisen durch Hieroglyphen ihre Geheimnisse ausdrückten, und erläutert: »Die Kabale war iene Kunst, die zukünftige Dinge vorher zu sagen lehrte, und die sie theils durch die Kunst der Hieroglyphen, theils durch die Hülfe der Arithmetik und Progressionen machten«[6] Ecker kritisierte damals noch die Zahlenmystik der Rosenkreuzer, vor allem ihre »kabbalistische Hauptzahl«, und ging mit ihren Zahlenspekulationen hart ins Gericht:

»Ihr rechnet von 1. bis 9. und von 9. bis 1. und saget: 1. ist der Anfang aller Dinge. 3. bedeutet die Dreyeinigkeit, aus der 4. wirkenden Eigenschaften ausgegangen

4 Der im Lichte der Wahrheit strahlende Rosenkreuzer. Leipzig 1782, S. 41.

5 Zitiert nach Ferdinand Runkel: Geschichte der Freimaurerei in Deutschland. II. Bd., Berlin 1932, S. 77.

6 Der Rosenkreuzer in seiner Blösse S. 36.

sind, aus welchen ein 5tes Wesen entsprossen ist, durch welches sich die Weisheit in 7. offenbaret hat, und 9. ist das Ende aller natürlichen Dinge.

Möchtet ihr nicht so gütig seyn, und mir sagen: was eigentlich die Kabale und die Astrologie seye? Ist sie eine Wissenschaft, die auf systematischen Gründen ruhet? Hat sie Lehr= und Hauptsätze? Und woher hat sie diese?- Ihr wisset, was die Kabale der Alten war: Christen sollen keinen Gebrauch von einer Wissenschaft machen, die der Seeligmacher selbst als Betrug ansiehet.«[7]

1786 änderte er seinen Standpunkt in dieser Frage gründlich. Denn die »Recapitulation und Instruktion des hochwürdigsten und weisen Ordens der Ritter und Brüder St. Johann des Evangelisten aus Asien in Europa« mischt offensichtlich jüdisch kabbalistische Elemente und theosophische Spekulationen zu einer zahlenmystischen Kosmogonie.

Die Erklärung für Eckers Sinneswandel liegt auf der Hand. Er hatte 1784 den jungen Juden Epfraim Joseph Hirschel kennengelernt. Dieser war als Sohn eines Talmud-Gelehrten nach medizinischen Studien in Straßburg mit Moses Mendelssohn in Berlin in Kontakt getreten. Seit 1782 arbeitete er in Innsbruck als Buchhalter von Gabriel Uffenheimer, des Pächters der Tiroler Salzbergwerke. Hirschel, selbständig und originell wie er war, geriet mit seinem Herrn in einen gerichtlichen Konflikt und wurde von seinen Glaubensbrüdern wegen »eigenwilliger Ideen« verfolgt.[8] Ecker erkannte Hirschels ungewöhnliche Begabung und beschäftigte ihn als Kopisten beim Schriftverkehr seines Ordens. So wuchs Hirschel in die spirituelle Ideenwelt der »Brüder St. Johannis des Evangelisten aus Asien in Europa« hinein und ließ sich selbst einweihen. Er begleitete Ecker auf dessen Reisen und beide wurden bald gute Freunde.

Seit 1785 in Wien und inzwischen für Ecker unentbehrlich wegen seiner profunden hebräischen Sprach- und Literaturkenntnisse, arbeitete er zunächst allein, später mit seinem Bruder Pascal, eine jüdische Komponente in das christliche Lehrsystem der Asiatischen Brüder ein. Das Material für diese religiös-spirituellen Bemühungen entnahm man kabbalistischen Schriften.[9] Den grundsätzlichen Wandel in Eckers Einstellung zur Kabbala, der beim Studium der Dokumente der Asiatischen Brüder aus dieser Zeit in die Augen springt, hat Hirschel also beeinflußt.

Im April 1786 tauchen Ecker und Hirschel zusammen in den Wiener Polizeiakten auf. Obwohl diese Dokumente, durch Brandschäden lädiert, teilweise verloren gingen, liefern die sorgfältig restaurierten Reste noch aufschlußreiche Details:

»Mathias Moritz von St. Veith,[Pächter] des Grafen von Fries, wurde von Juden Ephraim Hirschl zur Anstoßung des bey[lie]genden Contracts vorbereitet. [Darauf] kam besagter Jud in Gesellschaft des Eckhof und der Herren v. Ziegler, Hauptmann der k. k. Truch[] Leibgarde, und v. Melzer, Oberlieutenant [von be]sagten k. k. Leibgard und bestellten besagten Moritz nach Baaden.

7 Ebd. S. 101.
8 Vgl. Katz a. a. O. S. 240.
9 Ebd. S. 248.

Moritz und sein Schwiegervatter erschienen in Baaden des morgens um 9 Uhr. Hier entdeckte Ihnen Hirschl, und seine Gesellschaft, daß sie gesonnen wären den Contract zu verfertigen; Moritz aber und sein Schwiegervatter sagte dagegen, daß dieses mit Vorwißen, und Ratifikation ihrer Herrschaft in St. Veit geschehen müßte, da Sie weder lesen noch schreiben könnten. Hirschl setzte dagegen, daß seine [Ge]sellschaft aus lauter großen Herren be[stehe] und zeigte auf den Stern und Ordensb[and des] Baron Eckhof, welcher sich selbst vor e[inen] k.k. geheimen Rath ausgab, dann auf [die] Galla Uniform der beyden k.k. Her[ren Gar]disten, welches zwar bey den Bau[ern Eindruck] machte, aber sie doch nicht von ihr[em Vorbehalt] gänzlich abgebracht haben würde, [wenn] Hirschl sich nicht von 9 Uhr früh [bis] Abends der abwirkenden Kraft [des Weines] bey Moritz und seinen Schwieger[vater versehen] hätte, wobey sich auf die Hirschel [Kosten] stark bezecht hätte.

Um 5 Uhr Abends, als Moritz und sein Schwiegervatter durch die Kraft des Weines dahin bestimmt waren alles so anzusehen, wie Hirschl und seine Gesellschaft wollte, wurde beyliegender Contract geschloßen, und nun ist Moritz auch dahin gebracht, im Fall dieser Contract Bestand haben solte, seinen gänzlichen Ruin nimmer entgehen zu können.

Nur einen einzigen Beweis von den Betrug und der fälschlichen Überredung, welche Hirschl und seine Gesellschaft zu des Moritz Ruin gebrauchte; der Moritz wurde persuadirt, daß das ganze benöthigte Öhlpreß Gebäude um 1200 fl. gemacht werden könnte, der Moritz durch die Kraft des Weines dahingebracht, glaubte es; dann wurde Baron Eckhof als Capitalist vorgestellt. Dieser schoß dem Baur 800 fl. zu diesem Gebrauch gegen Verschreibung seines Haab, und Vermögen dar, und als er sich nechstens bey dem Zimmermeister erkundigte, so machte dieser allein, ohne Maurer Arbeit, und den übrigen Zugehör, ein Überschlag von 1608 fl. 16 kr., wie aus der Beylage zu ersehen.

Übrigens ist das Auffallende bey der Sache, daß Hirschl befließen ware, seine unwißende Mitcontrahenten von ihrem Ort, alwo sie der Verstand eines vernünftigen vorgesetzten Beamten geschützet hätte, einen so nachtheiligen Contract einzugehen, nach Baaden zu gehen, alwo sie ihrer Unwißenheit, und den Baron Eckhof und Hirschlischen Intriquen gänzlich überlassen waren.

Zweytens, ungeachtet die Einseitigkeit aus dem Contract alzu einleuchtend hervorsticht, so ist noch überdieß der Contract mit dem Nahmen Graf v. Festetics ohne Insigl unterzeichnet, ohne daß so wenig deßelben eigenhändige Unterschrift als der Nahmen deßen, der sich dazu gebrauchen laßen, [...]«[10]

Der Rest des Schriftstücks samt den Unterschriften fehlt. Deutlich wird dennoch einiges von den obskuren Geschäften, die die beiden bekanntesten Vertreter der Asiatischen Brüder in Wien tätigten. »Ehrenreich Christoph Richard Hans Freiherr von Hirschfeldt, preußischer Premier-Lieutenant«, mit diesem prunkvollen Namen

10 Pergen-Akten XI A 20 K 11 f. 435, datiert vor dem 8. 5. 1786. Die eingeklammerten Ergänzungen vom Autor.

schmückte sich Hirschel damals. Ecker ließ ihn einige Zeit in Ungarn für sich arbeiten. In Wien warb er als besuchender Bruder der Loge »Zur Beständigkeit« die Brüder Linden, Bauernjöpl, Abbé Föderl und Brabbée.

Der Wiener Chronist schreibt über ihn[11]: »Hirschfeldt, ein leidenschaftlicher Freund geheimer Wissenschaften und 'starker' Alchymist, führte wohl in Wien ein feines Haus, hielt sich Equipage und zahlreiche Dienerschaft, und in den noch vorhandenen, an meinen Großvater gerichteten Briefen (circa ein Dutzend) ist viel von gemeinschaftlich unternommenen parties de plaisir, von fashionablen Pirutschaden und Schlittagen, von copiösen Diners und Soupers, aber auch von allerlei Geldfatalitäten und grausamen Verlegenheiten die Rede, welche namentlich einzutreten pflegten, wenn die von Leipzig her erwarteten Geldsendungen nicht schnell genug flüssig werden wollten. Da finden sich denn Stellen vor: »Um alles in der Weld bitte ich Dich, mach' das ich Geld bekomme.« - und wieder: »Du wirst Dich verflucht wundern, dass ich schon nach dem Gelde schicke! Aber Holland ist höllisch in Noth, und Du, meine einzige Zuflucht!« und endlich: »Nun weist Du auch, das ich vorjetzt just das Geld nothwendig brauche und meine Pferde und Kerrels (sic) fressen wollen etc.« Mozarts Schwager Lange, der mit dem Hirschfeldt eng befreundet war, wurde ebenfalls ständig angezapft und als Lange einmal säumig zahlte, bat Hirschfeldt um Vermittlung: »Bitte doch Langer (sic) um das rückständige. Er darff ja nur einmal Spargel weniger fressen, und es kann ihn unmöglich schwer werden, 10 fl. zu zahlen. Hilff mir dazu, ich brauchs recht nothwendig und bin und bleibe etc.«

An anderer Stelle berichtet er: »Es ging das Gerücht, Ecker dirigire von der Ferne aus mit Hülfe seiner Satelliten die Wiener Marionetten leicht und sicher. Wohl standen /.../ Leute an der Spitze, die, wenn sie wirklich von Ecker ausgewählt und durch ihn herangebildet waren, seinem Scharfblick und Feldherrntalent alle Ehre machten.« Genannt sind Gemmingen, Linden, der »geniale Epstein« und viele andere, »worunter Secretäre und niedere Hausofficiere, welche letztere im Dienste des Ordens als Spione verwendet wurden, sich aber als Brüder Freimaurer unter ihre Gebieter zu drängen wussten, die in ihrer Gutmüthigkeit und Befangenheit die Natter wohlgemuth am Busen hegten!«[12]

Leopold Alois Hoffmann zählte damals in Wien allein zwanzigtausend Asiaten.[13] Diese Zahl mag zu hoch gegriffen sein, ein Viertel davon aber reicht aus, um die vergessene Breitenwirkung des Ordens zu dokumentieren. Brabbée schreibt weiter: »Die asiatische Maurerei brach sich in Wien bald entschieden Bahn und umstrickte die umliegenden Provinzen. Eine Unzahl von Aspiranten strömte herbei und wolkenbruchartig flossen die mehr oder minder ausgiebigen Receptionsgelder in die ewig durstigen Ordenskassen.«[14]

11 G. Brabbée: Vor meinem Reliquien-Schrein. In: Die Sphinx. Freimaurerisches Taschenbuch hrg. von E. Besetzny. Wien 1873 S. 45.

12 Ders.: Die Asiatischen Brüder in Berlin und Wien, Latomia XXII. Leipzig 1863, S. 27.

13 L. A. Hoffmann »Die zwo Schwestern von P...und W...« zitiert nach Brabbée a. a. O. S. 29.

14 Ebda..

Treibende Kraft war Graf Palffy, freimaurerischer Provinzialgroßmeister von Ungarn. Zusammen mit anderen magyarischen Magnaten verstand er das allgemeine Interesse an höheren Graden zu nutzen und werbend zu wirken. Die Loge »Zur gekrönten Hoffnung«, in der eine erkleckliche Anzahl ungarischer Leibgardisten Mitglied waren, hatte seit 1782 offen die höheren Grade der Asiaten angeboten. Einige »der ewig oppositionell gesinnten Ungarn«[15] vermischten den Asiatismus dann in ihrer Heimat mit revolutionären Unabhängigkeitsideen zu einem politisch höchst brisanten Sprengsatz, dessen Explosion jederzeit erwartet wurde.[16]

Viele Asiaten blieben aber nach 1786 ihrer alten Loge treu und ließen sich offiziell in der »Neugekrönten Hoffnung« registrieren: Graf Palffy von Erdöd, Ritter des goldenen Vließes, K. K. wirklicher geheimer Rat und Ungarisch-Siebenbürgischer Hofvicekanzler steht unter den Ehrenmitgliedern der Loge in der Liste vom 15. Januar 1786 an erster Stelle.[17]

Teppich der Asiatischen Brüder

15 Ebda S. 28.

16 Gemeint ist die politische Akzentuierung der »Latomia libertatis sub corona Hungariae in Provinciam redactam«, als »Freimaurerei der Freiheit« in der sog. Drascovitscher Observanz.

17 VA 63 f. 9r. Nr. 117.

4.3 Orakel in Kronauers Stammbuch

Unmittelbar aus Mozarts maurerischer Umgebung ist ein authentisches Zeugnis von besonderem Aussagewert erhalten geblieben: Johann Georg Kronauers Stammbuch mit mehr als 70 Eintragungen bedeutender Freimaurer.[1] Kronauer, neben Mozarts Schwager Lange ein spezieller Freund Hirschfelds, Mitglied der »Neugekrönten Hoffnung«[2] mit dem verblüffenden Titel »vom Waldeck aus Winterthur in der Schweiz, von Ihro Römisch Kaiserlich Königlich Apostolischer Majestät niederösterreichischen Regierung privilegierter öffentlicher Lehrer der französischen Sprache« oder schlicht lateinisch »Joannes Georgius Kronauerus Helveto-Vitoduramus M.L.G.C.P.C.M.«, eine Parasiten-Natur ziemlich ordinären Schlages, wie Brabbée feststellt[3], wußte er bei der maurerischen Prominenz Fuß zu fassen und hielt klingende Namen in seinem Stammbuch fest. Born, Blumauer und Alxinger stehen dort neben Ratschky, Haschka, Haslinger, Münter und vielen anderen besuchenden Brüdern. Unter den nachweislichen Asiaten gesellen sich zu Ecker und Gemmingen: Fürst Paar, Engeström, Epstein, Bauernjöpl, Matolay und Hackel.

Am 3. März 1786 verewigte sich Ecker in seiner Eigenschaft als »Königlicher Priester oder aechter Rosen-Kreutzer der Stufe Melchizedeck Eins«[4] im Stammbuch Johann Georg Kronauers von der neugekrönten Hoffnung mit zwei gekreuzten Rosen, darunter setzte er die Insignien der Asiatischen Brüder und schrieb:

»Erinnere dich hier des heiligen Geheimnis der Weintraube und des Weizenkorns - denke an den Tod, und lerne ihn durch das Intellectuelle im Sinnlichen kennen.

Im Orient zu Wien 3 / 57 ╳ 86 / 3 ✡ 11/1 △1746

Ergebenster Br::
H[ans] H[einrich] Baron v Ecker und Eckhoffen.
Mitglied der S: E: ⊡ zum glänzenden
Felsen zur Schottischen Vereinig[ung] im O[rient] zu Hamburg.«[5]

1 Ein Brief Kronauers an F. Brabbée vom 23. September 1785 ist in der Wiener Stadt- und Landesbibliothek I. N. 51727 erhalten. Er lautet: »Tres cher, tres digne Frere!
Je vous prie d'avoir la bonté de m'excuser chez Mr: Darivary et de lui dire que je redoublerai mes soins pour cela. Je vous salue par le nombre qui vous est connu et suis
23 / 57 ╳ 85 / 9 à 9. h. du soir. Votre tres devoué Frere de l'O.
Kronauer«

2 Vgl. Mitglieder-Verzeichnisse 1786-1790.

3 G. Brabbée: Aus meinem Reliquien-Schrein, S. 49.

4 Dies ist die fünfte und oberste Stufe des Ordens der Asiatischen Brüder.

5 Kronauers Stammbuch liegt in der Handschriftenabteilung der Österreichischen Nationalbibiothek.

Hans Heinrich von Ecker und Eckhoffens Eintragung in das Stammbuch von Johann Georg Kronauer.
Österr. Nationalbibliothek Wien, Handschriftenabteilung.

Bei der Lekture von Eckers Eintragung ergeben sich spontan Assoziationen zu Mozarts Meditation über den Tod in seinem letzten Brief an seinen Vater.[6]

Ecker fällt ebenfalls durch seine pompöse Titulatur auf, die er eigenhändig ins Register des Stammbuches setzt: »H[ans] Heinrich Baron v: Ecker und Eckhoffen, Hochfürstl: Hohenlohe=Waldenburgisch wirklicher adelicher GeheimRath, und des Erlauchten weltlichen StiftsRitterordens des Hl. Joachims Großkreuzherr, Mitglied der S.E. □ zum glänzenden Felsen zur Schottischen Vereinigung im Orient zu Hamburg.«

Diese Eintragung belegt, daß Ecker 1786 zur Stelle war, als es galt, den künftigen Trend der Maurerei mitzubestimmen.

Eckers Kumpan Hirschfeld war damals gleichfalls in Wien. Er hat dies durch ein kunstvolles Aquarell, das vielleicht eine Receptions-Szene der Asiatischen Brüder vorstellt, in Brabbées Stammbuch bekundet mit dem Beisatz:

»Gott segne Dich mein Bruder! ...auch der Wunsch deines zärtlichsten Freundes Ehrenreich Christoph Richart Hans Freiherr von Hirschfeldt Or: Lieut: Pruss:- Wien den 17. Juni 1786.«[7]

Nach der beigefügten Silhouette zu urteilen, muß Hirschfeld ein schöner Mann mit ernsten, aristokratisch selbstbewußten Zügen und einer sehr kräftig entwickelten Stirne gewesen sein, im Profil mahne sein Kopf an jenen des genialen Abenteurers und Kraftmenschen Friedrich von Trenck, meint der Chronist.[8]

Etwa ein Jahr nach Ecker schrieb Mozart eigenhändig in Kronauers Stammbuch folgende Zeilen ein:

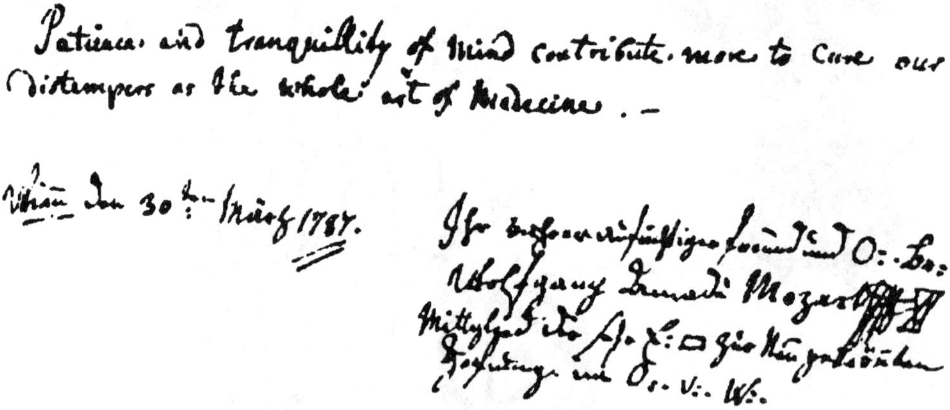
Patience and tranquillity of mind contribute more to cure our distempers as the whole art of Medicine. –

Wien den 30ten März 1787.

Ihr aufrichtiger Freund und O:. Br:.
Wolfgang Amadè Mozart
Mitglied der d: S: E: □ zur Neugekrönten
Hoffnung im O:. v:. W:.

6 Mozart an seinen Vater Wien 4. 4. 1787.

7 G. Brabbée: Aus meinem Reliquien-Schrein, ebda..

8 Ebda..

»Patience and tranquillity of mind contribute more to cure our distempers as the whole art of Medecine.-

Wienn, den 30:ten März 1787. Ihr wahrer aufrichtiger Freund und O:·Br:·
Wolfgang Amade Mozart 
Mittglied der sehr E: [Loge] zur Neugekrönnten
Hofnung im O:·v:·W:·«[9]

Dies ist überraschend und höchst interessant. Mozart trägt in das polyglotte Album des französischen Sprachlehrers Kronauer Englisches ein.[10] Von wem seine Sentenz stammt, ist bislang ungeklärt; daß sie echt maurerische Qualitäten hat, ist offensichtlich.

Für den Eingeweihten ergab schon ein flüchtiger Blick auf diese Zeilen, daß sie ebenfalls von einem Eingeweihten stammen mußten, der die Sprachregelung und die gängigen Abkürzungen unter Freimaurern perfekt beherrschte. Das wichtigste jedoch ist, daß Mozart hinter seinem Namen eine Hieroglyphe zeichnet, die zwei Dreiecke so ineinanderschachtelt, daß, um es mit Graf Thuns Worten zu sagen, »zweyfach das Dreyeck in das Viereck gestellt ist.«

Denkt man sich diese beiden Dreiecke weiter ineinandergeschoben, so ergibt sich die Darstellung der vier Elemente im Signatstern, das Erkennungszeichen der Asiatischen Brüder, das silbern oder golden, dem jeweiligen Grad entsprechend, auf ihre Ordensmäntel gestickt war.[11] Mit diesem Zeichen wiesen sich Ecker und andere in Kronauers Stammbuch als Asiaten aus.

Mozart hielt sich in diesem Punkte äußerst bedeckt.

Wie verschlüsselt er seine damalige Zugehörigkeit zu den Asiaten bekundet zu haben scheint, geht ferner aus dem Stammbuch von Karl Maria von Webers Stiefbruder Edmund Weber hervor, in das der Komponist sich zwei Monate zuvor, am Tage seiner Abreise nach Prag, eintrug. Mozart schreibt:

seyen sie fleissig - und fliehen sie den Müssiggang - und vergessen sie nie ihren sie von Herzen liebenden Vetter

Wolfgang Amadè Mozart 

Wien den 8:t Jenner 1787
Morgens um 5 uhr, vor der Abreise.

9 Die Übertragung dieser sechszeiligen Eintragung in: Mozart-Briefe Bd. 4 S. 40 von O. E. Deutsch enthält neun Errata.

10 Mozarts Eintragung in Joseph Franz von Jacquins Stammbuch lautet: »Vienna the 24 April 1787 don't never forget your true an faithfull W A M.« Deutsch Dokumente S. 254.

11 Daß die bei den Asiaten nachdrücklich hervortretende Symbolik des Hexagramms mit jüdischen Elementen des Davidsterns nichts zu tun hat, zeigt Gershom Scholem: Ein verschollener jüdischer Mystiker der Aufklärungszeit: E. J. Hirschfeld. Yearbook VII of the Leo Baeck Institute, London etc. 1962, S. 267. Das Hexagramm wurde auch in anderen Hochgraden als Symbol verwendet. Es reicht zur Beweisführung von Mozarts Zugehörigkeit zu den Asiaten allein nicht aus, ist aber ein wichtiger Mosaikstein in einem Gesamtbild.

Hier stellte er das Dreieck auf den Kopf. Neben dieses alchemistische Zeichen für Wasser malte er aus drei Punkten ein Dreieck, dessen Spitze nach oben weist: das alchemistische Zeichen für Feuer. Denkt man sich beide ineinandergeschoben, so erhält man wiederum den Signatstern. Auch dieses Schriftstück enthielt für Nichtasiaten nichts Verdächtiges.[12] Mozarts hier offensichtlich zu Tage tretende Vorsicht war allerdings wohl begründet, wie noch zu zeigen ist.

12 Die in Mozart-Briefe Bd. VI, S. 327 zitierte Interpretation Bernhard Beyers bestätigt dies.

4.4 Hohe Ordensgesetze der Asiatischen Brüder

Längst waren die Asiatischen Brüder zu einem wichtigen maurerischen System geworden, das sich über die Grenzen Österreichs hinaus ausgebreitet hatte. Ihre gesamte Lehre war in umfangreichen dogmatischen und katechetischen Schriften niedergelegt und für den internen Gebrauch des Ordens in Einzelstücken gedruckt.[1] Die innere Organisation des weitverzweigten Ordens wurde durch eine hierarchische Ordnung gewährleistet, die in zahlreichen Gesetzen präzisiert war. Auszüge aus diesen Dokumenten sind im folgenden wiedergegeben:

»Die allgemeinen Gesetze des Hochwürdigsten und Weisen Ordens
der Ritter und Brüder St. Johann, des Evangelisten
aus Asien in Europa.

Die Barmherzigkeit des Unendlichen über uns!
Seeligkeit und Friede,
durch
:: ✡ 1 ✡ 4 ✡ 1 ✡ ::

Es stehet geschrieben:

Dies ist die ächte, wahre und einzige seeligmachende Lehre des heiligen Lichts, von dem alles Leben, alle Zeugungskraft der verschiedenen Saamen ausflieset; jene Lehre, die Moses und Christus durch Johann, seinen Gesalbten, unseren Vätern gab;

Diejenige Lehre, von welcher Wir noch nach vielen Jahrtausenden das reine Zeugnis ihrer Aechtheit ablegen werden. Diese Lehre, geliebteste Söhne und

1 Diese Einzelstücke wurden gesammelt und ohne die dazugehörigen Kupferstiche und im Detail, besonders hinsichtlich der Hieroglyphen, teilweise ungenau publiziert in: »Die Brüder St. Johannis des Evangelisten aus Asien in Europa oder die einzige wahre und ächte Freimaurerei ...von einem hohen Obern«, Berlin 1803, bei Joh. Wilh. Schmidt. S. 1-384.

Brüder! erfülle beständig euren Leib, eure Seele und euren Geist, und erhalte euren Willen immer zur Beobachtung unserer Gesetze geneigt, denn wahrlich! Sie sind nicht minder heilig, als diejenigen, welche Gott durch Mosen und Christum seinen Auserwählten gab, wer sie daher liest, der merke mit Aufmerksamkeit und Ehrfurcht darauf./.../[2]

Das vollständige System[3]

»Art. 1.

Das System der Ritter und Brüder St. Johann des Evangelisten aus Asien in Europa soll für itzt, in die Zukunft und zu ewigen Zeiten aufs feyerlichste, wie es hiemit geschiehet eingesetzt seyn.

Art. 2.

Dieses System aber soll nichts anderes als die ächten Geheimnisse und moralisch physischen Aufschlüsse der Hieroglyphen des sehr ehrwürdigen Ordens der Ritter und Brüder Freimaurer besitzen, weil der Orden ausser diesen, keine andere Wahrheiten kennet.

Art. 3.

Der Orden selbst aber soll nichts anders, als eine brüderliche Vereinigung edeldenkender, frommer, gelehrter, erfahrener und verschwiegener Männer, ohne Rücksicht auf Religion, Geburt und Stand seyn, welche bemühet sind; nach den Anweisungen des Ordens die Geheimnisse und die Erkenntnisse aller natürlichen Dinge, zum Besten der Menscheit zu erforschen.

Art. 4.

Der Orden aber soll in fünf Abtheilungen, wie folget bestehen:

a) Die erste Probstuffe des Suchenden
b) Die zweyte Probstuffe des Leidenden
1.) Die erste Hauptstuffe der Ritter und Brüder St. Johann, des Evangelisten aus Asien in Europa.
2.) Die zweyte Hauptstuffe, die weisen Meister.
3.) Die dritte Hauptstuffe, der Königliche Priester oder der ächte Rosen=Kreutzer, oder die Stuffe Melchizedeck, Eins.

2 Allgemeine Gesetze des Hochwürdigsten und Weisen Ordens der Ritter und Brüder St. Johann des Evangelisten aus Asien in Europa. o. O. 1786, S. 3.

3 Ebda. S. 6. Abschnitt VI.

Art. 5.

Der Orden soll unter einem aus zwey und siebenzig Gliedern bestehenden kleinen fürwährenden Synedrion stehen, dessen Pflicht ist, über alle Theile des Ordens zu wachen.

Art. 6.

Das Synedrion selbst aber hat nur nach den Gesetzen, denen es mit unterworfen ist, zu urtheilen, und soll auf folgende Art eingetheilet seyn:[4]

An der Spitze des Ganzen:

a) der Oberste Ordens=Großmeister Chacham Hackolel
   Erster Ausschuß von Dreyen, an deren Spitze
b) der Oberste Synedrions-Vicarius und Oberste Ordens=Kanzler
   I.Rosch Hamdabrim
   1.Abraham 2.Eleazar 3.Israel

c) Der Oberste Synedrions-Expeditor, und Oberste Geheime Archivs-Verwahrer
   und Justitiarius: Ocker Harim
   Der Oberste Synedrions=Inquisitor: Maschgiach.
   Zweiter Ausschuß von Fünfen, an deren Spitze

d) die beiden Obersten Visitatores:
   1. Isch Zadick 2. Pockeach Ibhrim
   Dritter Ausschuß von sieben, an deren Spitze

e) Die beiden Obersten Visitores:
   1. Thumim Bemaloth 2. Somech Nophlim.
   Vierter Ausschuß von neun, an deren Spitze:

f) Die beiden Obersten Visitatores
   1. Tham Wejaschor 2. Metibh Lakol«

Nach unten fortschreitend gliederte sich die Hierarchie des Ordens folgendermaßen: Europa war den Himmelsrichtungen gemäß in vier Provinzen geteilt, deren Kapitel, von einem Provinzialgroßmeister mit seinen Beamten regiert, aus beliebig vielen Obermeisterschaften bestanden. Eine Obermeisterschaft wurde aus dreiunddreißig Meisterschaften von je zehn Mitgliedern der beiden Probestufen gebildet. Eine Geschäftsordnung[5] regelte die Kompetenzen der einzelnen Beamten; so heißt es von den Ordensvisitatoren:

4 Im Folgenden sind jeweils nur die Namen der ersten Vertreter jeder Gruppe genannt. Diese hebräischen Namen wurden nicht ad personam vergeben, blieben vielmehr mit der jeweiligen Stelle verknüpft und wurden dem Nachfolger vererbt, der damit zu unterzeichnen hatte.

5 Ebda. S. 16. Abschnitt XIII.

Der erste »soll über die physischen Arbeiten des ganzen Ordens wachen«...und das Geschäft des zweiten soll sein, »die höhern Wissenschaften des Ordens mit Demuth, Reue und ächter Gottesfurcht zu besorgen.« Offensichtlich wurden die alchemistischen Experimente unter der Aufsicht der Ordensbeamten durchgeführt. Die erste Probestufe arbeitete nur theoretisch, die zweite »in dem ihr angewiesenen Metall oder Mineral.« »Die erste Hauptstuffe aber in der Materie des Ordens und in denen weitern dahinschlagenden Arbeiten.«[6]

»Thumim Bemahloth ist der Oberste Ordens=Visitator der Provinz von Osten, die er auch im Synedrion vorstellet. Seine Pflicht ist über Alles, was von daher kommt, oder dorthin abgehet, die gehörigen Manualien zu führen; auch empfängt er allezeit die Resultaten der Provinz, und jene des Synedrions, deren Ausfertigung er zu besorgen, und sie zur Unterzeichnung dem Obersten Synedrions-Vicarius und Obersten Kanzler zu bringen hat. Auch unterzeichnet er alles, was an seine Provinz abgehet, unter dem Obersten Synedrions-Vicarius und Obersten Kanzler.«

Der Orden hatte eine eigene Zeitrechung, die »von der Zeit der Reforme, der Erneuerung und Stiftung von St. Johann dem Evangelisten anfangen« soll. Nach dieser entspricht z.B. das Jahr 1781. . . △ 1741. Der neue Jahrestag des Ordens war der 21. März.[7]

Alle Asiatischen Brüder unterlagen einer genauen Kleiderordnung, sie bildete einen gesonderten Abschnitt der Ordensgesetze.[8]

Für die erste Probestufe vorgeschrieben war ein schwarzer Mantel mit dem ✡ auf der linken Seite in Silber bestickt, dazu eine schwarze Binde mit drei Knöpfen in Rosenform, weiße Handschuhe, ein Degen mit schwarzem Band und Quaste. Um den Hals legte man ein Band mit dem ✡. Die zweite Probestufe kleidete sich ebenso, nur mit geänderten Farben, der ✡ war in Gold und mit den Zahlen 1 bis 7 bezeichnet.

Den Ritter der ersten Hauptstufe krönte ein runder schwarzer Hut mit weißen, schwarzen, gelben und roten Federn, er trug einen schwarzen Mantel mit weißem Futter. Mantelsaum und Kragen waren mit goldenen Borden besetzt, auf der linken Mantelseite prangte ein rotes Kreuz mit vier grünen Rosen. Die innerste Einfassung des Kreuzes war grün, und in der Mitte im grünen Schild waren die Buchstaben M und A in Gold verschlungen zu lesen. Das nämliche Kreuz von Gold hing emailliert an einem roten Band, eine rosenrote Binde mit grünen Kanten wurde um den Leib gelegt, darauf leuchteten drei rote Rosen. Weiße Handschuhe, auf denen ein rotes Kreuz mit vier grünen Rosen gestickt war, und ein Degen mit Quast in den vier Farben ergänzten die Ausstattung.

Ein weiser Meister der zweiten Hauptstufe änderte an diesem Kostüm nur die Farben und sein roter Mantel war in der Mitte mit J.und C. in Gold bestickt.

6 Ebda. S. 15 Abschnitt XII Art. 13-15.
7 Ebda. S. 18. Abschnitt XIV
8 Ebda. S. 13. Abschnitt XI.

In der Kleidung des Königlichen Priesters oder echten Rosenkreuzers dominierte das Grün. Auf einem von Gold, rosenrot und grün gemachten, mit bunten Federn geschmückten Hut prangte auf dem Aufschlag der Name Jehova in Gold. Ein langes rosenrotes, dicht anliegendes Unterkleid mit spitzen Ärmeln wurde von einer Binde mit drei Rosen gerafft, dazu passend Strümpfe und Schuhe in rosenroter Farbe. Der Mantel, in den Farben des Hutes, war innen grün gefüttert und an der linken Seite mit einem erhabenen Punkt bestickt, von dem unzählige Radien ausgingen.

Um den Hals hing er eine goldene Kette, in der die Buchstaben M.A. und J.C., zu zweit verschlungen auf grünen Schildern als Glieder eingewirkt waren, darauf folgt als weiteres Kettenglied »ein Baum, wo zur Rechten ein Mann, und zur Linken ein Weib stehet, die mit einer Hand das Zeugungs=Glied bedecken, mit der anderen aber den Baum berühren, am Ende der Kette hanget der priesterliche Schmuck Aarons in seinen Abteilungen. Weiße Handschuhe, die innen und aussen wechselweise mit grünen und rothen Kreutzen und Rosen gezieret sind«, runden das prachtvolle Gewand des echten Rosenkreuzers der Stufe Melchizedeck eins.

Das Aufnahme-Certifikat für die erste Hauptstufe der Asiaten hatte folgenden Wortlaut[9]:

»Die Barmherzigkeit des Unendlichen über uns!
Seligkeit und Friede
durch
1 ✡ 3 ✡ 4 ✡ 1

Wir die Hochwürdigsten und weisen Väter und Brüder Vorsteher der vier unbekannten Kirchen in Europa im versammelten kleinen fürwährenden Synedrion des Ordens der Ritter und Brüder St. Johann des Evangelisten aus Asien in Europa
Erkennen Kraft dieses gegenwärtigen gesetzmässig öffentlichen Briefes, dass
der Hochwürdige unser geliebter Sohn und Bruder
J E S M A J A
den 13/9 △ im Jahre der Reform 1745 [=1785]
in die erste Hauptstufe des Hochwürdigsten und weisen Ordens der Ritter und Brüder St. Johanns des Evangelisten aus Asien in Europa der Obermeisterschaft unseres geliebtesten Sohns, Bruders und Obermeisters Caschawia nach den althergebrachten Rechten, Gesetzen und Gebräuchen des Ordens frei, ungezwungen und ohne alle Gradtax eingetreten und aufgenommen worden ist.

Wir ordnen und wollen also aus Oberstbrüderlicher Macht und Gewalt, dass oben angeregter Hochwürdiger unser geliebtester Sohn und Bruder JESMAJA von dem Hochwürdigsten Generalkapitel und den vier Provinzkapiteln von Osten, Süden, Westen und Norden, und von allen Obermeisterschaften und Meisterschaften Europas des Ordens, als ein ächter und gesetzmässiger Bruder erkannt, geachtet

9 Dieses Dokument gehörte F. Brabbée, der als Asiate den Namen Jesmaja führte.

und geliebt, und ihm alle brüderliche unbegrenzte Liebe erwiesen werde, nach dem Inhalt der Gesetze des Ordens.

Gegeben unter Anhängung des großen Synedrions-Siegels am 13/9 △ im Jahre der Reform 1745.

Auf Oberstbrüderliche Anordnung des Hochwürdigsten und weisen kleinen fürwährenden Synedrion des Ordens der Ritter und Brüder St. Johann des Evangelisten aus Asien in Europa.

1. Rosch Hamdabrim 2. Isch Zadick 3. Pockeach Ibhrim
4. Somech Nophlim 4. Tham Wejaschor 6. Thumim Bemahloth
7. Metibh Lakol 8. Syned:Exped: Oker Harim 9. Moses Secrtr.«[10]

Das Siegel zeigt einen mit Helmfedern umgebenen Schild, einen roten Querbalken im weissen Felde haltend, der auf dreistufiger Treppe steht, auf der obersten Stufe ein Totenkopf, darunter zwei gekreuzte Knochen, links ein heraldischer Greif mit Flammenschwert und Sanduhr in den beiden Fängen, rechts ein natürlicher Adler, in dessen Krallen das geheimnisvolle Buch mit den sieben Siegeln.[11]

10 Zitiert nach G. Brabbée: Vor meinem Reliquien-Schrein. In: Die Sphinx. Wien 1873 S. 19. Dort auch die folgende Übersetzung der hebräischen Namen: 1.=»Das Haupt der Redner«, 2.=»Gerechter Mann«, 3.= »Öffnet die Blinden«, 4.=»Aufrichter der Gefallenen«, 5.=»Schlicht und rechtschaffen«, 6.=»Vollkommen in seinen Eigenschaften«, 7.=»Er leistet allen Gutes«, 8.=»Er reißt Berge um«, 9.= »Der aus dem Wasser Gezogene«.

11 Ebda. S. 23.

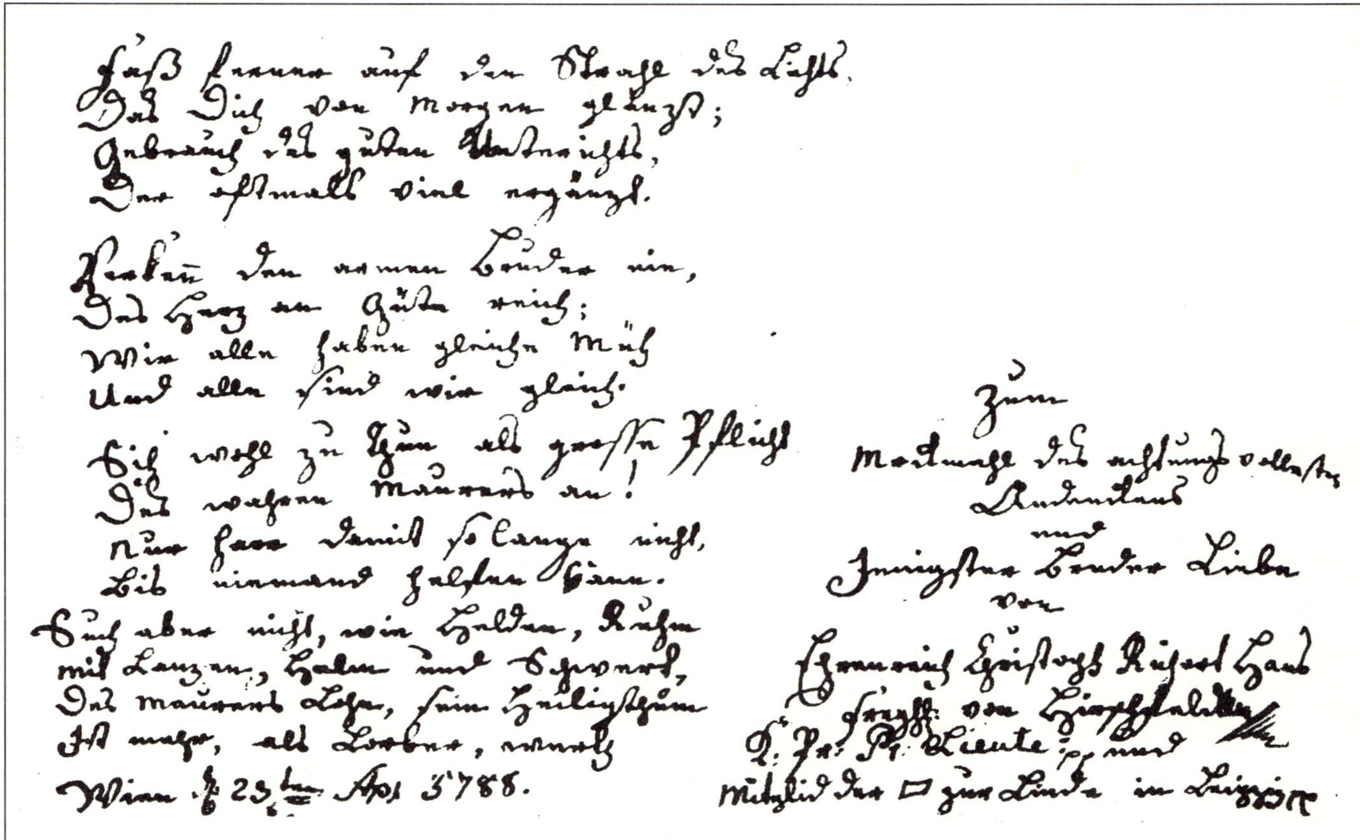

Laß brennen auf dem Altare die Lichte,
Das Dich der Morgen glänzt;
Gebrauch das güldene Unterricht,
Der öftmals Dich ergänzt.

Reich' nun dem armen Bruder ein,
Das Herz an Güte reich;
Wir alle haben gleiche Müh
Und alle sind wir gleich.

Ich wolle zu thun als großer Pflicht
Des wahren Maurers an!
Nur kann damit so lange nicht,
Lieb niemand helfen kann.

Euch aber nicht, wie Helden, Ruhm
mit Lanzen, Helm und Schwerdt,
Des Maurers Lohn, sein Heiligthum
Ist mehr, als Lorbeer, werth

Wien d. 23ten Apr. 5788.

Zum
Merkmahle des achtungsvollesten
Andenkens
und
Innigster Bruder Liebe
von
[illegible]
[illegible] von Hirschfeld
[illegible] Lieute[illegible] und
Mitglied der □ zur Linde in Leipzig.

Hirschfelds Eintragung in das Stammbuch von Johann Georg Kronauer.
Österreichische Nationalbibliothek Wien, Handschriftenabteilung

4.5 Die asiatische Lehre und ihre Kritiker

Theologie und Kosmogonie verbinden die Asiaten in alchimistisch-magischer Weise und mischen sie mit rosenkreuzerischem Gedankengut.[1] Das Ergebnis ist ein Synkretismus jüdischer und christlicher Vorstellungen.[2] Einige Mosaiksteine aus diesem weitgespannten Lehrgebäude sollen im folgenden vorgestellt werden.[3]

Vier Schöpfungen wurde angenommen, die unsichtbare Schöpfung außer der Zeit, die allgemeine sichtbare Schöpfung, die Schöpfung der Geistwesen und endlich die Schöpfung der Welten. Am Anfang schuf Gott die verklärten heiligen Geister. An ihrer Spitze stand der Sohn der Morgenröte im vollen Lichtglanz der göttlichen Majestät, erster Ausfluß des Unendlichen in der verklärten Schöpfung. Sieben herrliche Geister umgaben Gott, sie waren die einzigen Mittler, durch die sich der Ewige offenbarte. Der Sohn der Morgenröte, der den ersten Söhnen Gottes gebot, strebte aber angesichts der eigenen Machtfülle nach Unabhängigkeit von seinem Ursprung und mit ihm die unzähligen Geister, die ihm folgten. Da entzog ihm der Unendliche sein Licht und ein dunkles, kaltes und feuriges Wasser, das Chaos, blieb übrig. Darüber schwebte der weltschaffende Geist Gottes, der Elohim hieß. Der Sohn der Morgenröte aber hieß Luzifer, er war ursprünglich das Idealbild des ersten unsichtbaren Menschen in der Verklärung.

Nun folgte die Schöpfung wie sie in der Genesis beschrieben ist.

Und Adam [Kadmoni] erhielt als erster Mensch die freie Machtfülle, die ehemals der Sohn der Morgenröte besessen hatte. Er war aus zwei Aktionen, der männlichen und weiblichen, dem »roten und weißen Schwefel«, dem feurigen Wasser gebildet, ein verklärt leuchtendes menschliches Wesen. In ihm lag die ganze Schöpfungskraft. Luzifer aber war sein Widersacher und wollte ihn verderben durch den Wunsch nach größerer Herrschaft.

Dieser Wunsch war der Ehebruch des freien Willens. Adam schlief den ersten Schlaf der Begierde, und Gott schied in ihm das Feuer vom Wasser, und aus dem Wasser machte er Eva. Adam war der Baum des Lebens und Eva der Baum der Erkenntnis. Nach dem Sündenfall wurde Adams geistige Verklärung in ihm ver-

1 Vgl. F. Runkel: Geschichte der Freimaurerei in Deutschland. Berlin 1932 2. Bd. S. 80.
2 Scholem, a. a. O..
3 An dieser Stelle kann nur ein kurzer Einblick in das umfangreiche Lehrsystem gegeben werden. Vgl. Anm. 1.

schlossen. Und Gott legte ihm auf, den verborgenen Kern seines Lebens, den verklärten Geist, mit Demut und Reue neu zu entdecken. Dies ist das Geheimnis der Erbsünde, wie es die Asiatischen Brüder verstanden. Der Katechismus der Asiaten gießt diese Lehre in Zahlen und beginnt mit folgendem Dialog:

»Frage: Hochwürdiger Bruder erster Meister! was ist der Anfang?
Antw.: Eins, Hochwürdigster.
Frage: Wieviel ist Eins?
Antw.: 2 und 3 und 1.
Frage: Was ist die Vollkommenheit 1
Antw.: 1 - 2 - 3 - 4 mit dem . [=Punkt].
Frage: Wie hoch ist die Zahl der Brüder?
Antw.: 4.
Frage: Und die Heilige Zahl?
Antw.: 3.
Frage: Warum?
Antw.: Weil sie 1 - 2 - 3 - 4 und 5 in sich schließt.
Frage: Was nennen sie das größte Geheimniß?
Antw.: Die Erkenntniß Ensophs.
Frage: Kennen Sie es?
Antw.: Man hat es mich klar gelehret.
Frage: Wieviel kennen Sie Namen?
Antw.: 72
Frage: Und Füllen?
Antw.: 4 ab Sag cha-ban.
Frage: Und ihre kleine Zahl?
Antw.: 9 wie das Siegel Jehovas.
Frage: Was war im Anfang?
Antw.: Finsterniß, die ein dunkler Hauch umschloß, und in diesem der Mittelpunkt, dann 2 Punkte in einem, und alles war ein Punkt.
Frage: Was wurde dann?
Antw.: Licht, auf das Geheiß Elohims.
Frage: Und dann?
Antw.: Abend und Morgen des ersten Tags.
Frage: Wann?
Antw.: Nach der Scheidung des Lichts von der Finsterniß.
Frage: Wie rechnen Sie die Tage=Werke der Schöpfung?
Antw.: Eins
Frage: Warum eins?
Antw.: Weil im Punkt keine Theilung Platz hat, und weil ein unabänderlicher Wille mit einer immerwährenden Handlung Eins ist.
Frage: Was ist ein unabänderlicher Wille, und eine immerwährende Handlung, und wie verstehen sie dies?
Antw.: Ich erkläre beyde durch Gesetz und Maas, durch Ordnung und Zahl.«

Die vor allem Böhme und Paracelsus verpflichteten, aber durch ihren christlich-kabbalistischen Charakter besonders merkwürdigen Darlegungen über die Schöpfung stammen aus Georg von Wellings »Opus Mago-Cabbalisticum et Teosophicum«, wie Gershom Scholem dargelegt hat.[4] Grundelemente der Lehre der Asiaten, vor allem die Zahlenmystik, wurden dem 1775 erschienenen Werk »Des Erreurs e de la Verité«[5] des französischen Theosophen Louis Claude de Saint-Martin entnommen. Der viel bewunderte und ebenso häufig mißverstandene »unbekannte Philosoph« übte großen Einfluß auf den Orden aus, ohne dies, wie er sagt, beabsichtigt zu haben.[6]

Saint-Martin war auf den Gedanken gekommen, sein theosophisches System in einer Symbolsprache mit Ziffern und algebraischen Zeichen darzustellen. Obwohl er sich später entschloß, seine Muttersprache zu wählen und seine Sätze in allegorische Bilder einzuhüllen, blieb einiges von seiner ursprünglichen Absicht in seiner Zahlenmystik übrig. So schreibt er von dem Fall und der Wiederaufrichtung des Menschen:

»In der That, er ist auf Abwege gerathen, indem er von *Vier* zu *Neun* ging, und er wird sich immer nicht wiederfinden können, als wenn er von *Neun* zu *Vier* geht. Uebrigens hätte er Unrecht, wenn er sich über diese Unterwerfung beklagen wollte; so und nicht anders ist das Gesetz, das allen den Wesen, welche die Region der Väter und Mütter bewohnen, auferlegt ist; und weil der Mensch sich freywillig da hinab begeben hat; so ists natürlich, daß er die ganze Mühseeligkeit dieses Gesetzes fühle. Allerdings! fürchterlich ist dies Gesetz, aber es ist nichts in Vergleichung mit dem Gesetz der Zahl *sechs undfunfzig*, das schrecklich ist und entsetzlich denen, die sich ihm blos stellen; denn sie können nicht zu *vier und sechzig* gelangen, als nachdem sie es in seiner ganzen Strenge ausgehalten haben.«[7]

Saint-Martins Aufforderung, den Menschen von seinem selbstverschuldeten Niedergang aus der materiellen Welt zu retten und ihn an den geistigen Ursprung allen Seins rückzubinden, gipfeln in der Forderung, die uralt-erste Sprache der Entsprechungen, die die Dinge in ihrem inneren Verhalt begreifbar macht, wieder in ihr Recht zu setzen. Die Musik wird ihm zum stimmigen Paradigma dieser

4 Scholem, a. a. O. S. 262.

5 Deutsche Übers. von Matthias Claudius: »Irrthümer und Wahrheit, oder Rückweis für den Menschen auf das allgemeine Principium aller Erkenntniß« Breslau 1782.

6 Saint Martin bekennt dazu: »Ach, ich hatte sogar den Verdruß, eine neue Sekte von Schwärmern aus meinem Buche entstehen zu sehen, welche sich nachher über den ganzen Norden und vorzüglich in Schweden, Pohlen, Dännemark und auch in einigen Provinzen Deutschlands verbreitete und unter dem Namen der Brüder und Eingeweihten Sankt Johannis des Evangelisten aus Asien in Europa mit ihren unsinnigen Schwärmereien hin und wieder eine Menge Unglück angerichtet hat.
Ich betheure vor Gott und der Welt, daß ich nie mit diesen Schwärmern etwas zu thuen hatte, daß es mir nie in den Sinn gekommen ist: Stifter oder Mitglied irgend einer mystischen Sekte zu werden. So sehr mir die asiatischen Brüder anlagen, in ihren Bund zu treten, so wenig ist es ihnen gelungen, mich unter ihre Fahne zu bringen.« Leben und Schicksale des unbekannten Philosophen Saint Martin. Erfurt 1805, S. 207.

7 Irrthümer und Wahrheit S. 45.

Sprache, sie weist am deutlichsten auf das allgemeine Principium aller Erkenntnis zurück. Denn die Fundamental-Gesetze der Musik sind aus der reinen Urquelle geschöpft und enthalten die Grundsätze vom innigen Zusammhang des einen mit dem anderen. Saint-Martin entdeckt in ihnen auffallende Ähnlichkeiten mit den Ursprüngen seines eigenen Denkens. So kulminiert sein umfangreiches Werk am Ende in mystischer Musiktheorie:

»Erstlich ist das, was wir in der Musik unter dem Namen eines vollkommenen Accords kennen, für uns ein Bild von jener ersten Einheit, die alles in sich hat und aus der alles hervor kommt; denn dieser Accord ist Ein und einzig, er ist gänzlich erfüllt durch sich selbst, ohne der Beihülfe irgend eines andern Tons als seiner eigenen zu bedürfen; mit einem Wort, er ist in seinem innerlichen Werth unveränderlich, wie die Einheit.[...]

Zweitens, dieser vollkommene Accord ist der wohlklingendste von allen, er ist der einzige, der das Ohr des Menschen befriedigt und ihm nichts zu wünschen übrig läßt. Die drey ersten Töne, daraus er besteht, sind durch zwey Terz=Intervallen von einander getrennt, die unterschieden aber doch miteinander verbunden sind. Und da haben wir denn alles wieder was in den sinnlichen Dingen geschieht, wo kein körperliches Wesen die Existenz weder empfangen noch fortsetzen mag, ohne die Mithilfe und den Beystand eines anderen körperlichen Wesens gleich ihm, das seine Kräfte belebe und es unterhalte.

Endlich haben diese zwo Terzen über sich ein Quart=Intervall, von dem der Ton, damit er sich endigt, Octave heißt. Ob nun gleich diese Octave eigentlich nur die Wiederhohlung des Grund=Tons ist, so gibt doch eben sie dem vollkommenen Accord seine gehörige Vollständigkeit; denn sie gehört wesentlich dazu, da sie in den ursprünglichen Tönen, die der tönende Körper über seinen eignen Ton hören läßt, mit begriffen ist.

Also, dies Geviert=Intervall ist denn das Haupt=Agens des Accords; es liegt über zwo Gedritt=Intervallen, um darüber zu walten und ihre ganze Action zu dirigiren; wie wir gesehen haben daß die thätige und verständliche Ursache über das zwiefache Gesetz aller verkörperten Wesen herrscht und waltet.[...]

Man findet denn also in dem Begriff der Intervallen des vollkommenen Accords, alles was da ist leidend, und alles was da ist thätig, das heißt, alles was existirt und alles was der Mensch mit Gedanken fassen mag.«

Im Kontext der Lehre der Asiatischen Brüder finden sich Saint-Martins Gedanken bei der Deutung der Zahl 7 wieder.

»Sie ist zusammengenommen, in allem Betracht, die einzige Signatur des Erhabenen, des Schönen und im Ganzen der Harmonie,...«[8]

Dies wird in der Theorie der sieben Töne der Musik verdeutlicht. Allerdings akzentuieren die Asiaten zunächst das sensualistische Moment.

»Wir müssen wissen«, so wird dem Adepten eingeschärft[9], »welches die *Structura*

8 Die Brüder St. Johannis des Evangelisten aus Asien... a. a. O., S. 105.
9 Ebda. S. 110.

Titelkupfer zu Lavaters Protokoll über den Spiritus Familiaris mit der Darstellung des Grafen Franz Joseph Thun-Hohenstein.

sensorii auditus, warum sie so, und nicht anders ist oder seyn kann? Wir müssen wissen, was für Empfindungen im thierischen Körper entstehen, wenn die Nerven gespannt, wenn sie relaxiert, wenn sie ausgedehnt und wenn sie überspannt werden.[...] Wann wir alles dieses in Ordnung penetrirt haben, so werden wir auch besser wissen, was der perfekte Accord, nemlich 3.5.8. sagen will und so wohlklingend in uns wirket.[...] Kurz wir werden zuverlässiger wissen, wie der in der Tonkunst effectuelle Tact auch in allen Operationen der Natur gegründet ist, wie der Grund aller Vollkommenheit in der Näherung zur Harmonie liegt, und warum die höchste Vollkommenheit nur in sieben Tönen enthalten ist.«

Die Kritik an den Lehren der Asiaten nahm vor allem ihre magisch-kabbalistischen Praktiken ins Visier.

Unter dem mysteriösen Titel: Lavaters / Protokoll / über / den Spiritus Familiaris / Gablidone. // Mit / Beylagen und einem Kupfer. // Frankfurth und Leipzig 1787. wurde am 17. November 1787 in der Wiener Zeitung eine Anzeige der Fr.Chr. Zierchen Buchhandlung in der Singerstraße abgedruckt. Es handelte sich um eine anonyme Schmähschrift der Asiaten, die in Wahrheit in Wien bei Wucherer erschien. Unter dem Kupferporträt im Titel ist ein Zahlenkranz zu lesen. Er ist nach dem Zahlenalphabet zu entschlüsseln:

9 14 18 5 15 9 20 18   19 8 20 13   1 3 19 20 1 17 9 20 18
J O S E P H U S   T H U N   A C T U A R I U S

Man findet den Namen des Grafen Franz Joseph Thun-Hohenstein.[10]

In diesem Protokoll Johann Kaspar Lavaters (1741-1801) ist folgendes über Thun festgehalten. Der Graf soll Lavater gefragt haben, ob er »etwas von der heiligen Caballa oder der ächten Magie wüßte«.[11] Thun erzählte dann von seinen Erlebnissen mit einem »Rechner«, der mit einem gewissen Spiritus familiaris namens Gablidone in Verbindung gestanden habe. Viele Jahre habe der Rechner diesem Geist als Sprachrohr gedient. Zahllose Geheimnisse und viele unbegreifliche Dinge habe Gablidone dem Grafen eröffnet, Zeit und Gedächtnis reichten nicht aus, um alles Wunderbare wiederzugeben.

Dieser Rechner, der alles mit dem Zahlenalphabet aussprach, sei imstande gewesen, »auf eine unzählige Menge von Fragen über geschehene und existierende Dinge, nicht aber über zukünftige, ... mittels einiger vorgegangener cabbalistischer Rechnungen die richtigsten und treffendsten Antworten zu geben - welche Antworten er in Gegenwart von zween Zeugen dem einen Buchstaben für Buchstaben so dictirt, daß niemals weder ein ganzes Wort ausgesprochen, noch eine Sylbe zusammengesetzt worden.«

10 Aus dem weiteren Text, in dem das Alter des Grafen und seine Professionen genannt werden, geht hervor, daß es sich nicht um den »alten Graf« Johann Joseph von Thun (1711 - 1788) handelt, der Mitglied der Loge »Zu den sieben Weisen« in Linz und Rosenkreuzer war.

11 Lavaters Protokoll S. 28-45. Die folgenden Zitate ebda..

Lavater berichtet, »diese Lektionen seyen fast immer mit sonderbaren Ceremonien und Gebräuchen, die viel verständliches und unverständliches Symbolisches hatten, verknüpft gewesen.«

Gablidone habe sich durch den Mund des Rechners, »der ihn hörte und seiner Aussage nach eine Art anschauender Erkenntniß von ihm hatte«, für den vor fast zwei Jahrtausenden abgeschiedenen Geist eines jüdischen Cabbalisten und Magiers ausgegeben, »der durch magische Wissenschaften herausgebracht, daß der Messias Jesus von Nazareth heißen und bis auf den Tod verfolgt werden würde.« Da der Rechner aber ein ungebildeter Mensch gewesen sei, »der kaum erträglich schreiben und keine Zeile aufsetzen konnte«, so habe man stets befürchtet, von ihm betrogen zu werden, und ihn daher »bald lateinisch, bald griechisch, bald englisch, bald hebräisch« befragt und der Rechner habe zu ihrem Erstaunen stets in der entsprechenden Sprache auch geantwortet. Nie habe der Rechner gewußt, was er diktierte, bis man es ihm nachher vorlas.

Gablidone, der Geist, habe nach Aussage des Rechners oft den magisch, »das ist mit Charakteren Zahl und Buchstaben zugleich geschriebenen Namen Jesus von Nazareth, der Juden König«, auf eine dem Rechner wahrnehmliche Weise geküßt, denn er war ein großer Verehrer des Namens, der Person und des Kreuzes Christi. Von dem jenseitigen Zustand der Geister, die sich noch bessern und dazulernen müßten, habe Gablidone in Parabeln gesprochen. Auch habe er geäußert, Gott selbst dürfe nicht sprechen, nicht einmal einen Wink geben, damit die volle Freiheit des Menschen unangetastet bleibe, daher könne Gott »nur auf die leiseste Weise seine Allmacht bewegen«.

»Wenn etwas ernsthaftes, wichtiges, religiöses gefragt ward«, so bezeugte Gablidone eine herzlich danksagende Freude, »denn es gehörte zu seinem Schicksale auf alles antworten zu müssen, aber ernsthaft-heilige Fragen allein brächten ihn dem beseligenden Anschauen Gottes näher.« Er dürfe aber »den freyen Willen [des Fragenden] gar nicht lenken, aber wenn der sich von selbst aufs Gute gelenkt habe, dürfe er ihn ermuntern.« Noch manches Wunderliche weiß Lavater von Thuns transzendierenden Erfahrungen zu berichten. Abschließend protokolliert er:

»Die fünf Tafelnzahlen, durch deren Combination der Rechner alle mögliche Antworten auf alle Fragen unter dem Beistand des Spiritus fand, hat [Thun], und hat mir davon auch eine Abschrift gegeben. Aber der Gebrauch derselben, und die Art, wie sich die Zahlversetzung mit der Angebung des Geistes vereinigte, und zu seiner Antwort mitwirkte, blieb ihm ein Rätsel, dessen Aufschluß er bey der ihm noch bevorstehenden Initiation von Maffon erwartet.«

Denn den Schleier von diesem Rätsel habe der Rechner vor seinem Tode dem Grafen nur halb gelüftet, so daß Thun »ins gelobte Land hinüber gesehen habe, aber nicht hinein gekommen« sei. Die andere Hälfte des Rätsels aber werde ihm Maffon, ein anderer Magus, dereinst ganz entschlüsseln.

Dies ist wohl nichts anderes als ein später Racheakt eines Illuminaten aus Borns Reihen, der Lavater als Adressaten nennt und Thun meint. Er erschien beim Buchdrucker Wucherer, Haupt der Deutschen Union, der von Kaiser Joseph II.

wegen Mißachtung der Zensur 1789 hart bestraft wurde und aus den Erblanden »abgeschafft«, d.h. verbannt, wurde. Lavaters Protokoll hat er eine erklärende Einleitung vorangestellt, die sich aufklärerisch gibt: »Der folgende Aufsaz«, so heißt es, »liefert zur Charakterisierung unseres Jahrzehends und so vieler Menschen und Dinge zu bewährte Beyträge, und kann zu nachtheilige Folgen für die Aufrechterhaltung des gesunden Menschenverstandes haben, alsdaß es nicht eine Art Pflicht seyn sollte, ihn, zur Warnung gegen die von Herrn Lavater so sehr empfohlene Schnellgläubigkeit, öffentlich, mit einigen Bemerkungen begleitet, bekannt zu machen.«

Es ist klar, daß hier nicht zehn Jahre zurückliegende Torheiten des Grafen Thun gegeißelt werden sollten, sondern daß der kritische Blick die aktuelle maurerische Szene ins Visier nahm, wo bei den Asiaten die jüdische Kabbala und ihre Esoterik inzwischen an Gewicht und Bedeutung gewonnen hatten. Die Kritik verfehlte ihr Ziel, Graf Thun wurde 1789 Mitglied der »Neugekrönten Hoffnung« und fungierte zunächst als abwesender Bruder, 1790 war er dann wieder persönlich präsent, und traf mit seinem alten Freund Mozart zusammen.

4.6 Unterricht für Maurerfrauen

Unablässig mahnten die Maurer ihre Brüder zum Schweigen. Bei der Johannis-Feier, dem Hochfest der Freimaurer am 24. Juni, pflegte der Meister vom Stuhl dies auf besonders eindrückliche Weise zu tun. Er überreichte jedem eine rote Rose und erinnerte ihn daran, daß Rosen von jeher das Sinnbild der Verschwiegenheit seien und Verschwiegenheit zu den ersten Pflichten eines Maurers gehöre. Bei einer solchen Gelegenheit hatte Ignaz von Born den Wunsch ausgesprochen, »daß diese Rosen zugleich das Bild unserer Schwestern seyn mögen, deren Annehmlichkeiten und Reize nur der Maurer, die Dornen aber der Profane fühlen soll, der es waget, unser Eigenthum mit ungeweihten Händen anzutasten.«[1]

Hans Heinrich Ecker von Eckhoffen hatte das Thema der Verschwiegenheit des Maurers mit seinem Schauspiel »Der Freymaurer im Gefängnisse« auf die Bühne gebracht, ohne der dramatischen noch der königlichen Kunst damit einen Dienst zu erweisen:

Ein Freimaurer wird eingekerkert, um ihn dadurch zu zwingen, sein Maurergeheimnis zu offenbaren. Er, der Frau und Kinder hat, soll hingerichtet werden, wenn er weiterhin schweigt. Doch er ist standhaft und wird schlußendlich vom König bedingungslos begnadigt.[2] Kritisiert wurde 1778 von Maurerseite an diesem Machwerk »die Schreibseligkeit einiger Brüder«, die vom Geheimnis reden, statt es zu bewahren und an nichts anderes denken, »als wenn Zeit und Stunde da ist, für die Sache, die es betrifft, zu handeln.«[3]

Ortsüblich nahm man in Wien das Motiv des Maurerschweigens weniger ernst. Offene Kritik am Orden kam erst in der Parodie der Ägyptomanie der späten achtziger Jahre zu Wort. Dies illustriert ein kleiner Ausschnitt aus einem Dialog:

»Er: *Ich will dir etwas anvertrauen, aber kannst du auch schweigen?*
Sie: *Wie ein Freymaurer.*
Er: *Gott sey uns gnädig, Finkchen!*[4]

1 VA 70 f. 432.
2 Zitiert nach Gerhard Steiner: Freimaurer und Rosenkreuzer - Georg Forsters Weg durch Geheimbünde. Berlin 1985 S. 101.
3 Auserlesene Bibliothek der neuesten deutschen Litteratur, Lemgo 1778 S. 674/76; zit. nach G. Steiner, a.a.O., S. 101.
4 In: Augspurger Theater vol. 12 p. 365: Die Mausefalle oder die Reise nach Egypten. Ein Lustspiel in drey Aufzügen. 1789.

Am 11. Januar 1784 führte das K. K. Nationaltheater nächst der Burg zum ersten Mal das Lustspiel »Die Freymaurer« auf.[5] Dieses typische Durchschnittsstück anspruchsloser Art wurde in zwei Jahren zehnmal wiederholt. Es soll von Friedrich Ludwig Schröder (1744-1816) stammen[6], der als hochgeschätzter und bestbezahlter Schauspieler zugleich meistaufgeführter Autor des Burgtheaters zwischen 1781 und 1785 war.[7] Der Logenmeisterdruck hat folgenden Inhalt[8]:

I. Aufzug

Kathrine will nach dem Beispiel ihrer Herrin, Madame Rumin, ihrem Verlobten Frank, einem Bedienten Naumers, nicht eher das Jawort geben, bis er für sie das Geheimnis der Freimaurer erkundet habe.

Frank hat von Freimaurermeister Freyhoff gehört, die Leute *sollten nicht glauben, daß es auf Stand oder Geld ankäme, man sähe aufs Herz und auf die Absicht*, wenn Maurer über die Aufnahme eines Neulings entschieden. Freyhoff erscheint. Naumer bestürmt ihn um Aufnahme in den Orden. Freyhoff lehnt ab.

II. Aufzug.

Kathrine versichert, alle Künste ihres Geschlechtes einzusetzen, um hinter das Geheimnis der Freimaurer zu kommen. Sollte dies nichts helfen, werde sie selbst Freimaurer werden und in Mannskleidern sich aufnehmen lassen. Darüber kommt es mit Frank zum Streit. Frank läßt sich in den Orden aufnehmen. Naumer dringt nun

5 Theaterzettel in: ÖNB Theatersammlung 773042 .

6 Franz Hadamowsky: Die Wiener Hoftheater, Teil I 1776-1810. Wien 1966 S. 46. Dort ist neben Schröder auch Christian Jakob Wagenseil als Autor genannt.

7 Schröder wurde nach Gastspielen im April und Mai 1780, bei denen er u.a. als König Lear und Hamlet in Wien auftrat, vom 1. März 1781 bis letzten Februar 1785 samt seiner Gattin mit einem jährlichen Gehalt für beide von insgesamt 4000 Gulden, Gratialien nicht eingerechnet, an das Burgtheater engagiert. Vgl. HHStA Wien Hoftheater-Rechnungsbücher 1781-1785. S. R. 18 f. 29; S. R. 19 f. 25; S. R. 20 f. 24; S. R. 21 f. 25. Die in Mozart Briefe Bd. VI S. 70. ohne Quelle angegebenen Honorare müssen demnach korrigiert werden.
Mozart, im Vorfeld der Arbeiten an der »Entführung aus dem Serail« bei der Suche nach einem geeigneten Textbuch, schrieb schon am 9. Juni 1781 an seinen Vater: Graf Rosenberg »hat dem Schröder /:den vornehmen Acteur:/ Commißion gegeben, um ein gutes Oper buch umzusehen, und mir es zu schreiben zu geben.« (Mozart Briefe Bd. III S. 127.) Schröder wurde sofort für Mozart tätig, und dieser bestätigt am 16.Juni: ...»das [Buch von Schröder] ist nun freylich schon da, und Stephani /:der Jüngere:/ als inspicient über die Opera hat es in Händen; Bergopzoomer als wahrer guter freund vom schröder und von mir, hat es mir gleich gesteckt.- ...Die opera hat aber 4 akt, und wie er [=Stephani] sagt, so ist der Erste Akt ohnvergleichlich, dann nimmt es aber sehr ab. wenn es schröder leidet, daß man es herrichten darf wie man will, so kann ein gutes buch daraus werden.« (Mozart Briefe Bd. III S. 131.) Mozart taktierte zurückhaltend und wollte die endgültige Fassung des Buches abwarten, »denn, wenn es mir nicht gefällt, so muß ich es Ja doch sagen, sonst wäre ich der angesetzte. und schröder will ich mir nicht ungünstig machen, da er für mich alle achtung hat.« (Ebda. S. 132.) Aus dem Projekt wurde nichts, wohl weil Schröders Libretto Mozarts Vorstellungen einer lebensvollen und dabei kontrastreichen Personencharakteristik nicht entsprach.

8 Die Freymaurer. Ein Lustspiel in drey Aufzügen. Aufgeführt auf dem k. k. Nationaltheater Wien, zu finden beym Logenmeister 1784. ÖNB 847.682A Theatersammlung. Diesem Druck des Textbuches sind drei Seiten eines Wöchnerbuches beigeheftet. Abgedruckt in: Elisabeth Großegger: Freimaurerei und Theater 1770-1800. Wien 1981 S. 31. Großeggers Transkription des Wöchnerbuches enthält leider zahlreiche, zum Teil sinnentstellende Fehler.

in ihn, um das Geheimnis zu erfahren. Frank wehrt standhaft ab, gibt sich tugendhaft und gesteht sogar ein, Naumer zuweilen bestohlen zu haben. Aber er übt Schweigen. Naumer gerät außer Fassung.

Madame Rumin setzt sich für ihn bei Freyhoff ein. Beide kommen auf die Aufnahme von Frauen zu sprechen.

Rumin: - *warum verschließen Sie denn ihre Logen vor uns [Frauen]?*
Freyhoff: *Je mehr wir das schöne Geschlecht verehren,*
je mehr fürchten wir uns vor seinen Reizungen...
Und dann Madame, schweigen, schweigen können...[9]

Die Rumin bietet Freyhoff ihre Hand, wenn er ihr das Geheimnis der Freimaurer verrate. Naumer kommt. Freyhoff bleibt stoisch gegenüber dessen Eingeständnis *voriger Übereilungen*, sie erzürnen ihn nicht. Naumer verspricht, den Mund zu halten, und seiner Rumin *etwas weiß zu machen*, wenn Freyhoff ihm in den Orden verhilft. Freyhoff weist ihn zurück. Naumer fordert ihn aufgebracht zum Duell. Freyhoff winkt ab, duellieren sei untersagt und *die erste Pflicht eines Freymaurers ist, den Gesetzen der Obrigkeit getreu zu bleiben.*[10]

III. Aufzug.

Frank verrät Freyhoff, daß Kathrine in Mannskleidern die Aufnahme erzwingen will. Da erscheint Trister, ein erfolgloser Schriftsteller, der Bildung und Beziehungen bei den Freimaurern sucht. Er tritt zur Rezeption im Vorzimmer der Loge an. Die Lichter verlöschen und der ängstliche Trister reagiert wie Papageno später:

Trister: *Warum wird es denn so finster?*
Man wird doch nichts fürchterliches mit mir unternehmen?
Thürsteher: *Wird ihnen bange?*
Trister: *Ach nein, gar nicht.* (für sich) *Man darf sich nicht einmal*
nach Herzenslust fürchten. Ich glaube, ich werde krank,
daß ich mich so beherzt stellen muß.
Er will hinaus, der Türsteher wehrt ab.
Trister: *Ich fürchte, ich bekomm ein Fieber...*[11]

Zwei Schläge an der äußeren Türe machen ihn zittern. Der eine Türsteher öffnet, der andere tut ebenfalls zwei harte Schläge an die innere Türe, von drinnen erschallt die Antwort. Die Lichter werden angesteckt.

Größere Einblicke ins maurerische Ritual tut der Zuschauer nicht.

Kathrine tritt in Mannskleidern auf und gibt sich betont misogyn. Freyhoff klärt sie auf:

Ein Freymaurer muß nicht allein galant
gegen die Damen seyn,

9 Die Freymaurer, a.a.O.,S. 27.
10 Ebda. S. 30.
11 Ebda. S. 41.

sondern auch rechtschaffen.
Es ist ein Geschlecht, das wir auch in
seinen Schwachheiten verehren müssen.[12]

Kathrine soll zur Überprüfung ihres Geschlechts Schulter und Brust entblößen. Freyhoff verschreckt sie obendrein:

Man bringe das glühende Eisen...
den Todtenkopf und das Schwerd.«

Kathrine will entfliehn und wirft sich vor Freyhoff auf die Knie:

Barmherzigkeit! ich will kein Freymaurer werden.

Drinnen in der Loge wird in die Hände geklatscht.[13]Freyhoff kommt und entschuldigt sein Vorgehen gegen Kathrine. Madame Rumin, von Neugier geheilt, reicht ihm die Hand fürs Leben:

Rumin: *Ja Freyhoff, Ihre Standhaftigkeit,*
Ihre bescheidene Meinung von sich selbst;
Ihre Grosmuth gegen Ihren Nebenbuler,
und sein Leichtsinn haben zu
Ihrem Vortheile entschieden.
Freyhoff.: *Anbetungswürdige Frau!*
Sie sehen meine Bestürzung, meine Freude!
Wie soll ich Ihnen das lebhafte Gefühl
ausdrücken, das mich durchdringt!
Wie gern wünscht ich Geheimniß
um Geheimniß geben zu können.
Rumin: Ich will nichts wissen.- [14]

Kathrine aber bleibt bis zum guten Schluß konsequent:

Frank: *Einen Theil unsers Geheimnisses will*
ich ihr endlich wohl sagen.
Kath.: *Nun?*
Frank: *Es besteht darinn, daß wir Freymaurer*
ohne Ausnahme - versprochen haben - zu schweigen.
Kath.: *Was?*
Frank: *St! - Und daß wir, wenn wir unser Geheimniß,*
und unsere Augen nicht anders retten können -
davon laufen müßen. (will fortlaufen)
Kathrine: *Frank, Frank!- ein Wort -*
Gieb mir deine Hand.-
Glaub mir nur,

12 Ebda. S. 42.
13 Ebda. S. 45.
14 Ebda. S. 48.

ich liebe dich umso mehr,
daß du kein Schwätzer bist.
Obgleich man uns Frauenzimmer für
plauderhaft hält, so schätzen
wir doch die Verschwiegenheit an
Mannspersonen außerordentlich hoch.
Drum lob ich mir die Freymaurer! -
Also guter Frank,
wenn du keiner wärst -
aus uns würde nichts;
denn entweder einen Freymaurer,
oder gar keinen Mann.[15]

In seinem Unterhaltungsstück bürgerlichen Genres »Die Freymaurer« zeigt der Schröder den Maurer Freyhoff als Idealtyp, als Mann edelsten Charakters, der Tugend- und Menschenliebe übt und sich im Konflikt mit dem Nächsten besonders bewährt. Ohne tiefreichende Entwicklung der Personen hebt er durch simple Kontrastierung und karge Situationskomik das freimaurerische Idol von der Gesellschaft ab. Wesentliche Momente des Logenrituals bleiben dabei verhüllt, Neues wird dem Publikum nicht erklärt und das sagenumwobene Maurergeheimnis gewinnt am Ende noch ein wenig an Faszination: ein harmlos-heiteres Plädoyer für die Freimaurerei.[16]

Dieses Sujet entstammt einer Reihe, die wahrscheinlich die Comédiens Francois bereits 1737 mit »Les Fri-Maçons« (Die Freimaurer) eröffneten. »Les Fri-Maçons« ist ein »Überdrama«, das zuerst 1740 anonym in London erschien. Es dreht sich in allen Fällen zum Lobe der Freimaurerei einzig und allein um das berühmte Geheimnis. Der Stoff gerät bald zur Parodie und wird 1745 von den Marionetten des Jahrmarktes von Saint-Germain als »Polichinelle maitre maçon« (Polichinelle als Freimaurermeister) gespielt. Seit Carlo Goldonis »Le Donne Curiose« (»Die neugierigen Frauen«, 1752), die seit 1769 in Wien auf der Bühne waren, über »Les Fra-Maçonnes« (»Die Freimaurerinnen«, 1754) von Poinsinet bis zu Castaings »La Femme Curieuse ou les Francs-Maçons« (Die neugierige Frau oder die Freimaurer, 1793) erscheinen auf Entdeckung des Geheimnisses bedachte Frauen auf der Bühne und erleiden Schiffbruch.[17]

15 Ebda. S. 49.

16 »Herr Schröder ist der Mann, der den erhabneren Zweck der Schaubühne genau kennt, er ist es, der sie zur Schule der Tugend, zum Spiegel des Lasters und des Lächerlichen macht. Jedes seiner Schauspiele ist an Moral gekettet, und die Lokalität, die er so glücklich hineinzuweben weiß, läßt es ihnen an der gehörigen Wirkung nicht fehlen.« Aus einer Kritik in Das Wienerblättchen vom 29.11.1784 anläßlich der Aufführung von Schröders »Viktorine oder Wohlthun trägt Zinsen«.

17 Nach Albert Lantoine: Die Freimaurerei auf dem Theater. In: Latomia, Leipzig 1925 pass.. Außerdem N. Vaccalluzzo: Arlequin franc-maçon e »Le donne curiose« di Goldoni, in: Mélanges Hauvette, Paris 1934, S. 447. A. Covelli: »Le donne curiose« e la massoneria, in: Rivista Italiana del Dramma, Vol. 1, 1937 S. 206.

Schröder ist aber nicht nur ein belesener Theaterroutinier, der ein erprobtes Sujet aktualisiert, sondern auch ein engagierter Freimaurer, der später als schöpferischer Reformator und Historiograph auf freimaurerischem Gebiet Bedeutendes leistete. Er erkannte als überzeugter Bekenner der freimaurerischen Grundlehre, »daß sie in dem damals herrschenden chaotischen Durcheinander von Systemen und Spielarten ersticken müßte, wenn nicht mit kräftiger Hand Abhilfe geschaffen und die Lehre in ihrer ursprünglichen Reinheit wieder freigelegt würde...Er sah sich aber in seinen Bestrebungen zwei Fronten gegenüber, den gnostischen Schwärmern auf der einen, den radikalen Erneuern auf der anderen Seite, welch letztere die Freimaurerei in ihren Grundfesten erschüttern und Symbolik und Ritual überhaupt aus dem Tempel verbannen wollten.«[18] Wien aber bot dem Eklektiker Schröder keine Chance, seine maurerischen Ideen zu verwirklichen; er verließ die Stadt 1785 und ging nach Hamburg.

Der Theaterzettel der »Freymaurer«, der die Akteure der Wiener Erstaufführung handschriftlich festhält[19], nennt neben Schröders Gattin als Darstellerin der Kathrine die praktizierenden Freimaurer Hieronymus Brockmann als Freyhoff und Gottlieb Stephanie den Jüngeren, den Librettisten von Mozarts »Entführung«, als Hartkopf; beide Herren sind Vertreter der strikten Observanz und Mitglied der Loge »Zu den drey Adlern«. Von bedeutenden Schauspielern des Burgtheaters verkörpert, gewinnen »Die Freymaurer« so zusätzlich Gewicht und werden in Wien in der Folge aufgeführt, wenn es gilt, plakativ für den Orden zu werben und seine Mitglieder ins beste Licht zu rücken.[20]

Das leitende Motiv der »Freymaurer«, der prinzipielle Ausschluß aller Frauen vom Orden und die daraus erwachsende Neugier, war ein aktuelles Thema von höchster Brisanz. Wieland brachte es in seinem »Teutschen Merkur« 1785 auf den Nenner, »daß bei den Freimaurern den Frauen wohl das Herz offenstehe, aber die Loge geschlossen sei.«[21] Wie stand es nun in Wien mit der Beteiligung von Frauen an den Arbeiten der Logen? Nach dem dritten Hauptstück der »Alten Pflichten« waren Leibeigene, Frauen und sittenlose und übel beleumdete Menschen - Notabene die Reihenfolge und den Kontext ! - von der Mitgliedschaft ausgenommen.[22] Diese Vorschrift schien nach den bisher bekannten Dokumenten auch für die rechtmäßigen Wiener Logen Gültigkeit behalten zu haben.

Neue Dokumente zeigen indessen ein anderes Bild. In den Wiener Salons ließen sich die Frauen mit den ständig wiederholten, abgegriffenen Argumenten nicht

18 Vgl. Art. Schröder in: Lennhoff/Posner: Internationales Freimaurerlexikon Wien 1932 S. 1417f.

19 Theaterzettel vom 10.1.1784 in: ÖNB 773 042D Theater-Sammlung. Der Abdruck bei Elisabeth Großegger, a.a.O., S. 32 enthält wieder zahlreiche Errata.

20 Vgl. die Aufführungen der »Freymaurer« am 30. August 1785, 9. Oktober 1785 und 1. Januar 1786.

21 Zitiert nach Int. Freim. Lexikon. Sp. 520 .

22 The Constitutions of the Free-Masons. London 1723. Art. III,2: »The Persons admitted Members of a Lodge must be good and true Men, freeborn, and of mature and discreet Age, no Bondmen, no Women, no immoral or scandalous Men, but of good Report«.

abspeisen. Nach einer Namenstagsfeier möchte die Dame des Hauses von den versammelten Maurern wissen, »worinn eigentlich die Maurerey bestehe.« Ein alter Major, seit fünfzig Jahren Maurer, bemüht erneut die üblichen Ausflüchte. Erbost über solch nichtssagende Antworten, hält sie ihm vor[23]:

»Geheimnisse wollte ich wissen, worinn eigentlich die Geheimnisse der Freymaurer bestünden?«

»Wohlan!« versetze der Major, »auch diese sollen Sie hören.- Wissen Sie also: daß von jeher der Maurer größtes Geheimniß war, noch ist, und immer verbleiben wird, kein Geheimniß zu wissen, keines zu haben, und dennoch die profane Welt in der Zuverlässigkeit zu erhalten, daß sie die wichtigsten und tiefsten Geheimnisse besitzen.«[24]

Aufschluß über die aktuelle Diskussion geben »Gespräche, Maurerey betreffend«, die 1785 publiziert wurden, vor allem die Auseinandersetzung zwischen »Eldine und Ewald« über die Weigerung des Ordens, Frauen aufzunehmen[25]:

Ewald behauptet, Frauen seien neugierig, schwatzhaft, unverständig und allein für die körperliche Bildung des Menschen bestimmt, während Männern die Seelenbildung überlassen bleibe. Frauen seien nicht zur Freundschaft fähig und würden die Ordensbrüder von ihrem hehren Tun abhalten.

Eldine entgegnet, daß die Männer in ihrer Herrschsucht und in ihrem Hochmut die Frauen zu ihren Sklavinnen und Lustobjekten zu degradieren versuchten und hält ihm vor:

»Der große Baumeister der Welt, Ihr Ahnherr, Ihr Vorgänger, Ihr Muster spricht, wenn er von seiner Liebe zu den Menschen, von seiner Gnade gegen sie, von seinen Gesinnungen gegen alle ihre Handlungen redet, wenn er vom künftigen Leben, von dem eigentlichen Bau für ihr Glück, wenn er von dem Zwecke der Schöpfung dieses seines geliebten Menschengeschlechts redet, mit deutlichen Worten: *Hier ist weder Mann noch Weib*. Der Geist, der den Geist als Geist schuf, nicht als Weib oder Mann, sagt, da sey weder Weib noch Mann, wo Tugend, wo Weisheit sey; er, der Allwissende findet das Weib so wie den Mann würdig, an seinen Geheimnissen, den Geheimnissen seiner Liebe, seiner Freundschaft, seines Wohlwollens, seines Zwecks für die Menschheit Antheil zu nehmen.

23 Empfindlicher Auftritt / eines / Freymaurers in Wien / am Josephstage //. o. O. u. J. S. 16.

24 Die sogenannten Geheimnisse der Freimaurer waren damals schlecht gehütet, ihre Symbole allgemein bekannt und ihre Hieroglyphen erschienen als profane Schmuckelemente der Damenmode. So bringt das Titelkupfer der Erstausgabe von Mozarts »Trois Sonates pour le Clavecin ou Pianoforte«, die bei Christoph Torricella in Wien im Juli 1784 erschienen, unbekümmert freimaurerische Symbole. Daß Mozart schon vor seiner Einweihung mit den Hieroglyphen der Freimaurer vertraut war, zeigt auch das Autograph des Klavierkonzertes KV 449, das am 9.Februar 1784 beendet wurde. Der Komponist benutzt zur Skizzierung einer modulatorischen Rückführung maurerische Chiffren, wie das Autograph in der Biblioteka Jagiellonska Kraków ausweist.

25 Gespräche/ Maurerey betreffend // Nebst einem / Anhange von Rosenkreuzern.// Leipzig/ bey Paul Gottheld Kummer. 1785, S. 175f.

Er, der da wieget mit einem Gedanken der Menschen ganzen Sinn, findet das Weib nicht leichter als den Mann. Und Jünger des Herrn, Lehrlinge des Meisters, deren erstes Gesetz seyn soll, zu sehen auf das, was der Meister thut, deren Richtschnur sein Vorbild seyn soll, sie wollen in diesem seinem Urtheil über das ganze Menschengeschlecht von ihm abgehen, wollen das trennen, was er selbst zusammengesetzt. Sie wollen sagen: Hier ist Mann und da Weib, wo er sagt: Hier ist weder Mann noch Weib. Und Sie wollen den nehmlichen Zwek haben, und wollen an Ihrer Liebe, an Ihrer Freundschaft, an Ihren wohlwollenden Gesinnungen gegen das Menschengeschlecht Weiber keinen Antheil nehmen lassen, nicht an Ihren zeitlichen Geheimnissen, die Antheil nehmen lassen, die er an seinen ewigen Geheimnissen Antheil nehmen läßt? Heißt das nicht ihn meistern? Ist das nicht aus der Spur herausgehen, die er gezeigt hat? - - -

Oder ist es nicht vielmehr unersättlicher Stolz von Ihrem Geschlechte? Ist es nicht eine rasende Herrschsucht, die Sie treibt, sich das Alleinrecht über das Wohl der Menschen anzumaaßen, da auszuschließen, wo Sie gewiß überzeugt sind, wo Sie mir gestehen müssen, es könne wenigstens manches Wohl der Menschheit mehr zur Vollkommenheit gebracht werden, wenn gute Weiber mit Theil an Ihren Geheimnissen hätten, wenn diese Geheimnisse anders, wie ich nicht zweifle, auf das hinauslaufen, was Sie davon vorgeben.«

Es ist mit einiger Wahrscheinlichkeit davon auszugehen, daß in Wien nach französischem Vorbild seit 1780 Damenlogen, sogenannte Adoptionslogen, existierten.[26] Jedenfalls wurde 1783 ein eigenes Ritual für die Aufnahme von Frauen gedruckt.[27] Es wird nachfolgend wiedergegeben.

26 Vgl. »Von dem maurerischen Adoptionssystem, und den Adoptions[Logen] in Paris.« IN. Journal für Freymaurer Jg. II, 1, 1785, S. 180. In diesen Adoptions-Logen waren besonders der hohe Adel und die Damen des französischen Hofs vereinigt. 1775 gliederte der Marquis de Saisseval der Loge »La Candeur« eine Adoptionsloge an, die vom Grand Orient approbiert wurde. Andere Logen folgten diesem Beispiel. 1780 war die Herzogin von Lamballe, Marie Antoinettens Freundin, Großmeisterin der Adoptionsloge »Contrat-Social«. Auch die Philosophenloge »Les neuf soeurs«, die Voltaire aufgenommen hatte, hatte eine eigene Adoptionsloge. 1781 schrieb Marie Antoinette über die Adoptionslogen: »Tout le monde en est.« Vgl. Intern. Freimaurer Lexikon Sp. 18.

27 Dieses Ritual ist in allen wesentlichen Punkten identisch mit dem Ritual für die Aufnahme von Schwestern in Baurnjöpels Handschrift von 1793, die F. Gottschalk a.a.O. ediert hat. Daraus ist zu entnehmen, daß das vorliegende Ritual der Adoptionslogen in Wien für einen Zeitraum von zehn Jahren maßgeblich war.
Zinzendorf notiert am 15. November 1790 aus Feßlers »Le denouement des amours de Marc Aurele pour Hypatia« in sein Tagebuch (Bd. 35, fol. 154): »Laß mich auch wachend fühlen wie süß es ist, in den Armen eines liebenden Weibes den Werth des Lebens zu erhöhen.« (p. 88)
»Suche die Freuden der Liebe, denn du bist Mensch; aber genieße sie mit Maße, und erhöhe ihren Werth durch die Bildung und Verfeinerung des Weibes, das dieselben mit dir theilet.« (p. 129)

Die
drei Grade
der
Freimaurerei
des
Frauenzimmers
mit allen nöthigen
Gebräuchen und Zeremonien
die bei jeder Aufnahme beobachtet
werden.

Nebst
einem vollständigen Katechismus
zu einem jeden Grade.

Herausgegeben
von
Simon Bosch,
Logenmeister.

Wien und Prag,
bei Joh. Ferd. Edlen von Schönfeld.
1783.

Lehrlingsstufe[28]

Alle Frauenzimmer, welche sich angeben, müssen gesund, und ohne Schwangerschaft sein, und einen Bruder haben, der für sie gut sagt. Die aufzunehmende Person wird in einen finstern Raum gebracht, wo ein Licht in einem Totenkopfe befindlich ist.

Nachdem sie einige Augenblicke allein gelassen worden, geht die zuletzt aufgenommene Schwester zu ihr, um sie zu fragen, ob sie alles wohl überlegt hat, und ob sie fest entschlossen ist, aufgenommen zu werden? Auf die erteilte Antwort, fragt sie sie, ob sie guten Mutes sei, weil sie die schrecklichen Proben aushalten müsse, die jedoch nichts wider den Anstand und wider die reinste Tugend enthalten? Sie ermahnt sie zur Standhaftigkeit und läßt sie das linke Armband abnehmen, an

28 Die folgenden Zitate aus dem vorstehenden Titel sind der besseren Lesbarkeit willen orthographisch modernisiert.

dessen Stelle sie ein blaues Band mit einer Schnur anlegen läßt; sie nimmt ihr die rechte Manschette, und den rechten Handschuh ab, sie verbindet ihr die Augen, und läßt sie schwören bei der Treue der Schwestern der Wahrheit, daß sie nichts sehen kann; endlich ermahnt sie dieselbe, ihr Vertrauen auf Gott zu setzen, und stellt sie vor die Tür der Loge, an welche sie fünfmal anklopft.

Auszierung und Einrichtung der Loge

Der Obermeister heißt der Ehrwürdige. Er ist mit einem blauen Ordensbande geziert, an welchem eine Maurerkelle hängt. Er hat seinen Hut auf dem Kopf, den bloßen Degen in der linken Hand und eine große Kelle in der rechten. Er sitzt gegen Morgen. Er hat vor sich einen Tisch, auf welchem ein großes und ein kleines Maurerfaß steht, in dem kleinen ist eine weiße Masse, welche dazu dient, das Ordensband aufzudrücken. Es ist auch darinnen eine Kelle, so wie sie die Maurer gebrauchen.

Die andern Kellen sind gemacht wie die gewöhnlichen. Die Brüder müssen ebenfalls den blossen Degen in der Hand haben, um damit das Gewölbe des Stahls zu schließen. Der Oberaufseher steht gegen Abend ohne Hut, so wie auch die andern Brüder. Die Schwestern bleiben allezeit in ihrem Haarputze. Der Oberaufseher trägt ein blaues Ordensband, wie der Ehrwürdige, an welchem ein kleiner Hammer hängt.

Die Brüder und Schwestern, welche zugegen sind, stehen rund umher in der Loge, ein jedes mit einem weißen Schurzfelle geziert. Sie haben alle eine kleine Kelle an der Seite an einem blauen Band hängen. Die Tapete des Lehrlings, auf welchem die Loge gezeichnet ist, liegt in der Mitte des Zimmers. Sie enthält die Arche Noah, wie sie auf dem Wasser schwimmt, den Turm zu Babel, und die Leiter Jakobs. Hinter dem Oberaufseher befindet sich ein Tisch, auf welchem ein Totengerippe liegt, das nach dem Leben auf einem schwarzen Gewand gemalt ist. Auf eben diesem Tische ist ein Baum mit Früchten; der Fuß des Baums ist mit einer Schlange umwunden; Adam ist zur Rechten und Eva zur Linken. Dieser Baum muß von gestickter Arbeit, oder ausgeschnitten sein. Hinter dem Ehrwürdigen, ein wenig über seinem Kopfe steht ein Stern von gestickter Arbeit, in welchem viele Lichter sind; vor demselben ein Spiegelglas, welches sich in Gestalt einer Türe öffnet; das Ganze aber bedeckt ein kleiner Vorhang von feuerfarbenem Taft. Zur Seite des Ehrwürdigen sind zwei Sessel, und auf jedem eine große Schale mit Weingeist und Salz angefüllt, welches man anzündet. Die Schalen werden bisweilen mitten in die Loge gestellt. Zur Seite des Tisches, der hinter dem Oberaufseher ist, sind zwei schreckliche Brüder gestellt, wovon ein jeder eine Fackel hält, die aus Schwefel, Pulver und Pech besteht.[29]

29 Baurnjöpel (S.172) gibt an, die zwei schrecklichen Brüder sollen »die Köpfe auf die Schultern hängen, und tief denkend, in einer sehr traurigen Stellung da stehen.«

Umstände der Aufnahme.

Nachdem die Oberaufseherin fünfmal geklopft und der Ehrwürdige geantwortet hat, indem er ebenfalls klopft, spricht er:

Sehet, meine Schwester! was man verlangt.

Sobald die Oberaufseherin gehorcht hat, so wiederholet sie gegen den Ehrwürdigen, was ihr die hereinführende Schwester gesagt hat, indem sie sich mit der rechten Hand auf die linke, und mit allen beiden auf dem Leib (gekreuzt) in Ordnung stellt. Die Brüder und Schwestern tun eben dieses. Hierauf sagt der Ehrwürdige zur Oberaufseherin, daß sie die Aufzunehmende fragen soll, ob es ihr lezter Wille sei, und ob sie alles wohl überlegt habe, wie ihr Name, und ihr Bürge heißt, und ob sie die nötigen Proben aushalten wolle. Die Oberaufseherin, welche alle diese Fragen tut, kommt mit der einführenden Schwester herein, und erstattet dem Ehrwürdigen die Antwort, welcher sich an den Bürgen wendet, und ihn über die Tugenden und Gesinnungen der aufzunehmenden Person befragt.

Sobald der Bürge seinen Bericht erstattet, und für die Dame oder Demoiselle gut sagt, so fragt der Ehrwürdige die Beisitzer, ob sie in ihre Aufnahme willigen. Sie erheben die Hand auf die gezeichnete Loge zum Zeichen der Einwilligung und stellen sich in Ordnung. Hierauf sagt der Ehrwürdige zu der einführenden Schwester, daß sie die Aufzunehmende hereinkommen lassen, und sie ihm überliefern solle. Sodann stellt sich die Oberaufseherin dem Ehrwürdigen zur Seite, um eine Rede an die Aufzunehmende zu halten, die sich auf ihre Aufnahme bezieht, und der Aufseher stellt sich unten in die Loge dem Ehrwürdigen gegenüber, und wartet bis man ihm die Aufzunehmende übergibt, um sie durch die nötigen Proben zu führen. Der Ehrwürdige wendet sich hierauf zu der Aufzunehmenden und fragt, ob es ihr Wille sei, aufgenommen zu werden. So bald sie es bejahet, fragt sie der Ehrwürdige, ob sie niemals schändliche und der Tugend und Rechtschaffenheit entgegenstehende Laster an sich gehabt? Bejaht sie es, so befiehlt der Ehrwürdige dem Aufseher, ihr noch einen Augenblick der Reue zu lassen. Sodann wird sie durch das Gewölbe des Stahls von den Degen geführt, um sie auf der Reise von Norden gegen Abend die Feuerprobe aushalten zu lassen.

Der Aufseher läßt sie dreimal von Norden gegen Abend und zweimal um die brennenden Schalen reisen, worauf er sich die Hände geben läßt. Nun dreht er sie gegen das Gerippe, und der Ehrwürdige sagt:

Zeigt ihr das Schreckliche ihres Zustandes, den Ursprung der Sünde, das, was sie gewesen ist, was sie ist, und was sie sein wird.

Die Feuerprobe

Hierauf nimmt man ihr die Binde von den Augen, und in dem Augenblick stellen sich die beiden fürchterlichen Brüder mit ihren Fackeln an ihre Seite. Der Ehrwürdige sagt hierauf: Laßt sie ernstliche Betrachtungen über ihren gegenwärtigen Zustand anstellen, alsdenn werdet ihr sie wieder vom Tode zum Leben bringen, indem ihr sie durch sechs Schritte zum Morgenstern führet.

Nach einem Stillschweigen von einigen Augenblicken drehen sie die fürchterlichen Brüder auf eine ungestüme Art gegen Morgen; sie sieht den Stern, den man aufgedeckt hat. Der Aufseher führt sie durch fünf Schritte zum Ehrwürdigen, und läßt sie niederknien. Die Oberaufseherin hält sodann ihre Rede, worauf der Ehrwürdige den Eid in folgenden Worten ablegen läßt:

Ich verspreche und schwöre vor Gott, dem großen Baumeister der ganzen Welt, zu halten und zu bewahren, unter dem ehrfurchtvollsten Stillschweigen, das Geheimniß der Freimaurerei, und es keinem andern zu entdecken als einem Bruder oder einer Schwester, sobald ich sie nach der ernsthaftesten Untersuchung werde erkannt haben. Ich willige darein, wenn ich meinen Eid breche, der Scham und der Schande ausgesetzt zu sein, welche jeder Freimaurer gegen alle Meineidige sich vorbehält; ich verspreche ferner, zu hören, zu gehorchen, zu arbeiten und zu schweigen, unter der Strafe, von dem Schwerte einer verderblichen Zunge geschlagen zu werden, und daß sich die Eingeweide der Erde eröffnen mögen, mich zu verschlingen; ich wünsche nun mich darin zu versichern, daß ein Teil des Feuers, welches in der höchsten Gegend der Luft befindlich ist, mein Herz reinigen, und es auf den Weg der Tugend führen möge. Amen.

Ich verspreche ferner, mich anheischig zu machen, diese Nacht hier zu liegen.

Der Ehrwürdige hält einen Augenblick inne, und sodann kommt er zu dem Ordensbande, welches von weißen Fellen ist und diese Worte als Aufschrift hat:

Tugend. Verschwiegenheit.

Hierauf gibt ihr der Ehrwürdige das Zeichen des Lehrlings. Das Wort ist Jeix, Jexx welches man sagen muß. Das Zeichen machet man, indem man die zween Finger der rechten gegen die linke Hand führt. Die Antwort ist, daß man die Leiter Jakobs auf der Brust herabsteigt. Hierauf umarmt der Ehrwürdige die aufzunehmende Person, und sagt zu ihr: Ich verändere euren Namen der gnädigen Frau oder Fräulein in den Namen der *Schwester*, und gebe euch davon das erste Zeichen. Er gibt ihr das Ordensband, welches ihr die hereinführende Schwester anstatt des blauen Bandes anlegt. Der Aufseher gibt ihr sodann ein Schurzfell und Handschuhe, er legt ihr das Schurzfell an, und sagt:

Ich ziere euch mit dem weißen Schurzfell des Ordens, welches euch vorbildet, und euch erinnern soll an die Reinigkeit, die ein Freimaurer oder Freimaurerin haben muß. Er läßt sie hierauf allen Brüdern und Schwestern den Vereinigungskuß geben, indem sie bei jedem und bei jeder das Zeichen und das Wort wiederholen muß; und nun stellt man sie gegen Norden, um ihre Unterweisung zu vernehmen.

Allgemeiner Katechismus

Frage: Seid ihr Lehrling?

Antwort: Ich glaube es.

F.: Warum seid ihr davon nicht gewiß versichert?

A.: Weil ein Lehrling nichts Gewisses weiß

F.: Wie seid ihr in die Loge geführet worden?

A.: Mit verbundenen Augen.-

F.: Warum?
A.: Um zu lernen, daß ehe man zu den hohen Geheimnissen der Freimaurerei gelangt, man die Neubegierde überwinden müsse, und um mir noch zu zeigen, mit wie vieler Blindheit die Profanen von eben diesen Geheimnissen reden.
F.: Wie seid ihr zur Freimaurerei gekommen?
A.: Durch ein Gewölbe von Eisen und Stahl.
F.: Was bedeutet dieses Gewölbe?
A.: Die Stärke und Festigkeit des Ordens.
F.: Wo seid ihr aufgenommen worden?
A.: Zwischen dem Turm zu Babel und der Leiter Jakobs, und am Fuße der Arche Noah.
F.: Was bedeutet der Turm zu Babel?
A.: Den Stolz der Kinder der Erde, von welchen man sich nur losmachen kann, wenn man demselben ein redliches Herz entgegensetzt, welches der Charakter eines Freimaurers ist.
F.: Was bedeutet die Leiter Jakobs?
A.: Diese Leiter ist ganz geheimnißvoll, die beiden in die Höhe stehenden Träger stellen die Liebe Gottes und des Nächsten vor; und die Sprossen sind die Tugenden einer schönen Seele.
F.: Was bedeutet die Arche Noah?
A.: Das Herz des Menschen, welches durch die Leidenschaften, wie die Arche durch das Wasser der Sündflut, bewegt wird.
F.: Welche Eigenschaften bringt ihr uns in die Loge?
A.: Den Abscheu vor dem Laster und die Liebe zur Tugend.
F.: Wie nennet ihr diejenigen, welche nicht Freimaurer oder Freimaurerinnen sind?
F.: Die Profanen.-
A.: Diejenigen, welche ohne Freimaurer zu sein, es verdienen zu sein, sind sie auch Profane?
F.: Alle tugendhaften Menschen sind unsere Freunde, aber wir erkennen nur die Freimaurer für unsre Brüder.
F.: Worauf befleißen wir uns?
A.: Unsre Sitten zu reinigen.-
F.: Wie beweiset ihr, daß ihr Lehrlinge seid?
A.: Durch meine Zeichen und Worte.
F.: Welches ist die Pflicht der Freimaurer und Freimaurerinnen?
A.: Zu hören, zu gehorchen, zu arbeiten und zu schweigen.
F.: Was höret ihr?
A.: Die Erklärung der Geheimnisse.
F.: Wie ist euer Gehorsam?
A.: Frei und willig.
F.: Wonach strebet ihr?

A.: Mich meinen Brüdern und Schwestern nützlich und angenehm zu machen.
F.: Worauf schweiget ihr?
A.: Auf die Geheimnisse der Freimaurerei.

Merkwürdiger Logenschluß

Der Ehrwürdige saget: Meine Brüder und Schwestern! wir haben gehöret, gehorchet, gearbeitet, und geschwiegen, die Loge ist geschlossen. Wir wollen ein jeder unsere Pflicht tun. - Der Oberaufseher und die Oberaufseherin wiederholen dies.

Unterweisung der Gesellinnen.

Die Loge stellt den Garten von Eden vor; unten in der Loge ist ein Fluß, und nahe bei demselben befindet sich der Baum des Lebens, oder der Erkenntnis des Guten und Bösen. Auf jeder Seite des Baums ist geschrieben EVA. - Es sind fünf Lichter in der Loge; drei gegen Mittag, und zwei gegen Norden. Die Oberaufseherin hält die aufzunehmende Schwester in der finstern Kammer, sie nimmt ihr den Ring aus dem linken Ohr, und sagt zu ihr, daß eine jede Freimaurerin die Eitelkeiten der Welt verachten müsse. Sie verbindet ihr die Augen, wie das erstemal, und führt sie an die Tür der Loge, wo sie fünfmal anklopft und sagt, daß es ein Lehrling sei, welche verlangt als Gesellin aufgenommen zu werden. Der Oberaufseher wiederholet eben dieses, und nach den gewöhnlichen Fragen und Zeremonien wird sie hereingelassen. Man läßt sie fünfmal um einen Tisch herum gehen, der vor dem Ehrwürdigen stehet. Auf demselben ist ein künstlicher Apfelbaum in einem Kistchen; und an der Seite desselben eine Schüssel mit Äpfeln, und auf der andern Seite ein Fäßchen mit einer gefeuchteten Masse. Nach fünf Umgängen führt man die aufzunehmende Schwester unten in die Loge. Der Aufseher legt ihr an beide Hände eine Kette und die Bande um den Hals.

Der Ehrwürdige sagt hierauf: Zeigt ihr das Bild der Verführung, und führt sie durch fünf Schritte zu mir gegen den Altar der Festlichkeit. Der Aufseher vollzieht dieses, und läßt sie beide Hände an den Baum legen. In dieser Stellung läßt sie der Ehrwürdige folgenden Eid ablegen:

Ich verspreche und schwöre zu bewahren die Geheimnisse der Gesellinnen gegen die Lehrlinge, unter eben den Strafen, die ich bereits geschworen habe, zu bewahren das Geheimnis der Lehrlinge gegen die Profanen. -

Nach geleistetem Eid überreicht ihr der Ehrwürdige einen Apfel und läßt sie darauf beißen, und empfiehlt ihr, den Kern nicht zu berühren, weil er der Keim und Quelle der Sünde ist; und nachdem sie davon gegessen hat, so legt er ihr das Freimaurersiegel auf den Mund und sagt:

Das ist um euch zu erinnern, daß der Mund sich niemals öffnen darf, um unser Geheimniß auszubreiten.

Er nimmt es ihr wieder ab, umarmt sie, und gibt ihr das Zeichen und das Wort der Gesellin, welches der Oberaufseher von ihr bei allen Beisitzern wiederholen läßt, die sie umarmt, und ihnen den Kuß gibt, welchen man den Friedenskuß nennt. Man stellt sie an ihren Ort und fängt die Fragen an.

Schwesternkatechismus

Frage: Seid ihr Gesellin?

Antwort: Gebt mir einen Apfel, und ihr sollt davon urteilen.

F.: Wie seid ihr aufgenommen worden?

A.: Durch eine Frucht und eine Bindung.

F.: Was bedeutet diese Frucht?

A.: Die Lieblichkeit.

F.: Und die Bindung?

A.: Die Einigkeit und Bruderschaft.

F.: Was habt ihr beim Eintritt in die Loge gesehen?

A.: Das Siegel der Freimaurerei, welches man mir auferlegt hat.

F.: Warum?

A.: Um mich zu lehren, daß mein Mund sich niemals öffnen soll, unsere Geheimnisse auszubreiten...

F.: Warum ißt die Gesellin nicht den Kern des Apfels, und berührt ihn nicht einmal!?

A.: Weil der Kern des Apfels der Keim der Sünde oder der verbotenen Frucht ist.

F.: Wo seid ihr als Gesellin aufgenommen worden?

A.: In einem lieblichen Garten...

F.: Was habt ihr in diesem Garten gesehen?

A.: Den Baum der Erkenntnis des Guten und des Bösen.

F.: Was bedeutet dieser Baum?

A.: Den Verlust unserer ersten Unschuld...

F.: Was bedeutet der Tod und die beiden Worte Eva?

A.: Unsern Ursprung, was wir gewesen sind, was wir noch sind, und was wir sein werden...

F.: Wozu sind die Freimaurer und Freimaurerinnen verbunden?

A.: Ihre Brüder und Schwestern durch ihre Einsichten glücklich zu erleuchten, sie zu erbauen und ihnen in ihren Nöten beizustehen.

Tableau der Meisterinnen

Die Loge ist eingerichtet wie bei der Aufnahme einer Gesellin, nur daß anstatt der Gesellintafel die Meisterintafel liegt. Diese Tafel stellt vor einen Regenbogen, das Opfer Noahs und Abrahams, die Arche Noah auf dem Berge Ararat, den Turm zu

Babel, den Untergang Sodoms, den Schlaf Jakobs, die Frau des Loth, wie sie zur Salzsäule geworden, die Sonne am obern Teil zur Rechten, den Mond zur Linken, die elf Sterne umher, und die vier Teile der Welt. Um diese Tafel stehen dreizehn Lichter, wovon sieben gegen Mittag, und sechse gegen Mitternacht gestellt sind. Auf dem Tisch, welcher vor dem Großmeister steht, ist ein Kästlein, worinnen ein Herz verwahrt ist, worauf diese Worte geschrieben sind: Tugend, Verschwiegenheit. Auf dem Tisch liegt auch ein kleiner Hammer, und die Schwestern und Brüder halten sich rings um die Tafel.

Nachdem nun die Loge gehörig eingerichtet ist, fragt der Großmeister, warum sie hier versammelt wären.

Der Oberaufseher antwortet: Unser Herz zur Tugend und Verschwiegenheit zu gewöhnen...

Unterdessen wird die aufzunehmende Schwester in einer finstern Kammer gehalten, und wenn der Ehrwürdige es gut findet, sie in die Loge zu führen, so sagt er: Schwester Oberaufseherin! bringen sie die Schwester in die Loge.

Sie geht hinaus, verbindet ihr die Augen und legt ihr ein großes Halstuch an, welches das Zeichen der Bescheidenheit ist. Geziert mit der Gesellin Schmuck führt sie dieselbe an die Türe der Loge und klopft fünf Schläge.

Der Ehrwürdige läßt sie ein, und sie wird fünfmal um die Tafel der Meisterinnen geführt.

Der Ehrwürdige sagt: Zeigt ihr, was das Werk einer Freimaurerin enthalten muß.

Der Oberaufseher nimmt ihr die Binde von den Augen, und führt sie durch fünf Schritte, auf den fünf Sprossen der Leiter vor den Tisch, wo das Kästlein steht.

Sie wird zur Verschwiegenheit ermahnt und darauf sagt der Ehrwürdige zum Aufseher: Lassen Sie sie arbeiten.

Der Aufseher gibt ihr den kleinen Hammer, der auf dem Tisch liegt, und läßt sie fünfmal auf das Kästlein schlagen. Es öffnet sich, und sie sieht das Herz und was es enthält.

Der Ehrwürdige fragt sie hierauf, was das Werk hervorbringt.

Sie antwortet: Ein Herz, welches die Tugend und die Verschwiegenheit in sich schließt.

Hierauf folgt die Rede der Oberaufseherin, nach der der Ehrwürdige sie folgenden Eid ablegen läßt:

Ich verspreche und schwöre, daß ich die Geheimnisse der Meisterin gegen die Gesellen und Lehrlinge, und gegen die Profanen verwahren will, und ich verbinde mich über dieses, daß ich meine Brüder und Schwestern allezeit, wenn es verlangt wird, und ich es tun kann, unterstützen will.

Der Ehrwürdige gibt ihr hierauf Zeichen und Wort, welches der Aufseher gegen alle Beisitzer von ihr wiederholen läßt, denen sie auch den Freundschaftskuß gibt, worauf sie ihren Platz wieder einnimmt. Das Zeichen wird gemacht, indem man den großen Finger der rechten Hand auf das linke Auge legt, und die Antwort ist, indem man den großen Finger der linken Hand auf das rechte Auge legt. Das Wort ist: *Licht.*

Etliche Fragestücke

Frage: Seid ihr Meisterin!?
Antwort: Ich bin auf die Leiter Jakobs gestiegen.
F.: Was bedeuten die Träger der Leiter?
A.: Die Liebe Gottes und des Nächsten.
F.: Was bedeuten die fünf Sprossen?
A.: Weisheit, Klugheit, Aufrichtigkeit, Barmherzigkeit und Tugend, welche der Grund der Freimaurerei sind...
F.: Was bedeutet der Regenbogen?
A.: Den Bund Gottes mit Noah und seiner Familie, die durch die fünf ursprünglichen Farben, woraus der Regenbogen besteht, vorgestellt wird.

Es folgen Fragen zur Arche Noah, zum Turmbau zu Babel, und zum Untergang Sodoms und ihre moralische Symbolik, und abschließend:
F.: Was bedeuten die Handschuhe?
A.: Die Weiße und Reinigkeit der Sitten bei den wahren Freimaurern.

Dieses Ritual war in Wien seit 1783 bekannt und ist noch 1793 zum Teil wörtlich in Baurnjöpels Ritualsammlung eingegangen. Es hat offensichtlich auf die Konzeption der Zauberflöte eingewirkt. Nicht nur die beiden geharnischten Männer und die Feuerprobe, auch die durchgehende Symbolik der Fünfzahl ist hier deutlich vorgebildet. Wesentlicher aber ist, daß Gleichberechtigung von Mann und Frau als Freimaurer und Freimaurerin auf der Grundlage dieses Rituals realisierbar ist. Diese, für orthodoxe Freimaurer als Mitglieder eines Männerbundes häretische Idee wurde zur obersten Maxime der Zauberflöte. Die beiden Geharnischten, auf deren Helmen ein Feuer brennt, sprechen sie im Textbuch allein aus, Mozart gesellt ihnen in seiner Komposition Tamino hinzu. Drei Männer im Terzett verkünden, was den Kavalieren im Parkett[30] die Sprache verschlug:

»Ein Weib, das Nacht und Tod nicht scheut
ist würdig und wird eingeweiht.

Ist dies nicht die ergreifendste Stelle der Zauberflöte? Zum ersten Mal tritt eine Frau gleichberechtigt auf die Opernbühne. Welch ein Kulminationspunkt der europäischen Geistesgeschichte! Welch ein musikalischer Augenblick!

30 Graf Zinzendorf schreibt am 6. November 1791 nach einem Besuch der Zauberflöte mit seiner Freundin Marie Josepha, geb. Fürstin Lobkowitz: *...a 6h 1/2 au Theatre de Starhemberg aux fauxbourg de la Vienne dans la loge de M. et Me d'Auersperg, entendre la 24me representation von der Zauberflöte. La musique et les decorations sont jolies, le reste une farçe incroyable. Un auditoire immense.* Vgl. Deutsch Dokumente S.360. Dort fehlerhaft und unvollständig. Korrekturen nach Zinzendorfs Original und dem Handexemplar der Deutsch-Dokumente von Hans Wagner in HHSTA Wien.

4.7 Reguläre Anstellung Mozarts bei Hofe

Mozart war trotz großen Ansehens und beispielloser Anfangserfolge nach sieben Jahren in Wien immer noch ohne feste Anstellung.

Zu Beginn des Jahres 1788 gestaltete der Kaiser seine gesamte Hofmusik um. Die Hofkapelle wurde mit der Theatraldirektion vereint, der Oberste Kammerherr Graf von Rosenberg übernahm die Aufsicht. Der alte Kapellmeister Giuseppe Bonno ging in Pension[1], an seine Stelle trat der 37jährige Antonio Salieri[2] als K. K. Hofkapellmeister der neu regulierten Hofkapelle. »Zur Ersetzung der benötigten Personen bei der K. K. Hofkapelle« fanden vierzehn Sänger und Musiker feste Anstellung (d.h. per decretum), darunter die Tenoristen Adamberger und Rupprecht mit 800 bzw. 400 Gulden, und Ignatz Umlauf, »als Substitut des Salieri« und »zur Besorgung der Musikalien« mit insgesamt 850 Gulden Jahresgehalt.[3] Dies war die erste durchgreifende Änderung seit der beim Tode des Kapellmeisters Georg Reutter junior erfolgten Regulierung im Jahre 1772. Im Rahmen dieser von langer Hand vorbereiteten Maßnahmen wird Mozarts Aufnahme in die kaiserliche Kammer verständlich.[4]

Musikalität war ein charakteristisches Familienerbe der Habsburger. Maria Theresia, die ihre schöne Stimme ausbilden ließ, und ihr Gemahl Franz Stephan sorgten für die solide musikalische Ausbildung ihrer zahlreichen Kinder. Burney berichtete 1772 aus Wien:

»Die ganze Kayserliche Familie ist musikalisch, der Kayser vielleicht gerade genug für einen Souverainen Herrn, das heißt, er hat hinlängliche Fertigkeit, sowohl

1 OKäA 99/788, Starhemberg an Rosenberg 13. 2. 1788.

2 Salieri, der seit 1774 als K. K. Kammerkompositeur mit einem Jahresgehalt von 426 Gulden 40 Kreutzer versehen war, erhielt damals als Kapellmeister der italienischen Singspielergesellschaft zusätzlich zu seinen Einkünften als Kammerkompositeur ein Jahresgehalt von 853 fl 28x. Vgl. HHSTA SR 21, p. 29. ex 1784/85 Ebenso in den folgenden Jahren, vgl. SR 22 und 23.

3 Vgl. »Ausweis, wie die von Euer Majestät neu bestellte k.k.Hofkapelle mit den hier angesezten Individuen vermehret, und bezahlet werden kann.« OKäA 7. 2. 1788.

4 Schon 1782 wies der Kaiser die Ansprüche von Hoflautenmachersadjunct Michael Ignatz Stadlmann auf Anstellung zurück, da »die Eingehung der gesamten Hofkapellen bestimmt ist.« KAP 21 p. 36 Nr. 226. Und 1783 lehnte er das Gesuch des Hoftenoristen Leopold Panschab um Vorrückung in die erste Tenoristenstelle mit der Begründung ab: »Es ist ein für allemmal beschlossen daß bey der Hofkapelle niemand von neuem mehr aufgenommen werden solle auch keine Vorrükung in die offen werdende Plätze zu geschehen hat, bis nicht andere anordnungen diesfals erfolgen. (datum 9. July).« KAP 26 p. 512 Nr. 43.

auf dem Violonschell, als auf dem Flügel, zu seinem eigenen Zeitvertreibe, und hat hinlänglichen Geschmack und Einsicht, andre mit Vergnügen zu hören und richtig zu beurtheilen.«[5] Joseph II. wurde vom Hoforganisten Wenzel Raimund Birck (1718-1763) unterwiesen und blieb zeit seines Lebens ein passabler aktiver Musiker.

»Wenn ein großes vollstimmiges Konzert war, so spielte er oft das Violoncello dabei. Bei Quartetten und kleineren Parthieen aber spielte er das Klavier und trug manchmal Arien aus den auf dem Theater aufgeführten Opern vor. Er sang einen reinen angenehmen Baß.«

In der »Bossler'schen Musikalischen Korrespondenz« findet sich folgende Notiz vom 5. Juli 1790 über den Kaiser und seine Kammermusiker[6]:

»So wie er in manchen Fällen, was die Staatsökonomie betraf, das Unglück hatte, durch einen gewissen betrügerischen Schein in der Wahl derjenigen Personen irre geführt zu werden, die ihm seine an sich so edle Absichten befördern helfen sollen: gerade so gieng es ihm auch im Fache der Musik. War einer in unserer Kaiserstadt, der Kenner der Tonkunst war, der sie schätze und liebte; so war's Er. Jeden Nachmittag verschafte sich Joseph das Vergnügen, mit drei Mitgliedern seiner Kammermusik und mit seinem Kammerdiener Strack, der das volle Zutrauen unsers verewigten Monarchen besaß, und selbst ein musikalischer Kopf ist, ein kleines Konzertchen aufzuführen. Aber selten war die Wahl der Tonstüke so beschaffen, wie sie hätte seyn sollen und können. Salieri, unser würdiger Salieri war zwar sein Abgott, aber freilich ist das Ansehen eines Kapellmeisters im Orchester bei der Oper ganz anders, als auf dem Privatzimmer seines Regenten...«

Die erste Geige bei diesem Privatkonzert des Kaisers spielte Franz Kreibich (1728-1797), der in der Hofkapelle die Funktionen eines heutigen Konzertmeisters ausübte. »Ein Mann, der für die Direktion einer Musik geschaffen ist, der brave Einsichten in die Theorie derselben hat; dabei aber zum Nachtheile seiner Kunst, ein bischen Charlatanerie vielleicht mehr affektirt, als sie wirklich hat. Sein moralischer Charakter ist gut: nur hat er das einzige mit so manchen anderen Künstlern gemein, daß er sein Gläschen im Monde hat. Noch hat Kreibich einen Fehler, der seinen Grund wahrscheinlich in seiner körperlichen Konstitution hat, ich meine seine allzugroße Furchtsamkeit, die ihn außer Stand sezt, die Solostellen seiner Parthie mit Deutlichkeit, Eleganz, Rundung und Festigkeit des Bogens auszuführen.«

Kammerdiener Johann Kilian Strack spielte das Violoncello, zugleich war ihm die Aufsicht über die Sammlung der Musikalien anvertraut.[7] »Höchst selten wurden Quartette aufgeführt, und dann, wenn's auch geschahe, waren's nur solche, die Kreibich oder Strak als geniesbare Waare empfohlen hatte. Warum aber diese

5 Charles Burney: Tagebuch einer Musikalischen Reise, Aus dem Engl. übersetzt von C. D. Ebeling Hamburg 1773 2. Bd. S. 187.

6 Zitiert nach: Rudolf Angermüller, Antonio Salieri. Phil Diss. Salzburg 1970. Bd. 3 S. 55. Die folgenden Zitate ebd. .

7 Diese gewöhnliche Trio-Besetzung wurde gelegentlich um die weiteren Streicher unter den Kammermusikern, die Violinisten Thomas Woborzill, Heinrich Bonheimer oder Johann Hoffmann, erweitert und in außerordentlichen Fällen um weitere Musiker ergänzt.

Herren einem Haydn, Mozart, Kozeluch, Pleyel und andern braven Männern mit ihren Kunstprodukten hier exclusivam ertheilten, lasse ich unentschieden. Genug, Joseph bekam keine Note von diesen gewiß verdienstvollen Tonsezern zu hören; hingegen desto mehr von solchen, die nicht werth sind, jenen die Schuhriemen aufzulösen.«

Die Werkwahl hing wohl weniger vom persönlichen Geschmack Kreibichs oder Stracks ab, eher von den technischen Fähigkeiten des Kaisers, der getragene Partien am ehesten realisieren konnte. »Der Kaiser war Liebhaber vom Pathetischen, ließ zuweilen auch Musik von Gaßmann, Ordonez u.a. aufführen; meistens aber wurden gewisse Parthien aus ernsthaften Opern oder Oratorien aus der Partitur gespielt.« Kaum denkbar, daß Joseph einen Part in einem Mozartschen oder Haydnschen Trio hätte übernehmen können. »Der Kaiser hatte den Fehler, daß er oft ein besonderes Vergnügen daran fand, wenn's recht konfus gieng; und je mehr Kreibich sich anstrengte, abarbeitete und zürnte, umso herzhafter lachte Joseph darüber.«

Weniger perfekte Ausführung, eher entspannte Unterhaltung scheint der Sinn dieser Zusammenkünfte gewesen zu sein, bei denen Kreibich auch noch den Hofnarren spielen mußte. Kreibich soll von allen Wiener Musikern den größten Einfluß auf den Kaiser gehabt haben, und J. F. Reichardt bestätigt, daß er »ein zwar angenehmer, aber ziemlich beschränkter Violinist und Instrumental-Komponist«, in Wahrheit aber »ein grosser Antagonist von Haydn sey, und es beym Kaiser auch bereits so weit gebracht hätte, dass in dem kaiserlichen Theater nur selten Haydnsche Symphonien gespielt werden durften«.[8] Wie weit Kreibichs Einfluß ging, ist schwer nachprüfbar. Fest steht, daß Joseph bei Christoph von Sonnleithner 36 Streichquartette bestellte, und etwa Werke von Georg Matthias Monn oder Thaddäus Huber bevorzugte, die fugierte Sätze aufwiesen.[9] Mozart wollte daher schon 1781 bei seiner ersten musikalischen Audienz beim Kaiser »brav fugen spillen, denn das ist seine Sache.«[10]

Im Kreise der biedermännischen »Hausmusik« um Joseph II. war Mozart ein musikalischer Monarch unter Bettlern. Kaiser Joseph wußte das und hat zusammen mit dem Komponisten wohl kaum je eine einzige Note musiziert. Bleibt als mögliches Betätigungsfeld für Mozart die Kaiserliche Kammermusik, die bei allen repräsentativen Anlässen aufspielte. Es war ein Bläseroktett gebildet aus den beiden Oboern Tribensee und Vent, den Gebrüdern Stadler als Klarinettisten[11], den Fagot-

8 AMZ, Leipzig 1813, Sp. 667.

9 Otto Biba: Kaiser Joseph und die Musik. In: Österreich zur Zeit Kaiser Josephs II., Ausst.-Kat., Wien 1980 S. 262.

10 Mozart schrieb verschlüsselt an seinen Vater am 24. 3. 1781:
»Nun ist meine Haupt=absicht hier daß ich mit schöner Manier zum kmyolr [=Kaiser] komme, denn ich will absolument daß er mich kennen lernen soll.- Ich möchte ihm mit lust meine opera [Idomeneo] durchPeitschen, und dann brav fugen spillen, denn das ist seine Sache.« Mozart-Briefe Bd. 3 S. 99.

11 KAP 22 pag. 112 No. 123.
An Graf Rosenberg ddo. 8. Febr. 1782. Punkten für die theatral Direction: »Die zwey Brüder Stadler, welche die Clarinetten blasen, sind in das Orchester aufzunehmen, weil sie doch öfters nothwendig sind, und sie sonste vielleicht anderstwohin in Dienste gehen, oder verreisen würden.«

tisten Kauzner und Trobney, und den Hornisten Eisen und Rupp. Dazu kamen vier Streicher. Sie waren allesamt Orchestermitglieder des Nationaltheaters und wurden für ihre weiteren Dienste als Kammermusici zusätzlich belohnt.[12] Wenn der Kaiser sich zum Beispiel »ganz allein« nach Laxenburg verfügte, so ließ er, neben seiner Hausmusik, zur Unterhaltung seiner Besucher dieses Bläseroktett aufspielen[13]:

»Am Freytag 17ten [Mai 1782] wird der Herzog von Würtemberg allda [in Laxenburg] bey mir speisen, zu welchem Ende Sie die in beyliegender Liste enthaltenden Personen einladen, und die nöthigen Kammerdiener und Thürhüter nebst der blasenden Musick=Bande in ihren rothen Kleidern hinausschicken werden, welche den nämlichen Tag wieder nach Wien zurückkehren, weil ich nur 3 Personen aus meiner Kabinettskanzley, 1 Kammerdiener, den Kreibich, und etliche Leiblaquayen bei mir zu behalten entschlossen bin.«

Als Joseph 1786 ein Frühlingsfest an einem Wintertage in der Orangerie von Schönbrunn mit Mozarts »Schauspieldirektor« und Salieris »Prima la musica e poi le parole« feierte, berichtete der Hofchronist: »Dienstags den 7ten Hornung. Fest in dem Orangerie Hause zu Schönbrunn wegen Anwesenheit der durchläuchtigsten General Gouverneurs der Österr. Niederlande Erzherzogin Marie-Christine und des Herzogs Albert zu Sachsen-Teschen. Gleich bey der um 4 Uhr erfolgten Ankunft in dem Orangerie Hause wurde die in dessen Mitte auf 82 Couverts zubereitete Tafel serviret, wobey die Kais:Königl: Leiblackey bedienten. Während der Tafel liesse sich in deren Nähe die Kais.Königl. Kammermusik mit blasenden Instrumenten hören.«[14]

Die acht Bläser wurden als vortreffliche Virtuosen gefeiert, »die ihre Sachen so meisterhaft aufführen, daß auch der delikateste Kenner dadurch befriedigt werden muß.«[15] Als Reichardt sie hörte, wurden »auch einige Sätze von Mozart« gespielt,

12 Die Streicher Hofmann und Ponheimer erhielten je 300 fl, Kreibich und Woborzill 250 fl. Gehalt. Vgl. Status Personalis 1787 OMeA 1787 Nr. 1740. Außerdem Prot.sep. aller Handbillete KAP 22 pag. 364 No. 386. An Graf Rosenberg ddo. den 24. April 1782: »Da ich nun entschlossen bin, die Ihnen bekannten 8 Individuen sowohl für meine blasende Musik als für das Orchester vom national Theater aufzunehmen und solchen für die erstern 400 fl und für das leztere 35o fl jährlich zu verwilligen, so mache Ich Ihnen solches zu dem Ende bekannt, damit Sie diesfalls das Nöthige veranlassen und ihnen diesen ausgemessenen Gehalt bey der theatral Kasse von Ostern an anweisen mögen.« Die Bläser waren demnach ungleich besser honoriert als die Streicher. Die Begründung wurde bei der Aufstellung der beiden Orchester für das Burg- und das Kärntnertor-Theater deutlich. Vgl.Prot.sep. aller Handbillete KAP 36 pag. 247 No. 243 [Joseph II.] An Graf Rosenberg den 11. März /1785/: »Bey der Besetzung der beyden Orchestres wird es zwar an allen Saiten Instrumenten nicht gebrechen, mithin kann man sich zu deren Auswahl immer zeit lassen; In Ansehung der blasenden aber, wovon die guten selten zu finden sind, hat es eine ganz andere Beschafenheit, und muß hiezu eine jede Gelegenheit benutzt werden. Ein Zufall hat sich dem Vernehmen nach geäußert, durch den es möglich wäre sich des ersten Hautboisten beym Fürsten Schwarzenberg Namens Deymer, der soeben entlassen werden soll, zu versichern; um aber die Sache auf eine desto anständigere Art zu machen, glaube ich daß Sie dem F.v. Schwarzenberg durch ein Billet zu erkennen geben könnten, Sie hätten die Entlassung dieses Hautboisten vernommen und wären gesinnt nur in diesem falle ihn für das Theatral Orchestre aufzunehmen, keines weegs aber wenn er noch in des Fürsten wirklichen Diensten stünde. Nach erhaltener Antwort werden Sie besorgt seyn, wenn er entlassen ist, diesen Menschen alsogleich für das Theater zu engagiren.«

13 KAP 22 p. 397 No. 443 an Graf Rosenberg, 14. 5. 1782.

14 HHSTA ZAProt. 37 pag. 7r.

15 Bosslersche Musikalische Korrespondenz, a.a.O. S. 57.

»Stimmung, Vortrag, alles war rein und übereinstimmend«, was einen »recht entzückenden Genuss gewährte.«[16] Der Komponist Mozart, vielleicht durch Freund Anton Stadler empfohlen, wurde bei der Programmgestaltung der blasenden Musik-Bande berücksichtigt. Als praktizierender Künstler, etwa als Pianist in kaiserlichem Auftrag, scheint Mozart in den letzten Jahren bei Festen in der Hofburg, in Schönbrunn oder Laxenburg, wenn überhaupt, dann nur selten in Erscheinung getreten zu sein.

Unmittelbarer Anstoß für Mozarts Anstellung bei Hofe war wohl der Tod von Christoph Willibald Gluck am 15. November 1787. Glucks Gnadengehalt als wirklicher k.k. Hofcompositeur, von Maria Theresia großzügig auf 2000 Gulden bemessen, konnte jetzt eingespart werden.[17] Bereits drei Wochen nach Glucks Ableben nahm Joseph auf eigenen Wunsch Mozart in seine Dienste. Graf Rosenberg ließ sich dies, wie üblich, offiziell bestätigen:

»Da Eure Majestät mittelst mündlicher Entschließung, mir allergnädigst anzubefehlen geruhet haben, daß der Wolfgang Mozart als Kammer-Musicus mit einem jährlichen Gehalt von 800:fl. angestellt werden solle; So erkühne mich, Eurer Majtt: allerhöchstes Placet zu diesseitiger Bedekung sowohl wegen dessen Anstellung, als Anweisung seiner Besoldung in tiefster Ehrfurcht mir zu erbitten.

Wien den 6ten Dezember 1787.
Rosenberg«[18]

Eigenhändig versah Joseph darauf dieses Aktenstück mit seinem allerhöchsten »Placet« und paraphierte mit: »J«.

Das offizielle Dekret lautete[19]:

»Von Seiner Röm.Kais: zu Ungarn, und Böheim Königl.Ap.Maitt.p. Erzherzog zu Oesterreich.p.Unsers allergnädigsten Herrns wegen, dem Wolfgang Mozart in Gnaden anzufügen: Es haben allerhöchst gedacht S:[e] Kais: Königl: Apos: Majtt: p. dennselben, in Angehung seiner in der Musik besitzenden Kenntniß, und Fähigkeit, und sich hierdurch erworbenen Beifall, die besondere Gnade angethan; ihme zu allerhöchst Dero Kammermusikum aufzunehmen, anbei ihme Achthundert Gulden jährlichen Gehalt bei der k.k. Hofkammer vom 1:[ten] Dezember dieses Jahrs anzuweisen geruhet!

16 AMZ XV Lpz. 1813 Sp. 667.
17 Die Unterhaltszahlungen an Glucks Witwe bleiben dabei unberücksichtigt.
18 HHStA OKäA K. 9 Nr. 84/787. In Deutsch Dokumente S. 269 fehlerhaft. Das Placet ist falsch plaziert und die kaiserliche Paraphe übersehen worden. Aus den weiteren Dokumenten der verschiedenen Hofstellen, die zu Mozarts Anstellung vorliegen, hat Deutsch eine Urkunde fabriziert.
19 Zitiert nach: Briefe und Aufzeichnungen W.A.Mozarts, hrg. von Erich H. Müller v. Asow, Berlin 1942, 2. Bd S. 250. Fehlt bei Deutsch Dokumente.

Solchem nach wird ihme Wolfgang Mozart diese allerhöchste Entschließung zu seiner Nachricht hiermit eröfnet, und gegenwärtiges Oberstkämmerer-Amts-Dekret, auf allerhöchsten Befehl, zu seiner Versicherung ausgefertigt.

Rosenberg
Pr. kais: königl: Oberstkämmerer-Amt.
Wien den 7:ten Dezember 1787 Johann Thorwart«

Mozart war damit zum K. K. Kammermusicus ernannt und wurde offiziell unter den Kammermusikern als »Compositor« geführt.[20]

»In obigen Genuß bis 5t. X[bris] (1)791 verstorben«[21], steht zusätzlich auf Rosenbergs Vortrag, der für Constanzes Pensionsgesuch herangezogen wurde. Und bei dieser Gelegenheit erst erfährt man die wirklichen Motive, die Joseph II. zu Mozarts Anstellung bewogen und die Hofmusik-Graf Ugarte am 30. 12. 1791 in seinem Gutachten ausspricht:[22]

»Mozart hat eigentlich den Titl eines Kammer-Kompositeurs mit einem Gehalt von jährl. 800 fl. lediglich in der Rücksicht, von Weiland Sr. Majestät dem lezt verstorbenen Kaiser erhalten, damit ein in dem Musik-Fache so seltenes Genie, nicht genöthiget sey, in dem Auslande Verdienst und Brod zu suchen.«[23]

Es ging Joseph, wie im Falle der Brüder Stadler, also darum, Mozart für Wien zu erhalten. Diese noble Geste des Kaisers verdient festgehalten zu werden, entzieht sie doch allen anderslautenden Vermutungen den Boden. Mozart erhielt seit 1. Dezember 1787 ein kaiserliches Gnadengehalt ohne direkte Amtsaufgaben.[24] Diese Auszeichnung freute ihn: »P:S: um dir über den Punkt in betref meines dienstes zu antworten,« berichtet Mozart seiner Schwester[25], »so hat mich der kayser zu sich in die kammer genommen, folglich förmlich dekretirt; einsweilen aber nur mit 800 fl: - es ist aber keiner in der kammer der so viel hat.-«

Das trifft in der Tat zu. Mozart erhielt präzis das zweifache Gehalt der höchstbezahlten Kammermusiker und fast doppelt soviel, wie Salieri bis dato in der gleichen Stellung erhalten hatte.[26] Gemessen an den Finanzen kam Salieri übrigens am schlechtesten weg: Sein vorheriges Gehalt als Kammerkompositor von 416 Gulden

20 Vgl. OKäA Nr.100/788: Besoldungsstand der neu regulirten k.k.Hofkapelle und Hof- und Staatsschematismus 1788.

21 Diese Bemerkung fehlt bei Deutsch Dokumente.

22 Zit. nach Deutsch Dokumente S. 378.

23 Emanuel Förster und Joseph Preindl hatten sich um Mozarts Nachfolge beworben, wurden aber abgewiesen mit der obenstehenden Begründung, die auf Mozarts Ausnahmebegabung Rücksicht nimmt.

24 Für das feste Einkommen von insgesamt 2400 Gulden komponierte Mozart bis 1791 insgesamt 36 Menuette und 31 Deutsche für die Redouten im Großen und Kleinen Redoutensaal. Vgl. Angermüller a.a.O. S.10.

25 Mozart an seine Schwester 2. 8. 1788, Mozart Briefe Bd. IV, S. 72.

26 Der häufig angeführte Vergleich von Mozarts und Glucks Gehalt, mit dem die Benachteiligung Mozarts durch Joseph II. bewiesen werden soll, reißt die Fakten aus dem Kontext. Gluck erhielt die Summe von 2000 Gulden weiterhin jährlich, weil Joseph II. Gnadengaben seiner Mutter pietätvoll fortführte. Glucks Gehalt wurde während der Regierungszeit Josephs II. nicht aus den Theatralausgaben bestritten. Mozart rückte de facto nicht etwa in Glucks, sondern in Salieris Stelle als Hofkompositor ein.

40 Kreutzer entfiel und sein Jahreseinkommen, das sich bislang zusammen mit seinen Einkünften als Kapellmeister der Italienischen Oper auf insgesamt 1280 Gulden und 8 Kreutzer belief, wurde auf insgesamt 1200 Gulden gekürzt. Dafür trug er den Titel eines K.K. Hofkapellmeisters und durfte im Wechsel mit Ignaz Umlauf sämtliche Opern im Burgtheater dirigieren. Ob der Komponist Mozart in dieser Zeit eine derartige Tätigkeit als »K. K. Generalmusikdirektor« ernsthaft angestrebt hat, darf bezweifelt werden. Cimarosa, der 1792 interimsweise Salieris Stelle einnahm, bekam 1400 Dukaten »und die Erlaubnis sagen zu dürfen, daß er die verlangte 2000 Dukaten von E. Majestät wirklich erhalten habe.«[27]

Mozart aber nannte sich »Kapellmeister in wirklichen k. k. Diensten«.[28] Er wußte, daß diese Titulatur nicht ganz korrekt war, und schob sie mit Unschuldsmiene der K. K. Theater-Direktion in die Schuhe: »auf dem anschlag zettel, da meine Prager Oper Don Giovanni /:welche eben heut wieder gegeben wird:/aufgeführt wurde, auf welchem gewis nicht zu viel steht, da ihn die k: k: Theater direction herausgiebt, stunde;- die Musick ist von H: Mozart, kapellmeister, in wirklichen diensten seiner K. K. Majestät.«[29]

Wie sich der Komponist für die kaiserliche Huld bedankt hat, ist nicht überliefert. Aktueller Anlaß bot sich bald. Am 30.Januar 1788 berichtete das Wiener Blättchen:

»Den 12ten dieses feyerte die Wiener Gesellschaft der Freymaurer das Vermählungsfest beyder Königlichen Hoheiten Franzens und Elisabethens mit einer prächtigen musikalischen Akademie, welche zugleich das Seltene und zugleich Feyerliche an sich hatte, daß die größten Virtuosen als Mitglieder dem Feste ihre Geistesgaben opferten und die Anzahl von 200 der gewähltesten Brüder dieses Ordens zum innigsten Vergnügen rührten.«

Daß Mozart zu diesem Fest einen Beitrag geleistet hat, ist nicht belegt, aber wahrscheinlich. Er konnte sich im Rahmen der offiziell zugelassenen, polizeilich kontrollierten Logenarbeiten als Freimaurer artikulieren.

Mehr aber war nicht möglich. Jede Mitgliedschaft in einer anderen, als der offiziell zugelassenen Loge, war verdächtig, ja gefährlich. Besonders Staatsbeamte mußten sich in diesem Punkte strikt loyal verhalten. Undenkbar, daß 1787 etwa ein Asiatischer Bruder, der sich öffentlich zu diesem System bekannte, in Wien Aussicht auf ein Staatsamt gehabt hätte. Daraus ergibt sich der Schluß: Mozarts staatliches Ehrenamt verhinderte von vorneherein eine offizielle Mitgliedschaft bei den Asiatischen Brüdern, der Komponist mußte eventuelle persönliche Vorlieben für spezielle Ausprägungen der Hochgradsysteme tunlichst verschweigen und hat dies zur eigenen Sicherheit auch getan.

27 KAP 103 Nr.420 Vortrag des Hofmusikgraf Ugarte vom 25. 2. 1792.

28 Zum Beispiel am 2. 4. 1789 bei der Unterschrift des Wechsels für Franz Hofdemel; auf dem Theaterzettel und, in italienischer Sprache, auf dem Titel des Textbuches von »Cosi fan tutte«; ebenso im Zeugnis für Joseph Eybler vom 30. 5. 1790, dort allerdings »in k. Diensten«. An den Wiener Stadtmagistrat im April 1791 bezeichnet Mozart sich, seinem Antrag entsprechend, korrekt als »k. k. Hofkompositor.«

29 Mozart in einem Brief an seine Schwester vom 2. 8. 1788. An diesem Tag war die 12. Vorstellung des Don Giovanni in Wien.

4.8 Chronischer Alarmzustand in Wien

Sehr oft wird die Zeit zwischen dem Ende des Siebenjährigen Krieges (1769) und dem Ausbruch der Französischen Revolution (1789) als eine lange Friedenszeit angesehen, in der Künste und Wissenschaften sich ungestört entwickeln konnten.[1] Diese »Friedenszeit« beinhaltet für Österreich den bayerischen Erbfolgekrieg. 1779/80 war Joseph dann erneut von der militärischen Bedrohung Preußens beeindruckt und seine Handbillette spiegeln seine vollständige Absorbierung durch militärische Präventivmaßnahmen, wie z.B. den Bau von Festungen zur Sicherung der Grenzprovinzen. In dieser Zeit bereits zeigt der Kaiser eine nervöse Geschäftigkeit in militärischen Angelegenheiten, die ihn derartig auslasteten, daß seine Interessen und Pläne für kulturelle Belange, vor allem für's Theater, weit zurückstehen mußten. Militärische Überlegungen haben stets Vorrang vor kulturellen Erwägungen. Der von Maria Theresia ererbte »Preußen-Komplex«, d.h. die Sicherung der österreichischen Erblande als vorrangige Aufgabe der Habsburger Herrscher, mag dabei die motivierende Rolle gespielt haben. 1780/85 stand das zunehmend erfolglos verlaufende Projekt des Ländertauschs Niederlande/Bayern ins Haus[2], das noch vierzehn Tage vor der Uraufführung der Zauberflöte die Gemüter in Wien erregte[3]. Dazu kamen die schwelenden Brandherde der Revolution in Belgien, Ungarn oder der Walachei 1785/89, und vor allem, 1787 beginnend, der Krieg gegen die Pforte, der am Ende Joseph II. politisch, finanziell und physisch zugrunde richtete.[4]

Scharenweise verließen 1788 die jungen Leute bei Nacht und Nebel das Land, um der Konskription zu entgehen. Leopold II. mußte gleich nach Regierungsantritt öffentlich eine Amnestie für die Monarchieflüchtigen verkündigen, um Nachwuchs

1 Z.B. Neues Handbuch der Musikwissenschaft, Bd.5 Hrg. v. C. Dahlhaus, »Die Musik des 18. Jahrhunderts« Kapitel III: 1763-1789, Laaber 1985, S. 227.

2 Der Kaiser schreibt am 26. Juni 1783: »Bey wirklich entstehendem Krieg [gegen die Niederlande] muß die ganze Monarchie für einen Mann stehen; der spazieren fahrende Cavalier oder Geistliche dem dienenden Generaln; der die Zeitung lesende Bürger, und der seine Erde ruhig einsähende Bauer den streitenden Soldaten zahlen. Dieser wendet Mühe und Blut, jene müssen ihre Ausgaben einschränken, auch an dem nothwendigen einigen Abbruch leiden.« KAP 26 S. 491 No. 178.

3 Vgl. KAP 78a Nota vom 15. September 1791 über eine in Wien umgehende Rede den Vertausch der Niederlande betr.:

4 Bereits 1783 wurde dieser Krieg geplant. Vgl. Allerhöchste Nota vom 18. July [1783] mit einer vorläufigen Disposition zu einem Türkenkrieg. KAP 26 S. 541 Nr. 260.

für Handwerk und Gewerbe zu garantieren.[5] Wie tief Österreich in die Katastrophe des Türkenkrieges verwickelt wurde, ist den gängigen Geschichtsbüchern kaum zu entnehmen. Damit bleibt die politisch-soziale Situation, in der Mozart die letzten vier Jahre seines kurzen Lebens fristen mußte, im Dunkeln. Sie soll daher mit charakterisierenden Streiflichtern beleuchtet werden.

Im Frühsommer 1787 reiste Joseph II. nach Cherson, um mit der russischen Zarin Katharina II. das 1781 eingegangene Verteidigungsbündnis gegen die Türken zu vertiefen. Die Gespräche sollten der Festigung des Bündnisvertrages zwischen Rußland und Österreich dienen. Katharina hatte bedeutende Gebietsgewinne verbucht: Teile Polens waren annektiert, Ukrainer und Saporoger Kosaken dienstbar gemacht, das Krim-Chanat in Abhängigkeit gebracht, Stützpunkte am Schwarzen Meer und auf der Krim ausgebaut, die Fürstentümer Moldau und Walachei waren zeitweise, die Krim schlußendlich ganz einverleibt worden. Permanente kleinere Konflikte ließen eine entscheidende Auseinandersetzung mit den Türken befürchten.

Die Reise war ein Fehlschlag, denn der Kaiser konnte das Vordringen der Zarin gegen Konstantinopel nicht verhindern. Mehr noch, Joseph durchschaute das Spiel der Kräfte nicht und hatte Katharina Unterstützung im Kriegsfalle zugesagt. Der General der russischen Armee im Krieg gegen die Türken, Fürst Potemkin, beeindruckte den Monarchen denn auch weniger durch seine sprichwörtlich gewordenen Dörfer - eher durch sein Orchester, das einhundertzwanzig Mann stark war und das der Musiknarr stets mit sich führte.[6]

Nach Wien zurückgekehrt, durfte Joseph sogleich das neu bekräftigte Bündnis erfüllen. Die Türken hatten den Russen den Krieg erklärt; die Österreicher mußten vertragsgemäß 30.000 Mann stellen. Die Absichten des Kaisers im bevorstehenden Krieg zielten angeblich nicht weit, und er versicherte seiner Schwester Marie-Antoinette in Paris, »daß es keinerdings auf den Umsturz der Pforte, sondern auf eine ganz mäßige Eroberung abgesehen sey.«[7]

Joseph, der, wie er selbstbewußt sagte, nicht der Mann war, Seifenblasen für Kanonenkugeln zu machen, wollte den Krieg gegen die Pforte mit der gesamten österreichischen Streitmacht führen. »Die gegenwärtigen Umstände erfordern, daß eine ansehnliche Armee längst der türkischen Gränze zusammengezogen und auf den Kriegsfuß gesetzet werde,«[8] entschied er und ließ ein gewaltiges Heer aufbieten: 245.000 Mann Fußtruppen, 37.000 Reiter und 9000 Geschütze. Dieses Imponiergehabe wurde ihm zum Verhängnis. Zur Verpflegung kaufte er in großem Maße Korn

5 In der WZ 1790 vom 10. Juli 1790 S. 1795 ist ein Dekret Leopolds II. abgedruckt, nach dem alle die sich aus Furcht zu Rekruten ausgehoben zu werden, ausser Land geflüchtet haben, amnestiert werden und ihnen Befreiung von der Rekrutierung »für gegenwärtigen Krieg« zugesichert wird..

6 KAP 45 p. 335 Joseph II. an Feldmarschall Lacy aus Koidack am 19. Mai 1787:»...le prime Potemkin seul, fou de Musique, à 120 Musiciens avec lui.«

7 KAP 46 No. 49 Nota v. 2. 1. 1788 an Graf Mercy mit einem Notifikationsschreiben an die Königin und den König von Frankreich.

8 KAP 45 S. 605. An Kollowrat 4. 9. 1787.

und Hafer auf. Das trieb die Brotpreise in Wien in die Höhe[9] und verteuerte die Fourage der Pferde in Böhmen.[10]

Neben der Hauptarmee, die unter Feldmarschall Franz Moritz Graf Lacy eine Angriffsposition gegenüber Belgrad bezog, wurden fünf Korps in einer riesigen »Front« aufgefächert. Von der Bukowina über Siebenbürgen, den Temeser Banat und die Donau bis zur Militärgrenze an der Sau und Unna verlief diese Grenze über 1350 Kilometer bis zum Adriatischen Meer, eine ungünstige Ausgangssituation, die zeigt: der Kaiser war kein großer Stratege. In tragischer Selbstüberschätzung versuchte er als oberster Kriegsherr alles selbst zu entscheiden und hielt die strategischen Fäden stets fest in der Hand. In Wahrheit lähmte er so das Handlungsspiel seiner Generäle.

Zunächst verfaßte er eigenhändig »das Verzeichnis der Individuen als der Wägen, der Zug- und Reutpferde, dann Maulthiere, welche für den Feldzug gegen die Türcken bestimmt sind«.[11] Mancher Freimaurer mußte nun Wien als Soldat verlassen, und Fürst Carl von Liechtenstein, der sich schon während des Bayerischen Erbfolgekrieges ausgezeichnet hatte, versuchte seinen ramponierten Ruf als Asiatischer Bruder durch militärische Präsens zu kaschieren. Ihm wurde als General der Cavallerie das Kommando über das Corps in Kroatien anvertraut.[12] Er erkrankte bald und zog sich ins Privatleben zurück.

Eine Episode zeigt exemplarisch die fehlende Fortune der Österreicher. Ehe am 9. Februar 1788 den Türken der Krieg erklärt wurde, wollte man sich noch im Frieden ein Faustpfand sichern und in überraschendem Angriff Belgrad besetzen. Zwei vergebliche Versuche scheiterten am Wetter, am 3. Dezember 1787 fiel plötzlich Nebel ein; am 17. Januar 1788 tobte ein Orkan.[13]

Der frischgebackene k. k. Hofkompositor Mozart machte diese militärischen Fehlschläge zum Gegenstand zweier Kontretänze: »Das Donnerwetter«[14] und »La Battaille«[15], beide mit Flautino und Trommel, letztere zusätzlich mit einer Militärtrompete versehen[16] und als »Die Belagerung von Belgrad« angekündigt.[17] Zu dieser Musik tanzten die Wiener in den Karnevals-Redouten.

Am 1. März reiste Joseph II. von Wien zur Visite der Grenztruppen und übernahm selbst den Oberbefehl, nachdem er in Lacys Hauptquartier in Futak eingetroffen war. Unter dem Kommando des Kaisers überschritten die Österreicher die Sau und

9 KAP 45 S. 607. An Hadick 29. 8. 1787.
10 KAP 45 S. 682. An Dietrichstein 21. 9. 1787
11 KAP 45 S. 686. An Dietrichstein 21. 9. 1787.
12 KAP 47. An Lacy 27. 3. 1788.
13 K. Gutkas: Kaiser Josephs Türkenkrieg. In: Österreich zur Zeit Kaiser Josephs II. a.a.O. S. 271.
14 Lt. Mozarts eig. Verzeichnis: »Einen Contredanse. Das Donnerwetter. - à 2 violini, 2 oboe, 2 Corni, 1 flautino, 1 trommel, und Baßo.«
15 Bezeichnung nach dem Autograph. In Mozarts eig. Verzeichnis »Einen Contredanse. die Batalie. - à 2 violini, 2 oboe, 1 flautino, 1 Tromba, 1 trommel e Baßo«. Notabene Mozarts Angabe »Tromba« im Gegensatz zu den »Clarini« der »6 Teutschen«, KV 536, die er vier Tage später komponierte.
16 Im Köchel-Verzeichnis VII,535 gibt Deutsch eine irrtümliche Erklärung des Anlasses für die Komposition von »La Bataille«.
17 In der Wiener Zeitung vom 19. 3. 1788.

griffen die Festung Sabacz an, die als »Schlüssel zu Belgrad« galt.[18] Ein türkischer Vorstoß am Sau-Ufer forderte so große Verluste bei den Österreichern, daß sich der Kaiser mit seiner Hauptarmee nach Semlin zurückzog.

Mozart komponierte am 5. März 1788 »Ein teutsches kriegs=lied ... Ich möchte wohl der Kaiser seyn«[19] für den beliebten Komiker Friedrich Baumann, der das Stück am 7. März in seiner Akademie im Leopoldstädter Theater vortrug. So spiegeln, parodistisch gebrochen, Mozarts Gelegenheitswerke die aktuellen Begebenheiten des Türkenkrieges.

Zusätzlich zu den politischen Ereignissen hatte der Winter 1787/88 den Österreichern das höchste Donauhochwasser des Jahrhunderts gebracht.[20] Am schlimmsten war der Wassereinbruch am 2. November gewesen. Angefangen von den Gegenden um St. Pölten und Melk über die Wiener Vorstädte und hauptsächlich im Marschfeld waren Häuser unterspült, Brücken zerstört, Felder und Gärten verwüstet und Gerätschaften verloren gegangen. Die Überschwemmung unterbrach die Kommunikation des schweren Fuhrwesens auf den Strassen gegen Mähren und Böhmen fast ganz, die Versorgung der Bevölkerung war gefährdet.[21] Seuchen bei Mensch und Tier brachen aus. Allerorten war außergewöhnliche Hilfe vonnöten.

Hunderttausend Gulden aus seiner Privatschatulle spendete Joseph »für die durch die lezte Überschwemmung beschädigten Unterthanen ... theils zur Aushülfe auf Lebens Mittel, theils auf Vorschüße zur Wiedererbauung ihrer eingegangenen Häuser und Anschaffung der verlohrenen Geräthschaften«.[22] Der fürsorgende Eifer des Kaisers nahm merkwürdige Formen an. Blind machte er Kleinigkeiten zur Chefsache und degradierte Fachleute zu Lehrjungen. Als man zur Unterbringung zahlreicher Seuchenkranken vor dem Wiener Schottentor eine hölzerne Hütte aufgeschlagen hatte, beschied er dem ausführenden Baudirektor: »Morgen früh um 10 Uhr werde ich selbe selbst in Augenschein nehmen, worauf das Weitere wird

18 Nach Witzmann, a.a.O. S.66. Joseph erließ Detailanweisungen: »Eine Truppe, wann sie attaquiert wird, muß nur contenance halten, nicht ehender schiesen, so wie die artillerie, bis sie nicht eines großen Effects in der Nähe sicher ist, alsdann soll bey der Infanterie nur das hintere Glied feuern, das erstere niederfallen und das zweyte ebenfalls das Bajonet fällen. Die Cavallerie soll immer geschloßen ohne Intervallen mit gedehnten Flanquen und in kleinem Trapp, das erste Glied mit gespannten Karabinern, in welches auch alle Musquetons zu stellen sind, attaquiren, sich nicht zu weit in den Verfolgungen einlassen, sondern immer von der Infanterie wegen gedeckt zu bleiben trachten.« KAP 47 p. 33 No. 16. An Prinz Coburg, Semlin 29. 4. 1788.

19 Diesen Text von Gleim hatte Johann Holzer bereits 1779 komponiert. Vgl. DTÖ XXVII 1 No. 45

20 »Das Wasser, welches so viele Verheerungen in dem untern Innthal angerichtet hat, haben auch wir hier längst den beiden Ufern der Donau auf eine sehr traurige Art empfunden, da es um 55. Zoll höher als die höchste Ergießung in diesem Jahrhundert angeschwollen war, der Schaden sowohl in Österreich als in Marchfeld, wo der Damm durchgerißen worden, und in Hungarn ist unbeschreiblich.« KAP 45 S. 871. Joseph II. an Graf Sauer, 16. Nov. 1787.

21 KAP 44 No. 5149 Nota vom 2. 11. 1787 mit der Anzeige, daß zu Indelsee 33 und indem neuen Dorfe vor der grossen Brücke ebenfalls 33 Häußer zusammen gestürzt, der Huberische Damm an mehr Orten ausgebrochen und daß in Lang Enzersdorf viele Häuser unterwaschen und dem Einsturz drohen. Ebd. No.5162 Nota vom 3. 11. 1787 mit den Wiener Rapporten, daß die 3 Donau Brücken noch stehen und man an der Communikation für die Fußgänger noch arbeite.

22 KAP 44 No. 5219 Nota an Graf Kollowrat vom 4. 11. 1787.

entschlossen werden können«.[23] Geradezu tragikomisch wirkte, daß der Kaiser selbst die Kragenweite der Schlafröcke fürs Spital festsetzte und seinem Hofkriegsrat erklärte: »Bei den Socken muß hauptsächlich darauf gesehen werden, daß der ober Theil dort wo der Fuß hineinschliefet, geräumigt gemacht werde.«[24]

Mozart und seine Frau blieben von den unmittelbaren Auswirkungen der Überschwemmungskatastrophe verschont. Sie weilten damals in Prag zur Vorbereitung der Uraufführung des »Don Giovanni«. Hochwasserschäden in Mozarts damaliger Wohnung auf der Landstraße 224 im Hause seines Logenbruders Jacob Schosulan sind wohl nicht eingetreten.[25] Auf der Rückreise von Prag wurde Mozart das ganze Ausmaß der Überschwemmungskatastrophe vor Augen geführt. Nach seiner Ankunft in Wien zog er von Schosulans Haus auf der Landstraße in die innere Stadt und wohnte unter Tuchlauben in der Apotheke »Zum Mohren«. Hier brachte Konstanze am 27. Dezember ihr viertes Kind, Therese Konstantia Adelheid Friderika Maria Anna, zur Welt, das in St. Peter getauft wurde. Dieser Umzug in unheilschwangerer Zeit mutet wie ein Rückzug in die festen Mauern der Stadt an. Er hatte aber ein anderes Motiv.

23 KAP 44 No. 4513 Nota v. 2. 10. 1787.
24 KAP 44 No. 1236 An den Hofkriegsrath.
25 Vgl. Heinz Schöny: Mozarts Wiener Wohnungen. In: Österr. Musikzeitschrift 11. Jg., April 1965, Heft 4 S. 142.

4.9 Hypotheken auf Hoffnungen

Chiffriert schrieb Mozart zu Beginn seiner Wiener Jahre an seinen Vater: »Mein whnocu, und alfnl usinhng ist - afr Lurl, Rhua und Gled zu machen, . . .« (Mein wunsch, und meine hofnung ist, mir Ehre, Ruhm und Geld zu machen, . . .)[1] Diesen triadischen Traum hat er bis zuletzt zu realisieren versucht.

Das Klischeebild des »Götterlieblings« Mozart, den die schnöde Mitwelt verkannt und verarmt in einem anonymen Massengrab enden ließ, wurde in der Romantik entworfen, geisterte seither durch die seriöse wie populäre Biographik und wurde erst in den letzten Jahren zum Kehricht geworfen.

Mozart hat sehr viel Geld verdient, das steht fest. Als freischaffender Künstler schöpfte er alle sich bietenden finanziellen Resourcen aus.[2] Er stellte horrende Honorarforderungen[3], berechnete ansehnliche Verlagshonorare, auch seine Einnahmen als Theaterkomponist waren erheblich: 1786 erhielt er für den »Schauspieldirektor« 50 Dukaten[4], für »Figaro« 450 fl. Zusammen überstieg dieser Betrag die Einkünfte eines Universitätsprofessors[5] und auch Lorenzo da Pontes Jahresgehalt als »Poet«.[6] 1787 erbte Mozart aus dem väterlichen Nachlaß 1000 fl, wurde mit 1000 fl in Prag für ein Konzert honoriert und erhielt für »Don Giovanni« 450 fl. Mit seinem Gehalt und anderen Einkünften unbekannter Höhe dürfte er das Einkommen des Oberdirektors des Wiener Allgemeinen Krankenhauses erreicht haben. 1788 fand er im Gegensatz zu Salieri nicht nötig, um Erlaß der bei seiner Anstellung anfallenden

1 Mozart an seinen Vater 16. Mai 1781.

2 Vgl. dazu R. Angermüller: »Auf Ehre und Credit«. Die Finanzen des W. A. Mozart... Ausstellungskatalog der ISM, Salzburg 1983, der die nachfolgende Darstellung verpflichtet ist.

3 Drei Schülern berechnete er pro anno 800 fl.. Nach Angermüller a.a.O. S. 8.

4 Angermüller liest 50 Gulden. In KAP 40 p. 80 Nr. 112 weist Joseph II. aber für die ausübenden Künstler insgesamt 1000 # (= Dukaten), und bestimmt für Salieri 100 # und für Mozart 50 #. 1 # (= Dukat) = 4 fl. (= Gulden) 30 xr (= Kreutzer).

5 Nach KAP 41 pro annis 1785/86, p. 11: Jahresgehalt eines Universitätslehrers 500 fl., eines ordentlichen philosophischen Lehrers 800 fl., eines außerordentlichen philosophischen Lehrers 600 fl.. Nach KAP 42 Nr. 130 vom 17. 5. 1786 bekam ein Schullehrer auf dem Lande ein jährliches Gehalt von 130 fl.. Nach OMeA 1787 ad Nr.1731 erhielt der Capitaine und General- Feldzeugmeister der königl. ung. Leibgarde 4000 fl., der Premier Lieutenant und Oberster 3000 fl., der Kaplan und der Chirurg 480 fl., der Doctor medicinae 400 fl., der Unterlieutenant und der Tanzmeister 300 fl., der Pauker 250 fl. , der Trompeter 240 fl. und der Reitknecht 108 fl..

6 Da Ponte erhielt 600 fl..

»Karakerstax«[7] einzukommen, 225 fl für den Wiener »Don Giovanni« rundeten das nachweisliche Jahreseinkommen auf 1025 fl; der neu angestellte Hofrat Heinze hatte vergleichsweise nur 1000 fl Gehalt.[8] Mozarts Einnahmen in den folgenden Jahren liegen nicht unter der Marke von 1000 fl, eher darüber. Das war, angesichts der unruhigen Kriegszeiten, eine solide finanzielle Basis.

Aber Mozart gab mehr Geld aus, als er verdiente. Carl Bär untersuchte Soll und Haben und beziffert die Mietkosten der letzten fünf Jahre auf 2000 fl, die Ausgaben für Nahrung 3082 fl, für Kleidung auf 2000 fl. Die Bedienung kostete 250 fl, der Friseur ebensoviel, Holz und Licht verschlangen 300 fl, Constanzes Kuren in Baden 500 fl, die Reisen nach Prag 500 fl, die nach Berlin 150 fl, die nach Frankfurt zur Kaiserkrönung 500 fl, die letzte Reise nach Prag kostete noch 225 fl.[9] Man mag über den Ansatz für einzelne Posten streiten, wie immer man aber rechnet, es zeigt sich, daß Mozart sein Geld nicht im Glückshafen der Redoute zu verspielen brauchte, um Schulden zu machen.

Gründe für den finanziellen Ruin liegen somit auf der Hand. Mozart nahm für sich einen Lebensstandard in Anspruch, der nicht hinter dem Richard Wagners zurücksteht. »Ich möchte alles haben was gut, ächt und schön ist!«, war und blieb seine Devise.[10] Er ging fürstlich gekleidet, besaß eine reiche Garderobe, hielt ein Reitpferd und bewohnte zuletzt noch in der Rauhensteingasse eine 110 m² große Wohnung mit Billardzimmer, in der eine Köchin, ein Dienstmädchen und ein Diener aufwarteten. Solchen Luxus hatte er auf seinen Reisen als Wunderknabe in den europäischen Metropolen kennengelernt. Nun orientierte er sich am Idealtyp des Gentilhomme und gerierte sich finanziell als wohlhabender Edelmann. Daß er indessen, wie seine Schwester bestätigt, das Geld nicht regieren konnte, war ein Problem, das seinen Alltag zunehmend verdüsterte.

Anfang Juni 1788 ging Mozart den Kaufmann Johann Michael Puchberg, bei dem er bereits in der Kreide stand, erneut um Hilfe an. Er bat ihn, »nur bis künftige Woche /:wo meine Academien im Casino anfangen:/ mit 100 fl. auszuhelfen.« Puchberg sandte die verlangte Summe sofort. Die geplanten Akademien fanden aber mangels Hörer nicht statt, und das erwartete Subskriptions-Geld blieb aus. Mozart pumpte Puchberg erneut an:

»Verehrungs=würdiger O[rdens] B[ruder]
liebster, bester freund! -

Die überzeugung daß Sie mein wahrer freund sind, und daß Sie mich als einen ehrlichen Manne kennen, ermuntert mich ihnen mein Herz aufzudecken, und

7 KAP 46 S.202 Nr.1061 Graf Rosenberg
Vortrag ddto 15. Februar 1788 die Karenz und Karakter Tax des Kapellmeister Salieri betreffende Resolution des Kaisers: »Placet und will ich ihm die Karakters-Tax und Karenz nachsehen.«

8 KAP 49 Nr.1878 v. 21. März 1789.

9 Carl Bär: »Er war... - kein guter Wirth«. Acta Mozartiana 25, 1978, 2. Heft zit. nach Angermüller S.8/9.

10 Mozart an die Baronin von Waldstätten am 28. 9. 1782.

folgende bitte an Sie zu thun.- Ich will ohne alle Ziererey nach meiner angebohrnen Aufrichtigkeit zur sache selbst schreitten. -

Wenn Sie die liebe und freundschaft für mich haben wollten, mich auf 1 oder 2 Jahre, mit 1 oder 2 tausend gulden gegen gebührende Intereßen zu unterstützen, so würden sie mir auf acker und Pflug helfen! - Sie werden gewis selbst sicher und wahr finden, daß es übel, Ja ohnmöglich zu leben sey, wenn man von Einahme zu Einahme warten muß! - wenn man nicht einen gewissen, wenigstens den nöthigen vorath hat, so ist es nicht möglich in ordnung zu kommen.- mit nichts macht man nichts;- wenn Sie mir diese freundschaft thun, so kann ich 1$^{:mo}$ /:da ich versehen bin:/ die nöthigen ausgaben zur gehörigen Zeit, folglich leichter entrichten, wo ich izt die bezahlungen verschieben, und dann eben zur unbequemsten zeit meine ganze Einahme oft auf einmal hinausgeben muß.- 2$^{:do}$ kann ich mit sorgenlosern gemüth und freyern herzen arbeiten, folglich mehr verdienen.- wegen sicherheit glaube ich nicht daß sie einigen zweifel haben werden!- Sie wissen so ohngefähr wie ich stehe - und kennen meine Denkungsart! - wegen der Souscription därfen sie keine Sorge haben; ich setze nun die zeit um einige Monathe mehr hinaus; - ich habe hofnung auswärtig mehrere liebhaber zu finden als hier.-

Nun habe ich ihnen, in einer angelegenheit die mir sehr wichtig ist, mein herz ganz sehen lassen, folglich als ein ächter br: gehandelt - aber nur gegen einen ächten br: kann man sich ganz heraus lassen.- Nun sehe ich mit sehnsucht einer antwort, aber wirklich - einer angenehmen Antwort entgegen; - und ich weis nicht; ich kenne sie als den Mann der so wie ich, wenn er anderst kann, seinen freund, aber wahren freund, seinen br:., aber ächten br.: gewis unterstützt.- wenn Sie vieleicht so bald nicht eine Solche Summa entbehren könnten, so bitte ich sie mir wenigstens bis Morgen ein paar hundert gulden zu lehnen, weil mein hausherr auf der Landstrasse so *indiscret* war, daß ich ihn gleich auf der stelle /:um ungelegenheit zu vermeiden :/ auszahlen musste, welches mich sehr in unordnung gebracht hat!«[11]

Der Brief enthält interessante Hinweise, die bisher übersehen wurden. Der indiskrete Hausherr von der Landstraße, der sich auf der Stelle die ausstehende Miete auszahlen ließ, war niemand anders als Mozarts Logenbruder Jacob Schosulan, bei dem der Komponist bis zum Jahresende 1787 gewohnt hatte. Hier arbeitete er am »Don Giovanni« und vollendete die »Kleine Nachtmusik«.

Schosulan, mit Mozart seit Jahren bekannt und befreundet, war k.k. niederösterreichischer Regierungsrat und erster Direktor des Cameral-Tabakgefälls. Er war am 11. Oktober 1783 in die Loge »Zur Wohlthätigkeit« aufgenommen worden und zusammen mit Mozart zur »Neugekrönten Hoffnung« übergetreten[12]: »ein eifriger Alchemist, der namentlich im Orden der asiatischen Br[üde]r eine große Rolle spielte.«[13] Mozart hatte ihm nach einem halben Jahr immer noch nicht die ausstehende Miete bezahlt. Da verlor Freund Schosulan die Geduld mit dem säumigen

11 Mozart-Briefe IV, 66.

12 VA 89 f. 59 bzw. VA 72 f. 119 No. 91.

13 Abafi IV, 333.

Zahler und verlangte sofort sein Geld. Mozart sah es als Verstoß gegen wahre Freundschaft und echte Bruderliebe an. Das konnte man gewiß auch anders sehen angesichts der Tatsache, daß unter Mozarts Gläubigern nicht nur der Galanteriewarenhändler vom Stock-am-Eisen-Platz auftaucht.

Mozart hofiert nun Puchberg als edeldenkenden Ordensbruder. In der Tat war Puchberg ein engagierter Freimaurer, der bereits seit 1777 Aufseher in der einzigen Wiener Schottenloge »Zu den drei Adlern« war. Als Mozart in den Orden kam, war Puchberg Mitglied der schottischen Tochterloge »Zum Palmbaum«[14], die aus den »Drei Adlern« hervorgegangen war. Hier versah er das Amt eines Deputierten für die Bezirksloge. Nach dem Erlaß des Freimaurerpatents trat Puchberg in Borns Sammelloge »Zur Wahrheit« ein[15] und wurde ihr Schatzmeister.[16] Und er blieb nach Borns Abgang im September 1786 weiterhin mit der abschließenden Regelung der Logen-Finanzen betraut.[17] Die letzte Eintragung des Sekretärs Pilgram datiert im Protokollbuch der »Wahrheit« vom 8. Juli 1787 und lautet: »Nachdem der Vorschlag zur Aufhebung der [Loge] und die angetragene Vertheilung des Vermögens per eminenter majora von den BB. gebilliget worden ist, so hat die Deputatio dem Br. Schatzmeister Puchberg den Auftrag gegeben, das Vermögen der [Loge] gehörig zu vertheilen.«[18]

Vielleicht glaubte Mozart, der über die Auflösungserscheinungen in der »Wahrheit« informiert war, eine Chance zu sehen, über Puchberg an den Restbeständen des Fonds dieser Loge partizipieren zu können. So abwegig war der Gedanke ja nicht, Mittel der ruhenden Loge gegen günstige Interessen zu nutzen. Aber er täuschte sich. Puchberg oblag allein die Ausführung der beschlossenen Dotationen. Damit waren die Mittel der »Wahrheit« erschöpft. Eher unwahrscheinlich erscheint es, daß von den »über 2000 fl an rückständigen Taxen und monatlichen Beiträgen«[19] schlußendlich noch ein Teil zugunsten der geschlossenen Loge einbezahlt und verteilt worden wäre.

Tatsächlich hat Puchberg, ein grüner Andreas-Maurer französischer Provenienz, Mozart, den blauen Johannes-Maurer englischen Ursprungs, wirkungsvoll unterstützt. Puchberg lieh Mozart insgesamt 1415 fl, Mozart hingegen verlangte summa summarum 4000 fl von ihm. Und dies von einem Schotten, dessen Loge nicht mehr existierte und der, notabene, niemals Mitglied von Mozarts Loge »Zur neugekrönten Hoffnung« war. Diskretion abseits vom offiziellen Logenleben war so garantiert.

14 VA 72 f. 136 Mitgliederverzeichnis der Loge »Zum Palmbaum« 1784 Nr.13 Puechberg Michael Negoziant. III.Grad.

15 VA 72 f. 29 Mitgliederverzeichnis der Loge »Zur neugekrönten Hoffnung« Nr.189 Pugberg, Michael, katholisch, Negoziant.

16 Va 91 f. 1 Protokoll vom 28. 12. 1785 über Puchbergs Wahl zum Schatzmeister u.a..

17 Am 8. 6. 1787 wurde beschlossen, daß die Loge »Zur Wahrheit« auf eine unbestimmte Zeit ruhen solle. VA 91 f. 49.

18 VA 78 f.55.

19 VA 78 Prot. vom 16. 2. 1786.

4.10 Der gescheiterte Kreuzzug

In Wien blieb der Krieg gegen die Pforte das beherrschende Ereignis der Jahre 1788 bis 1790. Von der Front sickerten trotz scharfer Zensur bedrückende Nachrichten durch. Die Türken erwiesen sich als erbittert kämpfende Gegner[1], und viele Österreicher litten an Sumpffieber und Ruhr.[2] Im Sommer erkrankte der Kaiser. Er schrieb an seinen Bruder Leopold, ihn beunruhige ein trockener Husten, der ihn schon lange plage. Seine Kräfte schwänden, er verbringe jede Nacht ohne Schlaf und magere sichtlich ab. Auch habe er Mühe, sich auf dem Pferd zu halten.[3]

Nach diesem Menetekel ließ Joseph die kaiserliche Familiengruft bei den Wiener Kapuzinern ausbessern und den Altar in der Mitte wegnehmen, »damit Raum für mich und die Nachkommenden verschafft werde.«[4]

Hatte der katastrophale Winter den Wienern schon arg zugesetzt, so traf am 1. und 2. Juni 1788 wiederum Hochwasser ein, das die Wiener Vorstädte überschwemmte und erneut Schäden anrichtete. Die bisher getroffenen Vorkehrungen zur Sicherung der Donauufer blieben wirkungslos. Im kaiserlichen Refugium zu Laxenburg wurden die Hofgebäude vor dem Eindringen des Wassers bewahrt, aber die lange weiße Brücke war unbrauchbar geworden, ein Detail, daß den Kaiser in Friedenszeiten interessiert hätte. Jetzt lag er weit entfernt von seinem Sommersitz im Feld bei Semlin.

Opern- und Konzertaufführungen gingen zurück, das gesellschaftliche Leben in Wien stagnierte. Das Kärntnertor-Theater war bereits geschlossen worden[5], nun

1 KAP 47 p. 47 Nr. 24 An Prinz Coburg, Semlin 8. 6. 1788,
»Ich zweifle sehr, daß der Hunger die türkische Garnision von Chotym sobald zur Übergabe des Platzes nöthigen wird, da Ich sie beßer als man denkt, mit Lebensmitteln versehen zu seyn glaube, und die Türken grausam Hunger leiden können.«

2 KAP 47 p. 44 Nr. 23. An Prinz Coburg, Semlin 6. 6. 1788,
»Der Kranken Rapport, welcher Mir E.L. eingeschickt haben enthält eine ziemlich starke Anzahl und finde Ich überhaupt, daß die Spitäler vervielfältiget, und weit auseinander verlegt, auch ansolchen Orten sich befinden, die exponiert und an sich schlecht sind, und wo der Landmann durch Anhäufung der Kranken in den Häusern sehr leidet.«

3 Zit. nach K. Gutkas, a.a.O. S. 271.

4 KAP 46 p. 610 Nr. 2972 vom 17. July 1788. Hofbau Direktion.

5 Das Kärntnertor-Theater blieb vom 6. Februar 1788 bis einschließlich 16. Juli 1791 und dann ab 18. Juli wieder bis 16. November 1791 geschlossen. Vgl. Täglicher Spielplan der Hoftheater (1776 bis Ende 1810) Beilage zu Franz Hadamowsky: Die Wiener Hoftheater, Wien 1966.

wurde das Burgtheater betroffen. Joseph schrieb aus seinem Hauptquartier an Rosenberg, daß das Theater 80.000 Gulden schuldig sei und fügt hinzu: »Ich glaube, daß dies der Moment ist, für das kommende Jahr vollkommen auf die Oper zu verzichten und infolgedessen jedes weitere Engagement der Mitglieder der Truppen, die in Wien sind, aufzulösen und niemanden mehr von auswärts kommen zu lassen. Man wird zusehen müssen, wie das deutsche Schauspiel allein sich halten wird und abwarten, bis die Zeit kommt, in ein oder zwei Jahren eine neue Opern-Truppe zusammenzustellen.«[6]

Chronischer Geldmangel, gewiß kein neues Phänomen, brachte diesmal das Todesurteil für die Oper; es wurde am 2. August bestätigt: »Bei meiner Ihnen letzthin zu erkennen gegebenen Resolution,« schreibt Joseph an Rosenberg, »die welsche Oper nach dem heurigen Theatral Jahre zu entlaßen, hat es sein Verbleiben. Dieser Entschluß ist demnach sowohl allen in Wien befindlichen Mitgliedern derselben als auch dem Calvesi nach Neapel förmlich zu bedeuten. Was aber die Cavalieri, die Arnold und den Saal anbelanget, so verbleiben selbe einsweilen, als in Wien Gebildete, bei der national Schauspielergesellschaft mit ihrer dermaligen Gage, wo sie nach ihrer Fähigkeit zu verwenden sind. Hingegen ist dem Adamberger und der Lang wie den übrigen Operisten aufzusagen. In diesem Falle kann dem Lang, wenn man wahrnähme, daß er bei dieser Veränderung anderwärts samt seiner Frau unterzukommen suchen wollte, eine jährliche Zulage von 200# (=Dukaten) versprochen werden.«[7]

Solch beinahe totalen Kahlschlag versuchte Rosenberg brieflich zu steuern; Joseph antwortet am 18. August: »Hier im Banat, wo ich im vollen Vormarsch mit einem Teile der Armee begriffen bin, habe ich Ihren Brief vom 7. erhalten. Ihre Betrachtungen über die Oper sind vollkommen richtig; aber man muß von nun an Sorge dafür tragen, entsprechende Vorkehrungen für ihre künftige Auflösung zu treffen in der Art, die ich Ihnen bis ins Einzelne gehend bekannt gegeben habe...«[8]

In dieser Situation erledigt sich die Frage, warum Mozart keine neuen Opernaufträge vom Kaiser erhielt, von selbst. Der Krieg entwickelte eine Eigendynamik, die alle Hoffnungen zunichte machte. Kreuz und Halbmond lagen erneut im Streit. Alte, fast verblaßte, apokalyptische Ängste krochen hervor. 1529 waren die türkischen Heere unter Sultan Süleyman zum ersten Mal vor die Mauern Wiens gezogen, um die islamische Macht bis in das Herz Europas zu expandieren. 1683 überrannten die Türken Ungarn, und mit der Stadt Wien stand und fiel in der Vorstellung vieler das christliche Abendland. Prinz Eugen brauchte manches Jahr, um die Gefahr zu bannen. Die mäßigen Gewinne von Passarowitz waren im Frieden von Belgrad wieder verloren gegangen. All dies stand den Wienern wieder lebhaft vor Augen.

Ganz ohne Not hatte nun, 1788, die Apostolische Majestät die Türkengefahr heraufbeschworen. Aufgeklärte Christen und Moslems lagen im Streit. Ein Retter in

6 Unter Benutzung der Übers. von Payer, a.a.O., a. d. franz. Original in: KAP 47 S. 577 Nr. 961.

7 Ebenso nach KAP 47 p. 589 Nr. 982.

8 Ebenso nach KAP 47 p. 635 Nr. 1073.

der Gestalt eines Prinz Eugen redivivus war nicht in Sicht, obwohl Kaiser Joseph II. mit der Berufung des greisen Feldmarschalls Laudon einen tüchtigen Mann präsentierte. Laudon übernahm am 18. August das Kommando, konnte aber, trotz spektakulärer Teilerfolge, das Kriegsglück endgültig nicht wenden. Der Kaiser blieb skeptisch und schrieb am 19. Oktober an seinen Bruder Leopold: »Obwohl die Russen im ganzen untätig waren und nicht einmal in der Moldau, die wir ihnen erobert haben, bleiben wollen, wird es uns, glaube ich, nichtsdestoweniger glücken, die Türken wieder aus dem Banat herauszubringen.« In Wien gab man die eigenen Verluste an Toten, Blessierten und Gefangenen bis dahin mit 7489 an, die Türken dagegen hatten die dreifache Zahl zu beklagen. Groß war der Einsatz, der Gewinn war klein. Und wie wirkte dieser fatale Umstand auf Mozart?

Nach den drei letzten Mozartschen Symphonien entstand im Sommer 1788 ein kleines Werk, das ein wenig über den aktuellen Kontext der großen symphonischen Trias aussagt:

»Ein lied.- beym auszug in das feld«[9]

Dem hohen Kaiserworte treu,
Rief Joseph seinen Heeren:
Sie eilten flügelschnell herbei,
Voll Durst nach Sieg und Ehren
Gern zieht man ja dem Vater nach,
Der seine Kinder liebet
Und sorgt, daß sie kein Ungemach,
Selbst nicht Gefahr betrübet.

Wo sie erschienen, fanden sie
Von Speis' und Trank die Fülle;
Und lohnt nicht schon des Helden Müh'
Oft Dank und guter Wille?
Doch mehr als alles dieses stählt
Der Männer Brust zum Streite
Der Trostgedanke, daß ins Feld
Gott selber sie geleite.

9 Titel nach Mozarts eigenhändigem Verzeichnis. Der Text besteht aus 18 Vierzeilern, die Mozart zu zweit zusammengefaßt hat. Nachfolgend sind der Komposition gemäß die ersten 8 Strophen zitiert nach NMA III, 8 S. 56.

Denn Vater Josephs Beispiel schnitt
Sich tief in ihre Herzen:
Wo ungerecht die Menschheit litt,
Da fühlten sie auch Schmerzen.
Denn alle Menschheit, alle, ist
Vom großen Gott gekommen,
Der Heid' und Türk', wie Jud und Christ
Zum Kinde angenommen.

Drum läßt er seine Regen so
Für Jud' und Türk' und Heiden,
Wie für den Christen reich und froh
Die nackten Felder kleiden.
Drum aber will er auch, daß nie
Die Menschen Menschen kränken,
Gesetzt auch daß oft anders sie
Als ihre Brüder denken.

Offensichtlich wurde das Lied für die Jugendzeitschrift »Angenehme und lehrreiche Beschaeftigung für Kinder« geschrieben und dort, mit ausführlichen textlichen Erläuterungen versehen, abgedruckt.[10] Es sollte für Josephs unpopulären Türkenkrieg werben und der grassierenden Konskriptionsflucht der jungen Männer vorbeugen. Ein patriotisches Propagandamittel übler Art also, das freimaurerische Humanitätsideen bedenkenlos in den Dienst des Landesherrn zu stellen scheint?[11]

Vielleicht gingen Mozarts Gedanken aber auch weiter. Tags vor der Fertigstellung des Liedes beim Auszug in das Feld krönte er sein instrumentales Werk mit den drei Sinfonien, »which he liked nearly equally and preferred to all the others«[12]. Unbestritten ragt unter ihnen das Finale der Jupiter-Sinfonie durch seine überaus kunstvolle Satzstruktur hervor, die Fuge und Sonatensatz zu einer einzigartigen musikalischen Apotheose verbindet. Mozarts Sohn Carl erkannte den Rang dieses Werkes und hielt das Finale für den höchsten Triumph instrumentaler Komposition.[13]

Im Finale von Joseph Haydns Sinfonie Nr.13 (1763) ist das berühmte Motiv als Bestandteil eines Sinfoniesatzes thematisch exponiert und kontrapunktisch verarbeitet worden. Eigenhändig setzt Haydn an den Anfang des Werkes die Worte »In Nomini Domini« (sic) und an den Schluß »Laus Deo«. Diese Geste machte er sich zur Gewohnheit.[14] Mozart begleitet dieses charakteristische Viertonmotiv von der

10 4. Bd. Wien 1788 S. 97 - 100, Erläuterungen S. 101 - 108.
11 Vgl. Krit. Bericht hrg v. E.A.Ballin, NMA III,8 S. 157.
12 Vgl. A Mozart Pilgrimage. The Travel Diaries of Vincent & Mary Novello in the year 1829, London 1955 S. 77.
13 Ebda. S.99.
14 Z.B. im Autograph der Sinfonien Nr.7 und Nr.12.

ersten bis zur letzten Sinfonie.[15] Neben den instrumentalen Zeugnissen gewinnt es in den beiden Credo-Messen KV 192 (186f) und KV 257 das Gewicht einer persönlichen Aussage. Erstere gilt als der Höhepunkt von Mozarts Jugendmessen.[16] Das Viertonmotiv ist hier bereits wie in der Jupiter-Sinfonie thematisiert:

Nunmehr zweimal mit dem Wort »Credo« unterlegt, gewinnt es symbolischen Charakter als eine Devise, die parentheseartig alle Glaubensartikel einleitet. Dreißigmal erschien es insgesamt, ein zahlensymbolischer Hinweis auf die Trinität. Dieser Credo-Satz fällt nicht allein als kompositorisches Meisterstück ins Gewicht[17], Mozart komponiert hier als Achtzehnjähriger zum ersten Mal[18] die Intonation des Credo und gestaltet diesen Satz zu einem persönlichen Bekenntnis.[19]

Charakteristisch akzentuiert ist ebenfalls das Credo der Messe KV 257, das dem Werk wiederum seinen Beinamen gibt. Hier bringt das Sanctus das berühmte Tonsymbol. Im liturgischen Zusammenhang wird also das zur Sprache stehende Viertonmotiv als eine ikonographische Chiffre erkennbar, deren aufsteigende und absteigende Balken einen Chiasmus ergeben.

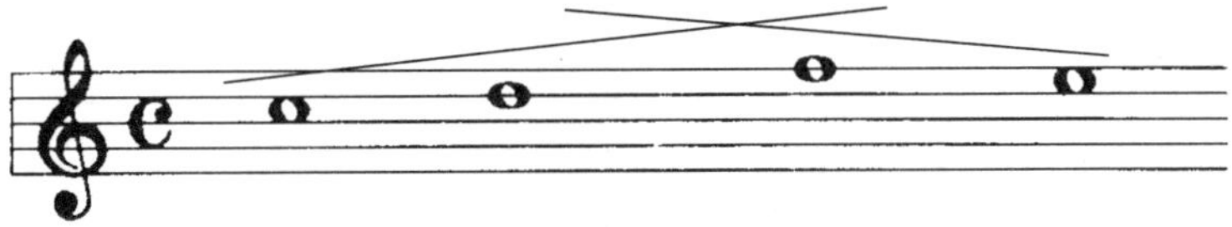

Etwas deutlicher gesagt: Mozarts Devise ist das Andreas-Kreuz, Attribut des Apostels Andreas, Schutzpatron der Russen und Schotten, der zu Patras an einem schräggestellten Kreuz gemartet worden war. Dieses Andreas-Kreuz symbolisiert zugleich den Gekreuzigten und jeden, der sein Kreuz zu tragen hat.[20] Eine gedankliche Brücke zum Finale der Jupiter-Sinfonie wird sichtbar. Die zwiespältige

15 Zuerst verwendet er es in seiner ersten Sinfonie in Es, KV 16, im Andante (1. Horn Takt 7 - 10), dann in der Sinfonie in B, KV 45b, findet es sich im Kopfsatz als Baß zum 2. Thema (Bassi Takt 25-28 und 29-32), ohne in beiden Fällen integrierend in das Satzganze eingewoben zu sein. Thematisch konstitutiv wird es in der Durchführung des Allegro assai eingangs der Sinfonie in B, KV 139, (Takt 143ff), an gleicher Stelle und in vergleichbarer Funktion tritt es im eröffnenden Allegro der Sonate für Klavier und Violine in Es, KV 481, auf. Vgl. Abert: Mozart I 37.

16 Vgl. Th. de Wyzewa et G. de Saint-Foix: Wolfgang Amédée Mozart. II,152. Abert ebd..

17 G. Reichert: Mozarts »Credo«-Messen und ihre Vorläufer. MJb 1955 S. 117.

18 Nur in der Waisenhaus-Messe KV 47a (139) aus dem Jahre 1768 komponiert er beide Intonationen. Die folgenden Messen, mit Ausnahme des Gloria der Dominicus-Messe KV 66, sind liturgisch korrekt, d.h. die Intonationen des Celebranten sind nicht komponiert.

19 Die Intonation des Gloria vertont er dagegen nicht.

20 Zu Mozarts Zeiten war das Andreas-Kreuz unter Freimaurern Symbol der schottischen Maurerei.

Mahnung an die Jugend im Lied »Beim Auszug in das Feld« ist im sinfonischen Rahmen konzentriert und schlußendlich transzendiert als Besinnung auf das Kreuz, das angesichts des Schwindens aller irdischen Hoffnungen im Wahnsinn des Krieges einzig Halt gibt und Richte.

Sicherlich hat jeder Hörer der C-Dur-Sinfonie immer wieder die alles überwindene Kraft dieser hoffnungsvollen Musik gespürt. Ingeniös hat Johann Peter Salomon das herrliche Werk auf den Namen des römischen Gottes Jupiter getauft, der als höchster Garant und Erhalter der kosmischen Ordnung im elementaren wie im sozial-sittlichen Bereich gilt. Jupiter aber ist eine Christus-Allegorie, dies bezeugt nicht zuletzt die Tonart der Sinfonie.

4.11 Ein geschickter Gehilfe

Er war ein Taugenichts, der »Jus studierte, aber, wie so viele Bummler damals, lieber Schauspieler wurde«, gab meist »Bediente und alte Intriganten, für die er sich besonders geeignet haben mag«, trat »bei Winkeltruppen« auf, ist »heimlich entwichen«, der »angebliche Dichter«, »Sohn eines Schneiders«, »Chorist« und »Plagiator von kläglicher Unbeholfenheit«, der es »weder in der Jugend noch im Alter mit der Wahrheit genau genommen«, »ein sehr weites Gewissen« hatte und jederzeit tat, »was ihm nützte«.[1]

Wer einhundertzwanzig Jahre nach seinem Tod soviel Wiener Schmäh auf sich lädt, muß nicht unbedingt ein bedeutender Dichter, vielleicht aber ein ganz interessanter Kopf gewesen sein. Die Rede ist von Karl Ludwig Gieseke (geb. 1761 in Augsburg - gest. 1831 in Dublin), der zu behaupten wagte, neben Schikaneder Mitautor des Zauberflöten-Textes zu sein. Das aber, so scheint's, war sein größter, unverzeihlicher Fehler! Denn einen Namenswechsel müssen wir, neben anderen »Fehltritten«, Schikaneder ebenso nachsehen[2]; und als Student relegiert - wenn's wahr ist - wurde Leopold Mozart auch. Müßige Vorwürfe dies allesamt, die nichts bringen und nichts besagen.

Unbestritten verdanken Gieseke wie Schikaneder ihre Unsterblichkeit allein Mozarts Zauberflöte. Sie überlebten, nach Börnes Wort, wie die Mücke im Bernstein: zwei ungleiche Exemplare, gewiß: Schikaneder bleibt eine wichtige Gestalt des deutschen Theaters im 18. Jahrhundert wie vor ihm die Neuberin oder neben ihm Schröder. Gieseke hatte nicht dieses Bühnenformat. Er war ein gebildeter Mann und ein ziemlich trockener Verseschmied. Theaterkundig fertigte er Gebrauchsliteratur, bearbeitete Opern- und Singspieltexte, übersetzte u.a. Mozarts »Figaro« und »Cosi fan tutte« ins Deutsche, schrieb lederne Ritterstücke und nach Blumauers Vorbild sehr erfolgreiche Travestien. 1796 wurde er als Dichter beim Theater auf der Wieden angestellt, wo er, wie Beethoven im Nachfolgebau, wohnte. Mehr als fünfunddreißig Stücke schrieb Gieseke unter Schikaneders Ägide, und oft genug spielte der Chef selbst ein Rolle darin. Der Schluß, dieser Gieseke sei ein akzeptabler

1 Egon Komorzynski: Emanuel Schikaneder. Ein Beitrag zur Geschichte des deutschen Theaters. Wien 1951 S. 158f.; ders. Mozart, Sendung und Schicksal eines deutschen Künstlers, Berlin 1941 S. 161ff.

2 Giesekes Geburtsname ist: Johann Georg Metzler, und Schikaneders Taufname: Joseph Schikeneder.

Gehilfe des genialischen Theaterprinzipals Schikaneder gewesen und habe dessen Unterstützung genossen, ist daher erlaubt.

Gieseke fing klein an. Er war Anfang 1790 als Bettler verkleidet am Wiedner Theater aufgetreten und hatte, begleitet von zwei armen Kindern, ein von Mozarts Logenbruder Pfarrer Cantes zugunsten Bedürftiger geschriebenes Gedicht so ergreifend vorgetragen, daß das Publikum zu Tränen gerührt war. Schikaneder ließ anschließend eine Wolke herabschweben mit der illuminierten Inschrift »Dank der Armen«, und das bei »äußerst vollem« Hause, »so klein der Platz ist«.[3]

Dann erntete Gieseke Autorenlorbeern. Als Antwort auf »Cosi fan tutte« schrieb er für Schikaneder sein erstes eigenes Stück: »Es giebt doch noch treue Weiber«, ein Schauspiel in drei Akten »nach einer wahren Geschichte«, so der Untertitel.[4] Bemerkenswert daran sind autobiographische Züge; vor allem, daß Gieseke, der ja in Göttingen Jura studiert hatte, sich selbst mit vollem Geburtsnamen auf die Bühne bringt: Lizentiat Metzler, Universitätsfreund des Protagonisten Freyberg, ein Stiller im Lande, eine schöne Seele, aufrecht und fleißig, auf die Unterstützung seiner armen, alten Eltern bedacht, insgeheim an einer unglücklichen Liebe laborierend und daher ein wenig misogyn, eifrig bemüht, Freybergs Sinnen und Trachten zu bessern. Um die gefährliche Liebschaft des letzteren nämlich dreht sich die ganze Geschichte »in einer berühmten Reichsstadt«. Das Drama kulminiert scheinbar ausweglos in Freybergs Ausruf: »Für mich ist keine Hülfe, als in Tod und Verzweiflung.«[5] Das klingt bald in der Zauberflöte ähnlich, aber Metzler verhindert natürlich das Schlimmste und wendet alles schlußendlich zum Guten.

Kennzeichnend ist Metzlers Maxime: »Ich bin nie stolzer, nie größer als wenn ich in meiner Bibliothek oder hinter den Akten sitze, und da eine Wahrheit finde, die der menschliche Scharfsinn mühsam zur Lüge herum zu drehen wußte.- Wenn sie noch vollends einen gefährlichen Prozeß eines armen Klienten aufheitert, und Hoffnung zu baldiger guter Entscheidung seiner Sache giebt, dann renn ich zu ihm hin, als wenn ich eine neue Welt entdeckt hätte, und sags ihm. Die Freude, die sich dann über die Stirne des Armen verbreitet, der Händedruck, der mich wie elektrisirt, die Dankesthräne, die sich heimlich über seine Wange herabstehlen will, ist mir mehr Freude, als wenn mich die gelehrteste Akademie zu ihrem Mitgliede aufgenommen hätte. Glaube mir, auch die troknen sauren Pandekten haben ihr süßes, auch im düstern Aktenleben blühen uns Rosen mitten unter Dornen.«[6]

Dies sind gewiß nicht Worte eines großen Dramatikers, diese Stelle könnte indessen ein Selbstporträt Giesekes sein.

3 Nach Deutsch a.a.O. S. 10.

4 Es giebt doch noch treue Weiber! Ein Schauspiel in drey Akten, nach einer wahren Geschichte bearbeitet von Karl Ludwig Gieseke, Mitglied der K.K.priv. Wiednertheaters in Wien. 1790. Von Giesekes Stück liegen zwei Logenmeisterdrucke vor: 1790 (Exemplar in der Wiener Stadtbibliothek) und 1794 (ÖNB 188 143 B u. ÖNB A 3.111) Dies läßt auf Aufführungen in beiden Jahren schließen.

5 Exemplar der Wiener Stadtbibliothek S. 179.

6 Ebda. S. 140.

Karl Ludwig Gieseke.
Bayer. Staatsbibliothek München, Cgm 5205.

Die Frage, ob Gieseke an Schikaneders Stelle den Text der Zauberflöte allein geschrieben habe, beantwortet Otto Rommel zu Giesekes Ungunsten.[7] In der entschiedenen Form stellt sich diese Frage aber eigentlich nicht. Denkbar dagegen ist die Konstellation, daß der Text von einem Autorenteam Schikaneder / Gieseke stammt, in dem Mozart ein gewichtiges Wort mitzureden hatte. Deshalb sei hier die These vertreten: Schikaneder lieferte Plan und Dialog des Stückes, und Gieseke versifizierte mit ihm die Arientexte.

Grundsätzlich wird diese Möglichkeit von niemandem bestritten. Auch Rommel widerspricht dieser These nicht. Zankapfel ist nämlich ein ganz anderer Punkt: Giesekes und Schikaneders Zugehörigkeit zum Freimaurerbund. Hier wurden Fakten lange gedreht und gewendet, bis sie sich beinahe ins Gegenteil verkehrten.

Deutsch schreibt z.B.: »Während Mozart seit 1785 den Wiener Freimaurern und Schikaneder 1788/89 einer Regensburger Loge angehört hatte, trat Gieseke erst 1791 dem Orden bei.«[8] Das ist nur mit einigen Abstrichen korrekt und in Bezug auf Gieseke falsch. Richtig dagegen ist: Mozart wurde am 14.12.1784 Freimaurer, Schikaneder wurde am 2. Oktober 1788 aufgenommen und der »Schauspieler Giesege« erscheint 1790, und nicht erst 1791, als Lehrling zusammen mit Mozart in der handschriftlichen und der gedruckten Mitgliederliste der Loge »Zur [neu]gekrönten Hoffnung«.[9] Daraus ist mit einiger Wahrscheinlichkeit zu schließen, daß Gieseke bereits 1789, vielleicht am Johannestag, Freimaurer wurde.[10]

Schikaneder dagegen taucht in keiner Mitgliederliste der Freimaurer in Wien auf. Dies ist leicht zu erklären. Er war während seiner Regensburger Jahre Mitglied der dortigen Loge »Carl zu den drei Schlüsseln«. Sein Aufnahmegesuch lautet[11]:

»Hochzuverehrende Herren!

Nicht Neugierde, keine eigennützige Absicht wahre Hochachtung gegen ihre erhabene Versamlung ist die Triebfeder meiner unterthänigsten Bitte, daß sie mich würdigen in ihr Heiligthum eintretten zulassen; aus welchem durch tiefeste Verschwiegenheit doch der Schimmer der edlesten Handlungen, Menschenliebe und Weisheit leichtet!

Bilden Sie mich nach diesen ihren weisen Grundsätzen zu dem was sie sind, und ich werde mit wärmsten Dank verbleiben Dero hochzuverehrenden unterthänigster Diener

Johann Emanuel Schickaneder.
Regenspurg den 14. July 1788.«

7 O. Rommel: Die Alt-Wiener Volkskomödie. Wien 1952 S. 979.

8 Deutsch, a.a.O. S. 155.

9 VA 72 f.4 :»[Nr.] 26.[der anwesenden Brüder] Giesege [sic], Karl Ludwig / Schauspieler / I [.Grad]«. Mozart erscheint in der gleichen Liste unter der Nr. 56.

10 Lennhoff/Posner: Intern. Freimaurerlexikon Sp. 606 geben ohne Quelle an: »Gieseke wurde 1788 in Wien in der Loge »Zur neugekrönten Hoffnung« am Johannestag aufgenommen. Dagegen kann auf die Mitgliederliste von 1789 in VA 72 f. 10 verwiesen werden, wo Gieseke noch nicht auftaucht.

11 Text nach dem Faksimile in: Emanuel Schikaneder und seine Beziehungen zum Freimaurerbunde. Von Br. Dr. Bernh. Beyer-Bayreuth. Bayreuther Bundesblatt Nr. 12, XII Jg., S. 584 f.

Am 4. Mai 1789 erhielt Schikaneder, der damals den 2. Grad bekleidete, folgendes Schreiben seiner Loge[12]:

»Extractus Protocolli d.d. 4/5 5789.

So angenehm E[iner] S[ehr] E[hrwürdigen] [Loge] die bisherigen - zwar seltenen Besuche des Br[uder] Schikaneder waren, so unangenehm und auffallend mußte derselben dessen für öffentliche Gerichte gekommene Begebenheit seyn, welche der Gegenstand des ganzen Publikums ist. E.S.E.[Loge] würde es zum größten Nachteil gereichen, bey einem Falle von der Art gleichgültig zu bleiben - es ist dahero bey gegenwärtiger [Loge] Versammlung einmüthig beschlossen worden, dem Br.·. Schikaneder durch einen [Loge]extract wissen zu machen

»daß sich selbiger wegen dieses - viel Aufsehens machenden Vorfalles sowohl der Beiwohnung vorseyenden Johannis-Festes, als auch der weiteren [Loge]besuchung auf sechs Monate enthalten mögte.«

Zur Vermeidung unangenehmer Folgen hat man für nöthig erachtet, diese Entschließung der S.E. [Loge] dem Br.·. Schikaneder durch gegenwärtigen Extractum Protocolli bekannt zu machen.

Ex Commissione Societatis gez. Hammerschmidt Sekretär.«

Was war geschehen? »Liaisons dangereuses« hatten Schikaneders Ruf in Regensburg ruiniert. Ungeniert antwortete er seiner Loge[13]:

»Ehrwürdige Schätzbahrste Brüder

Dieser Fall, so schmerzhaft er auch ist, wird mich doch nie so treffen, daß ich um den Nahmen des Ehrlichen Mannes kommen werde! Böse Menschen verlache ich - gutdenkende Seelen werden einst einsehen, warum ich bishero so und nicht anderst handelte - - übrigens hab ich einen Fehler begangen, der der Ehre einer Ehrwürdigen loge zunahe tritt, so bitt ich eine ganze ehrwürdige Versammlung um Vergebung! Es giebt Fehler, die älter sind als der ehrwürdige Stand, den ich mit Ehrfurcht verehre, worin ich das Glück hatte aufgenohmen zu werden. -

Ehrwürdige Brüder, ich unterwerfe mich ihrem weisen Rechtsschlus und bis ich wieder das Glück genüs in ihren ansprechlichen Zirckel zu tretten, will ich sie alle, schätzbarste Brüder überzeigen, daß ich mich bestreben werde, Ihnen gänzlich würdig zu werden.

Ich bin dero E: Schikaneder.«

Schuldbewußt klingt das nicht, eher ironisch, besonders das schelmische Eingeständnis der »Fehler, die älter sind als der ehrwürdige Stand«. Bleibt festzustellen, daß Schikaneder in Regensburg bis zu seinem Ausschluß ganze neuneinhalb Monate Mitglied der Loge war. Ob er in dieser Zeit bei den strengen Regensburger

12 Ebda. S. 587.
13 Ebda. S. 589 f.

Bräuchen[14] mehr als den Gesellengrad erreicht hat, ist fraglich.[15] Den Rest bilden Phrasen angesichts der Tatsache, daß Schikaneders Tage in Regensburg gezählt waren. Er ging mit dem Teil seiner Truppe, der in der Besetzungsliste der Zauberflöte erscheint, nach Wien. »Er ist dann bald aus dem Freimaurerbunde ausgeschieden; ob freiwillig oder unfreiwillig, habe ich nicht eruieren können. Im Jahre 1791 wird er noch im Mitglieder-Verzeichnis (der Regensburger Loge) aufgeführt; dagegen 1793 nicht mehr.»[16]

In Wien war mit Sicherheit sein halbjähriger Logenausschluß bekannt. Wer die Gepflogenheiten der Wiener Logen kennt, wird wissen, daß man den Beschluß der Regensburger Brüder nicht ignorieren konnte. Die Wiener Loge »Zur gekrönten Hoffnung« war eine Filialloge der Regensburger Mutter. Eher war man daher geneigt, noch vorsichtiger vorzugehen, als es der Buchstabe der Exklusionsakte gebot. Zudem war Schikaneder ja in Regensburg, wie man liest, kein eifriger Logenbesucher gewesen, warum sollte er es nun in Wien sein? Er hatte mit den Logen, wenn überhaupt, wenig zu tun; alle anderen Zuschreibungen sind unbelegt und von Wunschdenken bestimmt.

Dazu ein aktuelles Beispiel. In der Legende zur »Innenansicht der Wiener Loge Zur gekrönten Hoffnung (1790)« heißt es: »Im Vordergrund unterhält sich Bruder W. A. Mozart recht anregend mit dem vielleicht als Gast anwesenden Bruder Emanuel Schikaneder.«[17] Auch Gieseke soll abgebildet sein. Das alles ist jedoch sehr fraglich angesichts des relativ kleinen Formates und vor allem des restaurierten Zustandes des Bildes. Das einzige was hier für die Echtheit von Mozarts Porträt spricht, ist die überdimensionale »Musiker-Fliege«, von der Mozart an seine Frau vom 6. Juni 1791 berichtet: »Mad[am]e Leitgeb hat mir heute das halsbindl gemacht, aber wie?- lieber gott! - ich habe freylich immer gesagt, so macht sie's! - es nutzte aber nichts.« Die Briefstelle attestiert Konstanze lediglich ein für jede Musikersgattin unverzichtbares Geschick..., eine Datierung des Logengemäldes liefert sie nicht, denn Mozart besuchte an diesem Tag das Wiedner Theater.[18]

14 Vgl. Ueber das Ganze der Maurerey, 1782, S.149:
»Die Regensburger [Loge] ist nach holländischem System errichtet... Die holländischen [Logen] haben eine eigene Verbindung errichtet, und einen unabhängigen Grosmeister sich erwählet. Diese Verbindung hat auch in Deutschland mehrere [Logen] gestiftet, unter welche die Regensburger gehöret. Sie arbeiten in vier [!] Graden, von denen das leztere das Capitul genant wird, und sehen sehr auf Moralität. Wegen des geringsten Polizey=Vergehens im Staat, wird ein Bruder, bis die Besserung augenscheinlich erfolget ist, von der Loge ausgeschlossen.«

15 Vgl. Eleusinen des 19. Jahrhunderts Berlin 1802 S.119:
Dort ein Bericht aus den siebziger Jahren: »In R[egensbur]g selbst besuchte ich die [Loge] zu den drei Schlüsseln, die sich vor kurzem erst etablirt und durch den Br. Sch. (?) eine holländische Konstitution von der Haager=Loge erhalten hatte. Sie war eigentlich französischen Ursprungs, arbeitete aber mit vieler Anständigkeit.«

16 Beyer, a.a.O. S. 588.

17 Ausstellungskatalog Zirkel u. Winkelmaß: »2oo Jahre Große Landesloge der Freimaurer« Wien 1984, S. 98.

18 Vgl. Mozart Briefe IV, 134. Mozart sah an diesem Abend den 5. Teil des »Anton« von Schikaneder. Diesen Hinweis verdanke ich Paul Haslinger, Wien.

Für Schikaneders und Giesekes Identität spricht auf dem Gemälde leider nichts, so schön das im einzelnen wäre.

Auch der Kantatentext zur Einweihung des neuen Tempels der Neugekrönten Hoffnung stammt eher von Gieseke als von Schikaneder. »Laut verkünde unsre Freude« ist in der Wiener Zeitung vom 25. Januar 1792 angekündigt als eine »Kantate auf die Einweihung einer Freimaurerloge in Wien, deren Worte die Arbeit eines Mitgliedes derselben sind.« Gieseke war Mitglied von Mozarts Loge, Schikaneder nicht. Gieseke unterlegte auch ein Jahr später Mozarts Musik den Text, der zu Ehren Franz II. am 8. September 1792 verfaßt wurde.[19]

Diese Errata schleppen sich durch die Mozart-Literatur und werden weiterhin ungeprüft multipliziert. Hinter dem Deckmantel seriöser Forschung wurde so Giesekes Name als möglicher Koautor des Zauberflötentextes getilgt, indem entscheidende Fakten - sagen wir - übersehen wurden.

Bleibt noch ein kleines Albumblatt, das eine sympathische Eigenschaft des vielgescholtenen Gieseke festhält. Am Ende seiner Theaterkarriere schreibt er bescheiden in Otto Hartwichs Stammbuch:

»Freund Perinet steht in der Mitte,
Drum kann ich nicht mehr dorten seyn:
Ich schreib nach meiner Art und Sitte
Mich auf dem letzten Blatte ein!
Doch bleib ich nicht als Freund der lezte,
Ich schließe mich an Ersten an,
Und jeder Freund, der je Dich schätzte,
Ist auch <u>mir</u> werth, ist auch mein Mann!
Ich träume oft von seelgen Tagen,
Wenn ich so in mein Stammbuch seh:
Wird dich um mich ein Freund einst fragen,
So nenn mich Deinen

Gieseke.
K.K.priv. Mineralhändler

Wien 1800. d: 30. Junius[20]

Einige Jahre später ist er nicht mehr in Wien; er nutzt seine maurerischen Kontakte und macht Karriere als Mineraloge.

19 Vgl. dazu die Angaben im Köchel-Verzeichnis VII 1965, S. 725, wo Deutsch seine Thesen ganz offensichtlich gegen die Fakten verficht. Für die Annahme von Schikaneders Verfasserschaft des Textes von KV 623a spricht ebenfalls nichts. Allerdings hat Deutsch in der Neuen Züricher Zeitung vom 15. September 1962 Gieseke als Textdichter von KV 623 wahrscheinlich gemacht.

20 Giesekes Eintrag in das Stammbuch (1797-1818) des Otto Hartwich, S. 263 (=letzte Seite) in: Wiener Stadt- und Landesbibliothek Hs-Sgl. Inv. Nr. 2607.

4.12 Sicherheitskontrolle der Logen

Nach der Krönung Leopolds II. änderte sich die politische Landschaft in der Habsburger Monarchie entscheidend. Die Erblast, die Joseph seinem Bruder hinterließ, wog schwer, und Leopold mußte nicht nur um das Schicksal seiner Schwester Marie Antoinette in Paris bangen. Nach der Abschaffung des Erbadels spülte die erste Emigrantenwelle mit den Betroffenen auch die Ideen der Jakobiner nach Wien. Die Aristokraten hielten den Atem an.

Zwischenzeitlich hatte man alte Logen zu reaktivieren und neue zu gründen versucht. Die Loge »Zum hl. Joseph« war wieder eröffnet worden. Am 8. Januar 1790 entschied Kaiser Leopold: »Dem Strohmayer wäre sein Loge Projekt für jetzt zu misrathen.« Am 5. Juni 1790 ersuchten dann zwei Brüder der Loge »Zur [neu]gekrönten Hoffnung«, Aloyß Wieser und Franz Wolf, letzterer ehemalig zusammen mit Mozart in der »Wohlthätigkeit«, um »Erlaubniß hier eine neue Freymaurerloge errichten zu dürfen.«

Der alte und neue Polizeiminister, Graf Pergen, riet, »die Errichtung der dritten Loge [in Wien] zu bewilligen, jedoch gegen dem, daß sie sich wie die übrigen den Polizeyverordnungen unterwerfen.« Erklärend fügte er in seiner Nota hinzu: »Eine größere Anzahl [von Logen] zu errichten, getraue ich mich nicht einzurathen, weil man sie nicht übersehen kann, welches in gegenwärtigen Umständen mehr als nothwendig ist.« Der Kaiser entschied am 12 Juni: »Begnehmige das Einrathen des Grafen Pergen. Leopold« Die neue Loge gab sich den Namen »Zur Liebe und Wahrheit«. Sie soll nach rosenkreuzerischen Prinzipien gearbeitet und nur kurz agiert haben.

Zusammen mit »Mozart, Wolfgang k:k: KapellMeister«ist in der Mitgliederliste der Loge »Zur [neu]gekrönten Hoffnung« vom Januar 1790 aufgeführt: »Giesege, Karl Ludwig, Schauspieler« im ersten Grad. Meister vom Stuhl war Graf Johann Eszterhazy, Zeremonienmeister Fürst Niclas Eszterhazy.[1]

Insgesamt hatte die österreichische Maurerei noch eine Lebensfrist von drei Jahren. Am 8. Dezember 1793 überreichten die beiden Meister vom Stuhl der Loge »Zur [neu]gekrönten Hoffnung« und »zum heiligen Joseph« Kaiser Franz II. den

1 VA 72 f. 3. Weitere Mitgliederlisten aus 1790 und 1791 sind bisher nicht zugänglich.

Beschluß ihrer Logen, die Arbeiten einzustellen. Damit erlosch die offizielle Maurerei in Österreich für mehr als ein halbes Jahrhundert.[2] Gründe für diese Wende sind zeitig erkennbar.

Pergen richtete am 19. Dezember 1790 eine Note an den Monarchen, die über die allgemeine Lage in Wien und die besondere Situation in Mozarts Loge Aufschluß gibt[3]:

»Da von Seite der Polizey alle mögliche Wachsamkeit gebraucht wird, um die geheimen Bearbeitungen und Triebfedern zu entdecken, welche von Seite des bekannten Pariser-Klubbs in Bewegung gesetzet werden, um dessen aufrührerische Sätze auszubreiten: so hat man auch in geheim in Erfahrung gebracht, daß sich derselbe der französischen Freymaurer=Logen bedienet, um dessen Geist vorzüglich durch ihre Mitbrüder anderen Nazionen beyzubringen; - endlich aber eine geheime Anzeige erhalten, daß allhier bey der Freymaurer = Loge der gekrönten Hoffnung ein Schreiben von der Maurer = Loge von Bordeaux eingelaufen, welches mit derley aufrührerischen Anreizungen angefüllt ist.

Da die Einsicht desselben - und zugleich nöthig war, zu wissen, durch was für einen Kanal solches etwa hieher gekommen ist, so hat man es im Original zu Handen gebracht. Weil man aber dasselbe, um nicht entdeckt zu werden, wieder zurück stellen müssen; so habe ich nach Durchlesung des Originals hirvon eine Abschrift nehmen lassen, um selbe, wie es hiermit geschiehet, Eurer Majestät zur Einsicht vorzulegen.«

Folgende Zeilen aus dem französischen Originalschreiben der Loge »De l'Amitié« unter dem Motto »Post tenebras lux« erachtete der Polizeiminister Graf Pergen damals für besonders aufrührerisch: »Obwohl unsre große Gesellschaft selten an politischen Ereignissen teilnimmt, kann sie trotzdem denen gegenüber ihre Augen nicht verschließen, die dahin zielen, das zu befestigen, was die weisen Prinzipien der neuen Verfassung sind, die sich im französischen Reich durchsetzt. Sie stehen in einem dermaßen vollkommenen Zusammenhang mit den maurerischen Grundsätzen Freiheit, Gleichheit, Gerechtigkeit, Toleranz, Philosophie, Wohltätigkeit und guter Ordnung, daß sie heilsame Auswirkungen auf das Wohl und die Propagierung der Revolution versprechen. Denn in der Tat wird jeder gute französische Bürger künftig würdig, Maurer zu sein, weil er frei und tugendhaft wird.«[4]

Ausdrücklich hebt Pergen im weiteren hervor:

2 Julius Fischer: Joseph Baurnjöpel. In: Eine Wiener Freimaurerhandschrift aus dem 18. Jahrhundert. Graz 1986 S.XVII.

3 AVA POD. Pergen-Akten IX/B f. 8-13.

4 Aus dem franz. Schreiben der Loge de l'Amitié aus Bordeaux mit dem Motto »Post tenebras lux« an den Hofsekretär Christoph Edler von Kessler in Wien:
»Quoique notre grand societé prenne rarement part aux événemens politique, elle ne peut, ce pendant être invisible à ceux, qui tendent a l'affermir, tels sont les sages principes de la nouvelle constitution, qui s'opéré dans l'empire francais: ils sont en rapport si parfait avec les bases maconique la liberté, l'egalité, la justice, la tolérance, la philosophie, la bienfaisance, et le bon ordre, qu'ils promettent les plus salutaires effets pour le bien et la propagation de la R.<=Revolution>. En effet, tout bon citoyen francais sera désormais digne d'être maçon, parce qu'il sera libre et vertueux.«

»Die Stelle: daß die Sätze der neuen französischen Constitution, nämlich der Freyheit und Gleichheit der Personen, mit der Verfassung der Freymaurerey so vollkommen Aehnlichkeit haben, und von darum leztere die Absicht der Nazional=Versammlung zu befördern allerdings Ursache habe, verdienet besondere Aufmerksamkeit. Der Canal, wodurch dieses Schreiben anher gekommen ist, ist die ordinaire Briefpost, wie auf dem Couvert aus den gewöhnlichen Postzeichen zu ersehen war.

Der Entschluß der hiesigen Loge zur gekrönten Hoffnung fiel dahin aus: daß man dieses Schreiben nicht accusiren - am wenigsten aber beantworten wolle.

Die Polizey hat sich einen Canal eröffnet, wodurch selbe dasjenige, was etwa weiter über diesen Gegenstand vorkommen könnte, zu entdecken hoffet.«

Bei dieser Gelegenheit weist Pergen daraufhin, daß das geheimnißvolle Benehmen derartiger Societäten in einem Staate immer mit Gefahr verbunden sei, da jedem Maurer von was immer für einer Nation von seinen allenthalben sich findenden Mitbrüdern Schutz und freien Eintritt und »andurch Gelegenheit erhält, auszuspähen, und übels zu thun«. Besonders in Ungarn verdiene diese Gesellschaft alle Aufmerksamkeit, da sich dort »amerikanische (Logen), Illuminaten, und dergleichen« befinden, worunter eine sei, »deren Mitglieder zu den führgewesenen Unruhen vieles beygetragen haben sollen.« Abschließend schlägt der Polizeiminister Leopold II. eine Maßnahme vor, die bereits fünf Jahre zuvor erfolgreich erprobt worden war:

»Wenn doch diese Gesellschaft der Maurer nützlich oder wenigstens unschädlich gemacht werden soll, so dürfte das beste Mittel seyn, wenn wieder ein Provinzial=Großmeister, auf dessen treue Gesinnungen Eure Majestät zählen könnten, gewählet, und andurch einige Ordnung eingeführet und der Zusammenhang mit auswärtigen Logen aller Gattung vermieden würde.«

Als Leopold II. diese Zeilen erhielt, war er just zwei Monate offiziell im Amt und Mozart gerade vier Wochen von der Frankfurter Kaiser-Krönung nach Wien zurückgekehrt. Der Monarch reagierte nur indirekt. Im Zusammenhang mit dem Brief aus Bordeaux ließ Pergen den Chevalier St. Leger und den verkleideten Husar Tanty polizeilich beobachten und Leopold II. dekretiert am 21. Dezember 1790, daß ihnen das »consilium abeundi« zu geben sei.[5] Tanty zog es vor, zwischenzeitlich heimlich zu verschwinden.

Das politische Klima blieb gespannt, mögliche Gefahr im Verzug. Die Angelegenheit bekümmerte den für Ruhe und Ordnung in österreichischen Landen verantwortlichen Graf Pergen. So richtete der von Ischiasschmerzen gepeinigte Polizeiminister in den ersten Tagen des neuen Jahres an den ebenfalls erkrankten Monarchen folgende »Unterthänigste Nota«[6]:

5 AVA POD. Pergen Akten IX B11 f. 16.
6 VA 41, f. 66-68v.

»Eurer Majestät habe ich jüngst allergehorsamst gemeldet, daß ich unter der Hand ein Schreiben der Freymaurer=Loge zu Bordeaux an die hiesige bekommen, und zugleich beygesezt, daß auf dieses Schreiben wovon ich Eurer Majestät damals die Abschrift beygeleget, keine Antwort erfolget sey.

Ich vermuthe, die Vorsteher der hiesigen Loge von der gekrönten Hoffnung haben Argwohn geschöpfet; und in der Besorgniß, daß ihnen bey längerem Stillschweigen eine Unannehmlichkeit von Seite der Polizey zugehen möchte, weil dieses Schreiben aufrührerische Sätze enthält, haben sie mir selbes im Original mit dem Beysatze überbracht, daß sie alles angewandt hätten, um dieses Schreiben unbeantwortet zu lassen. Sie überreichten mir bey dieser Gelegenheit ein von der Loge zu Gotha an sie eingelaufenes Schreiben, worinnen leztere, nebst Beylegung des gedruckten Plans über die Organsisation und Verbindung aller deutscher Logen unter sich, ihre Erklärung verlangen, ob sie gleichfalls beyzutreten gedächten, oder nicht; endlich aber theilten mir diese Vorsteher die Correspondenz aller übrigen Logen aus dem deutschen Reiche, aus Riga, u.s.w. zur Einsicht mit, welche aber meistentheils bloß die Nachricht, daß sie ihr Fest gefeyert, und die Liste ihrer Mitglieder enthielt.

Diese beede Vorsteher der Loge von der gekrönten Hoffnung versicherten mich, daß sie nicht zugeben würden, daß in ihren Logen etwas gegen den Landesfürsten, oder gegen die Regierung unternommen würde.

Ich habe sorgfältigst vermieden, denenselben einen Argwohn zu geben, als wäre ich bereits von allem diesen unterrichtet; und begnügte mich, ihnen begreiflich zu machen, daß sie mir ihrer Pflicht gemäß schon eher und alsogleich von einem so aufrührerischen Schreiben die Anzeige hätten machen sollen; weil der Eid der Treue gegen ihren Landesfürsten allen übrigen Schwüren von Verschwiegenheit vorgehe, und ich künftig von ihnen foderte, daß sie dergleichen Korrespondenzen ganz unterbrechen - und alles, was der Ruhe im Lande gefährlich seyn könnte, mir alsogleich anzeigen sollten.

Allergnädigster Herr! Ich habe Eurer Majestät lezthin schon meine Gesinnungen allerunterthänigst gemeldet, daß ich derley geheime Verbindungen und Verbrüderungen, wie sie Namen haben mögen, da sie alle Sprößlinge der Freymaurerey sind, in einem Staate für gefährlich hielte, mir aber noch weit gefährlicher schiene, durch einen öffentlichen Schritt dermal, da sie schon so tiefe Wurzeln gefaßt; und auf eine unglaubliche Art in allen Staaten ausgebreitet sind, sie vertilgen zu wollen. Ich glaube vielmehr, daß man sich alles Fleisses bemühen soll: Erstens, den Schaden, welcher daraus erwachsen könnte, durch Gegenbearbeitung abzuwenden. Zweytens, die von dem Staate geduldeten Freymaurer Logen bestmöglichst zu benutzen.

Ersteres kann nicht anders geschehen, als wenn eine Gesellschaft von geschickten thätigen und Eurer Majestät ganz ergebenen Männern, welche unmittelbar jedoch in größter geheim und unter der Pflicht sich nicht zu entdecken, von Eurer Majestät selbst geleitet zusammengesetzt würde, deren Beschäftigung bloß darinn bestünde, die durch gefährliche und aufrührerische Schriften bey dem Publikum erwachsene Vorurtheile, und gegen die landesfürstlichen Handlungen und Verordnungen mistrauisch oder gar aufgebrachte Gemüther zu besänftigen, und die gefaßten falschen Begriffe zu berichtigen. Doch müßte bey solchen Schriften grosse Vorsicht gebraucht und alle beissende Satyre, welche niemals bessert, sondern nur noch mehr erhitzet, vermieden werden. Das zweyte kann nicht anderst erfüllt werden, als wenn einestheils die Vorsteher in beständigem Zusammenhange mit mir - und in der Besorgniß erhalten werden; daß man selbe, falls man das geringste erführe, zur Verantwortung ziehen würde, anderntheils aber immer einige Freymaurerbrüder in geheim auf seine Seite zu bringen, um von allem, was vorgehet, Nachrichten zu erhalten.

Daß nun aber außer den Freymaurern allhier verschiedene Gesellschaften vorhanden sind, welche sich mit dem beschäftigen, daß sie die Gesinnungen der geistvollen Jünglinge und Männer gegen die monarchische Regierungsform, gegen die Vorzüge einer Klasse Menschen vor der anderen, und nach dem französischen Revolutions=System auf eine sehr reizende Art stimmen, und durch derley feurige Männer solche Sätze von Freyheit und Rechte der Menschheit unter das publicum von allen Klassen verbreiten lassen, hat seine vollkommene Richtigkeit. Da sie aber keine eigene Logen haben, so sind sie schwer zu entdecken, weil alle diese unter der Rubrik von Privatvisiten, wo die Polizey keinen Eintritt hat, sich versammeln; daß also allhier nebst den Freymaurer=Logen, Theosophen, Eclecten, Illuminaten, Amerikaner, Rosenkreuzer, und alle Gattungen vorhanden seyn können.

Ein ganz vernünftiger Freymaurer, welcher mit verschiedenen Gattungen von derley Sekten in privato Umgang pfleget, hat mir gemeldet, wie sich verschiedene Menschen, welche zugleich Freymaurer sind, bemühen, auch in den Loge dergleichen gefährliche Sätze zu vertheidigen, und glaubt, daß es gut wäre, den Vorstehern auf das schärfeste einzubinden, daß sich bey den Logen auf keinerley Art mit politischen Dingen abgegeben werde, am wenigsten aber man solche Mitglieder dulden soll, welche sich erlauben, Schritte oder Correspondenzen, so gegen die Landesfürstliche Verordnungen laufen, in Vorschlag zu bringen...«

Pergens Informationen beweisen, neben den drei offiziell zugelassenen Freimaurerlogen[7] gab es in Wien 1790/91 zahlreiche »Privat-Gesellschaften«, die unkontrolliert verschiedenen Zielsetzungen dienten. Mozart hätte also ganz nach eigenem Gutdünken Gelegenheit zu vielfältigen maurerischen Aktivitäten unterschiedlichster Art gehabt.

Die bisher bekannten Dokumente erlaubten nur den Schluß: Mozart war bis zu seinem Tode nachweislich Mitglied der Loge »Zur [neu]gekrönten Hoffnung« und beschloß seine Arbeit in diesem Maurertempel damit, daß er am 18. November 1791 seine Kleine Freimaurerkantate »Laut verkünde unsre Freude« aufführte.

Ob er tatsächlich regelmäßig an den Logenarbeiten teilgenommen hat, ist dokumentarisch nicht zu belegen. Was er daneben an eigenen Vorstellungen entwickelte, steht auf einem anderen Blatt.

7 1791 wurde in Wien eine neue Loge zugelassen.

In Wien wurde zur besseren Kontrolle der Bevölkerung heimlich ein neues Polizeisystem eingeführt[8] und das Polizeipersonal verstärkt[9], die Zensur nicht mehr der Studienhofkommission sondern der Böhmischen Hofkanzley unterstellt. Van Swieten wurde entmachtet und tags nach Mozarts Tod in den Ruhestand versetzt.[10] Die Zeitungen sind »zwar nicht zu verbiethen«, dekretiert Leopold II., sie werden aber »genau und scharf zu zensuriren seyn«, indem »ohne irgend eine Rücksicht all dasjenige ausgestrichen und weggelassen werden müße, was entweder directe od[er] indirecte Proponalitäten, oder gar jene bei jezigen Zeiten so gefährl[iche] französische Prinzipia oder Erzehlung und Belobung ihres Sistems enthält, so besonders bei dermaligen allgemeinen Stimmung bei dem Volk einen gefährl[ichen] und schädl[ichen] Eindruck machen könnten.«[11]

Zweifelhafte Zensur-Entscheidungen läßt er sich nun selbst vorlegen. Da stechen ihm drei Wochen vor der Uraufführung der Zauberflöte zwei Publikationen ins Auge: »Le Secret de la Coalition des Ennemis de la Revolution francaise« und »Die Lebensgeschichte des Löwen«. Er prüft beide und dekretiert: »Diese 2 Piecen sind allerdings, besonders aber jene unter dem Titl Lebensgeschichte des Löwens, auf das strengste zu verbiethen, und wieder dessen Verbreithung zu wachen.«

Die verschärfte Zensur stößt auf Widerstand, heimlich gehen »Zeddel mit ausgestreute, verderbliche Grundzüge« um, und der Kaiser gibt sich erbost:

»Zufolge meiner weiteren sichern Nachrichten [hat] man sich erfrechet, in öffentl[ichen] Schank und Gasthäusern, besonders auf der Landstraße, über öffentl[iche] Anstalten und Vorkehrungen des Gouvernements loszuziehen, und was noch ärgerlicher ist, sogar von Seiten der Polizey Personals selbsten«.[12]

8 KAP über die Cabinetts Resoluzionen vom 1.8-31. 12.1791 unpag., 30 August 1791: Es »soll dem Publico nur jenes kundgemacht werden, was auf die Eintheilung der Bezirke Beziehung hat.«

9 Ebda. den 20. August 1791. Ein überzähliger Polizeidirektor wird eingestellt und erhält ein Jahresgehalt von 800 Gulden. Ebda..

10 KAP Betr.die durch den Staatsrath erledigten Exhibita v.1.8.-31.12.1791. Nr.2020 vom 21. Dezember 1791.

11 KAP Cabinetts-Resoluzionen 1791 pag.1 Nr.9 vom 6. August 1791.

12 Ebda. Nr.213 vom 17. September 1791.

Emanuel Schikaneder
in der Titelrolle zu seiner Komischen Oper »Der dumme Gärtner«
Nach einem Stich von Ignaz Alberti, 1790.

Intermezzo II

Schikaneders Theater

Testamentarisch als Universalerbin von ihrem Freund, dem Direktor des »Theaters auf der Wieden«, Johann Friedel, eingesetzt, verband sich Eleonore Schikaneder (1745-1821) nach Friedels Hinscheiden[1] wieder mit ihrem Gatten.[2] Emanuel Schikaneder kam mit dem Regensburger Rest seiner Truppe nach Wien, übernahm mit seiner Frau die Leitung der Bühne und gewann Josef von Bauernfeld als Finanzier und Gesellschafter.[3] Die Ära Schikaneder begann und gipfelte in der Aufführung der Zauberflöte.

Schikaneders Theater[4] und sein Ambiente sind 1785 in einem Bericht der »Oberdeutschen Staatszeitung« beschrieben[5]:

»Das Fürst Starhembergische Freygebäude in einer unsrer Vorstädte, welches der gemeinen Sage nach seinem Besitzer stündlich einen Dukaten an Zinsen tragen soll, wird nun ringsum mit einem zweyten Stockwerk vergrößert, auf dessen Wohnungen schon wirklich pränummerirt wird, indem es nicht weit von der Stadt liegt, und eine sehr gesunde Lage hat. Dieses ungeheure Haus ist selbst ein Städtchen en Miniature: faßt eine Kirche, eine Apotheke, beynahe alle Handwerker und Künstler in seinem Umfang ein, kurzum, alles was man in einer Stadt braucht.« Es war eine dreigeschossige Holzkonstruktion, mit festen Einfangmauern und einem Ziegeldach, hatte etwa 450 Quadratmeter Grundfläche. Perinet sieht rückblickend »ein kleines niedliches, regelmäßiges Theater« vor sich, während Schikaneder es nach dem Umbau von 1794 immer noch das »fehlerhafte und unregelmä-

1 Friedel starb am 31. März 1789 im Alter von 38 Jahren an Schwindsucht.

2 O. E. Deutsch: Das Freihaustheater auf der Wieden 1787-1801, Wien 1937.

3 Deutsch behauptet (a.a.O. S. 12) irrtümlich, Josef v. Bauernfeld sei 1785 in der Mitgliederliste der Loge »Zur gekrönten Hoffnung« zu finden. Dort ist, VA 66 f. 9 Nr. 104, der Kanzelist Joseph Bauernfeind verzeichnet. Ein Erratum ist auch Deutschs Feststellung (ebda.), Bauernfeld sei Mitglied der Sammelloge »Zur neugekrönten Hoffnung« gewesen. Hier hat Deutsch Bauernfeld mit Joseph Bauernjöpl verwechselt. Vgl. VA 63 f. 7 bzw. VA 72 f. 115 Deutschs Schluß, daß Bauernfeld »bald darauf ein engerer 'Bruder' Mozarts geworden«(ebda.), ist daher hinfällig. Bauernfeld war mit Mozart gut bekannt, wie seine Eintragung im Stammbuch des Komponisten beweist, aber nicht Mitglied in Mozarts Loge. Vgl. ebenso Deutschs Schrift: Mozart und die Wiener Logen, Wien 1932.

4 Das »Theater auf der Wieden« ist nicht zu verwechseln mit dem späteren »Theater an der Wien«, das nach Plänen des Hofarchitekten Rosenstängl 18o1 vom Baumeister Franz Jäger errichtet wurde. Vgl. R. Holzer: Die Wiener Vorstadtbühnen. Wien 1951 S. 39.

5 Salzburg, 24. September 1785, S. 613.

6 Zit. nach Deutsch, a.a.O. S. 5 .

ßige Gebäude« nennt.[6] Da das Haus wie eine »viereckige Kiste« wirkte und innen »ganz aus Holz« war, möchte man eine gute Akustik prognostizieren. Mozart berichtet aber seiner Frau nach einer Zauberflöten-Aufführung: »Übrigens kannst du nicht glauben wie charmant man die Musick ausnimmt in einer Loge die nahe am Orchestre ist - viel besser als auf der gallerie.«[7]

Das Haus bot im Parterre und auf den beiden Rängen zwischen fünfhundert und siebenhundert Besuchern Platz.[8] Die Eintrittspreise betrugen für eine große Loge mit acht Plätzen fünf Gulden, für eine kleine Loge mit vier Plätzen die Hälfte, der Platz im Parterre noble und auf der Galerie kostete 34 Kreuzer, der im 2. Parterre halb soviel, für den letzten Platz zahlte man 17 Kreuzer.[9]

Schikaneders Truppe bestand aus etwas mehr als dreißig Personen. Franz Xaver Gerl und das Ehepaar Benedikt Schack waren aus Regensburg mitgekommen, Mozarts Schwägerin Josefa Hofer, Ferdinand Brenner, Karl Ludwig Gieseke, Helmböck, Herzfeld, Josef Kettner, und Johann Joseph Nouseul standen schon unter Friedels Direktion auf der Wiedner Bühne und wurden übernommen. Dazu kamen zwanzig bis dreißig Choristen, in der Zauberflöte sangen vierzehn Männer.[10]

Das Orchester zählte 5 erste und 4 zweite Violinen, 3 Bratschen, 3 Celli und 3 Kontrabässe, dazu doppelt besetzte Holz- und Blechbläser, und bei Bedarf drei Posaunen. Kapellmeister und Hauskomponist war Johann Baptist Henneberg (1768-1822).

Eröffnet wurde die Saison am 12. Juli 1789 mit der Uraufführung »Der dumme Anton im Gebirge« oder »Die zween Anton«. Schikaneder kreierte selbst den Titelhelden seines Kassenfüllers, dessen Musik Schack und Gerl geschrieben hatten. Es war der Start zu fünf weiteren Anton-Folgen, die Mozart sich ansah. Am 26. September erschien der zweite Teil auf der Bühne, und Mozart machte über Schack/Gerls Refrain:

»Ein Weib ist das herrlichste Ding auf der Welt,
Wer's leugnet den schlag' ich, daß d'Goschen ihm schwellt.«

acht Variationen für Klavier KV 613. Solche Possen machten ihm Spaß. »Der Fall ist noch weit seltner oder die geplagten Ehemänner«, Schikaneders nächste Produktion, erbaute ihn nicht so sehr: »Gestern war ich in dem zweyten Theil von der Cosa rara« berichtet er Konstanze, »gefällt mir aber nicht so gut wie die Antons«.[11]

Josephs Tod änderte für die Impressarii auf der Wieden die Situation. Sie wandten sich mit einer Eingabe an den neuen Monarchen:

»Euer Majestät

Wie sehr die unterzeichneten bemühet sind, seit mehr denn einem Jahr, als sie

7 Mozart an seine Frau, den 8. u.9. Oktober 1791.

8 Da genaue Pläne fehlen, ist diese Zahl nur sehr ungenau zu schätzen.

9 Joseph II. zahlte für Freivorstellungen anläßlich der Vermählung seines Neffen Franz 1788 einhundert Dukaten.

10 Nach Giesekes Regiebuch in der ÖNB Wien 685 928-A. Musik-Abt..

11 An Konstanze den 2. Juni 1790.

das auf der Wieden befindliche Theater unternohmen haben, den Beyfall des Publicum durch Vorstellung der bestgewählten, und oft mit grossen Kosten aufgeführte Stücken zu gewinnen, dürfte vielleicht auch zu dem Höchsten Throne gekommen seyn, und da es auch zur Bequemlichkeit des Publicum dienet, in jeder Vorstadt ein Theater zu errichten, so schmeicheln sich unterzeichnete Höchst dero Wohlgefallen, durch diese ihre Unternehmung zu erlangen.

Zu noch grösserer Aufmunterung und Festsetzung ihres guten Rufs, und Ansehens bei dem Publicum bitten sie Euer Majestät ihnen ein ähnliches Privilegiums Decret wie es dem Marinelli in dem Leopold Stadts Theater ertheilet wurde allergnädigst zu gewähren, und nach der Unterschrift der Bittsteller ausfertigen zu lassen, samt der Hohen Erlaubnüss einen Adler im Schilde mit der Ueberschrift K. privilegiertes Schauspielhaus führen zu dürfen. Se Maj. höchst. seel. Andenkens hatten vor 4 Jahren dem unterfertigten Emanuel Schikaneder eben diese allerdemüthigste Bitte gewähret, von welcher jener aber, da er damahls in das Reich gieng, leider keinen Gebrauch machen konnte.

In dieser Rücksicht und in Anbetracht der grossen Kosten, welche so eine Unternehmung fordert, wie auch in allergnädigster Erwägung, dass es dem Ruhme der Hauptstadt nicht gleichgültig seyn dürfte, in zwei Vorstädten, wo eine mit der andern wetteifert, ein mit gut gewählten Stücken, und Decorationen versehenes Theater zu finden, bitten unterfertigte nochmahls unterthänigst um die Gewährung dieses Privilegiums Decrets und versprechen auch in Zukunft, Ordnung, Sitten, und Wohlanständigkeit, nie in ihrer Unternehmung ausser Acht zu lassen.

Wien den 11 May 790

Josef Edler v. Bauernfeld
Companion Emanuel Schickaneder.«

Leopold II. stimmte diesem Gesuch am 21. Juni 1790 zu; fortan firmierte das Haus als »K. K. priv. Wiedner Theater« und führte den Adler im Schilde.

Ein Blick ins Repertoire zeigt, auf der Wieden spielte man Lust- und Trauerspiele von Iffland, Eckartshausen und vergessenen Autoren wie Beil, Dyk und Schink. Immer wieder präsentierte Schikaneder aber auch eigene Werke: z.B. »Jakob und Nannerl oder Der angenehme Traum«, »Philippine Welserin oder Die schöne Herzogin« und »Hans Dollinger oder Das heimliche Blutgericht«.

Besonders erfolgreich waren die romantisch-komische Oper »Oberon, König der Elfen«, nach Giesekes Libretto[12] mit der Musik von Paul Wranitzky[13], die Leopold II.

12 Gieseke hatte dazu, wie seinerzeit üblich, Anleihen gemacht und F. S. Seylers 1789 erschienes Stück »Hüon und Amanda« kräftig ausgeschlachtet. Die Autorin konnte sich aber nicht mehr, wie Bretzner bei Stephanies d.J. ähnlich gelagertem »Entführung«-Delikt beschweren, da sie 14 Tage nach der Wiener Premiere des »Oberon« verstarb.

13 Deutsch gibt a. a. O. S. 15 an, daß Wranitzky Mitglied der Loge »Zur gekrönten Hoffnung« war. Das trifft nicht zu. Allein in der Mitgliederliste der »Neugekrönten Hoffnung« vom März 1786 taucht Wranitzki unter den Ehrenmitgliedern und besuchenden Brüdern als Meister mit dem Charakter eines »Musikdirektor bei der deutschen Oper im k.k.Hoftheater« auf. 1787 -1790 ist er in den Logenlisten der »Neugekrönten Hoffnung« nicht mehr vorhanden.

anläßlich seiner Krönung in Frankfurt aufführen ließ, und die heiter-komische Oper »Der Stein des Weisen oder Die Zauberinsel« nach Schikaneders Buch und der Musik vom späteren Tamino Benedikt Schack. Beide Werke waren nach Wielands bekannten Vorlagen gearbeitet. Das Theater auf der Wieden reüssierte und war für Marinellis Haus in der Leopoldstadt eine ernsthafte Konkurrenz.

In Wien kursierte jetzt das Gerücht, daß Schikaneder seine Zahlungen einstellen werde. Gegen solch gefährliches Insolvenzgerede setzte er am 2. Februar 1791 eine »Erinnerung an das Publikum« in die Wiener Zeitung:[14]

»Da das Gerücht sich allgemein verbreitet, daß das Theater im fürstl. Starhembergischen Freyhause auf der Wieden sehr verschuldet sey, und dieses falsche Gerücht besagtes Theater in übeln Kredit setzen könnte, so glaubt Herr Emanuel Schickaneder, als Mitunternehmer dieses Schauspielhauses, die Erinnerung an das verehrungswürdige Publikum seiner Ehre schuldig zu seyn, daß der allgemein verbreitete Ruf weder ihm selbst, noch die Direktion im geringsten angehen könnte, indem alle das Theater betreffende Ausgaben wöchentlich und ohne Aufschub gezahlet werden, folglich weder er noch die Direktion etwas schuldig ist.

Herr Emanuel Schickaneder nimmt sich also die Freyheit sämmtliche Gönner des Wiedner Theaters zu versichern, daß ohngeachtet des zum Nachtheil dieser Schaubühne bestehenden, aber unbegründeten Rufes, selbe immerfort mit der bereits bekannten Auszeichnung und Aufwand, und mit der nämlichen guten Auswahl der Stücke zur Zufriedenheit des verehrungswürdigsten Publikums bestehen, und unterhalten werden solle.

Wien den 1. Hornung 1791.«

Diese Mitteilung wurde in den beiden Folgenummern der Wiener Zeitung wiederholt.[15] Auffallend ist, daß Joseph von Bauernfeld nicht mitunterzeichnet. Er steht am 25. Juni 1791 als »Entrepreneur des Vorstadt Theaters mit dem Dr. Daus« auf der Audienzliste des Kaisers.[16] Vielleicht reichte ihm das Wasser bereits bis zum Halse.

Die ungünstige Situation in Wien hatte sich im Frühjar 1791 weiter verschlechtert. Schon im Herbst waren die Lebensmittelpreise gestiegen[17], hatten z.B. sämtliche Orgel- und Instrumentenmacher um Abhilfe ihrer Beschwerden »in Ansehung ihres gekränkten Nahrungsstandes«[18] gebeten, kam Salieri um Ersatz für in diesem Jahr entgangene Opernkomposition ein. Anton Stadler wuchsen die Schulden bereits über den Kopf[19], und Paul Wranitzky versuchte noch bei der Hofkapelle angestellt

14 WZ 1791 Nr. 10 vom 2. 2., S. 267, Erstveröffentlichung.

15 WZ 1791 Nr. 11 v. 5. 2, S. 296; dto WZ 1791 vom 9. 2.,S. 330.

16 KAP 78b Audienz-Lista vom 25. Juni 1791 Nr. 86.

17 KAP 58 Nr. 2454 vom 16. 8. 1790.

18 KAP 52 Nr. 712 vom 7 .9. 1790.

19 Regelmäßig steht er auf der kaiserlichen Audienzliste. Vgl. KAP Audienz-Protokoll pro 1790 passim. Er hat 1793 4000 Gulden Schulden, »die er sich durch widrige Unglücksfälle nothwendig zuziehen mußte« und bittet um Urlaub auf ein Jahr. 1 Gen.Int.ad 21/1793 1. Buch f. 116.

zu werden.[20] Mozart selbst stand vor dem finanziellen Ruin. Er mußte am 15. Januar in der Nummer 5 der Wiener Zeitung (S.126) annoncieren:

> **»Orgel zu verkaufen.**
> In der Rauhensteingasse Nr.970 im ersten Stock
> auf der hintern Stiege ist eine gute Orgel
> von einem berühmten Meister zu verkaufen.«[21]

Interessenten für das Instrument meldeten sich zunächst nicht, daher ließ Mozart sein Inserat in den folgenden Ausgaben der Wiener Zeitung viermal (!) wiederholen.[22] Er muß aber seine Orgel, von deren Existenz bisher niemand wußte, schließlich verkauft haben, denn sie erscheint nicht im Nachlaßverzeichnis.[23]

Schikaneder hatte beim Kaiser am 7. Februar eine weitere Audienz.[24] Vermutlich trug er die Probleme des Wiedner Theaters an höchster Stelle vor. Am 14. Juni kam er offiziell »um Zueignung einer Schrift« ein.[25]

Am 28. Juli und am 1. August 1791 steht Schikaneder wiederum auf den kaiserlichen Audienzlisten.[26] Er muß um Rettung des ramponierten Rufes seines Theaters durch eine demonstrative Geste gebeten und den Kaiser zu einem Besuch seines Theaters eingeladen haben. Denn am 3. August beehren die allerhöchsten Herrschaften, Leopold II., der Thronfolger Franz und der Erzherzog Alexander das k. k. priviligierte Theater auf der Wieden. Man gab »Ludwig Herzog von Steiermark oder Sarmäts Feuerbär«, ein Schauspiel in vier Akten nach einem alten Volksmärchen von Schikaneders Frau Eleonore.

Eine Katastrophe für Schikaneder und sein Theater braute sich nun durch das leichtsinnige Finanzgebahren des Gesellschafters zusammen. Joseph von Bauernfeld fallierte, und die Wiener Zeitung druckte folgende Prodigalitätserklärung ab:[27]

20 KAP 78c Nr. 1436 vom 2. 2. 1791.

21 Daß Mozarts Wohnung im ersten Stock Rauhensteingasse 970 lag und tatsächlich durch die hintere Stiege zugänglich war, hat unlängst H. C. Robbins Landon »1791. Mozarts letztes Jahr« S. 250 erneut mit Plänen und Rekonstruktionen belegt.

22 WZ 1791 Nr. 6 bis Nr.9 vom 18., 22., 26. und 29.Januar 1791. S. 155, 182, 211, und 239. Im Exemplar des HHStA Wien unvollständig. Paul Haslinger, Wien, machte den Autor dankenswerter Weise auf das vollständige Exemplar der WZ in der Wiener Stadtbibliothek aufmerksam und ergänzte die Daten der Erstauflage wie vorstehend.

23 In Mozarts Bearbeitung von Händels Messias sind Einsätze für die Orgel vermerkt und die Bezifferung hinzugefügt. Es darf an dieser Stelle die Hypothese aufgestellt werden, daß Mozart seine Orgel im Continuo seiner Bearbeitungen von Händels Oratorien benutzt hat. A. Holzschneiders Ausführungen in NMA X 28,1,2 »Der Messias« S.XI sind daher angesichts des neuen Faktums zu modifizieren.

24 KAP Audienz-Protkoll pro 1790 bis März 1791. Audienz Lista pro Mense Februarijo 791. Nr. 4.

25 KAP 78d Bittschriften Index und Protokoll 1791: Juny 14 B.Ö.Kanzley Nr. 5469 /Name der Person/ Schikaneder Emanuel /Gegenstand der Bitte/ Zueignung einer Schrift. Weitere Einzelheiten dazu sind bisher unbekannt.

26 KAP 80 f. 70v Nr.41 bzw. f. 72v Nr. 56.

27 Anhang zur WZ Nr. 69 vom 27.8.1791 S. 2236.

»Von dem k.k.n[ieder] öst[erreichischen] Landrecht wird hiemit bekannt gemacht: Es sey für nöthig befunden worden, den Joseph Edlen v. Bauernfeld, k. k. priv. Schauspielunternehmer, wegen dessen beträchtlichen Schuldenwesen, durch gegenwärtiges Edikt, als Verschwender zu erklären, und demselben den Herrn Peter Edlen v. Braun zum Curator zuzustellen. Welches jedermann zu dem Ende hiemit öffentlich erinnert wird, daß niemand mit ersagten Joseph v. Bauernfeld einige Geschäfte eingehen, Contracte abschliessen, oder demselben ein Darlehen leisten soll, widrigens ein solcher Darleiher seines gemachten Darleihens verlustiget, und die abgeschlossenen Geschäfte und Kontrakte null und nichtig seyn sollen. Wornach man sich von Seite des Publikums zu achten und für den Schaden zu hütten (sic) wissen soll. Wien, den 13. August 1791.«

Am 18. August 1791 sprach Schikaneder ein letztes Mal beim Kaiser vor.[28]

Dies war das Vorspiel zu Mozarts »Zauberflöte«, die bekanntlich am 30. September 1791 uraufgeführt wurde.

28 KAP 80 f. 78v Nr. 122. Daß Leopold II. sich persönlich für die Wiener Vorstadttheater interessierte, bestätigt Zinzendorf (Tagebuch Bd. 36 fol. 21) am 29. 1. 1791: »L'Emp[ereur] a eté a la chasse, dine a l'Augarten et vu chez Casperl.«

EPHR. JOSEPH HIRSCHFELD.

»Ich weis, daß mein Erloeser lebet, und er wird mich hernach aus der Erden auferwecken.« »Und werde alsdañ mit dieser meiner Haut umgeben werden, und werde in meinem Fleische Gott sehen.« »Denselben werde Ich mir sehen und Meine Augen werden ihn sehen, und kein Fremder.« *Hiob. Cap. XIX. Vers 25, 26, 27*

Archiv van het Groot-Oosten der Nederlanden.
Handschriften der Klossianischen Bibliotheek, Den Haag.

Enthüllter Zahlenzauber der Zauberflöte

oder

Man sieht recht,
wie sehr und immer mehr
diese Oper steigt

»Ich muß Ihnen übrigens auch das jenige, was Ihnen M hierüber gesagt hat, in Wahrheit bestätigen: daß über die wichtigsten und interessantesten Stellen ein Schleier gezogen ist, welcher aus guten Gründen, freilich nicht so bald für die Beruffenen, als für die Auserwählten, durch einen systematischen privat-Unterricht aufgezogen werden kann und darf, um klar und deutlich und hell zu sehen.
Alles was der unsterbliche Mozart componiert hat, ist ein wahrhaftes canticum oder besser Sanctum; allein seine Zauberflöte ist und bleibt in alle Ewigkeit: das canticum canticorum oder Sanctum sanctorum, und demnach kläfften manche Südel=Componisten aus vollem Halse: er hätte in dieser alles übertreffenden Opera himmelschreiend und ganz unverantwordlich gegen die Regeln der Declamation gefehlt.
O Sancta Simplicitas . . .

Offenbach 24te Januar 1818

[Ephraim Joseph] Hirschfeld«

Archiv van het Groot-Oosten der Nederlanden.
Handschriften der Klossianischen Bibliotheek, Den Haag.

5.1 Titelblatt in Tönen

Ins Auge fällt der Titel: »Zauberflöte. Mozarts eigne Handschrift.« So steht er auf der ersten Seite der autographen Partitur. Keine überraschende Neuigkeit! Was wollte man anders am Beginn des Werkes erwarten? Wer Mozarts eigene Handschrift kennt, sieht aber auf den ersten Blick: Diese Eintragung stammt keineswegs von ihm selbst. Sie ist später - wohl beim Ordnen des Nachlasses - vom Legationsrat Nissen geschrieben und rückt das fein abgestimmte Ebenmaß des ersten Blattes optisch arg aus dem Rahmen. Ursprünglich stand von Mozarts Hand, federleicht unterstrichen, allein am Kopf der Seite: »Ouverture«, kein Wort mehr, weder Titel noch Autor. Dies klare Bild ist heute verunziert durch korrigierte Nummerierungen und einen Tintenklecks.

Blättert man weiter, so öffnet sich mit Taminos Hilferufen der Vorhang. Das Spiel beginnt, ohne daß Leser und Hörer erfahren, wie es heißt und wem man's verdankt. Denn die zweite Nummer trägt auch nur die Überschrift »Introduction« ohne Titelangabe und hier, am Anfang des Stückes, mit dem wahrscheinlich die Niederschrift des ganzen Werkes begann, steht weder der Name des Komponisten noch der eines Librettisten. Mutmaßlich ist das Werk gar nicht von Mozart, hört man schon fragen, und vielleicht hat sich der Texter der Titelanleihe bei Wieland geschämt. Gemach, Freunde, ehe ihr diese Musik vorschnell dem Süßmayer zuschreibt und Schikaneder und Genossen so zart besaitet, sind weitere Überlegungen ratsam.

Der Komponist ließ, wie zu seiner Zeit üblich, die Partitur ohne nähere Angaben über die Herkunft des Librettos. Ungewöhnlich ist, daß er den Haupttitel des Werkes und seinen eigenen Namen nicht nennt. Wie dankbar wäre aber mancher Musikwissenschaftler für einen kurzen Hinweis auf die Verseschmiede gewesen, wieviel Frieden waltete seit mehr als einem Jahrhundert zwischen nun tief zerstrittenen Parteien, hätte nur Mozart klar und eindeutig auf dem Titelblatt des Autographs angegeben:

ZAUBERFLOETE

Neues Singspiel in zwey Aufzügen

Poeten
Ludwig Gieseke
Schikaneder der Jüngere

Compositeur
Wolfgang Amadè Mozart
Kapellmeister in wirklichen k. k. Diensten

Ein Titelblatt mit genau diesem Inhalt, Wort für Wort, Buchstabe für Buchstabe, - und einiges mehr - ist in der autographen Partitur vorhanden. Aber die Schrift ist verschlüsselt, der Schlüssel nicht unbekannt. Nur wußte niemand bisher, daß der Komponist ihn benutzte. Er eröffnet tiefe Einsichten in das Wesen des Werkes und erschließt eine neue Dimension in Mozarts Denken.

Den ersten Einstieg in diese neue Informationsebene der Partitur bietet das Vorspiel zur Introduktion (= Takt 1-17.2), mit dem Mozart die Niederschrift seines Werkes begann. Zählt man die Noten der ersten Violine und des Basses, also jener Außenstimmen der Partitur, die Mozart zunächst niederzuschreiben pflegte, so enthält:

Violine I = 129 Töne,
Baß = 87 Töne.

Nach dem Zahlenalphabet: A = 1, B = 2, C = 3 etc., I = J = 9, U = V = 20, Z = 24 ist die Summe der Buchstaben des Wortes

Z	+ A	+ U	+ B	+ E	+ R	+ F	+ L	+ O	+ E	+ T	+ E	
24	+ 1	+ 20	+ 2	+ 5	+ 17	+ 6	+ 11	+ 14	+ 5	+ 19	+ 5	= 129,

und die Summe der Buchstaben des Wortes

M	+ O	+ Z	+ A	+ R	+ T	
12	+ 14	+ 24	+ 1	+ 17	+ 19	= 87.

So ergibt sich die merkwürdige Gleichung:

Violine I = 129 = Zauberflöte
Baß = 87 = Mozart

Die Anzahl der notierten Töne ist identisch mit der Buchstabensumme des entsprechenden Wortes. Mozart gestaltet ein Kryptogramm, das heißt, er versteckt nach einem bestimmten System Buchstaben, die eine über den musikalischen Sinn hinausgehende Information liefern. Auf diese Weise sind schon zu Anfang der ersten Niederschrift der Introduktion Werktitel und Autor genannt.

Das Vorspiel zur Introduktion enthält, ebenso chiffriert mit dem Zahlenalphabet, die weiteren Informationen, die beim zweiten Arbeitsgang des Komponisten, beim Instrumentieren der Partitur, notiert wurden. Um sie zu entziffern, muß man die Noten sämtlicher Instrumentalpartien auszählen.

Violine I	=	129		=	Zauberflöte		
Violine II	=	56	} 146	=	Compositeur		
Viola	=	90					
Basso	=	87		=	Mozart		
Streicher	=	362		=	Neues Singspiel in zwey Aufzügen		
Oboen	=	69					
Fagotte	=	71		=	Poeten	} 131	= Ludwig Gieseke
Hörner	=	60		=			
Trompeten+Pauken	=	79		=	Emmanuel		
Bläser ingesamt	=	200		=	Schikaneder der Jüngere		
Tutti	=	562		=	Wolfgang Amadè Mozart, Kapellmeister in wirklichen k.k.Diensten		

In dieser Aufstellung sind die im Autograph nachträglich gestrichenen Trompeten und Pauken berücksichtigt. Zieht man diese zusätzlich heran, erscheint der Zahlenwert von Schikaneders Vornamen präzis in der Schreibweise mit »mm«, wie im Erstdruck des Textbuches der Zauberflöte 1791 bei Ignaz Alberti in Wien zu lesen.

Doppelt gegeben ist neben dem Namen des Komponisten auch der Titel des Werkes, denn die Werte der Oboen und der Hörner

Oboen = 69 = Zauber
Hörner = 60 = Flöte

bestätigen in den Summanden von 129 (= 60 + 69) jeweils eine Worthälfte. Die Zahl der zweiten Violine (56), die der Bratsche (90) und schließlich die Summe aller Instrumente (641) beinhalten eine Widmung. Wir werden sie später beleuchten.

Denn zunächst gilt es, die Art und Weise der Niederschrift dieser neuen Informationen zu erläutern. Es ist ja nicht ohne weiteres einzusehen, daß ein Komponist beim Notieren seiner Musik andere Absichten hat, als den Sinnträger Klang in den Sinnträger Schrift zu überführen und ihn so vor dem Verklingen und Vergessen zu bewahren. Die uns geläufige musikalische Schreibweise bietet dazu seit den Tagen der Mensuralnotation bekannte Hilfsmittel, die Tonhöhe durch Anordnung des Notenkopfes im Linearsystem, die Tondauer aber durch Kopf, Hals und Fähnchen oder Balken zu fixieren. Außerdem führte das mühsame und zeitraubende Geschäft des Notenkopierens in der Praxis dazu, stereotype Wendungen durch Abkürzungen zu ersetzen, die schließlich zum festen Bestandteil des Schriftbildes wurden. Die autographe Partitur der Zauberflöte bietet eine Musterkollektion derartiger Abbreviaturen. So kommt es z.B., daß tatsächlich die Anzahl der erklingenden und die

Anzahl der notierten Töne der ersten Violine im Vorspiel zur Introduktion differiert: nur 129 Notenhälse sind notiert, gespielt werden aber 141 Noten, weil Takt 14 statt der Tonrepetition die Aufteilung jedes einzelnen Viertels in eine Trommelfigur enthält.

Anstelle von 16 Notenköpfen und Hälsen sind nur 4 niedergeschrieben, 12 wurden erspart. Schauen wir uns die Liste an, die die im Autograph der Zauberflöte verwendeten Wiederholungszeichen enthält, so entdecken wir eine Fülle verschiedener Möglichkeiten, die Anzahl der unbedingt notwendigen Noten zu reduzieren:

1. Wiederholungszeichen »come primo«, »da capo« und »dal segno« etc. anstelle des nochmaligen Ausschreibens von ganzen Satzabschnitten, Formteilen oder Taktgruppen.
2. Wiederholung eines einzelnen Taktes wird durch die Bezeichnung »bis«(lat.= zweimal) gefordert.
3. Zeichen für die Wiederholung desselben Taktes ⁄·, scherzhaft »Faulenzer« genannt.
4. Zeichen für die Tonrepetition (Trommelfigur)

Hinzu kommt noch die Reduktionsmöglichkeit durch colla-parte-Anweisungen, die die verschiedenen Instrumente im Einklang oder in der Oktave zusammengehen lassen. Mozart nutzt sie vielfältig, um den Schreibaufwand zu begrenzen. Dies ist aber nicht der einzige Grund für ihren Einsatz. In Wahrheit schuf er durch gezielten Einsatz der Abbreviaturen zusätzlich ein variables System, mit dem er - in gewissen Grenzen - jede gewünschte Zahl darstellen konnte, ohne daß er - und das ist wichtig - auch nur einen einzigen Ton seiner Komposition ändern mußte. Die Zahlen aber stehen für einen zunächst unbekannten Wortschatz, der durch das Zahlenalphabet entziffert werden kann. Da diese Kürzel in den modernen Mozart-Editionen meist aufgelöst wurden, weicht die Notation z.B der Alten wie der Neuen Mozart Ausgabe in diesem Punkt weit von Mozarts eigenhändiger Niederschrift ab. Diese Notendrukke enthalten die verborgenen Angaben des Komponisten nur dort, wo sich der Abdruck diplomatisch genau an die Urschrift hält.[1]

Im Zweifel ist aber immer das zauberhafte Mozartsche Originalmanuskript in der Deutschen Staatsbibliothek in Ostberlin für des Rätsels Lösung die letzte authentische Instanz. Ihm und seinen liebenswürdigen Hütern verdankt die vorliegende Darstellung alle wesentlichen Informationen.

1 Ein seltener Fall dieser Art liegt vor im Zweifarbendruck der »Partitur der W.A.Mozart'schen Ouverture zu seiner Oper DIE ZAUBERFLÖTE, in genauer Übereinstimmung mit dem Manuscript des Komponisten, so wie er solches entworfen, instrumentirt und beendet hat, herausgegeben und mit einem Vorbericht begleitet von J.A.Andre. Offenbach a/M.« Er stammt aus dem Jahre 1829 und tröstet über die blassen und unleserlichen Passagen der Ouverture im Leipziger VEB-Faksimile-Druck von 1979 hinweg.

5.2 Ohnmächtiger Prinz und grimmiger Löwe

Schlangenbedroht sei er, so singt er, und waffenlos sinkt er in Ohnmacht, der schöne Heldentenor. Welche Blamage! Taminos ruhmlose Flucht »in einem prächtigen japonischen Jagdkleide« eröffnet ein Wanderdrama, in dem alle Beteiligten pausenlos unterwegs bleiben. »Javonischen« Ursprungs, wie zu lesen ist[1], kann die merkwürdige Textilie nicht sein. Eine fehlende Unterlänge des p, die diesen Fraktur-Buchstaben vom v unterscheidet, ist schlichtweg der Grund, der dem Prinzen einen Schneider aus Java andichtet.

Im Erstdruck des Textbuches ist diese Unterlänge schwach gedruckt und im Faksimile ganz unterblieben, so daß aus »japonisch« »javonisch« wurde.

Taminos Gewand deutet an: Der Mann kommt aus Japan, das heißt, aus dem äußersten Osten, dem Land der aufgehenden Sonne. Woher auch sonst sollte er kommen, wird jeder, eingeweiht in die Geheimnisse der Zauberflöte, fragen. Fürstliche Abstammung bekunden bereits die ersten gesungenen Worte. Denn die Anzahl der Töne Taminos (Takt 17.3-40.1) beträgt 78. Und 78 bedeutet nach dem Zahlenalphabet: *Prinz*.

$$\begin{array}{l} P \;\; + R + I \;\; + N + Z \\ 15 + 17 + 9 \;\; + 13 + 24 = 78 \end{array}$$

Dies alles geschieht in einem Felsentheater, auf dem neben »gangbaren Bergen« - wie man sich da nur verirren konnte - auch ein »runder Tempel« erbaut ist. Die 147 Noten der Bässe, gezählt von Beginn bis zum Auftritt der Drei Damen (Takt 1-39.4), präzisieren die Angaben des Textbuches zum Tempel: 147 bedeutet nach dem Zahlenalphabet: *Tempel der Isis*.

Ursprünglich verfolgte ein »grimmiger Löwe« den Prinzen, sagt Mozarts Handschrift. Dieser Löwe samt den majestätischen Pauken und Trompeten, die seinen Auftritt markierten, ist sehr spät gegen die »listige Schlange« getauscht worden. Mozart ließ sich dazu am Ende der Arbeit, aber - wie das Autograph zeigt - nicht endgültig bewegen, denn die Partien der Pauken und Trompeten des Löwen sind mit

[1] Die Zauberflöte, hrg. v. A. Csampai u.a., Hamburg 1982, S. 23.

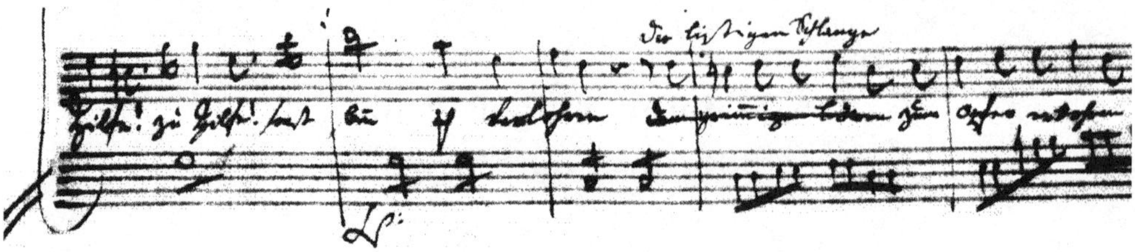

Ausschnitt (fol. 16v) aus dem Autograph der Zauberflöte.
Mozart korrigiert »der listigen Schlange« aus »dem grimmigen Löwen«.

zarter Feder weiträumig durchstrichen, blieben klar lesbar und wurden keineswegs wie andere annullierte Stellen eindeutig kanzelliert. Dieser Löwe entsprach nämlich den ursprünglichen Intentionen der Schöpfer der Zauberflöte sehr genau und wurde erst, nachdem das ganze Werk fertiggestellt war, in letzter Minute beurlaubt. Ein Theater-Löwe macht leicht an der falschen Stelle komischen Effekt, möchte man annehmen. Das ist aber nicht der wahre Grund. Eher spielt hier die von der kaiserlichen Zensur in allerhöchstem Auftrag beschlagnahmte Broschüre »Die Lebensgeschichte des Löwen R R R R in die deutsche Sprache überbracht von einem afrikanischen Affen aus dem Löwenthum RW WR WR RW«[2], eine fatale Rolle, deren Titelfigur wohl zu peinlichen Parallelen zum regierenden Monarchen Anlaß gab. Das Risiko einer Gedankenassoziation war Schikaneder zu groß, er plädierte für Tausch und Mozart mußte sich fügen.

Hier jedenfalls wurde in die bereits abgeschlossene Partitur eingegriffen. Und da in jeder Legende ein Körnchen Wahrheit verborgen liegt, mag an dieser Stelle die absurde »Bruchtheorie« ihren Ursprung haben, nach der irgendwann die Protagonisten des Stückes ideologisch umgepolt worden seien. Denn bei diesem Arbeitsgang hat Mozart nicht nur die erwähnten Trompeten und Pauken des Löwen der Schlange geopfert, sondern auch neue auf einem gesonderten Blatt beigefügt, die auf dem zwölfzeiligen Notenpapier der Partitur keinen Platz mehr fanden. Daher feiern die drei Damen Taminos Befreiung von der listigen Schlange (»Stirb Ungeheur durch unsre Macht!«) sozusagen mit den Trompeten und Pauken, die dem Löwen genommen wurden. Dies beweist eine zusätzliche Paginierung des zweiten Aktes im Autograph, die, im Faksimile kaum lesbar, im Original zweifelsohne vom Komponisten selbst stammt. Dabei wurde ein separater Bogen von Mozart nicht berücksichtigt, weil er - sehr simpel - bei der Zählung noch gar nicht vorlag; er ist erst später hinzugefügt, von fremder Hand bezeichnet und enthält die Trompeten und Pauken der Schlangen-Fassung. (Vgl. fol. 219 des Autographs.)

[2] Das Werkchen ist, soweit ich sehe, in deutschen Bibliotheken nicht nachgewiesen. Es erschien in Leipzig 1791 bei Nauck und im gleichen Jahr in Berlin bei Himburg und erregte in Wien den Zorn Kaiser Leopolds, der am 12. September 1791 an Graf Sauer dekretierte die 2 Piècen: Le Secret de la Coalition des Ennemis de la Revolution francaise, und die Lebensgeschichte des Löwen betr. dekretierte: »Diese Piècen sind allerdings, besonders aber jene unter dem Titl Lebensgeschichte des Löwen, auf das strengste zu verbiethen, und wieder dessen Verbreitung zu wachen.« KAP über die Cabinetts Resoluzionen vom 1ten August bis 31. December 1791 Nr. 202. Der böhmische Löwe war Wappentier der Habsburger und wurde auf die Dukaten geprägt.

Musikalisch aber blieb der Löwe, ohne Pauken und Trompeten ein wenig domestiziert, stets gegenwärtig. Und wer an dieser Stelle den Kopf schüttelt und's nicht glauben mag, der schaue getrost einmal in die Partitur: Er wird, wenn er will, den Löwen sogar brüllen hören. Aber wo? Diese Frage kann jeder musikalische Leser beim Lesen des Stückes selbst leicht beantworten. Die listige Schlange wird ihn nicht stören, denn - Mozart hat sie nicht komponiert.

Wer aber nicht hören will, muß zählen.

Summiert man nämlich die Töne der zweiten Violine vom Beginn der Introduktion an bis zu Taminos erstem Hilferuf (= Takt 1 - 17.2), so ergibt sich die asiatische Schreckenszahl 56. Und 56 bedeutet nach dem Zahlenalphabet: *Loewe.*

Bleibt festzuhalten, daß die von Mozart zuerst intendierte Instrumentation seiner Introduktion zur Zauberflöte bisher noch nicht erklungen ist. Wir haben noch eine interessante Uraufführung vor uns!

—

5.3 Die fünf Sinne als Vogelfänger

Es muß irgendwann in den fünfziger Jahren des 18. Jahrhunderts gewesen sein - das genaue Datum ist nicht bekannt - daß in der Salzburger Universität ein Stück mit folgendem Titel über die Bühne ging:

Geistliches
Schäfergedicht.
Oder
Der gute Hirt.
In einem Singspiele
Vorgestellet und verfasset
Von
Johann Andree Schachtner/ Hoch-
fürstl. Hoftrompeter,
Und in die Musik gebracht
Von
Leopold Mozart Hochfürstl. Cam-
mermusikus.

SALZBURG,
Gedruckt bey Johann Joseph Mayrs, Hof- und Akademi-
schen Buchdruckers seel Erbin.

Darin treten in echt jesuitisch-barocker Theatermanier folgende »unterredende Personen« auf:

Unterredende Personen.

Die Gnade GOttes; als der gute Hirt.
Der Glauben; | als zween ihm untergebe-
Die Vernunft; | ne Schäfer.
Der Willen; als das verlohrne Schaaf.

In dem Chor.

Die fünf Sinne; als die unteregbene Heer-
de der beyden Schäfer, des Glaubens/
und der Vernunft.

Die fromme Moral der Geschichte ist nicht schwer zu erraten, denn zum guten Schluß verkündet der Chor der »Fünf Sinne«:

Chor.

Wir wollen uns zugleich
O HErr! mit dir erfreuen,
Da du so gnadenreich
Der Boßheit kannst verzeihen:
Schaff, daß uns fernerhin
Die beyden Schäfer weisen;
So bleibt uns der Gewinn,
Den du uns einst verheissen.

Es ist nicht ausgeschlossen, daß Mozart dieses Stück mit der Musik seines Vaters, wenn auch Jahre später, kennengelernt hat.

Genauer datierbar ist ein Stück aus dieser Reihe, das 1758 wiederum von Schachtner, dem Salzburger Intimus der Mozart-Familie, aus dem Lateinischen in deutsche Verse übersetzt und mit einer Widmung an Fürst Sigismund Schrattenbach, dem Salzburger Erzbischof und Landesherrn, gedruckt wurde. Sein Titel lautet:

Geistliche Schaubühne,
oder:
Der
Heilige Augustin
in seiner Bekehrung.

Im Vorbericht heißt es:

»Wir zeigen diese vortreffliche Bekehrung in ihrem Anfange, in ihren Hindernissen, in dem Streite mit sich selbst, in dem Siege, und endlich in dem Nutzen des Sieges; wir zeigen in den vorangesetzten Musiken, erstens, den Glauben, zweytens die Furcht Gottes, drittens die Hoffnung, viertens, die Liebe, und fünftens, die Uebung einer anständigen neuen geistvollen Lebensart, als ordentliche Mittel zur Bekehrung an.

Der fromme Leser, oder Zuschauer bilde sich in der Person Augustins seine eigene ein: denn, ob er sich schon nicht etwa auf gleiche Weise schuldig findet, so wird er doch nicht allenthalben gar unschuldig seyn. Ein jeder Mensch bedarf einiger Bekehrung, entweder aus einem boshaften Menschen, in einen guten, oder aus einem guten in einen besseren.«

In Verlauf der fünf Betrachtungen sind als Intermedien Zwischenmusiken eingelegt, die mit folgenden Worten eingeführt werden:

»Zwischenmusik

Der Anfang einer ernstlichen Bekehrung entstehet aus der Erkänntniß seiner selbst: diese aber wird von der Gnade, vom Glauben, und von der Erforschung des Gewissens ausgewirket.

Personen

Anthropus, oder der sündige Mensch.
Die Gnade Gottes, in der Person eines Bothens.
Der Glauben, in der Person eines Portners.

Die Schaubühne stellet vor ein mit dichter Finsterniß umgebenes Haus, bey dessen Thüre der Glauben schläft, welcher von der Gnade aufgewecket wird.«

In der zweiten Zwischenmusik tritt die Furcht Gottes in der Person eines Tagelöhners zu den oben angegeben allegorischen Figuren. Besonders interessant ist, daß dem sündigen Menschen, Anthropus, nun die fünf Sinne, als Vogelfänger personifiziert, zugesellt werden. Die Bühne stellt einen Wald vor, in welchem die Sinne ihren Vogelfang angestellt haben, dabei ist Vogelgesang zu hören. Gottesfurcht, Glaube und Gnade kommentieren das Schauspiel der Sinne, die ihren spezifischen Genüssen nachjagen:

»Furcht: O wie beschäftigt sind die Vogelfänger nicht!
Und wie geschwätzig ist
Der Vögeln reges Heer, dem ihre List
So manche Falle angericht!
Glaub : So weit hat sich der tolle Mensch vergangen,
Daß er zu seiner Freud so eitle Mücken fängt!
Gnad: Vielmehr, statt daß er selbe fängt,
wird er von ihnen selbst gefangen;
So sehr ist er betört!
Gesicht: Ju he! Ihr Brüder! nun ist alles vorgekehrt:
Die Maschen und das Garn sind so mit List gestecket;
Daß sie das flüchtge Heer gewiß zu spät entdecket.
Ihr Vögel! zittert nun;
Wir schreiten alsogleich zu unserm freud'gen Thun.

Geistliche Schaubühne,
oder:
Der
Heilige Augustin in seiner Bekehrung.

Aus dem Lateinischen
des Herrn P. Franz Neumayr,
Priestern der Gesellschaft JEsu, und dermaligen hohen Domstifts-
predigern zu Augsburg,
in deutsche Verse übersetzt
von
Johann Andree Schachtner,
H. S. H. T.,
und auf Gutheissen des Herrn Verfassers
zum Drucke befördert.

Augsburg und Innsbrugg,
Auf Kosten Joseph Wolffs. 1758.
Mit Kaiserl. Privilegio.

Chor der fünf Sinnen:
Alle: Kommt ihr Vögel, uns zur Freude!
Kommt auf diese gute Weide!
Gesicht: Eure schöne Leibsgestalt,
Gehör: Eure Zung, die artig lallt,
Geschmack: Eures Schnabels Elfenbein,
Euer Hals, wo Honig fließt,
Geruch: Eures Kleides Glanz und Schein,
Das wie Balsam lieblich ist,
Gefühl: Und die Lusterfüllten Dinge,
Eure tausend art'ge Springe,
Gesicht/Gehör: Euer Haupt und zierlich Weesen
Geschm. Ger. Gef.: Euer Leib, der auserlesen,
Alle: Machet euch zu unsrer Freude
Kommet her auf diese Weide.«

Die Furcht Gottes räumt selbstredend mit diesen Eitelkeiten des Anthropus auf, sie »klatschet in die Hände und jaget alle Vögel fort«. Der sündige Mensch aber vernimmt in ihr Gottes Stimme.

Sie, »durch welche alles bebet,
Erschütteret die Wüsten,
Wo der vergeilte Sündenbock
In unzuchtvollen Lüsten,
In Schand und Lasterthaten lebet.«

Anthropus, noch unfähig zu redlichem Tun , wird von der Gnade angeleitet. Sie spricht ihm Mut zu:

»Gnade: Ich hilf dir selbst,
daß deine Schwachheit ihre Pflicht
Um so viel leichter thut.
Anthropus: Wohlan, so seys, o Herr!
in deinem Namen! Gut!

(Er hebet die Axt auf, und fängt die Arbeit an, sogleich aber wird der Vorhang zugezogen.)«

Es wird überliefert, daß Mozart als Kind an Aufführungen des Theaters der Salzburger Universität selbst beteiligt gewesen und schon mit fünf Jahren als »Salus« in der Finalkomödie »Sigismundus, Rex Hungariae« über die Bühne gesprungen sei. Der Vogelfänger als allegorische Personifizierung der fünf Sinne des Menschen war Mozart von Kindesbeinen an geläufig. In der Zauberflöte werden Jugenderlebnisse dieser Art wieder lebendig.

Anthropus tritt nun als Tamino in Erscheinung und muß sich mit seinen in Papageno personifizierten Sinnen auseinandersetzen.

Dafür liefert uns Papagenos Auftrittslied wichtige Hinweise, wenn wir die in der autographen Partitur niedergeschriebenen Noten zählen:

Anzahl der Töne und ihre Bedeutung in Nr.3 Papageno: »Der Vogelfänger bin ich ja«						
Ritornell (Takt 1 - 26.3)				Liedstrophe (Takt 26.4 - 50)		
Violine I	123	=	der weise Mann	108	=	Fünf Sinne
(ohne ++)	122	=	Lebenslust	107	=	Unzucht
Violine II	141	=	Frauenzimmer	133	=	der tugendhafte
Viola	135	=	Viele Tausende	127	=	Reisegefährte
Oboen	50	=	Federn } 84 = Elisium	50	}	84 = Elisium
Fagott	34			34		
1 Hörner	98	=	Seeligkeit	92	=	Freyheit
Baß	57	=	Vogel-	54	=	-Fänger
Flötchen	20	=		+20	=	40 = Faun
Papageno	--			84	=	Elisium
Bläser	182			176		
Tutti	657			701		/ (71 = Papageno)

Dieses Kaleidoskop bietet, durch das Zahlenalphabet interpretiert, eine Reihe aufschlußreicher Hinweise und reizvoller Anspielungen.

Am Anfang steht DER WEISE MANN (=123), der in der Erfahrung seiner LEBENSLUST (122) sich mit der realen Existenz seiner FÜNF SINNE (=108) konfrontiert sieht, die ihm ZAUBERDINGE (107) der UNZUCHT (=107) vorgaukeln und ihm als Sinnenmenschen das Gefühl von SEELIGKEIT (98) und FREYHEIT (92) vermitteln, wie die Hörner dartun. Als Fundament gleichsam markieren Orchesterritornell und Liedstrophe in der Anzahl der Baßtöne (57+54) je ein Glied des zusammengesetzten Wortes VOGEL-FÄNGER (57+54). Oboen und Fagotte ergeben zweimal jene Zahl 84, die Papageno selbst aussingt: sie bedeutet ELISIUM (=84).

Das ganze Zahlenspiel läßt, wie wir sehen, viele Deutungen zu. Eine der Geheimschriften, die zu Mozarts Zeiten etwa von den Freimaurern oder im Ziffern-Kabinett Josephs II. zur Chiffrierung diplomatischer Korrespondenzen verwendet wurden, liegt hier aber nicht vor. Weitab von mathematisch eindeutigen Beziehungen ist ein geradezu spielerischer Umgang mit Zahlen und ihren möglichen Bedeutungen zu erkennen, schelmische Lust, alle denkbaren und undenkbaren Querverbindungen auszukosten: aleatorische Kombinatorik anstelle dezidiert-logischer Konsequenz. Diese Absicht ist unübersehbar. Mozart korrumpiert geradezu den Zahlbegriff in seiner quantitativen Dimension als bloße Darstellungsmöglichkeit von Mengen, indem er ohne Rücksicht aufs rationale Moment Zahlen sozusagen als kompositorisches Material ansieht und, Fugenthemen vergleichbar, kontrapunktischen Prozeduren unterwirft. Umkehrung und Krebs, Vergrößerung und

Verkleinerung treten auf. Da werden die Ziffern einer mehrstelligen Zahl in umgekehrter Reihenfolge gelesen und so vertauscht, daß einem Mathematiker die Haare zu Berge stehen, und - fast unnötig zu sagen - eine Null wird, ohne Rücksicht auf Verluste, rigoros als Null interpretiert: sie ist und bleibt ein Nichts, das man vergessen kann. Aus 107 wird so 701, und aus 701 wird 71, - und schon ist mit solchen Kapriolen eine Verbindung zwischen den FÜNF SINNEN (108), ihrem maßlosen Gebrauch in der UNZUCHT (107=) und PAPAGENO (=71) selbst hergestellt. Papagenos ELISIUM (=84), in dem VIELE TAUSENDE (=135) FRAUENZIMMER (=141) SEELIGKEIT(=98) und FREYHEIT (92) in einem erotischen Pandämonium verheißen, ist nichts anderes als die Fiktion eines FAUN (40), wie die 40 Töne des Faunenflötchens dartuen, der den entzündeten Zustand seiner Fünf Sinne offen aussingt und pfeift. Wenn man auf die dargelegte Weise nun 40 in 400 verzaubert, dann läßt sich - durch das Wort ELISIUM (=84) schon nahegelegt - eine Verbindung zur zweiten Arie des Papageno Nr.21 knüpfen. Beide Stücke (Nr.3 und Nr.21, nummerisch verknüpft durch die Quersumme von 21 ist 3.) stehen in engem Zusammenhang zueinander, denn 400, das ist die Zahl folgender Verse:

> *»Ein Mädchen oder Weibchen*
> *wünscht Papageno sich«* (=400)

Diese Weise bläst der Faun (40) auf seinem Flötchen.

Auch die zweite Strophe klingt an in den 122 Tönen der ersten Violine des Ritornells. Denn die Verse:

> *»Dann schmeckte mir trinken und essen*
> *dann könnt ich mit Fürsten mich messen*
> *des Lebens als Weiser mich freun,*
> *und wie im Elisium sein.«* (=1220)

ergeben nach dem Zahlenalphabet 1220. Die Zahl 1220 aber ist der zehnfache Wert des Wortes LEBENSLUST (=122).

Zählt man alle Töne der Bläser im Ritornell zusammen, ist die Summe 182, eine Zahl, die zu 1082 in Beziehung gebracht werden kann, wenn wir die Null - wie gesagt - als ein Nichts ansehen. Auf diese Weise knüpft Mozart eine Verbindung zur dritten Strophe, deren Buchstabensumme genau dieser Zahl entspricht:

> *»Ach kann ich denn keiner von allen*
> *den reizenden Mädchen gefallen*
> *Helf eine mir nur aus der Not*
> *sonst gräm ich mich wahrlich zu Tod.«* (1082)

Auch der Gesang des Vogelfängers ist wohl gegliedert und zwar dreifach in:

40 + 21 + 23 = 84 Töne

und ergibt die Bedeutungskette:

FAUN(=40) + JAGD(=21) + »verkehrte Liebe«(=23/32) = ELISIUM(=84)

Denn die LIEBE(=32) ist verkehrt in 23, indem das Hintere zum Vorderen gemacht wurde, d.h., die beiden Ziffern vertauscht sind. Am Ende des ganzen Stückes steht unübersehbar zweimal die Taktzahl 74; sie bedeutet ZUCHT(=74). Zucht aber fehlt hier gänzlich. Diese Zahl wird nicht realisiert. Das Negative ist Nonens (= Nicht-Sein) und Non-Sens (= Unsinn) zugleich. Diese schlichte Ontologie bekräftigt Mozarts Handschrift auf merkwürdige Weise. Denn mittels der Abbreviatur »dal segno« sind von 74 erklingenden Takten nur 50 niedergeschrieben. Diese 74 aber steht im Autograph auch noch doppelt. Zwei mal 74 macht 148 und heißt:

HIMMEL UND HOELLE (=148); verstanden als konträre Zustände subjektiver Befindlichkeit des Bewußtseins in Folge von Zucht oder Unzucht! Jeder hat hier die Wahl; die Moral der Geschicht' liegt auf der Hand.

Aber kehren wir noch einmal zu Papageno zurück. Wer war nun dieser Reisegefährte des Prinzen? Ihn stellte, wie jedermann weiß,

DER TUGENDHAFTE(= 133) EMMANUEL SCHIKANEDER (=172)

vor. Diese ironische Hänselei wird verständlich, wenn man die Ziffern der Summe der Violatöne, es sind 127, ein bißchen durcheinanderschüttelt und dabei von 127 zu 172 kommt.

Gewiß sind für manchen ernsthaften Musikwissenschaftler derartige Kapriolen schwer nachvollziehbar. Aber sind sie nicht typisch für Mozart? Nehmen wir als Beispiel den »Krebs«, mit dem der Komponist sich witzig verwandelt: GNAGFLOW TRAZOM für MOZART WOLFGANG; oder das scherzhafte Anagramm ROMATZ für MOZART, das er durch Buchstabenversetzen aus seinem Namen bildet. Diese übermütigen Permutationssalti kennen wir aus seinen Briefen. Solche Spielereien entsprechen der Mozartschen Mentalität, das läßt sich nicht leugnen. Sie kommen auch in anderen Werken vor. Im Berliner und Krakauer Autograph von Le Nozze di Figaro dienen verdrehte Taktzahlen nicht etwa dazu, den Kopisten anzuführen. Das Spiel hat ernste Bedeutung und die liegt darin, daß die spontan beim Komponieren auftretenden Taktzahlen etwas symbolisch aussagen, das nicht gemeint ist. Mozart stört's, wenn Zahl und Symbolik verquer stehen. Der Komponist, vollkommen vertraut mit dieser Zahlensymbolik, verändert daher eher durch Zifferntausch den quantitativen Zahlwert statt eine unbeabsichtigte qualitative Sinngebung zu akzeptieren. Ein interessanter Sachverhalt!

Aber noch einmal gefragt:

Wer ist dieser Papageno wirklich? Sein Name, im ersten Teil als Lallwort Papa nicht nur im Griechischen »Papas«(=Vater) vorhanden und im zweiten Teil vom griechischen Verb »gennao«(=zeugen) abgeleitet, sagt prinzipiell alles über seine Bestimmung. Zudem wissen wir bereits: Papageno, der VOGELFAENGER(=111), ist das andere Ich des TAMINO (=68), die Baßinstrumente der Streicher (111) und der Bläser (68) bestätigen es. Und Mozart erläutert weiter: Die personifizierten Fünf Sinne des Prinzen sind der DIENSTBARE GEIST (168), wie wir den Oboen und Fagotten (100 + 68 = 168) entnehmen können, der die gefahrvolle Reise des Königssohnes mitmachen muß.

5.4 Ein Mensch - Tamino

Natürlich hat sich der Löwe auch in Taminos »Bildnis-Arie« eingeschlichen und spielt eine gefährliche Rolle. Sehen wir zu. Tamino hält das BILDNISS DER PAMINA (=161), der KÖNIGSTOCHTER (=161), in der Hand und erlebt, was ihm unbegreiflich erscheint, buchstäblich aussingen muß er's in 161 Tönen bis zum Takt 44, wo die ergreifende Generalpause steht, die Taminos wundersamem Gefühl schweigend einen Namen gibt: AMOR (=44).

Die Violinen berichten bis dahin, daß dieser PRINZ (=78) ein GEFÜHLVOLLES HERZ (=195) hat, die zweiten Violinen wie die Bratschen (=je 129) wissen bereits, daß er die ZAUBERFLÖTE (=129) spielen wird, während die Fagotte (=98) seine SEELIGKEIT und die Hörner (=118) seine ZUNEIGUNG bekunden. Und zählt man alle Töne zusammen, die das Orchester bis zu dieser Emphatpause (Takt 44) spielt, so ergibt sich 904, die Sinnmitte des Ganzen: LIEBESEHNEN (=94). Die Arie hat insgesamt 63 Takte, und diese Zahl 63 steht für die SONNE (=63). Der SONNENPRINZ (154) Tamino ist voller GLÜCKSEELIGKEIT (=154), abzulesen in den ersten Violinen Takt 15.4 - 43, wähnt sich - wie später Papageno - im ELISIUM (=84), der zweite Teil seines Gesangs zeigt es (Takt 45 - 63). Und daß ihn leidenschaftliches Feuer ergreift, bekunden die ersten Violinen (Takt 1 - 63): ES SCHLING MEIN ARM SICH UM SIE HER (=293), lesen wir dort. Nimmt man aber den ganzen Part, den der Prinz aus dem Morgenland singt, von Anfang bis Ende zusammen, so ergibt sich:

Pamina mein, o welch ein Glück (=235).

Und was hat der grimmige LÖWE (=56) nun in diesem schönen »Liebeslied« zu suchen? Er steht vor der Generalpause hinter dem Begriff UNZUCHT (=107) in den Bässen als Summe aller Streichertöne (Takt 1-43) und erinnert an die elfte Tarot-Karte, die »La Force«, »die Kraft, die Stärke,« vorstellt. Auf diesem Schlüssel faßt eine elegant gekleidete Dame einem Löwen mit beiden Händen fest in den Rachen, so daß er nicht mehr zugreifen kann: die staunenerregende Heldentat des Sieges der Frau über das Ungeheuer erscheint wie eine Kleinigkeit. Was meint dieses Bildnis? Stellt es vielleicht die Frau dar, die die Leidenschaften bändigt und die rohen sinnlichen Kräfte einer vergeistigten Erotik dienstbar macht, jene Frau, der wir die Eroberungen der Wissenschaft, die schönen Künste, ja unsere gesamte Kultur verdanken? Court de Gebelin, der tiefschauende Symbolforscher des 18. Jahrhunderts, sah in den Tarot-Karten, die zum Wahrsagen benutzt wurden, Schlüssel zu den Mysterien der altägyptischen Religion. Die 22 hohen Arkanen dieses Spiels, in deren Mitte die 11. Karte »La Force« steht, beziehen sich auf die Gesamtheit des Schicksals einer Person. Man kann sie als die zweiundzwanzig Etappen oder Stufen auf dem Lebensweg und in der Selbsterkenntnis des Ichs verstehen.[1] Tarock, Mozarts Favoritspiel aus Salzburger Tagen, ist übrigens eine bayerische Variante des französischen Tarot.[2]

Nach Bauer, Bildlexikon der Symbole, München 1980, S.358

Jedenfalls weist die Summe aller Streichertöne Takt 1 bis 43 (=560) nicht nur auf den Löwen (LÖWE=56) als Inbild des Schreckens hin, sondern auch auf einen Gebetstext hin, der vorausgreift auf die zukünftige Hochzeit des Königssohnes mit der Königstochter und beiden die wahre Gesinnung erfleht:

O Isis und Osiris schenket
der Weisheit Geist dem neuen Paar. (=560)

Das neue Paar soll in seinem Ehebund eine neue Dimension des Verhältnisses der Geschlechter erfahren. Tamino aber ist ein »Auszubildender«. Die ersten Erlebnisse seiner Lehrjahre des Gefühls vermag er nur ahnungsvoll zu deuten: »Soll die Empfindung Liebe sein«, fragt er sich und bekräftigt überzeugt: »Ja,ja, die Liebe ist's allein.«

1 A.Kielce: Le Tarot, M.A.Editions Paris 1983, S.14.
2 »Allenfalls ergreif ich das nächste Tarockspiel, und aus demselben studir ich die ganze, grosse Geschichte der Welt und des menschlichen Lebens....Und diese geheimnißvollen Blätter, diese erhabenen Symbole sollten weniger aufklären, als die Hieroglyphen der Tapis die Maurer Welt? Freund! ich bin so durchdrungen, so überzeugt, daß ich in Zukunft jede Partey Tarok für einen neuen Schritt zur Heiligkeit ansehen werde.« Erich Servati: Bruchstücke zur Geschichte der deutschen Freymäurerey. Basel 1787 S. 514.

An dieser Stelle scherzt der Texter in einer Rückfrage. Zählt man nämlich sämtliche Buchstaben von Beginn des Stückes bis dahin zusammen, so ergibt sich die Zahl 2240, die, in Mozartscher Weise dezimiert (=224), so zu lesen wäre:

»Sag an Tamino, ist das wahr?« (=224)

TAMINO (=68) wird erst später - bei der Betrachtung von der rechten Seite - die wahre Dimension seines eigenen Wesens erkennen, er ist Prinz, mehr noch, er ist EIN MENSCH (=86), wie Sarastro emphatisch feststellen wird. An Taminos Zahl und ihrem Krebs ist abzulesen: der Prinz muß - bildlich gesprochen - sich erst auf den Kopf stellen, eher er seiner Bestimmung gerecht werden kann:

68 - 86
Tamino - ein Mensch

So muß man lesen.

Lesen aber heißt im Englischen bekanntlich »to read«, und dieses Wort stammt aus der Wortwurzel »raten«(althochdeutsch ratan) und meint ursprünglich »aussinnen«.

Anzahl der Töne und ihre Auslegung
in Nr.4
Tamino: »Dies Bildnis ist bezaubernd schön«

Takt 1 - 43

Violine I	195	=	gefühlvolles Herz
Violine II	129	=	Königssohn /
Viola	129	=	Zauberflöte
Klarinetten	128	=	Weihe der Isis
Fagotte	98	=	Seeligkeit
Hörner	118	=	Zuneigung
Basso	107	=	Unzucht
Streicher	560	=	(56 = Löwe)
Bläser	344	=	Wie stark ist nicht dein Zauberton
Tutti	904	=	(94 = Liebesehnen)
Tamino	161	=	Bildnis der Pamina / Königstochter

5.5 Sternflammende Frau mit Tochter

Unmittelbar fesselnd ist das Bühnenbild: »Die Berge theilen sich auseinander und das Theater verwandelt sich in ein prächtiges Gemach. Die Königinn sitzt auf einem Thron, der mit transparenten Sternen geziert ist.«

Diesen Anweisungen gemäß tritt die erste szenische Verwandlung ein, und aus dem Felsentheater entsteht ein Sternprospekt,- so steht es in Giesekes Textbuch angegeben - der DIE MÄCHTIGE HERRSCHERINN DER NACHT (=290) in den Kreis ihrer Trabanten am Himmelszelt stellt. Die Violinen bestätigen zweifach im Vorspiel ihre Rolle als KÖNIGIN (=80), und das Orchester nimmt bereits ihre Worte vorweg, denn die Summe sämtlicher Töne des Vorspiels (Takt 1-11.1) ergibt 300 und nach dem Zahlenalphabet:

O zittre nicht, mein lieber Sohn. (=300)

Auch die zukünftige Entwicklung des Dramas ist den Instrumenten schon bekannt, denn die Streicher (=241) sprechen aus, was erst der Priester in der »Weisheitslehre« des ersten Finale feststellen wird:

Ein Weib hat also dich berückt. (=241)

Und dieses »Weib«, wenn man es von der rechten Seite (241 - 142) betrachtet, ist niemand anders als die MONDGÖTTINN (142), die SCHMEICHELEY (110) und LIEBE (32) bewegen. Ein HOLDER JÜNGLING (153), ein echter PRINZ (=78), ein lieber Schwieger-SOHN (=58), der UNSCHULDIG, WEISE, FROM(M) (=200) ist, vermag am besten das TIEFBETRÜBTE MUTTERHERZ (=302) zu trösten. So heißt es bekanntlich. Aber, daß all dies auch in Zahlen verschlüsselt in der Partitur niedergelegt ist, das ist erstaunlich. Nach den einschmeichelnden Einleitungsworten des werbenden Rezitativs entdeckt die Königin Tamino, wie kummervoll niedergebeugt sie ist im Gedenken an ihre entschwundene Tochter, um deren Zukunft sie sich sorgend grämt, die ihr fehlt und die sie liebt, wie jede Mutter ihr Kind. Schmerz, Verzweiflung und Resignation bringt das charakteristische g-Moll zum Ausdruck, von Verstellung oder Hinterlist keine Spur! Wohl ist gekränkter Stolz im Spiele, dies verrät die entmachtete Fürstin selbst: 146 Töne umfaßt der erste Teil ihrer Arie »Zum Leiden bin ich auserkohren« (Takt 21.1-61.1) und 146 bedeutet: STOLZES WEIB (=146). Die Königin sagt es selbst, und Tamino zeigt sich beeindruckt. Diese Frau ist die »Leidende« im Sinne der Asiatischen Brüder, in ihr

Anzahl der Töne und ihre Auslegung
im Rezitativ von Nr.5
Königin: »O zittre nicht, mein lieber Sohn«

Takt 1-11.1

Violine I	80	=	Königin
Violine II	80	=	Königin
Viola	23		
Basso	58	=	Papagena
Streicher	241	=	Ein Weib hat also dich berückt
Oboen	18	=	Adam
Fagotte	15		(Vgl.150=Königin der Nacht)
Hörner	26	=	Eva
Bläser	59	=	Mensch
Tutti	300	=	O zittre nicht, mein lieber Sohn,
Tutti(Takt1-10.4)	290	=	Die mächtige Herscherinn der Nacht!

Takt 1-20.4

Violine I	110	=	Schmeicheley } 220 = unschuldig, weise from(m)
Violine II	110		
Viola	53	=	Sohn
Basso	78	=	Prinz
Streicher	351-153	=	Holder Jüngling
Oboen	31		} 59=Mensch
Fagotte	28		
Hörner	32	=	Liebe
Bläser	91		
Tutti	442		
Königin	38	=	Aqua (=lat.Wasser)

verkörpert sich das »Patiens« schlechthin: »ZUM LEIDEN BIN ICH AUSERKOHREN«. (= 275) singt sie, und Tamino wird diese Worte im Ohr behalten: »WO IST SIE, DIE ER UNS GERAUBT?« (= 275), wird er später den Priester fragen. Und die Streicher (=490) lassen erkennen, daß der Jüngling sein ZIEL(=49) vor Augen sieht: PAMINA SEY GERETTET. DER BÖSEWICHT FALLE DURCH MEINEN ARM (=490), so hatte er im Dialog mit den drei Damen versprochen. Mit imperialer Geste beauftragt die KÖNIGIN DER NACHT (=150) nun TAMINO (=78) im Allegro moderato, Pamina zu retten. Dem RETTER (=82) verspricht sie die Hand ihrer Tochter. Der letzte Teil der Arie umfaßt 43 Takte, in denen die extreme Koloraturpracht dieser höllisch schweren Partie in genau 234 Tönen ausgebreitet wird. 43 bedeutet nach dem Zahlenalphabet MOND und 234 STERNFLAMMENDE KÖNIGINN. Mozart nutzt die zu seiner Zeit übliche Schwankungsbreite der Orthographie, - man schrieb Königin sowohl mit »n« als auch mit »nn« - zur Darstellung bestimmter Zahlengrößen und setzt außerdem schreibtechnische Besonderheiten des Notenbildes, die sich an exponierten Stellen ergeben, gezielt ein. Denn der Begriff STERNFLAMMENDE KÖNIGIN ergibt in der uns geläufigen orthographischen Form nach dem Zahlenalphabet 221, tatsächlich singt die Königin in diesem Abschnitt aber 233 Töne, von denen der letzte Ton in der Partitur fehlt. Ein Schreibfehler vielleicht? Nein! Dieses abschließende b der Arie müßte allein auf der Rückseite von Folio 45 stehen. Darüber gibt es nicht den geringsten Zweifel, denn auf der Vorderseite von Folio 45 weist ein korrekt eingetragener Custos,- jenes hakenförmige Hinweiszeichen am Ende einer Zeile, das die Tonhöhe der nächsten Note auf der folgenden Zeile anzeigt, - daraufhin, daß hier noch der Abschlußton folgen soll, der aber de facto nicht folgt. Wir glauben Mozarts Absicht zu kennen und nehmen schmunzelnd zur Kenntnis: Es gilt, die intendierte Zahl 234 zu erfüllen, die den Begriff STERNFLAMMENDE KÖNIGINN (=234) ergibt. Ein vorgetäuschtes Versehen, ein listiger Scherz mit tieferer Bedeutung? Mag sein. Aber nicht der einzige Grund, warum auf der Rückseite von Folio 45 nichts von der Königin der Nacht zu entdecken ist. 45 heißt nämlich LUNA (= lat. Mond) und, verehrte Leser, haben Sie schon einmal etwas auf der Rückseite des Mondes gesehen?

5.6 Digitaldarstellung im Notentext

Man mag's kaum glauben, daß ein solches Zahlenspiel die gesamte autographe Partitur der Zauberflöte durchzieht. Ein riesiger Aufwand wird erkennbar, der sich allein mit dem bisher aufgewiesenen, vergleichsweise bescheidenen Nutzen nicht rechtfertigen läßt. Es muß ein geheimes Motiv vorhanden sein, das die enorme Zählarbeit und die komplizierte »Digitaldarstellung« im Notenbild erklärt und das mehr hergibt, als die relative Verknüpfung eines im näheren Kontext zur Vokalkomposition stehenden Wortschatzes, dessen Redundanz kaum begrenzbar erscheint.

Ein wenig Licht fällt in das Dunkel, wenn wir versuchen, den Zahlbegriff im Sinne des 18. Jahrhunderts zu verstehen und neben dem quantitativen Gebrauch der Zahl auch eine im pythagoräischen Sinne qualitative Bedeutung gelten lassen, die mathematischer Erkenntnis zwar suspekt sein mag, dennoch im allgemeinen Bewußtsein stets gegenwärtig blieb. Zedlers »Großes vollständiges Universal-Lexikon aller Wissenschaften und Künste«, erschienen 1732-54, spricht diese Ambivalenz des Zahlbegriffes noch klar aus und erläutert neben dem mathematischen einen mystischen, einen tropischen und einen cabbalistischen Gebrauch der Zahlen, wobei der mathematischen Bedeutung nur der geringste Platz eingeräumt wird.

Einen ersten Einstieg in die qualitativen Aspekte des Zahlbegriffs bietet die Zahlensymbolik. Diese Lehre von der Bedeutung der natürlichen Zahlen über ihren Zählwert hinaus bietet die Möglichkeit, eine Beziehung herzustellen zwischen einer Zahl und einem Objekt, das durch sie deutlich charakterisiert wird. Ein weites Feld für Spekulation mit vielfach ungesicherten Wegen hat uns das 18. Jahrhundert hier hinterlassen. Mozart folgt als Kind seiner Zeit teilweise alten Traditionen, die vielfältig miteinander verknüpft und schwer entwirrbar erscheinen. Auf Quellenfund und Zuordnung zum einen oder anderen antiken oder mittelalterlicher Autoren ist unser Augenmerk hier aber gar nicht gerichtet, wohl auf den Umstand, daß ahnungsweise Erschaubares, das mit Hintersinn gerne im Ungenauen verbleibt, den Intentionen des Komponisten eher entsprach als ein systematisch geordnetes Zeichenrepertoire, das mit einem Minimum an Symbolen ein Maximum an Information übermitteln kann.

Zunächst geht es um den bloßen Aufweis, daß zahlensymbolische Elemente Mozarts musikalisches Denken mitbestimmten und in seinem Werk nachweisbar sind. Dafür gibt es eine derartige Fülle von Beispielen, daß selbst der Nachweis, daß der eine oder andere Deutungsversuch fehlginge, das Faktum einer umfassenden und tiefreichenden Mozartschen Zahlensymbolik nicht in Frage stellen könnte, die - von einigen Allgemeinplätzen abgesehen - in der Mozart-Literatur bisher wenig beachtet wurde. Und diese Erkenntnis ist von eminenter Bedeutung. Im einzelnen gibt der Komponist nämlich Orientierungshilfen, so daß wir seinen Intentionen folgen können, ohne uns ins Uferlose zu verirren. Dazu ein konkretes Beispiel:

Mozart hat alle Stücke seiner Zauberflöte mit der Ouverture beginnend durchgezählt. Es sind - und das ist kein Zufall - genau 22. Denn 22 ist die ursprüngliche Zahl der altorientalischen Mondstationen.[1] Erich Bischoff leitet hiervon die 22 Buchstaben des altsemitischen, altgriechischen und altrömischen Alphabets ab und schreibt: »Weil die Buchstaben die Elemente der Wörter, diese wiederum die Elemente der Sprache darstellen und diese schließlich die Grundlage des diskursiven Denkens sind, so gilt die 22 als das Symbol des Denkprozesses.«[2] Mozart bekräftigt in seinem eigenhändigen Werkverzeichnis diese Zahl, wenn er von der Zauberflöte als von einer »teutschen Oper...bestehend in 22 Stücken« spricht. Jedes Stück trägt hier einen symbolischen Rang und ist wohlbedacht in den Gesamtzusammenhang an seinen Platz gestellt. Die Neue Mozartausgabe hat Mozarts Zählung geändert und die Ouverture, die vom Komponisten unausgesprochene Nummer 1, in Angleichung an die übrigen Opernpartituren der Serie nicht mitgezählt, sondern mit der Introduktion eine eigene Nummerierung begonnen, die - welch ein Sakrileg! zahlensymbolisch gesehen - nun mit der Nummer 21 endet. Prompt hat sich dieser Eingriff gerächt, hat doch Mozart in seinen Briefen die editorischen Richtlinien der NMA noch nicht berücksichtigt, wenn er am 5. Juli 1791 an seine Frau in Baden schreibt: »Süssmayer soll mir doch die N:o 4 und 5 von meiner Schrift schicken - auch was ich sonst begehrt habe, und soll mich im Arsch lecken«. Wir müssen den Meister wenigstens im ersten Teil seiner Bitte beim Wort nehmen. Er bezieht sich nämlich auf Taminos Bildnis-Arie und auf die erste Arie der Königin »O zittre nicht, mein lieber Sohn« und nicht, wie die Kommentatoren der Gesamtausgabe der Briefe irrtümlicherweise angeben, auf die Arie der Königin und das Quintett (= Nr. 4 und 5 der NMA)

Der an sich harmlose Irrtum hat Konsequenzen für das Verständnis des Werkes. Die Auftritts-Arie der Königin der Nacht trägt nämlich aus zahlensymbolischen Erwägungen die Nummer 5.

Die Fünf ist die einzige Zahl, die nach dem Zahlenalphabet im Deutschen sich ausgesprochen selbst bestätigt: FÜNF (=50). Rein arithmetisch gesehen ist sie die erste Zahl, die sich aus den vorangehenden zweimal zusammensetzen läßt:

$$1 + 4 = 5 \qquad 2 + 3 = 5$$

1 Eduard Stucken: »Über den Ursprung des Alphabets« Leipzig 1913 S. 1ff.

2 Erich Bischoff: Mystik und Magie der Zahlen, Berlin 1982 S. 226f. Ders.: Die Elemente der Kabbalah. Berlin o. J. S. 66ff, S. 174f.

Diesen beiden Fünferhälften entspricht eine gute und eine böse Symbolik der Fünf. Hierfür fand Schiller in »Piccolomini« (II, 1) den klassischen Ausdruck:

Fünf ist
Des Menschen Seele.
Wie der Mensch aus Gutem
Und Bösem ist gemischt, so ist die Fünfe
Die erste Zahl aus Grad' und Ungrade.

Endres-Schimmel geben in ihrem Werk »Das Mysterium der Zahl«[3] an, die Fünf werde mit dem Menschen und seinem Sinnesleben verbunden, sie sei die Zahl der Liebe und, gelegentlich, der Ehe. Und dies, weil sie unteilbar und in ihr die Verbindung der maskulinen Drei und der femininen Zwei gegeben sei, und scheine solcherart eine passende Zahl für die Vereinigung des Männlichen und des Weiblichen zu sein, wie das Rätsel der Turandot zeige. Die Fünf gelte seit jeher als eine etwas ungewöhnliche, ja ungebärdige Zahl, und es falle auf, daß sie als Ordnungszahl in der belebten Natur häufig (z. B in fünfsternigen Blütenblättern oder in den fünf Fingern, den fünf Zehen, vor allem den fünf Sinnen), in der unbelebten Natur, z.B. den Kristallen, dagegen nicht vorkomme.

Goethe machte für die freie Liebe in den Wahlverwandschaften den Vorschlag:

Eine Zeitehe auf fünf Jahre -
eine schöne, ungrade, heilige Zahl.

Astronomisch gesehen ist die Fünf die Zahl der Epagomenen, also jener fünf Resttage, die das rechnerische Sonnen-Rundjahr von 360 Tagen zum wirklichen Sonnenjahr von 365 Tagen ergänzen. Plutarch erzählt in »Isis und Osiris« (Kap.7) folgenden astralen Mythos: Der Sonnengott habe seine Gattin wegen Untreue verflucht, so daß sie weder unter seiner Herrschaft noch unter der des Mondes, also weder am Tage noch in der Nacht, die Frucht ihres Ehebruchs zur Welt bringen konnte. Hermes aber, einer ihrer Liebhaber, habe darauf mit dem Monde gespielt und ihm von jedem Tage des Mondjahres, das damals noch 360 Tage gezählt habe, den 72. Teil abgenommen. Die fünf Tage, die Epagomenen, habe er dem bisherigen Jahr hinzugefügt, und da diese weder der Sonne noch dem Mond unterstanden, habe die Göttin gebären können.

Dieser Mythos basiert, wie Martin Knapp gezeigt hat, auf astronomischen Fakten. Die Fünf ist die Zahl des Planeten Venus. Seine Umlaufdaten, nach ihren zodiakalen Orten im Jahreskreis geordnet, ergeben als Figur ein Pentagramm, das den umschriebenen Kreis in 5 Bogen von 72 Grad teilt. Das Pentagramm aber ist das Zeichen der Ischtar, der Tochter des Mondgottes und Schwester des Sonnengottes, die im ganzen alten Orient als Göttin der Liebe verehrt wurde und während deren mythischen Gang zur Unterwelt alle Fruchtbarkeit auf Erden erlosch. Ischtar war

3 Köln 1984 S. 120.

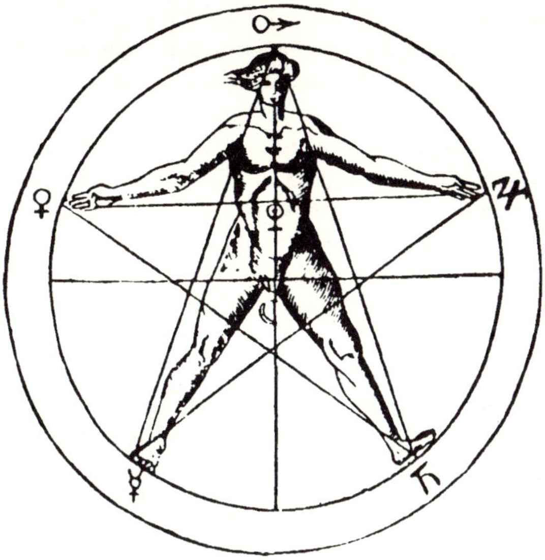

Das Pentagramm nach Agrippa von Nettesheim, Liber quartus de occulta philosophia (1565)

die göttliche Geliebte schlechthin, galt aber zugleich als Jungfrau. Im christlichen Abendland übertrug man ihre schönen Eigenschaften auf Maria, die daher häufig auf einer Mondsichel stehend abgebildet ist und als christianisierter Abend- und Morgenstern, der den Seeleuten auf den Weltmeeren Orientierung gab, als »Stella maris« (z.B. im Marienlied »Meerstern, ich dich grüße«), gepriesen wird. Das Ischtar-Pentagramm, der Drudenfuß, aber spielt bei den großen Magiern - man denke an Goethes »Faust« - von alters her eine besondere Rolle als Siegel Salomons und Mittel der Dämonenbeschwörung. Es meint die Beherrschung der vier Elemente durch den Geist, durch jene quinta essentia, die die Alchimisten als geheimes fünftes Element und Träger des Lebens suchten, und die als zeugende Kraft in den alten Muttergöttinnen fortwirkte. Agrippa von Nettesheim hat im »Liber quartus de occultu philosophia« schon 1565 gezeigt, daß ein Mensch mit Kopf, Finger- und Fußspitzen als äußere Punkte in einem Kreis ein Pentagramm abbildet. So kommt denn in diesem Sinnbild der Renaissance die Vorstellung des ganzen Menschen mit allen seinen Teilen und Kräften als ein rundes Maß im gesamten Kosmos zum Ausdruck.

Dieses Pentagramma Veneris finden wir am Anfang der Zauberflöte in zweifacher Form. Schlagen wir das Original-Textbuch auf, das 1791 in Wien von Ignaz Alberti sorgfältig gedruckt und illustriert wurde, so fällt auf dem Titel-Kupferstich sogleich im Bildzentrum der »flammende Stern« als Pentagramm ins Auge, das als ein Ideogramm mit den fünf feierlichen Eröffnungsakkorden der Zauberflöten-Ouverture optisch korrespondiert. In der Nummer 5, der ersten Arie der Königin, tritt es wieder auf; sie zählt 103 Takte: 103 aber bedeutet: PENTAGRAMMA.

15 ist die Nummer der zweiten Arie der KÖNIGIN DER NACHT (=150) nach Mozarts Zählung. Wieder steht die Fünf an bezeichnender Stelle.

Astral gesehen ist der 15. der Vollmondstag, und im jüdischen Midrasch heißt es: »Der Mond fängt am 1. Nisan zu leuchten an und leuchtet bis zum 15., dann ist seine Scheibe voll geworden. Vom 15. - 30. nimmt sein Licht ab.« Die Königin der Nacht gehorcht diesem Zyklus. Fünfzehn Tore als Sinnbilder des wachsenden Mondes hatte Ninive, die Stadt der Ischthar, jener Mondgöttin, deren Verkünderinnen die Sibyllen waren, die in den drei Damen der Zauberflöte reinkarniert erscheinen.

Und diese 15 bzw.150, der Buchstabenwert des Namens der KÖNIGIN DER NACHT(= 150), läßt neue Verknüpfungen zu. Liest man nämlich diese Zahlen im Krebs, so ergibt sich, wie man sieht, 51 = PAMINA. So sind Mutter und Tochter durch das Zahlenalphabet merkwürdig verbunden. Zahlensymbolisch aber ist 51 eine weitere Venuszahl, die noch in der mittelalterlichen Buchstabenmystik (z.B. bei dem Excerptor des Vettius Valens im Jahre 1162) zu astrologischen Deutungen herangezogen wurde. Verdoppeln wir 150, so erhalten wir 300, eine Zahl, die präzis die drei Damen verkörpert, da nach dem Buchstabenalphabet die Zahlwerte für ERSTE DAME (= 86),ZWEYTE DAME (= 119) und Dritte DAME (= 95) zusammen 300 ergeben. Zugleich war 300 aber die Summe aller Töne des Vorspiels der Arie Nr.5, die wir bereits als eine Textantizipation erkannt haben. Und schließlich erkennen wir in den krönenden Worten der Königin an Tamino:

> Und wenn ich dich als Sieger sehe,
> so sey sie dann auf ewig dein. (= 501)

nach dem Buchstabenalphabet genau die Zahl, die den Namen PAMINA(=51) enthält.

Dieses Verfahren der Deutung und geheimen Vertauschung von Wörtern mit Hilfe des Zahlenwertes ihrer Buchstaben wird Gematrie genannt.[4] Es war in den Wiener Logen sehr genau bekannt, wie sich aus Anton von Scharfs Abhandlung »Über die Kabala der Hebräer« ergibt, die am 4. November 1782 in der Loge »Zur wahren Eintracht« vorgetragen wurde. Dort wird sie als erste »von drey Gattungen der künstlichen Kabala« folgendermaßen erläutert: »Zuweilen wird der nummerische Werth eines jeden Buchstaben eines Wortes abgezählet, ein anderes von eben dieser Summe zusammengesetzet, und durch dieß letztere Wort das erste erkläret... Diese Auslegungsart nennen sie (=die Hebräer) Gematria, welche einige Kabalisten unseres [Ordens] in dem G. des flammenden Sterns sehen wollen.«[5]

Der Rang dieser Methode im Denken der Freimaurer springt ins Auge. Mozart hat dieses Verfahren ausgiebig benutzt.

4 »Gematria ist eine Art von der Cabbalistischen Rechnung, da man aus denen Buchstaben gewisser Worte die Zahlen nimmet und daraus einen geheimen oder besonderen Verstand nehmen will.« Joh. Heinr. Zedler: Großes Vollständiges Universal=Lexikon Lpz. 1744ff. Bd. X Sp. 770.

5 VA 69 f. 132.

5.7 Über eine Geheimschrift hinaus

Eine improvisierte Opernszene in Molieres Lustspiel »Le malade imaginaire«: Verborgen hinter einem Notenblatt, signalisiert ein Liebespaar seine wahren Gefühle füreinander. Der argwöhnische Vater, der eingebildet Kranke, kontrolliert den notierten Text und fragt, wo denn die Worte seien, die gesungen wurden, da stehe ja nichts auf dem Papier als geschriebene Noten. Darauf gibt der Liebhaber eine vielsagende Antwort:

»Est-ce que vous ne savez pas, Monsieur, qu'on a trouvé depuis peu l'invention d'écrire les paroles avec les notes mêmes?«[1]

Das anstehende Problem ist zu Mozarts Zeiten also nicht neu.

Die Künste des Steganographen von Öttingen waren Kaiser Rudolf II. ein Vermögen wert, darunter manches speziell musikalische Beispiel. Auch im 17. Jahrhundert blieb diese Art der Geheimschrift lebendig. August von Lüneburg gibt dazu in seiner »Steganographia« die Anleitung, wie man mit einem fünfstimmigen Cantionalsatz eine äußerst betrübliche Nachricht übermittelt. Und das Archiv des Fürsten von Liechtenstein bewahrt die »Modi per musicam« des Paters Georgius Böhm aus dem 18. Jahrhundert. Sie ermöglichen das Chiffrieren von Buchstaben durch musikalische Intervalle, so daß in der Tat »die Worte zugleich mit den Noten« geschrieben werden konnten.

Mozarts »Geheimschrift« zielt indessen über die bloße Vermittlung einer Nachricht hinaus. Sie ist recht eigentlich keine Geheimschrift im engeren Sinne. Denn der Komponist nutzt nicht etwa eine zweite Informationsebene allein, um mit Hilfe der Zahlen kodierte Auskünfte zu geben. Die Redundanz der Mitteilungsform, die selbstverständlich im allgemeinen möglichst gering gehalten werden muß, damit die Nachricht denkbar eindeutig ihren Empfänger erreicht, diese relative Ungenauigkeit also, störte ihn nicht im geringsten. Im Gegenteil! Mehrdeutigkeit ist ihm lieb, oft genug geradezu erwünscht. Daraus resultiert eine Vielfalt von Deutungsmöglichkeiten.

Mozarts Verschlüsselungsweise läßt darüberhinaus ein weiteres Ziel erkennen. Der Komponist sieht im Vergleich von Noten- und Buchstabenzahl auch die Chance,

1 Der eingebildete Kranke II, 5: »Wißt ihr denn nicht, mein Herr, daß man seit Kurzem die Kunst erfunden hat, die Worte zugleich mit den Noten selbst zu schreiben?«- zit.n. Oeuvres de Molière, Paris 1886, Vol.9, S. 367.

Wort und Ton inniger miteinander zu verbinden. So bestätigt er durch die Anzahl der notierten Töne die verbale Aussage, bekräftigt die Sinnmitte des Arientextes, faßt zusammen, bringt auf den kürzesten Nenner, akzentuiert und abstrahiert. Das Autograph der Zauberflöte bietet dazu durchgehend neue und überraschende Beispiele. Im Quintett (Nr. 6) erklären die Streicher (Takt 1 - 33.1) Papageno vergeblich, wie er sich zu verhalten hat: STANDHAFT und VERSCHWIEGEN (= 220).

Tamino kann ihm nicht helfen. Er hat, wie könnte es anders sein, nichts anderes im Kopf als DIE TOCHTER DER NAECHTLICHEN KOENIGIN (= 345), wie das Tutti (Takt 1 - 33.4) zeigt. Ein Schloß verschließt Papagenos Mund, eine Anspielung auf freimaurerische Riten. Im darauf folgenden Abschnitt (Takt 34 - 52) nimmt die erste Dame Papageno »das Schloß vom Maul« - wie Mozart schreibt - mit den Worten: DIE KOENIGIN BEGNADIGT DICH (= 189). Diese Amnestie bestätigen genau 189 Töne der Streicher. Auch die Texter mühen sich, um die hohe Gesinnung der nächtlichen Königin durch die vollkommene Zahl[2] 496 angemessen darzustellen.

Die Koenigin begnadigt dich
entlaesst die Strafe dir durch mich. (= 496)

So heißt es buchstabengetreu von Mozarts Hand. Das ist sprachlich nicht sehr elegant, aber ist es denn verwunderlich, daß es bei dem aufwendigen Spiel der Texter um gewisse Buchstabensummen zuweilen ein wenig holprig zugeht? Mancher verbessert stillschweigend »ent-läßt« in »er-läßt«. Er zerstört dabei den Sinngehalt der Summe ebenso wie der Drucker des Originaltextbuches von 1791, der hier der »Königinn« ein »n« zuviel anhängte. Die Streichertöne des nächsten Abschnittes (Takt 53 - 77.2) unterstreichen Papagenos Beteuerung:

Ich luege nimmermehr! nein nein! (= 258)

Die Summe aller Buchstaben dieses hochmoralischen Beitrages zum Thema LUEGE (bis zum Takt 77.2) ergibt korrekt nach dem Zahlenalphabet gelesen 4080. Eliminieren der Nullen in Mozartscher Manier ergibt: 48 = LUEGE (= 48). So ist für den gesamten Sinnabschnitt das treffende Stichwort gegeben, außerdem gesagt - was jedermann weiß: Papageno log - und wird's weiterhin mit der Wahrheit nicht so genau nehmen. Alle Streichertöne zusammengenommen (also Takt 1 - 77.2) machen genau 673 aus. Schütteln wir diese Zahl - und nicht den Kopf - so erhalten wir aus 673:

Dies Schloss soll deine Warnung seyn (= 367).

Präzis bei dieser Zäsur (Takt 77.2) verraten die Bratschen und die Oboen, welche »Zauberdinge« Tamino und Papageno zum Geschenk erhalten werden:

SILBERGLOECKCHEN (= 141) und eine ZAUBERFLOETE (= 129).
Raffinierte Textkonstruktion zeigt auch die wichtige Stelle:

2 Eine vollkommene Zahl ist eine natürliche Zahl, die halb so groß ist wie die Summe ihrer Teiler. z. B.: $6 = \frac{1}{2}(1+2+3+6)$; $28 = \frac{1}{2}(1+2+4+7+14+28)$

O so eine Floete
ist mehr als Gold und Kronen werth
denn durch sie wird Menschenglueck
und Zufriedenheit vermehrt. (= 1058)

Diese Zahl 1058 als 158 gelesen, ergibt die Kennzeichnung des Sinnspruches als: WEISHEITSLEHRE (= 158).

Alle vokal und instrumental erklingenden Töne (Takt 109.2 - 132.1) ergeben 496. Diese vollkommene Zahl enthält auch die beiden Viertelnotenvorhalte, mit der der Komponist den Part der ersten Dame bei den Textworten »Menschenglück« und »Zufriedenheit« versieht. Subtrahiert man diese beiden durch ihre mindere Größe gekennzeichneten Noten von der Gesamtsumme (also 496 - 2 = 494), entsteht Papagenos anschließende Frage:

Nun ihr schoenen Frauenzimmer -
darf ich, so empfehl ich mich? (= 494)

Während der Verkündung der hehren Weisheitslehre kommt Papageno bereits der wenig heroische Gedanke, so rasch wie möglich zu verschwinden. Die Antwort der drei Damen:

Dich empfehlen kannst du im(m)er
doch bestim(m)t die Fürstin dich
mit dem Prinzen ohn verweilen
nach Sarastros Burg zu eilen (= 1086)

verbirgt Papagenos Furcht vor einem bitteren Ende, denn 186 bedeutet:

Martervoller Tod (= 186)
und gleichzeitig: *Mein Leben ist mir lieb* (= 186)

Die drei Damen beschwichtigen Papageno mit den Worten:

Dich schuetzt der Prinz,
trau ihm allein
dafür sollst du
sein Diener seyn. (= 705)

705, als 75 gelesen, kennzeichnet Taminos STAERKE (= 75). Der Prinz ist bestimmt, ein WEISER (= 75) zu werden.

Die Summe sämtlicher Buchstaben dieses relativ langen Textes des ganzen Quintetts ergibt 13020. Die reduzierte Zahl 132 ergibt den musikalisch gefühlvoll ausgekosteten Abschiedsgruß:

Auf Wiedersehn (= 132).

So schaffen die Autoren der Zauberflöte ein vielfältig ineinandergreifendes Bezugssystem von Wort und Musik.

Neben der Semantik des Textes ist aber auch der besondere Charakter seiner Tektonik von großem Interesse. Die Verse sind synthetisch zusammengesetzt, um den Zahlenwert zu erreichen, den ihre Buchstabensumme nach dem Zahlenalphabet ergibt. Da steht kein Buchstabe zu viel und keiner zu wenig. Mit äußerster Akribie wurde die jeweils intendierte Zahl ermittelt und mit ebensolcher Präzision der Text niedergeschrieben. Orthographische Freiheiten waren ausgeschlossen. Was bislang als generelle Unsicherheit dem Rechtschreibgrundsatz der Zeit: »Schreibe, wie du sprichst« gutgeschrieben oder als Mozarts Eigenart schmunzelnd akzeptiert wurde, entpuppt sich im Text der Zauberflöte als gezielter Einsatz der allgemein konzidierten Schwankungsbreite der Orthographie zur Darstellung bestimmter Zahlenwerte. Hinter der Maske des unreflektierten Spielers verbirgt sich ein kühler Rechner.

In Wien wurde unter Joseph II. in den Kanzleien zunehmend nicht nur syntaktisch geordnetes, sondern auch orthographisch normiertes Deutsch geschrieben, das die Flut allerhöchster Dekrete bis in die äußersten Winkel der Erblande trug. Keine Rede mehr in krauser theresianischer Manier, der Sohn der Kaiserin erkannte die politische Bedeutung der Lesbarkeit eines Gesetzestextes und ließ seine Patente vom Hofrat Sonnenfels stilistisch überarbeiten. Außerdem zeitigten in diesen Jahren Adelungs »Grundsätze einer deutschen Orthographie (1782)« erste Erfolge. Dies Bemühen um Eindeutigkeit und Fehlerfreiheit bestimmte das Bild der Zeit, in der die Verse der Zauberflöte buchstabenweise ausgemessen wurden, um eine zweite semantische Ebene zu errichten. Und diese verschleierte Absicht ist nicht nur an einzelnen oder exponierten Stellen nachweisbar, sie durchzieht den gesamten gebundenen Text von der ersten bis zur letzten Nummer.

Die Dichtung der Zauberflöte funktioniert also auf zwei Ebenen, von denen die untere zweihundert Jahre unbekannt blieb; die obere hat man steif und kunstlos gescholten und als theatergerecht tolleriert mit der Einschränkung, nur die Größe der Musik mache sie akzeptabel. Dagegen sei gesagt: Der Text der Zauberflöte ist ein staunenswertes sprachliches Konstrukt, das nicht nur den vordergründig aufnehmbaren Sinn gibt, sondern auch der Notation einer Metasprache dient, die vor den Augen der Öffentlichkeit verborgen bleiben sollte.

—

5.8 Sarastro und sein Mohr

Rückschauend auf die zweihundertjährige Rezeptionsgeschichte des Werkes läßt sich feststellen: Keine Person der Zauberflöte ist so unterschiedlich beurteilt worden wie Sarastro. Zwischen seiner Einschätzung als despotischer Sklavenhalter und seiner Idealisierung als göttlicher Weiser »schwankt sein Charakterbild in der Geschichte.«

Nehmen wir die Zahlen als Interpretationshilfen, so finden wir folgenden schlichten Sachverhalt: SARASTRO = 105. Versuchen wir anhand dieser Zahl eine Deutung des Namens, so ergibt sich gematrisch, d.h., durch den gleichen Zahlenwert der Worte vermittelt: PRIESTER (= 105) und KEUSCHHEIT (= 105). Das ist zunächst eine plausible Antwort, die Sarastros Stand und Zustand beschreibt. Trifft aber zu, was wir vermuten, daß nämlich alle Personen des Werkes durch Zahlenbeziehungen miteinander verknüpft sind und ihr Verhältnis zueinander auf diese Weise geregelt ist, so scheint diese These an Sarastro zu scheitern. Denn die Zahl 105, die nach dem Buchstabenalphabet seinen Namen darstellt, bringt ihn in eine fatale Verbindung zur KÖNIGIN DER NACHT (= 150) und ihrer Tochter PAMINA (= 51)

Aber das darf doch nicht sein: dem weisen Sarastro, dem Abgott des Volkes, dem Inbegriff von Güte und Menschlichkeit Weibergeschichten andichten! Dieser Gedanke scheint die Konfusion um seine Person noch zu vergrößern und den widersprüchlichen Eindruck zu bestätigen. Hier hilft - für jeden Musiker überflüssig zu sagen - nur eines: das erneute Studium der Partitur und das intensive innere Vergegenwärtigen des dort Niedergelegten! Es geht ja um eine viel diskutierte Stelle, beginnend im berühmten Takt 395, von dem anzumerken ist, daß er den Beginn der Ouverture zitiert. Der dramatische Höhepunkt des ersten Finales ist erreicht, Pamina liegt vor Sarastro auf den Knien und bekennt:

> *»Herr, ich bin zwar Verbrecherinn!-*
> *ich wollte deiner Macht entfliehn.-*
> *allein die Schuld ist nicht an mir!*
> *Der böse Mohr verlangte Liebe,*
> *darum, o Herr, entfloh ich dir.«*

Und nun folgt einer der erschüttersten Momente des ganzen Dramas, anschließend an Sarastros Einleitungsworte:

> *»Steh auf, erheitre dich, o Liebe!«*

Hören wir, was Mozart hier meint, wo wieder einmal jede rationale Erklärung zurückbleibt hinter dem tiefen Sinn des Erklingenden, wo der Komponist hineinschaut mitten in die Herzensgeheimnisse eines Menschen und faßt, was kein Wort ausspricht: diese hinreißenden Oktaven der Violinen (Takt 15 in diesem Abschnitt), die wundersam eindringliche Fagottstimme dazu, und das selige Echo darauf in Oboen und Bassetthörnern, alles in leisen, innigen Tönen! Hier ist der Kulminationspunkt des ersten Aktes erreicht, wo es heißt:

»denn ohne erst in dich zu dringen,
weis ich von deinem Herzen mehr,
du liebest einen andern sehr...«

Wenn Musik etwas über Liebessehnsucht und Verzicht eines Menschen aussagen kann, so spricht sie es hier aus. Kein Zweifel - Sarastro liebt Pamina und weiß, daß er auf sie verzichten muß. Er ist aufgefordert, sich zwischen Pflicht und Neigung zu entscheiden. Und ehe er diese bedeutungsschwere Einsicht wiederholt, untermauern Flöte(!), Fagott und Violine den Kern seines schmerzlich resignativen Eingeständnisses:

»...du liebest einen andern sehr,
einen andern sehr...«

Und wer ist dieser andere? Die eingeweihten Freimaurer zu Mozart Zeiten konnten diese Frage beantworten. Sie sagten: Es ist LUBO (=47), der »Sohn des Meisters«. Dies tut Sarastro mit der Zahl seiner 47 gesungenen Töne kund. Wir wissen, es ist Tamino, der mit Sarastro um Pamina in Konkurrenz tritt. Ein sittliches Postulat steht im Raum, das nur unter dem Einsatz der ganzen Kraft einer Persönlichkeit erfüllbar ist: Verzicht des Älteren, der die Macht hat, seine Wünsche durchzusetzen, zugunsten des Jüngeren, dem die Zukunft gehört. Dies wird gefordert und - schlußendlich von Sarastro geleistet. In den schwer lastenden Schritten der nachschlagenden Streicherakkorde (Takt 48-52) kommt die seelische Bürde dieser schicksalhaften Entscheidung zum Ausdruck:

»Zur Liebe will ich dich nicht zwingen
doch geb ich dir die freyheit nicht.«

Sarastro wankt, er ringt um Worte und in den abgrundtiefen Baßtönen dieser Partie wird deutlich: Er steht am Rande seiner Existenz. Pamina weist das wiederholte Diktum zurück, das ihre Gefangenschaft für sie unbegründet ausdehnt. Sie versteht Sarastro nicht, der in die Zukunft schaut und seine Aufgabe darin erkennt, das neue Paar auf seine Bestimmung vorzubereiten. Paminas hilflos kindliches Gerede über ihre Anhänglichkeit an ihre Mutter bringt Sarastro schließlich ins alltägliche Geleis zurück. Barsch unterbricht er sie und rezitiert aus seinem Spruchrepertoire, das zu seiner priesterlichen Profession gehört und das er stets parat hat, wenn es gilt, eigene Erschütterung zu verdecken.

»Ein Mann muß eure Herzen leiten,«

So beginnt er, noch im Arioso, und deklamiert pathetisch die simplen Töne des Dominantseptimenakkords. Trugschluß, weiser Sarastro! kommentieren die Streicher, die sich offensichtlich besser in der weiblichen Psyche auskennen. Der große Mann betritt nämlich einen Pfad, der ihm mit wenig Ruhm bestreut wurde, verfällt ins »Recitativo« und fährt in fehlerhaftem Deutsch fort:

»denn ohne ihn pflegt jedes Weib
aus ihrem Wirkungskreis zu schreiten.«

Der »göttliche Weise« hat gesprochen, volltönend redundant, wie man es im allgemeinen von ihm erwartet. Seine Welt scheint - für einen Augenblick - wieder in Ordnung, ehe er mit der anderen Seite seines Wesens konfrontiert wird.

Wir müssen uns an dieser Stelle daran erinnern, daß Sarastro Pamina in seine Gewalt gebracht hatte. Dies Faktum nach der Aussage der Königin der Nacht und ihrer Damen zu bezweifeln, hieße den Tatsachen auf der Bühne Gewalt antun. Da gibt es nicht viel zu bezeifeln, Pamina wird von Sarastro wie dessen Sklaven gegen ihren Willen gefangen gehalten, das steht fest. Ihr Aufseher ist der Mohr, der nicht böse ist, weil er schwarz ist - überflüssig zu sagen -, sondern schwarz ist, weil er böse ist und das Mädchen vergewaltigen und umbringen will. Dieser Tunichtgut heißt bei Mozart »Manostatos«, in der ersten Silbe mit a lautend, und nicht Monostatos, wie bekannt (mit dreimal o)! Für diese auf den ersten Blick kecke Behauptung gibt es elf Belegstellen im Autograph der Zauberflöte:

Schauen wir uns diese Stellen an!

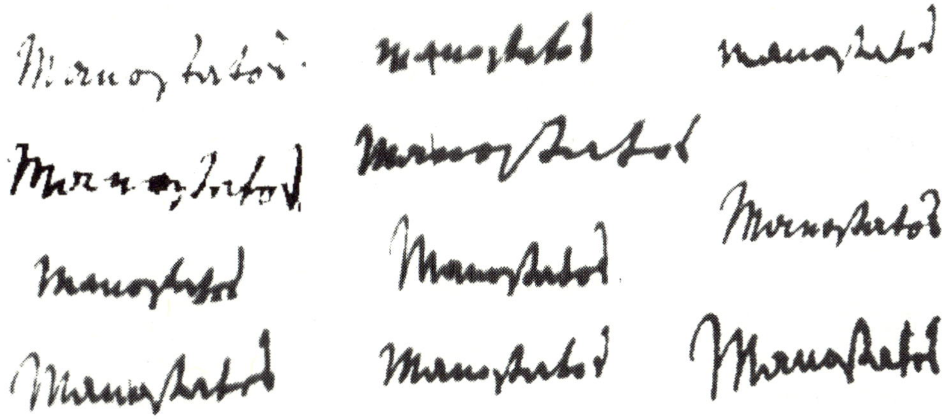

folio 62r, 91v, 92r, 94r, 103v, 104v, 106v, 107r (zweimal), 130v, 207v.

So ungewohnt es auch klingen mag, es gibt keinen Zweifel und keine Ausnahme und kein Kenner der Handschrift des Meisters kann und wird nach genauer Prüfung der einschlägigen Stellen bezweifeln: Sooft der Name in Mozarts eigenhändiger Partitur auftaucht, wird er in der ersten Silbe mit a, also - es sei wiederholt -

»Manostatos« geschrieben. Bei flüchtiger Prüfung scheint das nur von peripherer Bedeutung. Was macht's denn schon aus, wenn der Name des lüsteren Burschen in diesem einen Vokal sich ändert? Sei's drum! Man gewinnt endlich Klarheit über die Bedeutung seines Namens. Er leitet sich her aus den beiden griechischen Worten

- manos = dünn, spärlich; locker, lose, schlaff
  (lateinisch mancus = verstümmelt, verkrüppelt) und
- statos = eingestellt , stehend.

Wenn's um Sexuelles geht, gibt es bei Mozart bekanntlich keine Zweideutigkeiten, und er ist von entwaffnender Offenheit. Diese Aussagen also bezeichnen den Zustand des membrum virile, das nach Mozarts unmißverständlicher Diagnose »manos statos« ist. Oder, klar ausgesprochen: Manostatos ist impotent, vielleicht ein Eunuch, ein Verschnittener. Wer sich von seiner Potenz ein Bild machen möchte, findet genauere Auskunft - in der Partitur. Dort tritt Manostatos in der Arie Nr.14 »Alles fühlt der Liebe Freuden« - mit der Piccolo-Flöte auf, und nur hier, ein einziges Mal im ganzen Werk, erscheint dieses Instrument. Die Flöte ist ein Symbol für den Phallos, für männliche Potenz überhaupt, und versinnbildlicht im übertragenen Sinne Kraft und Stärke. Und so ist auch der Name MANOSTATOS in diesem Kontext zu verstehen. Manostatos ist der »nervous lover«, der zu einem partnerschaftlich-erotischen Spiel Unfähige, der Antipode natürlicher personaler Sexualität. Selbstverständlich konnte dieser Name nicht im gedruckten Textbuch erscheinen und so mußte der Mohr sich einen kleinen operativen Eingriff des Zensors an seinem Namen gefallen lassen, denn man sprach in Gottfried van Swietens Wiener »Kultusministerium«, dem ja die Zensur unterstand, selbstredend fließend Griechisch. Und monos heißt »allein«. Nach dem Vokaltausch blieb also ein wenig vom ursprünglichen Sinn des Namens erhalten, denn Monostatos heißt wörtlich übersetzt: »Alleinsteher«. Nun gut oder nicht gut, einerlei, wesentlich ist, daß zuletzt im Namen des Psychopaten noch etwas von seiner Isolierung zum Ausdruck kommt. Vollends werden diese Zusammenhänge klar, wenn wir uns auf die Bedeutungsebene der Zahlen begeben:

MANOSTATOS = 129   ZAUBERFLÖTE = 129

Die gematrische Beziehung des Mohren zum Titel des Werkes macht deutlich: In Manostatos ist die eine Hälfte des Sinnbildes personifiziert, das die Zauberflöte darstellt, nämlich der negative Teil: der isolierte Sexualtrieb, der keine Verbindung stiftet und keine Zukunft kennt, weil er sich im Augenblick verliert. Die andere Hälfte manifestiert sich positiv im kinderlieben Paar

PAPAGENO + PAPAGENA = 129.

Hier ist der positive Teil gemeint im Sinne des biblischen Auftrages »Wachset und mehret euch«. Wenn in der Münchner Inszenierung der Zauberflöte von August Everding die geplagten Eltern ihr anderthalb Dutzend Papagenos und Papagenas, einen nach dem anderen, gefaßt tragen und ertragen, und die Mutter einen unerwarteten kleinen Nachzügler auch noch herzlich in ihre Arme schließt, und das Opernhaus beim Anblick dieses allzuschönen Traumbildes, weitab von der bitteren Realität der Verhältnisse[1], jubelt, dann wird etwas von der archetypischen Suggestion der positiven Hälfte des Ideogramms »Zauberflöte« deutlich.

1 Im Jahre 1789 wurden in Wien 9819 Kinder geboren, gleichzeitig starben fünftausendundneun (!) Kinder unter einem Jahr, außerdem verstarben 8252 Personen, die älter als ein Jahr alt waren. Wiener Zeitung vom 9. 1. 1790 S. 61, 62 und 69.

5.9 Tyrann mit Trabant

Am Ende des ersten Finales auf die Bühne kommend erwischt Manostatos Pamina und Papageno, die sich auf der Flucht aus Sarastros Herrschaftsbereich befinden, und will sie in »Stahl und Eisen« fesseln lassen. Da zaubert zum Entzücken aller Papageno mit seinem Glockenspiel. So ist es doch?

Nein, nicht ganz, es ist nicht das uns vertraute Glockenspiel. Mozart nennt es in der Partitur korrekt »Istromento d'acciaio« (=ital., wörtlich »Instrument aus Stahl«; im Textbuch heißt es dazu erklärend: »Giebt ihm eine Maschine wie ein hölzernes Gelächter«), denn - erinnern wir uns - die erste der drei Damen hatte Papageno im Quintett Nr.6 ein stahlnes Gelächter übergeben, ein Sistrum, das altbekannte Attribut der Isis. Papageno wehrt mit diesem stahlnen Gelächter die Fesseln des Manostatos aus Stahl und Eisen ab. Nun folgt der köstlichste Scherz, den sich der Komponist beim Niederschreiben der Partitur geleistet hat. Papageno verkehrt die Drohung des Mohren ins glatte Gegenteil, indem er selbst den Ruf nach Stahl und Eisen wörtlich einlöst: er schlägt mit seinem stahlnen Gelächter den Manostatos und seine unfreiwilligen Helfer in den Bann der Musik - und dies auch graphisch in augenfälliger Weise.

Denn nach insgesamt fünf Takten (fol. 93v), zu Beginn der neuen Seite (=fol. 94r), und auf den beiden folgenden Seiten ebenso, vertauscht er die beiden Zeilen des Istromento d'acciaio und schreibt die linke Hand in das obere und die rechte Hand in das untere System, so daß der Baßschlüssel oben und der Sopranschlüssel unten zu stehen kommt. Der Spieler soll die Hände kreuzen. »Hände gekreuzt«, das heißt

Aus. Autograph der Zauberflöte fol. 93v

aber nichts anders als »gefesselt«. Die Schönheit der Musik hat Manostatos und die Sklaven gefesselt, ihre Verse enden dreimal mit:

larala lala larala lala larala

Nun machen wir uns, liebe Leser, den harmlosen Spaß und rechnen auch diese lallenden Laute nach dem Zahlenalphabet (a = 1, l = 11, r = 17) um. Nun denn: zehnmal la (=10 mal 12 = 120) plus dreimal ra (=3 mal 18 = 54) macht zusammen 174. Die Summe (120 + 54 = 174) bedeutet präzis

Stahlnes Gelaechter (= 174).

Wir sehen, der Chor der Sklaven und Manostatos sprechen es selbst lachend aus, daß sie musikalisch in »Stahl und Eisen« gelegt wurden.Und wer diese Interpretation bestätigt finden möchte, der zähle noch die Töne, die das Streicherpizzicato zusammen mit dem stahlnen Gelächter (fol. 93v, Takt 4.4-9.4) spielt, es sind 50 + 52 = 102. Die »gematrische Gleichung« dazu lautet:

EISEN (=50) + WAFFEN (=52) verwandelt in SCHOENHEIT (=102),

verzaubert durch Musik. Wann endlich wird diese Gleichung realisiert!

Man muß offensichtlich die ganze geistige Macht der Musik aufbieten, um gegen die elementare Gewalt eines Manostatos aufzukommen.

Auch in dem Augenblick, in dem sich Pamina und Tamino zum erstenmal sehen und in den Armen liegen, tritt der böse Mohr retardierend ins Spiel. Er will das Paar trennen und wirft sich Sarastro zu Füßen, indem er Taminos Bestrafung fordert:

»Bedenk wie frech der Knabe ist
durch dieses seltnen Vogels List
wollt er Paminen dir entführen
allein, ich wußt ihn aufzuspüren«

Der Bösewicht beräuchert sich zudem selbst, wen wunderts, mit panegyrischem Weihrauch:

Aus. Autograph der Zauberflöte fol. 94r.

»Du kennst mich, meine Wachsamkeit...«
Sarastro unterbricht ironisch:
»Verdient, daß man ihr Lorbeer streut.«

Die folgenden Verse:

»He! gebt dem Ehrenmann sogleich -....
nur sieben und siebenzig Sohlenstreich.«

aber geben zu denken, denn die Anzahl der Schläge, die Sarastro anordnet, hat im Kontext von Sünde und Buße im christlichen Abendland eine tiefe symbolische Bedeutung, die sich von den Zeiten der Kirchenväter herleitet, wie Petrus Bungus in seiner großen allegorischen Zahlenenzyklopädie »Numerorum mysteria« 1599 aufzeigt.

Die Zahl 77 wird hier als das Produkt von 7 und 11 interpretiert. 7 ist die heiligste Zahl, deren Rang sich aus den 7 Gaben des Heiligen Geistes herleitet. 11 dagegen bezeichnet die Überschreitung der 10, das heißt des Dekalogs, der 10 Gebote. So wird die Elf zum Sinnbild der Sünde. Und genau in diesem Sinne ist sie zu Mozarts Zeiten im Gebrauch. Noch Schiller läßt Seni 1799 in den »Piccolomini«(II,1) sagen:

»Elf ist die Sünde.
Elfe überschreitet die zehn Gebote.«

77 aber bezeichnet die Vergebung der Sünden nach vollkommener Buße. Dies bestätigt, nach dem Zeugnis der Kirchenväter, Lukas (3,23), sind es doch 77 Generationen von Adam bis auf Jesus Christus. Und Matthäus (18,21) berichtet die Antwort Jesu auf die Frage des Petrus, die im Bedeutungszusammenhang dieser Zahlen zu verstehen ist und ihn erweitert: »Herr, wie oft darf mein Bruder sündigen gegen mich, und ich soll ihm vergeben? Bis siebenmal? Jesus sprach zu ihm: Ich sage dir: Nicht bis siebenmal, sondern bis siebzig mal siebenmal.« Die Zahl 77 wird im ersten Finale der Zauberflöte zweimal genannt, das heißt, ihre Bedeutung wird besonders unterstrichen. Außer in Sarastros Urteil über Manostatos erscheint sie auch als Anzahl der Takte dieses Abschnittes (NMA Takt 441-517) in der Partitur (Autograph fol. 108r). Mozart schreibt sie gleich dreimal hin.

Sarastro spricht gegen Manostatos zunächst von Strafe, nicht von Verzeihung, obwohl er dem Mohren die Buße zum guten Schluß - das wird häufig vergessen - ja gar nicht verabreichen läßt.[1]

Ein wenig Licht auf Sarastros Rolle als Richter wirft der Umstand, wie rasch und wie pauschal das Volk seinem ironisch garnierten Richterspruch zustimmt. Kein Augenblick des Erstaunens, des Nachdenkens, der Besinnung, nein, keine Fermate, keine Generalpause, kein Tempowechsel, nichts von dem. Sarastros Urteil und der Beifall der Menge folgen nahtlos aufeinander, Schlag auf Schlag. Ist dies Zufall bei

1 Im Monolog vor der Arie »Alles fühlt der Liebe Freuden« (Nr.14) sagt Manostatos: »Ha, da find'ich ja die spröde Schöne!--Und um so einer geringen Pflanze wegen wollte man meine Fußsohlen behämmern?--Also bloß dem heutigen Tage hab ichs zu verdanken, daß ich noch mit heiler Haut auf die Erde trete.--«

einem Musiker, der seine vornehmste Aufgabe darin sieht, musikalische Ereignisse zeitlich zu organisieren, und der dies - wie Mozart - auf höchstem kompositorischen Niveau tut. Nein, hier liegt eine bewußte Absicht des Komponisten vor. Er zeichnet das subjektive Verhältnis des »göttlichen Weisen« zu seinen Leuten als das eines Tyrannen zu Sklaven, die blindlings gehorchen müssen: was der tut, ist bereits als »gut« anerkannt, bevor es geschehen ist. Quer zu diesem fatalen Umstand steht, daß Sarastro objektiv einen zukünftigen Zustand herbeiführen hilft, der den höchsten Idealen der Menschheit Rechnung tragen soll. Und mitten in diesem Geflecht der 77 aus Schuld und Sühne werden Tamino und Papageno - nach Gieseke: der eine bedeckt mit einem grünen Sack und der andere mit einer Kasperlhaube - in den Prüfungstempel geführt: »Sie müssen erst gereinigt seyn.« Von Pamina ist keine Rede mehr und Sarastros Absichten bleiben ihr unklar. Der Chor jubelt zum Aktschluß:

»Wenn Tugend und Gerechtigkeit
der Großen Pfad mit Ruhm bestreut -
dann ist die Erd ein Himmelreich
und Sterbliche den Göttern gleich.«

Aber von Tugend und Gerechtigkeit kann am Ende des ersten Aktes gar nicht oder nur ironisch oder utopisch die Rede sein, denn diese Ideen sind, wie jedermann weiß, bis dahin nicht einmal ansatzweise verwirklicht. Keiner der Protagonisten entspricht diesem wünschenswerten Zustand, weder Pamina noch Tamino, auch nicht Sarastro, von den übrigen ganz zu schweigen. Es ist und bleibt eine zukünftige Vision - aber gewiß keine überflüssige Aussage.

Und eine weitere Frage zu dieser Problematik drängt sich auf.

Wenn Sarastro die Ideale der zukünftigen Menschheit verkörpert, wäre es nicht beunruhigend, zu sehen, wie in seinem Haus der böse Mohr sein Unwesen triebe? Welche Daseinsberechtigung hätte der Lüstling im Kreise von Asketen, welche Existenzgrundlage besäße er in einer Gemeinschaft von Zölibatären, die die sexuellen Probleme, die einen Manostatos umtreiben, endgültig bewältigt haben?

Der Priester Sarastro hat das Gelübde der Keuschheit, das meint auch, der Ehelosigkeit, getan. Pamina hat ihm dies - in aller Unschuld - schwer gemacht. Aber Sarastro lebt immer noch mit Manostatos zusammen, der ihm zu Diensten steht. Dies meint, daß Eros und Sexus Sarastro keineswegs fremd oder aus seiner Welt verbannt sind. Allegorisch stellt Manostatos nämlich den personifizierten Sexualtrieb vor, der bis zum Extrem gesteigert erscheint und vor Vergewaltigung und Mord nicht zurückschreckt. Da bleibt kein Schimmer von Erotik, und wenn er sein Unwesen treibt, will er nicht im milden Mondschein wandeln, nein, er bittet in kalter Konsequenz den Erdtrabanten und Freund aller Liebenden die Augen zu verschließen vor seinem verbrecherischen Treiben und sich zu verstecken, damit sein sittenwidriges Tun keinen Schatten werfe. Diese Auffassung setzte sich auch 1791 in der Konzeption der Uraufführung des Werkes schlußendlich durch, denn Gieseke hat in seinem Textbuch die ursprüngliche Szenenanweisung »Mondtheater« hier ersatzlos gestrichen.

Am Ende mag die Gematrie einen Hinweis geben. Versuchen wir doch einmal, den Priester mit dem Mohren als eine einzige Figur zu sehen:

SARASTRO(=105) + MANOSTATOS (=129) = 234

Diese scheinbar absurde Summe macht Sinn, wenn wir uns erinnern:

STERNFLAMMENDE KÖNIGINN = 234

Beide Sphären sind mit dieser Zahl auf einer Ebene angeordnet und konfrontiert, sie sind - mathematisch gesprochen - gleichgesetzt. Kein Vorurteil von »gut« oder »böse«, keine Wertung, keine Rede von Verkehrung der beiden Protagonisten oder ihrem Gesichtsverlust, die Generationen von Vertretern einer Bruchtheorie bewegt hat. Allein schlichte Gegenüberstellung zweier Positionen ist hier gemeint, ohne daß der Komponist - welch absurder Gedanke in Bezug auf Mozart - sich mit erhobenem pädagogischen Zeigefinger einmischte. Denn - die Zahlen lügen nicht - der Ausgang des Dramas ist noch offen. Sarastro wird sich erst später von seinem bösen Mohren trennen. Manostatos wechselt am Ende das Lager und schlägt sich auf die Seite der Königin, die ihn aufnimmt und damit endgültig ihr Schicksal besiegelt.

234 ist eine zwiespältige Zahl, in ihr steckt die Zahl der RACHE (=34), und verkehrt ist sie der MOND, (=43), jedoch auch MACHT(=43) und Wahn(=43) kann sie bedeuten, ohne daß wir das klar entscheiden könnten.

Unmißverständlich aber spricht sie aus: Die Königin der Nacht und Sarastro samt seinem bösen Mohren sind zwei verschiedene Seiten einer Münze. Ihr Kurswert wird neu zu bestimmen sein.

5.10 Reflektierte Nulltöne

Recht ungewöhnlich aus Mozarts Mund sind Moralpredigten. An seinen »liebsten, besten Freund« Gottfried von Jacquin, dessen »etwas unruhige Lebensart« betreffend schreibt Mozart am 4. November 1787:

»Nicht wahr, Sie werden täglich mehr von der Wahrheit meiner kleinen StrafPredigten überzeugt? Ist das vergnügen einer flatterhaften, launigten liebe, nicht himmelweit von der Seeligkeit unterschieden, welche eine wahre, vernünftige liebe verschafft? - Sie danken mir wohl gar öfters so in ihrem Herzen für meine belehrungen! - Sie werden mich noch ganz Stolz machen. - doch, ohne allen Spass; Sie sind mir doch im Grunde ein bischen dank schuldig, wenn sie anderst der Frl. N.... würdig geworden sind, denn ich Spielte doch bey ihrer besserung oder bekehrung gewis nicht die unbedeutendste Rolle.«

Diese »moralische Ausschweifung« Mozarts sagt etwas über das Ethos, das den Komponisten beseelte, als er das Duett »Bei Männern, welche Liebe fühlen« schuf. Mozarts kreativer Gedankenprozess ist an seiner eigenhändigen Niederschrift abzulesen. Ins Auge fallend ist zunächst die Korrektur der Takteinteilung, die, wie im Quartett Nr.22 des Autographs von Cosi fan tutte, um einen halben Takt versetzt wird, so daß aus den ursprünglich 50 Takten des Stückes 49 werden. Hier ist zahlensymbolisch ein wesentlicher Erkenntnisprozess vollzogen. Die Ehezahl 5, die in 50 gegeben ist, wird in die potenzierte 7, die heilige Lebenszahl 49 überführt, eine wichtige Aussage!

Wen es wundert, daß Pamina zusammen mit Papageno statt mit dem Prinzen im Duett diese Apotheose des amor conjugalis singt, der übersieht, was beide Sänger (Takt 1-16.1) mitteilen. Sie sind

DAS NEUE PAAR (=100).

Papageno erscheint gleichsam nur als Sensorium des Prinzen, der die geistige Dimension seiner Liebe erst erfahren muß und zunächst noch im Sinnlichen verharrt.

Unbewußt spricht Pamina das ZIEL (=49) aus, dem die Entwicklung zusteuert:

BALD SIEGT DER WEISE MANN (=199)

ERLÖSUNG (110) aus dem Fluch der Gegensätze, die harmonische Vereinigung der Geschlechter, das endliche Verschmelzen von Yin und Yang, die Hochzeit von

SONNE UND MOND (=143)

ist das ZIEL (=49). Dies sagt die Zahl sämtlicher Takte des Duetts (49). Die Zahl 143 aber, deren Quersumme 8 ist (- das Duett hat in Mozarts Zählung die Nr. 8 -) enthält die Deutung in ihren gespiegelten Summanden. (Vgl. Seite 362). Die Qualität dieser »Ehezahl« wird deutlich.

Die in dieser Nummer doppelt auftretende Zahl 110 stellt auch einen autobiographischen Bezug her, der den Komponisten und seine Frau betrifft. Das kabbalistische Zahlenspiel ergibt: CONSTANZE (=110), AMADE MOZART (=110).

Und eingerahmt werden beide durch die Zahl 229 (Summe der Streicher Takt 1-16.1 und 32.2-49). Diese Zahl, nach Ziffern symmetrisch geordnet, bedeutet:

WIR WOLLEN UNS DER LIEBE FREUN (=292)

Anzahl der Töne in Nr.8
Duett Pamina/Papageno: »Bei Männern, welche Liebe fühlen«

	Takt 1-16.1	Takt 16.2.-32		Takt 32-49	Summe 1-49
Violine I	59	22	(40)	67	148
Violine II	60	17	(41)	65	142
Viola	54	17	(35)	52	123
Basso	56	54	45	155	
Streicher	229	110	(116)	229	568
Klarinetten	(4)	20		67	87
Fagotte	-	16		59	75
Hörner	(4)	22		30	52
Bläser	(8)	58		156	214
Tutti	229	168		385	782
Pamina	54	67		78	199
Papageno	46	49		48	143
Vokalstimmen	100	116		126	342

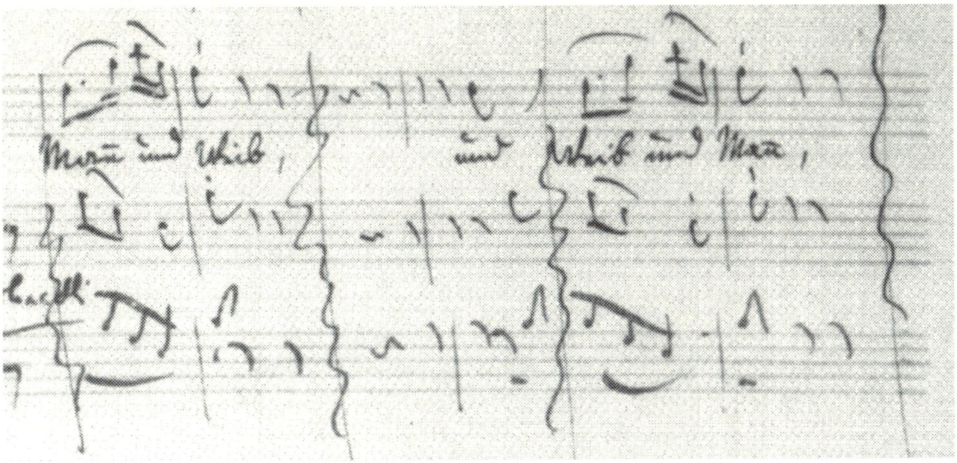

Ausriß aus dem Autograph der Zauberflöte fol. 68r:
Ringsymbol aus dem Duett Nr. 8 »Bei Männern, welche Liebe fühlen«

Die berühmten »Null-Töne« der Klarinetten und Hörner zu Beginn des Stückes haben zu mannigfachen Spekulationen Anlaß gegeben. Warum fehlen sie wohl, fragt man. Die simpelste Antwort ist die Annahme, Mozart habe die acht Noten hinzuschreiben vergessen. Wer so urteilt, macht sich die Lösung zu einfach. Denn diese nur in der Vorstellung vorhandenen Töne, die dann im Takt 16-17, »questa volta« realisiert werden, sind zusammen mit den nicht vorhandenen Tönen der Takte 24 bis 32 zu lesen - Mozart hat hier die gesamte Begleitung des zweiten Verses mit dem Verweis auf den ersten ausgelassen - , die in der Partitur mit dem Verweis »come prima« angegeben sind. Es sind also 8 + 116 = 124 nichtnotierte Töne. Diese »fiktive« Anzahl spricht die Gefährdung der Liebe (= 32) durch die EYFERSUCHT (= 124) aus. Kann man die Wahnvorstellung unbegründeter Eifersucht wohl auf sinnfälligere Weise zum Ausdruck bringen als durch »Nichtvorhandenes«?

Daraus folgt, daß die Klarinetten und Hörner in Takt 2 - 3, ebenso wie die Streicher in Takt 24 - 32, gespielt werden müssen! Ein pointiert werktreuer Dirigent, der an dieser Stelle Klarinetten und Hörner pausieren läßt, müßte - wenn ihn schon das »Loch« im musikalischen Ablauf nicht stört - folgerichtig der Königin der Nacht in ihrer ersten Arie auch den letzten Ton streichen, denn der fehlt, wie gesagt, ebenfalls in Mozarts Autograph.

5.11 Engelgleiche Genien

Ein wenig überraschend ist der Umstand, daß die drei Knaben aus dem Reich der sternflammenden Königin stammen. Sie erscheinen als Schutzengel im Gangdrama und lassen in höchster Not stets ihren guten Geist walten, wenn die handelnden Personen sich in aussichtslose Situationen manövriert haben. Sie bestimmen die wichtigsten Stationen der Handlung, eröffnen die beiden Finali und bewahren Pamina und Papageno vor Selbstmord. Aus ihrem Mund hören wir indessen dreifach einmütig die Weisheitslehren Sarastros. Das gedruckte Textbuch nennt sie »drey Genien«, während Mozart sie in seiner Partitur »erster, zweyter und dritter Knab« tauft. Zunächst scheinen dies unterschiedliche Bezeichnungen für dieselben Personen zu sein, bei näherer Betrachtung entdecken wir in ihren beiden Namen zwei verschiedene Interpretationen.

Das lateinische Wort »genius« bezeichnete ursprünglich den Schutzgeist, der den Menschen von der Geburt bis zum Tode begleitet, sein Schicksal bestimmt und durch Opfer, insbesonders an Geburtstagen, geehrt wird. Der Plural »genii«, zu deutsch »Genien«, ist die Übersetzung des griechischen Wortes »Daimonen«. Nach Homer ist der »Daimon« die Gottheit nicht als Person in ihrer Herrlichkeit und Macht, sondern nach ihrem geheimnisvollen, unerklärlichen Einwirken auf das physische wie auch das psychische Leben des Menschen betrachtet. Ein »Daimon« führt einem Menschen einen Löwen in den Weg, das heißt, er wendet den Sinn des Menschen zu einem Entschluß. Bei Homer ist der »Daimon« also kein individuelles göttliches Wesen, sondern jeder Gott kann als »Daimon« auftreten.

Hesiod berichtet in seiner Kosmogonie, die Restzahl der Menschen des Goldenen Zeitalters, dreißigtausend wie es heißt, wurden nach ihrem Tode zu »Daimonen«, welche als fromme Vollstrecker des göttlichen Willens unsichtbar die Erde durchwandern, die Handlungen der Menschen beobachten, sie schützen und Segen spenden. Während bei Homer die Götter selbst unmittelbar mit den Menschen verkehren, kommt dies bei Hesiod den dem Range nach zwischen Göttern und Heroen stehenden »Daimonen« zu, die, wenngleich unsterblich, doch den Menschen verwandt sind und daher zu diesem Mittleramte taugen.

Diese Daimonologie Hesiods mit Rangklassen göttlicher Wesen ist den alten Mysterien verpflichtet, wo die orphische Lehre lautet: Das Menschengeschlecht, aus dem Blute der Titanen entsprossen, ist sündhaft, aber die menschliche Seele ahnt ihre göttliche Abkunft und kann durch Läuterungen auf Erden zu ihrem Ursprung zurückkehren. Dazu hilft Dionysos durch die mystischen Weihen, und zwar werden im Mythos die göttlichen Eigenschaften, durch welche der Gott diese Läuterungen erwirkt, zu besonderen dienenden Wesen, Daimonen oder Genien, die an den Leiden der Menschen ebenso Anteil nehmen wie an den Kräften des Gottes.

In Zedlers Universal=Lexikon finden wir die Auffassung des 18. Jahrhunderts.[1] Dort steht zu lesen, die Meinung der Alten sei, »daß die Genii, Daemones oder angeli gewisse dii medioxumi, so nicht Götter, und auch nicht Menschen, gewesen, sondern zwar wie die Götter ewig, unsterblich von einem Lufft=Cörper, doch aber auch mit menschlichen Verstand u. Passionen begabet. Ihr Amt bestund darinn, daß sie derer Götter Willen denen Menschen offenbahrten, weil jene mit diesen keine Gemeinschaft hatten hingegen aber auch derer Menschen Begehren und Bitten denen Göttern bekannt machten und vor sie intercedirten.« Weiter heißt es von den Genien, daß sie die ersten in der Welt seien, die von Gott herkämen, keinem Unglück, keiner Vergessenheit, keiner Änderung, keinem Untergange unterworfen seien, niemals ihre Gleichheit mit Gott verlören, ihre Augen beständig auf Gott richteten, und beständige Liebhaber Gottes seien, die die Menschen von der Erde zum Himmel zögen. Sie unterrichteten die Menschen, wie sie Gott dienen und ihn versöhnen sollten, die Priester verrichteten durch ihre Beihilfe ihre Weissagungen und Zauberei.

Vor diesem mythologischen Hintergrund agieren die »holden Kleinen« der Zauberflöte, zu leicht wird ihre göttliche Abkunft und ihr mächtiger Einfluß unterschätzt. Sie etwa als »Eroten« oder »Putten« in geflügelter Gestalt darzustellen, hieße wohl, ihre wichtigen Leitfunktionen als bloßes Dekor zu setzen. Unter Zuhilfenahme der Gematrie stellen sich die »drey Genien« aus dem Textbuch der Zauberflöte so dar:

ERSTER GENIUS + ZWEYTER GENIUS + DRITTER GENIUS = 501

Diese Zahl 501 ist der Krebs der Zahl des SARASTRO(=105) und weist zugleich auf eine urspüngliche Verbindung mit der KÖNIGIN DER NACHT(=150) hin. Diese ambivalente Zuordnungsmöglichkeit entspricht den Tatsachen auf der Bühne. Sie ist ein weiterer Hinweis darauf, daß die Beziehungen der Personen der Zauberflöte durch Zahlenverhältnisse geordnet sind. Der Deutung, die das Textbuch nahelegt, stellt der Komponist eine eigene gegenüber. Mozart selbst spricht, wie gesagt, nicht von Genien, sondern nennt sie schlicht:

ERSTER KNAB + ZWEYTER KNAB + DRITTER KNAB (= 363)

Er bringt damit einen tieferen Zusammenhang ins Gedächtnis. In 363 sind optisch 36 und 63 zu einem symmetrischen Ganzen vereint. Plutarch nennt die 36 in seiner Abhandlung »Von Isis und Osiris« die Zahl, »die die Welt heimbringt.« Und 363 als Buchstabensumme wird erreicht im zweiten Finale bei den Worten des Chores:

1 Zedler a.a.O. Bd. X Sp. 883.

DANK SEY DIR OSIRIS, DANK DIR ISIS GEBRACHT (=363)

Astral gesehen sind die zwölf Sternbilder des Tierkreises, jeweils dreifach unterteilt, je einem Sondergestirn, dem Dekan, unterstellt, so daß es 36 Dekane gibt. Ein Dekan hat demnach zehn Grade des Gesamtkreises von 360 Graden unter sich.

In dieser Zahl 363 sind aber auch dem Verständnis der Alchemie gemäß die SONNE(=63) mit ihrem zugehörigen Metall, dem Gold(=36), verbunden.

Zu Beginn des ersten Finales (=Nr.9) treten die drei Knaben zum ersten Mal auf und singen folgende Worte:

Knaben: Zum Ziele führt dich diese Bahn
doch mußt du Jüngling männlich siegen,
drum höre unsre Lehre an.
Sey standhaft, duldsam, und verschwiegen.
Tamino: Ihr holden Kleinen saget an,
ob ich Paminen retten kann?-
Knaben: Dies kund zu thun steht uns nicht an;
sey standhaft, duldsam und verschwiegen.
bedenke dies, kurz, sey ein Mann,
dann Jüngling wirst du männlich siegen. (=3060)

Zählen wir sämtliche Buchstaben dieses gesamten Textes der Eröffnungsszene des ersten Finales, und zwar genau in Mozarts Orthographie, nach dem Zahlenalphabet mit Hilfe eines Computers zusammen, dann ergibt sich die Summe 3060. Das ist ein erstaunliches Faktum, denn hier wird 36 durch eine relativ große Texteinheit bestätigt.

Die Probe aufs Exempel bringt die folgende Szene, in der die drei Knaben auftreten (=Nr.17). Der Text lautet dort:

»Seyd uns zum zweyten Mal willkom(m)en
ihr Män(n)er in Sarastros Reich!-
Er schickt was man euch abgenom(m)en
die Flöte und die Glöckchen euch.

Wollt ihr die Speisen nicht verschmähen
so esset trinket froh davon!-
Wenn wir zum dritten Mal uns sehen
ist Freude eures Muthes Lohn!
Tamino Muth!- Nah ist das Ziel!
Du Papageno, schweige still! (=3o16)

Wiederum ist aus der Gesamtsumme der Buchstaben 3016 deutlich die 36 in den Außenziffern ablesbar, die die auf den Kopf gestellte 10 (= 01) umfängt. Außerdem hat dieses Terzett genau 36 Takte, die hinter dem abschließenden Taktstrich zweimal in übergroßen Ziffern verzeichnet sind, so daß geradezu in die Augen springt, was hier gemeint ist: 2 mal 36 = 72. Und 72 bedeutet GENIUS(=72).

Dies ist aber nur die visuelle Seite der Information. Gibt man den ganzen Text, so wie er gesungen wird und wie Mozart ihn komponiert und notiert hat, das heißt, mit allen Wiederholungen und ohne die durch () markierten »Faulenzer« in den Computer, so erscheint als Buchstabensumme die Zahl 3333. Dies ist im Kontext der drei Knaben eine erstaunliche Zahl. Denn hier ist zahlensymbolisch von einem Ziel die Rede: 33 ist die Zahl der Vollendung, sagen die Freimaurer. Und diese Anschauung hat gute biblische Gründe, denn Jesus war 33 Jahre, als er starb. Allein siderisch gesehen, kann 33 auch DEKAN (=33) bedeuten.

Darüberhinaus feiert die Drei geradezu in dieser Nummer ein Fest. Das Tutti der Instrumente ergibt die Summe von 756 Tönen. 756 = 3 mal 7 mal 36. Die drei Knaben singen zusammen 343 Töne. 343 = 7 hoch 3. Und wenn man beide Werte addiert, 756 + 343 = 1099, so weist das Ergebnis, die Anzahl aller erklingenden Töne in diesem Stück, 1099, auf das Endziel hin:

Bald siegt der weise Mann (= 199)

Dies aber ist der trostreiche Kernsatz der ersten Szene aus dem Finale des zweiten Aktes, wiederum von den drei Knaben eröffnet:

»Bald prangt den Morgen zu verkünden
die Sonn auf goldner Bahn -
bald soll der Aberglaube schwinden,
bald siegt der weise Mann.

O holde Ruhe steig hernieder
kehr in der Menschen Herzen wieder
dann ist die Erd ein Himmelreich
und Sterbliche den Göttern gleich.« (= 2074)

Die Buchstabensumme 2074 führt auf einen neuen Pfad.
274 nämlich bedeutet:

»Zum Ziele führt dich diese Bahn« (= 274)

Der Kreis schließt sich. Diese Zahl kann ebenso bedeuten:
Tochter der Koeniginn der Nacht. (= 274)

Ist Pamina nicht die personifizierte Zielvorstellung Taminos? In der Tat.
Und 274 hat noch einen weiteren Sinn: sie ist die Geburtstagszahl schlechthin. Der menschliche Körper benötigt, wie Petrus Bungus[2] erläutert, 9 mal 30 plus 3 = 273 Tage zu seiner Entwicklung im Mutterleib. Der 274. Tag seiner Existenz ist demnach der erste Tag eines jeden Menschen in dieser Welt, an diesem Tag beginnt sein Leben, es ist sein Geburtstag. Verstehen wir diesen Hinweis symbolisch, als Datum der geistigen Wiedergeburt des Menschen, so liegt hier der Schlüssel zu einem mystischen Geheimnis verborgen, das Taminos hohe Bestimmung betrifft.

2 Petrus Bungus: Nummerorum mysteria, Bergamo 1599, p. 436: »273 dies isti, quibus humano generi in hunc mundum praebetur ingressus.«

5.12 Numerische Mystik

Auf mannigfaltige Art scheint der Zahlenkosmos der Zauberflöte deutbar. Wenn aber eine Vielzahl zahlensymbolischer Bezüge möglich ist, verliert dann nicht jedes Symbol seinen Sinn? Ist das Symbol doch ein wahrnehmbares Sinnbild, das stellvertretend für etwas nicht Wahrnehmbares steht, ein Schrift- oder Bildzeichen, das eine verabredete oder unmittelbar einleuchtende Bedeutung hat. Zahlensymbole haben einen hohen Arkangrad und sind selten unmittelbar evident. Ihre Tradierung macht eine entsprechende Instruktion nötig, und diese Instruktion konstituiert einen Kreis von Informierten, die die systeminternen Chiffren lesen können. Sinnentnahme aus Symbolen ist Außenstehenden verwehrt, ohne Einweihung in die geheimen Verabredungen besteht keine Chance, eine zahlensymbolische Darstellung zu enträtseln. Zahlen können daher in verschiedenen Gemeinschaften Träger unterschiedlicher, ja gegensätzlicher Bedeutungen sein.

Dies ist tatsächlich unter den freimaurerischen Geheimgesellschaften im 18. Jahrhundert der Fall. So verschieden einzelne Systeme Geheimschriften handhabten, so verschieden auch nutzten sie Zahlen als Chiffren eines geheimen Sinnes. In diesem Punkte bestehen z. B. zwischen den Gold- und Rosenkreuzern und den Asiatischen Brüdern bestimmte Unterschiede, die besondere Beachtung verdienen.[1] Dazu ein Beispiel.

Die Rosenkreuzer zählten von eins bis neun, in der Summe dieser Zahlenreihe 45 sahen sie ein besonderes Geheimnis.[2] Die Asiaten dagegen rechneten von der doppelten Eins[3] bis Zehn und erreichten mit dieser Reihe in summa 56, das »Gesetz der Strenge«.[4]

Bemerkenswert ist die Deutung der Neun durch Saint-Martin, auf den sich die Asiaten berufen:[5]

1 Auf eine genauere Erläuterung muß hier verzichtet werden, da sie den Rahmen dieser einführenden Darstellung überschreiten würde.

2 Vgl. Kapitel 4. 2.

3 Die Eins als das allumkreisende Urlicht und das umkreiste Licht, das erste Blatt.

4 Die Brüder St. Johannis des Evangelisten aus Asien in Europa oder die einzige wahre und echte Freimaurerei nebst einem Anhang die Feßlersche kritische Freimaurerbrüderschaft und ihre Nichtigkeit betreffend von einem hohen Obern. Berlin 1903 bei Joh. Wilh. Schmidt. S. 180.

5 Irrthümer und Wahrheit, a.a.O. S. 456.

»Ohne Zweifel hat niemand etwas dagegen, eine Peripherie als eine Null anzusehen; denn welche Figur könnte einer Peripherie ähnlicher seyn als die Null? Noch weniger wird man dagegen haben, ihren Mittelpunkt als eine Einheit anzusehen, da es unmöglich ist, daß es mehr als Einen für Eine Peripherie gebe. Jedermann weiß auch, daß eine Einheit, einer Null beygefügt, zehn macht, auf die Weise 10. Wir können also den ganzen Cirkel ansehen, als der zehn mache oder 10, das ist, das Centrum der Peripherie.

Wir können aber den ganzen Cirkel ebenfalls als ein körperliches Wesen ansehen, davon die Peripherie die Form ist oder der Leib, und sein Mittelpunkt das immaterielle Principium.«

Dieses immaterielle geistige Prinzip aber darf nie mit der körperlichen Form verwechselt werden, obgleich diese Vereinigung die Existenz der Materie begründet. »Ist denn aber«, fährt Saint-Martin fort, »dies Principium von seiner körperlichen Form trennen, nicht eben so viel als; den Mittelpunkt von der Peripherie trennen, und folglich eben so viel als: die Einheit 1 wegnehmen von der Zehnheit 10? Wenn man aber eine Einheit wegnimmt von der Zehnheit 10, so bleibt doch wohl sonder allen Zweifel nicht mehr übrig als neun in Zahl; indeß uns in Figur übrig bleibt die Null, O , oder die Cirkellinie, oder endlich die Peripherie.«

Nach dieser Darstellung des Unbekannten Philosophen ist alle Ausdehnung zirkelförmig und die Neun die Zahl der Ausdehnung.

»Auch sehe man nach der zwischen der Null, die gleichsam nichts ist durch sich selbst, und der Zahl neun oder der Zahl der Ausdehnung obwaltenden Ähnlichkeit, ob man die so leichtfertig hätte tadeln sollen, so da behauptet haben, die Materie sey nur scheinbar.«[6]

Die Drei aber ist das Prinzip aller dreidimensionalen Körper, der unendlichen Emanationen des Zeuge-Prinzips des Zentrums Eins. Zählt man »die Zahl der Einheit des Centri zu der Dreyzahl seiner Production« so schenkt ihre Vereinigung »uns die vollkommenste Idee von unsrer immateriellen Vier=Zahl.« Diese Vier=Zahl ist ein Bild für den Radius, die gerade Linie, die denkbar oft aus dem Ursprung des Kreiszentrums hervorzugehen vermag.

»Es ist, in der That, so wahr, daß diese grade Linie oder diese Vier=Zahl die Quelle und das Organ sey von allem was körperlich und sinnlich ist, daß auch die Geometrie alles, was sie messen will, auf die Zahl vier und aufs Quadrat zurückführt.«[7]

Saint-Martins Meditiation über diese qualitativen Aspekte der Zahlen Neun und Vier deckt auf, wie das Geistige im Körperlichen wirkt. Zahlengesetze sind von allem, was »der Mensch hinieden besitzt, das verständlichste und sicherste«[8] und Zahlenmystik ist die Bahn, auf welcher der Mensch dazu gelangen kann, die Form und die körperliche Hülle der Wesen zu unterscheiden von ihren immateriellen Principien.

6 Saint-Martin, seiner höchst spekulativen Denkweise bewußt, schreibt: »Ich weiß, die Geometer ... werden wenig Vertrauen zu der gegenwärtigen Demonstration haben«. Ebda. S. 457.

7 Ebda. S. 467 .

8 Ebda. S. 468 .

Diese Zahlenmystik von Saint-Martin haben die Asiaten übernommen.

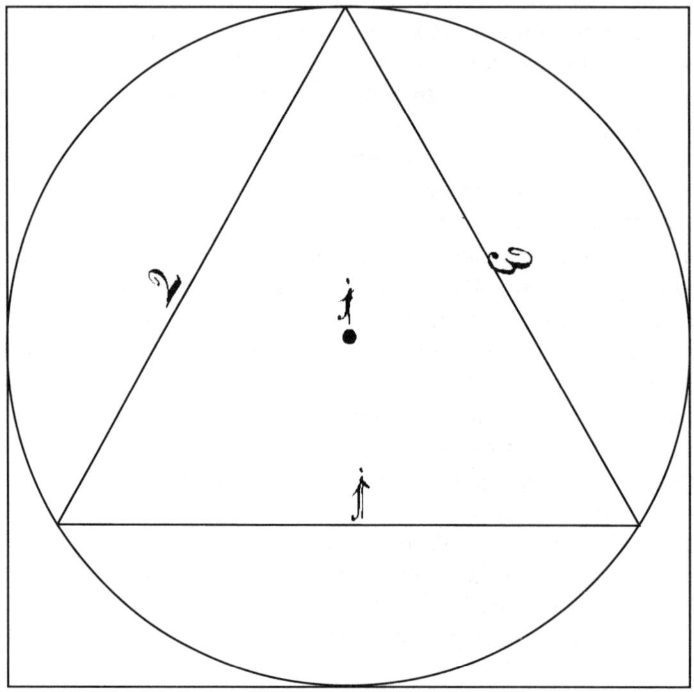

Vielgestaltig wenden die Autoren der Zauberflöte ihre genaue Kenntnis der Zahlenlehre der Asiatischen Brüder an. Die Schreckenszahl 56 zum Beispiel leitet zu Anfang die Ouverture ein (Adagio 1. Violine T. 1 - 16.1), steht zu Beginn der Introduction (2. Violine Takt 1 - 17.2) und wird im Quintett des zweiten Finales von der Königin, den drei Damen und Manostatos (»Nur Stille!...bald dringen wir in Tempel ein«) doppelt akzentuiert, der gesamte Text ergibt die Buchstabensumme 5656. Auch Manostatos spricht in seiner Arie »Alles fühlt der Liebe Freuden« die Zahl 5600 aus, wenn wir Mozarts Textwiederholungen einrechnen. In dieser Nummer weisen Libretto (= 4162) und Vertonung (= 5600) also eine Differenz auf, die darauf hinweist, daß der Komponist eine andere als die im Text vorgegebene symbolische Deutung vornehmen wollte.

Am Beispiel des Gesanges der beiden geharnischten Männer sei die These möglicher unterschiedlicher Deutungen durch Komponist und Dichter aufgezeigt. Jedermann kennt diese geniale Bearbeitung des Chorales »O Gott vom Himmel sieh darein«, die genau $7^2 = 49$ Takte umfaßt. Niemand hat aber offensichtlich bislang die eigenartige Notation des Textes im Autograph beachtet.

Mozart schreibt:

Der welcher wandert diese straße voll beschwerden
wird rein durch Feuer, Wasser, Luft und Erden.
wenn er des todes schrecken überwinden kann,
schwingt er sich aus der Erde Himmelan! (= 1606)
Erleuchtet wird er dann im stande seyn
sich den Mysterien der b/is ganz zu weihn.- (= 737)

Das lateinische Wort »bis«(=zweimal) steht für die beiden gleichlautenden Silben des Wortes »IS-IS«. Diese Notation ist kein Mozartscher Scherz, sie stellt vielmehr ein geistvolles Pendant zum berühmten verschleierten Bild der großen Göttin Isis in Sais dar, verhüllt die Inkarnation der göttlichen Schöpferkraft, die Sinnmitte der ganzen transparenten Schrift, hinter ein Wortsiegel. Mozart erreicht mit seiner Schreibweise dazu eine bestimmte Buchstabensumme (= 1606), die, gematrisch gelesen, präzis die Zielvorstellung: QUINTA ESSENTIA (= 166) benennt. Dies bestätigen die beiden Geharnischten, die die geheimnisvolle Botschaft auf der Pyramide vorlesen, und die drei Posaunen (Takt 18.2 - 48.1) erklären den Pyramidenbau als TEMPEL DER ISIS (= 147). Die beiden Männer sprechen je in 68 Tönen zu Tamino (= 68). Der antwortet:

Mich schreckt kein tod als Mann zu handeln,
den Weeg der Tugend fortzuwandeln!
Schließt mir des Schreckens Pforten auf -
ich wage froh den kühnen Lauf.- (= 1302)

Diesen Text, der gematrisch MANNHAFTIGKEIT (= 132) bedeutet, singt Tamino auf 37 Töne: und dies ist der TOD (= 37). Diese Zahl verfolgt Mozart bis in seine letzte Komposition, sie ist in der Zauberflöte allenthalben exponiert.[9]

Änderte man zwei Buchstaben in diesem Text, schriebe etwa »sein« und »wandelt« (statt »seyn« und »wandert«) und fügte das ausgeschriebene Wort »Isis« ein, ergäbe sich 1600 für den ersten Textteil. Diese im Zusammenhang der Auslegung der Vierelementenlehre der Asiaten naheliegende Quadratzahl, die unmittelbar sinnvoll erscheint, aber allein bestätigend wirken würde ohne weiterzuführen, hat Mozart offensichtlich weniger interessiert als die Möglichkeit, ein geheimes Ziel anzugeben. Verworfen auch wurde der Gedanke, die Gesamtsumme 3650, die mit der Textänderung erreicht wird, etwa als zehnfache Zahl der Tage des Jahres zu deuten, eine in diesem Gangdrama gewiß plausible Zahl im Hinblick auf die Lebensreise. Möglicherweise waren all dies Vorgaben der Texter, die der Komponist nicht akzepierte und daher änderte.

Beläßt man den ganzen Text dieser Stelle in Mozarts Schreibweise und setzt allein für »b/is« das Wort »Isis« ein, so erhält man die Gesamtsumme 3670. Diese Zahl bedeutet: DIE GRÖSSE UNSERER SCHWEREN KUNST (= 367).

9 Z. B. lautet die Summe aller Bläsertöne der Ouverture 3737.

Diese hermetische Kunst soll Tamino beherrschen lernen. Der Komponist führt diesen Gedanken fort. Seine Schreibweise ergibt die Summe 1606 +737+1302 = 3645. Die Ziffernfolge 3645 bringt die Worte der beiden Geharnischten und Taminos Entgegnung in der Zahlensymbolik der Asiatischen Brüder auf den kürzesten Nenner. Mozart spricht weiterhin von der »Prima materia« (= 118), dem alchimistischen Wunderstoff, der allem zugrundeliegt, denn die Summe aller Streichertöne (Takt 1 - 59) ergibt 1180.

Die Signaturenlehre der Asiatischen Brüder sagt dazu:[10]

»Die Elemente sind die großen Körper der Natur, und die Gebärmutter, welche die ihnen vom Universal=Geist gegebene Zeichen und Bilder in sich enthalten. Die Elemente haben zwei Naturen, eine geistliche und eine leibliche. Ihre Aufgabe ist es, den Universal-Geist abzubilden, ihn nach und nach leibhaft zu machen. Elemente ohne diesen Lebensgeist verdienen diesen Namen nicht. Feuer, Luft, Wasser und Erde, welche wir sehen, sind unmöglich imstande, das allergeringste oder kleinste Ding in der Natur aus sich zustande zu bringen. Elemente ohne diesen Lebensgeist sind Substanzen ohne Kräfte, patiens ohne ein wirkendes agens. Dieser Lebensgeist ist ferner an die Substanzen der Elemente festgebunden durch ein Mittel. Dieses Mittel ist Magia oder das unbegreifliche Band. Deshalb ist es nicht möglich, einen einzigen elementarischen Teil, er sei so klein er immer wolle, zu finden, der nicht mit diesem Lebensgeist geschwängert sei.

Die zwei aus dem Unendlichen mittelbar ausgegangenen Substanzen oder Säulen der Schöpfung aber sind Wasser und Himmel, oder Wasser und Feuer, denn zwischen Himmel und Feuer ist nicht der geringste Unterschied. Nachdem das Feuer ins Wasser gewirkt hat, so ist daraus Luft und Erde entstanden. Diese Wahrheit bestätigen täglich die Chymischen Operationen, weil aus allen Liquidis durch Einwirkung des Feuers Luft und Erde hervorgebracht und sichtbar gemacht werden kann. Wer also weiß und versteht unsere Erde in Wasser, dies Wasser in Luft, die Luft in Feuer und dieses Feuer in Erde zu verwandeln oder umgekehrt, der wird alle Körper umkehren, also des Vaters Hermes Magisterium vollkommen besitzen.«

Ziel dieser hermetischen Kunst ist das Opus magnum, das große Werk, die Selbstwerdung des Menschen in alchimistischen Operationen, in denen höchste innermenschliche Werte und Bedürfnisse mit der Idee der Stoffe und ihrer chemischen Behandlung vereinigt werden und im Symbol eines göttlichen Mysteriums zur Erfüllung kommen, das wie die Herstellung des Steins der Weisen eine auf chemischem Wege nachvollzogene Menschwerdung Gottes ist.

Voraussetzung für diese Wiedergeburt, oder wie die Alchimisten sagen, für den »vollendeten Stein«, ist die Trennung des Urstoffs in seine vier Teile, die Tetrametrie, der Tod Gottes.

10 Allgemeine Theorie der Natur, und vollkommene Auslegung des Signatsterns. II. Abtheilung. Instruction. o. O. 1786. S. 3.

Dazu finden wir in den Lehrbüchern der Asiaten dunkle Hinweise. In der Initation zur ersten Hauptstufe lernen die Adepten den »Stein der Theologen« kennen, der im Gegensatz zum Stein der Weisen steht, auch »Stein der sieben Augen« genannt wurde und magische Kraft hatte: »Man muß wissen, daß er alle vier Elemente in sich schließt; denn alle Dinge kommen von einem, durch die Ordnung dieses einzigen; er hat weiters einen Vater und eine Mutter, das ist: Mann und Weib, Gold und Silber, der Wind trägt ihn in seinem Bauch, er nimmt die Nahrung von seiner Mutter, seine Ernährerin aber ist die Erde, denn er muß verwandelt werden, in seine Erde; wenn er dies ist, so ist seine Kraft vollkommen und herrlich, wenn zuvor die Erde vom Feuer künstlich geschieden ist, denn er steigt von der Erde zum Himmel, und steigt auch wieder so herab, denn so, wie die Welt entstanden ist, entstehet unser Stein.«

Die Materie dieses Steines ist der Merkur der Weisen. »Sie ist der Sohn der Sonne und des Monds, des Golds und des Silbers, die wahre und einzige Gur der Natur. Man muß aber Sorge tragen, wenn man sie empfängt, daß sie die Strahlen der Sonne und des Monds ja nicht berühren.«[11]

Dem Adepten wurde aufgetragen, dieses hohe Geheimnis der weißen Magie mit der strengsten Sorgfalt zu bewahren, »denn es ist der Baum des Lebens.«[12]

Die utopische Vision dieser Botschaft wird am Ende deutlich.

Alle Holzbläser (Takt 1- 59) des Gesangs der Geharnischten sprechen mit der zehnfachen vollkommenen Zahl 28 vom

»AUREUM SECULUM REDIVIVUM« (= 280)[13]

und die Posaunen (= 179) weisen auf einen Schlüsselroman, der die Quintessenz von Taminos Prüfungen enthält, und auf den wir noch eingehen müssen.

11 »Die Sonne soll uns das Bild des Unendlichen vorstellen, ihr Zeichen ist ein ⊙, dies Zeichen ist aber jünger als folgendes ⊖, so bey unsern Chinesischen Brüdern üblich ist, und bey ihnen bald Salz, bald Feuer, bald Licht, bald Richter und bald Erschaffer sagen will, je nachdem es in Verhältniß mit der Rede selbst ist. Dies Zeichen wird Ge ausgesprochen, zwar hat dies nemliche Zeichen eine Abänderung erfahren und wird so gemacht [=]; doch ist Aussprache und Bedeutung eins; dies Zeichen steht in genauem Verhältnis mit dem sogenannten flammenden Stern, denn seine Aussprache ist ähnlich und gleich. Das Hieroglyph des Unendlichen ist seiner ganzen Größe angemessen, denn wie im ganzen System der Schöpfung die 4 Welten, durch die Sonne belebt, erwärmt und fruchtbar gemacht werden,. . . eben so belebt das Licht des fixen Osten den Geist des umkreisenden Lichts, diesen das umkreißte Licht, und dies die Schöpfung.« Vgl. Recapitulation und Instruction der ersten Haupt und Grund=Stuffe etc. S. 17 Abschnitt IX.

12 Recapitulation und Instruction der ersten Haupt und Grund=Stuffe o. O. 1786 S. 34.

13 Vgl. Die Lehren der Rosenkreuzer aus dem 16. und 17. Jahrhundert. Altona o.J. (=1782) S. 20.

5.13 Andreäs »Chymische Hochzeit«

Noch zwei Jahre vor Beginn des dreißigjährigen Krieges erschien eine der interessantesten und provokantesten Allegorien der westlichen literarischen Tradition, Johann Valentin Andreäs Chymische Hochzeit Christiani Rosencreütz.[1] Sie übte bedeutenden Einfluß aus, Goethe war von ihr fasziniert und noch C. G. Jung regte sie zu hermeneutischen Forschungen an. Dieses barocke Werk zu studieren mit seinen vielerlei Bedeutungsebenen und den unterschiedlichen Interpretationen, zu denen es Anlaß gab, heißt, ein weites Terrain von anscheinend untereinander beziehungslosen Feldern zu betreten: die alchemistische Suche nach dem Stein der Weisen; das Erwachen mathematisch-naturwissenschaftlicher Forschungsinteressen, die vielleicht die Träume der Söhne des Hermes ersetzten, die geheimnisvollen Mysterien der Rosenkreuzer und der Asiatischen Brüder, Spensers und Purcells »Faerie Queene« und Shakesspeares »Wintermärchen«, das anthroposophische Gedankengut Rudolf Steiners und die Archetypen des Kollektiven Unbewußten in Jungs Psychoanalyse.[2]

In Mozarts Wiener Jahren wurde die Chymische Hochzeit Christiani Rosencreütz als authentische Quelle der Lehre der wahren Rosenkreuzer angesehen und besaß gegenüber anderen umstrittenen zeitgenössischen Werken rosenkreuzerischer Provenienz fundamentalen Aussagewert.[3] Dies wurde in Mozarts Umkreis von Bedeutung. Denn die Asiatischen Brüder griffen auf die Anfänge der Rosenkreuzer-Bewegung im 17. Jahrhundert zurück, nannten sich im höchsten Grad ihres Systems »ächte Rosenkreuzer« und gaben an, die geistigen Erben der echten Rosenkreuzer zu sein. Ihr Name symbolisierte das mystische Kreuz, ohne welches man Christus nicht nachfolgen könne und das mit dem rosafarbenen Blut des Erlösers besprengt sei.[4]

1 Chymisch = alchimistisch.

2 Vgl. Montgomery: Cross and Crucible. a.a.O. Preface to volume two, p. V.

3 Die kritische Auseinandersetzung »Ueber Jesuiten, Freymaurer und deutsche Rosencreutzer. Herausgegeben von J. A. Maier, der Gesellschaft Jesu ehemaligem Mitgliede. Leipzig 1781« kommt S.116 nach ausgiebigem Referat der Chymischen Hochzeit zu dem Schluß: »Mich dünkt, man könnte...aus dieser Schrift einen sehr vernünftigen Sinn ziehen.« Friedrich Nicolai mißversteht sie dagegen als eine »offenbare Satyre« und Herder sieht sie in seiner Entgegnung »als eine Comödie oder Roman« an. Vgl. Fr. Nicolai: Versuch über die Beschuldigungen, welche dem Tempelherrenorden gemacht worden. Berlin u. Stettin 1782 S. 172. J. G. Herder: Histor. Zweifel über das Buch »Versuch über die Beschuldigungen...v. F. Nicolai« Suphan-Ausgabe Bd. 15, Berlin 1888 S. 60.

4 Diese Deutung geht auf Robert Fludd zurück.

Chymische Hochzeit:

Christiani Rosencreütz.

ANNO 1459.

Arcana publicata vilescunt: & gratiam prophanata amittunt.

Ergo: ne Margaritas objice porcis, seu Asino substerne rosas.

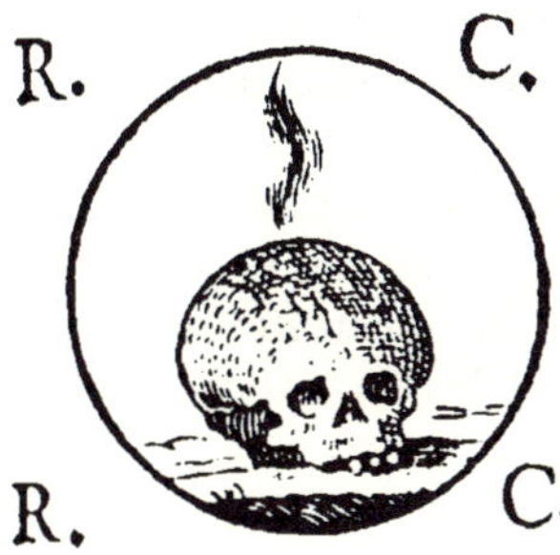

Gedruckt zuerst zu Straßburg bey Lazari Zetzners seel. Erben MDCXVI. und der äußersten Seltenheit wegen wieder aufgeleget.

Regenspurg,
MDCCLXXXI.

Die Quelle, aus der sie schöpften, war Andreäs Chymische Hochzeit und Christian Rosenkreuz fiktiver Spiritus rector dieses Geheimbundes. Sein Name bezeichnet den mystischen Weg »per crucem ad rosam«, und sein Lebenslauf war in der Fama fraternitatis (1614) aufgezeichnet.[5]

Dort heißt es, Christianus sei 1378 geboren, habe gegen Ende des Jahrhunderts eine Wallfahrt nach Jerusalem unternommen und sei unterwegs in Damaskus und später in Fez in die uralten Geheimnisse und Weisheiten der Araber eingeweiht worden. In Deutschland habe er dann die Bruderschaft des Rosenkreuzes gegründet mit dem Ziel, die Kirche zum Urchristentum zurückzuführen und menschliche Wohlfahrt in Staat und Kirche zu begründen. Im Alter von einhundertsechs Jahren sei Rosenkreuz 1484 gestorben. Niemand habe seine Grabstätte gekannt, dennoch habe die Bruderschaft stets fortgelebt. Erst einhundertzwanzig Jahre später sei in der Versammlungsstätte der ersten Brüder, im Hause Spiritus Sancti, das Grabgewölbe des Ordensstifters entdeckt worden. Dort lagen die Geheimnisse der Rosenkreuzer verborgen, die nun geoffenbart werden sollten.[6]

»Allgemeine Generalreformation der ganzen weiten Welt« war der revolutionäre Schlachtruf der ersten Rosenkreuzer, die eine radikale Geistesrichtung ohne Organisation ausprägten. Ihre Lehre, eine pansophisch ausgerichtete Konkordanz von Theologie und Erfahrungswissenschaft, basierte auf hermetisch-kabbalistischen und alchimistischen Traditionen. Diese faszinierende Utopie gewann in der ideellen Avantgarde der französischen Revolution neue Leuchtkraft. Von 1777 bis zur Jahrhundertwende nahm der Orden der Gold- und Rosenkreuzer wirklich Gestalt an und beherrschte, in neun Graden straff und mit strenger Arkandisziplin organisiert, weite Teile der deutschen Freimaurerei.[7] Die Asiatischen Brüder integrierten diese Lehre in ihr System.

In Mozarts Zauberflöte ist dieses grundlegende Hauptwerk der Rosenkreuzer als leitende Idee eingegangen. Mehr noch, Mozart bildet in Tönen Andreäs Schrift mit vollständigem Titel samt Motto und Erscheinungsjahr im Autograph seiner Komposition ab.

Die gesamte Niederschrift der Zauberflöte umfaßt 445 Seiten, eine Zahl die präzis die Summe folgender Buchstaben nach dem Zahlenalphabet ergibt:

5 Insgesamt erschienen drei anonyme Schriften Fama fraternitatis 1614, Confessio fraternitatis 1615 und die Chymische Hochzeit 1616, mit denen die Rosenkreuzerbewegung an die Öffentlichkeit trat und die aus dem Tübinger Freundeskreis um den Theologen Joh. Valentin Andreä stammen.

6 Nach Lennhof/Posner: Intern Freimaurer-Lexikon S. 1332.

7 Diese theosophisch-alchimistische Richtung ist seit dem letzten Jahrzehnt des 18. Jahrhunderts aus dem deutschen Freimaurertum wieder verdrängt worden. Dagegen hat sich in der französischen Freimaurerei der Ritter oder Prinz Rosenkreuz (Le souverain prince Rosecroix) als siebenter und letzter Grad oder als 18. in dem von Amerika her nach Frankreich verbreiteten Altenglischen System (= Alter und Angenommener Schottischer Ritus) erhalten. Die Datierung der Konstitutionen des AASR auf 1786 ist fiktiv und wurde von den Zeitgenossen bereits bestritten, ebenso daß Friedrich der Große ihr Autor sei. Nachweisbar ist der ASSR 1801 in den USA, südliche Jurisdiktion, und 1804 in Frankreich. Wer Mozart in dieses System einordnet und ihm den 18. Grad (= Ritter Rosenkreuzer) zuweisen möchte, muß zuvor den Beweis führen, daß der AASR 1786 bis 1791 in Wien in dieser Form existierte. Dabei sollte das System der Strikten Observanz nicht mit dem AASR gleichgesetzt werden.

Chymische Hochzeit Christiani Rosencreütz.[8]

Das gesamte Corpus des Mozartschen Manuskripts stellt diesen fundamentalen Bezug dar. Weitere Mosaiksteine zur Identifizierung sind in den Taktzahlen der einzelnen Teile des Werkes gegeben:

Taktanzahl der einzelnen Nummern der Zauberflöte im Autograph.[9]

1. Ouverture	226	10. Marcia	28
		11. Sarastro + Chor	55
2. Introduction	218	12. Duetto	25
3. Papageno-Arie	50	13. Quintetto	164
4. Tamino-Arie	63	14. Manostatos-Arie	49
5. Königin-Arie	103	15. Königin-Arie	99
6. Quintetto	247	16. Sarastro-Arie	28
7. Terzetto	71	17. Terzetto	36
8. Duetto	49	18. Pamina-Arie	41
		19. Chor der Priester	42
		20. Terzett	78
		21. Papageno-Arie	51
		Neunmaliger Akkord	6
Summa Nr. 2 - 8	801	Summa Nr. 10 - 21	702
9. Finale I	586	22. Finale II [10]	909
Summa Akt I, 2-9	1387		
Summa Finale I + II	1495		
Summe 2 - 8, 10 - 21	1616 [11]		
Summa Nr. 1 - 22	3224		

Die beiden Zahlen 1387 und 1495 enthalten das Geburtsjahr 1378 des Christian Rosenkreuz und das Jahr der Entstehung der Chymischen Hochzeit 1459, wenn man in beiden Zahlen die beiden letzten Ziffern vertauscht. 1616 ist das Datum, in dem

8 Das Berliner Autograph umfaßt heute 448 Seiten. Die letzte Seite des Autographs f. 224v ist vom Wiener Hauskopisten Mozarts teilweise mit Nr. 18 Takt 8 der Zauberflöte beschrieben. Ein Blatt, und zwar f. 219, enthält die Trompeten und Pauken der »Schlangenfassung«, es ist erst nach Fertigstellung des Werkes eingefügt worden. Aus diesem Grunde muß die Gesamtseitenzahl 448 um 3 vermindert werden: das Ergebnis sind 445 Seiten. Daß die von K. Köhler im Beiheft zur Faksimile-Edition der Zauberflöte publizierten Angaben zur Foliierung zahlreiche Errata enthalten, sei zur Vermeidung von Mißverständnissen ausdrücklich erwähnt.

9 Hier sind die notierten Takte (excl. dal-segno-Kürzungen etc.) gezählt.

10 Mozart hat f.212v des Zauberflöten-Autographs im Finale II Takt 824 den Beginn des Andante um einen Takt durch Korrektur vorverlegt, das heißt, das voraufgehende Rezitativ wurde von 5 auf 4 Takte verkürzt. Mozarts Zählung (also 4 statt 5 Takte) ergibt die obigen Werte.

11 Hier sind die klingenden Takte (incl. dal-segno-Kürzungen etc.) gezählt.

das Werk zum ersten Mal gedruckt worden ist.[12] 801 enthält, in der bekannten Weise ohne Null gelesen, das Alter des Christian Rosenkreuz bei Niederschrift der Chymischen Hochzeit: 81 Jahre. Die Zahlen des zweiten Aufzuges bestätigen erneut den Titel: sie enthalten die Worte ALCHYMIE (= 72) und HOCHZEIT (= 90).[13] Das Motto auf dem Titelblatt:

Arcana publicata vilescunt: et gratiam
prophanata amittunt.
Ergo: ne Margaritas objice porcis, seu
Asino substerne rosas.

lautet übersetzt:

Offenbarte Geheimnisse werden gemein
und verlieren profaniert ihre Würde.
Daher: wirf weder Perlen vor die Säue,
noch streue dem Esel Rosen unter.

Die berühmten Einleitungsakkorde der Zauberflöten-Ouverture, es sind nach Jacques Chailleys intensiven Forschungen fünf an der Zahl, ergeben 76 Töne in der Notation des Autographs. Schlagen wir nach bei Matthäus 7,6, so finden wir dort die Quelle für das lateinische Motto des Titelblattes. In Luthers Übersetzung:

Ihr sollt das Heiligtum nicht den Hunden geben
und eure Perlen nicht vor die Säue werfen. (= Matth. 7, 6)

Die Zahl 76 heißt hier KREUZ (= 76); kehrt man sie um und gewinnt 67, bedeutet sie ROSEN (= 67). Die mystische Vereinigung von Kreuz und Rosen im ROSENKREUZ (= 143), in Zahlen 76 + 67 = 143, ist, alchimistisch gesprochen, die Vereinigung von SONNE UND MOND (= 143). Die Qualität dieser »Ehezahl« 143 - sie ist das Produkt der Primzahlzwillinge 11 und 13 - wird an ihren Spiegelsummanden deutlich:

49 + 94 = 143
58 + 85 = 143
67 + 76 = 143
76 + 67 = 143
85 + 58 = 143
94 + 49 = 143

12 Die Zahl 1616 (vgl. Tabelle) weist außerdem noch auf den folgenden Vers aus der Chymischen Hochzeit (S. 10) hin:

Wann sichs nicht thät erheben,
Das arm Menschlich geschlecht,
Wer ihm viel guts gegeben,
Von einer Mutter recht,
Weils aber nit will folgen,
Bleibt es in solchen sorgen,
Und muß gefangen sein. (= 1616)

13 Finale II hat 909 Takte. In 909 spiegelt sich die Zahl 90.

Teppich für das Kapitel der Asiatischen Brüder mit androgynen Häuptern. Deutsches Freimaurer-Museum Bayreuth

Mozart hat sie schon in seiner C-Moll-Messe benutzt, indem er für das Laudamus te (= Wir loben Dich), das für seine Frau COSTANZA WEBER (= 143) gedacht war, das Maß von 143 Takten setzte.

Übrigens tragen Ouverture und Priestermarsch der Zauberflöte unausgesprochen die Nr. 143 in Mozarts eigenhändigem Verzeichnis.

Der Priestermarsch steht dort an erster Stelle, und dann erst folgt die Ouverture - welch eine denkwürdige Reihenfolge: auf Nr.10 folgt Nr. 1 der Zauberflöte, erneuter Verweis auf den wahren Weg geistiger Erweckung, wie ihn die Asiatischen Brüder verstanden und zahlensymbolisch beschrieben. Auf ihn richtet Saint-Martin seinen Blick in seiner Zahlenlehre, Mozart bringt ihn wortlos auf die kürzeste Formel.[14]

Fast überflüssig zu sagen, daß Mozart den letzten Arbeitsgang an der Ouverture, die sogenannte Instrumentation[15], in diesem Sinne am 26.9.1791 begann und zwei Tage später, wie bekannt, abschloß.

Die Begründung liegt auf der Hand, und jeder Leser wird sie leicht selbst finden.

Auf genau 143 Seiten ist auch die ursprüngliche Seitenzahl 146 in der dritten Auflage der Chymischen Hochzeit verkürzt. Andreä sah die Möglichkeit einer symbolischen Aussage; der Drucker mußte das vollständige Corpus des Druckwerks um drei Seiten reduzieren und den Wünschen des Alchimisten anpassen.[16] Mozart ist ihm darin später gefolgt.

Bleibt noch zu sagen, was denn die Zahl 641, die Summe aller Töne des Vorspiels der Introduktion aussagt:

Dei omnipotenti sit laus, honor et gloria in seculorum secula. Amen. (= 641)[17]

Diese Dedikation an die höchste Adresse ist eines Kunstwerkes vom Range der Zauberflöte allein würdig. Musik findet ihren Sinn in der Zuwendung an die erste und letzte Instanz.

14 Zur Vermeidung von Mißverständnissen sei darauf hingewiesen, daß die Nr.30 in Mozarts eigenhändigem Verzeichnis doppelt gezählt ist.

15 Mozarts ging bei der Niederschrift seiner Kompositionen in der Regel so vor: Zunächst notierte er ein Außenstimmengerüst, das alle wesentlichen Strukturelemente des Satzes enthält (z.B. die Streicher und der Baß, aber auch, wenn nötig wichtige Anschlüsse in den Bläsern und die vollständig textierten Vokalstimmen); dann folgte als zweiter Arbeitsgang die sogenannte Instrumentation, d.h. die Ergänzung der Harmonie- oder Mittelstimmen (z.B. die Holz- und Blechbläser). Dabei muß man die damals übliche Anordnung der Instrumente in der Partitur vor Augen haben, die von der modernen abweicht: die oberste Zeile enthielt die erste Violine, dann folgten zweite Violine und Bratsche, schließlich die Holz- und Blechbläser, dann die Vokalstimmen; die unterste Zeile war stets dem Baß vorbehalten.

16 Bernhard Koßmann: Alchemie und Mystik in J. V. Andreaes »Chymischer Hochzeit...« Phil. Diss. Köln 1966 S. 4. stellt die Änderung der Paginierung bereits fest, ohne dafür eine Begründung zu finden.

17 Vgl. Die Lehren der Rosenkreuzer aus dem 16. und 17. Jahrhundert. Altona o.J. (=1782) S.35.

5.14 Christian Rosenkreuz

In seiner Chymischen Hochzeit zeigt Andreä die Symbolfigur Christian Rosenkreuz als einen Christen, der auf eine Pilgerreise geht zum Hochzeitsmahl mit dem Lamm. Inhaltlich gliedert er sein Werk nach dem Vorbild des »Großen Werkes« der Alchimisten in sieben Tagen, die zwei klar definierbare Abschnitte bilden[1]: Die ersten drei Tage stellen Christian Rosenkreuz agierend in den Mittelpunkt, seine Einladung zur Hochzeit und die verschiedenen Prüfungen, die er im Zusammenhang mit ihr bestehen muß; die letzten vier Tage konzentrieren sich auf den alchemistischen Tod und die Auferstehung der Herrscher, von denen Rosenkreuz als passiver Zuschauer Zeuge wird. John W. Montgomery hat auf den entschiedenen Bruch zwischen diesen beiden Teilen der chymischen Hochzeit hingewiesen, ein Bruch, der noch durch Einfügen von mathematischen Puzzles und alchemistischen Scherzrätseln als komisches Relief vor Beginn des zweiten Teils vertieft wird.[2]

Christian Rosenkreuz' Pilgerschaft zur Hochzeit wird eingeführt durch einen Traum, und der alchemistische Tod und die Auferstehung der Herrscher werden eingeleitet durch ein Drama. Traum und Drama sind Mikrokosmen der beiden großen Teile des ganzen Buches. In ihnen kann man im Kleinen die großen Ereignisse sehen, und Christian erleidet später die Qualen, von denen er zuvor träumte. Das Drama ist ebenfalls ein Vorläufer dessen, was folgt. Genau vor dem alchemistischen Tod, der Auferstehung und der königlichen Hochzeit wird in der ausführlichen Erzählung ein Königssohn porträtiert, der eine totenähnliche Agonie erleidet, um seine Braut von bösen Mächten und einem Richterspruch des Todes zu befreien. Und diese Braut heiratet er nach seiner eigenen Wiederherstellung.

Alchemistisch gesehen werden wir mit der streng einheitlichen Konzeption des Magisterium, des »Großen Werkes«, konfrontiert, das sowohl auf Christian Rosenkreuz als auch auf den König und die Königin, zu deren Hochzeit er eingeladen wird, rückwirkt.

Andreä erläutert diese vielschichtige Allegorie und sagt von ihr, sie bedeute drei Dinge für den christlichen Pilger:[3]

1 Das Folgende nach Montgomery, a.a.O. S.275ff.
2 Ein ähnlicher Bruch wird bekanntlich in der Konzeption der Zauberflöte beklagt.
3 Zitiert nach Montgomery a.a.O. S. 273.

»Sacrum conjugium quod animae cum corpore; sacratius quod sanitati fidei cum sanctitate vitae, sed sacratissimum quod animae sponsae cum sponso Christo est, ac intimae coniunctionis vinculae exigit.«

Zu deutsch:

»Die Heilige Hochzeit, welche die der Seele mit dem Leib ist; die heiligere, welche die des gesunden Glaubens mit der Heiligkeit des Lebens ist, die heiligste aber, welche die der Seele als Braut mit dem Bräutigam Christus ist, und die das Band tiefster Gemeinsamkeit fordert.«

In der Chymischen Hochzeit ist diese Allegorie auf drei Ebenen wirksam: einer psychologischen, die die innere Harmonie im Menschen herstellt, einer alchimistischen, die die Bedeutung des Glaubens für das Wissen und die Fähigkeit des Wissens für den Glauben bezeugt, und einer theologischen Ebene, die das Werk des Erlösers für uns und in uns darstellt. Und diese drei Ebenen kooperieren simultan.[4]

Mozart verknüpft auf gematrische Weise durch entsprechende Zahlen seine Zauberflöte immer wieder mit diesem rational nicht faßbaren, mystischen Hintergrund von Andreäs Chymischer Hochzeit.

Die Summe aller Takte der Zauberflöte ist 3224. Diese Zahl umfaßt den Einladungsbrief an Christian Rosenkreuz, den ihm eine himmlische Botin[5] am Vorabend des Ostertages überbringt.

Chymiſche Hochzeit:

Heut, Heut, Heut,
Iſt des Königs Hochzeit,
Biſtu hierzu gebohren,
Von Gott zu Freud erkohren,
Magſt auff den Berge gehen,
Darauff drey Tempel ſtehen,
Daſelbſt die Geſchicht beſehen.
Halt Wacht,
Dich ſelbſt betracht,
Wirſtu dich nit fleiſſig baden,
Die Hochzeit kann dir ſchaden.
Schad hat wer hie verzeucht,
Hüet ſich wer iſt zu leicht,
Vnden an ſtund: Sponſus & Sponſa. (= 3224)

4 Ebda. S. 275.

5 Ein eindrucksvolles Bild dieses Himmelsbotin besaß Gottfried van Swieten: Jan Vermeers »Malkunst«. Mozart konnte es bei seinen sonntäglichen Besuchen im Hause van Swietens bewundern. Der Maler hat alle Attribute der Jungfrau nach Andreäs Vorgaben verifiziert und sein Selbstporträt auf das Andreaskreuz gestellt. Das Gemälde hängt heute im Kunsthistorischen Museum in Wien.

»Wald mit 3 Tempeln« heißt die lapidare Szenenanweisung zu Beginn des ersten Finales in Giesekes Textbuch der Zauberflöte, und die drei Knaben verkünden Tamino: »Zum Ziele führt dich diese Bahn...«

Im Vorspiel (= Finale I Takt 1 - 9.3) spielen die Streicher 143 und die Bläser 109, zusammen also 252 Töne: 252 = Christian Rosencreutz.
Die Mahnung der drei Knaben am Schluß:

Sey ein Mann, dann Jüngling wirst du männlich siegen (= 477)

schlägt gematrisch eine Brücke zur Chymischen Hochzeit:

Fr. Christianus Rosencreuz. Eques aurei lapidis.[6] (= 477)

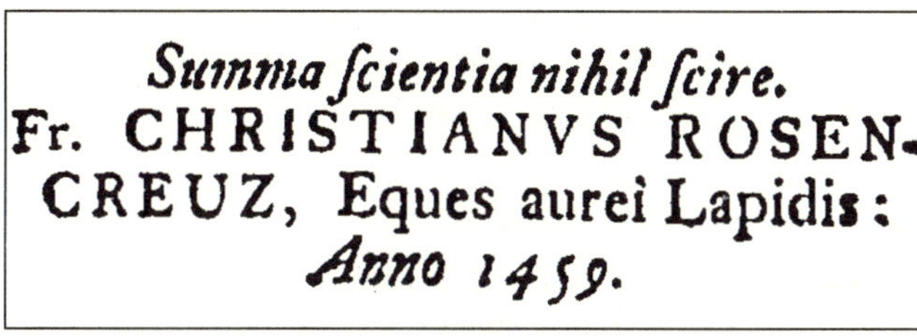
Summa ſcientia nihil ſcire.
Fr. CHRISTIANVS ROSEN-
CREUZ, Eques aurei Lapidis:
Anno 1459.

Die Inschrift des Christian Rosenkreuz

Text und Musik bestätigen sich gegenseitig.
Insgesamt (= Takt 1-38) erklingen in diesem Stück vokal und instrumental 1090 Töne. Diese Zahl entspricht folgender Stelle aus der Chymischen Hochzeit:[7]

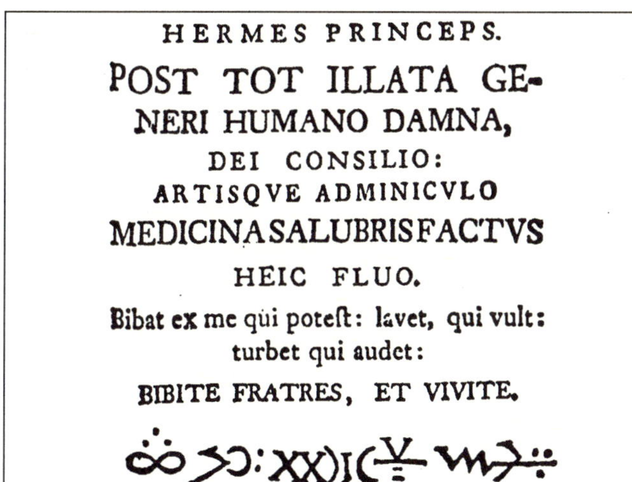
HERMES PRINCEPS.
POST TOT ILLATA GE-
NERI HUMANO DAMNA,
DEI CONSILIO:
ARTISQVE ADMINICVLO
MEDICINA SALUBRIS FACTVS
HEIC FLUO.
Bibat ex me qui poteſt: lavet, qui vult:
turbet qui audet:
BIBITE FRATRES, ET VIVITE.

Tafel des Löwen aus der Chymischen Hochzeit

6 Zu deutsch: Bruder Christian Rosenkreuz, Ritter des goldenen Steines.
7 A. a. O. S. 89

Die ersten sieben Zeilen dieser Tafel (»Hermes princeps« bis »heic fluo«) ergeben die entscheidende Botschaft(=1090), zu deutsch:

Hermes, der Prinz
Nach so vielen Übeln, die dem Menschengeschlecht geschickt wurden,
auf Gottes Ratschluß und durch den Beistand der Kunst
fließe ich hier als heilende Medizin.

Signiert ist diese Botschaft mit einem Chronogramm des Geburtsjahres 1378 von Christian Rosenkreuz.[8]

Aus einer großen Zahl vorliegender Beispiele für die Verknüpfung der Zauberflöte mit Andreäs Werk seien abschließend noch zwei angeführt.

Taminos Liebeserklärung in der Arie »Dies Bildnis ist bezaubernd schön« (mit insgesamt 1311 Tönen des instrumentalen Tutti) verknüpft Mozart mit Andreäs »Lied von der Liebe«[9] (= 1311), in dem es heißt:

So ſingt nun alle,
Mit groſſem Schalle,
Der Lieb zu ehren,
Die wöll ſich mehren,
Bey vnſerm Herrn König vnd Königin,
Ihr Leib ſein hier, die Seel iſt hin.

Und noch einmal, im Duett des zweiten Finale, das 129 Takte umfaßt und Papageno und Papagena (Papageno + Papagena = 129) zusammenführt, stiftet Mozart einen Zusammenhang mit der Chymischen Hochzeit durch das Zitat des folgenden Gesanges (= 3606):

8 Mit der Gesamtzahl 1090 verweist Mozart auf den Gesang der drei Knaben zu Beginn des zweiten Finales:
O holde Ruhe steig hernieder
kehr in der Menschen Herzen wieder
Dann ist die Erd ein Himmelreich
Und Sterbliche den Göttern gleich. (=1090)

9 Chymische Hochzeit S. 125.

I.

Die liebe Zeit, bringt vns so grosse Frewd, mit deß Königs Hochzeit, darumb singet alle, daß es erschalle, Glück sey dem ders vns geit.

II.

Die schöne Braut deren wir so lang gewartet, wird jhm nunmehr vertrawt, wir han gewonnen, darnach wir gerongen, wol dem der für sich schawt.

III.

Die Eltern gut, die sein nuhn erbetten, lang gnug, war sie jn hut, mehrt euch mit ehren, daß Tausend werden auß ewrem eignen Blut.

Viele ähnliche Beispiele ließen sich anführen, Mozarts Partitur bietet ein schier unbegrenztes Spielfeld für weitere Entdeckungsreisen.

5.15 Hieròs Gámos - in Zahlen

»Mein Nam helt fünff vnd fünfftzig, vnnd hat doch nur acht Buchstaben, der dritte ist deß fünfften dritter theil, kompt er dann zu dem sechstem, So wirt ein zahl, dessen Radix schon vmb den ersten Buchstaben grösser wirt, dann der dritte selbst ist, vnd ist deß vierdten halbtheil. Nun seind der fünfft vnd siebent gleich, so ist der letst dem ersten auch gleich, vnd machen mit dem anderen soviel als der sechste hat, der doch nuhr vmb vier mehr als der dritte dreymal hat: Nun sagt ihr mir mein Herr, wie heiß Ich?«[1]

So fragt die edle und tugendsame Jungfrau in der Chymischen Hochzeit Christian Rosenkreuz und die Auskunft schien ihm kraus genug. Er erkundigte sich nach der Zahl des siebenten Buchstaben und fand die Lösung leicht. Später brauchte es einen Leibnitz, um den Namen der Jungfrau zu errechnen: sie heißt Alchimia. Dieses Wort nach dem Zahlenalphabet ausgezählt, ergibt indessen nicht die Buchstabensumme 55, wie man zunächst annehmen möchte, sondern 54.

A	+L	+C	+H	+I	+M	+I	+A	
1	+11	+3	+8	+9	+12	+9	+1	= 54

Wenn allerdings »i« und »j« separat im Buchstabenalphabet gezählt werden, so ergibt sich:[2]

A	+L	+C	+H	+I	+ M	+I	+A	
1	+12	+3	+8	+9	+13	+9	+1	= 56

Diese beiden Lösungen stiften Verwirrung. Man muß ein wenig nachsinnen, um den kabbalistischen Sinn zu verstehen. Der Text lautet ja nicht: »Mein Name enthält 55 Buchstaben« Das wäre mathematisch falsch. Vielmehr liest man korrekt: »mein Nam helt fünff vnd fünfftzig,...« Tatsächlich halten 54 und 56 die 55 in ihrer Mitte, sie stützen sie gleichsam, bestätigen sie von zwei Seiten. Und 55 ist

1 Chymische Hochzeit. 1782 S. 82/83.

2 Diese Notwendigkeit hat John Warwick Montgomery in seinem Werk: Cross and Crucible. Johann Valentin Andreae, Phönix of the Theologians, Den Haag 1973, Bd.II S.381. richtig erkannt, nur vergißt er neben M=13 auch L=12 zu setzen, und kommt mit L=11 auf die Summe 55. So verrechnet er, der Weber und Auriger Fehldeutungen des Rätsels nachweist, sich selbst an der entscheidenden Stelle und mißversteht Andreaes Aussage ebenfalls.

eine höchst spekulative Zahl, sie ist die Summe aller Zahlen von Eins bis Zehn. Das algebraische Enigma verbirgt eine tiefergehende Aussage. Gemeint ist: Des Rätsels Lösung kann auf verschiedenen Wegen gefunden werden; alchimistische Suche erbringt widersprüchliche Ergebnisse, vordergründig rationale Resultate sind doppeldeutig. Oder: das ursprünglich angestrebte Ziel kann auf diesem Wege zwar angesteuert, aber nicht präzise getroffen werden; herauskommt am Ende nur ein »Gefäß«, das die Quintessenz des Gemeinten in sich enthält.[3]

Ein solches hermetisches »Gefäß« ist in imponierender Größe auf dem Frontispiz des Textbuches der Zauberflöte, gedruckt bei Ignaz Alberti in Wien 1791, abgebildet. (Vgl. Abbildung)

Im Autograph füllt die Ouverture der Zauberflöte 28 Seiten mit 226 Takten und 6300 Tönen.[4] Versuchen wir, diese Information zu verstehen.

Die vollkommene Zahl 28 ist ein Symbol eo ipso und 226, von der rechten Seite gelesen die Leitidee des ganzen Gangdramas der Zauberflöte:

»Wir wandeln durch des Tones Macht,
Froh durch des Todes düstre Nacht.« (= 622)

Dieser inhaltsschwere Zweizeiler, der auch als Motto über Mozarts gesamtem Lebensweg stehen könnte, ist sehr feinsinnig konstruiert und besteht in jeder Zeile aus 28 Buchstaben, so daß insgesamt die Summe 56 zustandekommt.

6300 aber ist die hundertfache SONNE (= 63), in die sich am Ende des Stückes nach der ausdrücklichen Regieanweisung des Librettos das ganze Theater verwandelt: LICHT (= 50) als lebenspendende Kraft und Symbol des göttlichen Geistes.

»Sonnen- und Mondtheater« waren auch nach Giesekes Zeugnis die polaren Szenenbilder bei der Uraufführung der Zauberflöte in Schikaneders Inszenierung und beide sind in der Ouverture vereint.[5] In den einleitenden fünfzehn Adagio-Takten wird, durch 45 Posaunentöne bestätigt, das lunare Element angesprochen, in den darauffolgenden Teilen das solare Pendant.

In den 81 Takten des ersten Allegro der Ouverture ergibt das Tutti 2410 Töne, die gematrisch einem Text aus dem »Compaß der Weisen«[6] entsprechen:

3 Dr. Harald Kümmerling vom Musikw. Institut der Universität Köln verdanke ich Hinweis und Beleg dazu, daß der Thomaskantor Johann Kuhnau, J.S.Bachs Vorgänger in Leipzig, im Vorwort seiner »Biblischen Historien« in einem »Lusu ingenii« den Namen von Agostino Stephani (sic) durch ein »Algebraisches Problemata« zu raten aufgibt. Offensichtlich kannte man in pietistischen Kreisen auch noch um die Jahrhundertwende Andreäs »Chymische Hochzeit«, die den belesenen Kuhnau zu seinem Enigma anregte.

4 Diese Aussage bezieht sich auf f.1r - 14v. Die Posaunen, die auf separaten Bogen f.217r - 218r notiert sind, sind hierbei zunächst nicht berücksicht.

5 Vgl. das Textbuch der Zauberflöte mit Giesekes Eintragungen in ÖNB Wien 685928-A. Musik-Abt..

6 Compaß der Weisen a. a. O., S. 323.

O Sonn, ein König dieser Welt,
Die Luna dein Geschlecht erhält,
Mercurius copulirt euch fix,
Ohn' Venus Gunst schaft ihr all's nichts. (= 1208)

Welch Martem hat zum Mann erkohren
Jovis Gnad sey nicht verlohren.
Damit Saturnus, alt und Greiß,
in vielen Farben sich erweiß. (= 1202)

Dies ist die alte siderische Zauberformel der Rosenkreuzer und Alchimisten. Mozart zitiert sie wieder in Sarastros Arie Nr.16 »In diesen heil'gen Hallen«.[7] Das zweite Adagio der Ouverture (3 mal 3 Bläserakkorde Takt 97 -102), bestätigt die Sonnenzahl 63 (=Holzbläser) durch ihre Umkehrung 36 (= Hörner,Trompeten und Pauken).[8] Die Posaunen (Takt 1 - 226) sprechen das Prinzip Hoffnung aus:

Bald soll der Aberglaube schwinden,
bald siegt der weise Mann. (= 462)

Alle Bläser ergeben 3737, die doppelte Todeszahl 37, die das Tutti (= 7030) umkehrt:
73 = CHoKHMâH = kabbalistisch: Weisheit.
In der Introduction ergeben Taminos Worte:

»Zu Hilfe! sonst bin ich verlohren
dem grimmigen Löwen zum Opfer erkohren. (= 702)
Barmherzige Götter! schon nahet er sich
ach rettet mich! ach schützet mich.« (= 1350)

Die drei Damen treten mit den Worten in Aktion:

»Stirb Ungeheur durch unsre Macht!
Triumph!
Sie ist vollbracht die Heldenthat!
Er ist befreyt
durch unsres Armes tapferkeit« (= 1170)

Die Zahlen sind einfach zu deuten: 72 = Alchymie; 135 = mysterium (= Geheimnis) und 117 coniunctio (= Verbindung). Die Sinnmitte der alchemistischen Arbeit ist auf die kürzeste Formel gebracht: mysterium coniunctionis. Der Text der vollständigen Introduction ergibt die Buchstabensumme 7020 und bestätigt: Taminos Begegnung mit dem Löwen leitet den wahren alchimistischen Prozeß ein, der im Geheimnis der mystischen Hochzeit kulminiert.

7 Das Tutti hat in dieser Nr. 16 1208 Töne, subtrahiert man dort die kleiner geschriebenen sechs Viertelvorschläge, ergibt sich 1202, so daß durch die Zahlen 1208 und 1202 beide Strophen aus dem Compaß der Weisen gematrisch gegeben sind.

8 Auch hier werden die Posaunen ausgeklammert. Vgl. Anm. 1.

Tatsächlich muß dem Menschen ja der »grüne Löwe« in den Weg laufen, ehe er sein Leben ändert und sich auf seine wahre Bestimmung besinnt. Das ist in der Tat eine schreckliche Erfahrung, bei der der alte »Adam« (= 18) absterben - Tamino sinkt auch in Ohnmacht - und der neue »Adam kadmoni« (= 81) im Entwicklungsgang der Bewußtwerdung heranwachsen muß. Die Zahlen zeigen den Umkehrprozeß an: 18 - 81, der Mensch muß sich ganz umwenden, um das Ziel seines Lebens zu erreichen. Wer aber diesen Weg geht und ausharrt bis ans Ende, der wird die Krone erlangen. Der Schlußchor der Zauberflöte singt:

Es siegte die Stärke und krönet zum Lohn
die Schönheit und Weisheit mit ewiger Kron! (= 810)

Die Flöte begleitet diesen Gesang mit 261 Tönen:

Coniunctio solis et lunae (= 261).

Gegensätze, zwischen denen eine geheimnisvolle Anziehung und Abstoßung herrscht, werden überbrückt; verbunden sind Sonne und Mond, Gold und Silber, Feuer und Wasser, Schwefel und Quecksilber und in die Symbole von Braut und Bräutigam, von Königin und König, von Kreuz und Rose, von Isis und Osiris gefaßt. Dieser »Hieros Gamos«, diese Heilige Hochzeit, ist die grundlegende Operation der Alchimie.

Mozart hat diesen Prozeß in den Protagonisten der Zauberflöte durch Zahlen auf das Schönste symbolisiert:

Pamina	+	Papagena	= 109	Tamino	+	Pamina	= 119
Tamino	+	Papageno	= 139	Papagena	+	Papageno	= 129
Summa			248	Summa			248
		Summa summarum 496					

Die vollkommene Zahl 496 ergibt sich aus der Vereinigung der Geschlechter. Jede Person, weiblich wie männlich, hat eine geistige und eine leibliche Seite: Pamina und Papagena sind wie Tamino und Papageno als je eine Person in psychosomatischer Ganzheit aufzufassen. Mann und Frau wiederum verschmelzen zu einem einzigen androgynen Wunschwesen, in dem alle polare Spannung der Geschlechter aufhört.

Den Ausgleich der Gegensätze symbolisiert der Zwitter, der Androgyn, wie er in der Ikonographie der Asiaten besonders hervortritt.

Mit alchimistischen Operationen werden so geistige Prozesse abgebildet, die in Zahlenbildern festgehalten werden. Die Terminologie der Alchimisten des 18. Jahrhunderts ist dabei nicht systematisch entwickelt, bietet vielmehr eine rudimentäre Entsprechungslehre, die häufig mißverstanden wurde. Wesentlich ist, daß mit den Zeichen der Alchimisten wie mit den Zahlen der Kabbalisten keine mathematisch-naturwissenschaftlichen Verhältnisse bezeichnet werden, sondern daß sie

Metaphern eines verborgenen Sinnes sind, der sich rationaler Darstellung entzieht. Sie erhalten als profane Gegenstände einen metaphysischen Sinn und vermitteln dem Menschen die Gegenwart des Transzendenten. Aufgrund einer mystischen Teilhabe wird dabei eine rational nicht faßbare Wesensgemeinschaft mit dem Numinosen angestrebt.

Die Verständigen der hermetischen Kunst haben daher stets materielle Bezüge weit von sich gewiesen und den esoterischen Gehalt ihrer Aussagen betont. So schreibt Welling in der Vorrede zu seinem Opus mago-caballisticum:

»Und es wird auch ein Liebhaber der Mago-Cabbalae und Theosophiae unser Absehen leicht erkennen und begreifen/ daß unser Vorhaben nicht dahin gerichtet/ daß wir jemanden wolten Gold machen lehren/ sondern unser Absehen gehet auf etwas weit höheres/ nemlich/ wie die Natur aus Gott/ und wie Gott in derselben möge gesehen und erkannt werden/ und wie ferne aus dieser Erkäntniß der wahre reine Dienst der Creatur als ein schuldiges Danck=Opffer gegen den Schöpffer fliesse.«[9]

Abschließend fügt Welling, den die Asiaten als einen ihrer geistigen Väter verehrten, hinzu:

»Die Cabbalistische Characteres,...werden einem in dieser Wissenschafft Geübten aufzulösen/ eben nicht schwer fallen; und daß wir uns Chymischer Zeichen/ Terminorum und Red-Arten bedienet/ wolle sich niemand befremden lassen/ weilen wir damit dasjenige so wir andeuten wollen/ viel klärer/ deutlicher und begreifflicher/ auch Natur=gemäßer vorstellen können/ als mit Metaphysischen Terminis.«[10]

Alchimie ist eine Metaphysik sub beneficio inventarii. Mozart hat sie in Zahlen gedeutet.

9 Herrn Georgii von Welling Opus Mago-Cabbalisticum et Theosophicum. Hamburg 1735. Vorrede des Autoris, unpag..

10 Ebda..

Teppich der Asiatischen Brüder mit der Skulptur einer androgynen Darstellung. Deutsches Freimaurermuseum Bayreuth.

5.16 Tamin Bemahloth - ein Idealbild des Menschen

Immer wieder hat Taminos geheimnisvoller Name zu verschiedenen Spekulationen Anlaß gegeben. Einerseits wird versichert, er stamme vom ägyptischen König Thamos her[1], andererseits hat man behauptet, er sei dem Altägyptischen entlehnt.[2] Beides ist weit hergeholt. In Wahrheit stammt Taminos Namen aus der Verfassung der Asiatischen Brüder: »Thumim Bemahloth ist der Oberste Ordens=Visitator der Provinz des Ostens, die er im Synedrion vorstellet,« so heißt es dort. Thumim aber ist eine Verballhornung des korrekten hebräischen Wortes »Tamin«. Was aber heißt »Tamin Bemahloth«?

Die Titel der Obersten Ordens-Visitatoren aus Ost und West und Nord und Süd sind, wie wir gesehen haben, nichts anderes als Bezeichnungen moralischer Qualitäten in einer Mischung aschkenasischer und sephardischer Aussprache des Hebräischen, die aus dem täglichen Gebetbuch, dem Siddur, stammen.[3] Die Titulatur Thumim oder Thummim Bemahloth sei eine nur leicht variierte Form von Tamin be-Ma'aloth, sagt Scholem, und das heiße: »perfekt in guten Eigenschaften«[4], oder, wie Brabbée überliefert: »vollkommen in seinen Eigenschaften«.[5] Die Dialektform Thumim statt Tamin sei gewählt worden, um die Assoziation mit Urim und Thummim, dem altisraelischen Priesterorakel der Thora, herzuleiten.[6] Urim und Thummim bildeten die Insignien der Melchizedeck-Stufe der Asiatischen Brüder, das Erkennungszeichen »der Priester oder aechten Rosenkreuzer«[7], das die grüne Farbe der Kopfbedeckung Taminos in der Uraufführung der Zauberflöte unter-

1 E. Komorzynski: Emanuel Schikaneder. Wien 1951, S. 195.
2 S. Morenz: Die Zauberflöte. Münster 1952, S. 44.
3 Gershom Scholem: Ein verschollener Mystiker der Aufklärungszeit a.a.O. S. 262f.
4 Ebda..
5 G. Brabbée: Vor meinem Reliquien-Schrein. a.a.O. S. 22.
6 Scholem, a.a.O. S. 263.
7 Allgemeine Gesetze des Hochwürdigsten und Weisen Ordens der Ritter und Brüder St. Johann des Evangelisten aus Asien in Europa S. 14. Zur Kleidung der 3. Hauptstufe gehört »der priesterliche Schmuck Aarons in seinen Abtheilungen«. Vgl. dazu 2. Mos. 28, 30.

strich.[8] 1788 wurde berichtet, daß »das alte ächte Original [der Urim und Thummim] sich in Wien befinde.«[9] So jedenfalls behaupteten die Asiatischen Brüder.

In der Tat: »Perfekt in guten Eigenschaften«, das ist eine Deutung von Taminos Namen, die im Zusammenhang der Zauberflöte Sinn gibt.

Wie eng der Name dieses Mannes mit dem seiner Frau zusammenhängt, beweist ein kleines Würfelspiel. PAMINA im Krebs gelesen, ergibt unter Eliminierung des Initialbuchstaben »P«: ANIMA. Lesen wir TAMINO ebenso und schütteln die Buchstaben so erhalten wir bei Vernachlässigung des Buchstaben »T«: ANIMO. Aus dem Italienischen gedeutet, kommen wir zu folgendem Ergebnis:

PAMINA = ANIMA = ital.: Seele, Herz, Gemüt, Gefühl,
TAMINO = ANIMO = ital.: Geist, Wille, Mut, Gedanken,

Tamino-Pamina sind die Idealkonzeption des vollkommenen Menschen, wie ihn Moses Mendelssohn in seinen drei Gesprächen über die Unsterblichkeit der Seele sieht. »Phädon«, dieser ergreifend nachgezeichnete Platonische Dialog, in dem Sokrates im Kerker Mendelssohns Vision vom wahren Menschentum ausspricht, ist eines der schönsten literarischen Dokumente des 18. Jahrhunderts. Mozart hat dieses Werk in seinem Besitz gehabt.[10]

Mendelssohns Worte malen die Entwicklung zum vollkommenen Menschen in einzigartiger Weise. Gleich in den ersten Lebenstagen schon sieht sein Sokrates die evolutiven Kräfte am Werk, die den Menschen bilden und emporbringen.[11]

»Kaum genießt er das Licht der Sonnen, so arbeitet schon die gesamte Natur ihn vollkommnerer zu machen. Dieses schärft seine Sinne, jenes übet seine edlen Erkenntnißgründe, bearbeitet seinen Verstand, seine Vernunft, seinen Witz, seine Scharfsinnigkeit; das Schöne in der Natur bildet seinen Geschmack und verfeinert seine Empfindung; das Erhabene erregt seine Bewunderung, und erhebt seine Begriffe gleichsam über die Sphäre dieser Vergänglichkeit hinaus. Ordnung, Uebereinstimmung und Ebenmaß dienen ihm nicht nur zum vernünftigen Ergötzen, sondern beschäftigen seine Gemüthskräfte alle in gehöriger Vollkommenheit zuträglicher Harmonie.«

Durch soziale Kontakte entwickelt der Mensch neue Qualitäten, die ihn in die Klasse moralischer Naturen erheben. Er erlangt Pflichten und Rechte, lernt Gerechtigkeit, Anständigkeit und Ansehen zu schätzen. Familienliebe wächst und erweitert

8 In Giesekes Textbuch heißt es als Regieanweisung bei Sarastros Worten (I. Finale) »Führt diese beiden Fremdlinge in unsern Prüfungstempel ein«: Die Priester kommen. [Der eine] hat einen grünen Sak [vor den] Tamino, der andere hat [eine Kas]perlhaube vor den Papageno, [sie] sezen ihnen selbe auf und [neh]men ihnen die Flöte und [das] Glokenspiel ab. Grün ist die dominierende Farbe der Bekleidung des »ächten Rosenkreuzers der dritten Hauptstufe« der Asiatischen Brüder.

9 Vgl. in der Berlinischen Monatsschrift XI (1788) S. 158. Zit. nach Scholem S. 263.

10 Phädon / oder / über die / Unsterblichkeit der Seele / in drey Gespächen / von / Moses Mendelssohn. Vierte vermehrte und verbesserte Auflage. Berlin uund Stettin bey Friedrich Nicolai 1776. Dieses Werk befand sich in Mozarts Nachlaß. Vgl. Deutsch Dokumente S. 510 Nr. 35.

11 Die folgenden Zitate ebda. S. 156-159.

sich zur Liebe zum Vaterland und zum ganzen menschlichen Geschlecht. Aus Mitleiden sprießt Großmut und Mildtätigkeit.

»Erlangt nun dieses vernünftige Geschöpf erst wahre Begriffe von Gott und seinen Eigenschaften, o welch ein kühner Schritt zu einer höhern Vollkommenheit! Aus der Gemeinschaft mit dem Nebengeschöpfe tritt er in eine Gemeinschaft mit dem Schöpfer, erkennet das Verhältniß, in welchem er, das ganze menschliche Geschlecht, alles Lebendige und alles Leblose, mit diesem Urheber und Erhalter des Ganzen stehen.«

Er lernt als Geschenke dieses gütigen Vaters alle Schönheit, alle Harmonie, alles Gute, alle Weisheit verstehen und betrachtet sie als Gedanken des Allweisesten.

»Welch eine Höhe hat der Mensch in dieser Verfassung erreicht! Betrachtet ihn, meine Freunde! den wohlgesinnten Bürger im Staate Gottes, wie alle seine Gedanken, Wünsche, Neigungen und Leidenschaften unter sich harmoniren, wie sie alle zum wahren Wohlseyn des Geschöpfes, und zur Verherrlichung des Schöpfers abzielen. O! wenn die Welt nur ein einziges Geschöpf von dieser Vollkommenheit aufzuweisen hätte, wollten wir anstehen, in diesem Nachahmer der Gottheit, in diesem Gegenstande des göttlichen Wohlgefallens, den letzten Endzweck der Schöpfung zu sehen?«

Frontispiz des Textbuches der Zauberflöte. Wien 1791
Links auf der Pyramide sind »Hieroglyphen« eingemeißelt, die auf das Ritual zur Aufnahme von Frauen in den Freimaurer-Orden Bezug nehmen.

Epilog

15. November 1791. Dieses Datum setzte Mozart auf sein letztes vollendetes Werk, die kleine Freimaurer-Kantate, KV 623, die er auf einen Text von Karl Ludwig Gieseke schrieb: »Ein Schwanengesang, dessen Ausführung er zwei Tage vor seiner letzten Krankheit im Kreise seiner besten Freunde dirigiert hat« (=18. November 1791) und dies zur Eröffnung des neuen Tempels der Loge »Zur (neu)gekrönten Hoffnung«.[1] Er enthält, in Zahlen chiffriert, Mozarts Vermächtnis.

Der erste Chor beginnt:

Laut verkünde unsre Freude
froher Instrumenten Schall (= 562)

und diese programmatischen Worte ergeben gematrisch Namen und Titel des Komponisten:

Wolfgang Amadè Mozart.
Kapellmeister in wirklichen k. k. Diensten. (= 562)

Die einzelnen Sinnabschnitte des Chores zitieren folgende Worte aus Taminos Mund:

Takt 1 - 9.2	*Mich schreckt kein Tod als Mann zu handeln,* (= 357)	
Takt 9.3 - 17.2	*den Weeg der Tugend fortzuwandeln.* (= 322)	
Takt 9.3 - 25.2[2]	*Du wirst dem Tode nicht entgehen,* *mir flüstert dieses Ahndung ein.* (= 608)	
Takt 9.3 - 25.4	*Schließt mir des Schreckens Pforten auf* *ich wage froh den kühnen Lauf.* (= 623)	

Dieser Dialog von der Opernbühne in die Realität übersetzt, an dieser Stelle und in diesem Kontext zitiert, wirkt erschütternd. Stellt er wohl etwas anderes dar als Mozarts ganz persönliches Bekenntnis? -

1 Ankündigung in der WZ vom 25.Jan 1792. Zit. nach Köchel VII,724.

2 Man beachte Paminas Einwurf in den fortlaufenden Text Taminos. Die unterschiedlichen Zählzäsuren sind durchaus nicht willkürlich, sondern eindeutig vorgegeben: Takt 25.2= Textende. Takt 25.4 =. Notationszäsur durch dal segno-Verweis.

Die Spiegelung der inhaltsschweren Zahlen 18 - 81 ist in den Tönen des Tenors gegeben[3] und das Tutti vereinigt beide Chiffren spiegelbildlich in 818: *Adam* (= 18) und *Adam Kadmoni* (= 81), das Real- und das Idealbild des Menschen.[4]

Darf hier als begründete Vermutung gelten, Wolfgang Amadè Mozart habe sich selbst mit seinem Tamino identifiziert?

Der Chor, der die Kantate eröffnet und beschließt, hat 37 Takte. Das ganze Werk umfaßt, richtig gelesen, in Mozarts Niederschrift 37 Seiten. Und diese Zahl 37 heißt TOD (= 37).

Hatte Mozart, als er diese Kantate schrieb, seinen Tod vor Augen?

Auf der letzten Seite beendet nicht das übliche italienische »Fine« die Niederschrift, nein, oben auf der Seite steht unterstrichen, und unten auf der Seite mit fester Hand wiederholt, lapidar das lateinische Wort:

3 Gesungen werden Takt 9.3-17.2 108 Töne und 17.3-25.2. 81 Töne. Das Tutti bildet bis zur Schreibgrenze Takt 25.4. 818 Töne.

4 Beide Zahlen 108 und 81 zu 189 addiert bestätigen ein letztes Mal: »Mich schreckt kein Tod« (= 189).

Schlußwort

Ein glückliches Versehen regte die vorliegende Arbeit an. Als ich am 14. September 1978 das Autograph der C-Moll-Messe in der Deutschen Staatsbibliothek Berlin studieren durfte, übergab mir die zuständige Bibliothekarin in einem rotgewandeten Karton ein ungewöhnlich umfangreiches Konvolut, das sich nach dem ersten vorsichtigen Durchblättern der Messe in der Fortsetzung als das damals noch nicht gebundene Autograph der Zauberflöte entpuppte. Fasziniert von dem unverhofften Einblick in die ersten Bogen von Mozarts Oper bemerkte ich den hinter mir auftauchenden Direktor Dr. Köhler gar nicht, der sich schließlich behutsam in meine köstliche Lekture mischte. »Ich habe zur C-Moll-Messe per malheur das Autograph der Zauberflöte hinzubekommen«, versuchte ich die freundliche Spenderin und meine Neugier zu entschuldigen. »Per malheur das Autograph der Zauberflöte, a la bonne heur!« echote Dr. Köhler gemütlich lachend und dank seiner liebenswürdigen Großzügigkeit machten wir rasch aus dem Malheur einen korrekten Ausleihakt.

Damals sprangen mir plötzlich die rätselhaften Taktzahlen am Ende eines jeden Stückes der Zauberflöte in die Augen. Meine Frau schürte die just entfachte Neugier durch ein Faksimile. Ich erkannte bald den ganzen Umfang der zu lösenden Problematik und bin, erschrocken angesichts der Tragweite der Fragestellung, der Partitur - offen gestanden - eine Weile aus dem Weg gegangen.

In dieser Zeit der Abstinenz aber entdeckte ich mich bei der Erarbeitung des Davidde penitente, den ich damals im Rahmen des Mozart-Seminars der Internationalen Musikkurse Kloster Steinfeld dirigierte, bei spielerischen Zahlenexperimenten an der Partitur der C-moll-Messe, die mich zu Ergebnissen höchst spekulativer Natur führten. Stichproben an der Zauberflöten-Partitur brachten überraschende Parallelen.

Ich begann der Fragestellung der Zahlensymbolik systematisch nachzugehen und mir war bald klar, daß als Voraussetzung dazu der Urwald der geheimen Gesellschaften durch Expeditionen soweit erkundet werden mußte, wie es das einschlägige Thema erforderte. Zum Glück ahnte ich nicht, worauf ich mich einließ und schlug die wohlmeinenden Mahnungen von Kollegenseite, »lieber die Finger davon zu lassen«, in den Wind.

Material zur Entwicklung der Freimaurerei in den achtziger Jahren des 18. Jahrhunderts habe ich dann in Wien ein Forschungsfreisemester lang zusammengetragen und binnen drei Jahren verbrachte ich jede dienstfreie Minute in den dortigen Archiven. Es war eine schöne Zeit. Mosaiksteine habe ich gefunden und sie nach einem Plan, den begründete Vermutungen stützen, zu einem unvollständigen Bild zusammengesetzt. Dabei wuchsen die ursprünglich nur als Einleitung zu einer Abhandlung über die Zauberflöte gedachten Untersuchungen zu den geheimen Gesellschaften sich zum Hauptteil der ganzen Darstellung aus.

Meine unvollständigen Ergebnisse stellte ich in den letzten beiden Semestern meinen Studenten in einem Zauberflöten-Seminar zur Diskussion. Ihre kritischen Fragen und ihr ermunterndes Interesse haben mich bewogen, meine Thesen zu veröffentlichen. Anregen möchte ich damit zu weiteren Untersuchungen auf einem Feld, das bislang in der Mozartforschung kaum betreten wurde, das aber - nach meiner Überzeugung - neue Einsichten in Mozarts Leben und Werk bietet. Für Hinweise und konstruktive Kritik bin ich dankbar.

Viele Helfer haben meine Arbeit gefördert. Dank der unermüdlichen Unterstützung und der kundigen Beratung durch Herrn Archivdirektor Clemens Höslinger habe ich die einschlägigen Bestände des Haus-, Hof- und Staats-Archivs in Wien systemisch durchgesehen, wobei mir Dr. Franz Dirnberger als zuständiger Fachreferent viele hilfreiche Anregungen und Hinweise gab. Den Herren Direktoren Hofrat Dr. Günter Brosche von der Musiksammlung der Österreichischen Nationalbibliothek und Dr. Otto Biba vom Archiv der Gesellschaft der Musikfreunde danke ich ebenso für liebenswürdige Unterstützung wie dem Direktor des Deutschen Freimaurer-Museums in Bayreuth, Herrn Herbert Schneider. Frau Dr. Irblich von der Handschriftenabteilung der Nationalbibliothek in Wien und Frau Geneviève Geffray von der Bibliothek der Internationalen Stiftung Mozarteum gaben mir sachkundig Auskunft. Danken möchte ich auch den Vorständen der Wiener Stadt- und Landesbibliothek, der Universitätsbibliothek Salzburg, der Herzog August Bibliothek Wolfenbüttel, der Bayerischen Staatsbibliothek München, der Staatsbibliothek Preußischer Kulturbesitz Berlin-West und der Deutschen Staatsbibliothek Berlin-Ost für freundliche Auskünfte und Hilfestellung bei der Suche nach raren oder unikaten Drucken aus dem 18. Jahrhundert. Mit Philipp A. Autexier führte ich stets anregende, oft kontroverse Diskussionen.

Meine Mitarbeiterinnen und Mitarbeiter Andrea Bogaczyk, Frauke Heß und Hans-Albert Rollersbroich haben meine skrupulösen Zweifel an der Richtigkeit der abundanten Notenzählungen durch sorgfältige Kontrollen vermindert, während Michaela Mayer, Bettina Reinhard, Christoph Miklisch und Stephan Schäfer sich der Korrekturen und des Registers annahmen.

Am meisten aber verdanke ich meinem Sohn Michael, der mich geduldig durch die tausend Fährnisse der Arbeit mit dem Computer leitete, mir die notwendigen Programme schrieb und ohne den keine Zahl und kein Buchstabe ordnungsgemäß aufs Papier gekommen wäre.

Essen, den 14.9.1988

Univ.-Prof. Dr. Hans-Josef Irmen

P.S. zur zweiten Auflage

Ich freue mich, daß mein Buch neu aufgelegt werden muß. Außerdem habe ich - nach Abschluß der Redaktionsarbeiten sozusagen in letzter Minute - die Möglichkeit, an dieser Stelle über ein mathematisch-statistisches Forschungsprojekt zu berichten, das die Frage nach der Autorschaft des Textes der Zauberflöte klären soll.

Der Mathematiker Dr. Dieter Wickmann, Privatdozent an der Universität Köln, hat eine Methode entwickelt, den Verfasser eines anonymen literarischen Textes zu ermitteln. Ihr liegt der Nachweis zugrunde, daß es autorenspezifisches Sprachverhalten gibt, das sich in der Verbindung von Wortarten niederschlägt.

Ich habe dieses Verfahren auf Mozarts Zauberflöte angewandt und ließ verschiedene Libretti von Gieseke und Schikaneder, die zeitlich im unmittelbaren Umkreis der Zauberflöte entstanden, getrennt nach gebundenen und ungebundenen Textteilen mit dem Libretto der Zauberflöte vergleichen. Dieter Wickmann übernahm die mathematische Auswertung am Computer. Er kam zu folgendem sensationellen Ergebnis:

1. Schikaneder hat mit einem Sicherheitsgrad von 91 % den gesprochenen Dialog (= ungebundener Text) der Zauberflöte verfaßt.

2. Für die Frage nach der Autorschaft des gebundenen Textes (der Arien etc.) ergibt sich eine Art Patt-Situation zwischen Schikaneder und Gieseke. Dieter Wickmann erläutert dazu (in einem Brief an den Verfasser):

»In Sicherheitsgraden ausgedrückt bedeutet das Ergebnis, daß die Teile gebundenen Textes der Zauberflöte mit etwa gleichem Sicherheitsgrad, also etwa 50 %, vom einen wie vom anderen präsumptiven Verfasser stammen können.«

Gieseke ist damit als Mitautor des Zauberflötentextes nicht mehr auszuschließen. Diese Forschungsergebnisse bestätigen meine Thesen nahtlos.

Ich danke Herrn Kollegen Dr. Wickmann für seine mühevolle Arbeit sehr herzlich und betrachte dieses Ergebnis als ein Geschenk zum 201. Geburtstag der Zauberflöte.

Essen, den 30. September 1991

H. J. I.

Tabelle der Abkürzungen

□	=	[Loge]
. . .	=	Textlücke
[ ]	=	Textergänzung
VA	=	Haus, Hof- und Staatsarchiv Wien, Vertrauliche Akten
KAP	=	Haus, Hof- und Staatsarchiv Wien, Kabinettsarchiv-Protokolle Vol.
O	=	Orden
T.	=	Takt
RB	=	Rechnungsbücher
AVA	=	Allgemeines Verwaltungsarchiv Wien
ZAProt	=	Zahlamtsprotokolle
OKäA	=	Obersthofkämmereramt
M.v..St.	=	Meister vom Stuhl
Ehrw. □	=	Ehrwürdige Loge
Dep.Mstr.	=	Deputierter Meister
a.a.O.	=	am angeführten Ort
MM	=	Meister
Abafi	=	Abafi, Ludwig: Geschichte der Freimaurerei in Oesterreich-Ungarn. Budapest 1890-93
GG	=	Gesellen
NMA	=	Neue Mozart Ausgabe
AMZ	=	Allgemeine Musikalische Zeitung
G	=	Gematria
fl.	=	(frz.. florin)= Gulden
LL	=	Lehrlinge
OMeA	=	Obersthofmeisteramt
WZ	=	Wiener Zeitung

Literaturverzeichnis

I. Mozart - Autographe, Faksimiles und Frühdrucke

Mozart, Wolfgang Amadé: Die Zauberflöte. KV 620. Autograph in der Deutschen Staatsbibliothek Berlin. (= Faksimile in: Documenta Musicologica. Kassel 1979)

André, Joh.: Partitur der W. A. Mozart'schen Ouverture zu seiner Oper DIE ZAUBERFLÖTE, in genauer Übereinstimmung mit dem Manuscript des Komponisten, so wie er solches entworfen, instrumentirt und beendet hat,/.../ Zweifarbendruck. Offenbach a. / M. 1829.

Mozart, W. A.: "Laut verkünde unsre Freude". Freimaurerkantate. KV 623. Autograph im Archiv der Gesellschaft der Musikfreunde Wien.

Mozart, W. A.: Sinfonie in G-moll. KV 550. Autograph im Archiv der Gesellschaft der Musikfreunde Wien.

Mozart, W. A.: Die sechs "Haydn" Streichquartette. Autograph in der British Library, London. (= British Library Music Facsimiles IV. London 1985)

Mozart, W. A.: Maurerische Trauermusik. KV 477. Autograph in der Preußischen Staatsbibliothek Berlin.

Mozart, W. A.: Requiem. KV 626. Autograph in der Musiksammlung der Österr. Nationalbibliothek Wien. (= Faksimile in: Musica Manuscripta. Hg. von Günter Brosche. Graz u. Kassel 1990.)

Mozart, W. A.: Neue Ausgabe sämtlicher Werke. Salzburg u.a. 1955ff.

Sacchi, Giovenale: Del numero e/ delle misure/ delle corde/ musiche e loro/ corrispondenze/.../In Milano. MDCCLXI. (Exemplar mit Mozarts autographem Besitzvermerk in der Stadtbibliothek Aachen, aufgefunden vom Verfasser.)

II. Zeitgenössische Dokumente zur Peripherie von Mozarts Person und Werk

Vertrauliche Akten der Staatskanzlei (VA 40 - 91) im Haus-, Hof- und Staatsarchiv Wien. (Inventar in: "Aufklärung-Vormärz-Revolution." Jb. der Intern. Forschungsstelle "Demokratische Bewegungen in Mitteleuropa 1770-1850" a. d. Universität Innsbruck. Innsbruck 4. Bd. (1984) S. 31 - 38, 5. Band (1985) S. 71 - 76.

Kabinettsarchiv - Protokolle. Vol. 11 - 81 (= 1774 - 1791) (Vgl. dazu: Vollständige Sammlung aller seit dem glorreichen Regierungsantritt Josephs des Zweyten für die k. k. Erbländer ergangenen höchsten Verordnungen und Gesetze. Wien 1788 - 1789.)

Tagebücher des Grafen Zinzendorf 1781 - 1791 im Haus-, Hof- und Staatsarchiv Wien. (Vgl. dazu Wagner, Hans (Hg.): Wien von Maria Theresia bis zur Franzosenzeit. Aus den Tagebüchern des Grafen Zinzendorf. Wien 1972.)

Portheim-Katalog der Wiener Stadtbibliothek.
Die Sammlung von Masonica der Wiener Stadtbibliothek.
Die Akten der Asiatischen Brüder in der Klossianischen Sammlung der Freimaurer-Bibliothek in Den Haag.
Die Dokumente über die Asiatischen Brüder im Deutschen Freimaurer-Museum Bayreuth.
Archiv der Stadt Wien: Akten der Tonkünstler-Societät.
Journal für Freymaurer. Wien 1784 - 1787.
Journal des Luxus und der Moden. Wien 1780 - 1791.
Das Wienerblättchen. Wien 1780 - 1990.
Wiener Zeitung. Wien 1780 - 1791

III. Mozartiana

Briefe W. A. Mozarts. Hg. mit Originalbriefen in Lichtdruck im Auftrage des Zentralinstituts für Mozartforschung am Mozarteum in Salzburg von Erich H. Müller von Asow. Berlin 1942.
Nannerl Mozarts Tagebuchblätter. Mit Eintragungen ihres Bruders Wolfgang Amadeus. Salzburg u.a. 1958.
Mozart. Briefe und Aufzeichnungen. Gesamtausgabe. Hg. von der Internationalen Stiftung Mozarteum Salzburg. Ges. von Wilhelm A. Bauer und Otto Erich Deutsch. Auf Grund deren Vorarbeiten erl. von Joseph Heinz Eibl. Kassel 1962ff.
Mozart. Die Dokumente seines Lebens. Ges. u. erl. von Otto E. Deutsch. Kassel 1961 (Addenda und Corrigenda ebd. 1978)
Mozart-Jahrbuch des Zentralinstituts für Mozart-Forschung der ISM 1950ff
Neues Mozart-Jahrbuch. Regensburg 1941 - 1943.
Mozart-Jahrbücher. Salzburg 1950ff.
Acta Mozartiana. Augsburg 1954ff.
Mozart-Bibliographie von Rudolph Angermüller und Otto Schneider. Bd. 1 - 3, Kassel 1976, 1978, 1982.

Zusätzlich zu den in den vorstehenden Bibliographien genannten einschlägigen Arbeiten über Mozart wurden benutzt:

Angermüller, Rudolf: "Auf Ehre und Credit". Die Finanzen des W. A. Mozart." Ausstellungskatalog der ISM, Salzburg 1983.
Anonym: Die große Oper Zauberflöte deutlich ausgelegt, um den wahren Sinn derselben zu begreifen. Linz: Franz Ailinger 1794.
Autexier, Philipp Amadeus: Mozart & Liszt sub rosa. Poitiers 1984.
Ders: Wann wurde die Maurerische Trauermusik uraufgeführt. In: Mozart - Jb. 1984/85 S.7.
Bartha, Dénes.: Joseph Haydn, Gesammelte Briefe und Aufzeichnungen. 1965.
Batley, E. M.: A Preface to The magic Flute. London 1969.
Bär, Carl.: "Er war...- kein guter Wirth". Acta Mozartiana 25, 1978.
Blümml, Emil K.: Ausdeutungen der Zauberflöte. Mozart-Jb. Augsburg 1923, S. 109 -146.
Branscombe, Peter: Die Zauberflöte. A Lofty Sequel and some Lowly Parodies. Publications of the English Goethe Society. New Series Vol. XLVIII. Leeds 1978 S. 1 - 21.
Brukner, Fritz: Die Zauberflöte: Unbekannte Handschriften und seltene Drucke aus der Frühzeit von Mozarts Oper. Wien o.J..
Chailley, Jacques: La Flute Enchantée. Opera maçonnique. Paris 1968. Deutsche Übersetzung von Marietheres Growe. Ms. 1986.
Csampai, Attila u.a.(Hg.): Die Zauberflöte, Hamburg 1982.
Davies, Peter J.: Mozart's Illnesses and Death. In: Journal of the Royal Society of Medicine. Vol. 76, Sept. 1983 S. 99 - 158.
Deutsch, Otto E.: Das Freihaustheater auf der Wieden 1787 - 1801, Wien 1937.
Ehrlich, G. E.: Mozart's Rheumatic Disease. Vortrag auf dem 16. Intern. Congress of Rheumatologie Sidney 1985.
Gebhardi, Otto: Die Zauberflöte - ein modernes Mysterium. Lorch 1907.
Georgiades, Thrasybulos: Der Chor "Triumph, du edles Paar" aus dem 2. Finale der Zauberflöte. In: Kleine Schriften, Tutzing 1977. S. 145 - 156.
Gräffer, Franz (Hg.): Die ersten Spuren des Jacobinismus unter Joseph; die Zauberflöte als Allegorie der

Revolution. In: Josephinische Curiosa. 3. Bd. Nr. 45 S. 174.
Godwin, Joscelyn: Layers of Meaning in The Magic Flute. in: The Musical Quaterly. Vol. LXV No. 4, S. 471 - 492 (Oct. 1979).
Hammerstein. Der Gesang der geharnischten Männer. Eine Studie zu Mozarts Bachbild. AfMw. 13.(1956) S. 1- 4
Hanslick, Eduard.: Geschichte des Concertwesens in Wien. Wien 1869.
Haas, Robert: W. A. Mozart. Potsdam 1933.
Ders.: Bach und Mozart in Wien. Wien 1951.
Irmen, Hans-Josef: Der Schlüssel zu unserer wahren Glückseligkeit oder Mozarts Vorstellungen vom Tod. In: Requiem. W. A. Mozart 1791 - 1991. Ausstellung der Musiksammlung der Österr. Nationalbibliothek. Katalog Graz 1991. S. 127 -135.
Istel, Edgar: Die Freimaurerei in Mozarts Zauberflöte. Berlin 1928.
Köchel, Ludwig von: Die K.K. Hofkapelle zu Wien. Wien 1869.
Komorzynski, Egon.: Emanuel Schikaneder. Wien 1951.
Ders.: Mozart, Sendung und Schicksal eines deutschen Künstlers, Berlin 1941.
Ders.: Pamina. Mozarts letzte Liebe. Wien 1941.
Kuckartz, Wilfried: Die Zauberflöte. Märchen und Mysterium. Essen 1985.
Kümmerling, Harald: Gottfried van Swieten als Vermittler Bachscher Werkgeheimnisse an Mozart. Vortrag Intern. Musikw. Kongreß zum Mozartjahr 1991. Baden 1991.
Kuhnau, Johann: Musicalische Vorstellung einiger biblischer Historien in 6 Sonaten auf dem Claviere zu spielen. Leipzig 1700, Reprint Leipzig 1973.
Landon, Robbins H. C.: 1791. Mozart's Last Year. London 1988.
Massin, Jean et Brigitte: W. A. Mozart. Paris 1959.
Morenz, Siegfried: Die Zauberflöte. Münster u. Köln 1952.
Nettl, Paul: Mozart und die Königliche Kunst. Berlin 1932.
Ders.: "Sethos" und die freimauerische Grundlage der "Zauberflöte" in: Bericht über die musikw. Tagung der ISM in Salzburg, hg. v. E. Schenk, Leipzig 1932.
Nissen, Georg N. von: Biographie W. A. Mozart's. Leipzig 1828.
Novello: A Mozart Pilgrimage. The Travel Diaries of Vincent & Mary Novello in the year 1829. London 1955.
Payer von Thurn, Rudolf: Joseph II. als Theaterdirektor. Wien 1920.
Preihs, Cornelius: Mozarts Beziehungen zu den Familien von Thun-Hohenstein. In: Neues Mozart-Jb. 3. Jg. Regensburg 1943, S.63.
Rommel, Otto: Die Alt - Wiener Volkskomödie. Wien 1952.
Rosenberg, Alfons: Die Zauberflöte. München 1972.
Ders.: Versuch einer Deutung des Titel-Kupferstiches im Original-Textbuch der "Zauberflöte" von 1791. Privatdruck.
Schindler, Otto G.: Das Publikum des Burgtheaters in der Josephinischen Ära. In: Veröffentl. des Inst. f. Publikumsforschung Nr. 3. Wien 1976 S. 11 - 95.
Schlichtegrolls Nekrolog auf das Jahr 1791.
Schmid, Ernst F.: Gottfried van Swieten als Komponist. In Moz. - Jb. 1953, S.27.
Schuler, Heinz: "Der Welt bekannt und doch geheimnisreich!" Mozarts Logenkompositionen. Privatdruck. Essen 1991.
Ders.: Das "Zauberflöten" - Ensemble des Jahres 1791. Mitt. d. ISM 39 Jg. H. 1 - 4, Salzburg 1991, S.95 - 124.
Ders.: Der esoterische Mozart. Privatdruck Essen 1988.
Ders.: Mozart und seine Zeitgenossen. Privatdruck Essen 1991.
Ders.: Zur Rezeption Mozart'scher Bühnenwerke im 18. Jahrhundert. Genealogisches Jahrbuch Bd. 28/29 Neustadt a. d. Aisch, 1988/1989. S. 63 - 212.
Ders.: Zur Zahlensymbolik der "Zauberflöte". Privatdruck Essen 1990.
Smekal, Richard: Das alte Burgtheater (1776 - 1888), 3. Aufl., Wien 1916.
Stefan, Paul: Die Zauberflöte. Wien u.a. 1937.
Teickl, Robert: Mozart und die Wiener Hofbibliothek, Biblos Jg. 1, Wien 1952, Heft 3/4 S. 87ff.
Waissenberger, Robert (Hg.): Wien zur Zeit Joseph Haydns. Wien 1982.
Wyzewa, Th. et Saint-Foix, G.: Wolfgang Amédée Mozart. Paris 1936.

IV. Masonica - Hermetica - Cabbala

Abafi, Ludwig: Geschichte der Freimaurerei in Oesterreich-Ungarn. Budapest Bd. 1 - 4. Budapest 1890 - 1893.

Albrecht, Michael: Mendelssohn, Moses. Das Lebenswerk eines jüdischen Denkers der deutschen Aufklärung. Ausstellungskatalog der Herzog August Bibliothek. Wolfenbüttel 1986.

Amiable, Louis: Une Loge maçonnique d'avant 1789. Paris 1897.

Anderson, Jakob: Des verbesserten/ Konstitutionenbuchs/ der/ alten ehrwürdigen Brüderschaft/ der/ Freimaurer/ erster Theil/ Geschichte des Ordens/ auf Befehl der grossen Loge aus ihren Urkunden/ Traditionen und Logenbüchern zum Gebrauch/ der Logen verfasset /.../ Vierte vermehrte Auflage. Frankfurt am Main/ in der Andreäischen Buchhandlung 1783.

Anonym: Mozart als Freimaurer. Latomia Bd. XVII, Leipzig 1859, S. 142.

Anonym: Allgemeine /Grundregeln/ der /Freymaurer// Nebst einer /Rede/ über den Zweck /der Maurerey // Preßburg 1784.

Anonym: Apologie/ des/ Ordens der Frey Maurer./ Von/ dem Bruder ****/ Mitgliede der ** Schottischen Loge zu P.+./.../ Philadelphia 5651. Königsberg/ bey Johann Jacob Kanter. 1770.

Anonym: Beiträge zur Würdigung des Zinnendorf'schen Freimaurer=Systems und Rituals. In: Freimaurer=Zeitung. Leipzig 1884 Nr. 9 S. 65 - 71 u. Nr. 10 S. 73 - 77.

Anonym: Beruhigung eines Katholiken über die päpstlichen Bullen wider die Freymaurerey von Bruder M***. Kosmopolis 5782.

Anonym: Das Ganze aller geheimen Ordens = Verbindungen. Leipzig 1805.

Anonym: Einige Freimaurerische Versammlungsreden/ Frankfurt und Leipzig 1784.

Anonym: Eleusinien des 19. Jahrhunderts. Oder Resultate vereinigter Denker über Philosophie und Geschichte der Freimaurerei. 1. Bd. Berlin 1802.

Anonym: Empfindlicher Auftritt / eines / Freymaurers in Wien / am Josephstage. // O. O. u. J.

Anonym: Etwas / für / meine Vaterstadt./ Wien 1786.

Anonym: Etwas zum vernünftigen Nachdenken für die Freymaurer. Deutschland 1783.

Anonym: Fortsetzung der Briefe / über die neueste Maurer = Revolution / in Wien. 1785.

Anonym: Gedanken eines Profanen / über / die jetzige Revolution/ des/ Freymaurer-Ordens. [Wien] 1786.

Anonym: Gedanken ueber Freymaurery. Germanien 1783.

Anonym: Gesammelte/ Bemerkungen und Urtheile/ über die/ k.k. Verordnung/ in Ansehung/ der Freymäurer,/ und/ ihren Orden/ überhaupt /.../. Wien 1786.

Anonym: Geschichtchen eines Exjesuiten in Betreff der Freymaurery. [Wien] 1782.

Anonym: Gespräche/ über/ die Grundsätze, Gaukeleyen, alte Pflichten der Freimaurer und ihre Schädlichkeit. Jerusalem 1786.

Anonym: Horus/ oder/ Astrognostisches Endurtheil/ über die/ Offenbarung Johannis/ und/ über die Weissagungen auf den Messias/ Ebenezer. Im Verlage des Vernunftshaußes 1783.

Anonym: Joseph der Zweyte/ und die Freymaurer/ was der Erstere gethan hat, und die /letzteren hätten thun sollen./ Wien 1786.

Anonym: Kratter, B[or]n & Socii. Leider anno 1786. [Wien].

Anonym: Maurerisches Taschenbuch auf das Jahr 5802 bis 5803. Berlin 1802.

Anonym: Medicinisch= Chymisch=/ und Alchemistisches/ Oraculum,/ Ulm 1783.

Anonym: Mysterienbuch/ alter und neuer Zeit/ oder/ Anleitung/ geheime Schriften lesen zu können. Leipzig 1797.

Anonym: Sammlung aller aus Gelegenheit der K.K. Verordnung vom 16. Dezember 1785 zum Vorschein gekommenen Schriften, die Freymaurer betr. 10 Hefte. Wien und Leipzig 1786.

Anonym: Schreiben an den Verfasser der Gedanken über die Freymaurerey Germanien 1782. Eleutheropel 1782.

Anonym: System / der Freymaurer=Loge / Wahrheit und Einigkeit / zu den drey gekrönten Säulen in P[rag]. Philadelphia 1794.

Anonym: Trauerrede auf den würdigen Br. Franz Eszterhazy von Galantha. 1785 Wien.

Anonym: Ueber Freymaurer. Erste Warnung. O. O. 1784.

Anonym: Ueber Kratters/ Auto da Fé/. [Wien] 1786

Anonym: Ueber/ den Zweck/ des/ Freymaurerordens. Zweite, revidirte Auflage. Berlin 1781.

Anonym: Vier Briefe/ abgefasset von /dreien hellstrahlenden /Kirchenlichtern /über den guten Einfall des Kaisers, /den Freymaurern ein Gebiss anzulegen. Wien 1786.

Anonym: Was ist Gaukeley? Wien 1784.

Anonym: Wider/ den Freymaurer M***/ und/ sein Nötchen von 36 Seiten/ Anhang zur Vertheidigung/ der/ päpstlichen Bullen/ gegen/ die Maurerey. 1784.
Anonym: Zoroasters lebendiges Wort. Riga 1777 und 1786.
Anonym: Zweyter Nachtrag einiger Beruhigungen über die Einwürfe des Gegners, der zwey vorausgegangenen Stücke fü die Freymaurerey bestritt./ vom Bruder M***. Kosmopolis 1784.
Bartels, Adolf: Freimaurerei und deutsche Literatur. München 1929.
Bauer, Wolfgang u.a.: Bildlexikon der Symbole. München 1980.
Becker, Peter J.: Friedrich Nicolai: Leben und Werk. Ausstellungskatalog der Staatsbibliothek Preuss. Kulturbesitz. Berlin 1983.
Begemann, W.: Vorgeschichte und Anfänge der Freimaurerei in England. Berlin 1909.
Berger, Willibald: Ist es eine Sünde ein Freymaurer zu werden. Wien o.J..
Bernard, Paul: Jesuits and Jacobins: Enlightment and Enlighted Despotism in Austria. Urbana 1971.
Beschrejving der Verzamelingen van het Groot-Oosten der Nederlanden. Boekwerken der Klossianischen Bibliotheek. s'Gravenshage 1900.
Beyer, Bernhard: Bibliographie der Freimaurerischen Literatur. Leipzig 1926.
Ders.: Emanuel Schikanender und seine Beziehungen zum Freimaurerbunde. In: Bayreuther Bundesblatt, 12 Jg. Nr.12 September 1912.
Ders.: Freimaurerei in München und Altbayern. Hamburg 1973.
Bischoff, Erich: Die Elemente der Kabbalah. Berlin o. J..
Ders.: Mystik und Magie der Zahlen, Berlin 1982.
Bosch, Simon (Hg.): Die/ drei Grade/ der/ Freimauerei/ des/ Frauenzimmers/ mit allen nöthigenm/ Gebräuchen und Zeremonien/ die bei der Aufnahme beobachtet werden./ nebst einem vollständigen Katechismus zu einem jeden Grade./.../ Wien und Prag/ bei Joh. Ferd. Edlen von Schönfeld. 1783.
Brabbée, Gustav: Der Harmonika Virtuose Röllig, in: Latomia XXVII S. 257-267.
Ders.: Die Sphinx. Wien 1873.
Ders.: Maurerische Abhandlungen. Der österreichische katholische Clerus in seinem Verhältnisse zum Freimaurerbunde während der Regierung Maria Therisia's und Joseph's II.. In: Latomia, Bd. 25, 1866 S.1 - 50.
Ders.: Vor meinem Reliquien-Schrein. In: Die Sphinx. Freim. Taschenbuch hrg. von E. Besetzny. Wien 1873.
Bragus: Der Thaumaturg, Visionär und Mesmerist Br. (Franz) Joseph Graf von Thun. Maurerische Studie. In: Österreichische Freimaurer-Zeitung 1876. S.153.
Claudius, Matthias (Übers.):Geschichte des egyptischen Königs Sethos. Erster Theil. Aus dem Franz./.../. Breslau bey Gottlieb Löwe, 1777.
Cotte, Roger J. V.: Musique et symbolisme. Résonance cosmique des instruments et des oeuvres. St.-Jean-de-Braye 1988.
Covelli, A.: "Le donne curiose" e la massoneria, in: Rivista Italiana del Dramma, Vol. 1, 1937 S. 206.
Cronenberg, Gerhard von: Was sucht der wahre Freymäurer noch zu seiner Vollkommenheit. /.../ Germanien [= Frankfurt] 1782
De Maistre, Joseph: La Franc-Maçonnerie. Memoire inédit au Duc de Brunswick 1782, Paris 1925; deutsch von Cornelia Langendorf, Wien 1988.
Decius: Die Hebräischen Mysterien oder die älteste Freymaurerey. Leipzig 1788.
Saint-Martin, Louis Claude de: Des Erreurs et de la Verité. o.O. 1781.
Denslow, R. V.: Masonic Rites and Degrees. Trenton 1955.
Deutsch, O. E.: Mozart und die Wiener Logen. Wien 1932.
Die Alten Pflichten von 1723. Die Verfassung der Frei = Maurer. Geschichte, Pflichten, Anordnungen usw. 9. Auflage, Münster 1989.
Eckartshausen, Klar von: Aufschlüsse zur Magie. München 1788 -1792.
Ders.: Mystische Nächte. München 1791.
Ders.: Reden zum Wohle der Menschheit. München 1784.
Ders.: Zahlenlehre der Natur. Leipzig 1794-1795.
Einleger-Biss, Bertha: Die Freimaurerei als Faktor der Aufklärung in Österreich von Maria Theresia bis Franz II.. Phil Diss. Wien 1976.
Endres, Franz Carl: Die Symbole des Freimaurers. Hamburg 1977.
Fessler's sämmtliche Schriften über Freymaurerey. Berlin 1801.
Feuchtmüller, Rupert (u. a. Hg.) Österr, Freimaurerlogen. Humanität und Toleranz im 18. Jh.. Schloß Rosenau 1981.

Fischer-Colbrie, Gerald: Zur Gründung der Linzer Freimaurerloge zu den sieben Weisen. In: Beiträge zur Neueren Geschichte 1984. S. 423-435.
Flaischlen, Cäsar: Otto Heinrich von Gemmingen. Stuttgart 1890.
Frick, Karl R. H.: Die Erleuchteten. Graz 1973.
Ders.: Licht und Finsternis. Graz 1975.
Ders.: Das Reich Satans. Graz 1982.
Gedichte und Lieder verfaßt von den Brüdern der Loge zu Wahren Eintracht. Bey Christian F. Wappler 1783.
Gemmingen, Otto von (Hg.): Ephemeriden der gesammten Freymaurerey in Deutschland. Auf das Logenjahr 5786. Altona o.J.
Ders.: Bißthum/ und / Bischoff./ Wien 1783.
Ders.: Der deutsche Hausvater oder die Familie. Mannheim 1780.
Ders.:(Hg.): Die Mannheimer Dramaturgie für das Jahr 1779, Mannheim 1780.
Gottschalk, Friedrich (Hg.): Eine Wiener Freimaurerhandschrift aus dem 18. Jahrhundert von Bruder (Joseph) Baurnjöpel. Graz 1986.
Großegger, Elisabeth: Freimaurerei und Theater 1770 - 1800. Wien 1981.
Hammermayer, Ludwig: Der Wilhelmbader Freimaurer-Konvent von 1782. Heidelberg 1980.
Ders.: Zur Geschichte der europäischen Freimaurerei und der Geheimgesellschaften im 18. Jahrhundert. In: Beförderer der Aufklärung 1979, S. 9-68.
Ders.: Zur Geschichte und Historiographie der deutschen Freimaurerei vom 18. bis 20. Jahrhundert. In: Studien zur Geschichte der Kulturbeziehungen in Mittel- und Osteuropa. Berlin 1982, S. 81 - 106
Haunch, Terence O.: Freimaurerei in England. Schloß Rosenau 1982.
Heckethorn, Charles W.: Geheime Gesellschaften, Geheimbünde und Geheimlehren. Leipzig 1900.
Hurwitz, Joachim: Een intrigerend schilderij uit de 18de eeuw.
Nieuw licht op de Loge "Zur neugekrönten Hoffnung" en W. A. Mozart. In: Toth 35. Jg. Nr.5 Dec.1984 S.181 - 193.
Lessing, Gotthold E.: Freimaurergespräche und anderes. München 1981.
Ders.: Hamburgische Dramaturgie. Frankfurt am Main 1986.
Herder, Joh. G.: Sämtliche Werke. Hg. von B. Suphan. Berlin 1877-1913. Darin: Fama fraternitatis oder über den Zweck der Freimäurerei, wie sie von außen erscheint. Und: Histor. Zweifel über das Buch "Versuch über die Beschuldigungen...v. F. Nicolai".
Kielce, Anton: Le Tarot. Paris 1983.
Kleinschmidt (Hg.): Des verbesserten/ Konstitutionenbuchs/ der/ alten ehrwürdigen Brüderschaft/ der/ Freimaurer/ zweiter Theil/ Frankfurt am Main/ 1784.
Klinkhammer, Klaus (Übers.): Der Tempelherren-Orden der Strikten Observanz. Übersetzung aus dem franz.Ms. der HHStA Wien VA 64. Privatdruck Essen 1986.
Klossowski de Rola Stanislas: Alchemie. München 1974.
Kloß, Georg: Bibliographie der Freimaurerei und der mit ihr in Verbindung gesetzten geheimen Gesellschaften. Frankfurt a. M. 1844 [Vgl. Nr. 3741 ff].
Ders.: Geschichte der Freimaurerei in England, Irland und Schottland. Leipzig 1847.
Kratter, Franz: Drey Briefe über die neueste Maurer=Revolution in Wien. 1785.
Ders.: Freymaurer Auto da Fé in Wien 1786. Wien 1786 .
Krivanec, Ernest: Die Anfänge der Freimaurerei in Oesterreich. In: Freimaurer und Geheimbünde im 18. Jh. in Mitteleuropa. Frankfurt 1983.
Kroupa, Jiri: Die Alchimie des Glücks. Die Spätaufklärung und die mährische Gesellschaft 1770-1810. In: Alchymie stésti. Brno 1987. S. 282-301.
Lachmann, Heinrich: Geschichte und Gebräuche der Maurerischen Hochgrade und Hochgradsysteme. Braunschweig 1866.
Landon, H.C. Robbins: Mozart and the Masons. New Light on the Lodge "Crowned Hope". London 1982.
Lantoine, Albert: Die Freimaurer auf dem Theater. In: Am Bau. Freim. Flugschriften Heft 12, Leipzig 1926.
Le Forestier, René: Die templerische und okkultistische Freimaurerei im 18. und 19. Jahrhundert. Leimen 1990.
Lennhoff/Posner: Internationales Freimaurerlexikon. Wien 1932.
Lessing, Erich (Hg.) : Die Übungslogen der gerechten und vollkommenen Loge Zur Wahren Eintracht im Orient zu Wien 1782 - 1785. Wien 1984.
Ligou, Daniel: Dictionnaire universel de la Franc-Maçonnerie. Paris 1974.
Lorenzi, Ernst (Hg.) Das Logenbuch der Loge "Zur wahren Eintracht". Quatuor Coronati Wien 1979.
Ludz, Peter Chr.: Geheime Gesellschaften. Heidelberg 1979.
Meinel, Christoph (Hg.): Die Alchemie in der europäischen Kultur- und Wissenschaftsgeschichte. Wiesbaden 1986.

Mellor, Alec: Logen, Rituale, Hochgrade. Handbuch der Freimaurerei. Sonderdruck 1985.
Mendelssohn, Moses: Phädon / oder / über die / Unsterblichkeit der Seele / in drey Gespächen./ Vierte vermehrte und verbesserte Auflage./ Berlin uund Stettin 1776 bey Fr. Nicolai..
Müller, Ernst (Hg.) Der Sohar. Düsseldorf 1982.
Müller, Willibald: Joseph von Sonnenfels. Wien 1882.
Münter Friedrich: Briefe und Tagebücher. Frederik Münter. Et Mindeskrift. (Friedrich Münter. Eine Gedenkschrift). Bd. 1-7 Kobenhavn [Bd.2-7 und Leipzig] 1925-1949.
Naudon, Paul: Histoire générale de la Franc-Maçonnerie. Fribourg/Schweiz 1981.
Neumann, Erich: Zu Mozarts Zauberflöte. In: Umkreisung der Mitte. Bd. 2 Zürich 1953 S. 125 - 174.
Nettelbladt, C. C. F. W. von: Geschichte Freimaurerischer Systeme in England, Frankreich und Deutschland. Berlin 1879.
Nicolai, Friedrich: Versuch/ über die/ Beschuldigungen,/ welche dem/ Tempelherrenorden gemacht worden./ .../ Berlin und Stettin 1782.
Nitsche, Ernst: Das Mysterienspiel von der Erschaffung der Welt und dem Werden des Menschen im freimaurerischen Ritual. Die "blaue Reihe", Heft 16. Hamburg o.J..
Nöllenburg, Wilhelm auf der: Sacral- und Geheimschriften. Berlin Neukölln 1958.
Oetinger, Friedrich: Die Metaphysic in Connexion mit der Chemie, worinnen sowohl die wichtigste übersinnliche Betrachtungen der Philosophie und theologiae naturalis & relevatae,/.../ Schw[äbisch] Hall [1770].
Palatin, Joseph von: Kronik der Maurerey. Philadelphia 1785.
Pallini: Der/ Mystagog/ oder/ vom Ursprung und Entstehung/ aller Mysterien und Hieroglyphen der Alten/ welche auf die Freymaurerey Bezug haben/ aus den/ ältesten Quellen hergeleitet und aufgesucht/ von/ einem ächten Freymaurer./ Osnabrück und Hamm,/ 1789.
Papus: Die Kabala. Wiesbaden 1988.
Petri, J. Ph.: Gründlicher Beweis zur Auflösung der Gesichter und Zahlen Daniels und Offenbahrung Johannis. Offenbach 1784.
Ders.: Die versiegelten 7 Donnerstimmen, entsiegelt oder erkläret nach Anleitung Psalm 29.8. Offenbach 1783.
Pezzl, Johann: Lebensbeschreibung des Fürsten Raimund Montekukuli des Fürsten Wenzel Liechtenstein, des Hofrathes Ignatz von Born. Wien 1792.
Reinalter, Helmut (Hg.): Freimaurer und Geheimbünde im 18. Jahrhundert in Mitteleuropa. Frankfurt am Main 1983.
Ders.(Hg.): Joseph II. und die Freimaurerei im Lichte zeitgenössischer Broschüren. Wien 1987.
Reinhold, Karl L.: Korrespondenz 1783 - 1788. Stuttgart-Bad Cannstatt 1983.
Rittig: Der/ jüngste Tag/ in einer/ historischen Schilderung/ seiner/ kritischen Berechnungen. Wien 1782.
Röllig, Karl Leopold: Über die Harmonika. Berlin 1787.
Rosenstrauch-Königsberg, Edith: Ausstrahlungen des Journals für Freimaurer. In Beförderer der Aufklärung 1979. S. 103 - 117.
Dies.: Die Denunzation der Aufklärung durch Johann Georg Zimmermann. Zimmermanns Mémoire an Kaiser Leopold II (Jahreswende 1791/92) in: "Sie, und nicht Wir" Bd. 1, hg. v. Arno Herzig u.a. S. 227 - 243.
Dies.: Eine freimaurerische Akademie der Wissenschaften in Wien. In: Revolution und Demokratie in Geschichte und Literatur. Hrg. v. Julius H. Schoeps u. Immanuel Geiss. Duisburg 1979. S. 151 - 169.
Dies.: Erste Schritte auf dem Weg zum österreichischen Nationalbewußtsein. In: Österreich im Europa der Aufklärung. Wien 1985, S. 895 - 918.
Dies.: Ignaz Aurelius Fesslers Lebensweg. Jb. d. Inst. für Deutsche Geschichte XV, 1986 Universität Tel-Aviv, S. 465 - 476.
Dies.: Präjakobinische Geheimbünde in der Habsburger Monarchie. In: Die demokratische Bewegung in Mitteleuroipa im ausgehenden 18. und frühen 19. Jahrhundert. Berlin 1980. S. 130 - 147.
Runkel, Ferdinand: Geschichte der Freimaurerei in Deutschland. Berlin 1932.
Schmieder, Karl Christoph: Geschichte der Alchemie. Halle 1832.
Schneider, Herbert: Deutsche Freimaurer Bibliothek. Verzeichnis der Bibliothek des Deutschen Freimaurer-Museums Bayreuth. Hamburg 1977 (und 1. Nachtrag 1984 ebda.).
Schröder, Friedrich L.: Die Freymaurer. Wien 1784.
Schuler, Heinz: "Mozart von der Wohlthätigkeit". Mitt. d. ISM 36. Jg., Heft 1-4
Ders.: Die Mozart-Loge "Zur neugekrönten Hoffnung" im Orient von Wien. Mitt. d. ISM 37. Jg. Heft 1-4. Salzburg 1989
Ders.: Die Wiener Freimaurerloge "Zu den drei Adlern" Genealogie Heft 2/1990 S.46-53.
Ders.: Freimaurer in den k. k. Erbländern gegen Ende des 18. Jahrhunderts. Essen 1987. Privatdruck
Ders.: Wiener Freimaurer-Listen. Essen 1987. Privatdruck.

Servati, Erich: Bruchstücke zur Geschichte der deutschen Freymäurerey. Basel 1787.
Ders.: Warum soll ich ein Freymaurer werden? Basel 1786.
Spiel, Hilde: Fanny von Arnstein oder Die Emanzipation. Frankfurt a.M. 1962.
Stanescu, Heinz: Ignaz von Born. In: Österreich in Geschichte und Literatur, Graz 1970, Jg. 14 Heft 7 S. 369.
Taute, Reinhold: Der Wilhelmsbader Konvent und der Zusammenbruch der Strikten Observanz. Berlin 1909.
Terrasson, Jean: Sethos,/ Histoire ou Vie/ tirée/ des Monuments anecdotes / de / l'ancienne Egypte./ Traduite d'un Manuscrit Grec./ Tome Premier./ A Amsterdam,/ Aux dépens de la Compagnie./ MDCCXXXII.
Teich, Mikulas: Ignaz von Born als Organisator wissenschaftlicher Bestrebungen in der Habsburger Monarchie. In: Wissenschaftspolitik in Mittel- und Osteuropa. Berlin 1976.
Vaccalluzzo, N.: Arlequin franc-maçon e "Le donne curiose" di Goldoni, in: Mélanges Hauvette, Paris 1934.
Valmy, Marcel: Die Freimaurer. München 1988
Vávra, Jaroslav: Ignaz von Born als führende Persönlichkeit der Aufklärungsepoche in Böhmen. In Beförderer der Aufklärung. S. 141-146.
Wagner, Hans: Die politische und kulturelle Bedeutung der Freimaurerei im 18. Jahrhundert. In: Beförderer der Aufklärung 1979, S.74
Ders.: Freimaurerei um Joseph II. Schloß Rosenau 1980.
Ders.: Das Josephinische Wien und Mozart. In: Moz. Jb. 1978/79 S. 1-13.
Waissenberger, Robert (Hg.): Zirkel und Winkelmaß: "2oo Jahre Große Landesloge der Freimaurer". Wien 1984.
Waite, A. E.: A New Encyclopedia of Freemasonry. Reprint New York 1970
Welling, Georg von: Opus Mago - Cabbalisticum et Theosophicum. Hamburg 1735.
Wierz, Joh. Jak.: Nöthiger Anhang zu der jüngst erschienenen Schrift: Endliches Schicksal des Freymaurer= Ordens in einer Schlußrede gesprochen vom Br. *** vormals Redner der Loge zu *** am Tage ihrer Auflösung. Regensburg 1785.
Zellweker, E.: Das Urbild des Sarastro. Ignaz v. Born. Wien 1953.

Asiatische Brüder

Wolfstieg, August: Bibliographie der freimaurerischen Literatur. 2. Bd. 2. Auflage. Leipzig 1923 (Vgl. die dort aufgeführten Akten, Dokumente und Publikationen über die Asiatischen Brüder S.983).
Anonym: Bekenntnis zur Loge der Toleranz. Berlin 1790.
Anonym: Beleuchtungen der Truggestalten in Freymaurerischer Hülle. Philadelphia 1808.
Anonym: Das Judenthum in der M[aurere]y, eine Warnung an alle deutschen - - [Freimaurer?], o. O. u. J.
Anonym: Der Asiate in seiner Blöße, oder gründlicher Beweis: dass die Ritter= und Brüder-Eingeweihten aus Asien ächte Rosenkreuzer sind; durch wichtige noch unbekannt gewesene Dokumente erwiesen, welche ihr System, Lehre und Einweihung betreffen. Asien [=Leipzig, Hilscher] 1790.
Anonym: Der Freymaurer, oder Compendiöse Bibliothek alles Wissenswürdigen über geheime Gesellschaften. Eisenach und Halle 1796.
Anonym: Der Signatstern oder die enthüllten sämmtlichen sieben Grade und Geheimnisse der mystischen Freimaurerei nebst dem Orden der Magus oder Ritter des Lichts; mit allen geheimen Schriftzeichen, mysteriösen Ceremonien, wundervollen Operationen u.s.w. Band 1 - 2. Stuttgart 1886, Reprint Freiburg i.Br. 1979.
Anonym: Die Brüder St. Johannis des Evangelisten aus Asien in Europa oder die einzige wahre und ächte Freimaurerei nebst einem Anhange die Fesslersche kritische Geschichte der Freimaurerbrüderschaft und ihre Nichtigkeit betreffend von einem hohen Obern. Berlin 1803, bey Johann Wilhelm Schmidt.
Anonym: Ein Wort zum Nachdenken über die sogenannte unpartheiische und gründliche Nachricht von der Freymäurerloge der Juden und andern geheimen Gesellschaften in Hamburg. 1786.
Besetzny, Emil: Die Asiatischen Brüder in Berlin und Wien, Latomia XXII. Leipzig 1863.
Boscamp, Carl F. von (d.i. Lasopolski): Werden und können Israeliten zu Freymaurern aufgenommen werden? Hamburg 1788
Brabbée, Gustav: Die Asiatischen Brüder in Berlin und Wien, Latomia XXII. Leipzig 1863, S. 18 - 37.
Ecker und Eckhoffen, Hans Carl von (?): Unpartheiische und gründliche Nachricht von der Freymäurerloge der Juden und andern geheimen Gesellschaften in Hamburg. 1786.
Ecker und Eckhoffen, Hans Heinrich von: Abfertigung/ an den/ ungenannten Verfasser/ der/ verbreiteten

sogenannten:/ Authentischen Nachricht/ von den/ Ritter= und/ Brüder=Eingeweihten aus Asien./.../ Hamburg,/auf Kosten des Verfassers, 1788.
Ders.: Der Freimaurer als Gefangener o. O. u. J..
Ders.: Die theoretischen Brüder/ oder/ zweite Stuffe/ der Rosenkreutzer/ und/ ihre Instruction/ das erstemahl ans Licht hg./ von einem Prophanen,/ nebst einem Anhang/ aus dem dritten fünften Grad, als Probe. Athen, 1785./ zur Zeit der Aufklärung.
Ders.: Der Rosenkreuzer in seiner Blösse. Amsterdam [d.i.Nürnberg] 1782.
Ehrmann, Christian: Das Judenthum in der Maurerey. Eine Warnung an alle deutschen Logen. 5816 [d.i.1816].
Goué, August S. von: "Asiatische Brüder". In: Der/ Freymaurer,/ oder/ Compendiöse Bibliothek/ alles/ Wissenswürdigen/ über/ geheime Gesellschaften./ Heft IV und V./.../ Eisenach 1793.
Hirschfeld, Ephraim Joseph: Allgemeine Theorie der Natur, und vollkommene Auslegung des Signatsterns. II. Abtheilung. Instruction. o.O. 1786.
Ders.: Allgemeine Gesetze des Hochwürdigsten und Weisen Ordens der Ritter und Brüder St. Johann des Evangelisten aus Asien in Europa. o. O. 1786, S. 3.
Ders.: Recapitulation und Instruction der ersten Haupt und Grund=Stuffe.
Irmen, Hans-Josef (Hg.): Die Akten der Asiatischen Brüder aus den Sammlungen der Klossianischen Bibliothek in Den Haag. Druck in Vorb.
Katz, Jacob.: Der Orden der Asiatischen Brüder. In: Freimaurer und Geheimbünde im 18. Jahrhundert in Mitteleuropa. Hrg. von H. Reinalter. Frankfurt 1983.
Ders.: Jews and Freemasons in Europe 1723 - 1939. Cambridge, Massachusetts 1970.
Ders.: Moses Mendelssohn und E.J. Hirschfeld. Bulletin des Leo Baeck-Institut. Yearbook 1964. S. 295 - 311.
Ders.: The Order of the Asiatic Brethren. In: Jews and Freemasons in Europe 1723 - 1939. Cambridge 1970. S.26 - 53.
Molitor, F. J.: Geschichte des Ordens der Ritter und Brüder Sanct Johannes des Evangelisten, aus Asien in Europa. Ms. 1828.
Münter, Friedrich: Authentische Nachricht von den Ritter- und Brüder - Eingeweihten aus Asien. Zur Beherzigung für Freymaurer. Kopenhagen 1787. Abgedruckt in H.-H. von Ecker und Eckhoffen: Abfertigung an den ungenannten Verfasser, 1788 S. 1 - 32.
Ders.: Nouvelles authentique des Chevaliers et Frères inities d'Asie. Berlin 1787.
Saint-Martin, Louis-Claude de: Irrthümer und Wahrheit, oder Rückweiß für die Menschen auf das allgemeine Principium aller Erkenntniß. /.../ Von einem unbe[kannten] Ph[ilosophen]. Aus dem Französischen übersetzt von Matthias Claudius. /.../ Verlegt bey Gottlieb Löwe in Breßlau 1782.
Schneider, G.: Können Nicht - Christen, besonders Juden, zur Freimaurerbrüderschaft zugelassen werden? In: Altenburger Zeitschrift 1827/28 S. 367 - 404.
Scholem, Gershom: Ein verschollener jüdischer Mystiker der Aufklärungszeit: E. J. Hirschfeld. Yearbook VII of the Leo Baeck Institute, London etc. 1962, S. 267-276.
Schröder, Friedrich L.: Verzeichniß der Ritualien und Ordensschriften der Ritter und Brüder St. Johannis des Evangelisten aus Asien in Europa. Rudolstadt o. J. [1805?].
Schuster, Georg: Die Ritter und Brüder St. Johannis des Evangelisten aus Asien in Europa. In: Die geheimen Gesellschaften 2. Aufl. 1906, S. 235 - 241.

Illuminaten

Aus und neben den von Richard van Dülmen, Der Geheimbund der Illuminaten. Stuttgart-Bad Cannstatt 1975, S. 423 - 429 aufgeführten Werken wurden insbesondere benutzt:
Anonym: Anzeige/ eines aus dem Orden/ der/ Frey=Maurer/ oder/ der sogenannten Illuminaten/ getrettenen Mitglieds/ in Bayern/ über/ die Einrichtung und den Zweck dieser/ Gesellschaft/ mit Anmerkungen. Sparta 1786.
Anonym: Apologie der Illuminaten. Wien 1786.
Anonym: Der ächte/ Illuminat/ oder/ die wahren, unverbesserten/ Rituale der Illuminaten. Enthaltend 1) die Vorbereitung, 2) das Noviziat, / 3) den Minervalgrad, 4) den kleinen und / 5) großen Illuminatengrad. / Ohne Zusaz und ohne Hinweglassung. / Edessa, 1788.
Anonym: Einige Originalschriften des Illuminatenordens. welche bey dem gewesenen Regierungsrath Zwack /.../ vorgefunden worden. München 1787.
Anonym: Eine Rede/ über den/ Illuminaten=Orden/ ...Regenburg, 1794./
Anonym: Freymaurerische/ Reise/ durch die/ bayerische Lande/ worin die/ Aufhebung des Illuminaten- und/

Freymaurer-Ordens erzählt,/ und deren System/ geprüft wird./ Hamburg 1786."
Anonym: Große Absichten des Ordens der Illuminaten, dem patriotischen Publikum vorgelegt von vier ehemaligen Mitgliedern. München 1786.
Anonym: Merkwürdiges /Schreiben/ eines / Römisch-Catholischen Geistlichen/ in Bayern,/ an seinen Freund und Amtsbruder /in Schwaben;/ die Verfolgung der Freymaurer und Illuminaten in Bayern, und den uralten vortreflichen Orden der obscurorum virorum oder Obscuranten betreffend. Gedruckt zu Philanthropolis, im Jahre 1786.
Anonym: Vollständige Geschichte der Verfolgung der Illuminaten in Bayern. Erster Band. Wien 1786.
Anonym: Vollständige und unpartheiische Geschichte/ der Illuminaten in Bayern./ Wien 1786
Born, Iganz von: Neueste/ Naturgeschichte/ des/ Mönchthums, /beschrieben /im Geiste der Linnäischen Sammlungen/.../ 1783 [bei Lindauer in München]
Ders. (Hg.): Physikalische Arbeiten / der / einträchtigen Freunde zu Wien /.../ 1783. Folgebände 1784, 1785, 1786 und 1787.
Ders. (Hrg.?): Freymaurerregeln/ nach dem /Französischen /des Conventschlusses /zu /Wilhelmsbad. // Den Brüdern gewidmet /von B**. Im Jahre 5785." S.7ff.
Ders.: Die Staatsperüke. Eine Erzehlung. Wien 1773.
Ders.: Joannis Physiophili Opuscula/ continent/ Monachologiam, Accusationem Physiophili;/ Defensionem Physiophili; Anatomiam/ Monachi./ collegit, edidit... / P. Aloysius Martius / Wien 1784.
Ders.: Ueber die Mysterien der Aegyptier. Journal für Freymaurer 1. Jg. 1. Bd. S. 15ff.
Engel, Leopold: Geschichte des Illuminaten-Ordens. Berlin 1906.
Ferber, Joh. Jacob: Des Ignatz Edl. von Born /...Briefe/ über Mineralogische Gegenstände / auf seiner Reise durch das Temeswarer Bannat, Siebenbürgen, Ober= und Nieder=Ungarn /.../ geschrieben. Frankfurt und Leipzig 1774.
Graßl, Hans: Tragende Ideen der illuminatistisch-jakobinischen Propaganda und ihre Nachwirkungen in der deutschen Literatur. In: Geheime Gesellschaften. Hg. von P. Ch. Ludz. Heidelberg 1979.
Hammermayer, Ludwig: Der Geheimbund der Illuminaten und Regensburg. In: Verh. des Hist. Vereins für Oberpfalz und Regensburg. Bd. 110, 1970. S. 61-92.
Hofer, Paul: Iganz von Born. Leben - Leistung - Wertung. Phil. Diss. Wien 1955.
Irmen, Hans-Josef (Hg.): Die Protokolle der St. Johannis-Loge "Zur wahren Eintracht "in Wien. HHStA Wien VA 79 u. 89. Druck in Vorb.
Rachold, Jan (Hg.): Die Illuminaten. Quellen und Texte zur Aufklärungsideologie des Illuminatenordens (1776-1785). Berlin 1984.
Rollet, H. (Hg.): Briefe von Sonnenfels. Wien 1874.
Rosenstrauch-Königsberg, Edith: Freimaurer, Illuminat, Weltbürger. Friedrich Münters Reisen und Briefe in ihren europäischen Bezügen. Berlin 1984.
Dies.: Freimaurerei im josephinischen Wien. Aloys Blumauers Weg vom Jesuiten zum Jacobiner. Wien, Stuttgart 1975.
Schuler, Heinz: Freimaurer und Illuminaten aus Alt-Bayern und Salzburg und ihre Beziehungen zu den Mozarts. Mitt. d. ISM 35. Jg. Heft 1 - 4, Juli 1987.
Weishaupt, Adam: Pythagoras oder Betrachtungen über die geheime Welt- und Regierungskunst. Frankfurt und Leipzig [d. i. Nürnberg] 1790.
Ders.: Ueber die Schrecken des Todes. Wien 1786.

Rosenkreuzer

Adamah Booz [d. i. Adam Melchior Birkholz]: Die sieben heiligen Grundsäulen der Ewigkeit und Zeit. In deutlichen Sinnbildern, zum Besten aller Weisheit Suchenden. Leipzig 1783
Ders.: Der/ Compaß der Weisen,/.../Zwote, verbesserte, mit Zusätzen und Anmerkungen/ vermehrte Ausgabe,/ .../Berlin, bey Friedrich Maurer. 1782.
Albrecht, H.C.: Geheime Geschichte/ eines/ Rosenkreuzers./ Aus seinen eigenen Papieren./.../ Hamburg/ bey F. Bachmann und J.H. Gundermann./ 1792
Andreä, Joh. Val.: Allgemeine und General/ Reformation/ der gantzen weiten Welt./ Gedruckt zuerst zu Cassel, bey Wilhelm Wessel,/Anno M.DC.XIV./... Der äußersten Seltenheit wegen wieder aufgelegt,.../ Regenspurg Anno MDCLXXXI.
Andreä, Joh. Val.: Chymische Hochzeit: Christiani Rosencreutz. Anno 1459. Regenspurg, MDCCLXXXI.
Anonym: Der/ im Lichte der Wahrheit/ strahlende/ Rosenkreuzer/.../

Leipzig,/ bey Christian Gottlob Hilscher,/ 1782.
Anonym: Die Lehren der Rosenkreuzer/ aus dem 16ten und 17ten Jahrhundert./ Oder/ Einfältig ABC Büchlein /.../ Altona [1782].
Anonym: Freymäurerische/ Versammlungsreden/ der Gold= und Rosenkreutzer/ des/ alten Systems./.../ Amsterdam 1779.
Anonym: Gespräche/ Maurerey betreffend // Nebst einem / Anhange von Rosenkreuzern.// Leipzig 1785.
Beyer, Bernhard: Das Lehrsyystem des Ordens der Gold- und Rosenkreuzer. Leipzig u. Berlin 1925.
C.U.M.U.S. (?) :Practica/ Leonis Viridis./ Das ist: Der Rechte/ und wahre Fussteig zu dem Königlichen Chymi-/schen HochzeitSaal/ F.C.R./ Nebst einem Anhang/ unnd explication zweyer Tage der /Chymischen Hochzeit/ allen Liebhabern der Kunst zu gute an Tag gegeben/ und in Druck verfertiget/ durch C.U.M.U.S. Gedruckt/ in Vorlegung Johan Thiemen. Im Jahr M.DC.XIX.
De Jong, H. M. E.: The Chemical Wedding in the Tradition of Alchemie. In: Das Erbe des Christian Rosenkreuz. Amsterdam 1988.
Silber, Gordon: Poèmes et chansons maçonnique. Paris 1972.
Chrysophiron: Die Pflichten der Gold- und Rosencreutzer alten Sistems in Juniorats=Versammlungen abgehandelt von /.../ 1782.
Koßmann, Bernhard: Alchemie und Mystik in J. V. Andreaes "Chymischer Hochzeit..." Phil. Diss. Köln 1966.
Kummer, Paul G.: Gespräche/ Maurerey betreffend // Nebst einem / Anhange von Rosenkreuzern.// Leipzig 1785.
Maier, J. A.: Ueber Jesuiten, Freymaurer und deutsche Rosencreutzer. Leipzig 1781.
Marx, Arnold: Die Gold- und Rosenkreuzer. Diss. Berlin 1929.
Missiv/ an die/ Hocherleuchtete Bruderschaft/ des Ordens/ des Goldenen und Rosenkreutzes./.../ Nebst einem/ noch nie im Druck erschienenen vollständigen/ historisch - kritischen Verzeichniß/ von/ 200 Rosenkreutzerschriften/ vom Jahre 1614. bis 1783./ Leipzig 1783.
Montgomery, John W.: Cross and Crucible. Johann Valentin Andreae, Phönix of the Theologians. Den Haag 1973.
Schick, Hans: Das ältere Rosenkreuzertum. Berlin 1942.
Schultze, Johannes: Die Rosenkreuzer und Friedrich Wilhelm II.. Forschungen zur Brandenburgischen und Preußischen Geschichte. Berlin 1964.
Semler, J.S.: Unpartheyische Sammlungen zur Historie der R[osen]c[reutzer] Theil 1 - 4. Leipzig 1786 - 1788.
Steiner, Gerhard: Freimaurer und Rosenkreuzer: Georg Forsters Weg durch Geheimbünde. Berlin 1985.

V. Geschichte - Kulturgeschichte - Literatur

Anonym: Beantwortung der zu Wien herausgekommen sogenannten Prüfung der Ursachen einer Association zur Erhaltung des deutschen Reichssystems. Wien 1786.
Anonym: Lebensgeschichte des Löwen R R R R in die deutsche Sprache überbracht von einem afrikanischen Affen aus dem Löwenthum RW WR WR RW. Leipzig 1791 bei Nauck, Berlin 1791 bei Himburg.
Anonym: Ueber deutsches Staatsinteresse, Ländertausch, und das Schutzbündnis deutscher Fürsten zur Widerlegung der Schrift des Freyherrn von Gemmingen. Leipzig 1786.
Apuleius, Lucius: Der goldene Esel. München o.J.
Bergobzoom, Joh. Bapt.: Letzes Wort an das Wiener Publikum. Wien 1782.
Bernhardt, Reinhold: Aus der Umwelt der Wiener Klassiker: Gottfried van Swieten (1734-1803). In: Der Bär.. Leipzig 1929/30 S.74 - 166.
Biba, Otto: Kaiser Joseph und die Musik. In: Österreich zur Zeit Kaiser Josephs II., Ausst.-Kat., Wien 1980.
Ders: Die Wiener Kirchenmusik um 1783. Publikationen des Instituts für österr. Kulturgeschichte I/2. Beiträge zur Musikgeschichte des 18. Jahrhunderts.
Blümml, Emil Karl: Gieseke als Gelegenheitsdichter. in : Aus Mozarts Freundes- und Familienkreis. Wien 1923.
Blümml, E. K. und Gugitz, G.: Altwienerisches. Wien 1921
Bodi, Leslie: Tauwetter in Wien. Zur Prosa der österreichischen Aufklärung. 1781-1795. Frankfurt a. M. 1977.
Braun, J. W.: Schiller und Goethe im Urtheile ihrer Zeitgenossen. Leipzig 1882.
Bungus, Petrus: Numerorum mysteria, Bergamo 1599. Reprint Hildesheim 1982.
Burney, Charles: Tagebuch einer Musikalischen Reise, Aus dem Engl. übersetzt von C. D. Ebeling. Hamburg 1773.
De Luca, Ignaz: Das gelehrte Oesterreich. Wien 1776.
Ders.: Wiens gegenwärtiger Zustand unter Josephs Regierung. Wien 1787.
Dirnberger, Franz (Hg.): Burgtheater in Dokumenten. Wien 1976.

Ders.: "200 Jahre Burgtheater". Auf der Suche nach einem Jubiläum. In: Mitt. d. Österr. Staatsarchivs 29. Wien 1976.
Fejtö, Francois: Un Habsbourg revolutionaire. Joseph II. Paris 1952.
Friedrich, Hugo: Die Sprachtheorie der französischen Illuminaten des 18. Jahrhunderts, insbesondere Saint-Martins. In: Vierteljahresschrift für Literaturwissenschaft 13, 1935 S. 293-310.
Gemmingen, Otto v.: Ueber die königl. Preußische Assoziazion zu Erhaltung des Reichssystems. Deutschland 1785
Gnau, H.: Die Zensur unter Jospeh II. Straßburg 1911.
Gottsched, Johann Chr.: Versuch/ einer/ Critischen Dichtkunst. Leipzig 1751, Reprint Darmstadt 1982.
Gräffer, Franz: Kleine Wiener=Memoiren. Theil 1-5. Wien 1846.
Growe, Marietheres: Gottfried van Swieten und die Musik. Staatsexamensarbeit an der Staatl. Hochschule für Musik Köln 1990. Privatdruck.
Gründler, Joh. (Hg.): Österreich zur Zeit Kaiser Josephs II. Wien 1980.
Gugitz, Gustav: Lieder der Straße. Die Bänkelsänger im josephinischen Wien. Wien 1954.
Gutkas, K.: Kaiser Joseph II.. Wien 1989
Hadamowsky, Franz: Die Wiener Hoftheater. Wien 1966.
Hadrawa, Norbert: Von dem/ Ursprunge und Wachsthume/ einer neuen Wissenschaft. Wien 1774.
Hammacher, Klaus (Bearb.): Friedrich Heinrich Jacobi (1743 - 1819). Düsseldorf 1985.
Henkel, Arthur: Goethes Hommage à Mozart. Bemerkungen zu "Der Zauberflöte zweiter Theil." In: Philomathes. Den Haag 1971 S. 485 - 502.
Hollerweger, Hans: Die Reform des Gottesdienstes zur Zeit des Josephinismus in Österreich. Regensburg 1976.
Holzer, R.: Die Wiener Vorstadtbühnen. Wien 1951.
Höslinger, Clemens: Als Student im josephinischen Wien. Aus der Selbstbiographie des Pratobevera. Publ. in Vorb.
Hubatschke, Harald: Die amtliche Organisation der geheimen Briefüberwachung und des diplomatischen Chiffredienstes in Österreich. In: Mitteilungen des Inst. f. Österr. Geschichtsforschung Bd.83 1975 S.352-413.
Index librorum prohibitorum usque ad diem 4. Junii Anni MDCCXLIV, regnante Benedicto XIV. Romae 1744.
Kann, Robert A.: Geschichte des Habsburger Reiches. Wien 1982.
Keil, Robert: Wiener Freunde 1784-1808. Beiträge zur Jugendgeschichte der Deutsch-Österreichischen Literatur. Wien 1883.
Koch, Hans A.: Goethes Fortsetzung der Schikanederschen Zauberflöte. Jb. des Freien Deutschen Hochstifts. 1969 S.121 - 163.
Kutscher, Artur: Das Salzburger Barocktheater. Wien 1924.
Lange, Joseph: Biographie. Wien 1808.
Leuschner, B. (Hg.): Georg Forsters Werke. Berlin 1958ff.
Maas, Ferdinand: Der Frühjosephinismus. Wien 1969.
Ders.: Der Josephinismus: Wien 1956.
Magenschab, Hans: Joseph II.. Wien 1981.
Michtner, Otto: Das alte Burgtheater als Opernbühne. Wien 1970.
Mikoletzky, Lorenz: Kaiser Joseph II. Göttingen 1979.
Mitrofanov, Paul von: Joseph II.. Seine politische und kulturelle Tätigkeit. Wien 1910.
Moisy, Sigrid von (Hg.) Von der Aufklärung zur Romantik. Geistige Strömungen in München. Regenburg 1984.
Nicolai, Friedrich: Beschreibung einer Reise durch Deutschland und die Schweiz, im Jahre 1781. 12 Bände. Berlin und Stettin 1783-1796.
Pichler, Caroline. Denkwürdigkeiten aus meinem Leben. München 1914.
Plutarchs/ moralische/ Abhandlungen./ Frankfurt a. M. 1786.
Pribram, Alfred Fr. (Hg.): Urkunden und Akten zur Geschichte der Juden in Wien. Wien u.a. 1913.
Ders.: Materialien zur Geschichte der Preise und Löhne in Österreich. Wien 1938
Richter, Josef: Briefe aus dem Himmel. Wien 1786.
Rosenstrauch-Königsberg, Edith (Hg.): Literatur der Aufklärung (1786 - 1800) Wien u.a. 1988.
Schaller, J.: Topographie des Königreiches Böhmen, Prag und Wien 1788.
Schönberg, Matthias von: Die Religionsgründe in ihrem ordentlichen Zusammenhange. Wien 1780.
Simányi, Tibor: Kaunitz oder Die diplomatische Revolution. Wien 1984.
Singer, Hertha: Die Akustik des Alten Burgtheaters. Maske und Kothurn. Jg. 4(1958) S. 220 - 229.
Stucken, Eduard: Über den Ursprung des Alphabets. Leipzig 1913.
Valjavéc, Fritz: Der Josephinismus. Wien 1945.

Wachstein, Sophie: Der literarische Geschmack des Wiener Burgtheaterpublikums im letzten Viertel des 18. Jahrhunderts. Diss. Wien 1931.
Waissenberger, Robert (Hg.): 200 Jahre Rechtsleben in Wien. Wien 1986.
Ders. (Hg.): Der Verlag Artaria. Wien 1981.
Ders. (Hg.): Fasching in Wien. Wien 1979.
Ders. (Hg.): Josephinische Pfarrgründungen. Wien 1985.
Werner, R. M. (Hg.): Aus dem Josephinischen Wien. Geblers und Nicolais Briefwechsel während der Jahre 1771-1786, Berlin 1888.
Wieland, Christoph M.: Sämmtliche Werke. Bd.1-14. Reprint Hamburg 1984.
Ders.: Sokrates mainomenos oder die Dialogen des Diogenes von Sinope. Leipzig 1770.
Ders.(Hg.): Dschinnistan, oder auserlesene Feen= und Geistermärchen theils neu übersetzt und umgearbeitet. Wintherthur 1786.
Winter, Eduard: Joseph II.. Wien 1946.
Witzmann, R.: Hieronymus Löschenkohl, Wien 1978.
Wurzbach, Constant von: Biographisches Lexikon des Kaiserthums Österreich. Bd.1 - 60. Wien 1851 - 1891.
Zedler, Joh. Heinr.: Großes Vollständiges Universal=Lexikon. Leipzig 1744ff.

Personenregister

L

M

N

O

P

R